JN441274

자서전

자신의 삶으로 이야기를 만들다

자서전

자신의 삶으로 이야기를 만들다

초판 1쇄 발행 2022년 7월 30일

지은이 유호식

펴낸곳 서울대학교출판문화원
주소 08826 서울 관악구 관악로 1
도서주문 02-889-4424, 02-880-7995
홈페이지 www.snupress.com
페이스북 @snupress1947
인스타그램 @snupress
이메일 snubook@snu.ac.kr
출판등록 제15-3호

ISBN 978-89-521-3128-7 93860

이 저서는 2017년 정부(교육부)의 재원으로 한국연구재단의 지원을 받아
수행된 연구임(NRF-2017S1A6A4A01020482)

자신의 삶으로 이야기를 만들다

자서전

유호식 지음

서울대학교출판문화원

머리말

지난 30년 동안 현대 프랑스 문학을 공부한다고 하면서 관심은 자기에 대한 글쓰기를 감행했던 작가들, 그중에서도 자서전 작가, 그중에서도 몇몇 특정 작가에게 한정되어 있었다. 친구도 익숙한 친구만 반복적으로 만나는 것을 보면 공부만 그런 것은 아닌 듯하다. 그저 생각의 폭이 좁아지지 않았기를 바랄 뿐이다. 특정 작가를 반복적으로 읽는 것에도 새로운 발견을 할 수 있다는 장점이 있다. 예를 들면 알베르 카뮈의 『이방인』에서, 주인공 뫼르소가 감옥에서 자기 얼굴을 비춰보는 거울이 찌그러진 밥그릇이었다는 사실은 이 작품을 거의 열 번 넘게 읽었을 때 눈에 들어왔다. 감옥에서조차 자유롭다고 상상했던 뫼르소가 처음으로 자기 상황을 인식했던 그 순간을 나는 왜 그토록 오랫동안 인지하지 못했을까? 또는 왜 뒤늦게, 그 시점에서야 인지하게 된 것일까? 오랫동안 곰곰이 생각해보면서 나에게 독서는 자질구레하고 쓸데없는 것에 관심을 기울이는 방식이었음을 깨닫는다. 삶의 이치를 꿰뚫는 것만큼이나 이런 관심도 그 나름의 가치를 지니리라고 믿는다.

이 책은 『자서전: 서양 고전에서 배우는 자기표현의 기술』(민음사, 2015)의 후속편이다. 그 책에서는 자서전이 대중들에게 익숙하지 않은 현실을 감안하여 자서전과 관련된 이론을 소개하고 성 아우구스티누스, 루소, 레리스를 중심으로 자서전의 흐름을 살펴보았는데, 출간 후에 자서전 작가들을 더 소개해달라는 요청이 있었다. 이에 부응하여 이 책에서는 산맥처럼 도도하게 이어져 내려오는 프랑스 자서전 작가들의 다양한 면모를 소개하고 자서전의 관점에서 프랑스 문학의 주요 쟁점들을 검토함으로써, 문학의 가능성과 삶의 가능성이 분리되지 않는 자서전 장르의 특성을 강조하고자 하였다. 이 책을 준비하면서 깨달은 것이 있다면, 자신의 삶으로 이야기를 만드는 것 이상으로, 자서전에 쓰고 싶은 삶을 지금 살아야 한다는 것이다. 자서전 작가가 자신을 자기 삶의 주인으로 제시하듯이, 이 책을 읽는 독자도 자기 삶을 기억하고, 쓰고, 그것을 읽는 기쁨을 누리길 바란다. 출판문화원에 초고를 보낸 지 일주일 만에 아버지가 돌아가셨다. 팬데믹 시대에 면회조차 쉽지 않아 외롭게 투병하신 아버님의 영전에 이 책을 바친다.

2022년 5월

유호식

차례

머리말 4
서론 11

I 기억

미셸 레리스 『성년』 28

삶의 기원으로서의 죽음 28
육체: 죽음과 대면하는 실존적 공간 33
잘린 목 환상: 부재하는 기원 38
단어를 해체하다 44
이름과 여성성 51
꽉 다문 입술: 죽음을 서술할 권리 54

조르주 페렉 『W 혹은 유년기의 추억』 66

유대인과 정체성 66
유년기 기억의 부재 70
허구와 사실의 교차 구성 75
커다란 도끼를 들고 있는 거대한 역사 79
파괴된 가족사의 재구성 86
육체의 기억: 추락과 상처 95
서사적 진실 100

II 가족소설

로맹 가리 『새벽의 약속』 117

이름 찾기 117
어머니는 '이다'와 '될 것이다'를 구분하지 못했다 123
위임받은 삶: 어머니의 중개인 131
'약속'의 역설 139
끊어진 탯줄 잇기 146

나탈리 사로트 『유년시절』 156

트로피즘: 내적 감각 서술하기 156
나쁜 어머니(들) 161
이상적인 어머니 165
이중의 정체성과 고아의식 169
약속 위반과 거짓말 173
어머니와의 단절 179
환상으로의 도피: 가짜 자아의 생성 182
새로운 어머니를 찾아서 187

III 성실성

앙드레 지드 『한 알의 밀알이 죽지 않으면』 204

가장 '의외의 사실' 고백하기 204
자위: 쾌락 추구는 본성이다 210
비밀 고백: 드러내기와 감추기 215
계시로서의 사랑 222

동성애: 성적 주체의 탄생 229
천국과 지옥의 결합? 236

장-폴 사르트르 『말』 246

부정성의 자서전 246
가족 드라마 249
아버지의 부재 253
작가의 탄생 263
현실과의 접촉 272
죽은 자가 살리라! 277

IV 타자의 자서전

마르그리트 유르스나르 『하드리아누스 황제의 회상록』 302

자기 자신 되기 302
권력과 자유 311
탈경계: 통일성 속의 다양성 317
죽음에 대한 성찰 324
나는 인간이기 때문에 신이다 331
자기 자신의 주인이 되어라 334

롤랑 바르트 『애도일기』 340

어머니의 죽음 340
부재의 고통과 사랑 346
일기 쓰기: 상실 되풀이하기 또는 애도하기 349
어머니의 목소리와 죄책감 356
부재하는 어머니와 글쓰기 361
푼크툼(Punctum) 367

V 욕망

장-자크 루소 『외로운 산책가의 몽상』 385

자기 성찰의 글쓰기 385
나는 누구인가? 389
『고백록』과 『몽상』 393
박해자 환상 400
진실 추구와 거짓말, 허구 406
고독, 마음의 평정 412
자기 성찰의 목표: 향유 419

마르그리트 뒤라스 『연인』 427

사랑, 죽음, 광기 427
여자란 욕망이다 429
유사성으로부터의 탈주 436
육체관계: 주체의 탄생 444
흐르는 듯한 글쓰기 450
순환성 1: 매음에서 숭고한 사랑으로 454
순환성 2: '파괴된' 얼굴과 파편화된 텍스트 462
나는 책을 쓸 것이다 466

결론 469
주 475
참고문헌 509
찾아보기 521

서론

자서전은 '나'를 전면에 내세우는 문학이다. '나'와 관련되지 않은 문학은 없을 테지만, 문학사에서 '나'를 드러내는 것이 글쓰기의 목표가 된 것은 낭만주의 서사부터다. 이때부터 한 개인의 삶이 문학의 소재가 되었고, 모방이나 인용이 아닌 창조가 예술을 평가하는 새로운 기준이 되었으며, 보편성보다는 특이한 정서를 표현하는 흐름이 나타난다.

그런데 문학의 전면에 등장한 '나'라는 존재는 생각만큼 간단하지 않았다. 처음에는 등장인물로서의 '나'만 생각했었는데, 자서전에서 '나'의 위상은 현실에 존재하는 작가로서의 '나'와 화자로서의 '나', 그리고 주인공으로서의 '나'라고 하는 세 층위로 이루어져 있다. 이 세 층위의 '나'가 동일인물이라는 사실은 '이름의 동일성'으로 드러난다. 자서전은 텍스트에 서술된 '나'와 텍스트 밖에 있는 '나'가 동일하다는 점에서 다른 장르와 구별된다. 자서전에 서술된 자아는 허구의 자아가 아니라 실제로 확인할 수 있는 현실의 자아다.

표지에 적힌 작가의 이름이 자서전을 특징짓는 이상, 독자들은 자서전을 더 이상 허구로 간주할 수 없다. 자서전은 텍스트의 진실성을 현실에서 확인할 수 있는 장르이므로 자서전 작가는 사실만을 말해야 한다. 그런데 여기에서 미묘한 문제가 발생한다. 자서전 작가의 현실이 역사적 현실일 수도 있지만, 자서전에서 중요한 것은 사건의 역사적 가치가 아니다. 각 에피소드는 자서전 작가에게 미친 어떤 특별한 중요성 때문에 발언권을 획득한다. 아무도 그 중요성을 짐작하지 못했던 사소하고 우연한 말들이나 작은 일화들이 한 인물에 대해 더 많은 것을 알려줄 수 있다. 그것들이 기록되는 순간, 부분적인 진실은 그를 전체적으로 설명할 수 있는 단초가 된다. 자서전 작가는 사실만을 기술한다고 천명하지만 그가 진실이라고 여기는 것들은 극히 개인적이다. 사실과 진실이 맺고 있는 이 모순적인 관계가 자서전을 애매모호한 장르로 만든다.

'자신의 삶으로 이야기를 만들다'라는 제목을 생각한 것도 이러한 모순을 이해하고 싶었기 때문이다. 자서전은 사실에서 비롯되는 진실의 차원과 과거를 해석하고 이해하고 설명하려는 재현의 차원이 겹쳐지는 텍스트다. 자서전은 르포르타주와 허구 사이에 놓인다. '허구'라는 용어는 자서전 장르에서는 위험한 용어다. 사실만을 말한다는 장르의 규약을 위반하기 때문이다. 어떻게 보면 자서전 작가에게는 사실이 곧 진실이다. 그러나 이런 규약 자체가 자서전 작가뿐 아니라 장르 자체를 위협하는 자해적인 특성을 지니고 있다. 자서전에서는 진실과 거짓과 현실이 복잡한 관계를 맺고 있고, '진정성'의 외피 아래에 거짓말과 망각과 오류가 숨어 있다.

이 책을 쓰면서 '나는 타자인가?', '자기 기원에 대한 이야기는 가능한가?', '삶을 서술하기 위해 일관성은 필연적인가?', '왜 고백하는가?', '무엇을 고백하는가?', '자서전은 내면의 법정인가, 아니면 거울인가?'라는 질문을 잊지 않으려고 노력했다. 이 질문에 대답하기 위해, 자기에 대한 글쓰기에 자주 등장하는 '기억, 가족소설, 성실성, 타자의 자서전, 욕망'이라는 주제를 선택하고 각 주제마다 자서전 작가 두 명을 병치하는 방식을 택했다. 프랑스 자서전의 역사에 뚜렷한 발자취를 남긴 이 작가들을 나란히 놓고 비교하면 삶과 글쓰기의 관계, 하나의 주제가 다양하게 변주되는 방식을 흥미롭게 고찰할 수 있다.

1) 기억: 필립 르죈이 자서전을 '회고적 이야기'라고 정의한 데에서 알 수 있듯이, 자서전의 장르적 특성은 '경험의 과거'와 '글쓰기의 현재'를 분

리시키는 '시간'에서 비롯된다. 그 시간 때문에 현실의 '나'와 글로 쓰인 '나'는 다른 존재가 될 수밖에 없다. 과거를 경험한 그대로 재구성할 수도 없고 추억을 만들어내서도 안 되지만, 현재의 관점에서 과거를 회상함으로써 과거의 등가물을 '만들어낼' 수는 있다. 과거의 '나'는 경험했지만 이제는 잃어버린, 기억 속의 낯선 존재이며, 현재의 '나'는 모호하고 포착하기 힘든 과거의 존재를 오직 단어의 도움을 받아 재구성해야 한다. 따라서 자서전에 쓰인 '나'는 글쓰기를 통해 재구성되는 '언어' 존재다. 자서전 작가가 자신의 삶으로 만들어낸 것은 하나의 이야기이고, '나'는 그 이야기의 산물이다. 자서전이 통합적인 자아를 제시할 수 있다면 그것은 언어의 힘, 시간의 힘 덕분이다. 그러나 자서전이 기억과 시간의 제약을 받는다는 사실과 자서전에 서술된 '나'가 현실과 다른 언어 존재라는 사실로 미루어 볼 때 자서전에 모든 것을 다 말할 수 있는 것은 아니다. 예를 들어, 분명히 경험했지만 기억하지 못하는 탄생 경험, 그리고 앞으로 경험할 게 분명하지만 기술할 수 없는 죽음 체험 때문에 모든 자서전은 앞쪽 몇 페이지는 찢겨나가고 뒤쪽 몇 페이지는 백지로 남아 있는 미완의 텍스트처럼 보인다. 미셸 레리스는 자기 삶의 기원에 놓인 죽음의 체험을 기술할 수 있다면 '말할 수 없음'의 한계를 극복할 수 있으리라고 믿는다. 그는 현재의 '나'를 구성하는 과거의 '기원들'을 서술함으로써 탄생 이야기를 대신하고, 상처와 상실을 통해 죽음을 서술한다. 조르주 페렉은 유년기의 기억이 없다고 하면서 부재하는 기억을 서술할 방법을 찾고 어떻게 진실의 문제에 접근할 것인가를 질문한다. 레리스와 페렉은 모두 기원의 부재와 기억의 부재를 통해 부재의 재현 문제를 제기한다. 그래서 자기에 대한 글쓰기는 '잃어버린 시간'을 찾아 떠나는 글쓰기, 이미 경험한 '낯선 시간' 속으로 떠나는 미완성의 여행이 된다.

2) 가족소설: 자서전은 사실 여부를 현실에서 검증할 수 있는 독특한 장르다. 이 특징 덕분에 자서전은 허구, 특히 자전적 소설과 구분되고 진

실과 거짓의 관계가 핵심 문제로 제기된다. 가끔 소설과 자서전 중에 어느 것이 더 진실되는지를 질문하는 경우가 있다. 속설에 따르면, 소설이 자서전보다 더 진실되다고 하는데, 그것은 독서 전략의 차이 때문에 생긴 오해처럼 보인다. 자서전을 읽는 독자는 작품에서 사실과 다른 거짓을 찾아내려고 노력하기 때문에 자서전이 거짓이라고 생각하기 마련이다. 소설의 독자는 사소한 에피소드에서조차 그것이 작가의 실제 현실과 얼마나 유사한지를 찾아내고 소설이 사실에 근거했다고 믿는다. 그런데 자서전과 소설이 엄격하게 구분되는 것도 아니다. 자서전이 완전히 검증 가능한 요소로만 이루어진 것도 아니고, 사실만을 기술한다고 해도 자서전은 언어로 구성된 문학 작품이어서 상상에서 비롯된 허구적 차원이 빠질 수 없다. 실제로 자서전이 허구를 어떻게 활용하는가를 보려면 자서전의 가족소설적 특성을 살펴보는 것이 좋다. 가족소설은 아이가 친부모를 가짜 부모라고 생각하고 상상의 부모를 만들어내는 경향에 주목하고 있다. 로맹 가리와 나탈리 사로트는 어머니와의 관계를 통해 일종의 가족소설을 만들어낸다. 가리는 끝끝내 어머니와 자신을 분리하지 못한 채, 돌아가신 어머니에게 연결되려는 상상의 시도를 한다. 반면 사로트는 성공적으로 어머니와 자신을 분리하고 성장한다. 어머니와 맺고 있는 상상의 관계와 실제 관계의 긴장을 통해 이 두 작가가 어떻게 주체로 자리매김하는지를 살펴보는 것은 매우 흥미롭다.

3) 성실성: 성실성은 '무엇을 고백할 것인가?'라는 문제와 관련된다. 타인이 비난할 만한 에피소드만 골라서 고백하고 있다는 생각이 들 정도로 자서전 작가들은 성(性), 육체, 죽음, 비밀 등 마음 깊은 곳에 감춰뒀던 사실들을 고백한다. 성실성은 모든 것을 다 서술하겠다는 의지와 연결된다. 성실성이 문학사에 등장한 것은 18세기인데, 이 개념은 자신을 일관되게, 그리고 불편부당하게 드러낼 수 있다는, 자아에 대한 낙관론에 근거한다. 자아는 표현될 수 있을 뿐 아니라 모순적이지 않고 단일하다는 것이다. 그

러나 모든 것을 다 서술한다는 양적인 개념은 곧 감춰진 진실을 드러내겠다는 질적인 개념으로 바뀐다. 루소가 천명하듯이, 자신을 선하고 관대하고 숭고한 인물로 제시하는 것보다 비참하고 비열한 존재로 서술할 때 더 성실하고 진정성 있어 보이는 것도 사실이다. 지드는 오직 진실만을 고백해야 한다고 하면서도 진실의 범위를 '의외의 사실'로 한정시킨다. 자서전의 관점에서 볼 때, 성실성은 근면성을 의미하는 게 아니고 '진정성'을 의미한다. 성실성의 규약에 따라 자서전 작가는 비밀, 강박관념, 공포, 어처구니없는 상상 등을 고백하면서 자신을 대상으로 대살육을 저지른다. 그렇게 해서 자서전을 쓰는 것은 자신에게 진정성의 칼을 들이대는 방식이 된다. 보들레르가 자신을 칼이자 상처라고 말했을 때 그는 작가의 존재 방식을 설파한 것이지만 그것은 특히 자서전 작가에게 정확하게 들어맞는다. 현대에 이르면, 진실을 드러내는 것이 불가능하다는 씁쓸한 고백이 자기 성실성을 드러내는 지표가 된다. 자서전으로 자신의 삶을 변화시키겠다는 기획이 애초부터 불가능했음을 고백하는 것이다. 그래서 자서전은 자기모순에 빠진 장르처럼 보인다. 자서전이 불가능하다는 고백이 자서전을 하나의 장르로 정립하게 하는 근거가 되기 때문이다. 사르트르의 성실성은 자신의 유년기뿐 아니라 문학의 소명조차 가족 희극의 산물로 제시하는 전략적 선택으로 드러난다. 지드의 성실성은 성적 취향을 고백할 때 최대로 발휘되지만 아내와의 관계를 암시할 때에는 매우 모호한 태도를 취한다. 작가가 취하는 성실성의 태도를 통해 작가의 윤리적 입장을 짐작할 수 있다.

4) 타자의 자서전: 자신을 정당화하든 비난하든 모든 자서전 작가는 과거를 서술하기 위해 자신을 분화시키고 반성적 의식을 활성화한다. 그래서 자서전의 '나'는 글쓰기의 주체이면서 대상이라는 이중의 위상을 지닌다. '나'는 과거에 이러저러한 행동을 한 '나'이고 동시에 '나'를 바라보며 비판하거나 동의하는 '나'이다. 이 자기 분화를 전제로 자서전 작가는 과거의

'나'와 현재의 '나', 미래의 '나' 사이의 차이를 드러낸다. 그런데 글쓰기의 대상인 타자화된 '나'도 있지만, 자신의 정체성을 형성하는 데에 절대적 영향력을 행사하는 타인도 있다. 어떤 유형의 자서전에서는 '나'를 알기 위해 타인과의 유사성을 확인하려고 한다. 심지어 그 타인이 내 삶의 주체이고 자기 자신은 대상이 되는 경우도 있다. 타자의 자서전은 한 개인의 개별성이 '관계'에서 드러난다는 것을 전제한다. 다시 말하면, 자기에 대한 글쓰기는 자신과 대화하면서 자신에 대한 사유를 타자의 차원까지 확장한다. 자서전 작가들은 부재하는 인물을 '타자'로 제시하는 경향이 있는데, 주로 이미 죽은 인물이나 역사적 인물이 타자의 역할을 하며 '나'는 그 타자를 통해 간접적으로 드러난다. 롤랑 바르트는 돌아가신 어머니에 대한 일기에서 애도하고 싶은 욕망과 슬픔을 연장하고 싶은 욕망 사이의 흔들림을 서술하면서 진정한 애도는 어머니의 본질을 발견할 때 가능하다는 것을 알려준다. 그에게 어머니의 본질을 발견한다는 것은 자신을 이해한다는 것과 같은 의미다. 마르그리트 유르스나르는 로마의 황제인 하드리아누스의 생애를 재구성하면서 자신의 이상적 자아를 드러낸다. 황제가 보여주는 동성애에 대한 태도나 균형을 추구하는 윤리적 관점은 유르스나르가 추구하는 삶의 지향점과 다르지 않다. '타자의 자서전'은 모순적인 용어이지만, 이 용어를 통해 '나'와 타자의 관계가 뫼비우스의 띠처럼 순환적이며, 타인의 삶을 기술하는 전기와 자서전의 기대지평이 일정 부분 겹친다는 사실을 알 수 있다.

5) 욕망: 자서전 작가는 자기 동일성에서 벗어나려는 욕망을 품고 있다. 그것을 레비나스는 '탈출'이라고 정의하고 들뢰즈는 '탈영토화'로 정의한다. 자서전 작가들은 자신을 억압하고 통제하는 타인·가족, 간단히 말하면 사회적으로 코드화된 관계에서 벗어나 새로운 관계를 구축하려고 한다. 그 시도는 현재 자기 자신을 만든 원초적 순간을 다시 경험하려는 욕망으로 드러난다. 그 순간을 첫 기억이라고 하든 기원이라고 하든 상관없

지만, 자서전 작가가 그 순간을 다시 체험함으로써 다시 태어난다고 생각한다는 점은 의미심장하다. 그 욕망은 '망각'의 욕망으로 표현되기도 하는데, 그 망각은 과거를 잊겠다는 의미는 아니고 차라리 다른 유형의 기억을 남기겠다는 의지적이고 창조적인 망각이다. 쿤데라는 "옛부터 줄곧 사람들은 자신의 일대기를 다시 쓰고 싶은 욕망, 자신과 타인의 과거를 바꾸고 흔적을 지워버리고 싶은 욕망을 지녀왔다."[1]라고 지적한다. 삶을 다시 시작하고 싶은 욕망이 흔적을 지워버리고 싶은 욕망으로 드러나는 것이다. 그래서 '그때 이것을 알았더라면…' 또는 '다시 기회가 주어진다면…'이라는 후회의 문장이 들어가기도 하고 다시 시작할 수만 있다면 동일한 실수를 반복하지 않겠다고 다짐하는 문장도 들어간다. 그러나 삶을 다시 시작하는 것은 불가능하고 단지 자신에 대해 글을 씀으로써 자신을 새롭게 만들어낼 수 있을 뿐이다. 이 욕망은 경계를 넘어 새로운 자아를 탐색하고자 하는 욕망과 다르지 않다. 장-자크 루소는 마지막 자서전 『외로운 산책가의 몽상』에서 타인의 지배에서 벗어나 자연 속에서 몽상의 기쁨을 누리고자 한다. 그는 글쓰기와 기억을 통해 고통스런 현재에서 벗어나 행복했던 과거를 향유한다. 마르그리트 뒤라스는 중국인 연인을 만나 사랑에 빠졌던 경험을 탈주 체험으로 제시하면서, 그 체험 덕분에 어머니에게서 벗어나고 작가가 되고 싶었던 소명을 실현할 수 있었다고 서술한다. 적대적 타자에서 벗어나 몽상의 기쁨을 서술하거나 작가로서의 탄생을 서술하면서 작가는 자신을 동일성에 묶어두려는 시도를 거부한다. 그래서 탈주의 욕망은 '자유'와 연결되어 있다.

이 다섯 주제로 자서전의 모든 것을 이해할 수 없을 것이다. 자서전이 경험한 모든 것을 다 서술할 수 있는 장르라는 사실을 감안하면, 예를 들어 죽음과 관련된 애도 문제, 환영(幻影)의 정체성, 결혼이나 에로티즘, 소명이나 역사의식 등을 본격적으로 다루지 않은 게 눈에 띈다. 물론 이런 주제들도 작가에 따라 여기저기 부분적으로 다루긴 했지만, 자기에 대한 글쓰기가 으레 그렇듯이 이 작업이 미완으로 남은 듯한 느낌이 드는 것도 사실이다. 자서전을 끝맺음할 수 있는 유일한 방법은 말줄임표밖에 없다는 사실을 받아들인다면, 자서전 읽기란 말줄임표 속에 남겨진 하지 못한 말을 곱씹어보는 작업인지도 모른다.

I

기억

미셸 레리스, 『성년』

조르주 페렉, 『W 혹은 유년기의 추억』

현대 문학은 '재현의 위기'를 겪고 있다. 발자크 이후 현대 소설은 현실을 눈앞에서 보고 있는 듯 재현하는 것을 목표로 하지만, 두 가지 측면에서 한계를 보인다. 하나는 19세기 말부터 강조된 사실로, 소설은 '언어' 현실이지 현실 자체가 아니라는 것이다. 이 관점에서 보면, 소설은 허구에 불과하므로 허구의 특성을 드러내고 소설의 한계와 가능성을 탐구할 때 더 훌륭한 소설이 된다. 다른 하나는 소설이 드러내야 하는 현실이 무엇인가에 대한 반성에서 비롯된다. 이성만으로는 인간을 이해할 수 없으므로 무의식도 고려해야 한다는 것이다. 이 경우 인간을 '의식의 주체'로 간주하는 데카르트 식의 인식론은 불합리하게 여겨지기 때문에 겉으로 드러난 현실을 재현하는 것을 넘어 주관적인 내면의 흐름을 포착하려고 한다. 자서전은 '회고적 기억'에 의존해서 사라져가는 과거를 회상하기 때문에 문학을 휩쓴 재현의 위기에 가장 민감하게 반응하는 장르라고 할 수 있다.

기억은 무엇보다 시간 의식과 관련 있다. 성 아우구스티누스는 시간의 세 가지 형태를 지적하면서 과거는 '기억'으로, 현재는 '직관'으로, 미래는 '기대'의 형태로 존재한다고 말한 바 있다. 이 시간들은 현재 안에 나란히 놓여 있다. 프루스트 식으로 말하면, 부재하는 과거의 기억이 현재의 감각을 통해 다시 상기되면서 잃어버린 과거의 경험이 되살아나고 삶의 진실이 드러난다. 자서전 작가가 추구하는 것도 프루스트의 기억 체험과 크게 다르지 않다.

근대적 자서전이 만들어지던 18세기 중엽, 시간은 크게 보아 두 가지 흐름으로 이해되고 있었다. 하나는 기원을 향하는 순환적이고 퇴행적인 흐름이다. 그 기원은 잃어버린 천국의 이미지로 제시되면서, 현실은 실낙원이 되고 자서전 작가는 구원을 추구하는 구도자로 의미부여 된다. 또 다른 흐름은 '계몽의 세기'라는 용어가 암시하듯 미래를 향해 가는 직선적이고 축적되는 시간이다.[1] 기억하기는 과거를 향하는 시간, 기원을 향하는 시간이어서, 루소는 기억하기를 통해 자신의 삶을 결산하고, 잃어버린 통일성을 구축하고자 한다. 과거 성찰의 글쓰기가 삶의 의미를 찾는 탐색 과정으로 이해된 것은 이런 시간관념 덕분이다.[2]

과거의 삶을 서술할 때 자서전 작가들은 연대기적 질서를 존중하여, 태어난 시점부터 자서전을 쓰는 현재에 이르기까지 시간의 흐름에 따라 서술하는 경향이 있다. 전통적으로 이 서술 방법이 널리 사용되긴 하지만 그렇다고 해서 필연적인 것은 아니다. 한 개인의 경험은 자기 삶을 어떻게 독특한 구조로 제시하느냐에 따라 특수한 경험이 되기도 하고 평범한 경험이 되기도 한다. 자서전 작가들이 큰 틀에서 연대기적 질서를 따르면서도 에피소드들을 다른 방식으로 배치하고 그것을 자기 삶의 특수성으로 간주하는 것도 그런 이유 때문이다. 예를 들어 사르트르 자서전의 변증법적 질서, 레리스 자서전의 파편화된 퍼즐 같은 구조, 뒤라스 자서전의 순환적 구조 등은 이들 작가가 기억에 대해, 더 나아가 자기 삶에 대해 취하고 있는 특별한 입장을 반영하고 있다. 자서전 작가가 자기 삶을 구조화하고 이를 통해 자기만의 개성과 진실을 드러내는 것은 과거와 현재의 거리에서 비롯된 기억의 문제 덕분이다. 필립 르죈에 따르면, 자서전에서 기억의 문제는 "이야기의 질서",[3] 즉 정체성의 문제와 다르지 않다.

'나는 누구인가?'라는 정체성에 관한 질문을 기억과 관련시키면, 그 질문은 '나는 무엇을 아는가?' 또는 '나는 그것을 어떻게 알게 되었는가?'라는 질문과 연결된다.[4] 과거에 대해 알게 된 내용은 그것을 알게 된 방식과 분리될 수 없다. 자서전 작가들은 과거를 서술하기 위해 사진이나 연감, 편지, 증언 등을 참조하기도 하고, 일기나 수첩이 있으면 그것을 참고하기도 한다. 지금은 불확실한 흔적만 남아 있어도 과거는 분명히 존재했으므로, 자서전 작가는 남은 흔적을 단서 삼아 다양한 자료를 선택하고 의미를 부여해서 사건의 위상을 갖게 한다. 자서전 작가의 '과거'는 '기억'되어야 하고 기억은 '글'로 구체화되어야 한다.

노벨문학상 수상 작가인 파트릭 모디아노의 대표작 『어두운 상점들의 거리』에는 기억 상실증에 걸려 과거를 찾아 헤매는 기 롤랑이라는 인물이 등장한다. 그는 "인생에 있어서 중요한 것은 미래가 아니라 과거"[5]라고 믿으며, 우연히 얻은 사진 속의 인물을 추적하고 사람들을 만나 그들이 연상해내는 기억을 하나씩 짚어간다. 그러나 이미 시간이 많이 흐른 뒤여서, 사진이 바래듯 기억도 퇴색되고 변형된다. 시간은 기본적으로 파괴적이어서, 과거의 흔적을 많이 남겨놓지 않지만, 설령 과거의 흔적이 남아 있다고 해도 그것으로는 '나'의 존재를 확실히 인지할 수 없다. 그런데도 기 롤랑은 과거를 탐색하면서 조우하는 여러 이름들이 매번 자신의 내면 깊은 곳을 건드리는 느낌을 받는다. 그러고는 "허공을 떠돌고 있던 그 모든 흩어진 메아리들의 결정체"[6]가 '나'라는 사실을 알게 된다. 파편화된 기억들이 '나'를 이루듯이, 특정한 하나의 이름이 아니라 그 모든 이름들이 '나'를 이루고 있었던 것이다. 모디아노에 따르면 경험했던 과거의 사실들이 시간이 지나면서 사라지는 게 아니고, 현재 속에 흩어져 있다가 어느 순간 하나의 통일성을 이룬다. 자서전 작가가 과거를 탐색하여 구축하려는 것이 바로 그 통일성이고, 그것을 우리는 '정체성'이라고 부른다.

샤를 뒤 보스는 "기억이 없으면 회고록을 쓰고, 기억이 있으면 그 기억은 자서전에서 표출된다."[7]라고 지적한 바 있다. '경험'과 '기억'과 '서사'가 일정한 관계를 맺고 있다는 것이다. 그렇지만 시간이 흐르면서 대상은 사라지고 기억은 희미해지는데, 어떻게 그것들을 포착하고 재현할 수 있을까? 지나간 과거를 포착하는 것은 욕망을 실현하는 것과 비슷해서 결코 만족될 수 없다. 호메로스의 『오뒷세이아』 11권 저승편에 있는 탄탈로스와 관련된 장면은 이와 관련하여 시사하는 점이 있다. 탄탈로스가 허기지고 목마른 상태로 연못 안에 서 있는데, 물이 목 아래까지 닿아 있지만 마시려고 하면 그 물이 물러나 발 주위에 검은 땅이 드러난다. 머리 위에는 과일들이 매달려 있지만 손을 뻗으면 과일들은 구름 위로 올라가버린다.[8] 손을 내밀면 곧 닿을 것 같지만 그 욕망은 결코 실현되지 않는다. 자서전 작가가 과거에 대해 맺고 있는 관계도 이와 같다. 자신이 경험한 게 분명하지만, 기술하려고 하면 그 과거는 멀리 물러나버리고 결코 그것을 경험한 대로 기술할 수 없다.

당연한 일이지만, 과거는 경험한 그대로 환기되는 게 아니고 기억나는 대로, 현재의 욕망에 따라 재구성된다. 기억에 관한 논의는 '현재'라고 하는 시간과 현재의 '욕망'과 분리될 수 없다. 사람들의 기억은 경험한 대로 저장되는 게 아니라 환경과 과거 경험이 상호작용하면서 이해되고 해석되는데, 이것을 '구성 기억'이라고 부른다. 삶의 이야기는 이 구성 기억을 통해 재구성되므로 허구와 진실 사이에 미묘한 긴장 관계가 조성된다. 이야기된 삶이 재구성된 삶일지라도, 루소는 그 삶이 진실을 배반하지는 않는다고 하면서 다음과 같이 밝힌다. "내가 진실이라고 여긴 것을 진실이라고 가정했을 수는 있지만 거짓이라고 여긴 것을 진실로 가정한 적은 없었습니다."[9] 루소에게 기억의 문제는 진실의 문제와 연결되어 있다. 기억에는 '창조력'이 있어서 경험한 것을 자꾸 변형시키는데, 자서전에는 기억의 창조력과는 상반되는 능력, 스타로뱅스키의 용어를 빌리면, '진실성'[10]이 요구된다. 자서전 작가에게 진실성이란 과거를 왜곡하지 않는 것, 그리고 과거의 행위에 대해 책임지는 것을 포함한다. 그러고 보면, 창조력은 예술과 관련되며 진실성은 윤리와 관련된다는 점에서 자서전은 문학과 윤리학이 만나는 지점이 된다.

프로이트가 '덮개-기억'[11]이라는 용어로 지적한 것도 기억과 진실성의 관계에서 시사하는 바가 있다. 예를 들어, 원초적 장면에 대한 기억은 억압되어 있는 반면, 원초적 장면에 인접해 있다는 이유 때문에 진부한 어떤 이미지가 떠오를 수 있다. 첫 기억은 시간적으로 가장 오래된 기억이라기보다는 가장 먼저 떠오른 기억일 수 있다는 것이다. 일반화하여 말하면 모든 기억은 억압된 것을 잠시 느슨하게 풀어줄 수 있는 표현성 때문에 선택된 것이지 '기억하려고 하는 바로 그 기억'은 아니다. 이 관점은 회고를 통해 기억의 기원에까지 도달하려는 자서전 작가의 노력에도 불구하고 모든 기억의 '근원'에는 '기억의 부재'가 놓여 있다는 것을 시사한다.[12]

기억과 관련하여 페렉과 레리스의 자서전을 선택한 것은 두 작가 모두 기억의 불가능성을 말하기 때문이다. 페렉은 이차대전이라는 역사적 트라우마 때문에 기억을 잃은 인물들을 주인공으로 내세운다. 그에게 과거와 현재는 단절되어 있어서, 그는 과거로부터 아무것도 전승받지 못한 채 혼란스러워한다. 그래서 그에게 기억 탐색은 시간 지속성을 확보하려는 시도가 된다. 자서전 작가가 잃어버린 정체성을 탐색하는 것도 그것과 동일하다. 페렉은 "나에겐 유년기의 기억이 없다."라고 선언하고 부재하는 기억을 메우기 위해 기록과 증언을 참고하고, 더 나아가 허구를 적절히 사용한다. 그 결과 자신에게 결핍된 개인의 기억이 집단 기억과 연결되면서 그의 자서전은 역사적 트라우마를 극복하는 치유의 자서전이 된다.

레리스는 모든 것을 세세히 기억하면서도, 원초적 체험이라고 할 수 있는 '죽음'을 기억하지 못해서 '기원' 탐색에 나선다. 그는 죽음을 응시하고 삶에 죽음을 끌어들이려고 한다. 죽음을 응시할 수는 없지만, 죽음의 흔적이라고 할 수 있는 상처를 통해 그는 '육체의 기억'을 탐색한다. 마치 오디세우스가 귀향했을 때 유모가 다리에 난 상처를 만져보고 그를 알아본 것처럼, 레리스에게 상처는 곧 자신의 정체성이다. 이 육체의 기억 덕분에 레리스는 죽음이라고 하는 기원에 도달하며, 행위의 강박관념에서 벗어나 스스로 글쓰기를 정당화한다. 이 두 작가는 공통적으로 글쓰기의 근원에 놓인 '부재'를 드러내며, 기억의 중심에 있는 '부재'에 대해 이야기한다. 이 두 작가를 통해 독자는 과거가 부재를 중심으로 재구성되며 과거를 기술하는 자서전 작가는 '기억의 의무'에 사로잡혀 있음을 알 수 있다.

페렉과 레리스의 자서전은 기억 탐색을 주요 주제로 내세우기 때문에, 자서전에 서술된 그들의 삶은 객관적 기록이라기보다는 의도와 감정, 욕망과 죄의식 등이 뒤섞인 주관적 해석일 수밖에 없다. 이 주관적 해석이 그들의 삶을 타인과 구별되는 독창적인 삶으로 만든다. 그러나 이들이 결핍된 기억을 다루는 방법이나 삶에 부여하는 의미는 매우 다르다. 페렉은 결핍된 기억을 허구화하여 기억나지 않는 가족관계를 복원하는 반면, 레리스는 부재하는 기원을 드러내기 위해 에피소드들을 연결하지 않고 파편화된 상태로 제시한다. 그에게 죽음은 편재하지만, 말할 수 없어서 '부재'의 형태로 드러나거나 아니면 상처의 형태로 드러난다. 그들이 제시한 '형식'이 어떠하든 간에, 기억을 탐색하는 방법은 자서전 작가가 자신의 삶을 이해하는 방식과 밀접하게 연결되어 있다. 부재하는 것과 맺고 있는 관계가 그 작가의 삶을 규정한다는 의미에서, 기억 탐색의 방식을 살펴보는 것은 그 삶의 독창성을 이해하는 방법이라고 할 수 있다. 삶에 의미를 부여할 원초적 기억을 찾아나서지만 그 기억을 둘러싼 무수히 많은 기억들과 조우하면서, 자서전 작가들은 프루스트가 그러했듯이 '기억' 탐색을 통해 문학의 기원에 대해 성찰하고 문학을 풍성하게 만드는 데 기여한다.

Michel Leiris

미셸 레리스

『성년』

삶의 기원으로서의 죽음

미셸 레리스(1901-1990)는 파리 근교의 부르주아 거주지인 오퇴유에서 태어나 유복한 유년기와 청소년기를 보냈다. 그는 일차대전 직후의 해방된 분위기 속에서 청소년기를 보낸 덕분에 부르주아 계층의 협소한 틀에서 벗어날 수 있었다. 첫 자서전 『성년』(1939)[1]에 서술된 것처럼, 그 당시 그는 밤이면 친구들과 부지런히 댄스파티에 다녔고 막 유행하기 시작한 재즈에 심취했으며, 연애를 하고 처음으로 성관계를 맺었다. 그는 1921년에 시인 막스 야콥을 만난 후부터 평생 '시인'이 되는 것을 목표로 삼았다. 그에게 '시인'은 시를 쓰고 등단하는 게 아니라 삶에서 도달해야 할 어떤 가치나 이상향을 상징했다. 1922년에는 화가 앙드레 마송이 주도한 '블로메 거리 45번지 그룹'에 참여하여 훗날 초현실주의 활동을 함께할 여러 시인들을 만났고, 후앙 그리, 피카소 같은 화가들과 사귀었다. 그해부터 시작해서 1989년까지 거의 평생 일기를 썼다.

1924년에는 브르통이 주도한 초현실주의 운동에 참여했다. 레리스는 시, 꿈은 물론이고 말장난에 근거한 일종의 단어집 등을 잡지 『초현실주의 혁명』에 기고했으며 이때의 경험은 그의 자서전에도 큰 영향을 끼쳤다. 1924년경에 있었던 또 다른 중요한 사건으로 마르셀 주앙도와 맺었던 동성애 관계를 꼽을 수 있다. 그 경험으로 그는 육체에 대한 혐오감을 갖게 되었고 자신의 양성성을 의식하게 되었으며, 삶을 대립적인 것의 종합이라는 관점에서 바라보게 되었다. 1926년에 루이즈 고동과 결혼했는데, 일기에서는 아내를 '제트(Zette)'라는 이름으로 불렀다. 그에게 그 결혼은 시적 이상을 포기하고 부르주아의 삶에 안주했다는 죄책감을 상징하지만 알파벳의 마지막 문자 'Z'를 아내의 이름으로 삼았다는 점에서 알 수 있듯이, 그는 아내를 언제든 돌아갈 수 있는 최후의 피난처로 삼았다. 1927년에 다른 초현실주의자들과 함께 공산주의에 입당하지만 6개월 만에 탈당한다. 이후 초현실주의 운동과도 일정한 거리를 두다가 1929년에 결정적으로 관계를 끊는다.

그 무렵 조르주 바타유와 함께 『자료들』이라는 잡지에 관여하면서 사회학과 민속학에 관심을 갖게 되고, 후에 민속학자로서 '다카르-지부티 민속학 탐사'(1931-1933)에 참여한다. 일기 형식으로 쓴 탐사 보고서를 1934년에 『환영의 아프리카』라는 제목으로 출간했는데, 문화재를 정당하게 수집하지 않고 훔치는 과정을 고스란히 서술하여 논란이 된다. 바타유의 조언에 따라 1929년부터 아드리엥 보렐 박사로부터 정신분석치료를 받기 시작해, 몇 차례 중단되기는 했지만 1936년까지 지속적으로 치료를 받는다. 또 바타유, 카이유와와 함께 '사회학 학교'를 설립하고 활동했으며 이곳에서 투우와 성스러움에 관한 텍스트를 발표했다. 투우와 성스러움은 『성년』을 지배하는 주요 주제 중 하나다.

첫 자서전 『성년』은 레리스의 작품 중에서 가장 널리 알려진 작품이지만 프랑스 대중에게조차 그의 이름은 여전히 낯설다. 『성년』을 쓴 후에 『게임의 규칙』이라는 제목으로 네 권의 자서전을 출판했으며, 이후 목소리의 문제에 천착한 두 권의 자서전을 더 출판했다. 1946년에 『성년』의 재판본을 내면서 「이 책의 기원에 있는 조르주 바타유에게」라는 헌사와 서문 「투우를 통해 고찰한 문학론」을 덧붙였는데, 이 서문은 자서전의 본질과 성실성의 문제, 자기에 대한 글쓰기의 어려움 등을 서술한 자서전의 선언문으로 알려져 있다.

루소 전통을 이어받은 대부분의 자서전은 출생부터 시작해서 글을 쓰는 현재에 이르기까지 연대기적 서사 흐름을 보여주는 반면 『성년』은 작가가 중요하다고 생각한 에피소드들을 파편화된 형식으로 제시한다. 과거의 에피소드를 환기하면서 레리스는 '자유연상법'을 사용한다. 자유연상법에서는 청년기에 열심히 참여했던 초현실주의 운동과 성적 무력감 등의 이유로 받았던 정신분석치료의 영향이 두드러지는데, 자유연상 덕분에 과거의 에피소드들은 마치 무의식이 자유롭게 펼쳐진 것처럼, 시간에서 해방되어 그 자리에서 막 출현하는 듯한 느낌을 준다.[2] 그 덕분에 작게는 한 단어가, 포괄적으로는 글쓰기 자체가 '계시적인' 가치를 지니고 카타르시스 효과를 준다고 레리스는 믿는다.

『성년』을 처음 접하는 독자들은 작가가 과거의 사실을 아무런 원칙 없이 나열하는 듯한 느낌을 받는다. 실제로 이 텍스트에는 자신이 꾸었던 꿈, 초현실주의 체험에서 비롯된 말장난, 유년기에 읽고 관람했던 문학작품이나 연극, 오페라, 심지어 자신이 썼던 일기와 백과사전까지 인용되어 있어서 이 작품이 개인의 과거를 서술한 자서전인지 아니면 삶, 더 나아가 문화적 소양을 자유롭게 써놓은 에세이인지 구분이 가지 않는다. 심지어 그의 자서전을 "상상의 박물관"이라고 평하는 연구자도 있다.[3] 이렇듯 『성년』은 파편화된 형식을 취하는데 이런 구성을 레리스는 "초현실주의적인 콜라주"[4]라고 부른다. 미셸 보주르는 레리스의 『성년』을 "자화상(autoportrait)"적인 글쓰기가 실현된 탁월한 예로 간주한다. 자서전이 연대기적 질서를 제시하여 "일관되고 통합적인 서사"를 만들어낸다면, 자화상은 "불연속, 비연대기적 병치관계, 몽타주"를 주로 사용하기 때문에 그 질서는 독자가 구축해내야 한다.[5] 간단히 말하면, 『성년』은 논리적이고 시간적 통일성을 갖춘 자서전과는 성격이 다르다.

레리스의 유년기에서 흥미로운 점은 그가 세상을 연극적인 관점에서 바라본다는 것이다. 그에게 성장은 연극적 세계와 현실을 구분하는 법을 배우고 죽음의 신비를 이해하는 것과 밀접하게 연결되어 있다. 예를 들어 그는 극중극 형태로 진행되었던 『팔리아치』에 대한 이야기를 듣고 혼란에 빠진다. 그 비극에서는 어떤 광대가 관객들 앞에서 자기 아내를 살해했는데, 관객들은 그 살인이 거짓이라고 생각하고 배우들이 보여준 사실적인 연기에 감탄하며 브라보를 외친다. 그런데 그 살인이 진짜였고 관객들은 나중에야 그 사실을 알아차렸다는 것이다.[6] 레리스는 환호하는 관객도 배우라는 사실을 몰랐기 때문에 어떻게 무대에서 배우들이 매일같이 살인을 저지를 수 있을까 생각하며 혼란에 빠진다. 그에게 삶은 수수께끼처럼 느껴진다. 삶 속에 숨겨진 죽음을 이해하지 못했기 때문이다.

레리스에게 죽음은 그의 삶을 규정하는 핵심 요소여서 죽음을 둘러싸고 모든 이미지가 배열된다. 그는 "비극적인 것, 불행한 사랑, 슬픔이나 피에 젖어 애처롭게 끝나는 모든 것에 대해 아주 뚜렷한 취향"[7]을 갖고 있다고 밝힌다. 예를 들어 레리스가 『성년』의 초석이 되는 이미지라고 불렀던 투우의 이미지도 죽음을 중심으로 전개된다. 행위의 두 주체인 투우사와 황소는 서로를 죽이는 '죽음의 집행'이라는 관점에서 제시되며, 죽음에 대면하여 보이는 태도에 따라 영웅적인 존재로 승격될 수 있다. 투우뿐 아니라, 『성년』을 지배하는 두 여성, 루크레티아와 유디트도 각각 성관계 후에 자살하거나 남자를 죽이는 인물이라는 점에서 죽음의 기호 아래 놓인다. 그의 상상 속에서 성관계는 어떻게 시작되든 상관없이 한결같이 죽음으로 끝난다. 그래서 성관계는 그를 매혹하는 동시에 두려움을 준다. 이처럼 그의 상상력은 이중적이고 모순적인 요소들에 이끌린다.

레리스는 심지어 탄생, 즉 자신의 기원마저 죽음과 연결시킨다. 대부분의 작가에게 탄생은 육체적 출생과 연결되지만, 알랭-미셸 부아예가 지적했듯이, "레리스에게 기원은 탄생이 아니다. (…) 아이의 존재 의식이 깨어나는 것이 기원이다."[8] 존재 의식이 깨어나는 순간을 기원으로 정의하면 매 순간이 기원이 될 수 있다. 그래서 레리스에게 기원은 단 하나의 기원으로 축소되지 않는다. 그가 "내 유년기의 형이상학"이라고 제시한 다섯 주제는 제각기 그가 삶에 대한 기본 관념을 획득한 '기원'의 순간들을 표상한다. '초자연', '무한', '영혼', '주체와 대상'을 비롯하여 '노화와 죽음'도 그중 하나다.

그렇다고 레리스가 탄생의 장면을 서술하지 않는 것은 아니다. 다만 자기 출생과 관련된 것을 서술하지는 않는다. 자서전에 자신이 기억하는 것만을 서술해야 한다면 기억하지 못하는 출생의 순간을 서술하지 않는 것은 어찌 보면 당연하다고 할 수 있다. 대신 그는 자신이 어릴 적 보았던 조카의 탄생과 관련된 체험을 서술한다. 아기가 탯줄을 달고 있는 것을 보고 레리스는 "얘가 배로 토하고 있어!"[9]라고 고함을 지른다. 그에게 탄생은 구토 및 혐오감과 연결된다. 이러한 의식은 "나는 의사들을 위한 실험용 육체, 대포에 찢길 육체, 관에 들어갈 육체가 되기 위해 이 세상에 태어났을 뿐이다."[10]라는 비극적 인식으로 구체화된다. 그가 결혼 후에 아이를 갖지 않은 이유도 이것과 연결된다. 인생은 인간을 도살장으로 끌고 가는 속임수에 불과하고, 인간은 끔찍한 방식으로 죽임을 당하기 위해 태어났기 때문에 새로운 생명을 잉태하는 것은 그에게 죄악으로 여겨진다.

출생이 이미 죽음과 연결되어 있다면, 죽음의 문제는 자기 정체성을 규정하는 가장 중요한 주제가 된다. 그런데 이 주제는 『성년』을 쓰게 된 기원과 관련되어 있다. 레리스에게 죽음을 인식하는 것이 곧 정체성을 구축하는 방법이 되는 것은 '죽음'이 말할 수 없을 정도로 진부한 그의 일상에 비극적인 광채를 비추기 때문이다. 레리스가 자신의 과거나 외모, 성적 무력감 등을 고백할 때 연민이라고는 전혀 없이 가차 없는 시선을 던지는 것도 자서전에 죽음을 부여하는 방식으로 이해할 수 있다. 그런데 그 덕분에 그의 삶은 문학 작품으로 변한다. 그에게 개인사를 고백하는 행위는 단순히 자기 삶을 서술하는 것을 넘어선다. 고백은 삶을 변화시킬 때 비로소 끝날 수 있다. 그래서 그에게 문학은 일종의 연금술로 여겨진다. 그에게 글쓰기와 삶은 구분될 수 없으며 구분되어서도 안 되기 때문이다. 이와 같은 사실은 그가 정신분석치료를 받은 후 서술한 다음과 같은 문장에서 잘 드러난다.

> 이 치료를 통해 특히 잘 알게 된 사실은, 얼핏 보면 가장 잡다한 것들 속에서도 사람들은 항상 자기 자신과 동일한 상태로 남아 있으며, 삶에는 통일성이 있고, 무엇을 하든 모든 것은 사물들의 작은 성좌에 이르게 되고 사람들은 그것을 다양한 형태로 무한 반복하여 다시 만들어내는 경향이 있다는 것이다.[11]

이와 같은 레리스의 언급에는 그의 글쓰기를 규정하는 중요한 특징이 담겨 있다. 자서전에 아무리 많은 에피소드가 기술되어 있어도 자서전 작가는 '동일성'을 확인할 뿐이라는 것이다. 여기에는 긍정적인 요인과 부정적인 요인이 다 있다. '시인'이 되는 것을 이상으로 삼은 레리스 같은 사람에게 자아 동일성이란 시인이 될 수 없고 오직 산문만을 써야 한다는 것을 의미한다는 점에서 부정적이다. 긍정적인 점은 시인으로의 '변모'는 불가능하지만 그렇게 무한 반복하여 만들어낸 다양한 형태가 파편화된 이질적인 덩어리가 아니라 '작은 성좌', 즉 통일성을 만들어 자기 정체성을 구축한다는 점이다. 삶의 기원에 위치한 죽음에 대해 성찰하는 것은 삶의 통일성을 재구성하는 가장 강력한 방법 중 하나라고 할 수 있다.

육체: 죽음과 대면하는 실존적 공간

죽음의 관점에서 삶을 바라볼 때 자서전 작가는 자기 육체를 응시할 수 밖에 없으며, 그런 의미에서 자서전 작가는 전형적인 나르키소스다. 자서전 작가는 타자화된 육체를 통해 자기 정체성에 대해 이야기한다. 위베르

드 팔레즈에 따르면, 레리스의 자서전에서 가장 흔히 등장하는 소재가 '육체'이다.[12] 레리스가 투우사를 비롯한 수많은 영웅 이야기에 몰두하는 이유도 육체적 두려움, 즉 죽음을 극복하는 것이 삶의 충족감을 얻는 데 필요한 전제조건이기 때문이다. '육체성'이 한 개인을 규정하는 '자기성'의 한 요소라는 사실은 철학자 리쾨르도 지적한 바 있다.[13]

『성년』을 쓸 당시 레리스는 '무력감' 때문에 고통스러워했다. 무력감은 성적인 차원과 지적인 차원 모두를 포괄하는데, 그것은 일상에서도 확인된다. 그는 볼품없는 외모 때문에 타인 앞에 서면 "영원한 피고인의 입장"에 놓이고 마치 "나와 내 육체 사이에 어떤 오해"[14]가 있는 듯한 느낌을 받는다. 육체 때문에 자신이 꿈꾸는 이상적 자아와 자신이 직면한 현실의 자아 사이의 괴리를 더욱 실감하게 되는 것이다. 초상화가처럼 자신의 외모를 꼼꼼히 서술하고 있는 『성년』의 첫 문장은 이 점에서 많은 것을 시사한다.

> 서른네 살, 이제 막 인생의 반이 지났다. 신체적으로 보면, 나는 보통 키지만 약간 작은 편이다. 머리가 곱슬거리는 것을 막기 위해, 또 머리가 빠지면서 더 대머리가 되지 않을까 두려워서 갈색 머리를 짧게 잘랐다. 내가 판단하는 한, 내 신체의 특징적인 면모는 다음과 같다. 목덜미는 아주 똑바르게, 마치 성채나 절벽처럼 수직으로 떨어진다. 그것은 (점성가의 말을 믿어본다면) 황소자리로 태어난 사람들의 전형적인 특징이다. 튀어나온 이마는 오히려 혹처럼 보이고, 관자놀이의 정맥은 지나치게 굵고 툭 튀어나와 있다. 이마가 발달한 것은 (점성가의 말에 따르면) 백양궁좌와 관계있다. 사실 나는 4월 20일에 태어나서 숫양자리와 황소자리, 두 별자리의 경계에 놓여 있다. 눈은 갈색이고 눈썹 가장자리는 대체로 부어 있다. 얼굴색은 붉은빛을 띤다. 얼굴이 붉고 반짝이는 경향이 있는 피부 때문에 난처해하고 부끄러워한다. 손은 말랐고 상당히 털이 많으며 핏줄이 아주 두드러진다. 끝이 안으로

> 휘어 있는 가운뎃손가락 두 개는 내 성격에서 상당히 연약한 것 또는 도피하려는 무엇을 나타내고 있음이 틀림없다.[15]

아무리 객관적으로 서술한다고 해도 모든 서술에는 주관적 관점이 개입되기 마련이다. 신체를 서술하면서 얼핏 보면 레리스는 남성적 자질을 부각시키는 것 같다. 하지만 모든 서술에는 외모를 열등한 것으로 비하하는 부정적인 표현이 뒤따른다. 그가 제공하는 정보는 객관적이지만 이에 대한 주관적 해석은 자기 비판적이다. 그래서 보통 키지만 작은 편이라고 하는 다소 모순적인 표현이 등장한다. 또 머리카락은 곱슬머리지만 대머리가 될까 두려워서 거세하듯 짧게 잘랐고, 목덜미는 성채나 절벽처럼 수직으로 떨어져 내려 남성적 자질을 드러내지만, 이마는 너무 튀어나와서 혹처럼 보이고, 정맥은 지나치게 굵으며, 얼굴은 여성의 얼굴처럼 반짝여서 부끄럽다는 해석이 이어진다. 그리고 털이 많이 난 손가락은 정신분석적으로 해석하면 남성성을 드러내지만 레리스는 이를 마치 성기처럼 가장 연약한 부위로 제시한다.

신체를 묘사하면서 레리스는 외모와 자존감 상실을 밀접하게 연결시키는데, 이것은 자서전 장르에서는 하나의 모델이 될 정도로 유명하다. 필립 르죈은 이에 대해 레리스가 "육체에 대한 가치 절하의 전략"[16]을 구사하고 있다고 지적한다. 카트린 모봉도 레리스가 자신을 추락시키고 위태롭게 하는 "탈신비화"[17] 전략을 구사한다고 지적한다. 제라르 코제는 레리스의 글쓰기를 "과거의 자신에 대한 진정한 학살 작용"이라고 하면서 "자살행위"로 정의한다.[18] 육체에서 비롯된 불안감은 나이를 먹을수록 심해지며, 육체와 '나'의 불화 상태는 다른 텍스트에서도 마찬가지로 강조된다.

> 내 육체에 강한 애착이 있고 또 옷을 잘 차려입음으로써 육체에 눈부신 외관을 부여하려고 노심초사하지만, 나는 내 육체조건에서 벗어나

고 싶었고 아주 오래전부터 나와 불화 상태에 놓여 있는 이 육체를 부정하고 싶었다.[19]

『성년』에는 '부정하고 싶은' 육체에 대한 담론이 지배적이다. 그래서 "육체의 비밀"을 고백하는 것과 모든 것을 고백하는 행위 사이에는 일정한 상관관계가 있는 것처럼 느껴지기도 한다.[20] 육체의 비밀은 에로티즘에서 잘 드러나는데, 그는 육체 의식과 주체 의식을 밀접하게 연결시킨다. 이 사실은 『성년』의 「주체와 대상」이라는 장에서 잘 드러난다. 레리스는 자기 또래 아이들이 맨발로 나무를 타고 오르는 것을 보고 아이들이 떨어질까 봐 두려워한다. 그러면서 첫 번째 발기 현상을 경험한다. 그는 외부 현상과 육체적 혼란 사이에서 "이상한 일치"를 확인할 뿐, 어떤 관계가 있는지 전혀 이해하지 못한다. 그리고 "원인 불명의 이 갑작스러운 발기는 자연이 내 몸속으로 난입한 것, 즉 외부 세계가 갑자기 무대 위로 올라온 것에 상응"[21]한다고 지적한다. 그에게 육체는 외부의 현상이 무대화되는 공간처럼 여겨진다.

이 에피소드는 엄격한 의미에서 자서전적 자아의 탄생 순간을 형상화하고 있다. 왜냐하면 나무를 타고 오르는 아이들을 보고 육체가 반응하여 자신이 성적인 '주체'가 되었고, 동시에 그런 반응을 보인 자기 육체가 해석의 대상이 되었기 때문이다. 좀 더 노골적으로 말하면, 그는 자기 육체에 뭔가가 '난입'했을 때 성적으로 흥분하는데, 이 '여성화된 육체'야말로 그가 해석해내야 할 대상이다. 그는 육체를 통해 해석해야 할 외부 세계를 발견하고 그때 자신을 주체로 인식한다. 따라서 "육체 의식을 최대한으로 감지"[22]하는 것은 한 아이가 주체이자 대상으로 탄생한 순간을 포착하는 방법 중 하나라고 할 수 있다.

『성년』의 서문 「투우를 통해 고찰한 문학론」은 육체의 관점에서도 새로운 시각을 보여준다. 이 서문을 간단히 요약하면, '투우사가 황소, 즉 죽음에 직면함으로써 자신의 위대함을 보여주듯이, 자서전 작가도 육체적 위기를 겪고 죽음에 직면할 때 삶과 글쓰기에 진정성을 부여할 수 있다'는 정도가 될 것이다. 육체의 진실은 죽음의 경험과 연결되어 있어서 죽음의 진실을 서술하지 못하면 육체를 제대로 경험하지 못한 것이 된다. 이러한 사실은 이후 다양한 에세이에서 변주되는데, 그 요체는 육체를 죽음과 대면하는 실존적 공간으로 간주하고, 삶에서 가장 중요한 행위는 죽음을 끌어들이는 행위라는 것이다.[23]

이와 같은 관점에서 볼 때, 자서전에 죽음을 끌어들일 수 있는가, 글쓰기가 죽음의 '체험'이 될 수 있는가라는 문제가 제기되는 것은 당연해 보인다. 죽고 나면 더 이상 글쓰기를 할 수 없다는 점에서 죽음과 글쓰기는 양립할 수 없음을 고려하면, '죽음의 경험'과 '죽음의 기술'이라는 이율배반적인 상황을 극복했는지 여부가 자신의 삶으로 이야기를 만드는 데 성공했는지를 가늠하는 기준이 될 수 있다. 레리스는 육체라고 하는 무대에서 전개되는 죽음의 드라마를 신화적·언어적 차원에서 성공적으로 재현하고 있다.

레리스에게 죽음의 드라마는 육체 중에서도 가장 연약한 기관인 목을 중심으로 이루어진다. '목'이라는 용어는 『올랭피아 목의 리본』에서 자서전의 제목으로 사용될 정도로 중요하다. 『성년』에서도 1장의 서두 인용문에 '목'이 등장하는데, 괴테의 『파우스트』에서 파우스트는 마르그리트의 환영을 보면서 "아름다운 목을 감싸고 있는 것 같은 하나밖에 없는 저 붉은 리본"[24]에 주목한다. 목을 감싸고 있는 리본이 '잘린 목'의 문학적 은유임을 감안하면, 레리스에게 리본이나 목은 모두 죽음의 환상과 연결된다. 다음 절에서 논할 '잘린 목 환상'은 레리스의 글쓰기를 지배하는 환상인데, 삶과 글쓰기에 죽음을 도입하는 문제는 다음과 같은 세 단계로 형상화되고 있다. 첫 번째는 성서의 인물인 홀로페르네스와 자신을 동일시하는 단계로, 이것은 신화적 차원에서 죽음을 이해하는 방식이다. 두 번째는 단어 해체하기인데, 단어를 의미와 연결시키지 않고 형태소적인 차원에서 마음대로 분절시키고 조작할 수 있는 질료로 다룸으로써 레리스는 죽음의 문학적 차원을 탐색한다. 마지막으로 자살 시도가 실패하고 받은 목 절개수술로, 레리스는 마침내 육체에 죽음을 새겼다고 생각한다. 이것은 죽음의 실천적 차원을 암시한다.

잘린 목 환상: 부재하는 기원

레리스의 '잘린 목 환상'을 이해하려면 『성년』의 5장 「홀로페르네스의 머리」에 주목할 필요가 있다. '잘린 목'이라는 제목으로 제시된 첫 에피소드에서 레리스는 자신을 여성화하고 목구멍이 마치 성기라도 되는 것처럼 편도선 수술을 강간당하는 체험으로 서술하고 있다. '부풀어 오른 성기'라는 제목을 달고 있는 두 번째 에피소드는 귀두염에 걸려 부풀어 오른 성기를 발기한 것처럼 서술한다. 이 두 에피소드를 통해 레리스에게 잘린 목 체험은 '성적인 체험'으로 이해되고 있으며, 특히 거세의 이미지를 감추고 있음을 알 수 있다.

잘린 목 체험은 레리스의 자서전을 관통하는 '성적인' 주제를 글쓰기의 기원과 관련시키기 때문에 중요하다. 레리스는 크라나흐의 그림에 등장하는 알레고리적인 두 인물 '루크레티아'와 '유디트'를 발견한 순간, 이 두 여성 덕분에 세계가 하나의 통일된 구조를 지니기보다는 이질적인 양극단 사이의 긴장 관계로 이루어졌음을 깨닫고 『성년』을 쓰게 되었다고 고백한다. 이 두 여성을 통해 말할 거리를 거의 찾을 수 없었던 자신의 진부한 삶을 신화적인 차원으로 고양시킬 수 있었던 것이다.

> [크라나흐의 두 그림]으로부터 이 페이지들을 쓸 생각이 떠올랐는데, 이 페이지들은 처음에는 크라나흐의 그림에 근거하여, 나를 짓누르는

상당수의 것들을 표현해냄으로써 그것들을 청산할 것을 목표로 한 단순한 고백에 불과했지만 그다음에는 기억의 요약, 내 삶의 모든 양상들에 대한 파노라마적 관점을 쓰는 것으로 변했다.[25]

루크레티아는 강간을 당하고 자신의 정숙함을 증명하기 위해 스스로 목숨을 끊은 로마의 여성이고, 유디트는 적장 홀로페르네스를 미모로 유혹한 후에 그의 머리를 잘라서 가지고 온 유대 민족의 영웅이다. 한 명은 슬픔으로 울고 있는 마조히즘을 상징하고 다른 한 명은 남자를 죽이는 사디즘을 상징한다. 이 두 여성은 대립적인 인물이지만, 레리스는 이를 한 인간에게서 동시에 찾아볼 수 있는 여성성과 남성성을 보여주는 것으로 이해했다. 개인사와 연결시키면, 레리스는 1924년에 동성애를 경험했고, 1926년에 결혼하는데, 자서전 초고를 쓰던 1930년에도 여전히 혼란에 빠져 있었다. 그는 자신이 육체적으로 저주받았다고 생각했지만, 이 두 그림을 발견함으로써 자신을 짓누르던 모순된 욕망과 타자와의 혼란스러운 관계를 이해할 수 있었다.

그러나 『성년』에서 루크레티아와 유디트는 양적으로 균등하게 배분되어 있지 않다. 루크레티아와 관련된 에피소드보다 유디트와 홀로페르네스와 관련된 에피소드가 압도적으로 많다. 게다가 레리스는 머리 잘린 홀로페르네스와 자신을 동일시하고, 머리 잘린 자, 즉 죽음을 경험한 자를 자서전을 쓰는 주체로 인정한다. 레리스는 크라나흐의 두 그림을 발견하고 삶의 모순적인 양상을 이해할 수 있었지만, 『성년』을 쓸 수 있었던 것은 이 두 인물 뒤에 감춰진 홀로페르네스와 자신을 동일시했기 때문이다. 그래서 드니 올리에는 그가 자신을 홀로페르네스와 동일시한 것이 "작품의 기원"이며 유디트도 목 잘린 홀로페르네스를 끌어들이기 위한 매개물에 불과하다고 지적한다.[26]

크라나흐의 두 그림을 발견한 것이 자서전을 쓰게 된 즉각적인 기원인 것은 분명하지만, 레리스의 글쓰기는 또 다른 기원을 감추고 있다. 레리스는 그 사실을 지나가듯 슬쩍 언급한다.

> 1930년 초가을—내가 관여하던 예술 잡지를 위해 세례 요한의 참수 그림을 찾다가—우연히 드레스트의 회화 갤러리에 전시되어 있는 크라나흐 작품의 복제본(게다가 잘 알려져 있는)을 보게 되었다.[27]

레리스는 바타유가 주도하던 잡지 『자료들』에 논문을 기고하기 위해 세례 요한이 참수당하는 그림을 찾고 있었는데, 이때 크라나흐의 두 그림 〈루크레티아〉와 〈유디트〉를 우연히 발견했다는 것이다. 흥미로운 사실은 레리스가 찾고 있었던 인물이 또 한 명의 목 잘린 사람인 세례 요한이었고, 그 과정에서 목 잘린 홀로페르네스를 발견했다는 점이다. 지나가는 길에 언급하자면, 레리스는 에로틱한 책을 써달라는 바타유의 요청에 따라 '루크레티아, 유디트, 홀로페르네스'라는 제목의 책을 썼는데 비록 그 책은 출간되지 않았지만 후에 『성년』의 토대가 되었다.

그런데 세례 요한이 참수당하는 그림은 시기적으로 볼 때 이에 앞선 또 다른 기원을 감추고 있다. 『성년』 1장의 첫 인용문으로 제시되어 있는 괴테 『파우스트』의 한 장면에서 잘린 목은 다음과 같이 은유적으로 표현되어 있다.

> 파우스트: 얼마나 감미로운가… 얼마나 고통스러운가. 저 시선에서 눈을 뗄 수가 없어. 아름다운 목을 감싸고 있는 것 같은 하나밖에 없는 저 붉은 리본 좀 봐, 참 이상하기도 하지… 폭이 칼등만 해.
>
> 메피스토펠레스: 그래 맞아. 나도 잘 보여. 자기 머리를 들고 있을 수도 있을 거야. 페르세우스가 머리를 잘랐으니까.[28]

마르그리트가 목에 두르고 있는 붉은 리본은 그녀의 목이 잘렸다는 증거다. 파우스트는 마르그리트의 잘린 목을 보며 고통스러워하면서도 동시에 아름다움을 느낀다. 그것이 레리스가 죽음에 대해 갖고 있는 환상의 내용이기도 하다. 흥미로운 사실은 파우스트는 자기 목이 잘리는 체험을 하는 것이 아니라 타인의 목에 남겨진 상처를 보며 간접적으로 죽음을 체험한다는 점이다. 파우스트는 죽음을 바라보는 관객이다. 관객이기 때문에 레리스도 죽임을 당하는 두려움 없이 쉽사리 파우스트와 동일시할 수 있었던 것이다.

어렸을 때, 레리스는 『파우스트』에 등장하는 마르그리트의 '잘린 목'을 꼭 보고 싶었다. 공연을 보러 갈 기회가 생기면 그는 미리 내용을 상상하고, 가수의 이름을 외우고, 전날 밤에는 잠을 이루지 못하고 흥분 상태에 빠져들 정도로 연극을 광적으로 좋아했다. 그런데 그는 한 번도 마르그리트의 잘린 목을, 심지어 마르그리트의 환영조차 제대로 본 적이 없었다. 그의 가족이 앉는 자리는 극장 오른쪽에 치우쳐 있어서 무대 귀퉁이에 등장하는 마르그리트를 볼 수가 없었던 것이다. 그는 죽음의 장면에서 배제되었다고 느낀다. 죽음의 장면을 항상 예감했지만 결코 '응시'할 수 없었기 때문에 욕망에 비례하여 그의 실망감은 이루 말할 수 없었다. 그는 자기 정체성을 "기대했다가 곧 후회하는 인물"[29]이라고 정의하는데, 예감만 가능하고 실제 행위는 불가능하다는 비관적인 관점은 이 경험에서 비롯된다.

지금까지의 논의를 간단히 요약하면, 레리스에게 기원의 탐색과 죽음의 탐색은 분리되지 않으며, 그것은 '잘린 목 환상'을 중심으로 펼쳐진다. 레리스는 세례 요한이 참수당한 그림을 찾는 와중에 크라나흐의 그림, 〈루크레티아〉와 〈유디트〉를 발견하고 자서전을 쓰게 된다. '잘린 목'에 대한 환상을 추적하다 보니 『파우스트』에 등장하는 마르그리트가 목에 맨 붉은 리본에 이르고, 그것을 목에 새긴 죽음의 흔적으로 간주함으로써 무대에 등장한 마르그리트를 한 번도 보지 못한 것을 부재하는 죽음 체험, 더 나아가 부재하는 기원으로 이해한다. 이런 식으로 레리스는 현재와 가장 가깝고 가장 구체적인 것에서 시작해 과거로 거슬러 올라가면서 기원을 탐색하다가 결국은 가장 현기증 나는 부재에까지 이른다. 이 일련의 미끄러짐을 통해 각각의 에피소드는 서로가 서로의 기원이자 결과로 드러나지만, 기원의 핵심이라고 할 죽음의 장면을 목격할 수 없기 때문에 기원 탐색은 '부재'에 도달할 뿐이다. 그래서 레리스는 "어느 순간부터 죽음에 대해 알고 있었는지를 밝히는 것이 나로서는 불가능하다."[30]라고 말한다.

레리스에게 삶이 비극적이라고 여겨진 것도 어찌 보면 그가 실질적인 죽음을 경험하지도, 목격하지도 못했기 때문이다. 죽음을 응시하는 것 자체가 불가능할 뿐 아니라, 죽음과 관련된 모든 체험은 결국 부재의 체험에 이르기 때문이다. 그는 죽음에서 고통을 겪는 게 아니라 죽음의 부재에서 고통을 겪는다. 그런데 여기에서 고통의 변증법이라고 할 수 있는 변화가 생긴다. 부재가 그의 욕망을 자극한다. 상상했던 장면을 결코 경험할 수 없었기 때문에 그 장면은 "끈질기게 원했던 성배(聖杯)",[31] 즉 강박적인 무엇이 된다. 죽음의 환상 때문에 정체성을 탐색하기 시작하지만, 기원의 탐색은 '체험 불가능성'을 확인할 뿐이어서 레리스의 자서전은 말할 수 없음을 중심으로 서술될 수밖에 없다.

도달할 수 없는 텅 빈 중심의 문제는 그의 자서전에서 다양하게 변주된다. 예를 들어 『삭제선들』은 갖고 싶었던 상상의 사물들, 또는 실제 사물들에 관한 이야기로 채워져 있다. 그가 언젠가 들어본 적이 있는 북과 나팔 소리가 동시에 나는 장난감이나, 축음기의 디스크로 사용되는 우편엽서 등이 대표적인 예인데, 그는 그것들을 갖고 싶었지만 갖지 못했고 나중에 그것들이 실제로 존재하고 자기 욕망을 만족시킬 수 있다는 사실을 알았을 때에는 오히려 큰 실망감을 느낀다. 『미세섬유들』에 서술된 루소의 무덤을 찾아가는 과정도 마찬가지다. 루소의 유해는 혁명 이후 팡테옹에 옮겨졌기 때문에 레리스가 방문한 루소의 무덤은 텅 비어 있었다.[32] 루소가 근대 자서전의 기원임을 감안할 때 레리스는 이 에피소드를 통해 자서전의 기원에 놓인 텅 빈 중심을 이야기하는 것으로 이해할 수 있다. 그래서 드니 올리에는 레리스의 자서전을 "빈 무덤의 글쓰기"로 정의한다.[33] 자서전은 도달할 수 없는 부재에 대한 욕망을 중심으로 이루어지며, 그 부재는 망각·상실·죽음·결핍 등으로 표현된다는 것이다.

'기원'을 언급할 때 꼭 다루게 되는 가족관계 또한 '부재'의 이미지와 연결되어 있다. 레리스는 오랫동안 쥘리에트를 친누나라고 생각했었는데, 알고 보니 쥘리에트는 작은아버지가 사망한 후 데려와 키운 사촌누나였다. 레리스는 이 에피소드를 탄생, 즉 기원에 대한 우화로 제시한다. 클로드 뷔르즐랭은 그의 가족관계가 탄생의 비밀을 중심으로 재구성되었다고 하면서 탄생 이야기가 도달할 수 없는 부재에 기반한다고 밝힌다.[34] 그의 자서전은 거짓말과 진실이 복잡하게 얽혀 있어서, 그 중심은 텅 비어 있는, 즉 부재일 수밖에 없다.

이와 같은 예들은 자서전이 기억을 탐색할 때 부딪히는 기원 탐색의 어려움을 알려준다. 최초의 기원은 첫 기억과 마찬가지로 단 하나만 존재하는 게 아니다. 기원은 다양한 상황에서 발견될 수 있다. 나탈리 바르베르제에 따르면 루소 이후 자서전은 "근원적 결핍"을 중심으로 구성되고, 자서전 속에 전개되는 이야기는 그 결핍을 메우는 대체물에 불과하다. 다시 말하면, "단 하나의 고정점이 없기 때문에 시작 지점이 다발로 존재하게 될 것이다."[35] 기원을 탐색할 때, 다양한 기원이 환기되는 것은 최초의 기원을 확인할 수 없기 때문이다. 레리스에게 최초의 기원이 마르그리트의 잘린 목 환상과 연결된다고 할 때, 그 기원을 실제로 확인할 수 없다면 그 부재는 글쓰기 차원에서 다양한 방식으로 변주될 수밖에 없다. 레리스가 단어를 해체하는 말놀이를 즐긴 이유도 부재하는 기원과 관련되어 있다.

단어를 해체하다

레리스에게 한 개인이나 작품의 기원은 죽음과 연결될 때 비로소 의미부여 된다. 그런데 죽음을 체험하는 것은 불가능하므로 레리스의 미학은 어떻게 죽음을 기술할 것인가 하는 문제로 이어진다. 기술할 수 없는 것을 기술해야 하는 난관에 직면한 셈인데, 이 문제를 레리스는 에둘러서 자신의 비루한 현실에 어떻게 미학적인 색채를 부여할 것인가라는 문제로 변형시킨다. 그래서 알랭-미셸 부아에는 "(레리스의) 위대함은 진부한 삶을 예술작품으로 변모시켰다는 데에 있다."[36]라고 단언한다. 목 자르기 환상이 기원을 찾아가는 과정이었듯이, 죽음의 문제 때문에 글쓰기에 대한 욕구가 강화되고, 글쓰기에 대한 욕구 때문에 레리스는 글쓰기의 질료인 '단어'에 더욱 예민하게 반응한다.

레리스는 한 인물의 정체성은 행위를 통해 규정된다고 생각하고 있었다. 『성년』을 쓰던 1930년대는 물론이고 실존주의의 영향을 받아 투우의 이미지를 중심으로 『성년』의 서문을 쓰던 1946년까지 그는 죽음과의 대면만이 삶에 의미를 준다고 생각했다. 『성년』에 서술된 수많은 에피소드 중에서 레리스는 '봉합 수술 자국'이라는 제목으로 서술된 부상 에피소드에 제일 큰 자부심을 느낀다. 열두 살 때 학교 운동장을 전속력으로 달리다가 맞은편에서 달려오는 친구와 부딪히는 바람에 벽에 내동댕이쳐져서 왼쪽 눈 위가 크게 찢어졌고 이를 꿰매는 수술을 받았다는 것이다. 지금도 더운 날이면 그때 생긴 흉터가 눈에 띈다고 한다. '죽음의 흔적'이라고 할 수 있을 그 부상 덕분에 그는 잠시나마 학교에서 영웅 대접을 받는다. 그러나 본인이 주인공이 되어 죽음을 경험한 이와 같은 사건은 극히 예외적이고 그의 자서전에는 신화적 영웅의 죽음, 오페라나 소설에서 보고 읽은 타인의 죽음만 가득하다. 억압적인 삶에서 해방되기 위해서는 죽음을 대면해야 하는데, 자신에게 그럴 용기가 없다는 사실을 그는 너무나 잘 알고 있다. 그래서 나치의 비밀경찰에 체포되면 그들이 고문을 할 필요도 없이 자신이 참여했던 항독 지하운동 조직을 다 불어버릴지 모른다고 자조적으로 말한다. 육체에 가해질 고통에 대한 두려움 때문에 그는 자신이 결코 '성년'에 도달하지 못하리라고 생각한다. 심지어 1924년 일기에 "사실 내가 진정으로 두려워하는 것은 죽음과 육체적인 고통, 두 가지밖에 없다. 치통 때문에 수면을 방해받지만, 정신적인 고통 때문에 잠을 자지 못한다고 말할 수는 없을 것이다."[37]라고 기술할 정도다.

이처럼 실제 삶에서 죽음을 경험하는 건 극히 예외적이다. 육체에 '상처'를 부여할 수 없다면 글쓰기가 상처를 부여할 수 있을까? 『성년』의 서문 「투우를 통해 고찰한 문학론」은 바로 이러한 사유의 결과물이다. 이 서문에서 레리스는 자서전 문학을 '행위'의 관점에서 다시 정의한다. 자서전적인 성찰의 글쓰기는 세 가지 차원, 즉 '자기 자신', '타인', '문학' 차원에서 행위여야 하며, '상상의 변모'가 아니라 현실의 변혁을 이루어내야 한다는 것이다.

그러나 『성년』 이후에 쓴 『게임의 규칙』에 이르면 행위에 대한 욕망보다는 언어 체험이 더 중요해지고 글쓰기의 유희적 성격이 증가한다. 나이를 먹어가면서 육체적 능력이 요구되는 '행위'보다 '글쓰기'의 중요성이 강조되고 존재의 의미를 글쓰기에서 찾으려는 경향이 두드러지게 나타나는 것이다. 이와 같은 방향 전환은 레리스 본인에게도 일종의 변절로 여겨진다.

자기 정체성을 '언어'와의 관계로 규정하는 것은 『성년』 이후에 뚜렷하게 드러나지만, 『성년』에서도 그 싹을 충분히 확인할 수 있다. 예를 들어 레리스는 자기가 먹었던 밀가루 수제비가 별이나 알파벳 문자 모양이었음을 밝히고 자신을 "언어를 먹는 자"로 규정하기도 한다. '자살(Suicide)'이라는 단어를 설명할 때에는 도판에서 본 자살 장면을 환기하면서, 칼이 뱀처럼 휜 형태와 단어의 음성적 효과를 결합시키기도 한다.[38]

언어와의 관계로 자신을 규정하면서도 레리스는 언어의 유희적 차원을 넘어 존재의 변모를 성취하고자 한다. 다시 말하면 '시인'은 언어를 시적으로 사용하면서 존재를 변화시키는 자, 즉 행위하는 자라는 것이다. “나는 기꺼이 절대와 영원에 대해 말했으며, 인간은 단어를 서정적으로 사용함으로써 모든 것을 변모시키는 힘을 갖게 된다고 생각했다. 나는 *상상적인 것*, 즉 현실의 대체물이며 우리가 마음대로 창조할 수 있는 세계에 지배적인 중요성을 부여했다.”[39]라는 고백에서 알 수 있듯이 레리스는 평생 변함없이 언어의 힘을 신뢰했고 언어 사용이 행동 그 자체이기를 원했다.

'언어의 시적 사용'은 주로 단어를 '해체'하는 놀이 형식으로 이루어진다. 그의 개인 단어집인 『단어집에 내 주석을 늘어놓다』의 서문에 따르면, 단어 놀이 자체가 정체성 탐색을 위한 방식으로 사용되고 있다.

> 우리가 좋아하는 단어를, 어원을 무시하고 또 널리 받아들여진 의미를 고려하지 않고 해체함으로써, 우리는 단어의 가장 깊숙이 감춰진 힘을 발견하게 된다. 그렇게 해서 은밀한 가지치기가 이루어지는데, 그것은 소리와 형태와 개념으로 연결되고 유도되어 언어 전체로 뻗어나간다. 그때 언어는 신탁으로 변하며 그곳에서 우리는, 그 실이 아무리 가늘어도, 우리 정신의 바벨탑에서 우리를 이끌어줄 실을 갖게 되는 것이다.[40]

레리스에게 단어 '해체'는 삶을 시적으로 변모시키는 연금술적 행위로 이해된다. 단어를 해체함으로써, 의사소통 기능에 한정되어 고정된 의미만 되풀이하는 단어를 해방시킬 수 있다는 것이다. 레리스는 단어 사용에 극히 민감한 반응을 보이는데 그 이유는 한 단어에 부여한 개인적인 의미가 단어 사용자의 정체성을 드러낸다고 믿기 때문이다. 사전적 의미로만 사용되는 단어는 자기 존재를 박탈당한 언어이며 그 언어를 사용하는 자 또한 정체성을 박탈당한다는 것이다. 그는 언어 탐색이 무질서한 정신에 질서를 부여하는 '아리아드네의 실'과 같은 역할을 한다고 생각했고, 언어를 통해 존재의 진실에 도달할 수 있으리라고 기대한다. 언어적 현실에 죽음의 절박함을 부여할 수 있다고 믿은 것이다. 이 논리를 밀고 나가면, 단어를 '해체'하는 놀이가 '잘린 목'을 보고자 하는 강박관념과 같은 근원에서 비롯되었다는 사실을 이해할 수 있다.

단어와 '잘린 목'의 관계는 『게임의 규칙』 1권 『삭제선들』의 첫 장 「...Reusement!」에서 가장 잘 드러난다. '다행이야'라고 말할 때 프랑스 사람들은 "Heureusement."이라고 말하는데, 프랑스어에서는 'h'가 발음되지 않기 때문에 얼핏 들으면 이 단어의 첫 부분인 'heu'가 거의 들리지 않고 'reusement'처럼 들린다.

어렸을 때 레리스가 우연히 장난감 병정 하나를 떨어뜨렸는데, 그게 깨지지 않고 멀쩡하자 "...Reusement!"이라고 외친다. 곁에 있던 어떤 어른이 "Heureusement."이라고 발음을 정정해준다. 레리스는 올바른 형태인 'heureusement'으로는 자신이 느낀 안도감을 제대로 드러내지 못하고, 단어의 앞부분이 잘린 'reusement'이어야 감정을 제대로 전달할 수 있다고 생각한다. 형태적으로 볼 때 'reusement' 앞에 놓인 말줄임표는 있었던 뭔가가 생략된 흔적이며, 좀 어렵게 표현하면, 부재의 현존을 드러내는 지표다. 잘린 목의 이미지를 끌어들이면, 이 단어는 온전한 단어의 앞부분을 잘라낸 것 같은 느낌을 준다.

'...Reusement!' 에피소드는 『게임의 규칙』의 선언문 같은 역할을 한다. 이 에피소드에서 레리스는 자신이 더 이상 행동의 주체가 아니고 언어 존재로 탄생했음을 알려준다. 레리스에게 탄생은 생물학적 탄생을 의미하지 않는다. 이 언어 습득 체험을 유년기에서 성년기로 넘어가는 과정과 연결시키면, 어른의 세계로 '진입'하기 위해서는 어린아이의 언어를 '상실'하는 대가를 치러야 한다. 어른이 되려면 자기만의 언어를 상실하고 타인의 언어를 사용해야 한다. 유희의 시기가 끝나고 금기와 법칙에 근거한 의사소통의 시기가 도래한 것이다.

레리스에게 유년기와 성년기는 '훼손된 단어'와 '완전한 단어'의 대립으로 구별된다. 게다가 성년으로의 진입이 '상승'의 이미지로 제시되지 않고 장난감의 '추락'으로 제시된 것도 의미심장하다. 아담이 에덴동산에서 추방되는 것처럼 레리스도 유년기에서 추방되고 자기만의 언어로부터 배제된다. 이 체험은 자기 자신으로부터 분리되는 일종의 거세 체험이라고 할 수 있다. 이 에피소드에 대해 언급하면서 레리스는 "(어른의) 지적 때문에 즐거움이 갑자기 끝나고 말았다."[41]라고 서술하는데, 이때 사용된 동사 'couper'는 주목을 요한다. 이 동사는 '자르다'라는 뜻이므로 원문은 "(어른의) 지적 때문에 즐거움이 짧게 잘렸다."라고 번역될 수 있다. 따라서 이 에피소드에서는 '자르기'가 이중으로 문제되고 있다. 레리스는 단어의 머리에 해당하는 부분을 자른 상태로 발음하고 어른은 그의 즐거움을 자르기 때문이다. 이 에피소드는 언어 차원에서 서술된 '목 자르기'의 변이형인 셈이다.

'...Reusement!' 에피소드는 레리스에게 잃어버린 유년기가 '머리 잘린 세계'임을 알려준다. 레리스에게 유년기를 탐색하도록 끊임없이 추동한 원인은 바로 "...Reusement!"이라는 말 앞에 놓인 말줄임표라는 것이다. 생략된 것, 삭제된 것, 거세된 것, 잘린 것, 그 어떤 용어를 사용해도 말줄임표는 그 단어를 둘러싼 숭고한 결핍이 존재함을 보여준다. "...Reusement!"이 레리스가 추구하던 '충일성'을 표현한다면 그것은 말줄임표로 드러나는 '없음'이 그 의미를 더욱 풍요롭게 만들기 때문이다.

말줄임표에서 무엇이 사라졌는지를 아는 것은 그다지 중요하지 않다. 중요한 것은 말줄임표가 단어의 앞부분에 놓여 있으며, 그 단어의 머리에 해당되는 부분이 사라졌고, 그 사라진 부분에 '말줄임표'라고 하는 흔적이 남았다는 점이다. 이 관점에 서면, 『파우스트』에 등장하는 마르그리트는 잘린 목이 보이지 않았다는 사실만큼이나 그녀의 목이 칼등만 한 폭의 '붉은 리본'으로 감싸여 있다는 점 때문에 매혹적이다. 붉은 리본은 보이지 않는 상처를 감추는 동시에 죽음을 드러내는 흔적이기 때문이다. "...Reusement!"의 '말줄임표'가 마르그리트의 잘린 목을 언어 차원에서 다시 형상화한 것이라고 이해할 때, 그 말줄임표는 침묵에 형태를 부여하는 방식이 된다. 말줄임표는 침묵이며 부재를 나타내지만, 그 침묵은 자신이 존재하고 있음을 외치는 '말하는 침묵'이다.

언어를 시적으로 사용하는 것이 레리스에게는 유년기의 세계로 돌아가는 것이며, 유년기로 돌아가는 방법 중 하나가 훼손된 언어로 복귀하는 것이다. 그러나 성인의 세계에 진입한 이상 의사소통의 언어 또한 포기할 수 없다. 그러므로 '어떻게 어른의 언어로 잃어버린 유년기를 재형상화할 것인가?'라는 새로운 문제가 제기된다. 이것을 해결하려면 추락과 죽음과 삭제의 표시인 '말줄임표'에 해당하는 것을 삶에서 찾아야 한다. 다시 말하면, 삶에서 '잘린 목'의 효과를 얻어내야 한다.

레리스 사후 발간된 『일기』를 둘러싼 논의에서도 부재하는 것, 다시 말해 텍스트 차원에서 수행된 '말줄임표'를 확인할 수 있다. 레리스는 그 일기의 첫 몇 페이지를 찢어버렸는데, 숀 핸드는 그렇게 찢어낸 페이지에 동성애 체험이 쓰여 있다고 주장하면서, 찢겨나간 그 몇 페이지를 "결핍된 기원"으로 부를 것을 제안한다.[42] 일기에 다른 사람들은 말하지 않는 부부관계까지 세세히 기술하고 있음을 감안하면, 레리스가 동성애에 대해서도 숨김없이 서술했으리라고 충분히 짐작할 수 있다. 다만 그는 고백한 후에 그 부분을 찢어버림으로써 일종의 말줄임표를 만들어낸 것이다. 찢어낸 것이나 말줄임표는 분명 부재이며 침묵이지만, 너무나 많은 것을 말하는 침묵이어서 그 부재 때문에 독자의 상상력은 한층 더 자극된다. 레리스의 말을 빌리면, '결핍'은 시적 영감의 근원이다.

> 내가 여기에서 이 여자에게 말을 건네는 것은 단지 그녀가 부재하기 때문이다.(부재하는 사람에게 쓰는 것이 아니라면 누구에게 글을 쓸 수 있겠는

> 가?) 멀리 있기 때문에 그녀는 내 추억과 섞이고 나와 대부분의 내 생각들 사이에 끼어든다. 분명히 말해, 그녀가 *사랑했던 대상*이라는 사실이 문제가 아니고 단지 *멜랑콜리의 실체,* 나에게 결핍된 모든 것의 이미지—우연일지도 모르지만 적절한—라는 것이 문제다. 다시 말해, 그녀는 내가 욕망하는 모든 것의 이미지이며, 내 생각을 드러내고, 설득력이 있든 없든 내가 항상 느끼고 있는 결핍감을 문장으로 표현해내며, 그것을 종이 위에 고정시키려고 하는 긴급한 욕구를 나에게 불러일으키는 모든 것의 이미지다. 시적 뮤즈는 죽은 자, 접근할 수 없는 자, 부재하는 자일 수밖에 없다는 것, 시적 건축물은—구리로 주위를 둘러싼 하나의 구멍에 불과한 대포와 유사해서—사람들이 갖고 있지 않은 것에만 근거할 수 있다는 것, 그리고 결국 이 부재를 채우기 위해서 또는 기껏해야 우리의 가장 명석한 부분과 관련하여 이 거대한 심연이 입 벌리고 있는 곳을 설정하기 위해 글을 쓸 수 있을 뿐이라는 생각을 내가 아무리 잘 이해하고 있다고 할지라도 말이다.[43]

여기서 언급되고 있는 여자는 한때 연인이었던 테레즈 오브레인데, 그녀는 헤어졌기 때문에 글쓰기의 대상이 된다. 그래서 그녀는 '나에게 결핍된 모든 것의 이미지'이자, '내가 욕망하는 모든 것의 이미지이며, 내 생각을 드러내고, (…) 내가 항상 느끼고 있는 결핍감을 문장으로 표현해내며, 그것을 종이 위에 고정시키려고 하는 긴급한 욕구를 나에게 불러일으키는 모든 것의 이미지'로 의미부여 된다. 그녀는 부재이며 메워야 할 구멍이 된다. 결국 과거에 대해 말하는 것은 부재, 구멍을 메우는 행위일 뿐이다. 그리고 이런 '죽은 자, 접근할 수 없는 자, 부재하는 자'의 원형은 '잘린 목'을 가진 마르그리트다.

이름과 여성성

죽음을 경험한다는 것은 자신을 죽은 자, 부재하는 자로 경험하는 것이다. 레리스 같은 자서전 작가에게는 글쓰기가 추상적인 죽음이 아니라 실제 죽음을 부과하는 방식이 되어야 하며, 그러기 위해서는 글쓰기 자체가 행위가 되어야 한다. 그런데 레리스는 글쓰기가 행위의 대체물에 불과할 뿐 결코 행위가 될 수 없다고 생각한다. 글쓰기로는 실체에 도달하지 못하고 대체물에 만족할 수밖에 없다는 것이다. 이런 생각은 출생과 관련된 부분에서도 드러나는데, 레리스는 출생 에피소드를 이름과 관련하여 서술한다.

'이름'은 자서전 장르의 문제를 제기하고 동시에 정체성의 문제를 제기한다는 점에서 자서전 작가에게 매우 중요하다. '작가, 서술자, 주인공의 이름'이 동일하다는 데에 착안하여 필립 르죈이 '이름의 동일성'을 자서전 장르의 규약으로 제안한 이후, 연구자들은 자서전 작가가 이름을 제시하는 방식에 대해 깊은 관심을 기울였다. 레리스도 그의 이름 '미셸(Michel)'과 관련하여 다양한 에피소드를 제시한다. 레리스가 1927-1928년에 쓴 초현실주의 소설 『오로라』의 주인공 이름은 '다모클레스 시리엘'인데, '시리엘(Siriel)'은 '레리스(Leiris)'의 스펠링을 거꾸로 한 것이다. 또 어렸을 때 레리스는 투우사나 경마기수를 영웅으로 간주했는데, 그중에서 경마기수 '조지 미첼(Georges Mitchel)'을 가장 좋아했다. 그가 특별히 뛰어나서가 아니라, 단순히 이름이 자신과 비슷했기 때문이다. 레리스는 이름이 존재 자체와 연결된다고 생각하고 다음과 같이 밝힌다. "이 이름에 동일시하는 데에는 우리가 존경하는 인물들의 정신을 육화함으로써 우리 자신이 위대하고 강하다고 느끼는 것 이외의 다른 목표는 없었다."[44] 그래서 경마기수 '미첼'을 모방하고 그의 영웅적 이미지에 어울리는 행위를 하려고 노력한다. 이런 식으로 이름은 그가 어떤 인간형을 이상형으로 생각하는지 알려준다.

이름과 관련하여 가장 흥미로운 예는 그의 여성화된 이름 '미슐린(Micheline)'과 관련된 에피소드다.[45] 레리스의 어머니는 아들 삼 형제를 낳기 전에 첫 딸 '마들렌-프랑수아즈'를 낳았는데 어린 나이에 죽고 말았다. 레리스를 임신했을 때 딸을 낳기를 바라면서 '미슐린'이라는 이름을 생각해두었는데 아들을 낳자 그의 이름을 '미슐린'의 남성형인 '미셸'로 지었다. 그래서 미셸 레리스는 자신을 죽은 자, 부재하는 자의 대리물로 간주하고 더 나아가 태어날 때부터 자기 정당성을 상실했다고 생각한다.

자기 이름의 기원인 '미슐린'이라는 이름은 레리스의 정체성에 큰 영향을 끼친다. 어머니가 딸을 원했다는 사실을 감안하면, 이 여성화된 이름에 대해 레리스가 보이는 반응은 그가 자신의 여성성과 맺고 있는 관계를 암시한다. '미슐린'이라는 이름을 살펴보기 전에, 그의 별명이 '님프'나 '집시'처럼 여성형이었다는 사실을 미리 언급해두자.

'에로티즘'의 관점에서 '성년'에 도달하는 것이 가능한지를 살펴보는 이 자서전에서 '미슐린'이라는 이름은 가장 중요한 순간, 즉 성적인 입문 과정에서 등장한다. 첫 애인이었던 케이와 사귀던 시점에 레리스는 육체적으로나 정신적으로 무력감에 빠져 있었다. 밤에 케이를 바래다줄 때 술 취한 사람이 시비를 건 적이 있었는데, 레리스가 겁에 질려 제대로 대응조차 못한 반면 케이는 그 사람을 우산으로 위협해서 쫓아낸 적도 있었다. 레리스는 남자로서 능동적으로 행동하지 못한 데 대해 심한 모욕감과 무력감을 느낀다. 그러던 어느 날 재미 삼아 연극을 하면서 레리스와 케이가 옷을 바꿔 입고 레리스가 여자 역할을 하게 된다. 이때 케이가 그를 '미슐린'이라고 부른다. 남성의 역할을 수행할 필요가 없어지자 그는 편안함을 느낀다. "나로서는 여자로 있는 것이 우스꽝스럽기는커녕 편하고 자랑스러웠다. 변장한 덕분에 되는대로 가만히 있기만 하면 되었기 때문에 내게서 모든 어려움이 사라졌다. 이 뚜렷한 성의 변화에서 나는 긍정적인 즐거움을 발견했다."[46] 사랑하는 여성 앞에서 늘 그렇듯이, 그날 일종의 '성스러운 공포'에 사로잡혀 육체관계를 맺지 못한 반면, 며칠 후 케이와 성관계를 맺게 된다.

이처럼 그가 성인으로 첫발을 내딛는 과정에서 '이름'은 중요한 심리적 역할을 담당한다. 중요한 점은 '미슐린'이라는 이름이 '미셸'이라는 이름의 여성형이며, 레리스는 자신을 여성에 동일시할 때 비로소 성적인 경험을 할 수 있었다는 사실이다. 죽은 누나를 대신하는 이름 '미슐린' 때문에 레리스는 자신이 죽은 자의 대체물에 불과할 뿐 자기 자신으로 존재하지 않는다는 식으로 그 이름에 대해 부정적인 반응을 보였는데, 왜 케이와의 관계에서는 여성화된 이름 덕분에 성관계가 가능했고 자기실현을 했다고 느꼈을까? 이 질문에 대답하기 위해서는 이름과 성적 정체성 문제, 그가 '여성성'[47]과 맺고 있는 관계, 더 나아가 죽음과 맺고 있는 관계를 질문할 필요가 있다.

비록 연극적인 상황이긴 했지만, 케이와 옷을 바꿔 입고 그가 여성의 역할을 떠맡고 여성의 이름을 가짐으로써 자신에게 요구되던 성 역할이 바뀐 것은 분명하다. 또 미슐린으로 불린 것은 그가 자기 자신으로 존재하지 않는다는 것, 자신은 죽은 누나를 대신하는 존재라는 것을 암시한다. 이름을 빌림으로써 레리스는 그 인물의 특성 자체를 빌린 것이다. 여기에서 두 가지 중요한 사실을 확인할 수 있다.

우선 이름의 문제는 그의 기원에 놓인 '여성성'의 존재를 알려준다. 그는 남성으로 태어나기 전에 어머니의 상상과 욕망 속에서 이미 '여성'으로 존재했다. 그러나 영웅 신화를 신봉하고 성장하면서 레리스는 자기 존재의 기원에 놓인 여성성을 무시한다. 그가 느꼈던 무력감은 남성으로 행위하지 못하기 때문이 아니라 남성성과 여성성이 균형을 이루지 못했기 때문에, 즉 스스로에게 남성성을 강력하게 요구하고 여성성을 억압했기 때문에 발생한다. '미슐린'이라고 불렸을 때 비로소 성관계를 할 수 있었던 것은 억압이 해소되었기 때문이다. 따라서 케이와의 성관계는 자신에게 억눌려 있던 여성성을 발견하고 그 여성성과 관계 맺는 체험이었던 것이다. 여성성을 발견하는 것은 욕망의 대상이 되는 것을 의미하지만, 독특한 점은 욕망의 대상이 됨으로써 욕망의 주체가 될 수 있었다는 점이다. 그리고 그것이 자서전을 쓰는 작가의 위상이기도 하다. 자서전 작가는 자기 자신을 대상으로 글을 쓰는 주체가 아니던가?

다음으로 자신을 죽은 자, 부재하는 자와 동일시함으로써 여성성을 발견했다는 점에 주목할 수 있다. '미슐린'이라는 이름을 매개로 죽은 누나와 동일시하는 것은 자신에게 금지되어 있던 '죽음'을 경험하는 방식이라고 할 수 있다. 게다가 그 이름은 '미셸'이라는 이름 이전에 존재했던 이름, 마치 숨겨진 기원처럼 작동하는 이름이다. 레리스에게 기원 탐색이 마르그리트의 잘린 목, 즉 죽음을 경험하는 방식이었음을 환기하면, '미셸'로서 '미슐린'을 경험하는 것은 죽음을 경험하는 방식이라고 할 수 있다. 그는 자기 성 정체성의 기원과 죽음을 동시에 탐색하는데, 그 이유는 '미슐린'이 이미 불가능한 존재, 부재, 죽음을 의미하기 때문이다. 그러므로 여성화된 이름 '미슐린'으로 레리스는 자신에게 결핍된 '여성성'과 '죽음'을 경험한다. 그것이 레리스에게는 기원 탐색의 두 측면인 것 같다.

꽉 다문 입술: 죽음을 서술할 권리

지금까지 살펴본 것처럼 레리스는 세 가지 차원에서 '잘린 목'을 체험했다. 『파우스트』에 등장한 마르그리트를 통해 '신화적 차원'에서 '잘린 목'에 대한 이론적인 지식을 갖게 되었고, 떨어졌지만 깨지지 않은 장난감을 통해 '언어적 차원'에서 말줄임표 형태로 '잘린 목'을 경험했다. '성적인 차원'에서는 '미슐린'이라는 이름을 매개로 죽은 누나와 동일시함으로써 부재하는 여성성의 형태로 또다시 '잘린 목'을 경험했다. 이제 그에게는 '육체적 차원'에서 이루어야 할 '실제적인' 죽음 경험만 남아 있다.

레리스는 『성년』에서 결말을 알지 못하면 그 사건에 참여하지 못한 듯한 느낌을 받는다고 말한 적이 있다. 모든 것의 결말인 죽음을 경험하지 못하는 한 모든 것은 결핍에 불과하다는 것이다.

> 솔직히 말해, 나는 *내가 죽는다*고 말할 수 없다. 왜냐하면—격렬하게 죽든 그렇지 않든—나는 그 사건의 일부분밖에 참여하지 못하기 때문이다. 죽음을 생각하며 느끼게 되는 대부분의 공포심은 여기에서, 즉 내가 사라짐으로써 영원히 그 결말을 알지 못하게 될 어떤 위기의 한가운데에 중단된 채 남겨지게 된다는 현기증에서 비롯되는 것인지도 모른다.[48]

레리스는 죽음을 '체험하기'를 갈망한다. 그러나 죽음은 결정적 사건이어서 '내가 죽어봤더니…'라는 식으로 말할 수 있는 사람은 없다. 그래서 레리스는 '나는 내가 죽는다고 말할 수 없다'라고 말한다. 죽음은 '말'과 양립할 수 없다. 글로 쓰인 모든 죽음은 제대로 죽지 못한 자가 드러내는 미완성의 체험에 불과하다. 죽음이 비현실적이고 불합리한 것처럼 보이는 이유는 죽음이 완성될 수 없기 때문이다. 마찬가지로 언어로 표현된 죽음은 중단된 죽음, 결말을 알지 못하는 위기일 뿐이다.

어떤 죽음이 '결말을 아는' 죽음이 될까? 오르페우스 신화가 한 가지 가능성을 보여준다. 에우리디케가 죽은 후 오르페우스는 지하 세계로 가서 아내를 돌려달라며 자신의 음악으로 하데스와 페르세포네를 설득한다. 그리고 지상에 올라갈 때까지 뒤돌아보지 않겠다는 약속을 하고 아내를 데리고 지상의 세계로 나아간다. 그러나 출구를 앞두고 뱀에게 발을 물린 아내가 잘 따라오는지 걱정되어 뒤돌아보는 바람에 아내는 다시 지하 세계로 사라진다.

모리스 블랑쇼는 오르페우스가 뒤를 돌아본 그 순간에 문학이 탄생했다고 말한다. 오르페우스는 아내를 잃었지만 죽은 아내의 얼굴을 봄으로써 살아 있는 자로서 죽음을 본 유일한 자가 되었고 그때부터 자신이 엿본 죽음을 노래하는 것이 시인의 임무가 된다. 블랑쇼에 따르면, 오르페우스 신화의 핵심은 에우리디케를 지상의 세계로 데려오지 못한 '실패'에 있다. 그 실패 때문에 오르페우스는 죽음과 부재를 노래하는 시인이 되고 부재 자체가 영감의 근원이 된다.[49] 비록 죽음을 경험하는 것은 불가능하지만, 오히려 실패함으로써 삶과 문학의 양립 불가능성을 극복한 데에 오르페우스의 진실이 있다.

여기에서 죽음과 시적 영감, 그리고 글쓰기의 지평이 새롭게 열린다. 레리스에게 결말을 안다는 것은 자신이 경험한 죽음의 체험을 '기술'해야 한다는 것을 의미한다. 그는 에로티즘이나 죽음을 육체적으로 경험하고 그것을 자서전에 기술해야 한다. 그렇지 않으면 그 경험은 실현되지 않은 것과 동일하다.

지금까지 기원에 대한 탐색이 부재를 확인하는 데에 한정되었다면, 이제 그렇게 확인된 부재하는 죽음을 육체의 차원에서 경험하고 그것을 다시 언어화하는 어려운 일이 남는다. 기원을 탐색한 결과 그 기원에 죽음이 놓여 있다면 자신의 '육체'로 죽음을 경험하는 것은 물론이고 이제 그 죽음으로부터 살아남아 자신이 경험한 죽음을 기술해야 하는 것이다. 그때 자기 탐색은 자서전적인 목적에 부합하는 행위가 될 수 있다.

어떻게 해야 죽음을 경험하고 그 죽음을 말할 수 있을까? 어떻게 해야 죽음 경험과 고백이 서로를 배제하지 않는 '행위'가 될 수 있을까? 마르그리트의 '잘린 목' 에피소드에서 보았듯이, 기원의 탐색이 죽음의 부재와 연결되었다면, 고백하기 또한 '잘린 목' 차원에서 해결되어야 한다. 목을 자른 후, 어떻게 해야 '잘린 목'에 대해 말할 수 있을까?

잘린 목에 대해 '말하려면' 잘린 목을 다시 이어 붙이는 수밖에 없다. 이전에는 '영웅'이 되기 위해 목이 잘리는 비극을 무릅써야 했다면, 이제 '자서전 작가로서' 그 사건을 이야기하기 위해서는 잘린 머리를 다시 붙여야 한다. 루이 마랭에 따르면 "목 자르기와 다시 붙이기, 참수와 다시 이어 붙이기"[50]는 분리될 수 없을 정도로 결합되어 있다. 『미세섬유들』에 서술된 주요 주제 중 하나가 목 자르기와 다시 붙이기이며, 그것은 레리스의 자살 시도를 통해 구체적으로 드러난다.

레리스는 50대 중반에 바람을 피운다. 그때까지 그는 자신에게 일어난 일들을 빠짐없이 메모지에 쓰고, 그것을 일기에 옮겨 쓰고, 나중에 자서전에 다시 옮겨 쓰는 식으로 작업하면서, 삶과 글쓰기가 분리되지 않는 삶을 살아왔다. 그런데 불륜의 관계를 맺었던 그 여자가 자신과 관련된 일은 글로 쓰지 말 것을 요구하자 삶과 글쓰기가 분리되면서 레리스는 선택의 기로에 놓인다. 불륜과 관련된 것을 쓰지 않고 지금부터 거짓된 삶을 살 것인가, 아니면 약속을 깨고 그 여자와 관련된 삶을 기술할 것인가? 어떻게 행동해도 그로서는 자서전의 가장 중요한 원칙인 '성실성'을 위반하게 된다. 불륜과 관련된 에피소드를 쓰지 않으면 '모든 것을 고백하기'라는 자서전의 성실성 원칙을 위반하고, 관련 에피소드를 기술하면 타인에게 한 '약속의 성실성' 원칙을 위반하기 때문이다. 진퇴양난에 처하게 된 레리스는 수면제를 먹고 자살을 시도한다. 며칠 동안 혼수상태에 빠지자 영양 공급을 위해 목을 절개하고 그동안 그는 말을 못하게 된다.

이 자살 시도를 레리스는 "위대한 모험의 순간"이라고 하면서, "난관이라고는 거의 없는 내 삶의 여정에서 내가 감히 무릅썼던 유일하게 중요한 위험을 표상"[51]한다고 규정한다. 우리의 관점에서 볼 때, 이 자살 시도의 핵심은 약을 삼키는 행위에 있지 않고, 그 시도의 결과, 즉 목을 절개한 데에 있다. 목을 절개한 덕분에 레리스의 자살 시도는 '목 자르기'라는 치명적인 행위가 된다. 게다가 그 행위에는 더 큰 장점이 있다. 마르그리트의 '잘린 목'이 부재의 체험이었다면, 이 자살 시도는 목을 절개했다가 다시 봉합할 때 레리스가 "여섯 개의 발을 가진 벌레"[52]라고 이름 붙인 흉터를 남겼기 때문이다. 이 흉터를 레리스는 비가시적 죽음이 구체적인 형태를 띠고 나타난 것으로 이해한다.

레리스는 목을 꿰맨 상처를 마치 단두대에서 목이 잘린 것처럼 죽음을 육체에 새긴 아주 드문 경험으로 간주한다. 육체가 죽음의 기억을 간직한 공간이라는 사실은 다음과 같은 말장난에서 그 의미가 더 분명히 드러난다. 레리스의 마지막 자서전은 제목이 '뿔피리를 불고 고함을 지른다'는 의미의 『떠들썩하게(*A cor et à cri*)』인데, 프랑스어로는 '아 코르 에 아 크리'라고 읽는다. 그런데 두 번째 'à'를 생략하고 읽으면 '아 코르 에 크리', 즉 'A corps écrit'로 말장난할 수 있는데 우리말로는 '글이 쓰인 육체'라는 뜻이다. 이런 의미에서 목을 꿰맨 상처는 자신의 육체에 글을 새기고자 하는 환상이 실현된 예로 간주될 수 있다. 레리스는 그 상처가 옷을 잠그는 '훅단추'처럼 보인다고 하면서 상처를 다음과 같은 이미지로 표현한다.

> 내 목에 몇 센티미터 크기의 상처로 남은 두 입술은 매우 넓게 벌어진 두 개의 가장자리를 결합함으로써 옷을 잠그는 버클이나 브로치 같은 보석과도 같다.[53]

레리스는 상처 때문에 벌어진 부위를 꿰맨 것을 보고 이를 '훅단추'라고 부르는데, 글쓰기의 관점에서 볼 때 상처는 훅단추를 채울 수 있는 가능성, 즉 글쓰기를 끝마칠 가능성으로 이해되고 있다.

그런데 이 '훅단추'보다 더 흥미로운 것은 그가 자살 시도 끝에 육체에 남겨진 상처를 '여섯 개의 발을 가진 벌레'로 이미지화하고, 그것이 마치 두 입술을 결합시켜 놓은 것과 비슷하다고 생각한다는 점이다. 목에 남은 흉터를 입술로 이미지화함으로써 레리스는 마침내 흉터와 말하기를 연결시키는 데 성공한다. 이 상처가 레리스에게 어떤 의미를 지니는지 살펴보려면 그가 자서전을 쓰는 이유가 부재하는 것에 형태를 부여하는 것이었음을 다시 한번 환기할 필요가 있다. 그것을 서술하기 위해 레리스는 '과녁'이라는 용어를 사용한다.

과녁: 외부의 무엇, 정의해야 하는 감미롭지만 찾을 수 없는 대상, ―이것을 정의한다는 것은 그것을 발견한다는 것일까? ―그 대상의 부재가 왜 내 삶이 불안하고 무료한 상태로 흘러가는지, 왜 막연하고 헛된 공상을 넘어서지 못하고 욕망의 상태로 흘러가는지를 설명해준다. 박탈당한 불안한 욕망의 대상, 그 대상에 죽음에 대한 나의 불안이 연결되어 있으며, 그것에 나 자신이 연결될 수 있고, 그 속에서 내가 나를 잊을 수 있는 사물.[54]

과녁은 '감미롭지만 찾을 수 없는 대상'이어서 과녁을 추구하는 사람은 언제나 '박탈당한' 상태에 놓인다. 절개수술 자국 덕분에 레리스는 마침내 '막연하고 헛된 공상'을 넘어 욕망하던 '과녁'에 도달했다고 믿는다. 육체에 남겨진 죽음의 흔적은 그가 죽음을 무릅쓴 용기 있는 자임을 증명하는 증표이기 때문이다.

목의 흉터를 '입술'로 이미지화한 것은 매우 흥미로운데, 레리스가 '입'을 중심으로 정체성 탐색을 한다는 사실은 『성년』에서도 확인할 수 있다. 우선 입은 성기를 대신하는 기관으로 제시된다. 예를 들면 「사창가와 박물관」에서 창녀가 자신의 일을 한 후에 입을 헹구는 장면이 서술되어 있는데, 이것은 그의 관능적 환상이 입을 중심으로 전개되고 있음을 알려준다.[55] 또 자신의 시적 건축물을 "구리로 주위를 둘러싼 하나의 구멍에 불과한 대포"로 정의했듯이, 대포 구멍은 입술이 둘러싸고 있는 구멍인 입의 변이형이라고 할 수 있다. 특히 레리스의 상상 속에서 입술은 칼을 대신하기도 한다. 예를 들어 유디트가 홀로페르네스의 머리를 자르기 위해서는 칼을 사용할 필요가 없었다. 그녀는 단지 "아래쪽 입술들을 꽉 다물기만 해도" 홀로페르네스의 음경을 잘라낼 수 있었다.

유디트는 손에 쥐고 있는 털이 북슬북슬한 머리를 이미 더 이상 생각하지 않는 것처럼 평온하다. 그 머리는 홀로페르네스의 수문이 열리던 순간 아래쪽 입술들을 꽉 다물기만 해도 잘라낼 수 있었을, 또는 완전히 착란에 빠진 식인귀처럼 그녀가 술 취한(또는 토하는) 남자의 커다란 음경을 갑자기 깨물어 잘라낼 수 있었을 귀두(龜頭)처럼 보인다.[56]

이 예문은 겉보기보다 훨씬 에로틱하다. 유디트가 잘라낸 후 들고 있는 홀로페르네스의 머리는 음경에 비유되고 있으며, 수문이 열리는 순간은 남성의 성기에서 정액이 분출되는 순간이고 아래쪽 입술들은 여성의 성기를 의미한다. 레리스는 홀로페르네스의 머리와 남성의 성기를 동일시하며, 성관계는 여성이 입술, 즉 성기를 꽉 다물어 남성의 '성기-머리'를 잘라내는 거세 행위가 된다.[57] 입술을 꽉 다무는 행위는 성행위를 넘어 죽음을 부과하는 행위로 의미부여 된다. 레리스가 목 절개 부위의 꿰맨 부분을 "결합한 두 입술"이라고 한 것도 입술이 죽음을 의미하기 때문이다.

여기에서 레리스가 상처를 '꿰매거나' '기운' 두 입술이라고 하지 않고, '꽉 다문' 입술이라고 말했다는 사실은 주목할 만하다. 만약 입술을 실 같은 것으로 꿰맸다면 그것은 결정적으로 봉합되어 다시는 열리지 않을 것이다. 반면 꽉 다문 입술은 경우에 따라서는 다시 벌어질 가능성이 있다. 입술을 꽉 다무는 것은 머리를 자르는 행위, 즉 죽음이나 침묵을 부과하는 행위이지만, 다문 입술을 다시 열 수 있는 가능성을 열어둠으로써 레리스는 죽음을 부과하되 그것을 극복하고 다시 삶으로 나아갈 가능성을 암시하는 것처럼 보인다.

자기에 대한 글쓰기에서 완벽한 끝맺음은 오직 작가가 죽을 경우에만 완수되고 그 외의 끝맺음은 일시적인 중단에 불과하다. 자서전 작가는 자신의 죽음으로 글쓰기를 완벽하게 끝맺을 때까지 끊임없이 자신의 삶에 대해 써야 한다. '혹단추'에서 매듭의 가능성을 확인했다면, '꽉 다문 입술'은 하나의 균열을, 다시 열릴 가능성을 암시한다. 다시 열린다는 것은 새로운 글쓰기의 가능성을 의미하며, 말줄임표의 빈자리를 채울 가능성, 또는 잘린 목을 다시 이어 붙일 가능성을 의미하기 때문이다.

지금까지의 논의를 간단히 요약하면, 자살 시도 때문에 목 부위를 절개하고 꿰매게 되었는데, 그때 남은 상처를 레리스는 자신의 육체에 새겨 놓은 죽음으로 간주하고 '꽉 다문 입술'이라는 이미지로 표상한다. 따라서 목을 절개했다가 다시 꿰매 상처를 봉합한 그 체험은 '잘린 목'과 유사하게 죽음을 경험하고 그 흔적을 육체에 간직한 체험이 된다. 그 덕분에 육체는 죽음이 쓰인 육체, 즉 텍스트가 된다. '혹단추'의 이미지는 행위 차원에서 레리스가 자기 가능성의 극한까지 갔다는 것을 의미하며 글쓰기 차원에서는 자신의 서사를 완결했다는 것을 의미한다. 그러나 꽉 다문 입술은 다시 열릴 수 있는 가능성을 내포하기에, 이 죽음의 경험은 자신의 기원을 탐색하는 글쓰기의 가능성으로 의미부여 될 수 있다.

이제 레리스가 자살 시도를 다시 삶으로 떠오르기 위한 "위대한 잠수"[58]로 표현한 이유를 짐작할 수 있다. 죽음을 부과함으로써 생명을 없애려고 했던 시도가 삶을 강화하는 시도가 되었기 때문이다. 그렇다면 자살 시도는 진정성이라고는 전혀 없는, 죽음을 겪는 척하는 거짓된 행위였을까? 그렇지는 않을 것이다. 자살 시도는 그에게 두 가지 측면에서 의미가 있다. 하나는 무한정 지속되는 글쓰기에 매듭을 지을 수 있는 가능성을 제시했다는 점이다. 다른 하나는 자살 시도 덕분에 자신의 문학이 글쓰기를 넘어 구체적 현실, 다시 말해 상처에 닿을 수 있었다는 점이다. 그렇다면 레리스가 자살 시도에 대해 언급하면서 그것이 육체적인 행위가 아니라 문학적인 행위에 불과했다고 말한 이유는 무엇일까?

> *이 모든 것은 문학적인 행위였다*……. 나는 결국 확실히 말할 수밖에 없었다. 그 표현이 의미하는 바는, 문학이 내 심장까지 오염시켰고 나는 문학에 불과하다는 사실뿐 아니라, 삼차원 중 적어도 하나가 부족한

세상에서 이제 잉크와 종이로 완성되는 것보다 더 무겁게 나를 짓누를 수 있는 거라곤 아무것도 없다는 것을 의미했다.[59]

레리스가 자살 시도를 문학적 행위라고 말한다고 해서 자살 시도를 기만적인 행위로 간주해서는 안 된다. 이것으로 레리스가 의미하고자 한 것은 죽음의 실패를 통해 죽음을 기술할 수 있다는 것이다. 알랭-미셸 부아예는 죽음이 존재하는 방식이 역설적이라고 하면서, "죽음은 그 부재를 통해 드러난다."라고 지적한다.[60] 자살 시도가 문학적 행위라는 것은 문학이 죽음을 끌어들이고 죽음을 표현하는 장이 되었다는 사실, 즉 생의 마지막을 장식할 죽음을 표현해냄으로써 마침내 작가가 부재를 드러낼 수 있었다는 것을 의미한다. 게다가 '부재-죽음'에 도달하기 위해 자서전을 썼다는 사실을 감안하면, 목에 새긴 상처를 통해 레리스는 마침내 기원에 도달한 것이다. 상처는 자신이 죽음을 경험하고 이겨냈으며 그것을 글로 표현할 수 있음을 보여준다.

자살 시도 에피소드에 대해 아렐은 다음과 같이 긍정적으로 말한다. "글쓰기가 죽음을 보증한다. 글쓰기는 죽음의 비밀을 수용하는 수신인을 형상화하며 죽음의 서사를 정당화한다. 글쓰기는 무덤, 또는 죽음의 욕망을 담는 '육체-성유함'이 된다."[61] 자살 시도가 문학적인 행위라고 해서 그것이 육체적인 차원에서 실패를 의미하는 게 아니라는 것이다. 오히려 자살 시도 때문에 레리스의 글쓰기는 크게 방향 전환을 한다. 지금까지는 행위에 대한 강박관념 때문에 글쓰기가 실패로 여겨졌었다면, 이제 글쓰기 자체가 죽음의 흔적을 담고 있는 성스러운 육체가 된다. 오르페우스가 에우리디케를 지상의 세계로 데리고 와 일상적 삶을 살았다면 그의 삶은 죽음을 속되게 하는 추락에 불과했을 것이다. 그러나 오르페우스가 에우리디케의 얼굴을 보고 죽음을 노래함으로써 시인으로 다시 태어났듯이, 레리스도 꽉 다문 입술을 목에 새김으로써 죽음을 껴안을 수 있었다. 물론 꽉 다문 입술은 언제든 다시 열릴 수 있다. 그렇지만 자신이 비겁한 자가 아니라는 증거를 목에 간직하고 있는 한, 레리스는 죽음이라는 글쓰기의 기원에 도달한 자로서 죽음을 서술할 권리를 획득했다고 자부할 수 있다.

이와 같은 과정에서 보듯이 레리스에게 '기원'은 '부재'와 연결되고 동시에 '글쓰기의 기원'과 연결된다. 기원의 탐색과 관련된 일련의 연쇄작용을 통해 '잘린 목' 환상은 레리스에게 말할 수 없음, 또는 부재의 체험이라는 형태로 강력한 영향력을 행사한다. 그러나 자살 시도에 이어 육체에 새겨진 상처 덕분에 레리스는 죽음의 경험을 기술할 수 있는 자격을 획득했다고 믿으며, 그 순간 레리스는 '잘린 목' 환상에서 벗어나 목을 다시 이어 붙이는 희망을 간직한다. 우리가 '꽉 다문 입술'이라는 표현에 주목한 것도 그 입술이 언제든 다시 열릴 수 있는 가능성을 내포하기 때문인데, 그 입술은 열리고 닫히기를 반복한다. 다시 말하면 목의 상처는 죽음이 새겨진 상처이면서 삶을 가능하게 하는 상처다. 목의 상처를 감싸고 있는 마르그리트의 리본은 이미 '실'의 이미지를 감추고 있는데, '실'은 잘린 목을 꿰메는 '실'이고 그것 자체가 글쓰기의 은유이기도 하다. '실'의 이미지는 오디세우스의 아내 페넬로페가 남편을 기다리며 구혼자들을 속이기 위해 낮에는 시아버지의 수의를 만들고 밤에는 수의를 풀었던 바로 그 '실'과 연결된다. 수의를 만든다는 점에서 '실'은 죽음을 뜨개질하는 실이며 구혼자와 결혼하지 않기 위해 도로 푼다는 점에서 에로티즘을 무한정 지연시키는 실이다. 그렇게 해서 정숙하고 현명한 아내 페넬로페의 이미지가 구축된다. 애초부터 '실'의 이미지는, 다시 말해 모든 글쓰기는 죽음을 뜨개질하는 동시에 죽음을 지연시키는 행위가 된다. 수의를 만들고 다시 풀면서 페넬로페가 오디세우스의 귀환을 기다렸듯이, 레리스는 볼 수 없었던 마르그리트의 '붉은 리본'에 대해 이야기하는 과정에서 자서전을 쓰게 된 기원을 기술할 수 있었다. 기원은 영원히 포착되지 않지만 삶은 기술될 수 있다.

레리스에게 단 하나의 진실이 있다면 그것은 죽음이다. 그런데 죽음은 기원과 마찬가지로 영원히 포착될 수 없었다. 그럼에도 불구하고 진실을 둘러싼 담론은 무한히 증식될 수 있다. 그것은 자신의 기원인 자기 탄생의 순간을 기억하지 못해도 인간이 살 수 있는 것과 마찬가지다. 또 다른 예를 들어보자. 『미세섬유들』에서 레리스는 자신을 마술사에 비유한다. 그 마술사는 뭔가를 보여줄 듯 무대에 관객을 끌어올리고 다양한 익살을 부려 주어진 시간을 채운다. 그러나 그가 보여주는 것은 아무것도 없다.[62] 레리스가 생각하는 작가의 이미지는 마술사와 유사하다. 작가는 자기 삶의 '진실'이라고 할 결정적인 장면을 보여줘야 하지만, 그 어떤 수단을 써도 그가 보여줄 수 있는 것은 근원적 부재를 둘러싸고 있는 헛된 익살뿐이다. 레리스의 용어로 하면, '게임의 규칙'을 보여줘야 하지만, 삶을 지배할 결정적 진실이나 행위는 절대 포착할 수 없다. 자서전 작가는 자신이 뭔가를 기다린다는 사실만 알고 있을 뿐 기다리던 게 나타나도 '진실'을 알아볼 수 없는 베케트의 『고도를 기다리며』에 등장하는 인물들과 유사하다.

그런데 이런 과정을 통해 '삶'은 '문학'으로 재탄생하는 것이 아닐까? '게임의 규칙'을 발견하고자 하지만 그 기대는 어긋나고 간극과 부재만 확인할 수 있을 때, 레리스는 부재를 메우고자 하는 욕망 자체를 기술하는 것이 글쓰기라는 사실을 분명히 자각하고 있다. 블랑쇼는 레리스의 글쓰기가 "잠자코 있으려는 침묵을 강요하여 말하지 않는 것에 말을 부여하는 것"[63]을 목표로 한다고 지적한다. 레리스 식으로 말하자면, 자살은 실패하지만, 실패한 죽음 체험의 언저리를 기술하는 과정에서 우연히 자신의 진실을 순간적으로나마 포착한다. 그때 글쓰기가 죽음을 대신한다.

기원의 탐색은 죽음의 탐색, 도달할 수 없는 부재의 탐색에 이른다. 그래서 문학은 "거짓된 건축물"[64]처럼 보인다. 그러나 문학은 실패의 기록을 통해 정당화된다. 한 인물의 정체성은 반복된 실패를 통해, 구축하면서 허무는 이중의 움직임을 통해, 삶과 죽음의 이중 나선으로 직조되었음을 레리스는 알려준다.

Georges Perec

조르주 페렉

『W 혹은 유년기의 추억』

유대인과 정체성

조르주 페렉(1936-1982)은 1936년 3월 7일, 파리 19구의 아틀라스 거리에서 태어났다. 부모님은 폴란드계 유대인이었는데, 아버지가 그를 프랑스 국적으로 등록했다. 출생과 관련하여 독특한 점은 페렉이 부모님의 존재 여부에 많은 관심을 기울인다는 점이다. 예를 들면 페렉은 자신이 태어난 후 아버지가 출생증명서 사본을 떼고 서명한 다음 어머니가 그 사본을 고모에게 발송했다고 언급하면서 그 출생증명서가 어머니의 존재를 증명하는 "궁극적인 증거물"[1]이라고 주장한다. 그는 자신의 근원이라고 할 수 있는 부모님, 특히 어머니의 존재를 증명해내는 것이 자기 존재를 증명하는 방법이라고 생각한 듯하다. 페렉에게 자기 존재를 (재)구성하는 것과 부모님이라고 하는 기원을 탐색하는 것은 밀접하게 연결되어 있다.

아버지 이섹 페렉은 이차대전 때 외국인 연대에 자원입대했다가 유탄에 맞았는데 제때 치료받지 못했고 그로 인해 1940년에 사망했다. 페렉은 유대인이라는 신분 때문에 적십자단과 함께 빌라르-드-랑스로 피신한 것을 마지막으로 어머니와 작별했는데 그 기억은 자서전에 세 차례에 걸쳐 서술되어 있다. 어머니 시를라 페렉은 1943년 유대인 일제 단속에 걸려 아우슈비츠로 이송되었고 그곳에서 사망했다. 이차대전이 끝나고 페렉은 고모 가족과 살게 되지만 평온한 삶은 아니었다. 그는 열한 살 때 가출했었고 그 경험을 1965년에 '가출의 장소들'이라는 제목으로 발표했다. 심리가 불안정하다는 이유로 1949년, 1956년, 1971-1975년에 정신분석치료를 받았다.

1954년에 그랑제콜 준비반에서 역사 공부를 시작했다. 중학교 교사였던 장 뒤비뇨의 소개로 만난 모리스 나도가 일찌감치 페렉의 잠재력을 알아보고 그의 작품을 출판하는 등 많은 도움을 주었다. 1955-1956년경 첫 소설 『방황하는 자들』을 썼고, 그 무렵 다양한 잡지 편집에 관여하기 시작했으며, 1957년에 군 복무를 했다.

페렉의 자서전인 『W 혹은 유년기의 추억』(이하 『W』로 약칭)은 현재의 한 시점에서 과거를 회고하며 일관된 관점에서 일관된 방식으로 쓰인 게 아니다. 『W』를 쓰기까지 페렉은 자신의 과거를 기억하며 다양한 방식으로 글을 썼고 그것을 잊고 있다가 기억해내는 과정을 거친다. 열세 살이던 1949년에 그는 상상으로 이야기를 지어냈다고 하는데, 당시 페렉이 정신분석치료를 받고 있었음을 감안하면, 그가 지어낸 이야기는 치료의 연장선상에 있었던 것으로 추정된다. 후에 당시 그렸던 그림의 일부를 찾아내고 그 그림들을 토대로 'W' 이야기를 글로 썼다고 페렉은 밝히고 있으며, 이는 『W』의 13장에 언급되어 있다. 그림에서 모든 것은 분리되고 파편화되어 있다. 이런 분열적인 상황을 통해 페렉이 느낀 분노와 두려움을 짐작할 수 있다. 1957년에는 소설 『가스파르』를 쓰기 시작하는데 그 흔적은 『W』에서 허구의 이야기의 주인공인 가스파르 빙클레르에게 반영되어 있다. 부모님에 대한 기억은 『W』의 8장에 고스란히 옮겨져 있다. 울리포 활동을 시작한 1967년에 베니스에서 열세 살 때 썼던 이야기의 제목이 'W'였음을 갑자기 기억해내기도 했다. 1968년에 발표한 『실종』에는 앞으로 페렉의 작품을 지배하게 될 주제인 '실종'이 분명히 드러나 있다. 1969년 9월부터 1970년 8월까지 『격주간 문학』에 열세 살 때 썼던 W섬에 대한 글을 토대로 『W』를 연재하는데 처음에는 쥘 베른 식의 모험소설, 여행소설, 교육소설을 쓰겠다고 예고했지만, 실제 연재된 소설은 흥미롭다기보다는 공포스럽고, 독자 입장에서는 읽기가 지겨울 정도여서 잡지 발행인인 모리스 나도가 분량을 축소하는 게 어떻겠느냐고 조언했다고 한다. 그는 연재 중인 소설에 유년기의 추억을 덧붙이고 W섬과 관련된 성찰을 번갈아 쓰면 자신이 봉착한 난관을 타개할 수 있으리라고 생각하고 조만간 'W 혹은 유년기의 추억'이라는 제목으로 출간하겠다고 예고한다. 5년 후인 1975년에 비로소 『W』가 출판되지만 애초에 예고한 것과는 달리, 성찰과 관련된 부분은 포기하고 잡지에 연재되었던 허구의 이야기와 유년기의 추억만 번갈아 배치함으로써 『W』는 독자가 상상하고 판단할 수 있는 열린 텍스트가 된다. 1965년에 『사물들』로 르노도상을 받았으며, 1978년에 『인생사용법』으로 메디치상을 받았다. 1982년에 폐암으로 사망했다.

이 간단한 소개에서도 알 수 있듯이, '유대인'이라는 사실과 그의 글쓰기는 불가분의 관계에 놓인다. 페렉의 텍스트에서 유대인의 표지를 찾는 것은 어렵지 않다. 베르나르 마녜는 페렉의 생일과 텍스트 구조를 연결시켜 유대인의 표지를 읽어낼 정도다.[2]

페렉에게 유대인이 어떤 의미인지를 알기 위해서는 유럽에서 건너온 사람들이 이민 심사를 받던 엘리스섬에 대해 서술한 것을 참고할 수 있다. 페렉은 뉴욕시 앞에 있는 그 섬을 '유배의 공간'으로 제시한다.

> 유대인이 무엇인지, 유대인이라는 것이 나에게 어떤 결과를 만들어냈는지 나는 정확하게 알지 못한다. 유대인이라는 것은 명백한 사실이다. 원한다면 말이다. 그러나 그 명백함은 보잘것없다. 그것은 표지다. 그러나 그 표지는 정확한 무엇, 구체적인 무엇에 나를 결부시키지 않는다. 그것은 소속의 기호가 아니다. 그것은 믿음, 종교, 실천, 문화, 민속, 역사, 운명, 언어와 연결되지 않는다. 그것은 차라리 부재이고 질문이고, 의문시하는 것이며, 흔들림이고 불안이라고 할 수 있다. 그것은 불안한 확신이어서 그 뒤로 또 다른 확신, 즉 추상적이고 무겁고 참아

낼 수 없는 확신이 모습을 드러낸다.[3]

다른 사람들에게 유대인은 역사적으로 널리 알려진 피압박민이라든가 종교나 문화 등 구체적인 무엇을 연상시킨다. 이 예문에서 '소속'이나 '연결'과 같은 단어가 의미하는 게 바로 그것이다. 그러나 페렉에게 유대인은 그것과는 정반대의 의미를 지닌다. 그에게 유대인이란 오히려 형식과 의미가 '단절'되었다는 특정한 표지다. 그것은 부모로부터 아무것도 전승받지 못했음을, 고향을 떠나 유랑하고 있음을, 소속되지 못함을, 과거와 단절되었음을 알려주는 부정적인 표지다. 이런 상황에서 유대인이라는 것은 정체성을 의문시하고 부재에 대해 질문하라는 요구, 삶의 흔적을 탐색하라는 요구에 가깝다.

유대인이라는 사실과 더불어, 페렉의 글쓰기는 '울리포', 즉 '잠재 문학 실험실'과 분리될 수 없다. 그는 언어의 '제약'에 깊은 관심을 기울인다. 인위적인 제약이 상상력의 원천이 될 수 있다는 것이다. 언어에 대한 관심은 그가 왼손잡이라는 사실에서 비롯된다. 그는 좌우 구별을 못하고 유사한 단어나 기호, 쌍을 이루는 단어를 구분하지 못해서, 앞뜰(jardin)과 뒷마당(cour)을 구분하기 위해서는 예수(Jésus-Christ)를 연상해야 했다. 'J'가 'C'보다 앞에 있으니 'j'로 시작하는 'jardin'이 앞뜰이고 'c'로 시작하는 'cour'가 뒷마당이라고 기억하는 식이다. 오목과 볼록을 구분하기 위해서는, 오목에 해당하는 프랑스어 'concave'에 '지하실'을 의미하는 'cave'라는 단어가 들어 있으니까 움푹 파인 것을 연상했다.[4] 이런 연상법은 창작에까지 영향을 끼쳐서 『실종』이나 『유령들』 같은 작품에서 언어유희가 독창적으로 발전한다.

『실종』은 주인공 앙통 부왈이 실종되자 친구들이 그를 찾는 탐정소설처럼 구성되어 있다. 실종된 것은 주인공만이 아니다. 이 소설은 320페이지에 걸쳐 약 7만 8천 개에 달하는 단어를 사용하면도 프랑스어에서 가장 많이 쓰이는 모음 'e'를 사용하지 않기 때문이다. 주인공의 이름 '부왈'은 'Voyl'로 표기되는데 'e'를 사용하지 않기 위해 모음을 뜻하는 'voyelle'을 변형시킨 것이다. 프랑스어에서 'e'는 '그들'을 의미하는 'eux'와 발음이 유사하기 때문에 실종된 것은 '그들', 특히 페렉의 개인사와 관련하여 그의 부모님을 가리킨다는 평도 널리 받아들여지고 있다. 『유령들』은 이와 반대로 모음은 오직 'e'만 사용해서 쓴 소설이다. 이처럼 페렉은 글쓰기에 제약을 부과하고 그 제약을 통해 상상력을 통제하거나 자극하여 참신한 작품을 생산한다. '제약' 덕분에 그는 언어의 힘으로 세상을 창조한 것처럼 보인다.[5]

페렉은 '제약'을 부과하고 그것을 극복하는 실험적인 글쓰기를 추구하지만, 이러한 형식적 탐구와 더불어 삶의 의미를 추구하는 정체성의 문제에도 특별한 관심을 기울인다.

> 내가 살아온 이야기를 글로 써보겠다는 계획은 내가 글을 쓰려는 계획과 거의 동시에 생겨났다.[6]

페렉의 글쓰기는 자기 자신에 대한 회고적인 이야기, 즉 자서전적인 시도와 불가분의 관계에 놓인다. 그에게 "찾아야 할 진실한 말과 글쓰기의 기교"는 양자택일의 문제가 아니며, 글쓰기는 "글쓰기의 계획과 마찬가지로 기억의 계획"[7]과 연결되어 있다. 그에게 글쓰기는 '기교'의 문제이자 '기억'의 문제였다.

유년기 기억의 부재

자서전 작가가 과거를 기억하지 못하면 어떻게 될까? 과거를 기억하지 못한다고 고백하는 것은 자신이 현재 정체성의 위기를 겪고 있다고 고백하는 것과 다름없다. 『W』에서 유년기를 기술하는 부분의 첫 문장은 이렇게 시작된다.

> 나에겐 유년기의 기억이 없다.[8]

자서전을 쓴다는 것은 무엇보다 과거를 기억하고 성찰한다는 것을 의미한다. 그런데 유년기의 기억이 없다면 자서전을 쓸 수 있을까? 이런 의문과 더불어, 기억이 없다면 그의 자서전은 사실성을 담보하지 못하는, 상상에 근거한 허구에 불과한 게 아닐까 하는 의혹이 생긴다. 페렉의 자서전에서 기억이 차지하는 중요성에 대해서는 많은 비평가들이 언급하고 있다. 필립 르죈은 『W』가 "자기 기억의 균열과 허구성을 비판"함으로써 유년기의 기억에 대해 의혹을 제기한다고 하면서 "기억은 과거에 충실한가? 글쓰기는 기억에 충실한가?" 또는 "자서전의 담화는 주체의 실제 삶에 충실할 수 있는가?"라는 질문을 제기한다.[9] 클로드 뷔르즐랭 또한 『W』의 "자전적인 부분은 개인의 기원이라기보다는 기억의 이야기, 이야기의 이야기"라고 지적한 바 있다.[10] 기억의 부재는 사실만을 서술하고자 하는 자서전 장르의 존재 자체와 관련된 문제라는 것이다.

자서전 장르의 문제를 넘어, 기억은 개인의 정체성과 관련해서도 심각한 문제를 제기한다. 페렉처럼 유년기의 기억이 없다고 선언하는 것은 기억을 기반으로 만들어갈 새로운 정체성의 가능성 자체를 부정하는 것이다. 과거의 기억이 없으므로 그의 유년기는 환기될 수 없지만, 환기할 수 없다고 해서 유년기가 존재하지 않았던 것은 아니다. 기억은 환기할 수 없기 때문에 더욱 탐색해야 할 무엇이 된다. 이처럼 기억의 부재는 자서전에 일종의 '제약'으로 기능하지만, 그 제약 때문에 자서전은 정체성을 탐구하기 위한 새로운 장(場)이 된다.

> 유년기는 향수(鄕愁)도, 공포도, 잃어버린 낙원도, 황금 양털도 아니다. 그것은 아마도 어떤 지평, 출발점, 지표여서, 그것들을 기반으로 해서 내 삶의 축들이 의미를 찾을 수 있을지도 모른다. 있지도 않았던 것 같은 내 기억을 뒷받침할 것이라고는 빛바랜 사진과 얼마 되지 않는 증언들과 우스꽝스러운 자료밖에 없지만, 나로서는 아주 오랫동안 환기할 수 없는 것이라고 이름 붙였던 것을 환기하는 방법 외에 다른 방법이 없다. 존재했었지만 멈춰버렸고 빗장 질러진 것, 아마도 존재했었지만 이제는 존재하지 않는 것, 그러나 그것이 존재했기에 내가 아직 존재하는 그것 말이다.[11]

유년기가 삶의 의미를 결정지을 '지표'라면, 유년기의 기억이 없다는 것은 자신의 과거에 '빗장'이 질러져서 기억이 억압되었다는 것을 의미한다. 과거와 현재가 단절되고 파편화된 기억밖에 남지 않았기 때문에, 그의 삶에서 일관성은 물론이고 현재를 해석할 근거 또한 찾을 수 없다. 페렉처럼 유년기의 기억이 없는 사람은 자신의 삶을 기술하면서 처음부터 근본적인 결핍과 맞닥뜨리게 되는 것이다. 다시 기억의 부재에 대해 언급하는 문장을 인용해보자.

> 나에겐 유년기의 기억이 없다. 거의 열두 살 때까지 내 삶의 이야기는 몇 줄로 요약된다. 나는 네 살 때 아버지를 잃었고 여섯 살 때 어머니를 잃었다. 전쟁 동안에는 빌라르-드-랑스의 여러 기숙사에 있었다. 1945년에 고모와 고모부가 나를 입양했다.[12]

이 예문에는 한 인물의 정체성을 확인할 때 필요한 요소들, 예를 들어 자신이 속한 계층의 전통에서 비롯되는 특성들, 세대 연속성에 대한 환상, 약속의 형태로 제시되는 현재와 미래의 연속성 등 시간의 지속성에 대한 비전이 전혀 드러나지 않는다. 페렉의 개인사와 관련된 사실들이 기술되어 있긴 하지만 구체적인 것은 전혀 없으며, 두드러진 것은 '기억의 부재'와 '죽음'과 '고아'라고 하는 현재의 상황뿐이다. 흥미로운 점은 '전쟁'이라는 용어가 부모의 죽음과 고아라는 현 상황 '사이에' 놓임으로써 그것들이 인과관계가 있는 것처럼 제시되어 있다는 점이다. 이런 사실을 이해하면, 그가 부모의 죽음을 서술하면서 '죽다'라는 말 대신 '잃다'라는 말을 사용한 이유를 짐작할 수 있다. 그의 상상 세계에서 죽음은 실종이나 사라짐으로 이해되고 있다.

또 다른 흥미로운 사실은 페렉이 사실만 확인할 뿐 그 의미를 직접 해석하지 않는다는 점이다. 르죈은 페렉의 자서전을 "독자로 하여금 혼자 해석 문제에 직면하도록 하는 징후들의 몽타주", 즉 "정신분석학적 자서전"[13]으로 정의하면서, 페렉이 기억에 근거하여 쓴 자서전에 대해 비판적인 자서전을 썼다고 지적한다.

기억의 부재는 형태적으로도 확인된다. 1부와 2부 사이에는 '말줄임표(…)'가 놓이는데, 이 말줄임표는 작가의 삶에서 말하지 못한 것, 상실한 것이 존재한다는 것을 알려주는 시각적 표지다. 말줄임표는 부재의 표지다.

그런데 기억의 부재가 단순히 결핍만 드러내는 것은 아니다. 결핍은 그 자체가 개별성을 드러내는 표지이기도 하다.

> 아무리 유년 시절이 나에게 속한 것이 아니라고 고집해도 유년기는 내가 자란 토양이며, 나에게 속해 있다. 나는 오랫동안, 고아나 그냥 생겨난 자, 누구의 자식도 아니라는 무해한 지위에 나를 가둬둠으로써 이 명백한 사실을 우회하고 감추려고 했다.[14]

자기 정체성의 관점에서 볼 때 '그냥 생겨난 자', '누구의 자식도 아니라'는 표현은 '고아'보다 더 근본적인 지점을 가리킨다. 고아에게도 부모가 있었겠지만, 이 표현들은 부모의 존재 자체를 부정하기 때문이다. 이 표현에는 '나'는 '나' 자신으로부터 비롯되었다는 의미가 담겨 있다.

페렉은 왜 자신에게는 유년기의 기억이 없을까를 질문하면서 결국 자신의 기원을 의문시하기에 이른다. 그리하여 개인사가 '전쟁'과 '아우슈비츠'라고 하는 역사적 사건에 닿아 있음을 알게 된다. 유년기의 기억이 없다는 개인 정체성에 대한 질문이 집단 정체성, 더 나아가 문화적·역사적 정체성에 대한 질문으로 발전하는 것이다. 페렉은 이 모든 것을 '실종'과 연결시킨다. 그러면서 전쟁 때문에 실종된 자의 침묵, 죄의식을 느끼면서도 강제 수용소에 대해 증언할 수 없는 자신의 침묵을 문제 삼는다.

로베르 미스라이에 따르면 『W』는 "어떤 유대인이 자기 탐색 속에서, 자기 탐색에 의해서, 자기 탐색을 통해 자기 정체성을 조금씩 구성해가는 반성적 소설이다. 이때 자기 탐색은 과거의 추구로 제한되며 이 추구는 재구성의 시도라는 형식을 취한다."[15] 페렉은 과거 사실을 회고할 수 없기 때문에, 기억을 탐색하고 정체성을 '재구성'하고자 한다. 따라서 『W』를 이해하려면 기억이 없다는 사실을 재확인하는 것보다 어떤 기억이 부재하는지, 망각에도 불구하고 어떤 방식으로 삶을 제시하는지, 기억의 부재가 야기한 결과가 무엇인지를 확인할 필요가 있다.

이와 같은 관점에서 볼 때 『W』는 기억의 문제를 중심에 두고 자서전과 허구, 망각과 기억, 침묵과 글쓰기 사이에 존재하는 다양한 연결고리를 찾아내는 자서전이다. 페렉은 "말할 수 없는 것은 (…) 글쓰기를 시작하게 만든 무엇이다."[16]라고 지적한다. 카트린 클레망의 표현을 빌리면, "기억상실에 따른 부재가 [페렉] 목소리의 출발점이다."[17] 망각 자체가 글쓰기의 기원이자 동인이라는 것이다. 이 사실은 글쓰기가 '말할 수 없음'이라는 원초적 부재로부터 유래한다는 점, 부재하는 기억을 대신하는 글쓰기가 과거의 현실을 둘러싼 환상을 드러낸다는 점을 알려준다.

허구와 사실의 교차 구성

부재하는 기억을 메우기 위해 페렉은 독특한 구성을 제시한다. 한 인터뷰에 따르면 『W』는 세 차원으로 구성되어 있다. 하나는 수용소에서 벌어진 인종청소와 같은 일이 현실에서 어떻게 일어났는가를 서술하는 '사실'의 차원이고, 두 번째는 그것이 페렉 본인에게 끼친 영향을 드러내는 '환상과 무의식'의 차원이다. 마지막은 자신이 경험하지 않은 부모님의 부재와 죽음을 대신 서술하는 '상상'의 차원이다.[18] 즉 『W』는 '사실, 환상, 상상'이라는 세 차원이 결합되어 있다.

사실만 서술해야 하는 자서전에 환상과 상상이 개입되어 있다는 사실은 '기억'과 '욕망'이 불가분의 관계임을 알려준다. 페렉은 서사적 진실을 구성하기 위해 욕망을 적극적으로 활용하는데, 이를 위해서 상상과 환상을 마음껏 늘어놓는 '허구의 이야기'와 자전적인 삶을 서술하는 '사실의 이야기'를 교대로 배치한다. 『W』의 뒤표지에서 페렉은 이 사실을 분명히 밝힌다.

> 이 책에서는 두 텍스트가 단순 교차되고 있다. (…) 그 텍스트들 중 하나는 완전히 상상적인 것이다. 그것은 어린아이의 환상을 자의적으로 그러나 상세히 재구성한 모험소설로, 올림픽의 이상에 따라 통제되는 한 도시를 환기시킨다. 다른 텍스트는 자서전인데, 전쟁의 와중에 아이가 겪은 삶에 대한 파편화된 이야기로, 모험이나 추억은 별로 없고, 여기저기 흩어진 약간의 조각들, 부재, 망각, 의심, 가정, 빈약한 에피소드들로 이루어져 있다.[19]

허구의 이야기는 유년기의 환상을 재구성한 것으로 이탤릭체로 쓰여 있다. 그런데 1부와 2부의 허구의 이야기는 완연히 구분된다. 1부에서는 탈영병인 화자가 '가스파르 빙클레르'라는 이름으로 위조 신분을 갖고 생활하다가 실종된 진짜 가스파르 빙클레르를 찾아달라고 부탁받는 과정이 서술되어 있다. 1부에서 허구의 이야기는 모험소설과 여행, 죽음, 미스터리 등 탐정소설의 특징이 반영되어 그런대로 흥미롭게 읽을 수 있다. 반면 2부에서 허구의 이야기는 W섬에서 자행되는 폭력, 스포츠 규칙, 통제 원칙 등이 객관적이고 중립적인 어조로 나열되어 지루하게 느껴진다. 한 인터뷰에서 페렉은 회화에서 사용하는 '극사실주의' 기법을 활용해 세부 사실들을 축적함으로써 묘사를 착란의 수준까지 이르게 하여 현실감을 제거하는 게 목표였다고 밝힌 바 있다.[20]

사실의 이야기는 과거의 삶을 서술하는 자전적 에세이인데 정자체로 쓰여 있다. 정자체도 두 종류가 있다. 직접 경험한 과거는 보통의 정자체로 쓰인 반면, 과거에 썼던 부모님에 대한 기록은 굵은 글씨로 인용되어 있어서 텍스트 안에 또 다른 시간적 깊이를 만들어낸다.

한 텍스트 안에 허구와 자서전을 교대로 제시함으로써 『W』는 '자서전의 공간'을 자서전 안으로 끌어들였다는 평을 받는다.[21] 미스라이는 허구와 사실이 교차되는 이 구성을 인식의 도구로 간주하고 거기에서 페렉의 독특한 특성을 끌어낸다. 사실과 허구에 근거한 이야기가 각각 서로 다른 유형의 기억에 상응하며, 그 '기억들'이 『W』를 지탱한다는 것이다.[22]

큰 틀에서 보면, 허구의 이야기와 사실의 이야기는 '실종된' 인물이나 '부재하는' 기억을 탐색하면서 이미 '망각된' 과거를 재현한다는 공통점이 있다.[23] 페렉이 열세 살 때 만들어냈다는 이야기를 예로 들어보자. 그는 '불의 땅'이라는 조그만 섬에서 스포츠에만 열중하는 어떤 사회를 "만들어내고 이야기하고 그림을 그렸다."라고 고백한다. 2부 허구의 이야기에 서술된 W섬에 관한 이야기가 '올림픽에 대한 환상'을 서술하고 있음을 고려하면, 완벽하게 일치하지는 않지만 '올림픽에 대한 환상'이 열세 살 때 그를 지배했던 환상임을 알 수 있다. 페렉이 W섬 이야기를 "내 유년기의 이야기"[24]라고 언급한 것도 허구가 사실을 반영하고, 삶과 이야기가 서로 조응하기 때문이다.

> 그러나 내가 그것들을 읽어내면서 그랬던 것처럼 그것들이 엮어내는 망 속에는 내가 살아온 길, 내 삶에 대한 이야기의 여정과 내 여정의 이야기가 기록되고 서술되어 있다는 사실을 나는 알고 있다.[25]

그렇다면 『W』에서 다루어지는 기억에는 어떤 것들이 있을까? 대표적으로 이름이나 기호와 관련된 '언어 기억', 계단이나 거리와 관련된 '공간 기억',[26] 독서·사진·영화 등 물질적 지표와 관련된 '문화적 기억',[27] 그리고 '육체의 기억'[28]을 들 수 있는데 여기에서는 언어 기억만 살펴보기로 한다.

자서전 제목에 'W'라는 알파벳이 들어 있는 데에서 알 수 있듯이, 언어 기억에서는 단어의 형태적 요소가 특별히 강조된다. 페렉은 자신의 기억이 "장면의 기억이 아니라 단어의 기억"[29]이라고 하면서 그중에서도 알파벳 'X'를 중시한다. 'X'는 'W'의 변형인데, 페렉은 'W'가 승리의 'V'를 두 개 겹쳐놓은 것에서 모든 것을 부정하고 삭제하는 'X'로 바뀌며, 신경생리학에서 'X'는 잘라내는 절제의 기호이고 'X'를 겹쳐놓고 끝부분을 꺾으면 나치의 십자가가 되고, 더 나아가 유대인을 상징하는 다비드의 별 모양으로 변한다고 지적한다.[30] 'X'에 관한 언어적 상상력이 승리에서 부정으로, 마침내 수난의 역사를 상징하면서 개인사와 역사를 지배하는 공포가 모습을 드러내는 것이다. 이를 통해 아우슈비츠로 상징되는 역사적 무화(無化) 과정이 단어에 대한 상상력에 은밀히 영향을 끼쳤음을 알 수 있다.

언어 기억에서 '이름'에 대한 상상은 페렉이 자신의 기원에 대해 어떤 환상을 품고 있는지 알려준다는 점에서 주목을 요한다. 스포츠 제일주의를 표방하는 W섬에서는 각 경기의 승자에게 그 경기의 '첫 우승자' 이름을 부여한다. 그 결과 승리자는 자기 이름으로 불리지 않고 먼 옛날 1회 우승자의 이름을 갖게 된다. 그래서 개인의 특수성은 사라지고 등 뒤에 붙어 있는 이름은 단지 그가 승자임을 알리는 표지가 된다. 심지어 첫 우승자의 별명조차 세습되어 뚱뚱한 사람이 말라깽이와 같은 별명을 갖기도 한다. 이 시스템은 감옥에서 이름 대신 수인번호를 부르는 것처럼 선수들이 익명성의 상태에 놓이게 됨을 의미한다.

페렉의 경우, 이름과 관련된 기억들은 "내 유대인 기원을 감추는 것"[31]과 관련된다. 나치 치하에서 유대인들은 이름을 전부 프랑스식으로 바꿨고 그의 부모님은 브르타뉴 지방 출신인 것처럼 행세했다고 전한다. 페렉은 아버지의 이름을 '앙드레(André)'로 알고 있었는데 호적에는 '이섹 유드코(Icek Judko)'로 되어 있었다. 이섹은 이삭(Isaac)을 의미하고 유드코는 예후디(Jehudi)의 축약형이기 때문에 그 이름에는 유대인의 특성이 완연히 드러난다. 페렉이 상상한 아버지의 이름 '앙드레'는 허구의 이야기에서 난파된 배 이름 '실방드르(Sylvandre)'호에 그 흔적이 남아 있다. '실방드르'는 'Syl+v+Andre'가 합성된 것이어서, 아버지의 이름 '앙드레'가 담겨 있으며, 중간에 있는 'v'는 'w'의 변형이다. 게다가 어머니의 본명은 시를라 슐레비치(Cyrla Schulevitz)인데 세실(Cécile)이라고 불렸으며, 허구의 이야기에서 가스파르 어머니의 이름이 세실리아(Caecilia)였음을 감안하면 '실방드르'의 첫머리 글자는 어머니의 이름에서 유래된 것이 분명하다. 그래서 실방드르호의 난파는 페렉 부모의 실종을 은유한다. 이처럼 페렉에게 이름은 당대의 역사적 상황이나 자기 정체성과 밀접하게 연결되어 있다.

이름뿐 아니라 성에 관해서도 페렉은 상세한 설명을 덧붙인다. 그의 성은 '페레츠(Peretz)'이며 그것은 히브리어로 '구멍'이라는 뜻이다. 러시아어에서는 '후추'를 의미하고 헝가리어로는 '브레첼'이라는 구멍 뚫린 빵을 뜻한다. 이는 그의 이름이 이미 구멍, 즉 텅 빈 기원을 갖고 있다는 의미가 된다. 그의 성에서 독특한 점은 프랑스어에서 '페렉'이라고 발음하려면 'Pérec'이나 'Perrec'으로 표기되어야 하는데 그는 'é' 없이 'Perec'으로 쓴다는 사실이다. 할아버지나 고모들의 성은 모두 페레츠인데, 서류에 이름을 올릴 때 직원이 실수로 'Perec'으로 올렸다는 것이다. '페렉'이라고 발음하는 데 필요한 'é'나 'r'이 없다는 점에서 그 이름은 이미 '상실'이나 '결핍'의 징후를 드러낸다. 또 가족 중에서 아버지와 자신만 그렇게 표기하기 때문에 페렉에게 자기 이름은 주변 인물들로부터 인정받지 못하는 이름으로 여겨진다.

단어는 잠재적인 기억을 활성화시키며 그 기억을 통해 독자는 부재하는 과거를 짐작할 수 있다. 이 부재하는 기억은 개인사를 역사와 연결시키기 때문에 그의 자서전에는 사회학적·역사적 글쓰기와 개인적 글쓰기가 효과적으로 통합되는 듯한 효과가 발생한다.

커다란 도끼를 들고 있는 거대한 역사

부재하는 과거에 대한 기억과 파괴적인 역사의 흐름은 페렉의 개인사에서 어떻게 연결될까? 페렉에게 개인적 기억이 부재하는 것은 역사적 트라우마의 결과인 것처럼 보인다. 좀 더 구체적으로 말하면, 나치에 의해 자행된 '말살 정책'의 흔적처럼 보인다. 페렉이 열세 살 때 썼던 스포츠에만 열중하는 W섬은 '불의 땅'을 무대로 하는데, '불의 땅'은 실제로는 남미의 독재자 피노체트가 통치하는 곳이지만, 전쟁의 포화 아래 모든 것이 불에 타 잿더미가 된 나치 독일을 상징한다. 나치 독일은 텍스트에 사용된 몇몇 독일어 단어나 베를린 올림픽을 연상시키는 거대한 스타디움 등으로 암시되다가, 나중에 가서야 비현실적이고 비인간적인 W섬이 나치의 집단 수용소이며, 육체적 욕망에 지배되는 디스토피아가 수용소의 현실임이 밝혀진다. 이처럼 사실과 허구가 충돌하면서, 개인사와 역사, 유년기 기억과 아우슈비츠의 기억이 연결되고 진실효과가 생긴다. 페렉은 이 작업을 "지난한 해독과정(解讀過程)"[32]이라고 부른다. 허구로 제시된 이야기를 순수 창작이나 거짓으로 여기지 말고 그의 삶이 전개될 수도 있었을 하나의 변주로 이해해달라는 것이다.

2부에 등장하는 W섬은 처음에는 올림픽의 숭고한 이상이 실현되는 승리와 영광의 공간처럼 제시되지만, 곧 약육강식의 논리가 지배하고 승자와 패자가 모두 희생자가 되는 광기에 사로잡힌 공간이라는 실체를 드러낸다.

개인사와 역사의 만남을 가지고 페렉은 말장난을 한다. 프랑스어에서 '역사(histoire)'라는 단어의 첫 알파벳 'h'가 '아슈'로 발음되며 그것이 '도끼'를 의미하는 'hache'와 발음이 같다는 점에 착안하여 페렉은 대문자 'H'로 쓰인 역사가 "커다란 도끼를 들고 있는 거대한 역사"[33]라고 지적한다. 페렉은 자신의 유년기가 역사라는 도끼에 훼손되었다고 믿는다. 그러므로 한 개인의 삶을 탐구하기 위해서는 역사에 압도되어 훼손된 과거의 기억을 탐색해야 한다.

나치 점령기에 유대인이 겪은 역사와 한 개인의 개인사는 '말할 수 없음', 즉 표현 불가능의 상황에 놓인다. 페렉의 개인사에 비춰볼 때 폭력적인 역사 앞에서 모든 것은 점진적으로 타락하고 해체되어 결국에는 망각에 이른다. 망각되었다고 해서 완전히 사라지는 것은 아니고 그 흔적이 남는다. 폭력적인 외부 세계(역사)로 인해 내면의 혼란을 겪게 되는데, 유대인 학살이라고 하는 '역사적' 트라우마는 상상의 섬 W에서 자행된 폭력을 통해 드러난다. 페렉의 자서전을 읽는 것이 '구멍', '추락', '부상'을 분석함으로써 '억압된 기억'의 흔적을 추적하는 것이라는 점에서 '부재'가 '파괴'와 동의어임을 이해할 수 있다.

'기억의 부재'는 무엇보다 '기원의 부재'로 드러난다. 페렉은 '기원을 밝힐 수 없는 기억들'이 있다고 고백하는데, 예를 들면 그는 인형놀이를 할 때 통신병을 전쟁의 중심인물로 배치하고 아버지가 통신대에 근무했다고 말한다. 하지만 그는 "이 기억이 어디에서 기인하는지 모르며 어느 것도 확실하지 않다."[34]라고 고백한다. 페렉은 거의 모든 에피소드에서 어떻게 그런 기억을 갖게 되었는지 그 이유를 정확하게 밝히지 못한다.

심지어 기억과 현실은 심각한 괴리를 보인다. 피난시절 튀렌 중학교에 대한 기억도 그가 현실을 왜곡하여 기억하고 있음을 알려준다. 그 학교는 그가 머물던 '프리마'에서 500미터 남짓 떨어져 있는데, 그에게는 굉장히 멀리 떨어진 것으로 기억되었고 또 일종의 강제 수용소 이미지로 남아 있었다.

> 튀렌 중학교는 클로셰라고도 불렸는데, 제법 커다란 분홍색 건물로 틀림없이 최근에 지어진 것 같았다. 그 학교는 빌라르에서 약간 떨어진 곳, *프리마*에서 500미터쯤 떨어진 곳에 있었다. 1970년 12월에 그곳을 방문한 나는 그 사실을 알고 깜짝 놀랐다. 내 기억에 중학교는 엄청나게 멀리 떨어져 있어서 아무도 가지 않았고, 아무 소식도 전해지지 않았으며, 그 문턱을 넘어 들어간 사람은 다시 돌아오지 못했기 때문이다.[35]

튀렌 중학교는 한번 들어가면 다시 돌아오지 못했다는 점에서 수용소 이미지로 각인되어 있었다. 게다가 '종탑'을 의미하는 '클로셰'는 나치의 감시탑과 수용소를 연상시킨다. 중학교를 운영하던 수녀님들은 나중에 레지스탕스로 밝혀지는데, 그는 반대로 그들을 "허리에 거대한 열쇠꾸러미를 찬", "잔인하고 애정이 없는" 간수로 기억한다. 그 외에도 세례를 준비하는 장면은 마치 조직적으로 불의를 저지르는 것처럼 기억되고 있다.

이 잘못된 기억 때문에 페렉의 자서전은 성실성의 원칙을 지키지 않은 거짓된 자서전처럼 보이기도 한다. 그러나 이 왜곡된 기억 자체가 고통스런 상황을 이해하고자 했던 페렉의 내면에 자리한 환상을 보여준다. 예를 들어, "이제 기억은 존재한다."라는 문장으로 시작하는 2부 사실의 이야기를 읽으며 독자들은 시간의 흐름을 따르는 논리정연한 이야기가 전개될 것이라고 기대하는데, 그 뒤에 이어지는 문장은 실망스럽기 그지없다.

이제 기억은 존재한다. 일시적인 기억, 끈질긴 기억, 하찮은 기억, 또는 무거운 기억들. 그러나 그 기억들을 한데 그러모아 묶을 수 있는 것은 아무것도 없다. 그것들은 이어지지 않는 이 글, 서로 분리되어 결합하지 못하고 그리하여 한 단어를 이룰 수 없는 이 글과 같다. 17, 18세 때까지 내 글이 그랬다. 또는 잡다한 요소들이 절대로 서로 연결되지 못했던 그 그림들, 분리되고 분열되었던 그 그림들과 같다.[36]

기억이 존재해도 그에게는 파편화된 기억밖에 없어서, 그 기억을 어느 문맥에 연결시켜야 할지 알 수 없기에 일관된 이야기를 만들어낼 수가 없다. 그가 그렸다는 그림도 각각의 요소들이 '분열되고 해체'되어 있어서 도무지 완결되지 않는다. 그의 기억들로 정확하게 알 수 있는 것은 현재가 과거와 단절되었다는 사실뿐이다.

왜 과거를 기억하지 못하고 기억하더라도 파편화된 상태로 기억하는 것일까? 클라우스 핑크에 따르면, 트라우마가 될 정도로 불쾌한 기억은 다시 기억되지 않도록 억압 기제를 통해 배제되기 때문에 그 기억들은 무의식으로 변하고 의식화되지 못한다.[37] 페렉에게 유년기의 추억이 없는 이유도 기억을 억압할 정도로 강력한 트라우마를 경험했기 때문이다. 트라우마의 내용은 허구의 이야기에 암시되어 있다. 화자는 실종된 사람을 탐색하다가, 다시 말해 자신의 무의식을 탐색하다가 악몽의 공간인 W섬을 발견한다. 그러나 그 공간 또한 사라져서 더 이상 다시 찾을 수가 없다. 여기에서 트라우마에 사로잡힌 유년기의 특징을 확인할 수 있다.

오랫동안 나는 내 이야기의 흔적을 찾았고 지도와 연보, 수많은 자료들을 확인해보았다. 그러나 아무것도 찾아내지 못했다. 나는 꿈을 꾼 것만 같았고 잊을 수 없는 악몽만이 남아 있는 것 같았다.[38]

분명히 경험했지만 확인할 수 없고 간혹 악몽으로 드러나는 것, 그것이 바로 '누구로부터도 도움이나 동정, 구원을 기대할 수 없는' 삶, 트라우마가 되어버린 과거다. 페렉은 정상적인 경우라면 추억으로 환기할 과거의 경험을 현재에도 되풀이되고 있는 위협으로 느낀다. 그래서 그것을 억압하고 기억하지 못한다. 왜 과거를 기억하지 못하는지 그 구체적인 계기에 대해서는 다음과 같은 에피소드를 참고할 수 있다. 독일 점령 당시 할머니는 페렉이 독일군에게 유대인이라는 '비밀'을 밝힐까 두려워서 그에게 아무 말도 하지 말라고 요구하는데, 페렉의 기억 상실은 그 경험이 현재까지 이어져 망각으로 강화된 것으로 이해할 수 있다.[39] 망각은 위협적인 사건에서 벗어나려는 무의식적 자기 보호 메커니즘이므로, 과거의 기억이 없다는 사실은 고통스럽지만, 기억이 없기 때문에 고통으로부터 면제받고 위안을 얻는다는 독특한 진술이 나온다.

> 이야기가 없다는 사실이 오랫동안 나를 안심시켰다. 그 사실의 객관적인 건조함, 분명한 명백함, 순수함이 나를 보호했다. 그러나 정확하게 내 이야기, 내가 경험했던 이야기, 나의 실제 이야기, 건조하지도 객관적이지도 않고, 눈에 띌 만큼 명백하지도 않고, 명백할 만큼 순수하지도 않은 나 자신의 이야기로부터가 아니라면 무엇으로부터 나를 보호한 것일까?[40]

이야기가 없다는 사실, 기억할 수 없다는 사실은 위안을 주지만, 그 보호 기능은 불완전해서 '무엇으로부터 자신을 보호하려는 것일까?' 하는 질문을 하게 만든다. 페렉은 '나 자신의 이야기'로부터 자신을 보호하기 위해 기억하지 못한다는 것을 깨닫게 된다. 망각 속에 웅크리고 있는 괴물은 자신을 잡아먹으려고 하는 자기 자신의 이야기였던 것이다. 기억하지 못한다는 것은 예감하면서도 결국 직면하지 못한 현실이 있다는 것을 알려준다. 그러나 억압된 무의식은 어떤 형태로든 드러나기 마련이고, 페렉의 경우 그것은 환상의 형태로 나타난다.

페렉이 상상한 역사적 상흔(傷痕)은 올림픽 경기에 대한 패러디 형태로 2부 허구의 이야기에 서술되어 있다. W섬은 육체만 숭배하도록 엄격하게 조직화되어서 일상성은 사라지고 규칙만 요구되는 곳이다. 그곳에서의 삶은 수동적으로 운명을 따르다가 죽임을 당하거나 영원히 배제되는 피억압자, 죄수의 삶과 유사하다.

먼저 그곳의 아이들이 스포츠인으로 활동하게 되는 경로를 살펴보자. 마을에 배치되기 전에 아이들은 자유롭고 행복한 유년기를 보낸다. 아이들은 자기들이 "*고랑, 전기 철조망, 지뢰밭*"[41]에 둘러싸여 그곳을 벗어날 수 없다는 사실은 전혀 모른 채 외부에서 들려오는 함성을 듣고 막연히 축제를 기대하며 성장한다. 일정 나이가 되면 마을에 배속되어 "*격리 수용 기간*"을 보내야 하는데, "*수갑을 차고 밤에는 쇠사슬로 침대에 묶이고 심지어 종종 재갈까지 물린 채*"[42] 고통스러운 수련 기간을 보낸 후 선수로 경기에 나간다. 레슬링 한 종목을 제외하면 그곳에서 치러지는 경기는 전부 필드에서 치르는 육상경기이며 달리기 한 종목에 집중되어 있다. 그러나 육체의 자연스러운 리듬과는 반대로, 달리기는 시계방향으로 이루어진다. 경기의 하이라이트인 100미터 달리기에서 패자는 죽임을 당하기도 한다. 육상경기에서 장대높이뛰기와 계주는 빠져 있는데, 죄수들이 협동하여 탈출할까 봐 일부러 제외시킨 것이다.

그곳에서도 승자와 패자가 나뉘지만 승패는 실력으로 판가름 나는 것이 아니라 법을 자의적으로 강제하는 조직위원회에 달려 있다. 탁월한 선수가 승리하는 것이 아니고 조직위원회가 승리했다고 인정하는 선수가 승리하는 것이다. "*법은 가혹하지만 예측할 수 없다. 누구도 법을 모른다고 할 수는 없지만 누구도 법을 알 수 없다.*"[43] 이런 카프카적인 세계에서는 실력이 아니라 경기 외적인 요소에 따라 승리가 결정된다. 그래서 5종경기와 10종경기의 경우 한 발로 뛰기, 신발 거꾸로 신고 뛰기처럼 선수를 우스꽝스럽게 희화하기도 하고, 주최 측이 자의적으로 핸디캡을 결정하여 승부를 예측할 수 없게 만들기도 한다. 경기 중에서 아틀랑티아드 경기가 관중의 호응도가 제일 높은데, 그 경기는 선수들이 합법적으로 여자들을 강간하도록 허용하기 때문이다. 그렇게 해서 W섬에 필요한 인력을 보충하고 참가자들은 동맹을 맺거나 배신하고 작은 이익을 위해 시합 전부터 살해와 공모를 반복한다.

흥미로운 점은 주최 측이 인간을 퇴화시키고 인간적인 가치를 무시하도록 만들기 위해 극도로 합리적이고 세심하게 계획을 짜고 실행한다는 점이다. 조직위원회는 음식으로 패자의 생존 본능을 자극하고 승리에 대한 열정을 증폭시킬 수 있다고 믿기 때문에, 승자에게는 영양가 있는 음식을 제공하고 패자에게는 금식을 시키는 등 모든 것을 징벌과 연결시킨다. 선수들은 만성적인 영양결핍 상태에 놓여 있어서 금식 자체가 징벌이 되는 것이다. 결국 "*항구적 투쟁 상태*"[44]를 유지해 W섬을 마음대로 통제하는 조직위원회가 유일한 승자가 된다. W섬에서는 스포츠 정신은 사라지고 생존이 지상과제가 되며, 통치는 불의를 정당화하기 위한 수단으로 전락하고, 법의 이름으로 법이 위반된다. 이렇게 해서 유토피아처럼 보였던 W섬은 "*살기 위해서는 싸워야*"[45] 하는 디스토피아로, 경기력을 가늠하는 축제의 장이었던 스포츠는 생존 투쟁의 장으로 그 실체를 드러낸다.

이야기가 진행될수록 W섬은 "*톱니바퀴 하나하나가 무자비한 효율성을 발휘하면서 인간들을 체계적으로 말살시킨 저 거대한 기계*"[46]인 아우슈비츠라는 역사적 공간의 알레고리가 된다. 페렉은 허구의 마지막 부분에서 W섬과 나치의 이미지를 직접 연결시킨다.

> *언젠가 이 성채에 들어가게 될 자는 그곳에서 잿빛의 긴 방들이 텅 빈 채, 연이어 있는 것밖에는 발견하지 못할 것이다. 콘크리트로 된 높은 천장 아*

래 울리는 자기 발자국 소리 때문에 겁이 날 것이다. 그렇지만 땅속 깊은 곳에 묻혀 있는, 그가 잊었다고 생각했을 세계의 지하에 남은 흔적, 산처럼 쌓여 있는 틀니와 반지, 안경들, 수많은 옷가지들, 먼지 쌓인 서류철들, 품질이 좋지 않은 비누들을 발견하려면 오랫동안 계속 걸어가야 할 것이다.[47]

이 예문은 역사적 문맥뿐 아니라 기억의 관점에서 읽어도 흥미롭다. 어떤 인물이 비어 있는 것처럼 보이는 공간에 들어간다. 비어 있는 공간은 부재하는 기억의 은유이며, 그곳을 탐색하는 인물은 페렉 자신일 것이다. 탐색하면서 그는 땅속 깊은 곳에 숨겨진 희생자들의 사소한 물건들을 발견한다. 무의식 속에 숨겨져 있던 과거의 개인적인 기억과 맞닥뜨리게 되는 것이다. 이 예문은 역사적 공간 탐색이 개인의 기억을 탐색하는 계기가 되며 그 과정에서 개인사와 역사가 연결될 수 있음을 암시한다. 그래서 마지막 장인 37장이 "수용소"[48]라는 단어로 끝날 때 독자들은 전혀 놀라지 않는다. 심지어 텍스트 마지막에 인용된 다비드 루세의 『집단 수용소의 세계』는 지금까지 읽었던 허구의 이야기가 집단 수용소에서 일상적으로 일어났던 일이었음을 밝혀준다. 환상과 역사를 엮어 하나의 서사를 만들어 낸 것이다.

파괴된 가족사의 재구성

허구의 이야기든 사실의 이야기든, 페렉의 이야기는 망각과 부재를 특징으로 한다. 부재의 이야기는 가족사에서 가장 잘 드러난다. 그의 가족 또한 역사 속에서 점진적으로 '파괴'되었기 때문이다.

> 내가 이야기하는 것은 비어 있는 것이며 중성적인 것이고 결정적으로 일어났던 한 파멸의 결정적인 기호다.

내가 이야기하는 것, 내가 쓰는 것이 바로 [파멸]이며, 내가 쓰고 있는 단어들 속에서 발견되는 것, 이 단어들이 그려내는 불확실한 선들, 이 선들 사이의 여백 속에서 발견되는 유일한 것이 바로 이것이다.[49]

'파멸'이라는 용어는 허구의 이야기와 사실의 이야기를 아우르는 핵심어다. 우선 1부의 허구의 이야기를 요약하면 다음과 같다. 가스파르 빙클레르는 유년기의 트라우마 때문에 듣지도 말하지도 못하게 된 아이다. 그의 어머니는 아들을 고칠 수 있다고 믿고 바다를 떠돌다가 풍랑을 만나 좌초하고 만다. 배에 탄 사람들은 모두 죽은 채 발견되었지만 가스파르의 시신만 발견되지 않아서, 항해 도중 아이가 도망쳤거나 어른들이 아이를 어떤 섬에 유기한 것이라는 두 가지 가설이 제시된다. 그가 생존해 있을 가능성도 있다는 것이다. 이와 같은 상황에서 실종자 수색 기관에서 주인공을 찾아온다. 주인공은 탈영병으로, 신분을 위조해 평범하게 살고 있었는데 그가 도용했던 신분이 바로 가스파르 빙클레르여서, 진짜 가스파르를 탐색하다 보니 현재 그 신분으로 살고 있는 가짜 빙클레르에게 이르게 된 것이다. 1부는 가짜 빙클레르가 실종된 진짜 빙클레르를 찾아 '불의 땅'으로 떠나는 것으로 끝난다. 2부는 스포츠가 지배하는 W섬에 관한 허구의 이야기다. 이 이야기는 가스파르 빙클레르가 직접 체험한 것이 아니고 자신이 목격한 것을 서술한 것이다. 그러나 그는 "*W섬으로의 여행에 관한 이야기를 시도하기 전에 오랫동안 망설였다.*"라고 하면서 그곳에서 본 것을 "*비밀*"로 지켜왔다고 밝힌다.[50] 그리고 그가 보았던 도시들이 마치 유령처럼 꿈속에 등장했으며, "이 밑도 끝도 없는 기억 속에 이해할 수 없고 공포스러우면서도 매혹적인 것이 뒤섞여 있었다."[51]라고 밝힌다.

빙클레르의 여행은 자기 기원을 찾기 위해 가짜가 진짜를 탐색하는 여행이지만, 그가 찾아야 하는 사람은 물론이고 그 여행을 의뢰한 사람마저 실종되어서, 결코 그 목적을 완수할 수 없는 여행이다.

등장인물이나 공간이 '실종'이라는 주제와 연결된다면, 다른 세부 사항들은 '부재'와 관련된다. 예를 들면 가짜 빙클레르는 오토 아펠스탈로부터 만나자는 편지를 받고 편지에 찍힌 문장(紋章)을 살펴본다. 그 문장에는 톱니모양으로 장식된 탑과 아무것도 쓰이지 않은 책이 있었다. 탑은 강제 수용소의 감시탑을 상징하며 아무것도 쓰이지 않은 책은 앞으로 쓰여야 할 페렉의 삶을 의미한다. 또 문장에 있는 그림 세 개는 여러 가지 방식으로 해석이 가능해서 그 의미를 정확하게 하나로 파악할 수 없었다. 이는 부재 상태에 놓여 있는 그의 과거 기억을 의미한다고 할 수 있다. 게다가 그 편지를 반복해서 읽어도 빙클레르는 아무것도 알 수가 없다. "*나는 그 편지를 읽고 또 읽었다. 매번 지표를 추가로 더 찾아내려고 애를 썼지만 혼란을 가중시키는 것들만 찾아냈을 뿐이다.*"[52]

'아펠스탈'이라는 이름과 함께 쓰인 'MD'라는 약자(略字)도 마찬가지다. 화자는 그 약자가 무슨 뜻인지 확인하려고 사전이나 백과사전, 연감을 찾아본다. 발신인에 대해 쉽게 접근할 수 있는 객관적 정보부터 확인해보는 것이다. 그런데 이런 식으로는 오토 아펠스탈에 관한 정보를 전혀 얻을 수 없었다. 그래서 'MD'가 의사를 의미할 거라고 막연히 상상하는데, 오토 아펠스탈은 의사가 아니라 실제로는 바다에서 실종된 사람을 찾는 기관에서 일하고 있었다. 이로써 연감으로 상징되는 객관적 역사가 개인사를 밝혀줄 수 없다는 것이 분명해진다. 그 결과 비록 기억은 없지만 '파멸'의 이야기를 할 수 있는 사람은 '나'밖에 없다는 선언이 나온다.

> *어떤 일이 일어나도, 내가 무엇을 해도, 나는 그 세계를 알고 있는 유일한 사람이며, 살아 있는 유일한 기억, 유일한 흔적이었다. 다른 무엇보다도 그것 때문에 나는 책을 쓸 것을 결심했다.*[53]

기억이 없는 자가 유일하게 기억을 소유한 자라는 이 선언은 정체성의 관점에서 볼 때 매우 시사적이다. 기억이 없는 자가 부재하는 기억을 대체할 뭔가를 재구성해야 하는 '기억의 의무'를 지니기 때문이다. 그것이 어떻게 가능할까? 이 질문에 답하기 위해서는 페렉이 실종된 자, 죽은 자를 어떤 식으로 제시하는지 고찰할 필요가 있다. 먼저 부모님에 대한 기억을 살펴보자.

고아가 된 이후 고모와 함께 생활하면서 페렉은 아버지에 대해 많은 이야기를 들을 수 있었다. 아버지에 대한 정보는 8장 각주 3에 가장 많이 서술되어 있다. 아버지는 모자 제조인이기도 했고, 고모가 경영하는 식품가게의 점원, 선반공, 제과점 직원, 주물공, 제련소 주조공, 미용사이기도 했다. 그런데 아버지의 직업을 열거할수록 아버지의 정체성은 불확실해진다. 아버지에 대해 서술하면서 페렉은 추측이나 주관적인 판단을 나타내는 용어를 여섯 번이나 사용하고 확실성을 나타내는 표현은 단 한 번, 그것도 "확실한 것은, 어쨌든"이라고 의미를 제한하여 사용한다. 안 로슈는 이것을 "기억을 파괴하려는 전략"[54]이라고 파악한다. 아버지에 대한 기억이 불확실하고, 그것도 사실을 기억한 게 아니라 상상으로 재구성한 것이어서 주관적인 해석이 강하게 반영되었다는 것이다. 분명한 사실은 아버지의 죽음이 그가 상상했던 것과 달랐다는 것이다.

> 나는 아버지에 대해 몇 가지 영광스런 죽음을 상상했다. 가장 멋진 죽음으로는 그가 전령으로서 엉텔 장군에게 승전보를 전하러 가다가 기관총 사격에 쓰러지는 것이었다.
>
> 나는 좀 어리석은 면이 있었다. 아버지는 어처구니없이 천천히 죽었다. 휴전 다음 날이었다. 그는 유탄에 맞았다. 병원은 만원이었다.[55]

페렉은 아버지가 전쟁 영웅이고 그에 걸맞은 영웅적인 죽음을 맞이했을 거라고 상상했지만 아버지는 임무를 수행하다가 치명적인 부상을 입은 게 아니었다. 인용문에서는 휴전 다음 날 유탄을 맞고 병원에서 제대로 치료를 받지 못한 채 사망했다고 기술한다. 실제로는 휴전 직전에 유탄을 맞았는데, 페렉은 휴전 '다음 날' 피격당한 것으로 기술함으로써 아버지의 죽음이 '어처구니없는' 죽음임을 강조한다.

현실과 상상의 괴리는 스무 살 무렵, 페렉이 아버지의 무덤을 찾아간 에피소드에서도 분명히 드러난다. '페렉 이섹 유드코'라는 아버지의 이름과 군번을 읽고 그는 마침내 자신과 이름이 같은 자를 발견하고 "무덤에 쓰여 있는 내 이름을 보는 놀라움"[56]을 느낀다. 지금까지 페렉이라고 불리는 사람은 자신밖에 없었는데 마침내 죽은 아버지에게서 자기 근원을 발견한 것이다. 아버지의 묘지를 방문하고 '이름'이 같다는 사실에서 아버지와 자신을 연결하는 공통의 정체성을 확인하며 안도감을 느끼는 동시에 아버지의 죽음이 곧 자신의 죽음이라는 사실에서 놀라움을 느낀다. 그리고 확고한 뭔가를 확보했다는 평온함을 느낀다. 이것을 페렉은 "죽음의 안정감"이라고 표현한다.

> 공간 속에 닻을 내리는 것, 십자가에 잉크를 묻히는 것과 연결된 은밀한 안정감. 마침내 추상적이지 않게 된 이 죽음의 안정감.[57]

그는 한 인물의 삶을 제대로 이해하려면 그 인물이 어떻게 죽었는지를 이해해야 한다고 생각하고 있었기 때문에 아버지의 무덤 앞에서 "죽음의 안정감"을 느낀다. 아버지가 돌아가신 상황을 알게 되고 무덤까지 확인하면서 그는 아버지에 대해서는 '기억의 가능성' 혹은 적어도 애도의 가능성을 확인한 것이다. 아버지의 죽음과 관련하여 페렉은 언어 유희 능력을 발휘한다. 프랑스어에서 '닻 내리기(ancrage)'와 '잉크 묻히기(encrage)'가 모두 '앙크라주'로 발음되는 데에 착안하여 페렉은 인생의 항해가 죽음으로 '닻 내리고', 그것이 '잉크'와 관련되면서 글쓰기의 동력이 된다는 사실을 깨닫는다. 아버지의 죽음에서 확인했듯이, 죽음을 이해하고 그 죽음을 서술하는 것이 글쓰기의 목표이자 구원의 단초임을 깨달은 것이다.

아버지와 달리 어머니에 대해서는 기억이 많지 않다. 어머니와 관련해서는 단지 '가난, 공포, 무지'라는 용어를 환기할 수 있을 뿐이고 "자의적이고 도식적인 이미지"만 남았다고 말한다. 그러나 "그 이미지가 어머니와 유사하며, 나에게는 그 이미지가 거의 완벽하게 어머니를 정의하고 있다."[58]라는 고백에서 알 수 있듯이, 그에게 어머니의 객관적 이미지는 그다지 중요하지 않고, 오히려 기억이나 상상력에 따라 재구성된 과거가 중요해진다. 페렉은 "나의 눈이 실제로 본 것"을 말한다고 하는데, 여기에서 '나의 눈'은 어머니에 대해 다양하게 상상하는 페렉 자신의 주관적 경험을 의미한다.

비록 기억나는 것은 없지만 페렉은 "부재하는 말의 궁극적인 반향을, 그들의 침묵과 내 침묵의 스캔들"[59]을 쓸 수 있을 것이라고 선언한다. '침묵'에 말의 형태를 부여할 수 있다는 것인데, 어머니가 바로 그 경우다. '실종'된 어머니는 페렉에게 "원초적 결핍"을 상징한다.[60] 그는 어머니의 사망 정황을 알지 못하며 다만 어머니와 헤어지던 리옹 역 장면만 기억한다. 어머니와의 이별 장면은 세 번에 걸쳐 다른 버전으로 제시된다. 그가 '이별' 기억을 특별히 주목하는 이유는 그것이 탯줄이 끊어진 결정적인 장면이기 때문이다. 그런 의미에서 이 기억은 자기 기원과 분리된 기억, 더 나아가 '실종'이 시작되는 기억, '토대가 되는 기억'이다.

세 번에 걸쳐 반복되는 이 기억에서 불변항과 변이형들을 비교하면 그의 무의식을 확인할 수 있다.[61] 첫 번째 버전에서는 어머니가 리옹 역까지 자신을 배웅했으며, 자신은 팔이 부러지지 않았는데 붕대를 매고 적십자단과 함께 빌라르-드-랑스로 떠난다. 어머니가 『낙하산병 찰리 채플린』이라는 잡지를 사주었는데, 그 잡지의 삽화에서 채플린의 바지 멜빵이 낙하산 끈으로 사용되고 있었다는 사실도 구체적으로 서술되어 있다. 두 번째 버전에서는, 1942년에 리옹 역에서 어머니가 적십자단과 함께 떠나는 아들을 배웅했고 채플린이 나온 것 같은 잡지를 사주었으며 기차가 떠나기 시작하자 어머니가 플랫폼에서 흰 손수건을 흔들었다. 마지막 세 번째 버전은 좀 더 구체적이고 페렉 자신의 해석이 덧붙여져 있다. 자신의 나이가 여섯 살이었고 적십자단은 자유지대인 그르노블을 향해 떠나며 채플린 사진에는 지팡이, 모자, 신발, 수염 등이 선명하게 드러나 있었다고 한다. 멜빵이 낙하산 끈을 대신한다는 사실도 언급되어 있다. 그가 부상자 행세를 한 것은 적십자가 부상당한 사람들을 피난시켰기 때문이다. 그런데 그의 기억과는 달리, 고모는 그가 전몰용사의 아들이고 전쟁고아였기 때문에 부상자 행세를 할 필요가 없었고 적법한 절차를 밟아 후송되었다고 말한다. 자신이 기억하는 것과 고모의 말이 다르자 페렉은 다른 가설을 내세운다. 자신이 탈장붕대를 감고 있었고 그걸 멜빵에 매달고 있었다는 것이다. 그리고 탈장수술을 하는 김에 몽도르 교수가 맹장수술도 같이 했다고 그는 기억한다. 그런데 또 이 사실을 부정하면서 그르노블 도착 즉시 수술한 게 아니고, 고모에 따르면 맹장수술은 후에 했고, 다른 사람의 말을 빌려 탈장수술도 부모님과 함께 있을 때 했기 때문에 훨씬 전이었다고 지적한다. 그러고는 각주에서 탈장붕대를 하고 있었으며 몇 달 후 그르노블에서 수술을 받았고 그때 맹장수술도 같이 받았다는 사실을 분명히 밝힌다.

르쥔의 연구에 따르면 이 이별 장면에서 분명한 사실은 어머니가 잡지를 사준 것과 그가 탈장붕대를 했다는 사실뿐이다. 손수건을 흔든 것은 실제 일어난 이별 장면을 서술했다기보다는 관습적인 서술이고, 팔이 부러진 것은 이름이 써 있는 판을 목에 걸고 있는 것이 전위된 기억이며, 낙하산병 채플린은 후에 재구성되어 덧붙여진 허구의 기억이다. 기억이 이처럼 복잡해진 이유는 어머니에 대한 기억이 너무 부족하기 때문에 결핍에 대한 보상으로 이야기를 꾸며냈기 때문이다.[62]

어머니에 대한 세 버전은 공통적으로 '낙하산, 깁스한 팔, 탈장붕대'를 다루는데, 이것들은 모두 지지대를 필요로 한다. 그의 표현을 빌리면, "존재하기 위해서는 지지대가 필요하다."[63] 문제는 낙하산이 멜빵으로 연결되어 있어서 지지대가 몹시 불안정하다는 점이다. 또 부러지지도 않은 팔에 붕대를 감고 있었다는 사실과 비록 불필요한 기관이기는 하지만 탈이 나지 않은 맹장을 제거했다는 점은 그에게 부상 환상이 총체성 상실 체험으로 이해되고 있음을 알려준다.

1958년에 낙하산병으로 복무한 후에 낙하산병 체험이 갖는 의미를 밝히면서 페렉은 다시 '지지대'라는 표현을 사용한다. "나는 허공으로 뛰어내렸다. 모든 끈이 끊어졌다. 나는 혼자서 아무런 지지대 없이 떨어졌다. 낙하산이 열리고 꽃봉오리가 펼쳐졌다. 낙하가 통제되기 전 약하지만 확실히 긴박한 순간이 있었다."[64] 여기에서 '긴박함'은 '두려움'의 다른 표현이며 그 두려움을 통해 페렉은 지지대, 즉 가족이 없는 자신을 의문시한다. 그러나 두려움이나 의문에 매몰되기는커녕 뛰어내려야 할 텅 빈 허공을 앞에 두고 "생명에 대한 신뢰"를 발견한 그는 "나에게 완전히 낯선 것들을 신뢰해야 한다는 것을 알게 된 것이 바로 그 순간이다."[65]라고 고백한다. 그는 허공을 거부할 수도, 피할 수도 없으며 현실을 신뢰해야 한다는 것을 깨닫는다. 낙하산병 체험은 그가 자신과 삶에 대해 긍정적으로 생각하게 되는 초석이 된다.

> 1958년 이전에는 나를 받아들이지 못했지만, 이제 나는 항상, 지속적으로 나를 받아들일 수 있다. 나는 내가 누구인지 규정하지 못했지만, 이제 나를 규정할 수 있으며, 그런 것은 이제 더 이상 문제 되지 않는다.[66]

이처럼 부재하는 어머니에 대한 상상을 통해 그는 자신을 긍정하고 굳건한 존재로 받아들인다. 그렇다면 어머니는 실제로 어떻게 죽었을까? 페렉은 어머니가 체포되어 아우슈비츠에서 "아무것도 이해하지 못한 채 죽었다."[67]라고 간단히 서술하며, 그 죽음이 인간으로서 존중받는 자의 죽음이 아니었음을 암시하는 정도로 그친다. 어머니의 죽음에 대해 아무것도 알지 못하기 때문에 아무것도 서술할 수 없었을 테지만, 어머니의 삶이나 죽음은 『레 미제라블』에 나오는 학대받는 코제트와 안데르센의 『성냥팔이 소녀』 이미지로 재구성된다. 어머니에 대해 구체적인 기억이 없기 때문에 그는 동화적 상상 세계를 빌려 영문도 모른 채 게토에 갇힌 유대인의 삶을 형상화한 것이다.

> 내가 어머니를 생각할 때, 나는 희미한 불빛이 비치는 가운데 어쩌면 눈이 내리고 있는 게토의 구불구불한 길, 사람들이 끝도 없이 줄지어 늘어선 어둡침침하고 보잘것없는 구멍가게를 보는 것 같다.[68]

1부 사실의 이야기에서는 어머니의 죽음이 이처럼 간단히 처리된 반면, 허구의 이야기에서는 배가 좌초한 상황부터 어머니 세실리아가 사망한 정황까지 자세히 서술되어 있다.

> *그러나 세실리아의 죽음이 가장 끔찍했다. 그녀는 다른 사람들과 달리 즉사하지 않았다. 배가 충돌하면서 허술하게 묶여 있던 가방이 선실에서 튕겨 나오는 바람에 허리가 부러졌고, 그 상태로 그녀는 여러 시간에 걸쳐 선실 문까지 기어가 문을 열려고 애를 썼다. 칠레 구조대가 그녀를 발견했을 때 심장은 멈춘 지 얼마 되지 않았고 손톱이 피범벅이 될 정도로 전나무 문을 긁은 흔적이 남아 있었다.*[69]

페렉은 어머니의 죽음을 허구화함으로써 부재하는 기억을 스스로 보상한다. 어머니의 죽음을 허구화하는 이유는 아우슈비츠에서 죽은 어머니를 충분히 '애도'할 수 없었기 때문이다. 또 하나 주목할 점은 어머니가 숨을 거둔 상황을 상상함으로써 어머니를 애도하는 것과 동시에 죄책감을 떨쳐내고 자기 자신을 정당화할 수 있다는 점이다. 이 이야기에서 어머니는 아들의 병을 고치기 위해 세계일주를 떠나지만 아들을 유기한 것으로 설정되어 있는데, 여기에서 '내가 어머니를 죽인 게 아니다. 나는 버림받았을 뿐이다'라는 자기 정당화의 시도를 읽을 수 있다.

육체의 기억: 추락과 상처

부모님에 대한 기억은 허구화를 통해 해결한다고 해도, 개인사와 관련된 기억도 없고 친척들의 기억도 신뢰할 수 없을 때, 어떻게 자신의 과거를 드러낼 수 있을까? 살인을 저지른 후 강박적으로 손을 씻는 맥베스 부인이 잘 보여주듯, 트라우마가 된 어떤 사건에 대한 기억은 강박관념으로 드러난다. 다시 경험하고 싶지 않은 고통스런 트라우마는 언어의 형태로 드러나지 않는다. 말로 표현할 수 없는 내면의 고통은, 예를 들면, '상처'의 형태로 육체에 새겨져서 과거를 환기할 수 있다. 이때 상처는 피부에 새겨진 이름의 역할을 한다. 페렉도 '육체의 기억'에 각별한 관심을 기울인다.

난간을 움켜잡은 손의 느낌, 쇠막대에 머리를 기댔을 때 느꼈던 차가운 느낌, 따끔거리는 윗옷의 느낌 등, '육체적 기억'은 페렉에게 "화석화되어 움직일 수 없는 이미지"[70]로 남는다. 게다가 페렉은 태어난 지 몇 개월밖에 안 되었을 때 어머니가 끓는 주전자를 열다가 혹은 깨뜨리는 바람에 양손을 완전히 덴 사실을 언급하는데, 여기서 알 수 있듯이 어머니와 관련된 최초의 사건도 육체, 특히 부상과 관련된다.[71] 페렉의 타자화된 자아인 가스파르 빙클레르도 육체적으로 장애가 있어서 타인과 소통하지 못하고 정신적으로 고립된 것으로 설정되어 있다. "육체의 가장 커다란 영광을 위해" 모든 것이 구조화되어 있는 W섬도 실제로는 모욕당하고 고문당하는 육체의 공간이다.

페렉의 '첫 기억들' 또한 언어에 관한 기억인 동시에 육체에 대한 기억이다. 첫 번째 기억에 따르면, 히브리어 신문이 흩어져 있는 방에서 페렉이 히브리어 문자를 가리키자 그를 둘러싸고 있던 모든 가족들이 즐거워한다. 그 문자는 'gammeth' 또는 'gammel'이라는 철자인데, 왼쪽 아래 모서리가 열려 있는 사각형 형태다. 두 번째 기억에서 페렉은 아버지로부터 받은 황금 열쇠인지 금화인지 확실치 않은 무언가를 삼켰는데 다음 날 요강에서 그것을 발견했다고 서술한다. 이 첫 기억들에는 공통적으로 '구멍'이라는 요소가 있다. 뷔르즐랭은 개인사와 환상의 이야기를 파편화되고 단절된 형태로 제시하면서 그것을 '구멍'과 연결시킨다. 구멍이라는 주제가 내용과 형식의 차원에서 모두 중요한 의미를 지니고 있다는 것이다.[72]

이 기억들을 좀 더 자세히 살펴보자. 첫 번째 기억은 세 살 때로 거슬러 올라가는데, 자신을 중심으로 빙 둘러앉은 가족의 모습은 그의 기억 속에 "넘을 수 없는 성벽"[73]처럼 남아 있다. 여기서 '성벽'이라는 용어를 통해 오히려 '보호'받는 느낌이 강조된다. 다른 아이에게는 평범하게 여겨질 그 느낌을 잊지 않고 기억한 것은 이후에는 그런 행복감을 다시 경험하지 못하기 때문이다. 그런데 그 문자의 의미와 관련된 상황을 페렉은 본문과 각주에서 다양하게 변주하고 해석한다. 예를 들면, 그 문자를 발견한 곳이 할머니 가게의 뒷방이 아니라 파니 고모의 집이었고, 가족들은 갓 태어난 아이를 보고 있는데 페렉 자신은 세 살에 불과했다. 이 사실은 작가가 괄호 안에 "하지만 조금 전에 내가 세 살이라고 말하지 않았던가?"[74]라고 덧붙이는 바람에 오히려 두드러져 보인다. 또 그 당시 그가 해독하려고 노력했던 글자는 히브리어가 아니라 프랑스어였고, 히브리어에 '기멜'이라는 문자가 있긴 하지만 그가 그렸던 문자와는 전혀 비슷하지 않다.[75] 이처럼 그의 기억은 완전히 변형되어서 현실을 반영하지 못하고 진실을 드러내지도 못한다. 페렉의 자서전은 기억을 고정시킨다기보다는 오히려 "건축하고 파괴하는 놀이"[76]처럼 보이고, 기억의 오류나 허위성을 드러내는 게 목적인 것처럼 보인다.

수정된 기억을 통해 독자는 페렉이 품고 있는 기원에 대한 환상을 짐작할 수 있다. 세 살 때 기억이 아이가 갓 태어난 시점으로 바뀌면서, 페렉은 자신을 다른 사람들이 경배하는 '아기 예수'처럼 제시한다. 그런데 텍스트의 각주에서 '아기 예수'와의 연관성을 설명하면서, 처음에는 렘브란트의 "율법학자들 앞의 예수"라고 했다가 곧 그 장면의 분위기를 서술하기 위해 "성전에 바쳐진 아기 예수"를 참조했다고 언급한다. 이 언급들은 그의 첫 기억이 실제 기억이 아니라 그림에서 연상된 '가짜 기억'임을 암시한다. 하지만 이와 같은 과정을 거치면서 유년기는 행복했던 시기로 제시되고, 불확실하게만 여겨지던 자기 기원이나 정체성 또한 확고한 것으로 제시된다. 동시에 그의 인생 여정이 행복하고 확고했던 기원에서 불확실해지고 불행해지는 지속적인 추락 과정임을 알려준다.

이 관점에서 그가 가리킨 히브리어 문자를 재해석할 수 있다. 그 문자는 왼쪽 아래 모서리가 열려 있는 사각형 형태다. 사각형이 '따뜻한 보호와 사랑'을 암시한다면, 아래쪽 모서리에 구멍 나 있는 것은 불완전한 보호, 파괴될 가족관계를 암시한다. 또 이 문자는 'M'과 관련이 있는데, M을 뒤집으면 W가 되기 때문에 따뜻한 가정이 파괴되어 죽음의 공간인 W섬처럼 될 것이라는 사실을 암시한다. 그래서 앤디 리크는 이 에피소드가 가족들의 사랑을 보여주는 에피소드가 아니라 어머니와 아이 사이의 총체성이 사라진 에피소드라고 주장한다.[77]

두 번째 에피소드에서는 육체 자체가 구멍의 역할을 한다. 아버지가 준 열쇠를 삼키는 행위는 열쇠를 육체 안에 간직하고자 하는 무의식적 욕망을 보여준다. 그러나 '페레츠(Peretz)'라는 그의 성이 히브리어로 '구멍'을 의미한다는 사실과 연결시켜 보면, 항문으로 배출된 열쇠는 "소유할 수 없는 아버지의 증여물"[78]을 상징한다.

안 로슈는 히브리 문자의 기억에서 유대인 신분과 작가로서의 소명을, 열쇠를 배출한 기억에서는 자기 기원과 정체성의 상실을 읽어낸다.[79] 페렉의 최초 기억들은 육체의 구멍과 언어의 구멍을 통해 빠져나간 기원의 문제를 제기한다. 결국 자기 기원의 이야기는 기원의 부재와 연결된다. 사각형처럼 생긴 문자는 총체성 상실을, 항문으로 배출한 열쇠는 아버지로부터 받은 유산을 간직할 수 없었던 페렉의 현실을 드러내고 있다.

'구멍'은 또 '추락'과 연결된다. 상자처럼 생긴 히브리어 문자에서 왼쪽 아래 모서리가 열려 있는 형상은 상자에 무엇을 담아도 아래로 떨어질 수밖에 없는 상황을 가리키고, 열쇠 에피소드에서 '배설'도 무엇을 아래로 밀어내는 행위를 가리킨다. 이처럼 그의 첫 기억들은 모두 아래로 떨어지는 것과 관련이 있다. 이미 확인했듯이, 어머니와 이별하는 장면에서 낙하산에 바지 멜빵을 맨 채 떨어지는 채플린 에피소드는 추락의 공포를 보여주는데, 멜빵은 페렉의 상상 세계에서 분리불안에 대한 방어기제로 나타난다. 멜빵은 한 번 더 등장한다. 페렉은 중학교 시절 멜빵에 수류탄을 단 레지스탕을 보고 그것을 "방어적 수류탄"이라고 언급하는데, 그 이유는 멜빵이 자기 보존 욕망과 관련 있기 때문이다.

추락에 대한 기억은 초등학교와 관련된 기억 중에서 가장 구체적으로 제시된 기억이기도 하다. 학교에서 선행 점수가 쌓이면 메달을 주는 제도가 있었는데, 페렉은 그 메달을 받고 매우 즐거워한다. 그런데 계단을 내려오다가 떠밀리면서 여학생 한 명을 넘어뜨리게 되고, 선생님은 페렉이 일부러 그랬다며 가슴에 달고 있던 메달을 떼어낸다. 등 뒤에서 떠밀리는 느낌이 생생하고 일부러 그런 게 아니었는데도 그런 부당한 취급을 받고 그는 분노한다. 그는 그 기억을 '유대인의 별'과 연결시킨다. 메달을 빼앗긴 것과 다윗왕의 별을 달아야 했던 유대인의 경험이 역전되어 있지만, 페렉에게 '추락'의 체험은 개인의 체험인 동시에 유대인의 운명이었던 것이다.

이처럼 상처는 "개인적인 표지, 구분하는 기호"[80]가 되어 개인 정체성을 가리키는 요소가 된다. 팔 부상과 관련된 에피소드를 또 예로 들면, 페렉은 스케이트를 타다가 썰매에 부딪혀 견갑골이 부러졌고 깁스를 못해서 붕대로 감고 있었다고 기억하는데, 실제로는 그 장면을 목격한 증인에 불과했다. 자신의 과거는 거의 기억하지 못하면서 타인의 경험을 마치 자신의 경험처럼 서술한 것이다.

어머니와의 이별 장면이나 스케이트 부상 체험에서 팔이 부러지지 않았는데도 팔을 어깨에 묶어 "가짜 팔"[81]을 만들어내고 또 이런 거짓 기억을 간직한 까닭은 무엇일까? 우선, 팔이 부러지지 않았는데도 부러졌다고 느낀 것은 그가 부모와의 분리와 죽음, 더 나아가 유대인 학살이라는 역사적 상황에서 느꼈던 상실감을 상징한다. 따라서 부러진 팔은 파멸을 의미하는데, 그는 붕대를 감거나 '가짜 팔'로 지지대를 만듦으로써 자신이 겪었던 역사적 트라우마를 극복한다. 붕대로 묶어놓은 팔의 의미는 다음 문장에서 잘 드러난다.

> 불편하게 하기보다는 보호하는 것 같은 이 상상적 치유법, 이 *상처를 싸맨 부위*는 고통을 명명할 수 있다는 것을 가리킨다.[82]

'상처를 싸맨 부위(*points de suspension*)'라는 표현은 프랑스어로 '말줄임표'라는 의미로도 사용된다. 앙드레 쇼뱅에 따르면, 이 표현은 "지표의 부재와 추락의 위협뿐 아니라 반대로 보호와도 관련된다."[83] 말줄임표라는 뜻일 때에는 원초적인 부재와 결핍, 부상과 고통을 의미하지만, 팔을 지탱하는 방식을 의미할 때에는 회복의 욕망을 의미한다는 것이다. 페렉은 부상 체험에서 부모님의 실종이나 자신이 고아라는 사실을 체념하고 받아들이기는커녕 구원의 실마리를 발견한다. 그리하여 '명명할 수 있다'라는 용어가 등장한다. 부재하는 상처를 깁스로 외현화했던 것처럼 페렉은 말할 수 없는 것에 언어의 형태를 부여함으로써 파멸된 삶에서 회복되고 기억의 부재를 극복할 수 있는 가능성을 엿본다.

부상이나 상처와 같은 육체의 기억은 페렉의 자서전에서 특권적인 지위를 갖는다. 상처는 자신이 받았던 학대와 징벌을 상징하고, 자신이 배제되었던 과거를 증언한다. 다시 한번 강조하지만 그 상처를 통해 페렉은 적어도 과거가 있었다는 사실을 증언한다. 그 증언으로 그는 유년기가 어떤 상황이었는지를 정확하게 지적하고 더 나아가 자기 존재를 정당화할 수 있다. 그렇게 해서 페렉은 기억할 수 없는 과거를 서술하고 주체로 성장한다. 상처는 자신의 과거에 대해 고백하고 명명할 수 있는 권리를 준다는 점에서 기억이다.

서사적 진실

『W』의 1부는 "그림자들이 움직이는 이 터무니없는 안개, 어떻게 그것을 밝힐 수 있을까?"[84]라는 레몽 크노의 문구로 시작되고, 2부는 "그림자들이 요동치는 이 터무니없는 안개, 그렇다면 나의 미래는 그곳에 있는 것일까?"[85]라는 문구로 시작된다. 그림자들이 정체성을 잃고 떠도는 유령 같은 존재라면 안개는 그 그림자들이 놓인 상황을 암시한다. 1부가 그러한 안개를 뚫고 정체성을 '밝히려는' 시도라면, 2부는 그 시도가 실패하고 작가가 유령처럼 모호한 상태로 머물 수밖에 없음을 암시한다. "지표의 부재"는 그의 과거 전체를 상징하는 용어라고 할 수 있다.

> 이 시기는 무엇보다도 지표의 부재로 특징지어진다. 기억들은 무(無)에서 뽑아낸 삶의 조각들이다. 닻도 없고, 어느 것도 기억들을 정박시키지 않으며 어느 것도 기억들을 고정시키지 않는다. 기억들을 확인해 주는 것도 거의 없다. 시간이 흐름에 따라 내가 자의적으로 재구성했

던 연대기 외에 연대기란 없다. 시간이 흘렀고 계절이 있었다. 사람들은 스키를 탔고 소란을 피웠다. 거기에는 시작도 끝도 없었다. 더 이상 과거는 없었고, 또 아주 오랫동안 미래도 없었다. 그것은 단지 지속되고 있었다.[86]

유년기 이후의 삶을 서술하고 있는 이 시기도 마치 악몽처럼 시작도 없고 끝도 없으며, 과거도 없고 미래도 없다. 시간적인 지표가 없기 때문에 원인과 결과는 일치하지 않고, 어떤 논리도 통하지 않는다. W섬에서 운동선수들이 영위하는 삶도 이와 유사하다. 그곳에서는 지켜야 할 규칙들이 자세히 열거되어 있지만 규칙이 너무 많은 탓에 삶은 '우연'에 따라 지배되는 것처럼 보인다. 지나치게 많은 규칙과 무질서는 동전의 양면과도 같다. 우연이 지배하는 곳에서 미래는 한 치 앞을 내다볼 수 없다. 이것이 안개의 이미지로 페렉이 제시하고자 했던 수용소의 삶이다.

페렉은 말하기와 침묵 사이에서 적절한 타협점을 찾기 위해 과거를 탐색하지만 기억하지 못하는 과거를 대체하기 위해 다양한 방식으로 유희를 벌이고, 서술하고 부정하는 과정을 반복하면서 글쓰기를 무한히 이어나간다. 그는 과거 탐색을 숨바꼭질에 비유한다. "나는 숨바꼭질하는 아이와 같다. 그 아이는 숨어 있는 것과 발견되는 것 중에서 자신이 무엇을 두려워하고 무엇을 원하는지 모른다."[87] 숨바꼭질이 숨기와 찾기로 이루어지듯이, 그의 글쓰기는 "말하기와 침묵하기, 드러내기와 감추기, 도망치기와 발견되기"[88]라는 이중의 움직임으로 구성되어 있다. 그래서 과거는 하나의 이야기로 확정되는 것이 아니고 관점에 따라 다양하게 변주되는 과정에서 생성된다.

페렉은 아무 관계가 없는 에피소드들을 병렬시키고 그것들 사이에 야기되는 공명 작용을 통해 드러내는 동시에 감추는 이중의 움직임을 만들어낸다. 독일군이 진주하면서 할머니와 페렉이 기숙사로 피난가고 프랑스어에 서툰 할머니가 유대인이라는 게 발각될까 봐 벙어리 행세를 했다는 27장을 살펴보자. 이곳에서 두 가지 일이 일어난다. 첫 번째는 여자아이가 벽장에 갇히는데 사람들은 페렉이 일부러 그 아이를 가뒀다며 자백을 강요한다. 자신이 한 일이 아니므로 페렉은 자백하지 않았고, 그것 때문에 벌을 받아 아무도 그에게 말을 걸지 않는다. 두 번째는 방에 벌이 들어와 페렉의 허벅지를 쏘았는데, 페렉은 그것을 하느님의 징벌로 여긴다. 이 두 에피소드는 아무 상관도 없어 보이고, 각기 자신이 하지 않은 일로 인한 징벌과 죄책감을 서술하는 것처럼 보인다. 여기에서 할머니와 여자아이를 동일시함으로써 두 에피소드를 새롭게 해석할 수 있다. 페렉은 할머니가 자기 때문에 벙어리 취급을 받고 기숙사에 갇혔다고 생각하면서, 말벌이 쏜 것도 자기에게 부과된 징벌로 여긴다. 이처럼 상관없는 두 에피소드를 연결하여 페렉은 할머니에게 느낀 죄책감을 서술한다. 실제 있었던 일을 객관적으로 서술하되 자신의 주관적 느낌을 성공적으로 기술해내는 것이다.

'드러내기'와 '감추기'를 동시에 하는 또 한 가지 방법은 자신에게 결여된 친척관계를 직접 창조해내는 것이다. 이미 살펴본 것처럼, 유대인 혈통은 나치정부가 인종말살정책을 수행하는 근거가 되었고 프랑스 국적 또한 난관을 벗어나는 데 별 도움이 되지 않았으므로, 그는 혈통이나 국적에 근거하지 않은 좀 더 굳건한 관계를 희망한다. 그는 자신이 되풀이해서 읽는 작가들에게서 '지적인 친척관계'를 발견한다.

> 나는 조금밖에 읽지 않지만 플로베르와 쥘 베른, 루셀과 카프카, 레리스와 크노를 끊임없이 다시 읽는다. 나는 내가 좋아하는 책들을 다시 읽고 내가 다시 읽는 책들을 좋아한다. 매번 똑같은 즐거움을 느끼며 나는 스무 페이지, 세 단원 또는 책 전체를 다시 읽는다. 어떤 공감이나 공모의 즐거움, 또는 심지어 그것을 넘어 마침내 되찾은 친척관계의

> 즐거움을 느끼게 된다.[89]

자신을 설명하는 데 그다지 도움이 되지 않는 혈연에 근거한 가계도 대신 페렉은 19세기를 대표하는 작가 중 한 명인 플로베르부터 시작해서, 자기 앞 세대의 작가들을 열거하고 마지막으로 울리포 활동을 같이했던 크노를 언급한다. 지적 친화력에 따라 만든 이 가계도로 그는 자기 정체성을 작가로 규정하고 자신의 기원을 스스로 만들어낸다. 이렇게 해서 그는 자신을 괴롭히던 고아 의식을 극복한다. 이것이 의미하는 바는 매우 중요하다. 페렉에게 정체성이나 진실은 주어지는 것이 아니라 스스로 만들어 가는 것이었으며, 진실을 만드는 방법 중 하나가 글쓰기라는 것이다.

한 출판사에서 페렉에게 '이 세계는 무엇인가?'라는 질문을 한 적이 있었다. 페렉은 "백과사전과 사전들, 책들이 맺고 있는 모든 망들, 사람들이 만들어내고 해체하면서 시간을 보내는 거대한 퍼즐과 같은 것"[90]이라고 대답한다. 여기에서도 페렉은 자신을 둘러싼 세계가 책의 세계이며, 그 세계는 단 하나의 진실로 구성된 게 아니라 퍼즐처럼 "만들어내고 해체"되는 수많은 설명체계임을 분명히 한다. 그에게 작가로서의 정체성은 말의 권리와 관계되며, 이를 위해서는 부재를 확인하는 대신 "탐색의 진실"을 드러내는 것이 중요하다. 그런 의미에서 그가 책을 "탐색의 진실"을 드러낼 수 있는 '흔적'이라고 지적한 것은 의미심장하다.

> 책은 성과 없는 탐색의 흔적이다. 그렇지만 탐색 과정에서 탐색의 진실을 찾는 글쓰기의 과정이 암암리에 드러난다. 그것은 규칙은 아주 간단하지만 승부를 내는 것은 절망적일 만큼 복잡한 경기와 같다.[91]

그 탐색 과정을 르죈은 '축적'의 측면에서 분석하면서 그것이 페렉이 구사하는 자서전의 서술 전략 중 하나라고 지적한다. 페렉은 나열할 뿐 의미를 해석하지 않으며, 종합하는 대신 '대조'하고, 창조하는 대신 '해체'한다.[92] 의미는 독자가 만들어내는 것이지 작가가 제시하는 것이 아니다. 그럼에도 불구하고 독자는 페렉의 텍스트를 읽으며 작가가 느꼈던 감정에 공감할 수 있다. 예를 들면 페렉이 과도할 정도로 세밀하게 서술할 때 왜 작가가 이런 서술 전략을 구사하는지 그 이유를 짐작할 수 있는 독자는 많지 않다. 그러나 작품을 읽으며 느낀 절망감이 작가가 느꼈던 감정임을 깨닫는 순간 독자는 작가가 직면했던 절망적 탐색 과정에 참여하게 된다. 과도한 서술은 말의 권리를 확보하여 자기 정체성을 제시하려는 노력의 일환이었던 것이다. 그런 과정을 거쳐 트라우마를 극복할 수 있고, 부재하는 가족과의 관계에서도 일정한 지표를 찾을 수 있다.

『W』는 종전 후 페렉이 전시회에 들러 강제 수용소와 관련된 이미지를 확인하는 에피소드로 끝난다. 전시회를 관람함으로써 나치의 참상을 시각적으로 확인하고 의식화하는 것이다. 그런데 흥미롭게도 전시회 관람보다 그가 전시회에 가면서 전철을 탔던 사소한 에피소드가 더 중요하게 여겨진다. 페렉은 이때까지 전철은 지하로만 다닌다고 생각했었는데, 그게 지상으로도 다닌다는 사실을 처음 알게 된다. 지하로만 다니는 전철은 상상이나 악몽으로만 경험했던 파괴적인 역사를 암시하고, 지상으로 가는 전철은 그가 마침내 역사적 트라우마에서 해방되었음을 의미한다. 상징적 친척관계를 만들어내든 아니면 전시회를 통해 직접 확인하든, 페렉은 부재하는 기억을 대신하여 구체적인 기억을 얻게 되는 순간 트라우마에서 벗어난다. 그런 의미에서 글쓰기는 상징적 치유법이라고 할 수 있다.

> 글쓰기는 나를 보호한다. 나는 내 단어들, 내 문장들, 교묘하게 연결된 내 문단들, 능숙하게 기획된 내 장(章)들의 성벽 아래에서 전진한다. 나에겐 재주가 없지 않다.[93]

이 예문에 사용된 '보호'나 '성벽'이라는 단어는 페렉이 가족에게 둘러싸여 히브리어 문자를 가리켰을 때 사용된 단어들이다. 그러므로 글쓰기가 가족의 역할을 하며 그를 보호하고 있는 것은 분명해 보인다. 이 짧은 문장에서 특징적인 점은 '나'라는 단어의 반복적 사용이며, 글쓰기를 통해 '나'의 정체성이 강화되었다는 사실을 이보다 더 잘 보여주는 것은 없다. 페렉이 나열한 '단어, 문장, 문단, 장(章)'이라는 용어들은 가장 작은 단위에서 시작해서 점점 더 확장되어 마침내 '성벽'이라는 굳건한 방어벽을 이룬다. '나에겐 재주가 없지 않다'라는 긍정성은 "글쓰기는 그들의 죽음을 기억하는 것이며, 내가 살아 있음을 표명하는 것이다."라는 진술로 반복된다.

> 나는 내가 아무 말도 하지 않겠다고 말하기 위해서 쓰는 것은 아니다. 말할 게 아무것도 없다고 말하기 위해서 쓰는 것도 아니다. 나는 쓴다. 우리가 함께 살았기 때문에, 내가 그들 가운데, 그들의 그림자 가운데 그림자로 있었고, 그들과 살을 맞대고 있었기 때문에 나는 쓴다. 그들이 나에게 지울 수 없는 자국을 남겼고, 글쓰기가 그것의 흔적이기 때문에 나는 쓴다. 글쓰기는 그들의 죽음을 기억하는 것이며, 내가 살아 있음을 표명하는 것이다.[94]

페렉은 글쓰기를 통해 부모님을 비롯하여 부재하는 자들, 부재하는 과거와 기억을 불러낸다. 그렇게 해서 부재하는 기억에 형태를 부여한다. 글쓰기로 부재하는 기억을 메우는 순간, 개인사와 역사의 만남은 역사적 진실이 아닌, '서사적 진실'이 된다. 글쓰기를 통해 형성되는 기억은 사실과 거짓의 혼합물이며, 현재의 입장에서 과거와 화해하도록 하는 에두른 기억일 수밖에 없다. 그러나 끊어지고 파편화된 이 기억을 통해 페렉은 자신의 과거를 파멸시킨 역사적 참상을 이해하고 그것에 구체적인 형태를 부여한다. 아우슈비츠와 같은 파괴적인 역사는 한 개인의 기억을 억압했고 그의 삶을 텅 빈 공간으로 만들었으며, 한 아이의 심리에 극심한 트라우마를 남겼지만, 페렉의 작품에서는 유대인의 상황을 설명하려는 교육적 의도도, 교훈적인 메시지를 전하려는 윤리적 의무감도 찾아볼 수 없다. 페렉은 정치적 책임감을 요구하지도 않으며 가해자와 피해자를 화해시키려고 시도하지도 않는다. 단지 W섬의 장면을 통해 수용소 체제, 즉 공포 체제가 너무나 논리적이고 진부하면서도 명백한 사실이라는 것을 보여줄 뿐이다. 그것이 페렉이 재구성하고자 했던 서사적 진실이다. 그는 경험하지는 못했지만 표상해야 했던 세계를 꿈과 상상으로 드러낸다. 그럼으로써 트라우마에서 벗어날 수 있었다. 그러고 보면 진실은 용서나 화해를 통해 회복되지 않는다. 진실은 서사를 통해 암시될 뿐이다.

페렉은 한 개인의 역사가 연쇄관계로 이루어졌다기보다는 단절과 부재, 결핍으로 규정된다고 생각한다. 그래서 그의 자서전은 찢기고 파멸되고, 파편화되고 모호해보인다. 그런 점에서 그의 자서전은 지속을 부정하는 자서전이다. 페렉은 한 개인의 운명이 총체적으로 드러나지 않는 이유가 무엇일까를 생각한다. 그리고 그 원인으로 자신의 운명에 드리운 파괴적인 역사를 지목하고 역사의 흔적을 찾아내고자 한다. 그 역사는 트라우마로 남았기에 기억할 수 없는 역사이지만, 페렉은 그 흔적을 허구의 형태로 복원한다. 그에게 기억과 허구는 모순되지 않는다. 오히려 기억과 허구는 역사라고 하는 공동의 기원으로 수렴한다. 그 과정에서 부재하는 기억의 자리에 개인사와 역사가 씨줄과 날줄처럼 교차하는데, 페렉은 그렇게 형성된 공간이 글쓰기의 공간이라고 생각한다.

개인의 기억은 부재하지만, 상상과 실재가 만나고 허구와 경험이 만남으로써 개인의 기억이 집단의 기억과 조우한다. 이런 식으로 페렉은 죽음에 저항한다.[95] 부재하는 과거를 우회하여 자신의 것일 수도 있었을 허구의 기억을 만들어내면서 그는 상실과 죽음을 극복한다. 대부분의 작가들이 자전적 소설과 자서전을 따로 출판한 것과는 달리, 페렉은『W』에 허구와 자서전을 통합한다.[96] 우리가『W』를 '성공한 애도'의 관점에서 읽을 수 있는 것도 바로 이런 이유 때문이다. 페렉은 사실을 기술하되 허구와 환상의 우회로를 거치면서 정신적 가계도를 완성해냈을 뿐 아니라, '말할 수 없음'을 가지고 타인과 '공감'하고 말의 권리를 획득한다. 페렉에게 자서전 쓰기는 "자기로부터 시작해서 타인에게로 가는 움직임"이며, 그것을 그는 "연민이라고, 일종의 투사라고, 그리고 동시에 호소라고 부른다."[97] 그럼으로써 그는 자서전 장르의 개혁자로 살아남을 수 있었다.

II

가족소설

로맹 가리, 『새벽의 약속』

나탈리 사로트, 『유년시절』

문학 작품에서 '가족'은 세대 갈등의 장(場) 또는 한 개인이나 집단이 추구하는 자기 정체성이 형성되는 공간으로 여겨지고 있다. 알튀세르는 자서전 『미래는 오래 지속된다』를 일종의 가족소설처럼 구성하면서 자기 존재의 의미를 탐색했는데, '가족'에 의해 자신의 성격이 주입되고 형성되었다고 비판하면서 가족을 "국가 조직이 존재하는 한 나라 안에 있는 모든 이데올로기적 국가 장치 중 가장 끔찍하고 가장 지독하며 가장 고통스러운 세계"라고 지적한 바 있다.[1] 알튀세르가 가족을 부정적으로 평가한 데 반해, 골작은 가족을 긍정적으로 평가한다. 가족은 동일시를 통해 이미 존재하는 가치를 전승하고 재생산하며, 차별화를 통해 한 개인이 독특한 위치를 점유할 수 있도록 허용하는 기제라는 것이다.[2] 이 관점에 따르면, 가족은 '나'와 '타자'의 관계가 형성되는 가장 기본적인 공간이며, 정체성을 형성하는 데 필요한 동일시와 차별화가 이루어지는 공간이다.

한 개인의 역할과 행동 범위가 관습이나 제도에 따라 미리 규정되던 전근대적인 사회에서 정체성은 '불변하는 자아'의 관점에서 이해되었다. 반면 현대에 들어서면서 사회를 떠받치던 거대 담론은 유효성을 상실했고, '신'이나 아버지로 대변되던 절대적 권위도 사라지고 말았다. 개개인은 존재론적 불안에 빠진 채 다원화된 세계에 어울리는 적절한 역할을 찾지 못한 채 혼란을 겪고 있다.[3] 자아 정체성은 파악하기 힘든 무엇이 되었고, 심지어 자아 정체성을 정확하게 제시하는 사람을 성찰 능력이 떨어지는 사람으로 매도하는 일까지 나타나고 있다. 정체성은 과거에 의해 규정되거나 타인에 의해 주입되는 것도 아니고 일방적으로 선언한다고 해서 확정되는 것도 아니다. 정체성이 '나'와 타자가 맺고 있는 다양한 상호관계와 역할에 따라 '구성'된다는 사실은 이제 널리 받아들여지고 있다.

정체성을 구성의 관점에서 이해할 때, 프로이트가 「신경증 환자의 가족소설」[4]에서 개진한 '가족소설' 개념도 의미 있는 성찰을 보여준다. 마르트 로베르는 '가족소설' 개념을 발전시켜, 정의할 수 없는 장르라고 알려져 있는 소설 장르, 더 나아가 이야기에 대한 전반적인 '기원'을 설명하고자 한다.[5] 로베르에 따르면, 소설의 형식은 결정되어 있지 않아서 다른 모든 장르에서 빌려올 수 있지만, 그 내용은 소설이라면 반드시 다룰 수밖에 없는 가족 시나리오로 구성되며, 그것이 새로운 상상력의 원천을 이룬다. '가족소설'의 주인공은 금기와 위반을 경험하고 그것을 내면화하면서 환상이나 이야기 속으로 도피하는데, 그 과정에서 부모와 자식이 맺는 다양한 관계가 무의식적 욕망 형태로 드러난다는 것이다. 물론 프랑스 작가들이 프로이트가 주창한 정신분석방법론을 즉각적으로, 무조건적으로 수용한 것은 아니다. 예를 들면, 사르트르는 정신분석에 대해 초기에는 완강하게 반대하는 태도를 보였다. 그의 실존철학은 '자유의지, 선택에 대한 책임, 참여'를 강조하는데, 이런 개념들은 '무의식'과는 양립할 수 없었다. 하지만 시간이 지나면서 사르트르도 은밀히 품고 있는 환상이나 꿈, 허구와 같은 다른 시나리오를 통해서 한 존재의 진실이 밝혀질 수 있다는 정신분석학의 토대를 받아들이게 된다.

각 아이의 발달단계와 관련지어 가족소설은 세 단계를 주목하는데, 각 단계는 가족을 둘러싸고 아이가 어떤 환상을 보이는지 알려준다. 첫 단계는 아이가 부모를 이상화하고 맹목적으로 숭배하는 '신앙'의 시기다. 아이에게 부모는 권위를 상징하고 모든 믿음의 근원이기 때문에 유년기의 가장 큰 욕망은 부모를 모방하는 데에 있다. 이 시기에 아이는 부모와 자신을 동일시하면서 자신을 완벽한 존재라고 생각한다. 두 번째 단계는 '비판과 검증'의 시기다. 동생이 태어나면서 부모의 관심이 동생에게 옮아가고 아이는 배제되는 느낌을 받으면서 자기 유일성에 대한 확신을 잃게 된다. 또 욕구를 만족시킬 수 없게 되면서 부모를 다른 부모와 비교하게 되고 부모의 사회적 신분을 의식하게 된다. 그러고는 현재의 부모가 자신을 양육한 자일 뿐, 자신과는 혈연관계가 없는 남이라고 생각하기에 이른다. 자의식이 생성되는 이 시기에 아이는 부모의 권위와 유일성을 비판하는 것이다. 마지막 단계는 현실을 심리적으로 부인(否認)하는 '도피'의 단계다. 일반적으로는 부모가 처한 현실을 이해하면서 성장하지만, 부모와의 분리가 정상적으로 이루어지지 않을 때 아이의 내면에서는 긴장 상태가 고조된다. 아이는 응답받지 못한 사랑에 대한 보상심리로 자기 신분을 상승시킨 새로운 가족관계를 만들어내어 긴장상태를 해소한다. 절대 만족 상태에서 불만족 상태로 이행하는 이 시기에 아이는 자신을 '업둥이'나 '사생아'로 생각하고 고귀한 신분을 지닌 진짜 부모가 나타나 언젠가는 자신을 후계자로 인정할 것이라고 상상한다. 업둥이와 사생아는 불만족스러운 현재의 상황에 대응하기 위해 아이가 품는 환상적인 해결책이다.

이상화된 과거와 쓰라린 현실 사이에서 아이는 꿈꾸기를 선택하는데 이것이 바로 프로이트가 말하는 '가족소설'의 창조 시기이며, 아이가 꿈꾼 내용이 '전기적 우화'다. 로베르의 관점에서 보면 '이야기하기'란 전기적 우화를 만들어내는 것이다. 그것을 '가족소설'이라고 부르는 이유는 부모에 대한 애정과 경멸이 가족관계 속에서 표현되기 때문이다. 프로이트는 가족소설을 신경증 환자의 병적 징후로 이해해서는 안 되며, 아이가 성장기에 부딪치게 되는 위기를 허구의 형식을 빌려 '해결'하는 방식으로 이해하라고 권한다.

> 이리하여 그는 스스로에게 여러 가지 이야기들을, 혹은 어쩌면 *하나의* 이야기를 하게 되는데, 그 이야기는 어떤 특정한 의도를 가지고 자기 이야기를 배열하는 것, 잘못 태어나고 운이 없고 제대로 사랑받지 못한, 설명할 수 없는 수치를 설명하기 위해 의도적으로 생각해낸 일종의 전기적인 우화 이외의 다른 어떤 것도 아니다.[6]

가족소설은 사회 계층적으로나 경제적으로 열등한 위치에 놓인 현실의 부모를 발견하면서 느끼는 실망감을 보상하기 위해 만들어낸, "불평하고 위로하고 복수할 수 있는 수단"[7]이다. 따라서 마르트 로베르에게 "가족소설이란 '오이디푸스 콤플렉스'가 그런 것처럼 인간이 성장하면서 겪는 전형적인 위기를 해결하기 위하여 상상력에 호소하게 되는 하나의 방법, 즉 궁여지책으로 정의될 수 있다."[8] 아이가 성장 과정에서 처음 직면한 잔인한 현실에 대응하는 방식이 가족소설이며 상상으로 구축한 가족관계로 위기를 해결한다는 것이다. 의식적으로 생각하지 못한 것을 '환상'을 통해 언어화함으로써, 아이는 욕망을 드러내고 불만스러운 현 상태를 교정하며, 자신이 받고 있는 차별에 대해 복수할 수 있다.[9] 따라서 가족소설에는 아이가 꿈꾼 개인적 자아가 반영되어 있다.

부모의 정체성과 관련된 '환상'은 그 환상을 꾸며낸 아이의 정체성과 관련되며, 이때 가족소설은 한 개인의 기원을 문제시하는 이야기가 될 수 있다. 그러므로 가족소설은 어린아이가 꾸며내는 거짓 이야기라기보다는 차라리 아이가 자신을 인식해가는 과정에서 겪게 되는 자기 정체성의 탐색 과정으로 이해할 필요가 있다. 골작이 지적하듯 한 개인의 정체성은 자기가 주체가 되고자 하는 바로 그 이야기의 산물이다.[10] 또 리쾨르가 '서사적 정체성'이라는 용어로 설명하듯, 인간은 이야기를 하면서 자기 정체성을 만들어간다.

가족소설은 한 개인의 무의식뿐 아니라 사회의 변동을 설명하는 방법론이기도 하다. 린 헌트는 사회유동성이 증가하고 개인의 자아의식이 급변하던 18세기에 자서전이 근대적 의미에서 하나의 장르로 발전했고 바로 그 시기에 '가족 시나리오'를 주제로 하는 소설이 생겼다는 사실을 연결시켜 자서전과 가족소설이 태생적으로 밀접한 관계를 맺고 있다고 지적한다. 이 두 장르는 공통적으로 개인의 기원, 정체성, 더 나아가 인간의 주체성 문제에 관심을 기울인다.[11]

이러한 논의를 고려하면, 가족소설은 아이가 부모에 대해 상상한 것을 드러내는 한 가지 방식이며, "문자 이전의 소설이고 태어나고 있는 형태의 허구"[12]다. 따라서 가족소설은 아이가 느낀 결핍과 부재의식을 문학적으로 탐색하는 방법이라고 할 수 있다. 아이가 부모의 사회적 신분을 객관적으로 파악하기 시작하면서 자기 자신을 인식의 주체로 받아들이기 시작한다는 점은 주목을 요한다.

가족관계를 드러내지 않는 자서전은 없다. 그중에서도 로맹 가리의 『새벽의 약속』과 나탈리 사로트의 『유년시절』을 가족소설의 관점에서 다루어보고자 한 것은 이 두 자서전이 공통적으로 어머니에 대해 이야기하고 있기 때문이다. 물론 바르트나 뒤라스도 어머니에 대해 서술하지만, 가리와 사로트의 경우 어머니로부터 벗어나는 문제가 유년시절의 핵심을 이루고 있다. 차이도 있다. 가리는 어머니의 지나친 사랑으로 고통받았고 어머니로부터 벗어나는 데 실패한 반면, 사로트는 무심한 어머니 때문에 고통받았지만 어머니에게서 성공적으로 벗어난다. 두 작품을 나란히 비교해보면, 어떤 계기로 아이가 가족소설을 만들어내고 어떻게 아이가 주체로서 자신의 타자성을 획득하는가를 이해할 수 있다. 또 자신을 제대로 이해하려면 지나치게 과거에 매여서는 안 되고, 과거를 존중하면서도 현재 시점에서 자신이 할 수 있는 것은 무엇이며, 자신의 소망은 무엇인지를 탐색하는 것이 필요하다는 성찰에 이를 수 있다.

Romain Gary

로맹 가리

『새벽의 약속』

이름 찾기

로맹 가리(1914-1980)는 우리나라 독자에게 『자기 앞의 생』의 저자 에밀 아자르로 더 유명하다. 그의 작품은 대부분 우리말로 번역되었고 대중적인 인기 또한 대단하다. 그러나 프랑스에서는 오랫동안 비평계나 독자로부터 크게 호응받지 못한 채, 한 번만 수상할 수 있는 공쿠르상을 두 차례나 수상했다는 정도로, 어떤 의미에서는 스캔들의 주인공처럼 알려져 있었다. 이런 몰이해는 그의 작품이 당대의 문학 사조나 철학 흐름과는 동떨어져 있어서 시사성이 떨어지는 면도 있고, 또 이차대전 이후 인간에 대한 비관론이 우세할 때조차 낙관적인 견해를 유지한 데에서 비롯된 부분도 없지 않다. 그러나 최근 들어 로맹 가리에 대한 학술대회가 개최되는 등 점차 대작가의 위상을 확보해가고 있다.

로맹 가리의 본명은 로만 카체브이며, 본인은 러시아 모스크바 출생이라고 주장하지만 실제로는 리투아니아의 빌노에서 태어났다. 어머니 니나 카체브는 두 번째 결혼에서 그를 낳았고, 일차대전 직후 가리의 부모님은 이혼을 하게 되었다. 유대인인 그들 모자는 빌노와 폴란드 바르샤바를 거쳐 1928년에 프랑스 니스에 정착한다. 가리의 어머니에게 프랑스는 정의와 자유를 상징했으므로 프랑스로 간다는 것은 희망을 찾아간다는 것을 의미했다. 그때 가리의 나이는 열네 살이었다. 그러나 프랑스에서의 삶 또한 만만치 않아서, 가리의 어머니는 생계를 위해 다양한 일을 해야 했고,

경제적 여건이 나아진 후에도 아들의 영광된 미래를 꿈꾸며 호텔 관리 일을 계속했다.

가리는 엑상프로방스 법과대학생이던 열아홉 살 때 '뤼시앵 브륄라르'라는 가명으로 NRF지에 「죽은 자들의 포도주」라는 소설을 투고한다. 작품은 선택되지 않았지만 『새벽의 약속』에 언급된 바에 따르면, 이 작품에 대해 유명한 정신분석가인 마리 보나파르트가 스무 쪽에 달하는 분석을 보내왔다고 한다. 그가 보고서 사본을 어머니에게 보내자 어머니는 소설이 실리지 않은 것은 개의치 않고 아들(의 작품)이 보고서의 대상이 될 정도로 유명해진 데 대해 열광한다. 파리 법과대학에 등록했으나 공부는 뒷전이었고, 작가의 꿈을 실현하기 위해 계속 습작을 한다.

스물한 살 때 주간지 『그랭구아르』에 단편 「소나기」가 실리고, 같은 해에 프랑스에 귀화한다. 1939년에 공군 장교 양성 과정을 마치지만 귀화한 지 얼마 되지 않았다는 이유로 임관되지 못한다. 이차대전이 발발하자 자유 프랑스 공군에 자원입대하고, 어머니는 1941년에 암으로 사망한다. 가리는 같은 해에 자유 프랑스 공군의 로렌 비행 부대에 배속되어 전쟁이 끝날 때까지 비행사로 활동하고, 그때의 무훈으로 해방무공훈장과 레지옹도뇌르 훈장을 받는다.

1944년 첫 소설 『유럽의 교육』이 『분노의 숲』이라는 제목으로 영국에서 먼저 출판되었는데, 그 소설로 그는 1945년에 비평가상을 받는다. 같은 해에 레슬리 블랜치와 결혼했으며, 외무부에 들어가 외교관 경력을 시작한다. 1951년에 그의 성 '가리'가 합법화된다. 1956년에 『하늘의 뿌리』로 공쿠르상을 받고 1960년에 자전적 소설 『새벽의 약속』을 출간한다. 『새벽의 약속』은 몇 달 만에 완성한 작품으로, 아내와 멕시코에 여행 가서 호텔에 머물며 약 2주 만에 200여 페이지를 썼다고 한다. 그는 『파르마의 수도원』을 53일 만에 썼다는 스탕달의 창조력을 부러워했는데, 마침내 그런 꿈을 실현할 수 있었던 것이다.[1] 1961년에 레슬리 블랜치와 이혼하고 외교관직을 포기한다. 그는 미국 영화배우 진 시버그와 1963년에 결혼하고 같은 해에 아들을 낳았으나 1968년에 결별하기에 이른다. 한편 1964년에 「새들은 페루에 가서 죽다」(1962)로 미국에서 최우수 단편상을 수상하고, 1975년에 에밀 아자르라는 이름으로 발표한 『자기 앞의 생』으로 두 번째로 공쿠르상을 수상한다. 진 시버그는 과격 흑인운동단체를 지원했는데, 1970년에 출산한 아기에 대한 소문 때문에 우울증에 시달리다가 1979년에 자살한다. 1980년에는 로맹 가리가 권총 자살로 생을 마감한다. 사후에 에밀 아자르의 정체를 밝히는 『에밀 아자르의 삶과 죽음』이 출간되었다.

가리는 리투아니아와 폴란드를 거쳐 프랑스에 정착했으며, 나치에 대항하여 아프리카와 영국에서 참전했고, 외교관으로 동유럽과 미국 등지에서 근무했기 때문에 특정 국가나 공간에 소속되었다고 말할 수 없다. 도미니크 보나는 가리와 그의 어머니를 '주변인'으로 규정했고, 실제로 이들은 어떤 사회에도 속하지 않았다. "니스에 자리 잡은 러시아인, 러시아인 사회에서는 유대인, 유대인 사회에서는 무신론자인 카체브 모자는 어떠한 무리에도, 어떠한 그룹에도 속하지 않았다."[2] 그는 경계를 넘나드는 인물이었으며, 굳이 말하자면 유럽인이었다. 가리도 자신을 주변인으로 인식한 듯, 그의 텍스트에는 정체성을 탐색하는 인물들이 많이 등장한다. 특히 이름 문제는 자신이 누구의 자식인가 하는 문제와 연결되어 각별한 관심의 대상이 된다.

자서전에서는 자기 정체성과 관련하여 '이름'의 문제가 거의 예외 없이 제기된다. 스탕달처럼 수많은 가명을 사용한 작가의 경우, 이름의 문제는 아버지의 이름을 거부하는 것, 다시 말해 아버지와의 연속성을 거부함으로써 기존 사회 질서를 거부하는 것으로 이해되며, 더 나아가 새로운 이름을 갖는 것은 스스로 자기 존재를 창출하는 창조행위로 의미부여 된다.

가리는 유년기부터 필명을 만들며 많은 시간을 보낸다. 위대한 예술가가 되려면 미래의 '나'에게 적합한 '이름'부터 가져야 한다고 생각했던 것이다. 자신이 도달할 지점을 이름으로 미리 설정해놓고 작품을 써서 이름에 합당한 존재가 되면 된다고 생각했는데, 그가 보기에 그 어떤 필명도 도달해야 할 '절대의 작가'라는 위상에는 어울리지 않는 것만 같았다. 적절하다고 생각한 이름은 이미 괴테나 셰익스피어, 위고와 같은 대작가가 선점했으니 말이다.[3] 가리는 "하나의 필명을 놓고 보았을 때 난처한 점은 그것이 자기 안에 있는 모든 것을 결코 표현할 수 없다는 것이다."[4]라고 지적한다. 하나의 필명으로 표현할 수 없는 잉여의 그 무엇 때문에 세상의 모든 필명은 불완전해 보인다. 필명만 그런 게 아니고 언어로 표현하는 모든 게 불완전하지 않은가.

가리는 널리 알려져 있는 에밀 아자르 외에도, 1958년에 포스코 시니발디, 1974년에는 샤탄 보가트라는 필명을 사용했다. 그가 고려했던 무수한 이름 중에 '뤼시앵 브륄라르'는 특히 주목을 요한다. '브륄라르'라는 성은 '스탕달'이라는 이름으로 널리 알려진 작가 앙리 벨이 자서전을 쓰면서 선택한 가명 '앙리 브륄라르'에서 따온 것이고 '뤼시앵'은 스탕달의 등장인물 중 한 명인 '뤼시앵 뢰벤'에서 따온 이름이다. '가리'라는 이름이 러시아어로는 '태워라'라는 뜻이라고 하는데, '브륄라르'라는 이름에는 프랑스어로 '브륄레(brûler)', 즉 '태우다'라는 어근이 감춰져 있다. 또 아자르(Ajar)는 '열기'와 '불'을 의미하는 러시아어 '자라(jara)'의 철자 순서를 바꾼 것이다. 그의 이름은 자신을 소진시키고자 하는 의지를 드러낸다.

'필명' 찾기, 즉 이름의 문제는 가리에 대해 많은 것을 알려준다. 우선 가리의 관점에서 볼 때, 자기 자신으로 존재하기 위해서는 현재의 '나'와는 다른 존재가 되어야 한다. 그가 꿈꾸는 '나'는 실존하는 '나'를 부정할 때 실현된다. 가리는 이름의 문제를 통해 자신이 겪고 있는 상상과 현실의 괴리를 문제화한다. 두 번째로 가리가 기존 질서를 강하게 긍정한다는 점을 지적할 수 있다. 상상과 현실 사이의 거리가 극복할 수 없을 정도로 벌어지면 자포자기하거나, 열악한 현실을 부정하고 과격한 혁명가의 길로 들어서기 쉽다. 그러나 가리가 꿈꾼 세계는 투쟁을 통해 도달할 수 있는 게 아니다. 그가 대작가의 이름을 자기 이름으로 갖고 싶어한 이유도 그들이 대중의 인정을 받았기 때문이다. 그는 '변방인'이라는 현재 상황에서 벗어나고 싶을 뿐 사회 질서 자체를 부정하지는 않는다. 따라서 '필명'은 그가 얻어야 할 '명예'의 한 변이형일 뿐이다. 외교관, 장교 등 세속적인 성공의 표지가 반짝이기만 하면 굳이 작가가 아니어도 상관없다. 따라서 '필명'이 문제된다고 해서 그것을 '소명'의 발견으로 읽어서는 안 된다. 오히려 소명은 희화화된다. 예를 들면, 어머니는 가리에게 아이가 선택할 수 있는 거의 모든 예술을 섭렵하게 한다. 바이올린은 재능이 없어서 안 되고, 발레는 발레 선생이 소아 성애자여서 안 되고, 미술에 재능은 있지만 어머니의 상상 속에서 미술가는 폐병 환자가 되어 굶어죽는 직업이기 때문에 안 된다. 성병의 위험이 있긴 해도 작가는 괴테나 톨스토이처럼 영광스런 자리에 오를 수 있기 때문에 어머니가 허용한다. 필명의 문제는 사실 (어머니의) 욕망의 문제다.

가리에게 필명은 현실을 벗어나 상상의 세계로 피신하는 방법 중 하나였다. 이름 자체가 그의 상상을 자극했고 그는 자신이 창조한 상상의 세계 속 등장인물이 되어 살아가기를 선택했다.

> 현실이 모든 측면에서 공격받은 탓에 나는 상상의 세계로 피신하여 내가 창조해낸 등장인물을 통해 의미와 정의와 연민으로 가득한 삶을 사는 버릇이 생겼다.[5]

가리에게 "문학적 창조가 (…) 견딜 수 없는 것에서 벗어나기 위한 허구로, 살아남기 위해 영혼을 회복시키는 방법"[6]으로 여겨졌다면, 이름 짓기는 글쓰기의 극단적인 형태라고 할 수 있다. 그러므로 이름 짓기는 현실에서 도피하기 위한 유희가 아니었다. 가리는 이름 짓기로 예술가의 삶을 시작했고, 이름 짓기는 현실에 대적하는 치열한 방법이자 그에게 허용된 유일한 방식이었다. 그는 허구의 인물과 동일시하면서 현실에서 느끼지 못한 충일감을 경험했고 진정한 삶을 산다고 믿었다. 그에게 글쓰기는 영웅적 삶을 실현하고 '정의와 연민'을 실현하는 방법이었던 것이다. 그가 이름을 찾아 헤매고, '에밀 아자르'라는 가명을 만들어내어 작품 활동을 이어간 것도 글쓰기를 통해 자기 자신을 만들어내고 자기 한계에서 벗어나기를 꿈꿨기 때문이다.

자기 자신을 만들어내려는 욕구는 『새벽의 약속』에 독특한 성격을 부여한다. 그의 많은 작품들이 자서전과 허구의 경계에 놓이는데, 특히 『새벽의 약속』은 자서전의 형식을 취하고 자서전의 규약을 준수하면서도 많은 부분에서 허구를 포함하고 있다.[7] 『새벽의 약속』을 제외하고 그의 작품 중에서 자전적인 특성이 분명히 드러난 작품은 두 편으로 알려져 있다. 『밤은 고요하리라』(1974)는 『새벽의 약속』과 시기적으로 가장 겹치는 텍스트로서 어머니와의 관계를 다루며 청년기를 넘어 외교관 시절까지 서술하고 있다. 이 책은 인터뷰 형식으로 되어 있지만 실은 가리가 모든 것을 서술했는데, 허구적인 대화 형식은 자신을 분화시키고자 하는 욕구를 드러낸다. 『흰 개』(1970)에는 두 번째 부인 진 시버그와의 관계와 그녀를 이용했던 검은 표범 그룹의 이야기가 담겨 있다.[8] 그 외에도 연구자에 따라서는 『가짜』(1976)를 그의 분신 '아자르'의 탄생과 관련된 이야기로 간주하기도 하고, 『마법사들』(1973)은 당시 자신이 살고 있던 장소에서 글을 쓰고 있는 모습을 서술하고 있다는 점에서 자전적인 특징이 있다고 하지만 분명치는 않다.[9]

이 자전적인 작품들을 쓸 때 가리는 객관적인 정보나 역사적인 증언을 중시한 것 같지는 않다. 미레유 사코트가 지적한 바에 따르면, 『새벽의 약속』은 가리의 정체성을 밝혀줄 사항 중에 적어도 세 가지를 언급하지 않는다. 첫째는 그의 모국어다. 가리는 러시아어, 폴란드어, 프랑스어를 자유자재로 구사했고 동유럽의 유대인들이 쓰는 독일어와 히브리어가 혼합된 이디시어까지 말할 줄 알았을 거라고 추정된다. 하지만 자신이 유년기에 어머니와 어떤 언어로 말했는지는 밝히지 않는다. 둘째는 자신이 여자 경험이 많다는 것은 드러내지만 첫 번째 아내인 레슬리 블랜치는 전혀 언급하지 않고 두 번째 아내 진 시버그는 그들 사이에서 태어난 아들을 통해서만 언급할 뿐이다. 마지막으로 유대인이라는 기원과 관련하여, 자신이 유대인이라는 사실은 언급하지만 어떤 종교를 가졌는지는 중요하게 생각하지 않는다. 자신들이 프랑스로 오게 된 이유를 설명할 때에도 유대인 차별을 언급하지 않는다.[10] 그것이 "불가능한 기원에 대한 강박관념"[11]에 따른 것이든, 아니면 "현실에도 불구하고 꿈이 꿈으로 남아 있도록 돕는 것"[12]이 중요해서든, 가리에게 정체성 탐색이 '자기 개인성을 제거'하는 방향으로 진행되고 있다는 점은 주목할 만하다.

어머니는 '이다'와 '될 것이다'를 구분하지 못했다

스스로 존재하기 위해서 가리는 타인의 시선이 필요했고, 더 나아가 타인으로부터 인정받을 필요가 있었다. 그 타인은 어머니였다. 『새벽의 약속』이 자서전적인 성찰의 글쓰기에서 독특한 위상을 차지하는 것은 자기에 대한 이야기가 '타인'에 대한 이야기와 분리되지 않기 때문이다.

『새벽의 약속』은 3부로 구성되어 있다. 1부는 빌노와 바르샤바에서 보낸 유년기를, 2부는 프랑스로 이주한 이후의 삶, 즉 니스에 정착한 청소년기와 엑상프로방스에서 보낸 대학생 시절과 파리 시절을, 3부는 이차대전 기간의 군대 체험을 서술한다. 이처럼 텍스트는 전반적으로 시간의 흐름을 따르지만 각각의 장은 그에게 강렬한 인상을 남긴 에피소드를 중심으로 서술되어 연극적인 특성이 두드러진다.

각 에피소드의 중심에는 어머니가 자리하고 있어서 그의 정체성은 어머니와의 관계로 규정된다고 해도 과언이 아니다. 어머니와의 관계를 살펴보기 전에 아버지에 대해 간단히 언급하자면, 친아버지는 매우 모호하게, 또는 거의 부재하는 존재처럼 제시된다. 가리와 어머니가 경제적으로 궁핍한 상황에 처했을 때 가끔 돈이나 자전거를 보내는 존재가 있긴 하지만, 그 인물이 아버지인지는 명확하게 드러나지 않는다. 대부분의 자서전 작가들이 아버지를 계승하거나 부정하면서 자기 정체성을 규정하는 반면, 가리는 "[생물학적 아버지는] 내가 태어난 지 얼마 되지 않아 어머니를 떠났다."[13]라고 밝히고 어머니가 아버지와 관련된 대화를 피했다고 덧붙인다. 그러나 연구에 따르면, 아버지는 열두 살 때까지 함께 산 것으로 확인되고 있으므로 열두 살 이전에 일어난 것으로 서술된 거의 모든 에피소드가 진실과 거짓의 경계에 놓이며 왜곡되었다는 혐의를 받게 된다.[14] 특이한 점은 유대인인 아버지가 가스실에서 죽은 게 아니고 형장으로 가던 도중에 공포에 질려 죽었다는 사실을 가리가 상세히 밝히고 있다는 점이다. 이렇듯 아버지는 숭고한 이미지와는 거리가 멀게 제시된다.

그가 친아버지를 부정적으로 다룬 이유를 앙셀랑은 세 가지로 추측한다. 어머니와 자신을 버리고 다른 여자와 결혼한 데에 대한 앙갚음일 수도 있고, 모피 제조인이었던 아버지가 자신에게 약속된 운명에 어울리지 않다고 판단했을 수도 있으며, 아버지를 부정함으로써 어머니를 독차지할 수 있었다는 것이다.[15] 이런 왜곡과 편향된 관점을 통해 가리의 심리적 진실을 이해할 수 있다. 아버지의 부재를 강조함으로써 가리는 오직 어머니와의 관계 속에서 자신을 규정하는 것 같다.

생물학적 아버지가 체계적으로 지워진 것과는 달리, 상상적 아버지는 세 명이나 존재한다. 첫 번째 인물은 러시아 무성영화의 대배우 이반 모주힌이다. 도미니크 보나의 전기에는 모주힌과 가리의 사진이 나란히 실려 있는데, 그들의 눈매는 쌍둥이처럼 닮아 보인다. 가리는 모주힌이 그의 친아버지라는 소문을 부인한 적이 없고, 『새벽의 약속』에서는 그들이 영화에 함께 출연했다고 주장하며 모주힌이 어머니를 찾아온 장면, 가리와 어머니가 모주힌의 승용차를 타고 빌노 거리를 과시하며 돌아다닌 장면 등이 서술되어 있다. 그러나 전기 작가에 따르면, 모주힌과 어머니가 만난 증거는 없다.[16] 또 다른 인물은 부유한 화가 자렘바 씨다. 그는 메르몽 호텔에 오래 머물며 어머니에게 구혼하고 가리에게 선물 공세를 펼친다. 가리는 어머니가 자렘바 씨와 결혼하기를 바란다. 어머니는 자렘바 씨가 "짧은 반바지를 입은 소년"[17]을 내면에 감춘 '늙은 고아'에 불과하다며 청혼을 거절한다. 사코트의 지적에 따르면, 자렘바 씨는 꾸며낸 허구의 인물이며, 오히려 가리의 분신에 가깝다. 청소년인 가리와 중년의 자렘바 씨를 대면시킴으로써 작가 가리는 자신이 여전히 어머니의 사랑을 갈구하고 있음을 암시한다는 것이다.[18] 가리가 아버지로 간주한 마지막 인물은 이차대전 해방 전투의 정신적 지주였던 샤를 드골 장군이다. 어머니는 가리에게 프랑스 문학과 위인뿐 아니라 프랑스 자체를 이상화하여 전달했는데 그 환상의 정점에 위치한 인물이 드골 장군이다. 영국에서 드골 장군이 나치에 항거하고 망명 정부인 자유 프랑스에 가담하라고 촉구했을 때, 드골 장군의 목소리를 듣고 가리는 어머니의 목소리를 떠올린다. 도미니크 보나는 드골 장군이 가리의 "상상 속 두 번째 아버지"라며 정신적 유대관계를 밝힌다.[19] 이렇듯 가리가 꿈꾼 아버지상은 프로이트의 '가족소설' 개념에서 확인할 수 있듯, 성공한 아버지들이다.[20]

어머니는 어떤 사람이었을까? 친아버지와는 달리, 어머니는 『새벽의 약속』에서 핵심적인 위치를 차지한다. 어머니는 처음 등장할 때부터 맹목적인 사랑을 보여준다. 전쟁이 선포되고 징집령이 떨어진 당시에 가리는 니스에서 삼백 킬로미터 떨어진 곳에서 항공학교 교관으로 근무하고 있었다. 어머니는 아들에게 작별인사를 하기 위해 먹을 것을 바리바리 싸들고 다섯 시간이나 택시를 타고 온다. 흥미로운 것은 아들의 반응이다. 어머니로부터 독립해 군인으로서 이제 겨우 남성성을 획득하고 즐기던 아들에게 어머니의 방문은 일종의 '침입'으로 여겨진다. 게다가 어머니는 군인들 앞에서 러시아어가 섞인 연극적인 어조로 '전쟁 영웅, 프랑스의 대사, 대작가'가 될 아들의 미래를 예언한다. 가리는 그런 어머니를 부끄러워한다. 그러자 어머니가 묻는다. "그래, 넌 네 늙은 에미가 부끄럽단 말이지?"[21] 그 한마디에 아들은 어머니를 비웃는 동료 군인들을 뒤로하고 어머니의 어깨를 감싸 안는다. 아들과 어머니의 관계는 이 한 장면에 고스란히 담겨 있다. 어머니의 과도한 사랑과 그것을 부끄러워하는 아들, 어머니로부터 단절되기를 원하지만 어머니의 보호를 체념하고 받아들이며, 더 나아가 어머니를 선택할 수밖에 없는 상황. 그것이 그의 운명이 된다.

그의 어머니는 모스크바 대극장에서 공연한 위대한 배우를 자처하지만 다른 사람의 말을 들어보면 이와는 딴판이다. 예를 들어 다른 사람에게서 멸시를 당하면 어머니는 아들에게 하소연하면서 그 사람의 따귀를 때리고 오라고 하는데, 따귀를 맞은 사람이 이렇게 말한다. "깡패 녀석, 떠돌이 광대에다 협잡꾼의 자식이니 하나도 놀랍지 않지."[22] 위대한 예술가라던 어머니는 '떠돌이 광대', '협잡꾼'에 불과했고 가리는 '깡패' 취급을 당한다. 이것이 가리 가족의 실제 정체성이었을 것이다. 또 어머니는 월세를 못 내 주인에게서 핍박을 받으면 '무슨 수를 써서라도' 그것을 해결해내는 사람이었다. 여기에는 몸을 팔았다는 사실이 암시되어 있다. 어머니는 군대를 따라다니는 배우, 싸구려 가수, 창녀에 불과했다. 또 가짜를 진짜라고 속여 파는 행상이었고 상표를 위조하여 파리 고급 의상실 지부를 운영한다고 속인 사기꾼이었다. 어머니의 배우 기질은 파리의 진짜 디자이너가 의상실을 방문한다며 고객들을 속였던 때를 제외하고는 발휘된 적이 없었다.

그러나 이러한 현실의 어머니보다 가리는 희생하는 어머니, 이상화된 어머니상을 더 강력하게 제시한다. 그래서 마지막 남은 은제 식기 한 벌을 들고 나가 팔아서 겨우 생계를 유지하고 아들이 남긴 고기 기름을 빵으로 닦아 먹으면서도 아들의 점심 식사로 스테이크를 거르지 않는 어머니, 형편이 나아지자 아들의 재능을 꽃피우려고 예술이란 예술은 빠짐없이 다 배우게 하고 사교계 진출에 필요한 예의범절까지 가정교사를 들여 가르치는 열성적인 어머니, 당뇨병 환자이면서도 하루에도 수십 번씩 층계를 오르락내리락한 어머니, 아들을 위해 모든 것을 희생한 헌신적인 어머니가 환기된다. 어머니를 바라보는 이 편향된 시선이야말로 아들의 관점을 분명히 드러낸다.

문제는 어머니가 상상에 불과한 것을 현실로 착각하고 있다는 점이다. 빌노의 아파트에서 어머니는 자신이 모욕받았다고 생각되면 아들을 앞세우고 층계참에 나가 이웃들을 불러모은 다음 일장 연설을 한다.

> 더럽고 냄새나는 속물들아! 너희들이 누구랑 이야기하고 있는지 모르는구나! 우리 아들은 프랑스 대사가 될 인물이야, 레지옹도뇌르 훈장을 받을 거고, 위대한 극작가, 입센, 가브리엘 단눈치오가 될 거야![23]

어머니는 불행한 현재를 잊기 위해 아들의 미래에 모든 것을 건다. 그래서 자신이 꿈꾸는 가리, 이상적으로 성장한 미래의 가리를 내세우며 보잘것없는 현재를 견딘다. 가리는 그것을 씁쓸한 어조로 다음과 같이 지적한다. "[어머니는] '이다'와 '될 것이다'를 구분하지 못했다."[24] 어머니에게 '될 것이다'와 '이다'는 동의어다. 어머니의 욕망이 노골적으로 드러나 있는 '될 것이다'라는 표현이 아들에게는 일종의 '명령'처럼 여겨진다. 이웃 사람들은 이런 어머니를 비웃고, 가리는 "그 비웃음 덕에 현재의 내가 만들어졌다. 최선의 것이든, 최악의 것이든 이 비웃음은 내가 되었다."[25]라고 덧붙인다. 어머니는 아들에게서 자기 인생의 걸작을 보았지만, 아들은 자신을 비웃음 받는 대상으로 여긴다. "내 가슴은 수치와 공포에 사로잡힌 한 마리 짐승이 빠져나가려고 절망적으로 몸부림치는 일종의 우리로 변했다."[26]라고 그는 고백한다. 가슴속에 갇힌 한 마리 짐승이라는 이 표현은 어머니가 아들에게 행사한 억압의 강도를 보여준다.

이 자전적 소설에서 어머니가 더욱 이상화된 이유는 어머니가 현실에서 조롱받았기 때문이다. 어머니의 이중성에 대해 앙셀랑은 다음과 같이 지적한다. "사랑하면서도 억압하고, 필수불가결하면서도 참을 수 없는 절대적인 어머니. 결코 채워질 수 없는 상실의 인물."[27] 어머니는 이처럼 이중적인 평가를 받지만, 가리는 어머니를 헐뜯고 비하하는 사람의 말은 거짓이고 어머니의 말은 진실인, '편향된' 작품을 쓰고자 한다. 이상화된 어머니의 모습만 남겨놓고자 했기 때문에 그의 글쓰기는 허구와 사실의 경계에 놓인다.

어머니의 입장에서 보면 아들에 대한 신앙에 가까운 맹목적인 헌신과 사랑이 이해되지 않는 것도 아니다. 남편이 떠난 뒤 월세를 내는 것조차 힘겨운 상황에서 어머니는 하나 남은 아들에게 자신의 신념과 꿈을 투사하고 아들의 성공을 자기 삶의 목표로 삼는다. 이런 사랑 앞에서 아들은 "어머니가 원하는 것이면 무엇이든 다 드리리라."[28]라고 결심한다. 그리고 어머니에게 한 이 '약속'이 아들의 삶을 지배한다. 가리의 생애를 돌아보면, 아들이 외교관이자 작가가 되는 것이 어머니의 꿈이었기 때문에 아들은 미국의 영사가 되고 공쿠르상을 두 번이나 수상한 유명 작가가 된다. 어머니를 지키는 방패가 되고 어머니의 삶을 지탱하는 기둥이 되겠다는 유년기의 약속이 그의 정체성을 구성했던 것이다. 그러나 어머니와의 약속을 지키는 것만으로도 그의 삶은 힘겨웠다.

> 어머니의 꿈 앞에서, 어머니의 유일한 삶의 이유이자 투쟁의 이유 앞에서 나는 굴복할 수밖에 없었다. 어머니는 위대한 예술가가 되고 싶었고 나는 내가 할 수 있는 것은 모두 다 했다.[29]

가리는 어머니의 꿈이었고 어머니가 고통스러운 현실을 인내하며 살아가는 유일한 이유였다. 어머니의 희생과 사랑을 이해하기 때문에 그는 어머니의 꿈에 '굴복'할 수밖에 없었다. 그런데 위대한 예술가가 되기를 꿈꾼 사람은 어머니인데, 왜 아이가 자신이 할 수 있는 모든 것을 다 해야 할까? 왜 아이가 최선을 다하면 어머니의 꿈이 이루어져 어머니가 위대한 예술가가 되는 것일까? 그것은 어머니가 위대한 예술가가 되기 위해 다루어야 할 질료가 아들이기 때문이다. 어머니는 아들의 인생을 성공적으로 이끈다면 어머니는 무에서 유를 창조한 위대한 예술가가 될 수 있다. 어머니가 자기 인생 최후의 승자가 되는지의 여부가 가리에게 달려 있으므로, 그는 최선을 다해 어머니의 꿈을 실현하고자 한다.

이쯤 되면 어머니의 소원을 실현하겠다는 약속은 단순한 약속이 아니다. 어머니의 소원을 실현함으로써 그의 삶이 완성된다는 의미에서, 또 어머니의 삶과 아들의 삶이 구분되지 않는다는 의미에서 그 약속은 자기 정체성에 대한 약속이 된다. 더 나아가 '나'를 위해 희생한 어머니의 삶이 승리로 확정될 때 비로소 그의 삶의 의미도 확정된다는 의미에서 어머니의 소원은 '예언'이 되고 '진실'이 되어야 한다. 가리는 자신의 삶을 살되 어머니의 진실을 실현해야 하는 이중의 임무를 떠맡은 것이다.

그러나 어머니의 소원을 실행하는 과정은 순탄치 않다. 어머니의 원대한 꿈을 실현하는 것 외에 다른 삶은 불가능하지만, 현실적으로 그 꿈을 실현할 수 있을까? 그는 무력감을 느낀다.

> 나를 대상으로 삼아 쉴 틈 없이 퍼부어지는 사랑을 더 이상 감당할 수 없는 순간들이 있었다. 나는 나를 유일하고 비교할 수 없는 존재로, 모든 장점을 다 갖췄고 또 승리가 약속된 존재로 간주하는 열정적이고 격렬한 시선 앞에 항상 놓여 있었다. 그 시선은 위대한 이미지와 보잘것없는 현실 사이에 놓인 균열을 이미 충분히 의식하고 고통스러워하는 내 의식과 실망감을 강화할 뿐이었다.[30]

가리에게 완벽한 것이라고는 어머니가 자신에 대해 가졌던 환상밖에 없었다. 어머니는 가리를 유일한 자, 비교의 대상이 될 수 없는 절대적 존재, 모든 장점을 갖춘 결코 실패할 수 없는 자, 그러므로 조금만 더 애를 쓰면 승리를 쟁취할 수 있는 자로 여긴다. 자식에 대한 맹목적인 신뢰에도 불구하고, 또는 그 신뢰 때문에 가리는 자존감을 상실하고 현재의 자기와 미래의 자기 사이에서 괴리감을 느낀다. 어머니의 사랑이 압도적으로 느껴질수록 어머니의 소원을 실현하지 못했다는 실망감은 더 커지고 실패에 대한 강박관념도 커진다. 그렇다고 해서 가리가 마냥 굴복한 것은 아니다. 가리는 자기에게 주어진 모든 가능성에 뛰어들어, 어머니의 소원을 실현하기 위해 목숨을 걸었고, 창피를 무릅썼으며, 심지어 다른 작가의 작품을 자기 작품인 것처럼 속이기도 했다. 하루라도 빨리, 어머니가 자신을 통해 영광을 누리기를 바랐던 것이다. 그러나 이런 강박증의 이면에는 성인으로 성장하지 못하고 끊임없이 유아기로 퇴행하고자 했던 '아이'의 드라마가 숨겨져 있다. 어머니의 사랑은 그로 하여금 성인으로 진입하도록 과도하게 강요했으며, 어머니의 사랑 때문에 그는 어머니의 품 안으로 퇴행하기를 꿈꾸었던 것이다.

이처럼 가리의 정체성과 '어머니', 그리고 그가 실현하고자 했던 '어머니의 꿈'은 떼려야 뗄 수 없는 관계를 맺고 있다. 피에르 바야르는 아이의 인생에는 부모의 기대가 반영되어 있기 때문에 아이의 인생은 필연적으로 '부모 소설'일 수밖에 없으며, 그런 점에서 『새벽의 약속』을 '어머니의 자서전'이라고 규정한다.[31] 다시 말하면, 『새벽의 약속』은 자신의 삶을 서술하는 자서전 이전의 형태, 즉 타인의 삶을 서술함으로써 자신의 삶을 규명하고자 한 전기적 형식을 띤 자서전으로 이해할 수 있다.[32]

『새벽의 약속』은 '내가 나의 삶을 서술한다'는 의미에서의 주체성을 표현하는 자서전이 아니다. 오히려 이 작품은 '내가 살아야 할 삶을 타인이 규정한다'는 의미에서 '타자의 자서전' 전통에 속한다. 가리의 삶을 이해하는 것은 가리의 삶을 주재하는 주체로서의 어머니, 삶의 의미를 규정하는 어머니를 이해하는 것이다. 이제 '타자'로부터 위임받은 '나'의 삶이라는 역설적인 상황에서 가리가 어떤 반응을 보였으며 그것이 그의 정체성 형성에 어떤 결과를 초래했는지 확인해보자.

위임받은 삶: 어머니의 중개인

가리는 『새벽의 약속』을 마무리하며 과거와 현재 사이에 연속성이 있는가를 다음과 같이 질문한다. "그토록 순진하게 동화를 믿고, 자기 운명을 멋지게 정복하려고 완전히 긴장해 있던 그 예민하고 격렬했던 소년이 정말 나였는가?"[33] 삶의 연속성에 대해 질문한다는 사실 자체가 이미 부정적인 뉘앙스를 담고 있다. 이 작품을 쓸 당시 그는 어머니가 원했던 대로 외교관이자 작가였고 전쟁 영웅으로서 훈장 수훈자였으며, 어머니에게 약속했던 대로 영국식으로 재단한 옷을 입고 있었다. 그런데도 어머니가 제시한 이상을 실현하지 못했다는 자괴감을 떨치지 못한다. 『새벽의 약속』 첫 대목을 보면 그는 빅서 해안에 난파당한 모습으로 제시되고 구원의 희망은 어디에도 없는 것 같다.

> 끝났다. 빅서 해안은 텅 비어 있다. 나는 모래 위에, 넘어진 그 자리에, 그대로 누워 있다. 바다 안개가 자욱해서 사물이 부드럽게 보인다. 수평선에는 돛 하나 보이지 않는다.[34]

자신의 삶을 서술하는 첫 단어가 '끝났다'라는 사실은 무척 흥미롭다. 삶을 서술하기도 전에 이미 끝난 삶은 어떤 삶일까? 어머니와의 약속을 더 이상 지킬 수 없기 때문에 모든 것이 끝난 것일까? 난파의 이미지와 불가능한 구원의 이미지를 감안하면 이 문장을 쓸 때 가리는 자신이 넘어지고 추락했다는 사실을 변하지 않는 상수로 제시하는 듯하다. 자서전 마지막 대목에 이르면 그는 시체처럼 누워 있고 독수리가 시체를 파먹을 기세다. 사코트는 이 장면에서 "죽음의 승리"를 읽어내고 이 자서전을 "유언의 글쓰기"라고 부른다.[35] 그런데 이어 미묘한 변화가 감지된다. 그는 해안을 떠날 거라고 하면서 대양을 이해할 것 같다고 말한다. 또 바다 동물이 말을 거는 상상에 빠지기도 한다. 그러고는 마치 수난을 극복하기라도 한 것처럼 "나는 겪어냈다."[36]라고 작품을 끝맺는다. '끝났다'와 '겪어냈다' 사이의 괴리를 어떻게 이해할 것인가? 폴 오디는 "나는 이미 죽었으니 나를 더 이상 죽이려 들지 말라."라는 메시지와 함께 새로운 생성, 새 출발의 메시지를 읽어낸다.[37] 그러나 진정 새 출발이 가능할까? 난파한 과거를 이겨내고 새롭게 출발한다고 말하기에는 가리의 자서전은 불분명한 부분이 있다. 실제로 가리는 과거를 뒤돌아보면서 완전히 새롭게 출발했다기보다는 뭔가 변하지 않고 남아 있는 것이 있다고 지적한다.

> 무엇인가가 항상 남는다. 그러면 나는 20년 전의 나에게서 뭔가가 남아 있음을, 내가 완전히 사라진 것이 아님을 거의—거의—믿게 된다. 그러면 나는 기운을 약간 되찾는다.[38]

비록 많은 것이 사라졌어도, 가리는 과거의 '나'와 현재의 '나' 사이에 시간의 연속성이 있다고 지적한다. 그의 말을 인용하면, "지금 내 머리는 희끗희끗하지만 내가 진짜로 늙은 것은 아니다."[39] 그는 노년으로 접어들어 머리가 세기 시작했지만 아직 늙지는 않았다. 그는 청년과 노년 사이, 과거와 미래 사이에 있다. 다시 말하면 그에게는 과거와 현재의 연속성을 규정하는 일관된 '무엇'이 있다. 어쩌면 남아 있는 그 '무엇' 덕분에 애초에 제시된 추락과 난파의 이미지에도 불구하고 그는 완벽하게 실패하지 않았는지도 모른다. 『새벽의 약속』은 그가 간직하고 있는 그 '무엇', 그에게 기운을 되찾게 하는 그 '무엇'에 대한 이야기다. 그것을 그는 어머니와의 '약속'이라고 언급한다. 그 약속 중 하나가 세상을 소유해서 어머니에게 바치는 것이다.

> 나는 어머니의 어깨를 팔로 감싸 안고, 어머니를 위해 수행하려고 했던 모든 전투들을, 인생의 새벽에 스스로 했던 약속들, 말하자면 어머니에게 정의를 돌려주고, 어머니의 희생에 의미를 부여하며, 내가 첫걸음을 떼자마자 낱낱이 알게 되었던 힘있고 잔인한 자들과 겨루어 세상의 소유를 빼앗은 다음 언젠가 집에 돌아가리라고 약속했던 사실을 떠올렸다.[40]

가리는 제목을 '새벽의 약속'으로 정하기 전에 '빅서 해안에서의 고백', '삶을 거슬러 달리기'와 더불어 '세상의 소유'를 제목으로 진지하게 고려했었다.[41] 그중에서 '세상의 소유'라는 제목은 어머니에게 희생을 요구하는 잔인하고 정의롭지 못한 세상을 가리가 어떻게 극복하려고 했는지 짐작케 한다. 그는 어머니를 경멸하던 자들로부터 행복의 권리를 되찾아오고자 한다. 그래서 그의 삶은 어머니의 희생이 무의미하지 않았다는 사실을 증명하기 위해 '겨루고 빼앗는' '전투'가 된다. 그가 일관되게 추구한 진실이 있다면, 그것은 어머니를 위해 투쟁해야 한다는 것이다. 예를 들면, 테니스 라켓을 몇 번 잡아보지도 못했는데, 어머니는 아들에게서 천재성을 발견하고 스웨덴 국왕이 있는 테니스장에서 소란을 피우고 결국 국왕 앞에서 테니스를 치게 한다. 어머니의 기대 때문에 현실은 악몽이 되고 테니스장은 "도살장"[42]으로 변한다. 또 사실 여부에 상관없이 어머니가 모욕당했다고 하면, 뺨을 후려치기 위해 모욕한 사람을 찾아 나서야 한다. 이 모든 것이 어머니의 정당성을 증명하고 어머니에게 '세상'을 돌려주기 위해 가리가 치러야 했던 희생이다.

> 나는 졌다는 것을 인정하지 않았다. 나는 나 자신의 소유가 아니었다. 나는 약속을 지키고, 수없이 많은 전투를 승리로 이끈 뒤 영광에 뒤덮여 집으로 돌아가고, 『전쟁과 평화』를 쓰고, 프랑스의 대사가 되고, 간단히 말해, 내 어머니의 재능이 널리 드러나도록 해야 했다.[43]

자신의 성공으로 어머니의 재능을 드러내고 이를 통해 어머니의 생애를 정당화해야 하므로 가리는 결코 실패해서는 안 되는 사람이었다. 특히 그가 금의환향하여 어머니와 동네를 일주할 것을 상상하는 장면에서는 어머니와 아들의 위상이 바뀌는 게 흥미롭다.

> 메르몽 호텔의 이 위대한 부인에게 경례하시오. 이분은 전쟁에서 열다섯 번 훈장을 받고 돌아왔소. 이분은 공군에서 혁혁한 공을 세우셨소. 그 아들은 어머니를 자랑할 만하오![44]

아들이 훈장을 받았고 어머니가 아들을 자랑스러워해야 하는 상황인데도, 가리는 전쟁에서 공을 세우고 돌아온 사람이 어머니인 것처럼 기술한다. 어머니가 행동의 주체이고 아들은 자랑스런 어머니에게 박수를 보낼 뿐이다. 어머니와 아들은 서로 대체해도 될 정도로 동일시되고 있다. 심지어 가리는 자신의 첫 소설 『유럽의 교육』이 완성되면 표지에 자기 이름이 아니라 어머니의 이름이 인쇄될 것이고 자기 작품을 통해 어머니의 문학적·예술적 야망이 실현되리라고 상상하기까지 한다. 가리의 성공은 자신을 위한 게 아니라 어머니를 위한 것이다. 가리 자신은 어머니의 성공을 위한 '중개인'에 불과하다.

> 나는 나대로 중개인 역할을 하여 어머니가 유명해지고 갈채받는 예술가가 될 수 있도록 힘닿는 대로 무엇이든 하리라고 결심했다.[45]

이들이 맺고 있는 모자관계의 핵심은 자신을 어머니의 '중개인'으로 제시한 이 예문이 잘 포착하고 있다. 곡예사처럼 공을 돌리는 에피소드는 그가 어머니를 위대한 존재로 만들기 위해 어떤 노력을 기울였는지 보여준다. 자신에게 허용된 거의 모든 시간을 투자한 끝에 그는 공 여섯 개를 돌리게 된다. 가리는 성취에 기뻐하기보다는 다음 공 돌리기에 도전한다. 그에게 공 돌리기는 완벽에 도전하는 것이고 그의 목표는 세계 챔피언이 되는 것이어서 목표에 도달하지 못하면 그것은 실패와 다름없다. 다른 사람보다 공을 몇 개 더 돌리는 것은 그에게는 무능력을 드러내는 것밖에 되지 않고, 그는 어머니 앞에서 자신의 무능력이 드러나는 것을 가장 두려워한다. 그 불안 때문에 그는 끊임없이 '그다음' 공을 추구한다. 그러나 그다음 공은 "영원히 예감되었지만 항상 능력 밖에"[46] 있어서 결코 도달할 수 없다.

유년기에 먹고 싶었지만 충분히 먹지 못했던 수박도 마찬가지다. 성인이 되어 마음껏 먹게 되었을 때에도 유년기에 먹지 못한 그 과일은 "언제나 현존하고 예감되지만 영원히 닿을 수 없어 죽을 때까지 나를 비웃"는 "절대 수박"이 된다.[47] 그는 욕망의 관점에서 미래를 응시한다. 그가 도달해야 하는 '마지막 공', 아무리 먹어도 만족할 수 없는 '허기'는 어머니를 만족시키고자 했던 욕망의 크기를 보여준다. 그의 미래의 끝에는 현재에 만족하지 말고 무한을 욕망하라고 명령하는 어머니, 만족시킬 수 없는 어머니가 있다. 그래서 가리가 품었던 욕망은 자아를 완전한 포기할 때 도달할 수 있는 죽음의 욕망과 다르지 않다.

공 돌리기 에피소드나 절대 수박 에피소드가 채워지지 않는 가리의 욕망을 드러낸다면, 첫사랑 발랑틴은 만족시킬 수 없는 타자를 상징한다. 어머니로부터 여성의 사랑을 쟁취하는 남성이야말로 매력적인 남성이라고 누차 들어왔기 때문에, 카사노바는 그가 도달해야 할 이상적인 자아상 가운데 하나였다. 아홉 살 무렵에 알게 된 발랑틴 앞에서 그는 어머니에게서 배운 가장 매력적인 자세를 취한다. 얼굴을 약간 들고 저 먼 곳 어딘가를 바라보는 그 포즈는 어머니가 좋아하는 포즈였지 모든 여자가 좋아하는 포즈가 아니었지만, 그 사실을 그는 짐작조차 못한다. 어머니는 절대적인 존재였기 때문에 어머니가 좋아하는 것이면 다른 여자들도 좋아하리라고 생각했던 것이다. 어머니로부터 교육받은 것이 전혀 효과가 없자 그는 발랑틴이 요구하는 대로 행동하기 시작한다. 발랑틴이 원하는 것을 갖다 바치고 자기 사랑을 다른 아이들보다 더 과격하게 증명하려고 고무신을 잘라 먹고 복통을 일으켜 죽을 뻔한 적도 있다. 연적과 함께 건물 꼭대기 폭이 좁은 창문틀에 앉아 상대를 밖으로 미는 '죽음 내기'도 서슴지 않는다. 그러나 아무리 목숨을 걸어도, 그의 용어를 빌리면, 발랑틴의 요구에 따라 아무리 '순교'를 해도 결코 그녀를 만족시킬 수 없었다. 발랑틴 에피소드가 의미하는 바는 분명하다. 과도한 사랑의 요구를 소화해낼 수 없다는 것, 최선을 다해도 타인을 만족시킬 수 없다는 것이다. 모든 아이의 첫사랑이 어머니라고 한다면, 첫사랑 발랑틴은 어떤 면에서는 어머니의 변이형이다. 발랑틴도 어머니와 마찬가지로 만족시킬 수 없는 여성이다. 이것이 그의 타자 경험, 범위를 좁히면 어머니 경험의 내용이다. 타자를 완벽하게 유혹하기에는 언제나 "뭔가가, 본질적인 뭔가가 빠져 있다."[48] 본질적인 게 빠져 있는 게 아니라, 빠져 있는 것은 항상 본질적인 것으로 여겨진다. 본질적인 것은 결핍의 다른 이름이기 때문이다.

공 돌리기, 절대 수박, 발랑틴 에피소드는 가리가 겪었던 '본질적인' 경험이 무엇인지를 알려준다. 최선을 다해도 어머니를 만족시킬 수 없으며, 결핍감은 심해지고 실패는 반복된다는 것이다. 그것이 가리의 유년기를 특징짓는다. 목표는 설정되어 있으나 그 목표를 설정한 사람은 그가 아니고 어머니다. '나'는 어머니를 만족시키기 위해 그 목표에 동의한 것이기에 어머니를 만족시키지 못한다면 실패는 당연해 보인다.

게다가 가리의 어머니는 아들이 겪을 불안감이나 공포심은 아랑곳하지 않는다. 오히려 보호받는다는 느낌을 얻으려고 매번 누군가를 응징하라고 요구한다. 어머니를 위해 가리는 '아들'보다는 '사나이'가, 어머니를 구하는 '영웅'이 되어야 했다. 그러므로 그에게 영웅은 환상을 자극하는 이야기 속 인물이 아니라 현실 속의 고된 '역할'에 불과했다. 어머니가 아들을 헌신적으로 사랑한 것은 의심의 여지가 없지만, 어머니 때문에 아들이 성공에 대한 강박관념에 사로잡히고 실패에 대한 불안으로 고통받은 것 또한 사실이다. 그의 유년기를 사로잡았던 수치심과 공포심은 어머니의 희생을 보상해야 한다는 의무감에서 비롯되었던 것이다.

어머니 때문에 겪은 공포심을 가리는 일종의 지옥 체험으로 제시한다. 어머니가 사람들 앞에서 자랑스럽게 아들의 미래를 떠벌릴 때, 가리 본인을 제외하면 오직 '피키엘니'라는 이름을 가진 사람만 그 예언을 믿었다고 한다. 어머니 말을 믿었다는 공통점 때문에 피키엘니는 가리의 분신이라고 할 수 있다. 그런데 '피키엘니'라는 이름은 폴란드어로 '지옥의'라는 뜻이라고 하니, 가리가 어머니 때문에 지옥을 경험하고 있었음은 의심의 여지가 없다.

그런 점에서 가리가 안전하게 느꼈던 때가 자살하러 장작더미 속으로 기어들어 갔을 때라는 사실은 아이러니하다. 그곳에서 그는 바깥세상과는 완전히 다른 정다운 세계에 들어온 것 같은 느낌을 받는데, 그 느낌은 아무도 들어올 수 없다는 사실에 근거한다.[49] 들어올 수 없는 사람에는 어머니도 포함된다. 어머니의 방패막이가 되어야 했던 그로서는 어머니가 요구하는 이상적인 삶이나 영웅적 행위가 그 자체로 억압이었던 것이다. 사랑이 곧 억압인 이런 이중적인 관계는 벗어나려고 애쓰면서도 목숨을 걸고 싸워야 했던 한 여자와 관련된 에피소드에서 반복되고 있다.

> 그렇게 해서 나는 여러 시간 전부터 벗어나고 싶어 죽을 지경이던 여자를 지키기 위해 싸워야 하는 어처구니없는 상황에 놓이게 되었다.

하지만 달리 선택의 여지가 없었다.[50]

벗어나고 싶으면서도 전력을 다해 구해야 하는 이 여자 또한 어머니의 분신이다. 이 이중적인 관계가 가리와 어머니가 맺고 있는 관계의 본질이다. 한쪽에는 아들에게서 위대한 인물을 읽어낸 긍정적인 어머니가 있고 다른 쪽에는 지옥 같은 현실에서 어머니를 구하기 위해 절망조차 할 수 없었던 아들이 있다. 가리는 "어머니가 보여준 용기의 어떤 부분이 내게로 전해져서 내 안에 영원히 남아 있다. 지금까지도 어머니의 의지와 용기가 계속 나에게 깃들어 있어서 나로 하여금 절망하지 못하도록 하고 나의 삶을 힘들게 만들고 있다."[51]라고 고백한다. 어머니는 그에게 영광과 비참함의 근원이었던 것이다.

이런 어머니 때문에 가리에게 다른 선택의 여지는 없다. 그는 어머니의 소망을 실현하고 어머니를 정당화함으로써 어머니 삶을 "해피엔드"[52]로 만들어야 한다. 그렇다고 해서 가리가 행복한 삶을 살 수 있는 것은 아니다. 그는 어머니로부터 '위임받은 삶'을 살 뿐 자신으로 존재한 적이 한 번도 없는 '대리인'에 불과했던 것이다.

왜냐하면 내게 다른 임무는 없다는 것을, 말하자면 나는 위임을 받아 살고 있을 뿐임을 항상 알고 있었기 때문이다.[53]

어머니가 아들을 위해 희생했듯이 가리 또한 어머니를 위해 자신을 희생하고 있었다. 그는 어머니가 부과한 '임무'를 실현하려고 발버둥 칠 뿐, 뭔가를 자발적으로 선택하여 행동하는 건 애초부터 불가능했다. 그는 어머니의 그림자에 불과해서, 존재하지만 실존하지 않는다. 가리에게 자기 정체성이 문제 되는 이유가 여기에 있다. 그것을 '약속'의 관점에서 다시 살펴보자.

'약속'의 역설

'약속'은 미래에 내가 어떤 모습을 유지하겠다는 '의지'를 드러내는 행위다. 지금부터 앞으로 다가올 미래까지 '나'는 그 약속에 충실할 것을 맹세하는 것이기 때문에, 약속은 '시간 지속성'을 담보하는 방식이다. 성공하여 어머니를 위대한 인물로 만들겠다는 그의 약속은 어떻게 실현되고 있을까?

가리가 약속을 지키기 위해 어떻게 행동했는지를 살펴보려면 약속을 어기는 행위, 즉 거짓말부터 시작하는 게 좋다.[54] 허구라면 거짓말은 당연히 아무 문제가 되지 않는다. 그러나 사실만을 말하겠다고 약속한 자서전에서 거짓말은 장르의 규약을 위반했다는 점에서 중요한 문제가 된다. 『새벽의 약속』에 대해 쥘리엥 루메트는 그의 "자서전은 다른 방식으로 소설을 연장한 것"[55]이라고 지적한다. 이 지적에 따르면 독자의 공감을 끌어내기만 한다면 가리에게는 사실의 이야기나 거짓말이나 아무 상관이 없다.

우선 두 가지 거짓말에 주목해보자. 단편소설을 써서 등단한 후, 어머니가 다음 작품을 기대하자 가리는 마음이 조급해진다. 그래서 어머니에게 다른 작가의 작품을 보내면서 가명으로 출판했다고 거짓말을 한다. 또 프랑스 국적을 취득했지만, 이민자 출신인 게 문제 되어 장교로 임관되지 못하자 중대장 부인을 유혹했다가 풍기문란에 걸려서 임관되지 못했다고 거짓말을 한다. 어머니는 삼백 명의 지원자 중에 임관되지 못한 사람은 아들이 유일하며, 아들이 동 쥐앙이나 카사노바와 같은 인물이 되었다고 자랑스러워한다. 그러고 보면 어머니의 기대에 부응하지 못할 때 가리는 어머니가 품고 있는 천재의 환상이나 남성성의 환상을 거짓말로 만족시킴으로써 현실을 모면한다. 어머니의 근원적인 환상을 거짓말로 유지할 수만 있다면 그에게는 모든 것이 다 허용된다.

'약속'에 관한 또 다른 예를 들어보자. 어느 날 아델이라는 아가씨가 어머니를 찾아와, 가리가 자신에게 프루스트, 톨스토이, 도스토옙스키를 읽게 했기 때문에 가리와 결혼해야 한다고 주장한다. 아델에 따르면, 책을 읽도록 권한 것은 결혼을 약속했다는 증거이며, 책 읽기는 약혼이나 마찬가지라는 것이다. 가리는 그것을 좀 더 극적으로 표현한다. "그녀는 엄격히 말해서 내 작품들로 임신한 것은 아니지만, 어쨌든 작품들이 그녀를 임신한 것과 같은 상태로 만들어놓은 것이다."[56] 독서는 임신이라는 것이다. 이런 궤변을 듣고 곰곰이 생각하더니 어머니는 가리가 아델과 결혼해야 한다고 말한다. 왜 책을 권하고 읽게 한 행동이 미래에 대한 '약속'이 된 것일까?

우선 주목할 수 있는 것은 독서가 '먹기'의 범주에 속한다는 사실이다. 가리는 "아델에게 프루스트의 모든 책을 차례로 게걸스럽게 먹게 했다."[57] 지나가는 아가씨를 쳐다보며 오이를 먹거나, 좋아하는 발랑틴의 마음을 사로잡기 위해 고무신을 포함하여 모든 것을 먹었듯이, 가리에게 먹기는 생존의 문제라기보다는 욕망의 대상을 소유하는 방식이다. 그래서 독서는 먹기와 마찬가지로 욕망의 문제가 된다. 책을 '게걸스럽게 먹도록' 권함으로써 가리는 자신을 사랑할 것을 권한 것이다. 게다가 아델에게 그가 동일시하던 대작가들의 책을 읽도록 했음을 감안해야 한다. 가리는 자신이 되고 싶었던 작가들을 읽도록 권했고 아델은 그 책들을 읽음으로써 대작가가 될 미래의 가리를 받아들이고 그와 관계 맺었던 것이다. 가리는 대가들의 책 뒤에 존재하는 환영에 불과하지만, 그들 사이에는 가리가 꿈꾸고 아델이 받아들인 미래가 놓여 있다. 미래가 현재를 대신하는 어머니의 시각을 아델이 반복하고 있는 것이다. 어머니가 책 읽기를 '약속'이자 '약혼'으로 인정하고 아델과 결혼하라고 한 이유도 여기에 있다.

책이 현실의 가리를 대신하고, 미래가 현재를 대신하며, 어머니가 아들의 결혼을 결정하는 이 장면에서도 가리의 부재는 분명히 드러나지만, 가리가 아델의 가족을 방문한 후일담에서도 존재의 '부재화'는 두드러진다. 아델은 다른 사람과 결혼하여 아이를 많이 낳았는데, 그 아이들을 보면서 그는 "어쨌든 내 인생에서 무엇인가 성공했다는 느낌, 기권함으로써 좋은 아버지가 되었다는 느낌이 들었다."[58]라고 밝힌다. 아버지가 되기 위해서 그는 그녀와 결혼하지 않고 '기권'해야 한다. 자신을 부재화시킬 때 그는 환상 속에서 아이를 많이 낳는 강력한 남성성을 확보할 수 있다. 부재할 때 좋은 아버지가 된다는 것은 성공하려면 환상이 현실을 대신해야 한다는 것을 의미한다. 이 도식을 이해하지 못하면 가리의 드라마를 이해할 수 없다. 흔히 '약속'이라는 용어에서 과거와 현재, 미래로 이어지는 시간의 일관성을 기대하지만 가리의 삶은 철저하게 자신을 부재화시키는 환상의 드라마로 드러난다.

아델과의 관계에서 대작가의 작품과 같은 '중개자'가 필요했던 것처럼, 가리가 타인과 관계 맺을 때에는 매번 중개자가 등장한다. 대부분의 경우 그 중개자는 '어머니'다. 가리가 처음으로 육체관계를 맺었던 하녀 마리에트의 경우도 마찬가지다. 가리에게 매혹된 이유를 마리에트는 다음과 같이 설명한다.

> [네 어머니]는 나한테 네가 마치 매력적인 왕자라도 되는 것처럼 말을 해……. 나의 로맹이 이러쿵, 나의 로맹이 저러쿵……. 네가 자기 아들이니까 그런다는 것은 잘 알아. 하지만 결국엔 내 기분이 아주 이상해지고 만다니까…….[59]

마리에트가 가리를 사랑하게 된 데에는 가리의 매력보다는 어머니가 가리에 대해 해준 '이야기'가 더 큰 영향을 끼친다. 마리에트는 그 관계를 "(어머니의 사랑이) 너를 원하게 만들었어!"[60]라고 정리한다. 어머니가 헌신적으로 사랑하는 대상일 때 가리는 매혹적인 인물로 받아들여진다. 그는 자신의 실체로 사랑받는 게 아니고 어머니의 사랑 때문에 사랑받는다. 가리와 동거하던 브리지트가 바람을 피운 경우도 마찬가지다. 바람을 피운 이유를 추궁하자 그녀는 "그 사람은 너를 너무 닮았어!"[61]라고 대답한다. 본인이 바로 옆에 있는데, 왜 브리지트는 '가리를 닮은 자'와 사랑에 빠진 것일까? 모사품이 진품을 대신하는 이 어처구니없는 현실은 가리의 정체성과 관련하여 많은 것을 시사한다. 그는 자기 자신으로는 매혹적인 대상이 되지 못하며, 오직 누군가를 매개해서만 사랑의 대상이 될 수 있다.

그러므로 가리가 사랑의 대상이 되었을 때, 실제로 사랑받는 사람은 누구인가라는 의문이 생긴다. 브리지트가 '나를 닮은 누군가'를 사랑하고, 아델이 대작가의 작품을 읽고 '나'와 약혼했다고 주장하듯, 어머니 또한 그를 닮은 어떤 인물 때문에 그를 사랑한 것이 아닐까? 아버지 주제와 관련되어 있는 이 질문에 대해 작가는 명확하게 답하지 않는다. 다만 느닷없이 자전거 선물을 보낸 사람, 어머니의 편지를 받고 돈을 부쳐준 사람, 어머니가 그의 눈을 보고 환기하는 사람이 부재하는 아버지일 거라는 짐작은 가능하다. 가리는 "눈물을 흘리게 한 그 사람이 내가 아니라는 것"[62]만을 알고 있다고 밝힌다. 어머니의 사랑이 아들이 아닌 다른 사람을 향해 있다는 사실은 어머니가 병원에 입원하여 커튼을 걷어달라고 하자, 그가 스스로 어머니가 가장 좋아하는 행동, 즉 하늘을 향해 눈을 드는 행동을 할 때 잘 드러난다.

> 나는 잠시 망설였다. 그리고 어머니가 부탁하지 않아도 되도록 하늘을 향해 눈을 들었다. 그렇게 빛을 향해 눈을 든 채 한참 있었다. 내가 그녀를 위해 할 수 있는 것이라곤 그것이 거의 전부였다. 우리 세 사람은 아무 말 없이 그렇게 있었다.[63]

병실에는 가리와 어머니 둘밖에 없지만, 가리는 그곳에 '세 사람'이 있다고 기술한다. 어머니와 자신을 제외한 또 한 사람, 그 사람이 어머니가 가리 너머로 보고 있던 사람이다. 여기에서도 가리는 어머니가 보고자 했던 사람을 매개할 뿐이다.

오랜 시간이 지난 후에도 가리는 '실제의 자신'과 '되어야 할 자신'을 혼동한다. 그는 무대에 선 오페라 가수가 자기 목소리를 빌려 노래한다고 주장하기도 하고 심지어 유명 오페라 가수의 레코드판을 걸어놓고는 "감동에 젖어 내 진짜 목소리를 듣곤 한다."[64]라고 서술한다. 그는 자기 목소리를 부정하고 타인의 목소리를 자기 목소리로 듣는다. 그리고 "참으로 애석하게도, 삼십 년이나 망설인 끝에 지금 나는 나와 내 성대 사이엔 완벽한 오해가 개재되어 있음을 인정하지 않을 수 없다."[65]라며 자신의 실제 목소리와 자신이 꿈꾼 존재 사이의 불일치를 인정한다. 자신이 소유하지 못한 것을 진정한 자기라고 생각할 때 또는 타인에게서 자신의 모습을 찾아내려고 할 때, 실제 자기 자신은 부정되기 마련이다. 어머니의 사랑 때문에 실제 자신은 사라진다는 점에서 그의 드라마는 박탈과 상실의 드라마인 것이다.

가리뿐 아니라 어머니도 매개자 때문에 부재화된다. 어머니에게 청혼하면서 자렘바 씨는 어머니에게 직접 청혼하지 않고 가리에게 청혼한다. 그리고 가리는 자렘바 씨를 대신하여 어머니에게 청혼하며, 나중에는 '우리'의 이름으로 어머니를 대신하여 대답한다. 또 가리의 어머니는 자렘바 씨에게 여자로서 매력적이었다기보다는 아들에게 헌신적이기 때문에 매력적이었다. 자렘바 씨는 "아내보다는 엄마"[66]를 구하고 있었던 것이다. 여기에서 알 수 있듯이, 가리의 어머니 또한 가리에 의해 대리되고 가리와의 관계 속에서만 매혹적이다. 가리와 마찬가지로 그의 어머니도 자신의 속성으로 타인을 매혹시키지 못한다. 아들은 어머니 때문에 매력적으로 보이고, 어머니는 아들을 통해 존재한다. 이 둘은 상대를 드러내야 자신을 드러낼 수 있다. 가리는 "어느 것이 어머니의 꿈이고 어느 것이 진짜 나인지 잘 구별이 되지 않았던 만큼 그 속에서 환상을 가려내기란 쉽지 않았다."[67]라고 말한다. 실제로 어머니의 꿈과 '나'의 꿈이 뒤섞이면서 현실과 환상은 구분되지 않는다. 서로가 서로를 대신하는 이 모든 관계가 어머니 때문이라고 하는 것은 과도한 해석인지도 모른다. 하지만 가리가 자기 인생을 심연과 추락으로 제시하면서 그 원인이 '어머니' 때문이라고 밝힐 때 우리는 어머니가 보여준 삶의 방식에 대해 다시 의문을 제기해야 한다.

> 어린아이의 감수성 하나하나에 그때 남겨진 자국이 영원히 새겨지는 새벽이라고 하는 그 더듬대는 시간에 어머니는 그토록 솜씨 있게, 너무나 아름다운 이야기들을 내게 해주었고 우리는 수없이 많은 약속을 했다. 나는 약속을 지킬 의무가 있다고 느꼈다. 가슴에는 그와 같은 상승의 욕구를 품고 있었건만, 모든 것은 심연이요 추락이 되어버렸다.[68]

어머니 덕분에 운명을 정복할 불굴의 의지를 갖게 되고 삶의 목표를 향해 달음질칠 수 있었지만, 그는 의무에 압도되고 실현해야 할 운명 앞에서 공포심을 느낀다. 그가 출판사에 소설을 보냈을 때 출판사에서 거세 콤플렉스, 항문 콤플렉스를 읽어내고 시체 애호 성향이 있다는 평가를 내리자 그 평가에 맞게 행동한 것처럼, 그는 타인의 요구에 자신의 욕구를 일치시킬 뿐 자기 자신으로 존재하지 못한다. 이런 왜곡된 관계 속에서 그는 단 한 번 어머니의 과도한 사랑으로부터 벗어나려고 시도한 적이 있었다. 어머니를 자렘바 씨와 결혼시키려고 했던 것인데, 실패하고는 자신이 어머니에게 사로잡힌 '포로'라는 사실을 깨닫는다.

> 그러나 나에게 탈출은 불가능했다. 나는 추억의 포로로 남아 있다. 찾을 수 없는 여성성의 포로로…….[69]

어머니는 감옥이고 가리는 그 감옥에서 '탈출'하려는 '포로'이다. '찾을 수 없는 여성성'이라는 표현은 그가 따뜻한 여성적 사랑을 한 번도 경험하지 못했음을 암시한다. 그리고 추억의 포로라고 해서 가리가 단지 과거의 포로인 것만은 아니다. 그는 실현해야 할 미래의 포로이기도 하다. 그 미래는 승리해야 할 것은 분명하지만 어떻게 승리하는지는 알 수 없는 미래다. 이 상황은 아직 글을 한 줄도 쓰지 않았으면서 위대한 작가의 이름을 선점하고자 했던 유년기와 비슷하다. 운명은 이미 결정되었지만 그 운명의 주인공이 되기 위해 어떤 과정을 밟아야 할지, 어떻게 해야 해피엔딩으로 마무리되는지는 알 수 없다. 그에게는 미래는 존재하지만, 실현할 수 있는 전망은 꽉 막혀 있다. 또는 실현 불가능하다는 의미에서 그의 미래는 완료되어 있다. 그의 시제는 미래완료다.

어머니가 제시한 미래는 현실의 '나'로서는 좀처럼 도달할 수 없는 상상의 '나'를 위한 것이었다. 그런데도 가리는 어머니의 요구에 따라 현실의 '나'를 상상의 '나'에 부단히 끼워 맞춘다. 그가 소설가가 된 것도 어쩌면 허구적 자아와 현실의 자아를 동일시했기 때문인지도 모른다. 분명한 것은 그가 문학과 삶을 구분하지 않았다는 점이다. 그는 작가가 영감을 받아 세상을 창조한 것처럼 인생도 문학 작품처럼 얼마든지 창조하고 주조해낼 수 있으리라고 믿었고, 이런 믿음의 근원에는 어머니가 있었다.

따라서 긍정적인 어머니의 이면에는 부정적인 어머니가 있다. 실제 삶에서 가리는 결코 행복하지 않았고 현재를 향유할 수도 없었다. 성공이라는 인생의 목표를 평생 일관되게 추구하고 결코 낙담하지 않았지만, 그러한 낙관주의도 자기 확신의 결과가 아니었다. 그것은 단지 "내 목소리를 지배했던 어머니의 목소리",[70] 자기 안에서 울리는 타자의 목소리가 반향된 것에 불과했다. 그의 내면에서 끊임없이 울리는 어머니의 목소리는 그의 목소리와 구분되지 않았다. 어머니는 가리에게 이상화된 미래를 꿈꾸게 했지만, 그 미래가 현재를 잠식해서 가리는 현실을 떠도는 유령처럼 보인다. 그는 자신의 고유성을 절실히 원했지만 주어진 조건에 반응했을 뿐 '자기'로서 살지 못했고 성장에 필요한 어머니와의 분리 또한 성취할 수 없었다. 약속 '덕분에' 가리는 미래의 자아상을 확립할 수 있었지만 약속 '때문에' 희망에 저당 잡힌 삶을 살 수밖에 없었던 것이다.

끊어진 탯줄 잇기

가리는 첫 작품 『유럽의 교육』을 출판하겠다는 출판사의 편지를 받고, "나는 태어났다."[71]라고 기술한다. 다시 말해 로맹 가리라는 이름이 활자화되어 텍스트로 존재할 때 비로소 태어났다고 본 것이다. 그에게는 육체의 탄생이 중요한 게 아니라 작가가 되어 어머니의 소원을 성취하는 것, "어머니를 위해 뭔가"[72]를 했다는 자기 만족감이 중요했다.

> 그래도 어쨌든 나는 내 약속을 지키고 어머니의 투쟁과 희생에 의미를 부여하기 시작했던 것이다. 그래서 비록 가볍고 보잘것없긴 하지만, 저울의 쟁반 위에 놓인 내 책이 내겐 제법 무게가 나가는 것처럼 보였다.[73]

'가볍고 보잘것없'던 자신의 '책-생애'는 어머니의 '투쟁과 희생'에 대한 보상이 될 때 비로소 '무게-의미'를 지닌다. '태어남'의 의미는 가리가 사용하는 '탯줄'이라는 용어에서도 드러난다. 태어나기 위해서는 어머니와 연결된 탯줄을 끊어야 한다. 그런데 가리는 탯줄로 연결되어야 자신이 살 수 있다고 선언한다. 전쟁 중 종부성사를 받을 만큼 부상을 입었음에도 살아날 수 있었던 것은 자기 핏줄에 꽂혀 있는 고무 튜브라는 '탯줄'을 통해 어머니로부터 계속해서 영양분을 공급받았기 때문이라는 것이다.

> 그럴지도 모른다. 그렇지만 신들은 탯줄을 자르는 것을 잊었던 것이

다. (…) 신들은 탯줄을 자르는 것을 잊었고 나는 그렇게 살아남았다. 어머니로부터 의지와 운명과 용기가 계속해서 내게로 흘러들어 와 나를 먹여 살렸던 것이다.[74]

가리가 살기 위해서는 탯줄이 잘리지 않고 연결되어 어머니의 '의지와 운명과 용기'가 지속적으로 공급되어야 한다. "탯줄은 계속해서 작동하고 있었다."[75]라는 진술은 가리와 어머니의 관계를 요약하는 표현이다. '탯줄'이라는 단어가 등장하는 또 다른 에피소드는 이와 같은 관점에서 볼 때 매우 시사적이다. 이차대전 때 영국에서 항독 투쟁하면서 가리는 어머니로부터 3년에 걸쳐 편지를 250통가량 받았다고 전한다. 어머니가 돌아가시기 전에 미리 편지를 써놓고 그것을 다른 사람에게 부탁하여 부치도록 했다는 것이다.

돌아가시기 전 며칠 동안 어머니는 거의 250통의 편지를 썼고 그것을 스위스에 있는 한 친구에게 보냈다. (…)

그렇게 해서 어머니가 돌아가신 지 3년이 넘도록 나는 나를 지켜내는 데 필요한 힘과 용기를 어머니로부터 계속 받았다.

탯줄은 지속적으로 작동하고 있었던 것이다.[76]

편지가 곧 탯줄이며, 그는 그 탯줄로 삶에 필요한 용기를 얻는다. 어머니의 목소리인 편지를 받으며, 그는 성공하기 전에 죽어서는 안 된다는 어머니와의 약속을 환기한다. 그가 살기 위해서는 탯줄이 끊어져서는 안 된다. 만약 끊어진다면? 당연히 그 탯줄을 다시 이어야 한다.

날짜가 쓰여 있는 편지는 하나도 없었다. 3년 6개월 후에 내가 니스에 돌아올 때까지, 집에 돌아오기 전날까지 이 편지들은 날짜도 없이 시간 밖에서, 그곳이 어디든, 나를 충실히 따라왔다. 이런 식으로 나는 3년 반 동안 내 의지보다 더 큰 숨결과 의지로 지탱되었다. 이 탯줄이 나를 살아 있게 하는 심장보다 더 강인한 심장의 용기를 내 피에 전해 주었던 것이다.[77]

어머니가 돌아가시기 전에 남은 힘을 그러모아 아들에게 편지를 쓰고 그 편지를 아들이 정기적으로 받았다는 이 에피소드는 독자의 심금을 울린다. 그런데 전기 작가 도미니크 보나에 따르면, 이 에피소드는 허구라고 한다. 어머니는 노트에 편지들을 써놓았지만 한 통만 부쳤을 뿐 나머지 편지는 부치지 못했다는 것이다.[78] 어머니의 편지에 대한 견해는 연구에 따라 조금씩 다르다. 또 다른 연구에 따르면, 어머니의 수첩에 메모가 몇 개 있긴 하지만 편지는 없었고 오히려 그가 어머니에게 부칠 편지를 100여 통 썼다고 한다.[79] 전기적 사실에 편차가 있긴 하지만 그가 어머니로부터 250통의 편지를 받지 않은 것은 분명해 보인다.

가리가 허구의 편지를 만들어낸 것은 이번이 처음은 아니다. 한 인터뷰에서 가리는 사랑했던 일로나의 편지를 받았다고 말했지만, 낸시 휴스턴은 그 편지의 내용이 2년 전에 출간한 『유로파』에 실린 내용과 동일하다고 지적한다.[80] 존재하지 않는 편지, 즉 허구의 형태로 사랑을 드러내는 것은 가리가 애용한 방식 중 하나다.

가리가 의도적으로 진실을 왜곡하고 허구와 사실을 뒤섞어놓은 데에는 특별한 이유가 있다. 그가 허구의 편지를 도입한 까닭은 그 편지로 어머니의 사랑을 분명히 드러내고 또 자신이 어머니를 잃은 '고아'라는 사실을 부정할 수 있기 때문이다. 특히 실제 삶에서는 어머니가 아들의 인생을 만든 반면, 이 장면에서는 아들이 어머니의 이미지를 창조하고 있다는 점도 흥미롭다. 바야르에 따르면, "타인을 사랑하는 것은 끊임없이 타인을 만들어내는 것이다. 사랑은 창조를, 사랑받는 자를 재창조하는 것을 포함한다."[81] 앙셀랑도 "누군가를 사랑하는 것은 그를 창조하는 것이다. 가리의 모든 작품이 그것을 확실히 보여준다."라고 하면서 "사랑은 상상의 힘이다."[82]라고 말한다. 사후의 편지는 어머니의 사랑을 보여준다. 이 허구를 통해 가리는 사랑하는 아들을 위해 죽음을 이겨낸 숭고한 어머니의 이미지를 만들어낸다. 이로써 가리가 유년기부터 꿈꿔왔던 어머니의 영광이 완성되는 것이다.

허구의 편지가 어머니의 사랑만 보여주는 것은 아니다. 죽음과 사투를 벌이면서도 편지를 보내는 숭고한 어머니의 이미지를 창조함으로써 그 편지는 그가 어머니에게 보여주는 마지막 사랑의 표시가 된다. 그러나 사랑을 표현해야 한다는 욕구가 너무나 긴급한 나머지 『새벽의 약속』은 사실만을 말해야 한다는 성실성의 원칙을 위반하고 만다. 가리는 진실을 있는 그대로 '표현'하는 게 아니라 '창조'한다. 그에게 진실은 자신이 느낀 사랑의 강도를 드러내는 것이지 객관적 사실을 표현하는 게 아니다. 그런 점에서 '창조'는 진실과 그다지 다르지 않다. 이와 같은 문맥을 감안하면 그가 편지라는 허구를 만들어낸 이유를 어렵지 않게 짐작할 수 있다. 어머니가 현전하기를 바라는 욕망이 사후의 편지를 만들어내고 죽음을 이겨낸 어머니, 아들을 사랑하는 숭고한 어머니를 창조해낸 것이다. 따라서 편지는 어머니가 돌아가신 후에도 여전히 남아 있는 어머니의 흔적이며 무덤 너머에서, '시간 밖에서' 들려오는 어머니의 목소리다. 편지는 "자신의 안팎에서 영속적으로 존재하는 어머니의 말"[83]에 형태를 부여하는 방식이다.

그러고 보면 가리의 삶은 어머니의 목소리가 지배한다고 해도 과언이 아니다. 아들의 미래를 예언하는 목소리, 어머니를 모욕한 사람의 따귀를 때리라고 명령하는 목소리, 학교 친구들 때문에 눈물을 글썽이며 돌아온 가리에게 "이제부터 너는 나를 위해 싸워야 한다."[84]라고 강요하는 목소리, 자유 프랑스 진영에 합류하기 위해 탈영하여 북아프리카에서 방황하고 있을 때 들려왔던 "나를 전투로 불러내는 내 피의 목소리"[85] 등은 모두 어머니의 목소리다. 『밤은 고요하리라』에서도 어머니의 목소리는 내면화되어, 어머니 덕분에 비행 청소년이 되지 않았다고, 파리에서 매음의 길로 들어서지 않았다고 말한다.[86] 어머니와 공간적으로 분리되어 있어도 어머니의 목소리는 절대적인 권위를 행사했던 것이다.

어머니의 편지 에피소드는 어머니가 목소리에서 문자(기호)로 변했음을 알려준다. 이 변화는 어머니가 세상을 떠난 시점과 일치한다. 프로이트 이론에서 아버지를 살해한 후에 아들이 아버지의 부재를 보상하기 위해 아버지의 법을 선포하고 아버지의 실제적 지배를 허용했듯이,[87] 어머니의 죽음 때문에 가리는 어머니의 편지를 만들어내어 어머니의 실제적 지배를 허용하고 어머니를 영속화시킨다. 그런 점에서 편지는 죽음이 말하는 방식이며, 라캉의 용어로 하면 명확한 의사소통을 목표로 하지 않는 혼란의 언어, 개인의 언어, "라랑그(Lalangue)"다.[88] 그것은 육체적 실존을 갖지 못한 자가 존재하는 방식, 실재계(實在界)적 존재가 모습을 드러내는 방식이다.

이 허구의 편지를 통해 어머니만 죽음을 극복하고 되살아나는 것은 아니다. 가리 또한 편지의 수혜자다. 가리가 법과대학을 다니려고 잠시 어머니 곁을 떠났을 때 어머니는 거의 매일 짧은 편지를 보내왔다. 가리는 그 편지의 진정한 수신인은 아들에게 편지를 씀으로써 용기를 얻어야 했던 어머니 자신이었다고 다음과 같이 밝힌다. "내 생각에 [어머니]에게는 이 편지들이 필요했다. 어머니는 당신 자신을 설득하기 위해서 그리고 나보다는 당신 자신의 용기를 북돋기 위해 편지를 썼다."[89] 편지의 수신인이 발신인 자신이라는 이 논리에 따르면, 가리가 만들어낸 어머니 편지의 수신인은 그 편지를 허구로 지어낸 아들 가리 자신이다. 그는 어머니의 목소리를 만들어내고, 그 목소리를 통해 혼자 남은 삶을 살아갈 용기를 얻고자 했던 것이다.

그러므로 어머니가 썼다는 허구의 편지는 어머니의 죽음을 감추고 어머니에 대한 환상으로 자신을 지탱하고자 했던 한 늙은 아이의 부단한 노력을 보여준다. 그 편지들은 그가 어머니의 죽음으로 끊어진 탯줄을 다시 잇고자 했다는 사실, 그가 살아가기 위해서는 어머니의 사랑이 지속적으로 필요했다는 사실을 말해준다. 죽음을 극복한 존재로 형상화함으로써 어머니는 영원한 생명을 부여받고 승리한 자가 되며, 아들의 글쓰기의 근원이 된다. 어머니의 죽음과 동시에 어머니의 중개자로 유령처럼 존재했던 자기 자신도 죽을 수밖에 없었기 때문에, 어머니를 살려냄으로써 가리는 어머니와 함께 죽었던 자신을 살려낼 수 있었던 것이다.

이제 『새벽의 약속』에서 죽은 어머니에 대한 애도를 읽을 수 없는 이유를 이해할 수 있다. 어머니는 편지의 형태로 그에게 계속 용기를 불어넣어주고 있었기 때문에 세상을 떠난 게 아니었던 것이다. 만약 애도가 필요하다면 그것은 필요할 때 탯줄을 끊지 못한 자기 자신에 대한 애도, 죽은 어머니와 연결된 탯줄에서 영양분을 얻으려고 하는 탄생하지 못한 자신에 대한 애도일 것이다. 하지만 가리는 탯줄을 끊는 방식의 애도를 원하지 않는다.

대신 이 허구의 편지는 어떻게 부재가 글쓰기로 변용되는지, 어떻게 상실이 예술적 형태를 지니는지를 보여준다. 이와 유사한 예로 마술 에피소드를 들어보자. 아무리 노력해도 어머니를 행복하게 만들 수 없자 가리는 마술의 힘을 빌려 소원을 이루고자 한다. 소원 성취에 필요한 재료들을 다 구하고 마침내 소원을 빌 결정적인 순간이 다가온다. 그러나 그는 욕구와 현실 사이의 괴리를 깨닫는다.

> 그러나 그게 전부가 아니었다. 무엇인가가 항상 빠져 있었다. 이 보잘것없는 부스러기들과 내 마음속에서 일깨워진 그 엄청난 욕구 사이에는 공통분모가 전혀 없었다.[90]

가리에 따르면 "나의 이상한 욕구에 걸맞은 무엇, 어머니, 나의 사랑,

내가 어머니에게 주고 싶었던 모든 것에 걸맞은 그 무엇을 발견할 수 없었다."[91] 자신이 갖고 있는 보잘것없는 부스러기들과 주고 싶지만 '발견하지 못한 그 무엇' 사이의 괴리는 커져만 가고 실패의 예감 또한 확실해진다. 그런데 가리는 "내가 예술가로 태어난 것은 그날이었다."[92]라고 지적한다. 예술가는 결핍과 불가능과 부재에 대한 예민한 감각을 지닌 자이며, 예술은 불가능한 것을 가능하게 만드는 것이다.

글쓰기, 그리고 좁은 의미로 그의 자서전은 어머니의 죽음으로 인해 끊어진 탯줄을 다시 잇기 위한 시도라고 할 수 있다. 그는 '편지 쓰기-글쓰기'로 상실한 기원에 다시 접속하고자 한다. 죽은 어머니와 다시 접속함으로써, 즉 끊어진 탯줄을 다시 이음으로써 그는 다시 살아날 수 있었다. 그것이 그가 어머니를 끊임없이 환영(幻影)의 형태로 불러내는 이유이며, '타자의 글쓰기' 형태로 자서전을 쓰는 이유다.

어머니를 보호하려는 기사도적 이상과 모욕적인 현실 사이에서 분열되었던 아들이 예술가로 재탄생하게 된 것은 역설적이게도 어머니와 맺었던 '새벽의 약속'을 실현할 수 없었기 때문이다. 그 불가능성 덕분에 어머니는 영감의 절대적 근원이 된다. 그리고 어머니를 매개하지 않으면 존재하지 못하던 가리는 '허구의 편지'로 어머니를 창조함으로써 비로소 '자기 자신'이 된다. 그런 의미에서 허구의 편지는 가리가 생각하는 문학관과 정확하게 일치한다. 그에게 "문학 창조란 진정한 순간에 그러하듯, 견딜 수 없는 것에서 벗어나려고 시도하기 위한 속임수, 살아 있기 위해 영혼을 부여하는 방식"[93]이다. 같은 문맥에서 허구의 편지는 '상실-결핍'에 부여한 상징적 형상이며, 일종의 '문학 창조'였던 것이다. 글쓰기는 탯줄이 되고 그 탯줄을 이음으로써 그는 자신이 성공했음을 알아줄 유일한 증인인 어머니를 호출한다. 그리고 허구를 만들어낸 작가로서 스스로 재탄생한다.[94]

아들의 성공을 확신하고 상상의 미래를 끌어당겨 현재의 불행을 잊고자 했던 어머니, 그런 어머니를 부정하기는커녕 '어머니 소설'을 실현하기 위해 최선을 다한 가리의 분투가 바로 『새벽의 약속』이다. 그런 점에서 볼 때, 『새벽의 약속』이 자서전이라면 그것은 자기 정체성에 관한 문제를 '어머니와의 관계 속에서 나는 누구인가?'라는 방식으로 제기하는 관계의 자서전이다. "사랑하는 한 존재를 중심에 놓고 삶을 어떤 황금률에 따라 정돈하고자"[95] 했다고 기술할 정도로 그의 삶 중심에는 '나'가 아니라 '어머니'가 놓여 있다. 그의 어머니는 『새벽의 약속』에 등장하는 수많은 여성들의 원형이며 대문자로 쓰일 수 있는 유일한 여성이다. 유년기부터 가리의 삶은 어머니의 희생으로 만들어진 사랑의 감옥에 갇혀 있었고 희망에 저당 잡혀 있었다. 그의 삶은 '내면화'한 어머니의 목소리, 즉 예언의 산물이었고, 어머니에게 한 약속의 산물이었다. 내면화된 어머니의 예로 가리의 넓적다리에 박혀 있는 탄환을 들 수 있다. 그는 어머니가 그 탄환에 애착을 갖고 있다는 이유로 그것을 제거하지 않는다. 그 탄환은 그가 합체한 상태로 간직해놓은 어머니를 상징한다. 그는 왜 살아야 하고 어떻게 살아야 하는지, 어떤 존재가 되어야 하는지에 대해 더 이상 성찰하지 않는다. 단지 내면에서 들려오는 어머니와의 약속을 실천할 뿐이다. 가리와 어머니의 관계를 사코트는 이렇게 요약한다. "여덟 살 이후의 가리는 한편으로는 독립하기 위한 반항과 투쟁, 그리고 다른 한편으로는 모든 유형의 은혜와 희생과 부채에 대한 감사의 마음 사이에서 끊임없이 전개되는 싸움의 장소다."[96]

어머니는 그를 보호하는 "단단한 껍질"[97]이었지만 그 껍질 아래에는 어머니의 죽음과 부재를 두려워하는 아들, "어둠 속에 웅크리고 있는 어린아이"[98]가 감춰져 있다. 자신의 욕망과 타인의 욕망이 구분되지 않기에 어머니의 죽음 이후 그의 삶은 심연으로 추락했고, 그는 어머니와 다시 '접속'함으로써 위로받고 현실의 중압감을 견뎌내려고 한다. 이 글에서는 그런 시도를 '끊어진 탯줄 잇기'라고 이름 붙였다. 탯줄을 잇기 위해 그는 죽은 어머니에 대해 글을 쓴다. 어머니의 편지라는 허구를 통해 그는 죽은 후에도 아들을 돌보는 어머니, 모성애로 충만한 어머니를 만들어낸다. 그의 어머니는 어떤 상황에서도 절망하지 않고 불굴의 의지를 간직했던 의연한 존재, 아들의 승리를 예언한 예언자, 글쓰기의 기원이 되는 어머니, 절대적 영감을 소유하고 인류의 선함과 정의를 믿었던 어머니로 되살아난다.

허구의 편지를 만들어내는 것을 글쓰기의 은유로 이해하면, 글쓰기는 가장 긍정적인 의미에서 끊어진 탯줄을 잇는 행위가 되고, 죽은 자를 살려내는 행위, 삶의 근원에 접속하는 행위가 된다. 어머니를 상실하고 절망에 빠졌을 때 스스로 희망을 불러일으키기 위해서는 어머니의 목소리가 필요했다는 점에서 이 모든 것은 어머니 덕분이다. 사라진 존재에게 편지라는 형상을 부여하고 그 형상을 통해 어머니의 삶을 정당화한다는 점에서 『새벽의 약속』은 상실을 치유하는 방식이라고 할 수 있다. 더 나아가 어머니의 욕망에 따라 만들어진 가리 자신이 '마침내' 어머니의 삶을 만들어냈다는 점에서 그는 어머니의 그림자에서 벗어날 수 있는 가능성을 엿보았다고 말할 수 있다.

그러나 어머니의 죽음을 부정하고 죽은 어머니를 글쓰기의 공간에서라도 다시 살려내야 자신이 존재할 수 있다는 점에서, 가리가 완벽하게 어머니에게서 벗어난 것은 아니다. 어머니를 정당화하고 사모곡을 써나갈수록 로맹 가리 자신은 어머니의 시선과 목소리에 사로잡힌 또 하나의 유령처럼 보이기 때문이다.

결국 우리는 가리에게 진정한 '나'의 자리는 어디에 있을까라는 질문을 제기하게 된다. 가리에게 '나'의 자리는 타자 안에 있다. '자신'을 규명하기 위해서 이미 죽은 타자와 관계 맺어야 한다는 의미에서 그의 삶은 타인에게 소유된 삶이고, 자신의 삶은 없다는 의미에서 박탈된 삶이다. 게다가 희망에 저당 잡힌 삶을 비판적으로 서술하면서도, 어머니의 꿈을 실현하지 못했다는 죄책감 때문에 그는 어머니와 탯줄로 다시 연결되기를 원한다. 가리는 어머니와 연결될 때 탄생한다고 했기 때문에 이것을 '탄생'이라고 이름 붙이지만, 그 탄생은 환상에 불과하다. 환상에 매달릴수록 '나'의 탄생은 무한히 지연된다. 어머니를 위해 미래를 향해 질주해야 했던 그로서는 자기 삶을 창조할 수도, 내면의 목소리에 귀를 기울일 수도 없었기 때문이다. 그런 점에서 '끊어진 탯줄 잇기'는 어머니와 관계를 유지하면서 자기 삶을 서술하고자 했던 로맹 가리 특유의 존재 방식이자 글쓰기 방식이라고 할 수 있다.

Nathalie Sarraute

나탈리 사로트

『유년시절』

트로피즘: 내적 감각 서술하기

나탈리 사로트(1900-1999)는 일리야 체르니약과 폴린 차투놉스키의 둘째 딸로, 흔히 러시아식 이름인 나타샤로 불린다. 나타샤의 부모님은 러시아의 유대인으로 프랑스어를 완벽하게 구사하는 지식인이었다. 아버지는 제네바대학교에서 박사학위를 받았으며, 빛이 비쳐도 변색되지 않는 물질을 발명하고 이바노보에서 화공 물질 공장을 경영했다. 이들 부부는 나타샤가 태어나고 2년 후에 이혼했다. 나타샤는 1906년까지 동화작가인 어머니와 함께 파리에 체류했는데 그곳에서 어머니는 니콜라스 보레츠키와 재혼했다. 나타샤는 아버지를 만나러 스위스로 가기도 했다. 1906년에 나타샤의 삼촌이 혁명 운동에 가담해서 차르의 비밀경찰에 인도될 위험에 처하자 그녀의 아버지가 백방으로 노력한 결과 삼촌은 프랑스로 석방되지만 도착해보니 질식사한 상태였다. 이 사건 탓에 그녀의 아버지는 러시아로 돌아갈 수 없었다. 그래서 그는 1907년부터 파리에 정착하여 근교에 러시아에서처럼 화공 물질 실험실을 만든다. 나타샤는 1909년에 어머니가 재혼한 남편과 부다페스트에 정착하면서 파리에 있는 아버지에게로 보내진다. 나타샤가 도착하고 6개월 후 의붓어머니 베라가 (자서전에서는 릴리로 불리는) 딸 엘렌을 낳았다. 어머니가 약속과 달리 나타샤를 데리러 오지 않자 나타샤는 아버지와 파리에 계속 머물게 된다. 1911년 짧은 방문 이후 어머니는 1914년에 다시 프랑스를 방문하지만 일차대전이 발발하자 곧 러시아로 돌아간다. 자서전은 시간의 순서를 약간 뒤틀어 나타샤가 1912년에 페늘롱 중학교에 입학하는 것으로 끝난다.

그동안 제대로 이해받지 못했던 사로트의 작품 세계가 이해받기 시작한 것은 1956년에 비평집 『의혹의 시대』가 주목을 받으면서부터다. 비평가들은 사로트를 알랭 로브그리예, 미셸 뷔토르, 클로드 모리아크, 클로드 올리에와 더불어 '새로운 소설가'라는 뜻을 가진 '누보로망시에'로 규정했는데, 이 작가들 스스로 문학 그룹을 표방한 것은 아니었으며 사로트도 자신을 어느 그룹 소속이라고 밝힌 바가 없다. 그러나 『의혹의 시대』는 새로운 문학 형식을 탐구하는 일군의 작가들에게 영감을 주어 일종의 문학 이론서처럼 받아들여졌다.

사로트는 프루스트, 조이스, 울프 등을 읽고 영향을 받았는데, 이들은 모두 이전과는 다른 방식으로 글을 쓴 작가들이다.[1] 사로트의 문학은 1939년에 출간한 『트로피즘』과 함께 시작하지만 거의 주목받지 못했다. 그러나 그녀의 문학은 트로피즘과 분리될 수 없으며 그녀의 비평 또한 트로피즘을 정의하는 것으로 시작한다.

> [트로피즘은] 우리 의식의 한계에까지 재빠르게 미끄러져 들어오는 정의할 수 없는 움직임이다. 그것은 우리의 행위와 말의 기원에, 우리가 드러내고 우리가 느낀다고 생각하고 또 정의할 수 있다고 생각하는 감정들의 기원에 있다. 나에게는 [트로피즘이] 우리 존재의 은밀한 근원을 이루는 것으로 보였으며 지금도 그렇게 여기고 있다.[2]

한 비평가는 트로피즘을 "외부의 요소들, 예를 들어 느낌이나 말의 영향 때문에 인물들의 의식에 불현듯 나타나는, 의지와 관련 없는 움직임과 모호한 감각들"[3]이라고 정의한다. 트로피즘의 장점은 의식의 내밀한 움직임을 성공적으로 드러내는 데에 있다. 『트로피즘』은 파편화된 텍스트가 별다른 논리적 연관 없이 짧게 병렬되어 나열되는 형식을 취하는데, 『유년시절』(1983)도 마찬가지다. 『트로피즘』 다음에 출판된 『미지인의 초상』(1948)도 사르트르가 서문에서 '반(反)소설'이라는 특징을 부각시켰음에도 불구하고 거의 주목받지 못했다. 세 번째 소설인 『마르트로』(1953)에서부터 기존의 소설과 다른 사로트만의 특징이 이해되기 시작했고 마침내 『의혹의 시대』가 출간되면서 이전 소설들도 재평가되었다. 『천상의』(1959)가 발표된 후, "텍스트의 시적 특징들, 우리 삶의 보이지 않는 은밀한 근원에서 생겨나고 있는 상태의 움직임을 포착하는 말과 단어들에 대한 관심"이라는, 사로트만의 특징이 강조되기 시작한다. 『황금열매』(1963)와 더불어 독자들은 트로피즘의 언어와 한 인물을 화자와 대화자로 분화시켜 다양한 내적 감정을 드러내는 하위대화에 좀 더 민감하게 반응하기 시작했으며, 이 작품으로 그다음 해에 국제문학상을 수상했다. 사로트는 『삶과 죽음 사이에서』(1968), 『내 말 들려요?』(1972), 『바보들이 말하다』(1976), 『말의 사용』(1986), 『너는 너를 사랑하지 않는다』(1989), 『이곳』(1995), 『여세요』(1999)에 이르기까지 현실의 미묘한 부분을 포착하려는 시도를 꾸준히 이어간다. 1964년부터는 연극에도 관심을 갖고 1986년까지 여섯 편의 희곡을 발표했으며, 1995년에는 연극에 기여한 공로를 인정받아 극작가협회 연극대상을 수상했다.[4] 사로트는 자서전 『유년시절』에서 이미 알려진 관례화된 유년기 대신 단어와 존재의 관계를 중심으로 아직 확정되지 않은 새로운 형태의 유년기를 서술한다.

감각을 서술하는 트로피즘과 삶을 논리적으로 서술하는 자서전은 얼핏 보면 양립하지 않는 것처럼 보인다. 미노그가 『트로피즘』에 대한 해설에서 밝혔듯이, "아이는 사로트의 작품에서 큰 중요성을 차지하며, 이 작품에서 이미 적대적으로 무장한 세계와 싸우는 취약한 존재를 잘 드러내는 특권적인 이미지로 자리 잡고 있다."[5] 여기에서 말하는 '적대적으로 무장한 세계'는 아이를 위한다는 명목으로 아이에게 생각과 말과 행위를 강요하는 어른들의 세계다. 아이는 강요된 것에 복종하면서 그것을 성장으로 받아들인다. 그러나 아이들은 좋아하는 물건이나 단어, 인물 등에 대해 효용과는 상관없이 자기만의 가치를 부여하는데, 그 가치는 논리나 의미보다는 감각과 느낌을 따른다. 그리고 그것은 트로피즘과 과히 다르지 않다. 트로피즘과 자서전, 특히 사로트처럼 '아이의 목소리'로 직접 발화하는 자서전은 서로 모순되지 않는다. 사로트의 자서전이 '유년기'를 대상으로 한 이유가 여기에 있다. 안 제퍼슨도 사로트가 추구하는 트로피즘의 세계가 유년기의 세계일 수 있다며 그 가능성을 열어놓고 있다.[6] 실제로 『유년시절』은 작가가 느낀 트로피즘을 드러냄으로써 딱딱하게 굳은 자서전 장르를 쇄신했다는 평가를 받고 있다.

그러나 그녀가 추구했던 문학 이념에 비춰볼 때 사로트가 자서전을 썼다는 것은 독자들에게는 매우 놀라운 일이었다. 실제로 사로트는 이전 인터뷰에서 자서전에 대해 부정적으로 평가한 적이 있었다. "나는 자서전을 좋아하지 않는다. 아니, 정확히 말하면 문학 장르로서 자서전을 좋아하지 않는다."[7] 독자는 자서전에서 작가의 생애나 성격을 읽어낼 뿐이고, 자서전 작가는 솔직하게 말하겠다고 선언하고도 솔직하게 말하지 못하고 내면을 드러내지도 못한다고 사로트는 생각하고 있었다. 특히 '나'의 형성 과정을 서술하면서 주체의 신화를 확고히 하는 장르로 알려져 있는 자서전은 전통소설의 '인물' 개념에 반대되는 글쓰기를 해온 사로트에게는 배격해야 할 장르였을 것이다. 그런데 이런 인터뷰를 부정하기라도 하듯 사로트는 『유년시절』 첫 번째 에피소드에서 "유년기의 기억들"이 트로피즘의 연장선상에 놓인다고 하면서, 자서전의 서술 대상을 다음과 같이 밝히고 있다.

> 그건 아직 가물거려. 어떤 글도 어떤 말도 아직 그것을 건드리지 못했어. 그건 희미하게 박동하고 있는 것 같아… 말 밖에서… 언제나 그렇

듯이… 아직 살아 있는 뭔가의 작은 끄트머리들… 내가 원하는 건, 그것들이 사라지기 전에… 날 말리지 마…….[8]

금방 사라져버릴 듯 가물거리는 그 '무엇', 포착하기 힘든 감각과 관련되어서 글로도 말로도 고정시키지 못했지만 여전히 살아 자신을 자극하는 그 '무엇'이 바로 그녀가 추구해왔던 '트로피즘'이다. 이 예문에서 보듯, 사로트의 자서전에서는 화자가 혼잣말처럼 중얼거리는 낮은 목소리와 빈번히 사용되는 '말줄임표'가 특징적인데, 이것들은 모두 망설임이나 제대로 표현하지 못한 내면의 떨림을 드러낸다. 그래서 '말줄임표'는 강렬한 인상을 남긴 현실의 조각들을 의지적으로 재구성하지 않으면서도 자신의 내적 감각을 드러내는 어떤 기호처럼 느껴진다.

트로피즘은 '단어'에 대한 한 인물의 반응을 통해 가장 잘 드러난다. 앤 제퍼슨에 따르면, 사로트에게는 단어가 한 인물의 경험을 구성하는데,[9] 이를 더 발전시키면 단어 자체가 존재 양태를 반영한다고 말할 수 있다. 실제로 『유년시절』의 화자는 '말'과 '언어'에 예민하게 반응하며 이를 통해 내면의 움직임을 드러낸다. 예를 들면 베라는 나타샤를 부를 때 모음 '아'를 거의 생략하고 'ㄴ-ㅌ-슈'로 발음한다. 그 발음을 듣고 사로트는 자신이 무의미한 소음처럼 취급되고 있다고 생각하고, 베라가 자신을 그녀의 삶에서 지우고 싶어한다고 이해한다. 여러 에피소드보다 이 사소한 발음 하나가 나타샤와 베라가 맺고 있는 관계를 가감 없이 드러낸다. 어머니도 베라와 마찬가지여서 약속이나 금지, 배제와 관련된 일련의 단어들로 환기된다. 어머니는 사로트를 따뜻하게 감싸주는 육체적이고 정서적인 존재라기보다는 언어 존재, 추상화된 존재였던 것이다.

그러나 『유년시절』이 처음부터 끝까지 망설임으로 일관된 것은 아니다. 『유년시절』이 "점차 개성이 굳건하게 구성되는 과정"[10]을 보여준다고 밝힌 비평가도 있고 또 파편화된 형식 속에서 육체적 동일성, 기억에 따라 재구성되는 정체성, 성격의 동일성을 확인할 수 있다고 밝힌 비평가도 있다.[11] 여기에서는 『유년시절』을 가족소설의 관점에서 어머니와의 결별을 분명히 하는 애도의 과정으로 읽으면서 사로트가 성장해가는 내적 드라마를 이해해보고자 한다.

나쁜 어머니(들)

누보로망 작가(누보로망시에)들은 전통소설로는 현대 사회의 모습을 제대로 드러내지 못한다고 주장하면서 새로운 시대에 맞는 새로운 감수성으로 작품을 쓸 것을 요구한다. 사로트도 "현시점에서 내가 볼 때, 등장인물은 진부한 현실을 구성하는 요소, 현실을 진부하게 재현하는 요소"[12]라고 비판하면서, 등장인물 외에도 '주체, 심리, 정체성, 줄거리, 언어' 등을 비판한다. 『유년시절』은 파편화된 70개의 에피소드로 구성되어 있는데, 자서전에 등장하는 인물들도 일정한 서사 없이 제시된 파편화된 인물 같은 인상을 준다. 대표적인 인물이 사로트의 어머니다.

사로트의 어머니는 편재하는 동시에 부재하는 인물이다. 사빈 라피에 따르면 사회의 작용과 언어에 대해 의혹을 제기하는 사로트 특유의 '트로피즘'은 어머니와 아이 사이의 의사소통이 실패한 데에서 비롯된다.[13] 따라서 사로트의 성장 과정과 정체성 탐색 과정을 이해하려면 사로트가 어머니와 관계를 재정립하는 과정을 살펴볼 필요가 있다.

영국의 저명한 소아과 의사이며 정신분석학자인 위니코트가 구분한 '좋은 어머니'와 '나쁜 어머니'를 이해하면 사로트와 어머니의 관계를 좀 더 쉽게 이해할 수 있다. 좋은 어머니는 아이의 욕구를 전적으로 이해하고 아이가 스스로 전능한 존재라고 생각하도록 도와준다. 아이는 자신의 환상을 만족시키면서 서서히 현실과 접촉하고 그 과정에서 잠재력을 발휘한다. 나쁜 어머니는 아이의 욕망이나 환상에는 관심 없고 아이의 요구를 무시한다. 나쁜 어머니는 자신의 의지와 욕망에 아이를 복종시킴으로써 아이를 항구적인 결핍의 상태로 만든다. 아이는 어머니의 요구에 일치하는 가짜 자아를 만들어 어머니와 인위적인 관계를 맺으며, 자신의 욕망을 실현하기보다는 욕망의 대상인 어머니를 유혹하는 데 몰두한다. 위니코트는 '존재'와 '반응'이라는 용어를 사용하여, '나쁜 어머니'와 함께 있는 아이는 반응할 뿐 존재하지 못한다고 주장한다.[14]

사로트의 어머니는 처음에는 절대적으로 동일시된 긍정적인 인물, 비교나 비판할 수 없는, 심지어 찬사의 대상도 될 수 없을 정도로 이상화된 존재, '모든 것을 초월한' 존재로 등장한다. 그러나 어머니의 진면목을 알게 되면서 '이상화된' 어머니와 자식을 유기하는 '나쁜' 어머니의 두 모습이 혼재하게 된다. 사로트의 어머니는 이상과 현실, 꿈과 실재, 말과 존재의 괴리를 극명하게 드러내는, 대립적이고 양가적인 이미지를 지닌 존재였던 것이다. 사로트가 어머니의 실체를 이해함에 따라 어머니의 부정적인 모습은 더욱 강화된다.

사로트와 어머니의 관계는 사로트가 처해 있는 '과잉' 상태를 통해 이해할 수 있다. 사로트의 부모님은 이혼 후 각각 재혼하여 프랑스와 러시아에 살고 있다. 아버지와 결혼한 베라, 어머니와 결혼한 콜리아에 이르기까지 사로트는 두 쌍의 부모 사이에 놓이며, 그들이 거주하는 이바노보와 파리를 왕복하고 각각의 공간에서 러시아어와 프랑스어를 사용한다. 사로트의 정체성은 이와 같은 이중의 상태에서 비롯된다. 과잉이 결핍으로 바뀌는 것은 한순간이다. 사로트의 어머니가 어떤 존재인지는 사로트가 어머니의 부재를 어떻게 인지하고 그 부재를 어떤 환상으로 메꾸어나갔는가를 질문함으로써 확인할 수 있다.

사로트의 어머니는 질투심 많고 변덕스러우며 타인을 배려하지 않는 자기중심적인 인물로 묘사된다. 어린 화자와 대화를 나누는 어른 화자가 "아주 건성으로 하거나 어설프게 한 걸 제외하면 어머니가 네 입장에서 이해해보려고 노력한 적이 결코 없었다는 생각을 하게 되는 데에는 참 많은 시간이 필요했었지…….”[15]라고 말할 정도다. 어머니는 부재하거나 아니면 아이에게 무심한 채 끊임없이 아이와 거리를 두는 나쁜 어머니였던 것이다.

어머니와 아이의 관계를 잘 보여주는 에피소드가 있다. 아버지를 만나러 스위스로 갈 때 어머니는 이제 너를 돌봐줄 사람이 없으니 스스로 잘 챙겨야 한다고 말한다. 그러면서 빨리 식사하는 버릇이 있는 어린 사로트에게 “수프가 될 때까지 꼭꼭 씹어 먹어라.”라고 덧붙인다. 사로트는 이 말을 ‘부적’처럼 간직하고 문자 그대로 이행한다. 가정교사가 아무리 빨리 먹으라고 재촉해도 소용이 없었고, 결국 놀림감이 되어 따로 떨어져 혼자 식사하게 된다. 사로트는 자신에게 절대적인 존재였던 어머니의 말을 충실히 따랐지만 타인들로부터 배제되어 외톨이가 된 것이다. 이 에피소드에 별다른 해석이 덧붙여지지는 않았지만 독자들은 어머니 때문에 사로트가 사회에 제대로 적응하지 못하리라는 것을 짐작할 수 있다. 『유년시절』에 서술된 에피소드들은 대부분 이런 식으로 어머니와의 관계를 부정적으로 제시한다.

또 다른 예를 들면 사로트는 어릴 때 소설을 썼는데, 어머니가 강요하는 바람에 어쩔 수 없이 한 잡지사의 편집장에게 소설을 보여주었다가 “소설을 쓰기 전에 맞춤법부터 배워야 한다.”[16]라는 충고를 들은 적이 있었다. 그 이후 그녀는 소설 쓰기를 중단한다. 어머니가 동화작가였음을 감안하면, 어머니는 자기처럼 글을 쓰는 딸을 자랑하고 싶었고 그 욕망에 아이가 복종한 것이다. 그러나 작가로 데뷔한 시기가 늦어진 것은 이때 들은 악평의 충격과 관련 있다고 사로트가 고백한 데에서 알 수 있듯이, 어머니는 사로트가 작가의 소명을 발견하는 데 방해가 된 것으로 보인다. 어머니는 동화책을 읽어줄 때에도 마치 “다른 곳에 말을 걸듯이” 애정 없이 읽을 뿐이고, 아픈 딸을 돌보는 것을 감옥에 갇힌 것처럼 여긴다. 어머니는 양육에 관계되는 모든 일에 무심하고 나중에는 딸을 아버지에게 맡기고 아무 연락 없이 데려가지 않는다. 사로트를 만나러 잠시 파리에 와서도 일차대전이 터지자 자기 남편에게로 돌아가 버린다. 이처럼 사로트는 어머니를 매정하고 이기적이며 아이의 양육에 무책임한 인물, 권위적이며 독립적인 여성으로 묘사한다.

이런 부정적인 이미지에도 불구하고 어머니는 사로트에게 절대적으로 매혹적인 인물로 보인다.

> 이 무심함, 이 거침없음이 이상하게 그녀의 매력을 이루고 있었다. 단어의 순수한 의미 그대로 그녀는 나를 매혹시켰다.[17]

어머니가 매혹적인 인물로 여겨지는 이유로 사로트는 '무심함'을 들고 있다. 어머니가 무심하기 때문에 아이는 어머니의 사랑을 확신하지 못하고, 어머니를 상실할지 모른다는 두려움이 심해질수록 어머니에게 더 몰두한다. 어머니와 동일시하고 차별화를 이루지 못할수록 아이는 어머니로부터 사랑받지 못하는 것을 자기 잘못으로 여긴다. 그래서 불필요한 애착이 더 강화된다. 무심한 어머니는 아이가 자율적 존재로서 성장하는 데 필요한 개인화 과정을 방해할 뿐 아니라 자기 존재감을 상실케 하여 아이와 어머니의 관계는 악순환을 겪게 된다.

어머니와의 '나쁜' 관계는 친어머니와의 관계에 한정되지 않는다. 베라는 결혼 전에는 사로트와 함께 춤을 추는 등 축제 분위기에서 등장하고 결혼 후에도 간혹 자전거도 타고 담배도 같이 말면서 공모관계를 보여주지만 사로트를 부담스러워하고 친딸인 릴리와 차별한다. 친어머니와 마찬가지로 베라는 사로트의 교육이나 양육에 신경을 쓰지 않는다. 베라와의 관계는 릴리에게 영어를 가르쳤던 한 가정교사가 "아직도 악몽을 꾸면 네 계모가 나타나."라고 말했듯이, '악몽'이라는 단어로 요약된다. 특히 친어머니가 사로트를 만나러 오자 베르사유에 놀러 가자고 제안하는 장면은 베라의 '나쁜' 측면을 잘 드러낸다. 베라는 사로트와 친어머니가 함께 있는 것을 방해하고 싶었던 것이다. 도미니크 드네스가 언급하듯, 사로트는 두 명의 나쁜 엄마가 남편을 사이에 두고 신경전을 벌이는 장소에 불과했다고 하는 것이 적당할 듯하다.[18]

친어머니든 계모든 사로트에게 현실의 어머니들은 부재하거나 부정적인 이미지로 제시된다. 부정적인 어머니와 함께하면서 정체성을 구성하는 연속성의 느낌이나 통일성, 자아 일관성을 가질 수 없는 것은 당연하다.

이상적인 어머니

사로트에게는 현실의 어머니와는 다른, 이상적인 어머니가 존재한다. 마르트 로베르에 따르면, 상상의 부모는 사회적으로 우월한 신분을 지니는 등 현실의 부모와 상반되는 특징을 보여주는 것 같지만 실제로는 친부모의 특징을 가지고 있다. 가족소설에서 아이가 친부모에게 적대적으로 행동하는 것처럼 보여도 그 행동조차 이전에 아이가 누렸던 부모의 애정을 다시 요구하는 것으로 해석해야 한다는 것이다. 따라서 이상적인 부모는 친부모를 배제하고 제거하는 게 아니라 친부모를 이상화함으로써 행복했던 어린 시절에 대한 향수를 보여주는 것으로 이해할 수 있다. 프로이트의 가족소설에서는 이상화된 기억이 허구로 제시되는 반면, 사로트는 '상상의' 부모를 만들어내는 대신 자신이 경험한 '실제' 기억 속 인물들을 부모의 대체물로 제시한다. 이상적인 가족으로는 외삼촌 가족이, 이상적인 어머니로는 외숙모와 할머니, 학교 선생님들이 제시된다.

예닐곱 살 무렵 외삼촌댁을 방문한 기억을 바탕으로 사로트는 이상적인 가족, 이상적인 어머니상을 형성한다. 외삼촌과 외숙모는 사로트의 아버지와 어머니의 모습과 겹쳐진다. 사로트는 외삼촌에 대해 섬세한 외모,

약간 슬픈 듯한 부드러운 느낌을 제외하면 정확하게 기억하지 못한다. 외삼촌을 정확하게 기억하지 못하는 이유는 그녀에게 항상 애정을 쏟고 있는 아버지에 대해서는 그녀가 특별히 관심을 기울이지 않았기 때문이다. 이와는 반대로, 외숙모의 모습을 분명히 기억하는 것은 사로트의 어머니가 무심하기 때문이다.

외삼촌 가족은 부부와 아이 넷으로 이루어진 러시아의 전형적인 가족이다. 사로트는 이들을 묘사하기 위해 의도적으로 풍요로움과 부드러움, 즐거움을 의미하는 용어들을 선택한다. 몇 가지 예를 들면, '감미로운 완벽함', '구석들이 많은 넓고 친근한 집', '작은 계단들', '그랜드 피아노', '어디에나 있는 거울들', '반짝이는 마루', '흰 천으로 덮인 의자들', '식당의 긴 식탁', '재미있는 의례' 같은 용어들은 외삼촌의 집이 신비로우면서도 세심하게 관리되고, 풍요롭고 여유 넘치는 집이라는 인상을 준다. 이런 인상은 공간과 가구를 넘어 가족관계로까지 확대된다. 가족소설의 환상에서 유년기가 과대평가된다는 점을 고려하더라도 외삼촌 가족의 삶은 일상이 숭고한 의례의 차원으로까지 승화된, 동화적인 분위기를 보여준다. 사로트가 꿈꾼 진정한 가정, 진정한 행복의 이미지는 이 분위기에 녹아 있다.

사로트의 현실은 이상화된 삶과 대비되어 더욱 초라하게 보인다. 식사 장면을 예로 들면, 외삼촌댁에서의 식사가 전형적인 가족 의례로 승화되어 제시된다면, 사로트의 식사 장면은 그녀가 결핍 상태에 놓여 있음을 드러낸다. '꼭꼭 씹어 먹어라' 에피소드에서 확인했듯이, 사로트는 식사 시간에 외톨이가 되었고, 의붓어머니 베라와 식사할 때면 베라가 주는 음식을 허겁지겁 삼키면서 자신에게 필요 없는 영양분을 저장하려는 불안정한 심리를 보인다.

무심한 어머니와 달리 외숙모는 시계 읽는 법을 가르쳐주는데 이는 아버지가 숫자와 요일 세는 법을 가르쳐준 것과 짝을 이룬다. 또 그녀는 사로트가 낡은 신발을 신고 있는 것을 보고 새 신발을 사준다. 이처럼 외숙모는 친어머니가 결코 떠맡지 않았던 역할, 즉 일상생활에서 아이를 세심하게 돌보고 부족한 것을 미리 감지하고 채워주는 진정한 어머니 역할을 한다.

사로트는 어머니를 직접적으로 비판하지는 않지만 외숙모로 환기되는 이상적인 어머니의 모습을 통해 자신의 감정을 슬쩍 노출한다. 그 감정은 향수병 모으기 에피소드에서 전형적으로 드러난다. 사로트는 버려진 향수병을 모아 정성스레 상표를 떼어내고 아기 다루듯 목욕시키고 닦아서 방에 진열해둔다. 사로트는 향수병과 자신을 동일시함으로써 '버림받은 아이'라는 자신의 현재 상황을 표현한다. 더 나아가 더러운 것을 순수한 것으로 변화시키고, 용도 폐기된 것에 새로운 생명을 불어넣는다는 점에서 이 에피소드는 일종의 탄생 에피소드처럼 읽힌다. 그래서 불안한 현실에 직면한 아이가 가족소설을 만들어 환상 속으로 도피하는 것처럼, 향수병 모으기는 일상적인 소꿉장난이 아니라 매정한 어머니에게 관심과 보호, 사랑을 호소하는 아이의 간절한 고백이 된다. 만약 어머니가 아이의 메시지를 이해하고 애정을 보인다면 아이는 불안에서 벗어나 새롭게 태어날 것이다. 일시적이긴 하지만 실제로 그런 일이 일어난다. 병에 걸려 한동안 아팠을 때 향수병에 대한 관심이 사라졌는데, 어머니의 간호를 받고 관심의 대상이 되자 애정을 호소하는 매개물인 향수병이 더 이상 필요하지 않게 된 것이다.[19]

이상적인 어머니의 모습은 사로트가 '할머니'라고 부른 베라의 어머니에게서도 확인할 수 있다. '할머니'라는 호칭도 베라의 어머니가 제안한 것인데, 관계가 호칭의 문제라는 점에서 한 사람을 어떻게 부르는가 하는 문제는 가족관계 정립에 있어 매우 중요하다. 자신을 '할머니'라고 부르라고 한 것은 사로트에게 자신을 친손녀로 받아들인다는 의사 표시로 여겨졌고, 이 호칭 덕분에 사로트는 베라의 어머니를 친할머니로 받아들이고 동일시하면서 상상의 가족관계를 만들어낸다. 할머니는 특유의 자기 정체성을 갖춘 인물로서 사로트의 자아 이상형으로 간주된다.

> 그녀를 요정 이야기에 나오는 푸르고 장밋빛 나는 작고 예쁜 동상으로 만들어내는 것은 불가능하다… 그녀를 고정시킬 수는 없다… 그녀에게는 항상 움직이는 무엇, 반짝이며 타오르는 무엇이, 그녀에게 제시된 것에 곧바로 향하는 강렬한 무엇이 있다…….[20]

베라나 어머니가 이미 고정되어 더 이상 관계를 변화시킬 수 없는 인물이라면, 할머니는 살아 움직이는 존재이며, 무엇보다 생의 열정을 잃지 않은 반짝이는 존재, 강렬한 존재로 제시된다. 사로트가 할머니에게 쉽게 동일시할 수 있었던 것은 이 둘의 운명이 유사하기 때문이다. 사로트가 언어와 공간의 차원에서 이중의 정체성을 가지고 있는 것처럼 할머니도 아버지가 러시아에 정착한 프랑스인이기 때문에 혈통상 이중의 정체성을 가지고 있다. 또 자신이 일찍 고아가 되었기 때문에 사로트가 느끼던 고아의식에 대해 쉽게 연민을 느낄 수 있었다. 그리하여 할머니는 친어머니가 결코 하지 않았던 이상적인 어머니의 역할을 수행한다. 예를 들면 학교에서 있었던 일상적인 일에 끊임없이 관심을 기울이고 아이에게 말을 걸고 들을 뿐 아니라, 뜨개질과 피아노를 가르쳐주고, 재미없는 놀이를 축제로 바꾸는 등 함께하는 모든 일에서 정서적인 공감을 느끼게 만든다. 외삼촌 가족이 사랑 넘치는 전형적인 가족상을 보여주었다면 할머니는 전형적인 어머니의 상을 보여준 셈이다.

흥미로운 사실은 사로트가 외삼촌댁과 관련된 기억을 "어린 시절의 좋은 기억", "가장 좋은 평가를 받고 가장 좋은 점수를 얻은 모델에 일치하는 기억"[21]이라고 하면서도 그것이 진정으로 좋은 기억이었는지에 대해서는 대답을 유보한다는 점이다. 사로트는 이 기억을 일종의 허구로 여긴다. 이 기억은 책에서 읽었던 행복의 원형과 일치하지만, 자신의 삶과는 상관없는 허구에 불과하다는 것이다. 이 이상화된 행복은 실제 경험하고 누리는 행복이 아니고 잠시 빌려온 행복, 불행한 현실에 대한 하나의 눈가림, 상상 속으로의 도피에 불과하다. 아무리 어머니의 애정을 갈구해도 사로트는 허구의 행복으로 도피하지 않는다.

사로트는 이런 식으로 실제 경험을 토대로 가족소설의 환상을 만들어내지만, 그것에 지배되지는 않는다. 그녀는 항상 현실로 복귀한다. 다시 향수병 에피소드를 예로 들면, 사로트는 간호를 받으며 어머니의 애정을 회복한 것처럼 서술하면서도, 어머니가 아무도 자신을 도와주지 않는다고 불평했다는 사실을 덧붙인다. 어머니가 아픈 사로트를 기꺼이 간호한 게 아니고 마지못해 간호했다는 것이다. 사로트는 어머니를 절대 이상화하지 않으며 자신이 보고 느낀 대로 서술한다. 사로트의 자서전은 아이가 이상적인 부모상으로부터 영향을 받지만, 환상은 환상에 불과하며 필연적으로 현실과 대면할 수밖에 없다는 사실을 여실히 보여준다. 환상은 가혹한 현실에 대한 일시적인 완화제일 뿐이어서 환상에 매몰되어서는 안 된다는 사실을 사로트는 강조한다. 사로트에게 성실성의 미덕은 어머니를 미화하려는 유혹에 저항하고 어머니를 있는 그대로 드러내야 한다는 요구로 나타난다. 나중에 확인하게 되겠지만, 어머니와의 결별을 통해 성장 가능하다는 사실을 보여줄 때에도 성실성의 미덕이 발휘된다.

이중의 정체성과 고아의식

가족소설에 따르면 아이는 성장하면서 부모의 초라한 현실을 깨닫게 되고 그 과정에서 부모와의 동일시가 깨진다. 그리고 현실을 부정하면서 자신을 귀족의 자제로 여기고 우연히 현재의 부모 밑에서 양육되고 있다는 환상을 갖게 된다. 귀족이자 평민이라는 이중의 정체성이 가족소설의 주요 주제가 되는 것이다. 사로트는 현실의 어머니와 이상적인 어머니 사이에서 겪는 혼란을 환상의 형태로 표현하는데, 그 환상은 독서 체험에서 잘 드러난다.

사로트는 한순간 자신의 삶에 들어와서 다시는 나가지 않은 책으로 『왕자와 거지』를 꼽는다. 이 책은 쌍둥이처럼 생긴 두 인물이 왕자와 거지라는 서로 다른 신분으로 태어나 옷을 바꿔 입음으로써 겪게 되는 모험을 다루는데, 사로트는 전반적인 스토리보다 특별한 이미지 두 개를 기억하고 있다.

첫 번째 이미지는 누더기 옷을 입은 왕자의 이미지다. 왕자는 가시관을 쓰고 통 위에 걸터앉아 놀림을 받는다. 왕자라고 신분을 밝혀도 아무도 믿지 않고, 그를 더욱 멸시할 뿐이다. 그는 한때 왕자였지만 이제는 추락한 거지에 불과하다. 두 번째 이미지는 손 씻는 물을 마시는 등, 서투르게 왕자 행세를 하는 톰의 이미지다. 아무리 호화로운 옷을 입어도 그는 왕자가 된 거지일 뿐이다. 이 두 이미지는 타인이 인정하는 정체성과 자기 정체성의 괴리를 보여준다는 점에서 공통점이 있다. 왕자와 거지 모두 자기 정체성을 상실한 자들이다. 왕자는 자기 정체성을 주장해도 타인이 받아들이지 않으며, 거지는 왕자처럼 연기하지만 어설퍼서 금방이라도 신분이 탄로날 것만 같다. 이들은 다른 세계에 끼어든 자, '침입자, 이물질'이다.

『왕자와 거지』는 자기 정체성에 의문을 제기하는 작품이다. '나는 누구인가? 나는 왕자인가?' 사람들이 자신을 거지 취급해도 스스로 왕자라고 생각한다면, 그때의 '나'는 부모와의 동일시가 끝나지 않은 상태라고 할 수 있다. 그러나 '왕자'는 과거에 경험한 자기 정체성의 내용일 뿐, 거지가 된 현재의 관점에서 볼 때에는 불가능한 신분이다. 그것은 허구처럼 상상된 신분이다. 그렇다면 '나는 거지인가?' 톰은 왕자의 '역할'을 승낙함으로써 거지의 정체성을 포기하지만 완벽한 왕자가 될 수 없는 가짜 왕자다. 이 둘은 왕자나 거지, 어느 하나로 확고한 자기 정체성을 유지할 수 없다. 이와 같은 이중 신분 때문에 초래된 혼란스러운 가족 시나리오가 사로트의 드라마다.

왕자가 거지의 신분을 받아들이지 못하고 거지가 왕자의 일상에 적응하지 못한 것처럼, 사로트는 이중의 정체성 때문에 고통받는다. 어머니로부터도, 베라로부터도 사랑받지 못하기 때문에 그녀는 자신을 고아로 규정한다. '고아의식'은 사로트의 정체성을 규정하는 핵심 용어인데 자서전에 인용된 독서 목록의 주인공들도 고아가 많다. 예를 들면 엑토르 말로의 『집 없는 소년』이나 찰스 디킨스의 자전적 소설 『데이비드 코퍼필드』의 주인공은 모두 가족을 잃고 우여곡절 끝에 성장하는 인물들이다. 그만큼 사로트는 고아의식에 사로잡혀 있었고, 고아와 자신을 동일시함으로써 자신의 가족 드라마를 간접적으로 드러낸다.

고아의식은 베라가 릴리를 낳은 후에 더욱 강화된다. 그 변화는 곰 인형 에피소드를 통해 잘 드러난다.[22] 사로트는 두 개의 인형을 갖고 있다. 하나는 파리에서 사온 인형으로 '엄마, 아빠'라는 두 단어를 말할 수 있다. 다른 하나는 유년기부터 갖고 있던 곰 인형이다. 사로트는 말하는 인형을 무척 갖고 싶어했지만 정작 소유하게 되자 더 이상 관심을 보이지 않는다. 말하는 인형은 화려하고 아름답지만 너무 딱딱하고 미끈해서 인간미라고는 찾아볼 수 없었던 사로트의 어머니를 상징하는 반면, 곰 인형은 "비단처럼 부드러우며, 물렁물렁하고 빛나는", "황금색의 부드러운 털"을 가지고 있어 여성적인 자애로움을 보여주었던 아버지를 상징한다. 곰 인형은 "오직 [사로트만이] 가치를 알고 있는" 물건으로, 그녀가 속내 이야기를 털어놓는 대화자인 동시에 그녀를 위로해주는 대상, 사로트와 내적으로 연결된 대상이다.

그런데 이 곰 인형을 릴리가 찢어버린다. 이 사실은 릴리의 탄생으로 인해 사로트와 아버지의 관계가 변했음을 암시한다. 사로트는 자신을 지지하던 아버지의 사랑을 릴리에게 빼앗기고 아버지로부터 위로받을 수 없다고 생각한다. 곰 인형을 잃고 난 후, 사로트의 삶은 배제와 상실로 규정된다. 그녀는 지금까지 머물렀던 제법 크고 밝은 방을 릴리와 유모에게 내어주고 작은 부엌방으로 옮겨갈 수밖에 없었다. 거리를 향하던 이전의 방과는 달리 뜰을 향하고 있는 그 방에서 사로트는 감옥 같은 느낌을 받는다. 방이 바뀌는 사소한 사건이 사로트에게는 일방적으로 가해진 폭력으로, 모든 특권을 빼앗아가는 특별한 사건으로 의미부여 되고 있다.

> 조금씩 '내 방'이 되어가던 곳에서 이처럼 난폭하게 쫓겨나고 이제까지 아무도 살지 않아 음울한 구석으로 여겨지던 곳에 던져졌기 때문에, 나는 불공정한 것으로 생각될 수 있는, 더 정확하게는 부당한 것으로 생각되는 그런 감정을 느꼈다.[23]

방을 바꾼 이 처사를 폭력, 더 나아가 불의나 비윤리적인 행위로 느낀 것은 그것이 자신이 저지른 잘못에 대한 징벌이 아니고 엄마의 부재가 초래한 직접적인 결과이기 때문이다. 게다가 이 에피소드에는 "이 끔찍한 일, 가장 끔찍한 일"이라는 표현이 사용되고 있는데, 이 표현은 함께 짐을 옮긴 아줌마가 사로트의 처지를 빗대어 "엄마가 없다는 것은 얼마나 불행한 일인지"[24]라고 말한 데에서 그 의미가 밝혀진다. 그녀는 다른 사람들의 눈에는 고아로 비칠 뿐이며, 새롭게 얻게 된 '고아'라는 정체성이야말로 그녀에게는 '가장 끔찍한 일'이었던 것이다. 이 에피소드에 이어 베라는 사로트에게 지금 살고 있는 파리의 집이 "너의 집이 아니야."[25]라고 말한다. 이 두 에피소드에서 사로트는 자신의 처지를 계모에게서 학대받는 신데렐라에 비유한다. 방을 내어준 것은 공주에서 하녀로 신분이 추락한 것을 의미하며, 그 추락의 근원에는 엄마의 부재가 놓여 있다는 것이다. 고아의식은 다음과 같이 분명히 서술되어 있다.

나는 그러므로 엄마가 없다. 그것은 분명하다, 나는 엄마가 없다. 그렇지만 어떻게 그것이 가능한가?[26]

이 물음에는 아이가 처음으로 엄마 없는 '고아'라는 현실을 인식한 후에 느낀 당혹감이 고스란히 담겨 있다. 그녀는 이제 어머니의 후광으로 보호받지 못한 채 타인의 비판적 시선 아래 놓인다. 아무리 부정해도 '엄마가 없다'는 진실은 바뀌지 않는다.

그런데 타인만 사로트를 배제하는 것은 아니다. 다른 사람보다 앞서 어머니가 자신을 배제했음을 사로트는 다음과 같이 밝히고 있다. 양부(養夫)인 콜리아와 어머니가 웃으며 장난으로 다투는 듯하자 사로트도 그 놀이에 참여하려고 어머니를 보호하려는 것처럼 행동한다. 그러자 어머니가 그녀를 밀어내며 성가신 표정으로 "내버려둬, 아내와 남편은 같은 편이야."[27]라고 말한다. 사로트는 "나는 내 자리가 없는 곳에 개입하고, 끼어들었다."라고 말한다. 자신이 콜리아와 어머니 사이에 끼어든 잉여물에 불과하다는 것이다. '배제'는 더 발전하면 '버림'이 되고, 그것이 극단적으로 나아가면 '배반'당한 것처럼 느껴지는데, 사로트가 훗날 느끼는 감정이 그것이다.

이처럼 사로트는 자신을 왕자에서 추락한 거지로, 부엌방으로 쫓겨난 하녀로 묘사한다. 신분 추락을 통해 사로트는 부모님의 이혼이 초래한 결과를 이해하게 되고, 더 나아가 자신이 추락하게 된 이유인 어머니의 부재에 대해 깊이 생각하게 된다. 사로트가 자서전을 쓴 이유도 이 모든 일의 원인인 어머니와의 관계를 다시 생각해보는 데에 있다.

약속 위반과 거짓말

부모의 진면목을 어떤 계기로, 어떤 과정을 통해 발견하는가 하는 문제는 그 작가의 독창성과 연결된다. 사로트는 어머니를 '약속 위반'과 '거짓말'을 통해 발견한다. 약속이 위반되고 허위와 거짓의 세계에 입문하는 과정은 사로트가 '현실'을 발견하는 과정과 다르지 않다.

폴 리쾨르에 따르면 '약속'은 발화자가 자신을 참여시키는 개인적인 행위이며, 적어도 일정 기간 동안 타인에게 자신이 변치 않으리라는 '자기 동일성'을 약속하는 행위다.[28] 약속은 약속과 관련된 행위를 이행하리라는 기대를 하게 만든다. 그래서 약속은 한 개인의 행위라기보다는 사회적인 책임이 뒤따르는 윤리적 행위가 된다. 약속 준수 여부는 나와 타인의 관계를 규정하는 척도가 될 수 있으며, 약속을 파기하는 것은 자기 동일성을 파기하는 것으로 이해될 수 있다. 사로트처럼 어머니와의 약속을 관계의 본질로 생각하는 경우, 약속 위반은 단순한 거짓말이 아니라 정체성을 뒤흔드는 커다란 사건이 된다.

이러한 특징을 보여준 세 가지 에피소드를 분석해보자. 먼저 약속이 거짓말로 드러나면서 어머니를 거짓말하는 사람이라고 의심하게 만든 에피소드가 있다. 사로트는 할머니가 오신다는 어머니의 말을 듣고 축제 때처럼 들뜬다. 어머니의 말은 일종의 약속처럼 기능한다. 그러나 실제로는 의사와 간호사가 와서 사로트의 편도선을 제거하는 수술을 한다. 사로트는 그들이 입고 있던 흰옷을 도형수의 이미지로 기억하고, 축제에 대한 기대가 어떻게 악몽으로 변화했는가를 서술한다. 편도선 수술을 할 때 그녀는 발버둥 치다가 정신을 잃는다. 편도선 절제 수술은 폭력처럼 전개되고 사로트는 그것 때문에 죽음과도 유사한 경험을 한다.

> 방문이 열리고 흰 가운을 입은 남녀가 나를 붙잡는다. 그들은 나를 무릎 위에 앉히고 움직이지 못하도록 나를 꽉 붙든다. 나는 발버둥 친다. 내 입과 코에 솜뭉치를, 마스크 같은 것을 갖다 댄다. 거기에서 끔찍하고 질식할 듯한 뭔가가 나와서 내 폐를 가득 채우고 머리로 올라

온다. 죽는다는 게 이거구나, 나는 죽는다…….[29]

편도선 수술이 몸의 일부가 제거되는 체험, 즉 자기 총체성이 상실되는 체험이라는 사실은 주목할 만하다. 사르트는 어머니의 거짓말 때문에 총체성을 상실했다고 여긴다. 편도선 수술로 인해 사르트는 육체의 총체성뿐 아니라 어머니와 맺고 있던 관계의 총체성도 상실하기에 이른 것이다. 편도선 수술 에피소드에 숨어 있는 이야기는 '어머니는 거짓말을 통해 나에게 폭력을 행사했다. 나는 이제 어머니와의 통일성을 상실했다'는 사실이다.

그다음 에피소드에서는 금기와 위반을 통해 죽음을 지각한다. 여기서도 어머니의 거짓말이 등장한다. "전봇대를 건드리면 너는 죽게 될 거야." 라고 어머니가 말한다. 그 말의 핵심은 전봇대를 건드리면 안 된다는 것이지만, 어머니의 말 때문에 전봇대를 건드리는 행위와 죽음이 필연적으로 연결된다. 어머니의 말은 금기가 되고, 사르트는 그 금기를 위반하고자 하는 강렬한 욕망을 느낀다. 사르트는 전봇대를 건드린 후 자신이 죽는다고 고함지른다. 금기와 위반에 대한 이 에피소드는 조르주 바타유의 견해를 참고하여 인식의 욕망으로 해석할 수 있다. 이를 도식화하면 다음과 같다.

(1) 금기는 욕망을 불러일으키고 그 욕망은 두려움을 수반한다.
(2) 금기를 위반함으로써 죄의식을 갖게 된다.
(3) 죄의식으로부터 내적 진실을 이해하게 된다.
(4) 내적 진실에 대한 이해는 자의식의 형성과 죽음에 대한 의식, 허위세계의 발견과 동시에 이루어진다.[30]

바타유에 따르면 금기 없는 의식이란 있을 수 없으며, 금기를 위반하려는 충동과 금기의 밑바닥에 깔려 있는 고뇌를 동시에 느낄 때, 에로티즘의 내적 체험, 우리의 관점에서 말하면 자의식이 형성된다. 달리 말하면, 전봇대가 매혹의 대상이 된 것은 그것이 금기의 대상이기 때문이고 금기를 위반함으로써 의미가 생성된다. 사로트가 어머니에 대해 판단하고, 자의식을 획득하게 되는 과정도 이와 유사하다.

> 나는 전봇대를 만지고 싶다, 나는 알고 싶다, 나는 아주 겁이 난다, 나는 그것이 어떻게 될지 보고 싶다, 나는 손을 뻗는다…….[31]

"전봇대를 건드리면 너는 죽게 될 거야."라는 어머니의 말이 금기와 죽음을 연결시킨다면 이 예문은 금기를 위반하고자 하는 욕망이 인식의 욕망과 연결되어 있음을 보여준다. '만지고 싶다, 손을 뻗는다'라는 표현은 위반의 욕망을 나타내며, '알고 싶다, 보고 싶다'는 인식의 욕망을 드러낸다. 따라서 어린 사로트에게 죽음의 욕망은 실질적인 죽음을 갈망하는 것이 아니라, 죽음이 무엇인지 알고 싶은 인식의 욕망이라고 말할 수 있다. 그녀는 죽고 싶은 것이 아니라 '죽음을 인식'하고 싶은 것이다.

사로트가 인식하게 될 죽음의 내용은 무엇일까? 사로트는 전봇대를 건드림으로써 두려움을 느낀다. 물론 전봇대를 만지지 말라는 어머니의 말을 위반해서 두려움을 느꼈을 수도 있지만, 이어지는 문맥을 고려하면, 어머니의 말과는 달리 전봇대를 건드려도 자신이 죽지 않았기 때문에 두려움을 느낀 것으로 보인다. "나는 죽는다!"라고 외쳐서 어머니에 대한 절대적 신뢰를 표현해보지만, 자신이 죽지 않았다는 사실은 어머니의 말이 거짓임을 증명한다. 그래서 자신이 죽지 않은 것이 자신의 죽음보다 더 두려운 사건이 된다. 사로트는 어머니의 말이 거짓임을 알게 되고 그 결과 어머니에 대한 신뢰를 상실한다. 다시 말하면, 어머니의 말과 어머니의 존재를 부인하게 된 것이다. 그러므로 사로트가 "전봇대에 가장 끔찍한 것이 있다."[32]라고 했을 때 그것은 '나'의 죽음을 의미하지 않는다. 어머니의 말이 거짓말임을 깨닫고 어머니를 부인하게 된 '나' 자신이 끔찍한 것이다. 그런 의미에서 이 에피소드는 수프가 될 정도로 '꼭꼭 씹어 먹어라'라는 에피소드보다 더 치명적이다. 수프 에피소드에서는 어머니의 말을 준수함으로써 어머니를 성공적으로 보존한 반면, 전봇대 에피소드에서는 어머니의 말을 위반함으로써 어머니를 무화시켰기 때문이다. 그래서 이 드라마는 어머니를 살해한 에피소드가 된다.

따라서 전봇대를 건드리는 행위는 어머니의 말을 위반하는 행위가 되며, 그 결과 어머니의 거짓이 드러나고 어머니의 허위성을 인식하게 된다. 전봇대를 건드리는 행위의 진정한 의미는 말의 절대성이 사라지면서 어머니의 절대성도 사라지고 어머니가 위반의 대상이 된다는 것이다. 그것이 사로트가 '나는 죽는다'고 외쳤던 죽음의 진정한 내용이다. 이 에피소드는 어머니와 말의 신성함을 믿는 주관적 심리 현실과 그것의 허위성을 경험한 객관적 논리 현실의 충돌을 여실히 드러내고 있다. 관계에 대한 의혹이 시작된 것이다.

소파의 등받이를 가위로 찢는 장면에서도 "전봇대에는 가장 끔찍한 것이 있다."라는 표현과 비슷한 뉘앙스를 가진 표현이 나온다. 사로트는 소파를 찢는 행위를 묘사하면서 "돌이킬 수 없는 것, 불가능한 것… 사람들이 결코 하지 않는 것, 사람들이 할 수 없는 것, 아무도 그것을 스스로에게 허용하지 않는다……."[33]라고 서술한다. 소파를 찢는 행위에 대한 서술이라고 하기에는 과도할 정도로 격앙된 표현이 등장하는 것은 이 에피소드가 사로트의 정서를 자극하기 때문이다. 등받이를 가위로 찢는 폭력성을 사로트는 평범한 사람이라면 할 수 없는 행위, 결코 스스로 허용해서는 안 되는 행위, 돌이킬 수 없는 끔찍한 행위처럼 서술한다. 이 표현은 전봇대 에피소드와 마찬가지로 살해를 암시하는 듯하다.

마지막은 사로트가 출생의 신비에 접근하는 에피소드로, 여기에서도 어머니는 자신이 한 말을 부인한다. 사로트는 동생을 원한다. 마침 어머니가 "아이가 한 명 더 있으면 좋을 것 같아."[34]라고 말하는 것을 듣고, '아기를 갖기 위해서는 먼지를 먹어야 한다'는 어머니의 말을 기억해낸다. 그러고는 "어머니가 먼지를 먹으면, 나는 동생을 갖게 될 거야."라고 결론내리고 어머니에게 먼지를 준다. 사로트가 이렇게 행동한 것은 어머니의 욕망과 자기 욕망이 분리되지 않기 때문이다. 다시 말하면 사로트가 동생을 원한 것은 어머니가 이미 그것을 원하고 있었기 때문이다. 이 에피소드에서 어머니가 자기 말을 부인하는 과정을 단계별로 살펴보면 사로트의 심리와 인식이 변하는 과정을 이해할 수 있다.

(1) 네가 무슨 말을 하는지 모르겠네…….
(2) 그렇지만 그것은 이 먼지가 아니야…….
(3) 그것은 꽃 위에 있는 먼지 같은 거야…….
(4) 아무것도 하지 않으면서 내 뒤나 따라다니지 말고 다른 아이들처럼 놀면 좋잖아, 이제 더 이상 지어낼 게 없는 모양이구나, 너도 보다시피 내가 얼마나 바쁜데…….[35]

(1)에서 어머니는 먼지를 먹고 동생을 낳아달라는 사로트의 청을 듣고, 자신이 무슨 말을 했는지 기억이 없다고 말한다. (2)에서는 아기를 갖기 위해 먹어야 하는 것은 이런 먼지가 아니라고 자기 말을 반은 긍정하고 반은 부인한다. (3)에서는 꽃 위의 먼지라고 다른 거짓말을 한다. (4)에서는 아이가 그 말을 믿지 않자 아이에게 책임을 전가한다. 그러고는 사로트를 평범한 아이와는 다른 비정상적인 아이로 취급하고, 먼지를 먹으면 아기가 생긴다는 이야기를 사로트가 지어냈고 자기가 한 말이 아니라고 주장한다. 어머니는 자신의 말을 인정하기는커녕 사로트를 비난하고 희생시킴으로써 자신을 정당화한다. 이처럼 어머니가 자신의 잘못을 사로트에게 전가함에 따라 사로트는 죄의식을 갖게 된다.

이 세 가지 에피소드는 부모의 권위와 말의 권위를 동일시하던 아이에게 약속과 거짓이 어떤 중요성을 지니는지 보여준다. 사로트가 '말하기-약속'을 통해 정체성의 문제에 접근하는 이유는 어머니와의 관계가 실수를 용납하지 않는 관계이기 때문이다. 혹시라도 실수하여 어머니와의 약속을 지키지 않으면 어머니는 사라지고 만다는 불안감 때문에 약속은 꼭 지켜야 하는 강박관념이 된다. 그런데 이런 사로트와는 달리, 어머니가 약속을 어기고 거짓말을 하기 때문에 어머니에 대한 의혹이 생기고, 어머니에 대한 의혹은 사물과 현실과 언어 전반에 대한 의혹으로 발전한다.[36]

어머니와의 단절

어머니가 '거짓말'하고 '배반'하는 인물임을 깨달으면서 사로트의 정서는 극도로 불안정해진다. 어머니와 인형을 비교하고 "인형이 엄마보다 더 예뻐."[37]라고 말하는 에피소드에 이르면 현실 속의 어머니를 발견하는 것과 자의식이 동시에 생성된다는 사실이 분명히 드러난다. '엄마는 예쁘다'는 고정관념과 '인형이 더 예쁘다'는 개인적인 판단이 충돌하면서 언어와 가족관계에 흠집이 나고 그 속에 숨겨진 진실이 드러나는 것이다.

'인형이 엄마보다 더 예뻐'라는 '말'은 아이가 어머니를 주관적으로 판단하고 어머니를 평가절하하는 단계에 이르렀음을 보여준다. 하지만 지금까지 절대적인 존재처럼 이상화되었던 어머니를 평가절하하는 행위 자체가 그녀에게 심각한 정서불안을 일으킨다. 사로트가 어머니의 아름다움에 대해 판단하는 과정을 면밀히 살펴보면 흥미로운 결론을 끌어낼 수 있다.

(1) 인형이 엄마보다 더 예뻐.

(2) 엄마를 사랑하는 아이는 어느 누구도 자기 엄마보다 더 예쁘다고

생각하지 않아.

(3) 엄마를 결코 누구하고도 비교하지 않아.

(4) 엄마를 사랑하는 아이는 엄마를 관찰하거나 판단하려고 하지도 않아.

(5) 분명히 나는 엄마를 사랑하지 않아, 왜냐면 인형이 더 예쁘니까.

(6) 엄마는 그것만큼 예쁘지 않아.[38]

사르트는 어머니의 아름다움에 관해 여섯 번에 걸쳐 판단을 내린다. (1)과 (6)은 사르트 자신의 말이며, (2)-(4)는 어머니의 말을 사르트가 내면화하여 변주시킨 것이고, (5)에 이르면 내면화한 어머니의 말에 빗대어 자신의 판단을 강조한다. (6)은 사르트가 내린 결론이다.

어머니가 절대적 존재였음을 감안하면 (1)의 '인형이 엄마보다 더 예뻐'에서 인형이 주어이고 어머니는 비교항이라는 사실이 눈에 띈다. 여기서는 어머니의 아름다움보다는 어머니가 주어의 자리에서 밀려날 수 있다는 사실, 즉 어머니가 상대적인 존재가 되었다는 사실이 더 중요해 보인다. 어머니의 아름다움에 대한 판단을 두고 어머니와 아이가 분리되지만, 아직 어머니의 존재를 부정하는 것으로까지는 나아가지 않는다.

문제는 아이의 말에 어머니가 너무 진지하게 반응한다는 데에 있다. '인형이 엄마보다 더 예뻐'라는 말에 엄마가 '맞아, 그 인형 참 예쁘구나!'라고 반응했다면, 아이의 말은 장난처럼 가볍게 지나갔을 것이다. 그런데 어머니가 (2)처럼 반응하자, 아이가 기대했던 말의 유희성은 사라지고 그 말에는 의도치 않게 무게가 실린다. 그래서 어머니의 말을 인용하는 (2)-(4)에서는 '네가 엄마를 아름답지 않다고 말하는 것은 엄마를 사랑하지 않고 비교하고 비판하기 때문이다'라는 의미는 물론이고, 더 나아가 '만약 엄마와 아이의 관계가 변한다면 그것은 아이 탓이다'라는 책임 전가의 의미까지 들어 있다. (1)에서 비교하고 판단하는 순간 아이는 주체로 탄생하지만,

그때부터 어머니와 결정적으로 결별하게 되며, 그 결별이 자기 책임이라는 죄의식을 느끼게 되는 것이다.

(5)에서 어머니의 말은 내면화된다. '어머니가 예쁘지 않은 것은 아이가 어머니를 사랑하지 않기 때문이다'라는 어머니의 지적 때문에 아이는 자신의 판단을 의심하지만, 결국 인형이 더 예쁘다는 판단을 밀고 나간다. 그리하여 자신이 어머니를 사랑하지 않는다는 사실을 받아들인다. 이상화된 어머니상을 간직하려고 노력하면서도 어머니가 인형만큼 충분히 아름답지 않다는 판단을 고수함으로써 자신이 옳다고 주장하는 것이다. (6)에 이르러 마침내 '어머니는 아름답지 않다'라는 결론을 반복한다. 부정은 기억을 강화시키기 때문에 어머니가 아이의 말을 부정한 이상, 아이는 자기 말을 그만큼 더 강화하고 확신하게 된 것이다. 이처럼 이 에피소드는 아이가 가졌던 막연한 느낌이 확신으로 변하는 과정을 서술하고 있다.

여기에서 알 수 있듯이, 아이는 자신의 내면을 논리적인 언어로 고백하지 못하며 기껏해야 어머니의 말을 반복함으로써 자기 의사를 표현할 뿐이다. 아이를 사랑하는 어머니라면 아이가 건네는 말에 귀를 기울이고 아이의 비참한 처지를 이해할 수 있었을 텐데, 사로트의 어머니는 '엄마를 사랑하는 아이는 비교도 비판도 하지 않는다'라고 아이를 단죄한다. 그 말에 사로트는 "어떤 아이가 어머니를 사랑하지 않을까?"라고 묻고 그런 아이가 있다면 그 아이는 '괴물'일 거라고 생각한다. 그러고는 자신이 괴물이라면서 죄책감을 느낀다.

어머니에 의해 새롭게 주어진 괴물로서의 정체성은 두 가지 변화를 일으킨다. 우선 그 말 때문에 아이는 어머니의 정체성을 의심하기에 이른다. '만약 아이가 어머니를 사랑하지 않는다면, 그것은 그 어머니가 친어머니가 아니기 때문이 아닐까?'라고 생각하는 것이다. 이처럼 사로트는 친어머니를 이상화된 여성에서 계모의 수준으로 폄하한다. 어머니의 아름다움을 부정하는 이 에피소드는 어머니를 부정하는 주관적 가족사를 감추고 있는 셈이다. 두 번째 변화는 이상적인 어머니를 부정하고 현실의 어머니를 발견하는 과정에서 아이가 자신을 정당화한다는 점이다. 아이는 어머니의 반응 때문에 '어머니가 아름답지 않다'는 강박관념이 생겼음을 깨닫는다. '인형이 엄마보다 더 예쁘다'는 말은 실제로는 어머니의 관심을 끌기 위한 놀이에 불과했으므로, 이 놀이에 어머니가 적절히 반응했다면 강박관념은 생기지 않았을 것이고, 어머니의 아름다움, 그리고 어머니 자체를 부정하는 데까지 이르지 않았을 것이다. 자신이 어머니를 부정하게 된 데에는 어머니의 책임이 있다고 사로트는 추궁하는 것이다.

환상으로의 도피: 가짜 자아의 생성

어머니의 실제 모습을 발견하고 어머니와 동일시할 수 없다는 것을 깨달은 후 아이는 어떻게 반응할까? 동일시가 끝나고 차이성을 자각하게 된 이 시점에서 사로트는 타인과 구별되는 진정한 '나'를 주장하지 못하고 가짜 자아를 만들어낸다. 자신과 타인이 구별되지 않는 동일한 정체성을 갖기를 원했는데 그것이 파괴되면서 정체성의 위기가 왔고, 사로트는 자신의 생각이 비정상적이라고 판단하고 환상 속으로 도피하는 것이다.

'엄마는 원숭이 피부를 가지고 있다'라는 에피소드는 어머니와 헤어지기 직전의 마지막 체험이다. 환상은 현실을 있는 그대로 서술하는 게 아니고 현실보다 더 강력한 '심리적 현실'이 투영된 것임을 받아들이면,[39] 이 '원숭이 환상'은 사로트가 겪고 있는 위기를 보여준다.

사로트는 어머니를 서술할 때 일관되게 '부드러운' 피부를 강조했는데 어머니가 갑자기 '거친' 원숭이 피부를 가진 모습으로 보이기 시작한다. 이 사실은 어머니가 더 이상 부드러운 존재가 아니며 아이가 극도로 불안해하고 있음을 의미한다. 이 환상이 왜 생겼고 사로트가 무엇을 기대하는지는 다음 대목에 잘 드러나 있다.

> 어머니는 내가 거기에 갖고 있는 것, 내 속에서 나도 모르게 자라고 있는 것을 보게 될 거야, 우리는 그것을 함께 보게 될 거야… 그것은 아주 우스꽝스럽고 괴상한 것이어서… 그것을 무시할 수 있을 뿐이지, 어머니는 나와 함께 웃을 때처럼 웃음을 터뜨릴 거야, 우리는 함께 웃고 그래서 그 이상한 생각은 그것이 왔던 곳, 그것이 생겨난 곳에서… 사라져버릴 거야… 내 외부 어딘가, 내가 알지 못하는 어떤 곳으로…….[40]

아이는 자신이 불안해하는 이유가 무엇인지 제대로 서술하지 못한다. 다만 '나도 모르게 자라고 있는', '우스꽝스럽고 괴상한 것'을 어머니가 아이와 함께 웃음으로써 해소해주기를 바랄 뿐이다. '엄마는 원숭이 피부를 가지고 있다'는 얼토당토않은 말로 아이는 어머니의 관심을 끌고, 더 나아가 둘 사이의 공모관계를 회복하고자 한 것이다. 그런데 이런 욕망을 읽어주기는커녕 어머니는 "고맙기도 하지. 더할 나위 없이 착하구나……."라고 빈정댄다. 병적인 자아에서 벗어나고자 했던 아이의 기대는 이 대답으로 여지없이 무너진다. 어머니의 반응을 사로트는 사랑의 거부로 읽는다. 흥미로운 점은 상호작용이 실패한 것을 사로트가 자기 탓으로 생각하고 죄의식을 내면화한다는 사실이다. 사로트는 "나는 어머니를 사랑하는 아이가 아니다."라고 하면서 "악은 내 안에 있다."[41]라고 결론내린다. 사랑의 요구가 실패하자 그것이 죄의식이 되고 죄의식이 악화되어 자기분열적인 광기로 표출된다. 그리고 그 광기는 사라지지 않고 '매복한 상태'로 있다가 언제든 다시 표면화되는 지경에 이른다. 광기가 성격으로 고착된 것이다.

> 그러나 [이 이상한] 생각이 나를 찢고 나를 집어삼킨다……. 그 생각이 나를 놓아주는 것은 한때뿐, 그건 돌아올 것이다, 그것은, 매복한 채, 그게 어떤 식사 자리든 간에 튀어 오를 준비가 된 상태로 항상 그곳에

있다.[42]

광기가 자기 욕망을 부정적이고 파괴적으로 표현하는 방식이라면, 사로트는 이 광기에 어떻게 대응할까? 가장 쉬운 방법은 가짜 자아를 만들어 환상 속으로 도피하는 것이다. 사로트는 이미 '나의 첫 번째 슬픔'이라는 제목으로 제출한 작문 숙제에서 가짜 자아를 만들어낸 적이 있다. 그녀는 두 가지 원칙을 정하고 슬픔을 거짓으로 지어낸다. 하나는 "진짜 아이의 진정한 첫 번째 슬픔의 모델이 될 만한, 더 아름답고 더 잘 만들어지고… 더 제시할 수 있고, 더 매혹적인 슬픔"[43]을 서술하는 것이고, 다른 하나는 그 슬픔을 거리를 두고 응시한다는 것이다. '더'라는 단어가 네 차례에 걸쳐 언급된 데에서 알 수 있듯이, 사로트는 타인을 의식하고 '모델이 될 만한' 슬픔을 허구로 만들어내어 타인을 '매혹'시키고자 한다. 감정을 솔직하게 묘사하는 것은 전혀 관심사가 아니다. 그 결과 '넓은 뜰'에서 '형제들'과 함께 놀다가 '부모님'으로부터 생일선물로 받은 '강아지'가 기차에 치여 '죽은' 이야기를 '직접' 겪은 듯 서술한다. 이 이야기에 동원된 소재들은 그녀가 보았던 그림과 이전에 읽었던 소설을 짜깁기한 것으로, 그녀가 생각하는 전형적인 행복이 집약되어 있다.

사로트는 외동딸이고 어머니로부터 사랑받지 못했으며 강아지는 물론, 넓은 뜰도 가져본 적이 없었다. 이혼한 부모, 그 상황에서 겪었던 온갖 유형의 슬픔과 정신질환을 서술하지 않고 행복이 넘치는 완벽한 가정을 제시한 이유는 가짜 이미지를 창조해냄으로써 환상에서나마 어머니의 애정에 굶주린 초라한 현실을 보상받고자 했기 때문이다. 부모님의 이혼과 어머니의 거짓된 행동으로 인해 잃어버린 행복을 되찾으려는 욕망이 이 환상에 투영된 것이다.

같은 문맥에서 사로트가 슬픔을 솔직하게 서술하지 않고 어디서 읽은 듯한 타인의 글을 모방한 이유도 짐작할 수 있다. 사로트가 어머니의 욕망에 맞춰 자기 욕망을 형성했듯이, 타인의 언어를 모방하면 자신의 언어, 더 나아가 자기 자신도 좀 더 존중받지 않을까 하고 생각했던 것이다.

> 나는 어둠 속에, 닿지 않는 곳에 있다, 나는 오직 나에게만 속한 것은 아무것도 털어놓지 않는다……. 반면 나는 내가 그들에게 좋은 것으로 생각하는 것을 타인들을 위해서 준비한다, 나는 그들이 좋아하는 것, 그들이 기대하는 것, 그들에게 적합한 슬픔들 중 하나를 선택한다…….[44]

'그들이 좋아하는 것, 그들이 기대하는 것, 그들에게 적합한 슬픔'을 선택한 것은 '나 자신'으로 존재하지 않고 유사성을 선택하는 것이다. 그녀는 "이 유사함이 나에게 확실성을, 안정감을 가져다주었다……. 이로써 내 텍스트가 나에게 더 감미로운 것이 되었다는 것을 고백해야만 한다."[45]라고 서술한다. 그녀는 타인이 사용하여 정형화된 것이 의심의 여지가 없는 견고함을 갖추고 있다고 생각한다. 작문 숙제를 제출하고 일등 할 거라고 기대한 것은 자기 정당성이 의심스러운 자신의 글보다는 타인의 동의를 받고 타인의 언어로 작성된 이 숙제가 확고한 자기 절대성을 확보해줄 거라고 믿었기 때문이다. 타인의 글은 정당성과 진정성을 이미 획득했으므로 자신을 증명하고 존재의식을 확보하기 위해서는 타인의 글 속에 자신을 감추는 것으로 충분하다고 믿었던 것이다.

분명한 것은 사로트가 타자에 근거해서 자기 존재를 회복하려고 노력했다는 사실이다. 이 사실은 정체성의 관점에서 볼 때, 아이가 진짜 대신에 가짜, 진정성 대신에 거짓과 위선을 자기 자아로 인식하고 있다는 것을 의미한다. 그러나 가짜 자아로 타인을 매혹시키려고 했던 이 숙제에 대해 선생님은 혹평을 한다. 이 경험으로 사로트는 가짜 자아로는 타인을 매혹시킬 수 없으며 그것은 결국 자기를 배반할 뿐이라는 가혹한 교훈을 얻는다.

타인을 매혹시켜야 할 필요 때문에 가짜 자아를 만들고 그것으로 진정한 자아를 대체하는 이런 방식은 앞으로 그녀가 추구하게 될 '트로피즘'과는 정확하게 반대되는 방식이다. 타인에 의해 공인받은 객관적 언어로 '나의 슬픔'이라는 극히 주관적인 세계를 재단하고자 한 오류 때문에 사로트가 오랫동안 글을 쓸 수 없었으리라는 사실은 쉽게 짐작할 수 있다.

글쓰기가 가짜 자아를 생성한다는 이 에피소드에 비추어 그녀가 어렸을 때 소설 쓰기를 중단했던 에피소드를 재해석할 수 있다. 유년기에 썼던 그 소설에서도 사로트는 정형화된 소설을 읽고 모방했기 때문에 자신의 개인적인 경험을 표현할 수 없었다. 사로트가 자신의 언어로 소설을 쓰지 않은 이유는 위에서 언급한 것처럼, 타인의 언어는 완벽하게 느껴진 반면 자신의 언어는 자기 정체성을 상실한 이방인처럼 여겨졌기 때문이다.

> 내가 여기저기, 이 낯선 단어들 사이에 놓아둔, 내 단어들, 내가 잘 알고 있는 굳건한 단어들은 서툴고, 빌려온 듯하며, 약간 우스꽝스러운 것 같다……. 마치 사용법을 배우지 못한 사회 속에, 낯선 땅에 옮겨진 사람들처럼, 내 단어들은 어떻게 행동해야 하는지를 잘 모르고 있었다, 그것들은 자기들이 누구인지를 잘 모르고 있었다…….[46]

'낯선 단어'라는 표현을 '타인'으로, '내 단어'를 '나'로 환치하면 이 예문은 사로트가 타인과 맺고 있는 관계를 정확하게 보여준다. 타인의 언어 속에서 자기 언어가 낯설어지고 유용성을 상실하듯이, 타인의 언어로 쓴 소설 속에서 '나'의 정체성도 상실된다. 타인의 언어로 쓴 자기 소설이 자신을 이방인으로 만들기 때문에 소설 쓰기가 자신을 소외시킨다. 이처럼 유년기의 소설 쓰기는 타인을 모방하고, 타인을 의식함으로써 행해진 글쓰기였지 적극적으로 자신을 표현하는 글쓰기는 아니었다. 여기에서 소외된 언어는 소외된 사로트 자신이다. "나는 그 단어들과 같다, 나는 길을 잃고 내가 한 번도 살아본 적이 없는 곳에서 방황한다……."[47] 타인의 언어를 가지고 흉내 내는 글쓰기는 '나'를 상실케 하는 체험이었던 것이다.

사로트가 동화책을 읽고 모방했듯이, 그녀가 모방했던 타인은 '동화작가'였던 어머니라고 할 수 있다. 사로트는 어머니를 매혹시키기 위해 어머니가 관심을 기울이는 행위를 모방한 것이다. 어머니를 닮고 싶다는 욕망 때문에 소설을 썼고, 그 결과 어머니의 세계 속에서 '방황'하며 자기 정체성을 상실한 것이다. 자기 언어로 자신의 세계를 구축하는 데 도움이 되어야 할 글쓰기가 자기 상실의 체험이 된 것은 역설적이다.

『유년시절』에 제시된 두 번의 글쓰기, 다시 말해 '소설을 쓰기 전에 맞춤법부터 배워야 한다'와 '나의 슬픔' 에피소드는 글쓰기가 자기 존중감을 고양시키기는커녕 추락시켰음을 알려준다. 그 상실감 때문에 사로트는 타인, 특히 어머니의 정체성을 자기 정체성으로 간주하고, 그렇게 동일시한 가짜 자아 때문에 더더욱 자기 존중감을 상실하는 악순환에 빠진다. 소설 쓰기를 중단하라는 편집장의 충고를 사로트가 '해방'의 목소리로 여긴 것은 소설 쓰기를 중단함으로써 가짜 자아와 단절하게 되고, 그렇게 해서 진정한 자아를 탐색할 수 있었기 때문이다.

새로운 어머니를 찾아서

사로트의 삶에서 아버지는 사로트에게 용기를 불어넣어준 유일한 동반자로서 어머니의 역할까지 도맡았던 인물이다. 어머니가 사로트를 애칭으로 부른 장면은 자서전에 한 번도 등장하지 않지만, 아버지는 애정을 드러내는 데 서투르긴 해도 그녀를 '나타샤'라는 이름 대신 '타촉'과 같은 애칭으로 불렀고, 릴리가 태어난 후에도 사로트를 '내 아이'라고 불렀다. 언어를 존재로 간주하는 사로트의 특성을 고려하면 이 호칭은 아버지가 품고 있는 애정을 드러낸다.

아버지의 애정 덕분에 사로트가 자기 존재감을 유지할 수 있었던 것도 사실이지만, 사로트의 드라마는 어머니와의 관계를 중심으로 전개된다. 그러나 그 드라마는 어머니를 이해하고 관계를 회복하기보다는 친어머니를 부정하고 새로운 어머니를 찾아가는 드라마다. 사로트는 가족 드라마의 고리를 끊고 자신을 짓누르던 죄의식에서 벗어남으로써, 자기 정체성을 형성하고 성장할 수 있었던 것이다.

어머니와의 관계를 끊는 과정은 단계적으로 서술된다. 약속과는 달리 친어머니가 사로트를 데리러 오지 않고 베라와 지내는 시간이 길어지자 사로트는 베라를 어머니라고 부르겠다고 제안한다. 열다섯 살밖에 차이가 나지 않지만 베라는 사로트를 딸이라고 소개해왔고, 시간이 지나면서 둘 사이의 대립관계도 외면상으로는 어느 정도 정리되기 시작한다. 사로트는 베라에게 정서적인 동질감을 느끼기 시작했고, 베라도 '친어머니가 동의하면'이라는 조건을 달긴 했지만 어머니라고 부르는 데 동의함으로써 사로트를 딸로 인정한다. 어머니에게 허락을 구하는 편지를 보내자 어머니는 사로트의 제안을 여지없이 거절한다. 어머니는 분노에 차서 사로트를 매몰차고 무심하고 배은망덕하다고, 어머니라고 하는 가장 성스러운 존재를 지우고 망각하려 한다고 비난한다. 그뿐만 아니라 절충안으로 제시했던 '베라-엄마'에 대해서도 "엄마라는 명사는 다른 누구에게도 붙일 수 없다.", "이 세상에 엄마는 단 한 명밖에 없으며 그 엄마는 아직 죽지 않았다."[48]라고 대답한다. 베라를 어머니로 부르겠다는 딸의 제안을 어머니는 모녀관계, 더 나아가 자신을 부인하는 행위로 이해한 것이다. 이 호칭이 어머니를 부정하는 행위임을 자각하면서 사로트의 죄책감은 더욱 배가된다.

성장의 관점에서 볼 때 '베라-엄마' 에피소드는 획기적인 순간을 형상화한다. 우선 사로트가 어머니의 유일성을 부정한 것은 자기 기원을 문제시한 것이며 나아가 부모에 의해 규정된 정체성을 부정한 것으로 이해할 수 있다. 그리고 '베라-엄마'라는 호칭을 사로트가 제안했다는 사실은 사로트가 어머니에 대한 정신적 의존관계를 청산하고 주체로서 행동하는 존재, 즉 스스로 자기 정체성을 정립하는 단계에 이르렀음을 암시한다. 사로트는 어머니와 분리되어 자유를 향해 비상할 준비가 된 것이다. '현실의 단계'로 진입하는 이 과정은 우선 타인의 말을 '부정'함으로써 자기 존재를 확보할 때 실현될 수 있다.

> 나는 잠시 내 침대 가장자리에 웅크린 채 움직이지 않고 있었다……. 그리고 내 속의 모든 것이, 뒤흔들리고, 의연하게 일어섰다, 나는 온 힘을 다해 그것을 밀어내고, 그것을 찢고 이 틀, 이 껍질을 떼어놓았다. 나는 이 여자가 나를 가두어놓은 그 속에 머무르지 않을 것이다……. 그녀는 아무것도 모른다, 그녀는 이해할 수 없다.[49]

자신이 어머니의 감옥에 갇혀 있다는 사실을 인식하고 사로트는 그것을 '밀어내고', '찢고', '떼어놓으려고' 애쓴다. 한 명의 개별적인 주체로 '의연하게 일어서기' 위해서, 타인의 '말'에 의해 무화된 자기 존재를 회복하기 위해서 사로트는 먼저 자신에게 압도적인 영향을 행사하던 타자부터 부인하려는 것이다. 그 결과, 어머니는 '이 여자'가 되고 '그녀는 아무것도 모른다, 그녀는 이해할 수 없다'라는 문장이 나온다. 어머니는 '나'를 이해할 수 없다는 사실을 깨달음으로써 사로트는 타인에 의해 만들어진 정체성은 자신의 정체성이 아니라는 것을 알게 된다. 따라서 이 예문은 스스로 자기 정체성을 구성해나가겠다는 의지를 드러내는 것으로 이해할 수 있다. 그러나 의지가 있다고 해서 결정적으로 해방될 수 있는 것은 아니다. 위니코트를 인용하면, "스스로 현실적이라고 느끼려면 존재하는 것 이상으로 자신이 존재하는 방법을 발견해야 한다."[50]

사로트는 가정을 떠나 공립학교로 진학하는 에피소드를 결정적인 해방의 순간으로 제시한다. 그녀에게 공립학교는 어머니들과는 무관한 공간, 성숙과 통합의 공간으로 여겨진다. 특히 공립학교는 보호자 역할을 한다. 예를 들면, 선생님은 사로트의 머리에 이가 있는 것을 발견하고는 학교에 오지 말고 대신 선생님의 집에서 공부하도록 배려한다. 또 수업이 끝난 후 함께 하교하면서 대화를 나누는 등 신뢰와 애정이 넘치는 관계를 유지한다.

> T 선생님과는 베르나르 선생님과 했을 때보다 더 탐구하는 느낌을 가졌다……. 우리는 거기에 이를 수 있다, 노력하기만 하면 된다……. 정확하게 경계가 그어진 세계, 굳건하게 어디서나 보이는 세계… 나에게까지 균형이 맞는.[51]

학교는 노력하기만 하면 자신에게 어울리는 굳건한 세계를 제공하는 긍정적인 공간으로 여겨진다. 학교에서는 어머니와 베라가 신경전을 벌이지도 않고, 릴리와 비교당하지도 차별당하지도 않는다. 그곳은 모든 것이 능력에 따라 평등하게 다루어지고, '정확하게 경계가 그어져서' 혼란도 없으며, 특히 균형 잡힌 공간으로 여겨진다. 이전에 긍정적인 어머니상으로 보였던 외숙모나 할머니와 달리 학교가 보다 본질적인 어머니상으로 여겨지는 이유는, 외숙모와 할머니와는 일시적인 관계만 가능했던 반면, 학교는 사로트에게 어울리는 미래를 열어 보이는 긍정적이고, 예측 가능하고, 그리고 무엇보다 '지속적인' 해방의 공간으로 기능하기 때문이다. 사로트가 완전한 개체로 성장하기 위해서는 현실의 적대적인 어머니뿐 아니라 일시적으로 주어졌던 이상적인 어머니에게서도 벗어나야 했던 것이다.

친부모에게 실망하고 새로운 부모관계를 상상한 것이 가족소설이라면, 사로트의 경우에는 어머니의 이미지를 가지고 있는 사회 제도가 부재하는 어머니를 대신한다. 그렇게 해서 사로트는 가족을 떠나 학교로 상징되는 사회관계 속으로 진입한다. 이런 상황을 이해하면 사로트가 페늘롱 중학교로 등교하는 첫날을 마지막 에피소드로 제시하고, '새로운 삶'을 향해 나아가는 기대감을 자연과의 일체감으로 표명한 것은 전혀 놀라운 일이 아니다.

> 모든 수액이 나를 통과하도록, 모든 수액이 내 몸 전체에 퍼지도록 이끼로 뒤덮인 땅에 팔을 펼친 채 가능한 한 힘껏 등을 붙인다, 나는 한 번도 쳐다보지 않은 것처럼 하늘을 쳐다본다……. 나는 하늘 속에 녹아들고, 나는 한계도 끝도 없다…….[52]

지금까지 아버지와 어머니 사이에서, 이상적인 어머니와 현실의 어머니 사이에서 그리고 진짜 자아와 가짜 자아 사이에서 불안정하게 흔들리던 사로트가 이제는 자신을 땅에 뿌리내린 나무에 비유한다. 등과 땅은 하나가 되고 수액이 통과하는 나무는 육체가 되며, 자신을 둘러싼 것들은 새로운 모습을 부여받는다. 이제 가족 드라마에 갇힌 채 고통받던 삶은 사라지고 사로트는 무한히 가능한 합일의 삶, 자유의 삶을 기대한다. 등교를 위해 준비한 '새' 가방, '새' 공책, '새' 책들, 그리고 전차를 '혼자' 타고 등교하는 상황은 독립을 획득한 이후의 희망찬 미래를 예감케 한다.

바로 이 순간 그녀의 유년시절이 끝나고 동시에 자서전도 끝난다. 이때까지 어머니의 과도한 지배나 어머니의 부재로, 아니면 악화되어가는 베라와의 관계 속에서 가족관계가 '악몽'으로 환기되었다면, 가정을 떠나 학교로 가는 것은 새로운 공간으로 나아가는 것을 넘어 일종의 '도약'이 된다. 이 도약은 그녀의 유년기가 어머니(들)의 억압에서 벗어나 자기를 실현하는 과정이었음을 알려준다. 사로트의 '가족소설'이 자기 존중감을 확보하고 '성장의 드라마'로 끝맺는다는 것은 그런 의미다.

유년기의 기억을 서술하면서 사로트는 다음과 같은 사실을 이해하게 된다. 우선, 이때까지 스스로 '어머니를 부정했던 배은망덕한 아이'라고 생각하며 죄책감에 시달렸지만, 그 이미지는 어머니가 강요했던 이미지에 불과하고, 실제로는 어머니가 자신을 유기했음을 깨닫는다. 다음으로, 진정한 성장은 어머니의 존재 방식을 모방하는 데 있지 않고 어머니와 상관없는 새로운 관계를 향해 나아가는 과정에 있다는 점을 깨닫는다. 이때까지 사로트는 어머니를 모방함으로써 어머니를 매혹시키고 어머니의 요구에 부응하는 존재가 되려고 했지만, 그러한 시도는 진짜 자아를 가짜 자아로 대체하는 부정적인 결과에 이를 뿐이었다. 마지막으로, 어머니로 대변되던 타인의 시선에서 벗어나 자신의 능력과 가치를 인식하는 과정이 성장이라는 것, 그리고 과거를 떨치고 미래를 향해 나아가는 방법을 획득하는 과정이 성장이라는 사실을 사로트는 알게 된다. 사로트에게 성장은 "그 무엇도 복종시키지 못할 힘을, 완전하고 결정적인 독립을 영원히 소유하게 되었다."[53]라는 믿음과 관련된다.

가족소설이 "작가가 있는 '그대로의 현실'을 견디고 '자신의 현 존재'를 바꾸기 위해 작동시키는 재조작 작업"[54]이라면, 사로트는 그 작업을 성공적으로 수행한다. 사로트는 자기 기원에 대한 환상적 욕망을 추구하되 이상화된 어머니의 이미지에 매몰되지 않으며, 자신을 저버린 현실의 어머니를 극복한다. 그럼으로써 위기에 빠진 모녀관계를 해석하고 재구성하고, 자신의 현 존재를 정당화한다.

그런 의미에서 『유년시절』은 성장의 이야기이면서 이별의 이야기다. 또는 성장은 이별의 또 다른 양상임을 보여주는 이야기다. 사로트는 분신과의 대화를 통해 어머니와의 관계 때문에 불안해하던 소녀에서 '현재의 나'로 성장하는 과정을 서술하는데, 처음부터 끝까지 어린 사로트를 동반하는 이 분신 화자의 존재야말로 사로트의 성장을 보여주는 명백한 증거라고 할 수 있다. 르줜은 분신 화자의 기능을 '비판가, 독자, 협조자'로 분류하면서, 작가의 진술을 비판하고 진실을 보장하는 역할을 한다고 지적한다.[55] 르줜의 지적을 적극 수용하면서, 우리는 이 화자가 과거를 재구성함으로써 의미를 생성하고 교정하는, 작가의 성숙한 자아라는 사실을 강조하고자 한다. 사로트는 유년기를 회고하고 그 기억을 기록하면서 현재의 입장에서 과거를 설명하고 이를 통해 자기 정당성을 확보한다. 분신 화자는 어린 사로트의 말에 담긴 떨림조차 헛되이 듣지 않고 하나하나에 집중함으로써 그녀가 일찌감치 상실했던 어머니 역할을 한다. 어머니를 떠나보내고 스스로 어머니를 만들어냄으로써 사로트는 새로운 가족관계를 만들어내는 특별한 성장 과정을 보여준다.

III

성실성

앙드레 지드, 『한 알의 밀알이 죽지 않으면』

장-폴 사르트르, 『말』

성실성을 대표하는 등장인물로는 얼핏 조지 오웰의 『동물농장』에 나오는 말 복서가 떠오른다. 복서는 돼지들이 지배하는 농장에서 '내가 더 열심히 한다'는 것을 모토로 삼아 열심히 일한다. 복서의 성실성에 기생해서 지배계층은 무위도식하고 심지어 복서가 죽었을 때에는 뼈와 살까지 팔아 위스키 한 박스를 산다. 이때 복서의 성실성은 순진함을 의미한다. 그런데 성실성은 윤리적 태도를 의미하기도 한다. 알베르 카뮈의 『페스트』에는 부조리한 상황에서 도피하지 않고 마땅히 자신의 직분을 완수해야 한다고 생각하는 선량한 인물들이 많이 등장한다. 그들은 정의로운 일을 한다는 자부심이나 영웅의식 없이, 그저 그렇게 하지 않으면 부끄러울 것 같다는 부채의식과 책임감과 선의를 가지고 죽음과 유폐의 공포를 무릅쓴다. 이들의 성실성은 행위와 연결되어 있다.

자서전 작가에게 성실성은 과거를 추호의 거짓 없이 사실대로 말해야 한다는 것을 의미한다. 성실성이 자서전적인 기획의 핵심에 놓이는 것은 성실성이 진실과 연결되기 때문이다.[1] 소설이긴 하지만, 사르트르의 『구토』에 등장하는 로캉탱은 자서전적인 의미에서 성실성과 관련하여 좋은 예를 보여준다. 로캉탱은 과거에 모험을 많이 했다고 자랑스럽게 생각하고 있었는데, 실존적 위기를 겪으면서 과거를 언어로 재현하는 게 허구와 같은 생각이 들고 또 모험을 했다고 말하는 게 거짓말 같은 느낌이 든다. 로캉탱이 실제로 모험을 많이 했을 수도 있고 거짓말을 했을 수도 있다. 그런데 과거는 하나의 굳건한 의미를 지닌 불변의 총체가 아니라 현재의 기분이나 판단에 따라 얼마든지 다르게 해석될 수 있는 불완전한 질료이기 때문에 과거에는 모험이라고 생각했던 것이 지금 생각해보니 아닌 것처럼 여겨질 수도 있다. 로캉탱의 경우에는 그가 모험을 했는지 안 했는지의 여부보다 자신이 거짓말을 한 것 같다는 고백을 했다는 점이 더 중요하다. 이 고백은 그가 진실만을 말하기 위해 과거의 판단을 괄호 안에 넣고 자기검증을 실현하고 있다는 것을 의미한다. 그가 새롭게 출발할 수 있는 것은 현재의 시점에서 과거를 제대로 서술할 수 있는지를 질문하는 성실성 덕분이다.

성실성은 원칙적으로 '사실대로 말하기'라는 차원에서 제기되기 때문에, 사실대로 말하지 않으면 거짓말을 했다고 비난받고, 최선의 경우 자서전의 규약을 어기고 허구를 끌어들였다고 비판받는다. 그래서 자서전 작가들은 자신이 가장 솔직하게, 더도 덜도 말고 사실만을 말하고 있다고 강조한다. 예를 들면 지드는 자신을 돌봐주었던 한 인물이 매주 그에게 맛있는 점심을 대접해줄 때 '고맙다'는 말을 했어야 하는데 '어려운 살림에 왜 이렇게 돈을 쓰느냐'는 식으로 말한 후에 자신이 얼마나 어리석었던가를 서술한다.

> 나는 뭔가 어린애다운 다정함이 깃든, 뭔가 애정의 몸짓과 말을 했던 추억을 간직하고 싶다……. 그러나 아니었다. 내가 기억하는 유일한 것이라곤 당시 우둔한 어린애였던 내게 딱 맞는 어처구니없는 한마디다. 그것을 독자들에게 다시 말하려니 얼굴이 붉

어진다. 하지만 지금 내가 쓰고 있는 건 소설이 아니다. 그리고 나는 이 회고담에서 뭔가 기분 좋은 걸 덧붙이거나 고통스러운 걸 감추면서 나 자신을 미화하지 않기로 결심했던 것이다.[2]

미화하고 싶은 욕구도 있었지만, 자신의 어리석음을 서술하는 것이 소설과는 다른 자서전만의 특징이라는 식으로 지드는 자신이 성실성의 규약을 지키고 있다고 강조한다. 그런데 여기에서 '나 자신을 미화하지 않기'로 정의되고 있는 성실성의 규약을 제대로 지키려면 사실을 있는 그대로 서술하는 것으로는 충분치 않다. 자신의 장점을 나열하고 그것이 추호의 거짓도 없는 사실이라고 주장하는 것은 오히려 성실성의 규약을 위반한 것처럼 보인다. 성실성의 규약을 준수하기 위해서는 자신의 약점이나 결점, 더 나아가 타인과의 관계가 훼손될 정도의 경험을 고백해야 한다. 지드의 경우에는 공공연히 떠벌릴 수 없는 자신의 성적 취향을 드러낼 때에만 진실을 말했다는 평가를 받을 수 있다. 따라서 자기에 대한 글쓰기에서 성실성의 원칙을 지키려면 고백하는 행위 자체가 자신의 상처를 후벼 파서 오히려 악화시키는 칼이 되어야 한다.

자서전 작가가 사실이라고 믿고 과거의 어떤 기억을 서술했는데, 그것이 왜곡되었고 심지어 오류였다는 것을 알게 될 때 자서전 작가는 어떻게 해야 할까? 객관적으로 검증했을 때 명백한 오류로 밝혀진 것은 수정하는 게 마땅해 보이지만, 그 글을 쓰던 시점에서 보면 자서전 작가는 그 오류를 진실로 간주하고 있었기 때문에 오류조차 진실의 한 측면을 담고 있다. 작가가 그것을 진실로 간주한 이유를 따져 보는 것 자체가 자기를 알아가는 방법일 수 있다. 그래서 레리스에게서는 모든 것을 다 서술하지는 못하리라는 고백 자체가 '성실성'의 지표로 여겨진다.

> 내가 나를 응시하는 데 아무리 능수능란하고 이런 유형의 쓰라린 응시에 대한 나의 취향이 아무리 편집적이어도, 어쩌면 가장 두드러지게 눈에 띄는 것들 중에서도 내가 놓치는 것이 분명히 있기 마련이다. 왜냐하면 관점이 가장 중요하며, 나 자신의 관점에 따라 그려진 내 초상화는 다른 사람들의 눈에는 명백하게 보일 게 분명한 어떤 세부 사항들을 모호하게 내버려둘 확률이 매우 높기 때문이다.[3]

경험의 시간과 서술의 시간은 점점 격차가 벌어지기 마련이므로, 모든 것을 다 말하려고 해도 당연히 말하지 않은 부분이 생긴다. 그런데 다 말하지 못한다는 고백 자체가 '미리 이렇게 양해를 구했잖아'라는 식으로, 말하지 않은 부분에 대한 알리바이가 된다. 레리스가 한 걸음 더 나아간 부분은, 자신이 말하지 않은 것이 있을 수 있지만, 그 이유가 '관점' 때문이라는 것이다. 레리스는 자서전을 "나 자신의 관점에 따라 그려진 내 초상화"로 정의하는데, '관점'이라는 용어는 어떻게 보면 오해를 불러일으킬 수 있다. 자신이 어떤 사람인지 알기 위해 자서전을 쓰는데, 이미 자신에 대해 '관점'을 갖고 있다면 그때의 자서전은 '탐색'의 자서전이 아니라 일정한 견해를 표명하는 '주장'처럼 보이기 때문이다. 그런데 레리스에게 '관점'은 '형식'이라는 말로 대체될 수 있다. 자서전 작가는 자신을 드러내되 자기만의 방식으로, 즉 독특한 형식으로 드러내야 한다. 그는 자기 존재를 새롭게 표현해내는 데에서 삶의 의미가 발생한다고 믿는다. 성실성의 원칙이 글쓰기의 스타일, 즉 글을 통해 개별성을 확보하는 방식과 연결되어 있다는 것이다. 그래서 형식을 창조해내는 것은 삶의 독창성을 창조해내는 것과 동일한 의미가 된다.

게다가 '성실성의 규약'이 요구하는 '사실성'은 '경험의 진실'을 넘어 자서전 작가가 꿈꾼 '환상의 진실'까지도 포함할 수 있다. 필립 르죈의 표현을 빌리면, "자서전은 이미 존재하는 그 무엇의 목록이 아니라 존재하지 않는 것의 창안이다."[4] 자서전이 단순한 '증언'을 넘어 문학이 되는 것은 이 성실성의 원칙 덕분이다.

기억의 결핍이나 오류 때문에 또는 특정 관점에 따라 쓰기 때문에 자서전에 모든 것을 다 말할 수 없다면, 성실성의 규약은 공염불에 불과한 게 아닐까 하는 의문이 제기될 수 있다. 그런데 성실성의 규약에서는 진실을 말했느냐의 여부보다 자서전 작가가 사실을 말하겠다고 '선언하는 행위'가 더 중요하다. 여기에서 자서전과 같은 고백의 글쓰기에 대한 선호가 엇갈린다. 롤랑 바르트는 일기를 예로 들어, 문학에서 중요한 것은 '의도'가 아니라 '효과'라고 지적하면서 '성실성'의 원칙을 요구하는 고백 문학에 부정적인 관점을 보인다.[5] 솔직하게 고백하겠다는 작가의 의도만으로 훌륭한 작품이 되는 것은 아니기 때문이다.

그렇지만 자서전이 윤리적이고 존재론적 의미를 지니는 이유는 말의 효력이 진실에 있고, 진실된 말이 진정한 '나'를 보여줄 수 있다는 믿음 때문이다. 조르조 아감벤이 맹세에 대해 한 진술도 같은 관점에서 이해할 수 있다. "어쩌다 말을 하게 된 살아 있는 인간에게 (…) 결정적이었을 게 분명한 문제는 자신의 말의 효력과 진실성이라는 문제, 다시 말해 이름과 사물(사태) 사이의 본래적 연관, 화자가 된(따라서 선언하고 약속할 수 있게 된) 주체와 자신의 행위 사이의 본래적 연관을 무엇이 보증할 수 있는가 하는 문제다."[6] 아감벤은 말의 수행적 기능을 강조하는데, 이것을 자서전의 관점에서 일반화하면 맹세는 진실만을 말하겠다는 성실성을 약속하는 행위이며, 성실성을 전제하는 한, 말은 곧 '존재 자체'로 받아들여진다. 또 주체와 행위 사이에 존재하는 윤리 의식을 보증하는 것은 다름 아닌 '작가의 이름'이라고 할 수 있다.

자서전 작가는 과거를 이야기하되 반드시 실명을 밝히고 이야기하며, 그렇게 함으로써 등장인물 너머에 유령처럼 숨어 있던 '작가'를 문학의 전면에 등장시킨다. 그런데 작가가 문학의 전면에 등장하면서 문학은 새로운 차원을 얻게 된다. 소설의 작가는 자기 작품을 사랑해달라고 요구할 수는 있지만, 작가 자신을 사랑해달라고 요구하지는 않는다. 그러나 자서전 작가는 등장인물을 사랑해달라고 하면서 그 등장인물이 바로 '자기 자신'이라고 말한다. 자서전 작가가 자기 이름을 걸고 이야기한다는 것은 '나'를 사랑해달라고 하는 '사랑의 요구'라고 할 수 있다.[7]

그러므로 자서전은 '나는 누구인가?'라는 정체성 탐구에서 출발해서, '나는 왜 존재하는가?'라는 질문으로, 그리고 마지막에는 '나는 어떤 의미를 추구하며 살아야 하는가?'라는 질문으로 이어진다. 성실성의 관점에서 '나'는 진실을 추구하는 존재이며, 진실을 말함으로써 사랑받으려고 하는 존재다. 그런 점에서, 자서전 작가는 자신에 대해 뭐든 말할 수 있는 일방적인 주체처럼 보여도 그의 글쓰기 지평에는 사랑받기 위해 매혹시켜야 할 '타자-독자'가 어른거린다. 그런데 타인을 매혹시키기 위해서는 자신을 부정적으로, 추하게 그려야 한다는 사실 때문에 자서전 작가는 항상 실패한 듯한 느낌을 받는다. 실패했다고 해서 중단하는 자서전 작가는 없다. 자서전 작가는 자신의 과거를 처음부터 다시 쓰려고 한다. 그것은 카뮈의 『페스트』에서 오랑시 밖으로 탈출하려고 하지만 매번 조금씩 일이 어긋나면서 처음부터 다시 시작해야 했던 랑베르의 시도를 연상시킨다. 그에게 페스트란 항상 다시 시작하는 것이며 사람들을 제자리걸음 하도록 만드는 것이었는데, 자서전 작가에게 인생이란 바로 그런 것이 아닐까? 바이러스가 완전히 종식될 수 없듯이, 자서전 작가도 자신의 삶을 완벽하게 드러낼 수 없고 내가 누구인지 확신할 수 없으며, 또 자신의 이야기로 타인을 매혹시켰는지의 여부도 확인할 수 없다. 솔직하게 고백할수록 '나'는, 더 나아가 인간은 더 모호해진다. 어쩌면 '잘 모르겠다'는 고백이야말로 유일하게 성실한 고백일지 모른다. 그런 점에서 성실성의 규약은 실현 불가능한 규약이다. 그러나 실현 불가능하기 때문에 자서전 작가는 더듬대며 자신에 대해 되풀이해서 말하고, 그 과정에서 진부한 '삶'이 '작품'으로 변하게 되는지도 모른다.

André Gide

앙드레 지드

『한 알의 밀알이 죽지 않으면』

어떤 하느님의 이름으로, 어떤 이상의 이름으로,
당신네들은 내가 나의 본성에 따라 살아가는 걸 금지한단 말인가?
그리고 내가 고스란히 내 본성을 따른다면
그 본성은 도대체 날 어디로 끌고 갈 것인가?[1]

가장 '의외의 사실' 고백하기

최근 들어 그 의미가 많이 축소되긴 했지만, 앙드레 지드(1869-1951)는 20세기 전반기에 활동한 작가 가운데 가장 혁신적인 작가 중 한 명이었다. 자크 르카름은 자서전 장르에 지드가 끼친 영향을 다음과 같이 몇 가지로 요약한 적이 있다.[2] 우선 지드는 프랑스 문학사에서 처음으로 자신의 동성애가 어떻게 시작되었는지를 가명이 아닌 본명을 내걸고 밝힌 작가다. 프루스트가 지드에게 동성애 경험을 서술하더라도 본명을 밝히지는 말라고 설득할 정도로 동성애 경험을 드러내는 것은 당대 현실에서 금기시되던 미묘한 주제였다. 그러나 지드는 자신에 대해 말하면서 자기 이름을 밝히지 않는 것은 있을 수 없는 일이라고 생각했다. 그에게 성적 정체성과 모럴의 문제는 분리될 수 없었다. 두 번째로 지드는 자신에 대한 혐오감이나 경멸감에 근거한 자서전을 처음으로 시도했다. 자신에 대해 어떤 태도를 취할 것인가 하는 문제는 글쓰기의 목적과 관련하여 결정적인 중요성을 갖는다. 자기에 대한 글쓰기에 자기 정당화의 욕구가 없을 수는 없지만, 자기에 대한 '불신'을 하나의 전통으로 만든 데에는 지드가 큰 역할을 했다. 세 번째로 『한 알의 밀알이 죽지 않으면』(이하 『밀알』로 약칭)은 지드가 약혼한 시점에서 끝나는데, 자서전에서 일생 전체를 서술하는 게 아니라 청소년기까지만 서술하는 전통도 지드에게서 비롯되었다. 마지막으로 자서전을 말년에 쓰지 않고 청년기 초반에 기획하고 중년에 마무리함으로써 글쓰기가 삶에 어떤 영향을 끼쳤는지를 보여주었다. 지드의 경우, 자서전을 쓰던 시기까지만 해도 내면을 탐색하는 기독교의 흔적이 많이 남아 있었지만 자서전을 쓴 다음부터는 정치에 참여했다. 지드에게 자서전 쓰기는 자신이 선택한 가치에 일치하는 행위를 해야 한다는 윤리적 의미를 지니고 있어서, 자기 성찰의 결과가 행동에 반영되지 않으면 그것은 거짓이고 오류일 수밖에 없었다.

지드가 자서전을 쓸 계획을 세운 것은 어머니에게 자기 삶을 연대기식으로 정리해 달라고 부탁했던 1894년부터라고 알려져 있다. 그 직전인 1893년 알제리에서의 동성애 경험은 그의 인생에서 전환점이 되었고 이로 인해 삶을 되돌아볼 필요를 느꼈던 것으로 보인다. 1895년에 어머니가 세상을 떠나고, 같은 해에 이종사촌누나인 마들렌 롱도(자서전에서는 에마뉘엘이라는 이름으로 등장한다.)[3]와 약혼하고 결혼하면서 정신과 육체 사이에 첨예한 긴장이 생긴다. 원래 기획에 따르면, 지드는 자서전에 유년기 체험, 작가의 탄생 그리고 결혼으로 이어질 에마뉘엘과의 관계를 서술함으로써 자신이 새로운 인간으로 탄생했음을 확인하려고 했다. 그런데 1916년에 마들렌이 지드에게 온 편지를 열어보고 그가 동성애자라는 사실을 알게 된다. 1917년에 지드는 오랜 지인의 아들인 마르크 알레그레와 동성애를 시작했고, 1918년에는 아내가 지드의 편지를 불태운 사건이 발생한다. 이 편지 소각 사건으로 지드는 마치 자식이 죽은 것 같은 충격을 받았다고 한다. 자서전에는 편지 소각 자체는 언급되지 않지만, 그 사건이 끼친 영향은 다음과 같이 슬쩍 언급되어 있다. "나로 하여금 갑자기 그 [맹목적인 확신]에 대해 의심하도록 했던 그 사건을 내 인생에서 가장 중요한 사건 중 하나로 간주한다."[4] 이 서술만으로는 '맹목적인 확신'이 무엇이었는지, 그가 삶의 의미를 회의하게 된 이유가 무엇인지 짐작조차 할 수 없지만 이로 인해 자서전의 방향이 바뀐 것은 확실하다. 원래 계획대로라면 1부에는 '죄악' 이전의 행복했던 기억이 서술되어야 하는데, 동성애에 경도될수록 혐오감과 죄책감은 더욱 심해지고, 유년기의 색채는 더욱 어두워지면서 유년기가 일종의 고난처럼 제시된다. 나아가 편지 소각 사건 후에는 동성애를 변호하는 『코리동』과 회고록을 살아생전에 출판하겠다고 결심하기에 이른다. 그 결과 1911년에 비밀리에 출판되었던 『코리동』은 1920년에 수정 출판되고 1924년에 보급판이 출판된다.

동성애 경험을 드러냈다고 해서 지드가 모든 것을 명백하게 드러냈다고 생각하면 오산이다. 지드의 자서전을 읽는 것은 작가가 의도적으로 암시할 뿐 구체적으로 언급하지 않은 사건들의 문맥을 짐작해가며 재구축하는 과정이라고 할 수 있다. 한 인물을 일관되게 서술하는 것은 오히려 그 인물을 왜곡할 우려가 있으므로 자기 삶을 거짓 없이 서술하기 위해 지드는 자신의 내면을 모순되고 모호하게 기술한 것으로 보인다.

그런데 인간을 이해하기 위해 '모호성'을 전제해야 한다면 그것은 '진실을 남김없이 드러내야 한다'는 자서전의 '성실성 원칙'을 위반하는 게 아닐까? 이 질문은 자서전 장르에서는 많은 논쟁거리가 된 '자서전이 진실을 제대로 드러낼 수 있는가?'라는 질문을 연상시킨다. 발레리, 모리아크 같은 당대의 유명 작가들은 자서전에 거짓 없이 고백하는 것은 불가능하다고 밝힌다.[5] 지드 또한 『밀알』 1부 마지막 문단에서 마르탱 뒤 가르와의 일화를 소개하고 있다. 마르탱 뒤 가르는 지드가 자신의 삶은 물론이고 자신이 느꼈던 결핍이나 욕망을 충분히 고백하지 않았다고 비판한다. '모든 것을 성실하게 다 말하기'라고 하는 자서전 장르의 규약을 위반했다는 것이다. 그 지적에 대해 지드는 세 가지 관점에서 자신을 변호한다. 우선, 자신은 자연적인 것만 추구하는데 고백 유형의 글쓰기는 '사실들'을 '전부' 말해야 한다는 장르의 제약 때문에 고백하도록 강요하며 그 점에서 오히려 인위적이라는 것이다. 이 견해에 대해서는, 그렇다면 자서전 대신 자전적 소설을 쓰면 될 텐데 왜 굳이 자서전을 시도했을까라는 또 다른 의문이 생긴다. 두 번째로 삶을 이해하는 데 꼭 필요한 요소들을 고백하지 않았다는 비판에 대해서는, 삶을 단순화하지 않으면 자서전에 쓰인 삶이 이해되지 않을 것이라는 논리로 자신을 정당화한다. 의도적으로 뭔가를 감춘 게 아니라 독자들이 이해할 수 있도록 에피소드를 선택하다 보니 어쩔 수 없이 빠진 부분이 있다는 것이다. 실제로 고백을 통해 자기 정체성을 확립하고 타자와의 관계를 변화시키려면 자아를 구성하는 잡다한 에피소드 중에서 필연적으로 선택해야 하며, 취사선택하는 과정에서 '허구화'하기도 하고, '신화'의 틀을 이용하기도 하며, 알면서도 침묵을 지키는 등 '자기기만'으로 보일 수 있는 다양한 요소들이 개입하기 마련이다.[6] 세 번째로는 글쓰기와 삶이 이율배반적인 관계를 맺고 있다는 점을 강조한다. 모든 이야기는 논리적 일관성을 위해 선후관계에 따른 연속성을 만들어내는데, 지드는 여러 가지를 동시에 경험하고 느꼈기 때문에 자서전은 삶을 제대로 드러낼 수 없고 오히려 왜곡할 우려가 있다고 주장한다. 이것들은 자서전과 관련하여 매우 중요한 논점을 시사하지만 마르탱 뒤 가르의 비판에 직접적으로 답한 것은 아니며 다소 옹색한 느낌을 준다. "회상록은 아무리 진실하고자 열망해도 절반밖에는 성실할 수 없다. 모든 것은 언제나 말하는 것보다 더 복잡하다. 아마도 소설 속에서 진실에 더 다가갈 수 있을 것이다."[7]라고 말한 것이 더 솔직하게 느껴진다.

그렇다고 해서 지드의 자서전이 진실되지 않다는 것은 아니다. 지드는 진실에 대한 믿음을 포기하지 않으며, 진실과 진정성이 없다면 자기에 대한 글쓰기는 정당화될 수 없다고 분명히 밝힌다. 진실에 대한 요구는 자서전은 물론이고 지드의 다른 작품에서도 확인할 수 있다. 예를 들어 일기 형식의 소설 『좁은 문』에도 자서전에서나 찾아볼 수 있는 진실의 규약이 실려 있다.

> 그러므로 나는 극히 간명하게 나의 추억을 적어나가겠다. 이 추억이 군데군데 조각나 있다 할지라도, 나는 그것을 깁거나 잇기 위해 어떠한 꾸밈에도 의존하지 않을 것이다. 추억을 치장하려는 노력이란, 추억을 이야기하는 데서 찾기를 바라는 마지막 즐거움까지 망쳐버리고 말 것이다.[8]

'추억을 치장하려는 노력'이란 기억의 결핍을 메우기 위해 '깁거나 잇거나 꾸미는 것', 즉 허구를 도입하는 것이다. 지드는 자기에 대한 글쓰기의 즐거움은 사실을 통해 진실을 규명할 때 얻어진다는 사실을 정확하게 인식하고 있다.

이처럼 지드에게 소설과 자서전은 모두 진실과의 관계 속에서 규정된다. 지드는 이 두 장르를 완벽하게 구분하지만 이것들은 서로를 비춤으로써 텍스트의 의미망을 더욱 풍요롭게 구성한다. 다만 경험된 현실을 다루는 방식에서 자서전은 상상력을 발휘하지 않고, 즉 가공하지 않고 날것 상태 그대로 제시하는 데 반해, 소설을 포함한 허구는 인위적인 것을 허용한다는 차이가 있다. 자서전 쓰기와 진정성이 맺고 있는 관계를 『밀알』은 어떻게 서술하고 있을까?

> 게다가 지금 이 이야기와 그 뒷이야기를 함으로써 나 자신에게 어떤 해를 끼치고 있는지 나는 알고 있다. 즉 이 이야기로 사람들이 내게 어떤 비난을 해댈지 예감하고 있다는 것이다. 그러나 내 이야기는 오직 진실할 때 존재 이유가 있다. 내가 이 이야기를 쓰는 것은 속죄하기 위

한 것이라고 해두자.[9]

이 예문은 '왜 모든 것을 다 말하지 않았는가?'라는 마르탱 뒤 가르의 질문에 대한 지드 나름의 대답으로 이해할 수 있다. 사실 자서전에 모든 것을 다 말할 수 있다는 것은 환상에 불과하다. 어떻게 해야 다 말하지 않고도 독자에게 다 말했다는 인상을 줄 수 있을까? 그러기 위해서는 '진실'과 관계된 특정 주제에 대해 말해야 한다. 지드는 '자신에게 해가 될 것들', 즉 사람들로부터 비난받을 무엇이 그 주제라고 밝힌다. '진정성'은 자신에게 부과되는 위험에 비례한다. 달리 말하면, 자서전 작가가 무릅쓰는 위험이 진실을 보장하는 증거가 될 수 있다. 고백하는 행위 자체가 자신에게 위험을 부과하는 행위가 되어야 한다는 것이다. 지드는 이렇게 부연 설명한다. "내가 추구하는 건 있음 직한 게 아니라 진실이다. 그리고 그 진실이 가장 의외의 사실일 때 그 진실은 언급될 만한 가치가 생기는 게 아니겠는가?"[10]

무엇을 고백해야 '가장 의외의 사실'을 고백한 게 될까? 루소 식으로 말해서, 무엇을 고백해야 자신을 "비참하고 비열한 인간"으로 그리게 될까? 자서전의 존재 이유가 '고백'이며, 성실한 고백을 통해서만 자서전 작가의 정당성이 인정받을 수 있다면, 지드는 '동성애'와 관련된 체험을 고백할 때에만 자신을 전적으로 글쓰기에 참여시키고 자신의 삶을 위험에 빠뜨릴 수 있다. 필립 르죈은 "지드가 자신의 계획과는 반대로 자전적인 이야기를 쓰기로 한 것은 무엇보다 그것이 특별한 한 관점, 다시 말해 성적인 삶에 있어 거짓과 위선에 종지부를 찍을 수 있는 유일한 방식이었기 때문이다."[11]라고 말한다.

지드는 자신의 성적인 삶을 숨김없이 고백하고 있을까? 시도니 리발랭-파디우는 이에 대해 부정적이다.[12] 지드는 동성애에 관한 여러 사실을 밝히지 않았으며 고백할 때조차 암시적으로 고백한다는 것이다. 예를 들어 『밀알』 1부에서 그의 성적 취향은 암시만 되고 구체적으로 서술되지 않는다. 그의 성적 취향은 2부에서야 드러나며, 동성애 체험도 알제리 소년 알리와 모하메드와 관련된 것만 기술된다. 심지어 2부 2장은 자기에 대한 증언보다는 타인에 대한 증언, 즉 동성애자인 오스카 와일드를 변호하는 게 주된 목표처럼 보이기도 한다. 또 모든 것을 공공연히 드러내겠다고 하면서도 동성애를 서술하지 않기 위해 에마뉘엘과의 약혼으로 서둘러 자서전을 끝내는 듯한 인상마저 준다. 이런 사실들 때문에 지드의 자서전은 '모호'하게 느껴진다.[13]

자위: 쾌락 추구는 본성이다

모든 것을 진실되게 고백한다는 믿음을 줄 정도로 '자신에게 해가 될' 에피소드는 무엇일까? 독자들의 기대와 달리 지드는 쾌락에 관한 에피소드를 제일 먼저 제시한다. 그는 수위의 아들과 식탁 아래에서 사람들이 '나쁜 습관'이라고 부르는 자위를 즐겼다는 것이다.

자서전의 역사에서 '자위'는 장르를 규정하는 이미지로 인정받을 정도로 중요하다. 마리-클레르 케르브라에 따르면, 자기 자신을 욕망의 대상으로 삼는 나르키소스적 태도를 전제하기 때문에 자서전 쓰기는 자위적인 행위일 수밖에 없다.[14] 자위가 자기와 관계를 맺는 한 가지 방법이라는 사실을 받아들이면, 지드의 자위 체험은 '쾌락'과 '본성'과 '자서전'을 문제시하는 방식임을 이해할 수 있다. 이런 문맥에서 지드가 제시하는 자위 체험을 살펴보자.

> 또 꽤 큰 테이블 하나가 기억난다. 식당에 놓인 식탁이었던 것 같다. 그 테이블에는 밑으로 늘어진 큰 식탁보가 덮여 있었다. 나는 수위의 아들과 그 안에 기어들어 가 놀곤 했다. (…)

—그 안에서 무슨 짓을 하는 거니?

하녀가 소리쳤다.

—아무것도 아니야. 놀고 있어.

대답하면서 우린 사람들을 속이기 위해 일부러 가지고 들어간 장난감을 흔들곤 했다. 사실 우리는 다른 놀이를 하고 있었다. 둘이 옆에서 놀았지만 같이 논 것은 아니었다. 사람들이 그것을 '나쁜 습관'이라고 부른다는 것을 나는 나중에 알게 되었다.[15]

식탁에는 식탁보가 길게 늘어져 있어서 그들은 들키지 않고 '놀이'를 즐길 수 있었다. 그가 '놀이'라는 용어를 사용하고 있는 데에서 알 수 있듯이, 그는 '자위'를 하면서 죄책감을 느끼지 않았고 나중에 가서야 사람들이 그것을 '나쁜 습관'이라고 부른다는 것을 알게 된다. 자위 에피소드를 통해 처음으로 지드의 삶에 타자가 개입하는데, 흥미롭게도 그 타자는 '너는 누구냐?'라는 질문을 제기하지 않고, '너는 무엇을 하고 있느냐?'라고 묻는다. 이 사실은 지드에게 이 두 질문이 밀접하게 연결되어 있다는 것을 의미한다. 지드에게 정체성에 관한 질문은 성적 행위에 관한 질문의 형태로 제기된다.

무엇을 하고 있느냐고 물어보는 사람이 하녀였으므로 자위가 발각되더라도 벌 받지는 않았을 것이다. 하지만 어른이 뭘 하느냐고 물을 것에 대비해서 지드가 '속이기 위해 일부러' 장난감까지 가지고 들어갈 정도로 영악하게 굴었던 점을 감안하면, 그 행위에는 기만적인 부분이 있다. 지드의 자위 습관은 아이들이 보이는 자연스러운 현상이라기보다는, 사람들을 속이려고 하는, 지드의 용어를 인용하면, '악마'적인 행위로 보인다. 자서전과 관련지어 말하면, 뭔가 거짓말을 해야 했다는 점에서 자위 에피소드는 진실과 거짓에 관련된 에피소드가 된다. 이런 모든 사실을 고려하면 지드가 자위를 '본성'에 속한다고 주장하는 점은 매우 흥미롭다.

> 우리 둘 중 누가 그걸 다른 사람에게 가르쳐주었을까? 먼저 알게 된 애는 누구한테서 그걸 배웠을까? 나는 모른다. 때로는 아이가 그런 것들을 스스로 만들어낸다는 사실을 받아들여야만 한다. 누가 내게 그 쾌락을 가르쳐주었는지 또는 내가 어떻게 그 쾌락을 발견하게 되었는지 나로서는 말할 수 없다. 그러나 아무리 기억을 거슬러 올라가 보아도, 그것은 거기에 있다.[16]

이어지는 이 예문에서 지드는 '자위' 문제를 '쾌락 추구' 문제로 일반화시킨다. 그는 쾌락을 추구하는 것이 교육에 의한 것인지 아니면 천성에 따른 자연스러운 행위인지를 질문한다. 지드는 '가르치다'와 '발견하다'를 구분하며, 아이가 스스로 '만들어냈을' 가능성도 언급한다. 분명한 사실은 쾌감을 알게 된 그 에피소드를 지드는 거의 '최초의 기억'처럼 제시한다는 점이다. '그것은 거기에 있다'라는 표현은 지드가 의식하기 전에 자위가 있었다는 것을 의미한다. 자위나 쾌락, 심지어 동성애와 관련된 지드의 입장은 이 세 단어에 요약되어 있다. 다른 사람의 눈에는 자위가 사악한 행위처럼 보일지라도, '아무리 기억을 거슬러 올라가 보아도' 언제 어떻게 그 쾌락을 발견하게 되었는지 그 기원을 밝힐 수 없을 정도로 자위는 원초적이고 자연스러운 행위다. 마이클 셰링엄은 자위 체험을 기원을 설명할 수 없는 해석 불가능한 경험이라고 하면서 인과론적인 영역 밖에 위치하는 초역사적인 현상으로 간주한다.[17]

지드의 자위 체험에서 두 가지를 주목할 수 있다. 하나는 자위 체험이 '너는 무엇을 하고 있느냐?'라는 자기 정체성에 대한 질문을 제기하는 동시에 그것이 언제 어떻게 자위를 하게 되었는지 알 수 없는 초시간적 체험이라는 것이다. 또 하나는 자위가 비난받아야 할 행위가 아니며, 모든 사람이 공유하는 '본성'이라는 것이다. 지드는 자신이 성인이 될 때까지 기쁨과 쾌락을 모른 채 살아온 것도 본성을 억압했기 때문이며, 자위는 쾌락을 추구하려는 자연적인 본성에 속하는 것이므로 죄악으로 매도되어서는 안 된다고 주장한다. 지드가 성적 정체성과 관련하여 서술하고자 하는 것들은 모두 여기에 감춰져 있다. '자위-쾌락-동성애' 문제는 한 개인 고유의 특성이 아니며 모든 사람에게서 확인되는 보편적 속성이므로 그것에서 죄의식을 느낄 필요는 없다는 것이다.

자위 주제는 3장에서 다시 다루어진다. 지금까지는 자위가 집안에서 이루어진 개인적 체험이었다면, 학교라고 하는 사회적 공간에서 자위 문제는 다른 양상을 띠게 된다. 지드는 주머니에 디저트를 잔뜩 넣어 가지고 와서 그것들을 먹으며 수업 시간에 자위를 한다. 자위가 '먹기'와 동시에 이루어진다는 사실은 자위가 '근원적인' 욕망을 해소하는 방식이었음을 말해준다. 식욕을 해소하려면 먹어야 하듯이, 그는 육체적 욕망을 해소하기 위해 자위를 했던 것이다. 그런데 이때부터 자위에 대한 사회적인 억압이 시작된다. 지드가 자위하는 것을 보고 선생님이 다른 사람에게 말하지 않겠다며 사실 여부를 물어보자 지드는 순순히 인정한다. 그러자 당장 3개월 정학 처분이 내려진다. 그때까지 지드는 자위를 사회적으로 비난받을 일이라고 생각하지 않았었는데, 그는 자위 때문에 선생님으로부터 처벌받고 그때부터 그의 욕망은 억압된다. 그러므로 자위 체험은 그가 외부의 타자, 더 넓게 이야기하면 거세하는 사회를 발견한 최초의 계기였다고 할 수 있다.

식탁 아래에서의 자위 체험과 학교에서의 자위 체험은 나란히 제시되어서 본성이 사회적으로 억압받고 있다는 사실이 더욱 부각된다. 그런데 식탁 아래에서의 자위 체험은 마치 허구적으로 고안된 것처럼 상당히 인위적으로 보인다. 자위는 학교에 입학하고 난 다음부터 문제가 되었고, 자서전을 쓰고 있는 현재에도 그를 괴롭히는 문제이므로, 자위에 관한 에피소드는 시간적으로 학교에서 문제 되었을 때 한꺼번에 서술하거나, 아니면 현재의 욕망과 연관 지어 2부 동성애 경험과 함께 제시하여 성적 욕망 해소가 불충분하다는 점을 강조하는 것이 적절해보인다. 그런데도 지드는 자위를 최초의 체험인 양 자서전의 서두에 제시함으로써 자위 체험에 특별한 위상을 부여한다. 자위를 원초적 체험으로 제시한 결과, 쾌락 추구는 본성이어서 비난할 게 없지만 쾌락을 죄악시하는 사회가 자위를 죄악시한 것처럼 느껴진다. 두 에피소드를 적절히 배열하고 대조시킴으로써 지드는 자기만의 의미 구조를 창출한 것이다.

또 하나 주목할 만한 것은 쾌락 추구의 관점에서 제시된 자위를 어떻게 동성애 주제와 연결시킬 수 있는가 하는 부분이다. 이 점에 대해서는 지드가 수위의 아들과 '함께' 자위를 했다는 점을 주목할 수 있다. 지드는 '둘이 옆에서 놀았지만 같이 논 것은 아니었다'고 밝히는데, 이 장면이 실제 있었든 아니면 허구적으로 고안되었든 간에, 둘이 나란히 자위를 했다는 사실은 평범해 보이지 않는다. 그것은 아이들이 죄의식 없이, '놀이' 삼아 자위를 했다는 사실을 증명하기도 하지만, 자위가 잠재적으로 동성애와 연결될 수 있음을 암시한다.

마지막으로 지드가 식탁 아래 숨어서 자위를 했다는 사실도 의미심장하다. 아담이 선악과를 따먹고 숨었듯이, 숨었다는 것은 '비밀'이 있다는 것을 암시한다. 사회적으로 억압받고 죄악이 되는 순간 '자위'는 '비밀'이 될 수밖에 없지만, 자위가 비난의 대상인지 모를 때에도 지드는 몸을 감추고 숨어서 자위를 한다. 그 이유가 분명히 드러나 있지는 않아도, 숨어서 하는 '자위'와 모든 것을 다 드러내고 고백하는 자서전이 모종의 관계를 맺고 있는 것은 분명해보인다.

> 나는 뭔가 몰래 하는 일을 특히 싫어했다. 내겐 그 이후, 안타깝게도 너무나 자주 숨겨야 할 일이 있긴 했으나, 나는 그런 가장을 잠정적인 하나의 보호수단으로, 조만간 모든 걸 백일하에 드러내겠다는 변치 않는 희망과 결심까지 담고 있는 그런 보호수단으로만 받아들였던 것이

다. 오늘날 내가 이 회상록을 쓰는 것도 바로 그 때문이 아닌가?[18]

첫 에피소드로 식탁 밑에서 숨어서 했던 '자위'를 선택하고 고백함으로써, 자위는 '모든 걸 백일하에 드러내겠다는' 결심에 필적할 만한 '가장 의외의 사실'이 되고 진실의 가치를 지니는 행위로 격상된다. 그리고 자서전은 몰래 했던 '자위'가 지니고 있는 의미가 무엇이며, '고백'과 '비밀'이 맺고 있는 은밀한 관계가 무엇인지를 성찰하는 공간이 된다. 지드가 모든 것을 말하는 '성실성'의 원칙을 준수했다면 그것은 그의 고백이 자위행위 속에서 주제화되기 때문이다. 이제 지드의 '비밀들'을 살펴볼 차례다.

비밀 고백: 드러내기와 감추기

"가장 중요한 것은 윤곽도 없고 손에 잡히지도 않는다."[19]라고 지드는 말한다. 이 문장은 지드의 어머니가 독서를 통제하면서 조금이라도 '악마적인' 게 있으면 건너뛰고 읽게 했던 에피소드의 연장선상에서 나온다. 시간이 지나 지드는 어머니 때문에 읽지 못했던 고티에의 시를 읽어보고 실망한다. 그가 상상했던 것에 비하면 어머니의 검열에 걸린 내용은 '악마적인' 것이라고는 거의 없어서 왜 어머니가 그 시를 읽지 못하게 했는지 그 이유를 알 수가 없었다. 여기에서 비밀의 속성 한 가지를 확인할 수 있다. 그것은 바로 서술 불가능성이다. 자서전 작가들이 '성실성'의 규약을 내세우고 모든 것을 다 말한다고 주장해도 독자로서는 항상 뭔가 미진한 느낌을 받는 것도 같은 이유 때문이다. 비밀이 되기 위한 첫 번째 조건은 '말할 수 없다'는 사실에 있다. 비밀은 공유될 수 없다. 비밀의 이런 특성을 염두에 두고 구슬 에피소드를 살펴보자.

지드의 아버지는 어렸을 때 시골 별장의 문짝 구멍에 구슬을 넣어놓았는데 아무도 그것을 꺼내지 못했다. 여러 번 실패한 끝에 지드는 손톱을 기르기로 하고, 작년에는 그토록 애를 써도 꺼내지 못했던 구슬을 순식간에 꺼낸다. 구슬을 들고 자랑하러 가다가 어느 순간 그 구슬이 그에게 자랑할 만큼 큰 기쁨을 주지 못한다는 사실을 깨닫는다.

> 그러나 곧바로, 로즈로부터 축하의 말을 듣고 느끼게 될 기쁨을 미리 헤아려보고 나는 그 기쁨이 하잘것없음을 깨닫고 발걸음을 멈추었다. 나는 한동안 문짝 앞에 가만히 서서, 손바닥 안에 든 회색 구슬, 이제 다른 모든 구슬과 똑같아져버린 구슬을 가만히 쳐다보았다. 구멍 밖으로 나온 순간부터 그 구슬은 더 이상 아무 홍미도 일으키지 못했다.[20]

이 에피소드에는 문짝에 난 구멍, 길게 기른 손톱 등 성적인 이미지가 가득하다. 실제로 이 에피소드는 욕망에 대해 이야기한다. 지드에게 구슬이 홍미로웠던 것은 그것이 끊임없이 욕망을 자극했기 때문이다. 금기에 의해서건 불가능성 때문이건 욕망이 계속 유지되기 위해서는 욕망이 충족되어서는 안 된다. 욕망 자체가 불만족에 근거하기 때문이다. 욕망의 대상을 소유하게 되었을 때 지드는 대상 자체가 매력적이었던 것은 아니라는 사실을 깨닫는다. 손바닥에 놓인 구슬은 평범한 회색 구슬에 불과했고, 소유하는 순간 그 구슬은 '다른 모든 구슬과 똑같아져버린다.' 구슬이 계속 매력적이려면 손에 닿을 듯하면서도 닿지 않는 구멍 속에 있어야 한다. 비밀이나 사랑의 경우도 마찬가지다. 비밀이 귓속말로 계속 전해지는 것은 그것이 비밀이라는 전제 때문이고, 사랑으로 애태우며 밤을 지새우는 것은 그 사랑을 아직 소유하지 못했기 때문이다. 저 너머에 미지의 무엇이 있으리라는 기대 때문에 욕망은 더 커지지만, 소유하는 순간 상상의 기쁨은, 지드가 곧바로 발걸음을 멈춘 것처럼, 중단된다. 그러므로 욕망의 문제는 대상의 문제가 아니라 그것을 원하는 주체의 문제다. 지드는 구슬을 구멍 속에 도로 집어넣는다. 구슬이라는 비밀을 '미지의 것'으로 남겨두기로 선택한 것이다. 그것이 비밀을 타락시키지 않는 방법이다.

지드가 과거를 밝히는 방식은 구슬을 꺼냈다가 다시 감추는 방식과 동일하다. 그는 삶의 비밀을 속속들이 꺼내 보고 그것을 원래 있던 '구멍' 속에 도로 집어넣음으로써 독자에게 자신이 꺼냈다가 다시 집어넣은 비밀, 다시 말하면 그것이 존재한다는 사실을 얼핏 암시하기만 했던 비밀을 스스로 해독해보라고 요구한다.

『밀알』에는 비밀과 관련된 에피소드가 상당히 많다. 비밀을 공유하지 않는 에피소드를 또 하나 예로 들면, 아벨 리샤르는 지드가 하숙했던 리샤르 선생의 막냇동생으로 다소 어리석은 인물이다. 그는 지드에게 친구가 되어달라고 청하면서 그 증표로 열두 통쯤 되는 누나의 편지를 읽도록 허락한다. 편지는 아벨이 유산을 양보했는데도 누나가 여전히 체납금을 다 갚지 못했다는 내용이었다. 아벨은 편지를 읽고 어떤 느낌이 드냐고 물어본다. 아벨은 공감의 말을 기대했지만, 지드는 아벨의 비밀을 알고 난 뒤 진부함밖에 느끼지 못했고 감동을 억지로 만들어낼 수 없었기 때문에 아무 말도 하지 못한다. 아벨은 자기 비밀을 알려줬으니 우정의 표시로 지드의 비밀을 알려달라고 요구한다. 지드는 얼핏 에마뉘엘을 떠올리지만, "난 비밀이 없어."[21]라고 말한다. 타인의 비밀에 지드는 적절하게 반응하지 못했을 뿐 아니라 비밀 때문에 거짓말까지 하게 된다. 왜 지드는 자기 비밀을 고백하지 않고 거짓말을 하게 되었을까?

이것은 리샤르 선생 집에서 지드가 생쥐와 관련된 비밀을 '털어놓은' 에피소드와 관련있다. 지드가 공부하던 정원의 담벼락 구멍에 쥐 두 마리가 살고 있었는데, 먹을 것을 주자 쥐들은 그를 두려워하지 않고, 심지어 새끼까지 갖게 된다. 지드가 그 비밀을 리샤르 선생에게 말하자 리샤르 선생은 쥐구멍에 뜨거운 물을 부어 쥐들을 죽인다. 원했든 원치 않았든 비밀을 고백함으로써 쥐들을 죽음으로 몰고 갔다는 것은 고백의 위험을 상징한다. 자기 심리나 행동의 은밀한 동기를 밝혀도 타인이 그것을 제대로 이해하지 못하면, 그 고백은 오해의 근원이 될 뿐이다. 아벨 에피소드나 생쥐 에피소드는 비밀을 고백한다고 해서 의사소통이 되는 것은 아니라는 사실을 알려준다.

그런데 생쥐 에피소드는 비밀과 관련하여 또 다른 의미를 감추고 있다. 지드가 곤충학에 관심을 보이자, 어떤 친척이 곤충 수집품을 지드에게 유산으로 남긴다. 지드는 자신이 그것을 받을 만한 자격이 있는 인물로 인정받았다고 우쭐하지만, "내가 좋아했던 건 수집품이 아니라 채집"[22]이었기에 기쁘지는 않았다고 말한다. 그는 뭔가를 해나가는 과정에서 기쁨을 느꼈지, 결과물을 소유하는 데에서 기쁨을 느낀 것이 아니었다. 게다가 그는 곤충이 '변태'하는 모습, 다시 말해 어떤 존재가 변화하고 성장하여 완성체로 나아가는 모습을 보는 것에 기쁨을 느꼈다고 말한다. 그에게 '비밀'의 진정한 의미는 소유가 아니라 '변화'라는 것이다.

이 두 에피소드를 나란히 놓으면, 생쥐 에피소드가 감추고 있는 비밀도 '변화'와 관련된 것이 아닐까 하는 의문이 생긴다. 지드가 리샤르 선생에게 고백한 비밀은 구멍 속에 생쥐가 있다는 사실이 아니었을지도 모른다. 오히려 생쥐의 변화, 즉 쥐가 새끼를 가졌다는 사실이 그에게 비밀이 아니었을까? 이렇게 이해하면, 지드는 생쥐를 통해 출산의 신비나 에로티즘의 세계에 자신이 진입하고 있음을 고백하는데, 리샤르 선생은 생쥐를 죽임으로써 에로티즘에 관한 지드의 관심을 억압한 것이 된다.

우리가 생쥐 에피소드를 에로티즘이나 출산의 신비와 연결시킨 것은 뒤이어 제시된 에피소드와 생쥐 에피소드가 공통적으로 출산과 관련되기 때문이다. 생쥐가 죽고 지드가 슬퍼하자 리샤르 선생은 비둘기를 사준다. 이 비둘기들이 알을 낳고 부화할 때가 되자 지드는 정신이 팔려 공부를 소홀히 한다. 그러자 베르트랑 부인이 비둘기장을 자물쇠로 잠그고 정해진 시간에만 출입하라고 제한한다. 지드는 다른 열쇠로도 싸구려 자물

쇠쯤은 얼마든지 열 수 있다는 사실을 알고 있었기 때문에 금지를 어기고 비둘기를 보러 간다. 그때 그는 베르트랑 부인과 일종의 '놀이'를 하고 있다고 생각한다. 누구나 열 수 있는 보잘것없는 자물쇠로 잠가놓은 것 자체가 금지라기보다는 유혹적인 장애물처럼 여겨졌던 것이다. 그러나 베르트랑 부인은 몹시 화를 내고 지드는 변명할 기회조차 얻지 못한다. 자기로서는 장난에 불과했던 행동이 정직하지 못한 행위로 받아들여지는데도 그는 "내 행동의 은밀한 동기들"을 밝힐 수도 없고 "자신을 정당화할 수 없는 상태"[23]에 이른다. 그 결과는 파국적이다. 지드는 베르트랑 부인으로부터 존중받지 못하자 그녀를 존중하지 않게 된다. 베르트랑 부인은 지드 어머니의 분신처럼 보인다. 이 모든 드라마는 금기의 위반, '부화'라고 하는 출산의 신비, 에로티즘과 연결되어 있는데, 지드가 에로티즘에 관심을 갖자 베르트랑 부인(어머니)은 그것을 금지시키고 그에 대해 말을 못하게 함으로써 상징적으로 지드의 성장을 억압한다. 지드의 입장에서는 '변태'할 수 있는 기회를 상실한 것이다.

이와 같은 관점에서 보면 지드의 비밀은 성적인 문맥에서 해석될 수 있으며, 비밀은 언제나 적절히 소통되지 않고, 따라서 그 비밀을 제대로 이해할 수 있는 타자(독자)를 만나는 것은 극히 드문 일이다.

비밀이 이처럼 항상 감춰지고 드러나지 않는다면, 자서전에는 진실을 드러낼 수 없는 것일까? 만화경 에피소드는 또 다른 가능성을 보여준다. 지드는 유년기에 색색의 유리 조각이 여러 개 들어 있는 만화경에 관심을 갖게 되었다. 그 유리 조각은 어떤 것은 드러나고 어떤 것은 감춰지면서, 매번 새롭게 결합되어 다른 이미지를 보여준다. 이 사실은 한정된 요소들을 가지고 매우 다양한 의미를 창출할 수 있다는 것을 의미한다. 이처럼 한 에피소드의 의미는 결정된 것이 아니라 문맥에 따라 얼마든지 다르게 해석되고 새로운 의미를 만들어낼 수 있다. 지드는 유리 조각 중에서 가장 중요한 '루비 조각'이 반쯤 숨어 있을 뿐 완전히 사라지지 않는다는 점에 주목한다. 다양하게 변주되는 이미지 중에도 불변의 요소가 있다는 것이다.

> 그 조각들이 모두 다 보이는 경우는 없었다. 몇 개는 완전히 숨어 있었고, 다른 몇 개는 거울 벽면 뒤쪽에 반쯤 숨어 있었다. 그러나 루비 조각만은 너무 중요해 완전히 숨어버리는 경우는 없었다.[24]

매번 다르게 나타나면서 의미가 달라지는 만화경이 인생을 은유한다면 루비 조각은 지드의 삶에서 변치 않는 본성과 관련된다. 그것을 '진실'과 연결시킨다면, 변하지 않고 남아 있는 루비 조각을 통해 지드는 독자에게 작가가 드러내고자 한 진실이 무엇인가에 관심을 기울이라고 요구한다.

그런데 구슬 에피소드에서 비밀은 감춤과 드러냄의 긴장 속에 있다고 지적한 것처럼, 비밀에서 중요한 것은 진실이라기보다는 비밀을 서술하는 과정에서 드러나는 의미 생성 과정이라고 할 수 있다. 특히 비밀 이야기는 진실과 거짓이 맺고 있는 모호한 관계를 드러내는데, 지드의 신경증과 관련된 에피소드를 통해 이 사실을 확인할 수 있다. 지드는 학교에서 따돌림을 당하자 학교로 돌아가지 않기 위해서 신경증을 가장한다. 그는 신경증에 걸리면 어떻게 될지를 상상하고 책을 보며 연구한다. 그 결과 친구들은 물론이고 부모님과 의사들까지 속인다. 그런데 숙부가 지드의 연기에 아무런 반응을 보이지 않자, 그는 더 이상 신경증 놀이를 할 수 없는 지경에 이른다. 이 에피소드는 비밀이 비밀로 기능하는 상황이 어떤 것인지를 보여준다. 비밀은 타인이 그 비밀을 믿을 때 비밀이 된다. 타인이 무관심하면, 지드의 신경증은 평범한 연기가 되고 만다.

그런데 그가 연기했다고 생각했던 신경증이 실제 증상이었다는 게 밝혀진다. 파리로 돌아와서 그는 신경증에 더해 두통을 앓게 되는데, 그 두통을 처음에는 연기라고 생각했었지만 시간이 흐르면서 그것이 완전히 거짓은 아니었음을 깨닫게 된 것이다.

그런데 그 두통은 스무 살 이후, 심지어 스무 살이 되기 전에 이미 완전히 없어졌기 때문에, 내가 완전히 꾸며낸 건 아닐지 모르지만 적어도 상당 부분 과장되었다고 스스로 비난하며 나는 훗날 그 두통을 무척 가혹하게 평가했다. 그러나 두통이 다시 나타나고 있는 지금, 나는 내가 열세 살 때 겪었던 두통과 지금 마흔여섯 살 때 겪는 두통이 정확히 똑같다는 사실을 깨닫고, 그때의 그 두통 때문에 내가 노력할 수 있는 용기가 꺾였을 수도 있었다는 사실을 인정한다.[25]

스무 살이 되기 전에 사라졌다고 믿었던 두통을 글을 쓰고 있는 지금도 똑같이 다시 앓고 있으니 그 두통은 사라진 게 아니라 잠복해 있었을 뿐이다. 거짓으로 가장했던 신경증이 실제 신경증이었다는 걸 누가 짐작이나 했겠는가? 특히 학교에 관계된 모든 것에 대해 "뭐라고 말할 수 없는 혐오감"을 느끼던 그로서는 "내 두통이 매우 적절히 등장했다는 것은 확실하지만, 내가 어느 정도로 두통을 연기했는지 말하는 것은 불가능하다."[26]라고 덧붙인다. 진실과 거짓의 관계가 모호하다는 것이다.

"그들을 속인다고 믿으면서 정작 나 자신이 속고 있는지도 모를 일이다."[27]라고 지드가 지적하듯이, 거짓이 진실이고 진실이 거짓일 수 있는 이런 상황에서 진실과 거짓 여부를 판가름하기란 불가능하다. 그래서 지드는 모든 것을 다 말하는 성실성의 원칙도 중요하지만, 진실을 둘러싼 모호성도 존중되어야 한다고 주장한다. "나는 그 신비를 파헤쳐보려고 하지는 않았다. 그럴 경우 내가 애써 포착하려고 하던 걸 완전히 망쳐버릴 것 같은 느낌이 들었기 때문이다."[28]

비밀에서부터 시작해서 진실과 거짓이 맺고 있는 모호한 관계에 대한 성찰로 이어지는 이 흐름을 제대로 이해하려면 이제 지드의 생애에서 두 가지 비밀이라고 할 수 있는 에마뉘엘과의 관계와 동성애 문제로 들어서야 한다. 그것이야말로 진실의 모호성을 드러낼 수 있는 좋은 예이기 때문이다.

계시로서의 사랑

『밀알』은 사촌누이 에마뉘엘과 약혼하는 것으로 마무리되지만, 약혼 전 지드가 알제리 소년들과 동성애 관계를 맺었고, 1917년부터 마르크 알레그레와 동성애 관계를 유지했으며, 엘리자베스 반 뤼셀베르그와의 사이에서 딸이 태어나는 등 에마뉘엘과의 결혼 생활이 평탄하지 않았다는 전기적 사실은 이미 널리 알려져 있다. 그러므로 자서전에 아내가 된 에마뉘엘과의 관계를 어느 정도로 진실되게 서술하는가 하는 부분은 그의 동성애 고백과 더불어 초미의 관심사이기도 하다.

홍미로운 사실은 지드가 『밀알』에서 사촌누이들에 대해 서술하기를 망설인다는 점이다. 1부 3장 마지막 문장에서 지드는 "이제 그녀들에 대해서 이야기할 시간이다."라고 밝혀서 독자들은 다음 장에는 사촌누이들이 본격적으로 등장하겠지 하고 기대하게 된다. 그러나 1부 4장의 첫 두 문단을 제외하면 사촌누이들은 오랫동안 등장하지 않고 오히려 다른 이야기만 계속 이어간다. 예를 들면, 4장은 지드가 학교에 적응하지 못하고 친구들로부터 따돌림과 폭행을 당했으며, 학교에 가지 않기 위해 어머니를 속이고 신경쇠약에 걸린 것처럼 가장하여 치료받았다는 내용으로 채워져 있다. 이것도 고백하기 쉽지 않은 내용인 것은 분명하지만 이런 에피소드를 아무리 솔직하게 고백해도 독자의 기대는 충족되지 않는다. 이런 에피소드들을 다 서술한 후에 이제 사촌누이들과의 관계를 서술하겠다고 해도 늦지 않은데, 왜 작가는 에마뉘엘과의 관계를 서술하겠다고 예고하고는 정작 그녀에 대한 에피소드는 서술하지 않는 것일까? 작가가 의도적으로 지연시켰다면 그 의도는 무엇일까?

에마뉘엘의 등장을 지연시킨 것은 그녀와 관련된 주제가 그에게는 여전히 다루기 힘든 민감한 주제이기 때문이다. 앞에서 자위나 신경증과 관련하여 살펴보았듯이, 에마뉘엘에 이르기 전에 그는 자신의 삶을 일종의 시련이자 악몽, 그의 용어로 하면 '지옥'으로 제시한다. 그런 지옥의 에움

길을 어렵게 통과하고 있는 지드에게 에마뉘엘은 구원자이자 성스러운 존재, 천사처럼 등장한다. 그녀는 그의 청소년기의 끝에 위치한 '빛'의 역할을 한다. 그러나 이렇게 단순한 관계였다면 그가 에마뉘엘에 관한 서술을 그토록 지연시킬 이유는 없었을 것이다. 그들의 관계는 생각보다 복잡하다. 먼저 에마뉘엘이 서술된 첫 부분부터 살펴보자.

> 에마뉘엘은 내 취향에는 너무 조용했다. 그녀는 우리의 놀이가 '웬만한 수준'을 넘어서는 순간, 그리고 놀이가 소란스러워지기 시작만 해도 더 이상 놀이에 끼어들지 않았다. 그러고선 책을 한 권 들고 혼자 외따로 틀어박혔다. 마치 도망치는 것 같았다. 아무리 불러도 그녀에게는 더 이상 들리지 않았고, 외부 세계가 그녀에겐 존재하지 않았다. 공간 개념을 잃어 갑자기 의자에서 굴러 떨어지는 일도 있었다. 그녀는 말다툼한 적이 한 번도 없었다. 다른 사람에게 자기 차례나 자기 자리, 또는 자기 몫을 양보하는 게 어찌나 자연스러웠던지, 또 항상 얼마나 우아하게 웃는 낯이었던지, 그게 미덕에 의한 것이라기보다 오히려 자기가 좋아서 그러는 게 아닌지, 달리 행동하는 게 그녀에겐 도리어 거북한 건 아닌지 의심할 정도였다.[29]

이 부분에서 에마뉘엘은 우리의 기대와 달리 지나치게 부정적으로 서술되어 있다. 첫 문장부터 독자는 에마뉘엘과 지드가 어울리지 않는 한 쌍이라는 느낌을 받게 된다. 그것은 에마뉘엘을 가리키는 '너무'라는 부사 때문이다. 사촌누이는 조용해도 '너무' 조용하고, 놀이를 즐기지 못하고 자기 세계에 빠져 있다. 다섯 번에 걸쳐 사용되고 있는 부정문, 그리고 '그만두다, 틀어박히다, 도망치다, 잃다, 떨어지다, 양보하다, 거북하다'와 같은 부정적인 단어들 때문에, 에마뉘엘에 대한 부정적인 느낌은 더욱 강화된다. 그녀의 미덕을 서술할 때에도 마찬가지다. 미덕으로 간주되는 '양보'조차 지드는 에마뉘엘이 다르게 행동하면 거북해지니까 양보하는 게 아닐까 의심할 정도다. 지드는 에마뉘엘의 미덕에서 긍정적인 부분을 제거하고 오히려 기만적이고 부정적인 부분을 강조한다. 거북한 것을 피하고 싶어서 양보하는 것이라면 진정한 선의는 아닐 것이다. 에마뉘엘에게서 비롯된 부정적인 인상은 에마뉘엘의 집과 거리로 확장되는 듯하다. 외삼촌이 살고 있는 집은 평범하고 침울하다. 그 집이 있는 르카 거리는 지방의 쓸쓸한 거리이고, 가게도 없고, 활기도 없고, 특징도 없고, 매력도 없다. 그 거리는 더 음울한 강변으로 이어진다.

그런데도 지드는 활기차고 대담하며 놀이에 생기를 불어넣는 에마뉘엘의 동생 쉬잔을 사랑하지 않고 에마뉘엘을 사랑한다. 그렇게 된 계기는 에마뉘엘의 비밀을 지드가 눈치챘기 때문이다. 여기에도 '비밀'이 개입되어 있다. 예고 없이 에마뉘엘의 집을 방문했던 어느 날 지드는 외숙모의 불륜 장면을 목격하고 위층으로 올라가 에마뉘엘을 만난다. 기도하며 눈물을 흘리는 에마뉘엘을 보며 지드는 자기 인생이 에마뉘엘과 결정적으로 결합했다고 생각한다. 『좁은 문』에 동일한 장면이 좀 더 분명히 서술되어 있다.

> 나는 여전히 무릎을 꿇고 있는 그녀 곁에 선 채 머물러 있었다. 나는 내 마음속에 솟구치는 새로운 격정을 표현할 줄 몰랐다. 그러나 내 가슴에 그녀의 머리를 껴안고 내 영혼이 흘러넘치는 입술을 그녀의 이마에 갖다 댔다. 사랑과 연민의 정에 도취되어, 감격과 자기희생과 덕성이 뒤섞인 모호한 감정에 도취되어, 나는 온 힘을 다해 하나님을 불렀고, 이제 내 인생의 목적은 공포와 악과 생활로부터 이 아이를 보호하는 것 이외의 다른 것이 아니라고 생각하며 내 신명을 바치기로 작정했다.[30]

여기까지 읽으면, 지드가 사랑의 대상을 선택할 때 필연성이 결여된 것처럼 보인다. 평소 에마뉘엘이 자기가 좋아하는 스타일이 아니라고 하다가 슬픔에 빠진 모습을 보고 갑자기 사랑에 빠진 것은 논리적이지 않을 뿐 아니라 사랑이라기보다 연민에 가까워서, 그의 사랑은 비탄에 빠진 여자를 보호하고 구원하는 종교적 행위처럼 보인다. 나쁘게 말하면, 그 관계는 상호적 사랑이라기보다는 자아도취적으로 보인다.

그런데도 지드의 인생에서 에마뉘엘이 중요한 이유는 그녀가 그의 인생에서 결정적인 역할을 하기 때문이다. 우선 그녀는 그에게 처음으로 존재의 의미를 명확히 알게 해준 인물이다. 이 에피소드 전에 있었던 상황을 살펴보면, 지드는 아버지를 잃고 상실감에 빠져 있었고 어머니는 아버지의 역할까지 수행하면서 억압적인 면모를 두드러지게 나타낸다. 또 힘겨운 학교생활과 과도한 자위와 억압에서 비롯된 신경쇠약 때문에 그는 힘든 나날을 보내고 있었다. 반면에 에마뉘엘은 어머니의 불륜 때문에, 즉 타인의 잘못 때문에 괴로워한다. 어머니를 은밀히 비난하는 데 대한 죄책감이 심해졌고 어머니의 '비밀'을 드러내지 않고 감추어야 한다는 의무감이 에마뉘엘을 짓누르고 있었다. 슬픔에 빠진 그녀를 위로하면서, 지드는 처음으로 자기 존재의 효용성을 발견했고 이는 어둠 속을 헤매던 청소년기에 한 줄기 빛이 되었다. 상대방을 구원하면서 자신도 구원받았다는 의미에서 그는 시혜자이면서 수혜자라고 할 수 있다. 자신이 구원받은 것을 지드는 일종의 '눈물의 세례'처럼 서술한다. "그녀는 자리에서 일어나지 않았다. 나는 그녀가 슬퍼하고 있다는 걸 금방 알아채지 못했다. 내 뺨에 그녀의 눈물을 느끼면서 비로소 내 눈이 갑자기 뜨였던 것이다."[31] 이렇게 해서 에마뉘엘은 그의 눈을 뜨게 한 예수로 비유된다. 에마뉘엘은 순식간에 희생자에서 지드의 눈을 뜨게 한 "구원자, 새로운 존재의 예고자"가 된 것이다.[32]

내 친구 에마뉘엘을 그토록 조숙하게 만든 그 비밀스런 슬픔, 내가 그 슬픔을 알게 된 건, 한 영혼의 비밀을 알게 될 때 대부분 그러하듯 서서히 알게 된 게 아니다. 그건 전혀 의심하지 못했던 한 세계가 갑작스럽게 전적으로 드러난 것으로, 나는 갑자기 그 세계에 대해 두 눈을 뜨게 되었다. 태어날 때부터 앞을 못 보던 소경이 구세주가 만지자마자 두 눈을 뜬 것과 같았다.[33]

분명한 것은 외숙모의 불륜 때문에 에마뉘엘은 구원자가 되었고 지드는 눈을 뜨게 되었으니 에마뉘엘이나 지드 모두 긍정적인 변모를 겪었다는 것이다. '개안'을 설명하기 위해 지드는 '영혼의 비밀'이라는 표현을 사용한다. 혼자 감내해야 했던 비밀 때문에 에마뉘엘은 슬퍼하고 자기 세계에 빠져 있었는데, '영혼의 비밀'을 지드와 공유하는 순간 이들은 서로를 구원한 것이다. 슬픔의 비밀은 마치 사도 바울이 '회심'하듯, 전격적으로, 계시처럼 제시된다. 이러한 서술 전략은 자전적 소설과 자서전을 비교하면 더 분명히 드러난다. 『좁은 문』에서는 젊은 군인과 외숙모가 아이들 앞에서 은근히 밀회를 벌이고 주인공 제롬이 그것을 얼핏 엿본 것으로 서술되고 있다. 반면 자서전에서는 불륜의 장면은 구체적으로 서술되지 않고 에마뉘엘과 공감하는 장면으로 바로 넘어간다. 자서전에서는 슬픔의 원인보다 그들이 비밀을 공유했다는 사실과 그들의 사랑이 성스러운 운명을 실현하는 과정이었음을 드러내는 것이 더 중요했던 것이다.

이처럼 에마뉘엘과의 사랑은 '슬픔, 비밀의 공유, 계시와 개안'의 문맥에서 제시된다. 그래서인지 그 사랑은 불륜에 대한 반감, 즉 육체적 사랑에 대한 혐오감을 드러내고 정신적 사랑을 강조한다. 지드는 그 사랑으로 삶의 방향을 확보하게 되었다고 주장한다.

물론 내가 이 모든 사실을 알게 된 건 훨씬 나중 일이다. 하지만 이미

> 내가 소중히 여기던 이 작은 존재 속에 견딜 수 없는 커다란 고뇌가, 그 슬픔을 치유하기엔 내 모든 사랑도, 내 모든 인생도 모자랄 것 같은 그런 엄청난 슬픔이 자리하고 있음을 난 느끼고 있었다. 내가 무슨 말을 더 할 수 있단 말인가? (…) 나는 그때까지 그저 정처 없이 헤매고 있었다. 그런데 갑자기 내 인생을 비추는 새로운 서광을 발견했던 것이다.[34]

유년기와 청소년기를 거치는 동안 지드는 학교에서는 폭력의 희생자여서 신경증을 연기하며 도피했고, 욕망을 억누르고 있었다. 그러다가 에마뉘엘의 슬픔을 알게 되면서 그는 자기 인생을 비추는 서광을 발견하게 된다. 에마뉘엘의 눈물과 지드의 개안에 대해 피에르 마송은 그 눈물로 젊은 지드가 타인의 고통을 발견하고 그의 감수성 또한 확고해지며 타자의 현실을 향해 열린다고 지적한다.[35] 그러나 『밀알』 전체에서 지드가 타인의 고통에 공감하는 에피소드는 별로 없고, 또 에마뉘엘의 슬픔 때문에 연민을 느꼈다고 해서 그것 때문에 결혼을 결심할 정도로 사랑을 느꼈다는 것은 여전히 이상해보인다. 차라리 제임스 그리브가 지적하듯, "사랑은 한 개인에게 자신이 되고 싶었던 모습을 볼 수 있는 기회를 제공한다."[36]라고 받아들이는 것이 솔직하지 않을까? 되고 싶었지만 될 수 없었던 어떤 결핍을 보상하는 방식으로 사랑의 대상을 선택하는 것이라면, 그는 자신에게 결핍되었던 성스러움을 에마뉘엘에게서 발견하고 그녀를 사랑하게 되었다고 이해하는 것이 자연스럽다. 그리브의 또 다른 표현을 빌리면, "사랑에서 사람은 자기 자신을 추구한다."[37]

에마뉘엘이 눈물 흘리는 모습을 보고 그것을 일종의 계시로 받아들이고 사랑에 빠진 이 에피소드를 통해 지드와 에마뉘엘의 사랑이 어떤 성격을 지니고 있는지 짐작할 수 있다. 우선 '계시'라는 용어가 암시하고 있듯이, 지드는 에마뉘엘과의 관계를 종교적이고 성스러움의 차원으로 제한하고 있는 것 같은 느낌이 든다. 그에게 그녀는 다양한 감정을 가진 살아 있는 인물이라기보다는 순수의 상징처럼 여겨진다. 실제로 에마뉘엘은 지드의 편향된 시각을 반영한다. 그는 성경을 읽으면서 느꼈던 환희를 에마뉘엘과 연결시키고 그녀와 함께 산책한 것을 "일상의 에덴"[38]을 탐색한 것이라고 하며 감탄한다. 에마뉘엘은 자신을 개안시킨 순수한 영적 존재로 고정된 채 변하지 않아야 하는 어떤 존재가 된다. 왜 자신은 동성애를 발견하고 관능적 사랑으로 옮겨가면서 에마뉘엘에게는 천상의 이미지만 부여하는 것일까?

이 질문은 '그가 느낀 사랑의 본체는 무엇일까?'라는 질문으로 이어진다. 슬픔에 잠긴 에마뉘엘에 대해 느낀 연민의 감정 이면에 그녀를 구원하겠다는 허영심과 그녀를 구원하면서 자신이 구원받을 수 있다는 섣부른 기대가 있는 것은 아닐까? 다시 말하면 그 사랑은 자기 만족감에 불과한 게 아닐까? 에마뉘엘에 대한 사랑은 그녀의 불행을 위로함으로써 얻게 된 자기 효능감의 반대급부처럼 보이며, 그것은 진정으로 에마뉘엘을 사랑했다기보다 자신을 사랑하는 또 다른 모습에 불과해보이기 때문이다.

지드 또한 자신의 사랑이 갖고 있는 문제점을 인지하고 있었던 것 같다. 에마뉘엘의 눈물 때문에 자기 삶의 방향이 결정되었다고 믿고 있었는데 이후 그의 운명이 어떤 식으로 변했는지를 서술하면서 에마뉘엘과의 관계가 순탄치 않았음을 암시한다.

> 나는 가슴 깊은 곳에 내 운명의 비밀을 숨겼다. 만약 그 운명이 어긋나지 않고 방해받지 않았더라면, 이 회상록을 쓰지 않았을 것이다.[39]

지드는 그들의 운명이 어긋나고 방해받았다고 밝힌다. 또 후에 에마뉘엘과 주고받은 편지를 다시 읽으면서 "최근에 내 편지들을 다시 읽어보고자 했다. 하지만 그 어조를 견딜 수 없고 나 자신이 가증스러워 보인다."[40]

라고 언급한다. 이전에는 자연스러웠던 어조가 이제는 견딜 수 없을 만큼 혐오스러운 이유는 그때의 감정과 지금의 감정이 다르기 때문이다. 그리고 과거의 자신이 가증스럽게 여겨지는 이유도 성 정체성의 측면에서 그가 진정으로 원하는 것이 무엇인지를 알지 못했기 때문이다.

성 정체성에 대해 지드는 1부 내내 구체적으로 서술하지 않으며, 여성에게 별다른 호기심이 없었지만 그것을 청교도 교육의 결과로 생각했었다는 정도만 서술한다. 그러나 에마뉘엘과의 사랑을 성 정체성의 관점에서 살펴보았을 때, 육체가 완벽하게 제거된 정신적 사랑이 강조되었고 에마뉘엘이 성적인 대상이 아니라 숭고한 대상으로 제시되고 있다는 점은 주목할 만하다. 좀 더 과장되게 말하면, 자신의 성 정체성 문제를 직시하지 않아도 되는 그런 사랑을 지드는 선택한 셈이다. 에마뉘엘과의 관계에서 그가 감추고 있는 '운명의 비밀'은 바로 이것인지도 모른다. 이제 지드와 에마뉘엘의 운명이 어긋난 뒤 자서전을 쓰게 된 직접적인 이유가 되었던 동성애에 다가갈 때가 되었다.

동성애: 성적 주체의 탄생

『밀알』 1부가 어둠 속에 잠겨 있던 유년기에 발견한 정신의 탄생을 다룬다면, 2부는 육체를 통한 성적 주체의 탄생을 다루는데, 자서전에 육체보다 정신이 먼저 탄생한 것처럼 서술된 것은 매우 흥미롭다. 그러나 지드에게 진정한 탄생은 육체의 탄생과 더불어 이루어지며, 육체의 탄생은 동성애 경험과 함께 이루어진다. 그리고 동성애를 경험하면서 자서전을 쓰려고 시도했기 때문에 육체의 탄생, 동성애 경험, 자서전 쓰기는 동시적 경험이라고 할 수 있다.

'한 알의 밀알이 죽지 않으면'이라는 제목에서도 육체의 탄생이라는 주제가 부각된다. 이 제목은 원래 속세의 삶은 밀알 한 알에 불과한 가치 없는 삶이지만 천국의 삶은 영원하다는 의미를 담고 있다. 지드는 요한복음 12장 24절의 우화를 다시 태어나기 위해서는 상징적인 죽음을 경험해야 한다고 해석한다. 그러면서 황량했던 유년기와 동성애를 경험한 성년기를 대비시킨다. 시도니 리발랭-파디우는 1부와 2부 구성도 그런 식으로 해석한다.[41] 관능을 경험하지 못한 유년기는 죽어야 할 한 알의 밀알에 해당되고, 그 밀알이 죽음으로써 관능으로 충만한 성년기가 만개했다는 것이다. 1부가 2부를 위해 희생되어야 하는 한 알의 밀알에 불과하다면, 1부에 서술된 에마뉘엘과의 사랑은 구원의 계기라기보다는 진정한 구원인 동성애 체험에 드리워지는 죽음의 그림자처럼 여겨진다.

지드는 원래 자서전을 1부만 쓸 계획이었는데, 남편이 동성애자라는 사실을 알게 된 에마뉘엘이 그동안 받았던 편지를 불태워버리자 복수하고 싶은 욕망이 생겨났고, 그 결과 관능적 사랑을 경험하고 자신이 새롭게 태어났음을 드러내려고 자서전에 육체적 환희를 경험했던 알제리에서의 동성애 경험을 덧붙였다고 한다. 그래서 엄격한 균형을 사랑한 고전주의자라는 평과는 달리, 1부는 열 개의 장으로 구성되고, 2부는 두 개의 장으로 구성되어 자서전에 심각한 불균형이 나타난다. 그런데 동성애 경험에 대한 기술을 통해 지드의 자서전은 비로소 거짓을 거부하고 '진실'을 기술할 수 있었고, 그 결과 자서전의 규약을 실천할 수 있었다. 지드는 동성애자임을 밝히면 작가로서 명성이 위태로워질 수 있지만, 그 사실을 허구로 드러낸다면 그것은 진실을 감추는 기만적인 행위라고 생각했다. 그에게 자서전을 쓰는 것은 자신과 진실한 관계를 맺는 방법이었으며, 자신을 궁지에 몰아넣음으로써 오히려 아내로 하여금 새로운 관계를 맺도록 강요하는 수단이었다.

지드가 선택한 자기변호 전략은 간단하다. 자위와 마찬가지로, 동성애도 타락한 성적 일탈이 아니라 '본성'에 속한다는 것이다. 본성이 절대적으로 우위에 있다는 사실을 그는 여러 가지 방법으로 암시한다. 예를 들면, 로마법 전문가인 아버지와는 달리 지드는 역사에 관심이 없었을 뿐 아니라 그의 소설 또한 개인의 심리 묘사는 탁월하지만 역사의식이 탁월한 작품이 없었다. 지드는 자신이 천성적으로 역사에 관심이 없다는 사실을 다음과 같이 강조한다. "이후 나는 내 본성을 여러 번 억누르고 최선을 다해 역사에 전념해보기도 했다. 그러나 내 뇌는 여전히 받아들이지 못하고 있었다."[42] 삶이든 글쓰기든 그에게 본성을 따르는 것 외에 다른 길은 없었다.

동성애가 처음부터 지드의 경험으로 제시되는 것은 아니다. 그는 동성애가 자기만의 특별한 경험이 아니고 보편적인 경험인 것처럼 타인들의 예를 제시한다. 그러면서 동성애가 성적 쾌락의 문제이며 진실성의 문제임을 정확하게 보여준다. 지드는 할머니의 하녀인 마리의 예를 통해 동성애 주제에 접근하는데, 먼저 마리는 사랑과 행복으로 가득 찬 긍정적인 이미지로 제시된다. 지드가 산책하다가 뒤를 돌아보았는데 아직 그늘진 나무다리 위에 있던 마리가 들장미를 손에 들고 걸어 나오고 있었다. 그녀가 갑자기 햇빛에 휩싸이면서 얼굴 전체가 미소로 보일 만큼 환히 웃고 있어서 왜 웃느냐고 묻자 그녀는 "그냥. 날씨가 좋아."라고 대답한다. 그때 지드의 눈에 그 계곡이 사랑과 행복으로 가득 찬 것처럼 보인다. 자연을 사랑하고 행복감을 느끼는 마리의 모습을 통해 지드는 마리가 동성애자라고 해서 그녀를 괴물로 간주할 수 없음을 강조한다. 마리는 당시 델핀과 동성애 관계였는데, 델핀이 결혼하여 떠나기 전날 밤 지드는 마리의 방에서 들리는 "일종의 탄식"[43]을 듣는다. 그 탄식은 이국적인 아랍 여인의 탄식 같기도 하고, 흐느낌과 격정이 뒤섞인 이중창과도 비슷해서 공모관계 속에 펼쳐지는 은밀한 의례를 떠올리게 만든다.

이 흐느낌의 의미는 뒤이어 서술된 에르네스틴이라는 하녀의 울음과 비교할 때 비로소 제대로 이해된다. 이 하녀는 이모부가 돌아가셨을 때 소리 내어 울었는데, 마리의 흐느낌과는 달리 에르네스틴의 통곡은 진정한 슬픔이 아니고 다른 사람에게 보여주기 위한 작위적인 울음이었다는 것이다. 지드는 두 하녀의 울음을 통해 진실과 거짓이 무엇인지를 보여준다. 마리가 감정에 충실하고 자연에 동화된 듯 자연스럽다는 사실은 지드가 동성애의 정당성을 주장하는 주요 논거가 된다.

'진실과 거짓'이라는 용어는 지드의 세계가 이분법적인 세계임을 암시한다. 한편에는 '실제적이고 일상적인 세계, 표면적인 세계'가 있는데, 그곳에서 그는 아직 '유충 상태'여서 "나는 아직 잠자고 있었으며 아직 태어나지 않은 것과 같았다."[44]라고 서술한다. 그 옆에는 그가 "제2의 현실"[45]이라고 부르는 "뭔지 모르는 다른 세계"[46]가 있고 그 세계를 발견할 때 그는 비로소 태어나는 듯한 느낌을 받는다. '제2의 현실'이라는 표현은 집에서 무도회를 열었을 때 불현듯 드러난 또 다른 세계를 가리키는데, 지드는 평범한 일상과는 다르게 여겨지는 그 세계를 진정한 현실로 인식한다.

> 마치 내가 하나의 다른 인생에, 신비스러우나 또 다른 방식으로 실재적인, 더 찬란하고 더 비장한 인생에, 어린애들이 잠자리에 든 다음에야 비로소 시작하는 그런 인생에 갑자기 접어들게 된 것 같다.[47]

벗어나야 할 '일상적이고 표면적인' 세계는 차가움, 원칙, 기독교, 유럽, 어머니로 대표되며, '제2의 현실'은 뜨거움, 태양, 관능, 아프리카로 대표된다. 지드는 '제2의 현실'을 성적인 차원에서 탐색한다.

제2의 현실을 경험하고자 하는 욕망은 가장 무도회 에피소드에서 잘 드러난다. 지드는 '가장 무도회'를 "자기가 아닌 다른 사람처럼 보이는 놀이"[48]라고 정의하면서 평상시의 자신에게서 벗어날 수 있는 기회로 간주하고 초조하게 기다린다. 그 무도회에서 지드는 '꼬마 악마'로 변장하고 싶었는데 아이의 욕망에 전혀 관심이 없는 어머니는 그를 '과자 장수'로 분장시킨다. 그는 자신이 꿈꾸던 '악마'라는 '제2의 자아'를 실현할 수 없었고, 또 다시 일상의 평범한 자아만 되풀이해서 경험한 것이다. 그런데 이 무도회에 "꼬마 악마 또는 피에로 같은 복장"을 한 아이를 본 지드는 그의 "날씬한 몸매와 우아함, 그리고 달변"에 매혹되어 사랑에 빠진다. "금박으로 장식한 까만 타이즈가 날씬한 그의 몸을 있는 그대로 드러내고 있었던 것이다."[49]와 같은 표현에서 알 수 있듯이, 지드는 정신적인 면보다는 육체적인 면에 매혹된다. 평상시 에마뉘엘과의 관계에서 정신적이고 숭고한 종교적인 차원을 강조했던 것을 기억하면, 지드가 육체의 매력을 발견하고 사랑에 빠진 것은 눈길을 끈다.

가장 무도회 에피소드는 그의 욕망 충족이 지연되고 있음을 알려준다. 육체적 향락이 문제 될 때 지드는 그것을 '악마의 유혹'이라고 부른다. 여기서 '악마'라는 용어는 긍정적인 의미를 지니고 있어서, 그의 자서전에서는 육체의 해방, 자유의 획득, '정상적인 내 상태'로의 복귀를 의미한다. '악마'의 의미를 이렇게 이해할 때, 에마뉘엘이 '천사'의 이미지로 제시된 것이 얼마나 아이러니인지 짐작할 수 있다. '악마'라는 표현은 오스카 와일드와 만난 후 관계 맺은 아랍 소년 마호메드 관련 에피소드에서도 사용되는데, 우선 알리와의 첫 번째 동성애 경험을 잠시 언급할 필요가 있다.

당시 지드는 알제리에 있었는데, 폐결핵 때문에 몸이 약해져서 알리가 지드의 망토와 숄을 들고 함께 근처를 산책하고 있었다. 깔때기 모양으로 생긴 곳에 이르자 알리가 그것들을 집어던지고 팔짱을 낀 채 똑바로 누워서 지드를 쳐다보며 웃었다. 망토와 숄은 그가 유럽에서 아프리카까지 가져온 허위의식을 상징한다. 그것은 한마디로 자연이나 본성에 어긋나는 무엇이다. 지드는 그것을 일종의 '초대'라고 생각했지만 다가가지 않고 기다린다. '본성'에 일치하는 동성애를 그토록 기다려왔음에도 불구하고 그가 알리와 즉각 육체관계를 맺지 않고 기다린 이유에 대해서는 기억나지 않는다고 하지만, '죄의식'이나 도덕관념 때문에 망설인 것은 아니고 '호기심' 때문이었다고 덧붙인다. '호기심'이라는 말로 그는 자신의 첫 경험이 단순히 알리의 주도로 이루어진 것이 아님을 분명히 한다. '기다림' 때문에 그가 알리의 유혹에 수동적으로 반응한 것처럼 보일 수 있지만, 지드는 오히려 기다림이 호기심의 크기에 비례한다고 밝힌다. 그가 기다리자 이제 알리가 작별 인사를 하고 일어선다. 그러자 지드가 그를 땅에 쓰러뜨린다. 알리는 호주머니에서 칼을 꺼내 자기 옷의 매듭을 잘라낸다. 그것은 마치 지드가 이때까지 자신을 졸라매고 있던 미덕의 매듭을 끊어내고 새롭게 탄생하는 것처럼 묘사된다. 알리와 지드가 동일시되고 있는 이 부분은 인용할 만하다.

> 옷이 땅에 떨어졌다. 그가 외투를 멀리 던지고는 벌거벗은 상태로 신처럼 몸을 일으켰다. 잠시 그가 자신의 가녀린 양팔을 하늘을 향해 들어 올렸다. 그러고는 웃으며 나에게 무너지듯 몸을 기대왔다. 그의 몸은 타는 듯 뜨거웠을 테지만, 내 손에는 그늘처럼 선선하게 느껴졌다. 사막은 얼마나 아름다웠던가! 장엄하고 사랑스러운 저녁에 내 기쁨은 어떤 빛을 옷 삼아 입고 있었던가![50]

이 아랍 소년은 거추장스러운 문명의 외투를 벗어젖힌 '신'으로 변하고 심지어 그의 몸은 뜨거운 사막에서 유일하게 선선한 오아시스처럼 느껴진다. 그 오아시스 덕분에 사막은 아름답게 빛나며 지드는 기쁨을 느끼고, 그 기쁨은 '빛'으로 둘러싸여 있다. 에마뉘엘의 눈물에서 지드가 구원의 빛을 발견했듯이, 이제 육체의 쾌락을 발견하고 또다시 구원의 빛을 발견한 것이다. 알리와의 동성애 덕분에 지드는 자기 병이 나았다고 하면서 자신을 "소생한 자", "무덤에서 빠져나온 라자로"[51]에 비유한다. 이때까지의 죽은 자였던 자신이 마침내 육신의 부활을 경험하고 새롭게 태어난 것이다. 동성애를 경험한 후에 지드는 자신의 본성을 되찾았다고 느끼지만 죄의식을 떨치지는 못한다. 그래서 비스크라의 아름다운 창녀 메리암과의 정사를 통해 '정상화'를 시도하지만, 그것도 다른 알제리 소년 모하메드를 상상하고서야 겨우 성공할 수 있었다. 지드가 2부 2장에서 모하메드와의 관계를 서술한 부분은 다음과 같다.

> 메리암 곁에서 했던 시도, '정상화'하려는 그 노력은 희망이 없었다. 그건 내 방향이 아니었기 때문이다. 이제야 나는 정상적인 내 상태를 찾았다. 여긴 더 이상 강요도, 서두름도, 의심쩍은 것도 없다. 내가 간직한 기억 속에는 더 이상 잿빛 나는 것은 없다. 나의 기쁨은 한없이 컸으며, 사랑이 덧붙여진다 해서 더 충만하리라고는 상상할 수 없을 정도로 큰 기쁨이었다. 하지만 여기서 어떻게 사랑을 언급한단 말인가? 어떻게 내 육체적 욕망이 내 마음을 좌지우지하게 내버려둔단 말인가? 나의 쾌락은 아무런 저의도 없었으며, 또 어떤 회한도 남기지 않아야 했다. 하지만 야성적이고 불같이 뜨거운, 관능적이고도 음험한 그 작고 완벽한 육체를 벌거벗은 내 가슴속에 껴안을 때의 그 황홀경은 그렇다면 무엇이라 불러야 할 것인가?[52]

메리암과 관계를 맺음으로써 '정상화'를 시도한 것은 그가 이성애를 여전히 정당하고 보편적인 사랑의 방식으로 간주하고 있음을 암시한다.[53] 자신의 기질을 따르는 것이 정상적이라는 사실을 깨닫는 데에는 시간이 더 필요했던 것이다.

모하메드와의 관계를 통해 지드는 '강요, 서두름, 의심'으로 특징지어지는 과거의 '나'를 벗어던지고 기쁨을 경험한다. 이 쾌락의 관계에서는 사랑에서 비롯되는 윤리적 의무감은 전혀 없다. 그는 육체적 욕망을 마음과 분리시키고 충만함을 사랑보다 우월한 것으로 받아들인다. 또 행복이 유일한 도덕이고 행복을 방해하는 것은 그 어떤 것도 정당화될 수 없다고 생각한다. 이러한 '자기 충족'을 제임스 그리브는 "개인의 실존적 의무"[54]로까지 격상시킨다. 자기 충족감을 느끼기 위해서라면 연인을 버리고 에고이스트라는 비난도 감수해야 하는데, 그것이 바로 『반도덕주의자』에 드러난 지드의 도덕관이고 『밀알』에 구현된 그의 동성애론이다. 그러므로 그의 행복에는 주고받기나 증여 따위는 없다. 그에게는 육체적 갈증을 완전히 소진시키는 것만이 중요하다. 그는 '소진'을 관용이나 체면으로 위장하지 않고 자신의 진정한 면모를 드러내는 드문 기회로 인정하며, 소진을 통해서만 자신의 한계를 넘어설 수 있다고 생각한다.

천국과 지옥의 결합?

『밀알』은 1895년 지드가 에마뉘엘과 약혼하는 것으로 끝나는데, 청혼하는 과정도 재미있다. 지드는 작품을 써서 사촌누이에게 청혼하겠다고 결심하고 1890년 12월에 완성된 『앙드레 발테르의 수기』를 준다. 이듬해 1월 에마뉘엘은 그 책 읽기를 거부하고 청혼도 거절한다. 흥미로운 것은 지드가 책을 주면서 청혼했다는 사실이다. 청혼이란 사랑을 고백하는 것인데 지드는 책을 줌으로써 사랑을 고백한 셈이다. 그가 책을 주며 청혼한 이유는 무엇일까? 책은 어떤 의미가 있을까? 그에게 책, 더 나아가 예술 작품을 쓰는 것은 '서로 다른 두 요소의 조화'라는 개념과 분리될 수 없다.

> 이 두 가정처럼, 프랑스의 이 두 지방처럼 그렇게 다른 건 없다. 이 둘은 서로 상반되는 경향들을 내 속에 결합시키고 있다. 나는 종종 내가 예술 작품을 쓰지 않을 수 없다고 확신했다. 그만큼 서로 다른 두 요소를 조화시키는 일은 오직 예술 작품으로만 실현할 수 있기 때문이다. 그렇게 하지 않았다면 그 두 요소는 언제까지나 내 속에서 서로 싸우거나 아니면 기껏해야 협상이나 해대고 있었을 것이다.[55]

여기서 '두 가정'이란 친가와 외가를 의미한다. 친가는 프랑스 남부 프로방스의 유복하지 않은 개신교 집안이었고, 아버지는 유명한 법학 교수였다. 반면 외가는 프랑스 서북부 노르망디 지방의 루앙에 자리 잡은 풍요로운 부르주아 계층으로 사업에 종사했다. 아버지는 합리적이었고 어머니는 무조건 복종을 요구했다. 지드는 자기 내면에서 충돌하고 있는 두 집안의 특징을 예술을 통해 조화롭게 만들 수 있다고 믿었다. 예술은 "이종교배의 산물"이어서 "서로 대립되는 요구들이 공존한 채 서서히 중화되는 가운데 성장"[56]한다고 생각했던 것이다. 더군다나 육체와 정신이 극도로 혼란해지면서 양립될 수 없는 이중성을 느꼈던 1893년경, 그는 이중성의 조화를 인생의 목표로 설정한다.

> 마침내 나는 서로 양립될 수 없는 이 이중성이 하나의 조화로 해결될 수 있으리라는 생각이 언뜻 들었다. 곧이어 그 조화가 나의 지상 목표가 되어야 할 것처럼 보였으며, 그 조화를 얻는 게 내 인생의 뚜렷한 이유가 된 것 같았다.[57]

어떻게 조화를 얻을 것인가? 그에게는 두 가지 길이 있다. 하나는 예술 작품을 창조하는 것이고 다른 하나는 결혼이다. 지드가 에마뉘엘에게 '책-예술 작품'을 주면서 청혼한 것은 성스러움을 추구하는 정신과 쾌락을 추구하는 육체를 동시에 만족시키는 방법처럼 보인다. 자신이 겪었던 이중성을 조화롭게 극복했다는 증거가 그 책이기 때문에 책을 주는 것은 일종의 고백이 된다. 책은 곧 자기 자신이므로, 책을 주면서 지드는 주인공 앙드레 발테르처럼 자신도 자유를 갈구하는 존재임을 분명히 한다. 그 책의 주제가 바로 "자유의 쟁취"[58]였기 때문이다. 그러나 책으로 자신을 표상했기 때문에 피와 살로 이루어진 존재는 사라지고 책이라는 언어 존재만 남는다. 그래서 그들의 관계는 '책-문자'를 매개로 한 관계로 축소된다. 에마뉘엘이 지드의 편지를 태웠을 때 지드가 그토록 분노한 이유를 여기서 짐작할 수 있다. 에마뉘엘이 '편지-문자'를 태움으로써 지드는 자기 자신이 부정되었다고 느낀 것이다.

지드가 언어 존재로 자신을 제시했다는 사실은 여러 가지로 해석 가능하다. 우선 앞에서 언급한 것처럼, 책은 모순되는 요소들을 조화시켰다는 확신을 드러내기 때문에 지드가 추구하는 삶의 방식을 제시한 것으로 이해할 수 있다. 그러나 책을 주면서 청혼한 것은 결혼을 추상적이고 정신적인 것으로 제한하고, 에마뉘엘에게 육체성이 소거된 상징적 존재로 자신을 받아들이라고 제안한 것처럼 느껴진다. 더 나아가 책은 동성애에서 비롯된 생리적 불임을 보완하는 방식이라고 할 수 있다. 육체적으로는 아버지가 될 수 없지만 상징적인 출산을 감행함으로써, 자신이 아버지가 될 수 있는 인물임을 증명해 보인 것이다. 이와 같은 이유 때문에 그는 '책-문자'라고 하는 보완물을 가지고 청혼하며, 그 책으로 자신에게 결핍된 상징계적 위치를 확보할 수 있었던 것이다.

흥미로운 사실은 지드가 아프리카를 향해 떠났던 1893년에 이미 사랑과 쾌락을 분리시키겠다고 결심했다는 점이다. 그의 관점에 따르면, 사랑과 쾌락은 분리되었을 때 더 순수하고 완벽하게 경험될 수 있다.

> 내 사랑은 거의 신비로운 것으로 남아 있었다. 그리고 만약 악마가 나로 하여금 내 사랑에 조금이라도 육체적인 것을 뒤섞을 수 있다는 생각을 모욕으로 간주하게 함으로써 날 속였다고 할지라도, 그건 내가 아직 깨달을 수 없는 일이다. 어쨌든 내가 쾌락과 사랑을 분리시키기로 마음먹은 건 사실이다. 게다가 그런 분리가 더 바람직하게 보이기까지 했다. 그리하여 마음과 육체가 서로 뒤엉키지 않을 때, 쾌락은 더 순수하고 사랑은 더 완벽하게 보였던 것이다.[59]

이 결심은 동성애를 실현하겠다는 선언과 다르지 않다. 또 앞으로 벌어질 행동을 암시함으로써 미리 독자에게 자신을 정당화하는 것이기도 하다. 정신과 육체, 사랑과 쾌락을 분리시킴으로써, 지드는 에마뉘엘을 정신적으로 사랑하고 쾌락은 동성애를 통해 얻을 것이라고 밝힌다. 그리고 그것이 에마뉘엘을 더 순수하게 사랑하는 것이고 육체를 더 순수하게 향유하는 것이라고 자신을 정당화한다. 정신과 육체를 제각기 향유하는 것이 둘을 어중간하게 만족시키는 것보다 더 좋다는 것이다. 그러나 사랑과 쾌락을 분리시키고 난 다음에도 여전히 '결혼'을 고집한 것은 다소 모순적으로 보인다. 그러면 이제부터 약혼에 이르게 된 과정을 살펴보자.

지드의 자서전은 에마뉘엘과의 약혼으로 마무리되는데, 그 약혼은 다소 급작스러운 느낌을 준다. 왜냐하면 2부 내내 지드는 육체의 해방을 서술하며 어머니와의 불화를 강조하고 있었고, 에마뉘엘은 잊힌 듯 거의 존재감이 없었기 때문에 이 약혼은 필연적인 결과라기보다는 '어머니의 죽음'에 따른 우연한 결과처럼 보인다. 심지어 지드가 약혼을 그런 식으로 해석하도록 의도적으로 텍스트의 의미를 제한하는 것 같은 느낌이 들 정도다.

지드와 어머니의 관계는 단순하지 않았다. 그는 어머니의 죽음에 앞서 어머니에 대해 매우 강경한 비판을 쏟아낸다. 그는 어머니와의 관계를 "논쟁과 투쟁의 관계"[60]로 정의하면서, "어머니가 사랑하신 장점이란 당신이 강압적인 애정으로 내리누르고 있던 그 사람들이 실제로 갖고 있던 장점이 아니라, 어머니가 그들이 가져주기를 염원하시던 바로 그런 장점이었노라고 말할 수 있으리라."[61]라고 덧붙인다. 어머니는 아들을 있는 그대로 사랑하지 않고 자신이 바라는 모습으로 만들기 위해 억압적인 애정을 쏟았다는 것이다. 어머니의 과도한 참견에 대해 그는 다음과 같이 불만을 터뜨린다. "일거수일투족을 끊임없이 지켜보며 걱정하고, 행동과 생각들, 돈 씀씀이에 대해, 천 하나 고르는 것에서부터 무슨 책을 읽나, 책 제목에 이르기까지… 쉬지 않고 들볶아대며 충고를 하면 어떻게 될 것 같은지 한번 상상해보시라."[62] 그는 더 나아가 어머니를 증오한다고 선언한다. 이처럼 그와 어머니의 관계는 텍스트에 서술된 것 이상으로 긴장된 관계였다. 그래서 어머니가 돌아가셨을 때 지드는 "사랑과 괴로움과 자유의 심연 속으로 내 온 존재가 빠져드는 것을 느꼈다."[63]라고 서술한다. 어머니가 세상을 떠난 뒤 지드는 괴로우면서도 동시에 마침내 자유를 획득했다고 느낀 것이다. 그러나 그 자유를 만끽할 준비가 되어 있진 않았기에 그는 "갑자기 풀려난 죄수"와 같은 느낌이 들었고, "갑자기 줄이 끊어진 연처럼, 닻줄이 끊어진 배처럼, 바람과 물결에 따라 휩쓸리는 표류물 같은 느낌"[64]이 들었다고 고백한다. 어머니의 죽음으로 자유를 얻었지만 그 자유는 내적 결핍감을 불러일으켰고 그 결과 자신이 아무런 좌표 없이 흔들리는 표류물처럼 여겨졌다는 것이다.

이런 상황에서 에마뉘엘은 지드가 기댈 수 있는 유일한 존재로 여겨진다. "내가 매달릴 수 있는 건 사촌누이에 대한 내 사랑밖에 남지 않았다. 그녀와 결혼하고자 하는 의지만이 아직 내 삶을 이끌어주고 있었다."[65] 어머니의 죽음 때문에 흔들리던 자신을 붙잡아줄 수 있는 사람이 사촌누이밖에 없다는 이 문장은 사촌누이가 어머니의 대리물임을 알려준다. 심지어 그녀는 강화된 어머니상으로 드러난다. 에마뉘엘은 완벽한 미덕의 화신이어서 이제 투쟁조차 불가능하기 때문이다. 지드는 에마뉘엘과의 약혼을 서술하면서 사랑의 의미를 '덕성'으로 한정한다. 그 사랑이 정신적 사랑이었음을 분명히 하는 것이다.

> 어떤 숙명이 나를 이끌어가고 있었다. 어쩌면 내 본성에 도전하려는 은밀한 욕구였을지도 모른다. 왜냐하면 에마뉘엘에게서 내가 사랑한 건 바로 덕성 자체가 아니었던가? 만족할 줄 모르는 내 지옥이 결혼한 상대는 바로 천국이었다. 하지만 그 지옥을 나는 그 순간에는 잊고 있었다. 어머니를 여윈 내 눈물들이 지옥의 불길들을 꺼버렸던 것이다. 나는 창공에 눈이 먼 것 같았다. 내가 보려고 하지 않던 것은 내게 더

이상 존재하지 않았다. 나는 나 자신 전부를 그녀에게 줄 수 있다고 생각했으며, 아무것도 남김없이 그렇게 했다. 그 후 얼마 뒤 우리는 약혼했다.[66]

이 예문에 따르면, 지드와 에마뉘엘의 결합은 '지옥과 천국의 결합'으로 서술된다. 자신이 동성애, 육체, 악마, 욕망 등의 용어로 서술되는 '지옥'이라면 에마뉘엘은 정신, 천사, 미덕으로 서술되는 '천국'이라는 것이다. 그런데 그 결합은 자기 '본성에 대한 도전'이라는 데에 진정한 의미가 있다. 그 결합은 사랑의 결합이 아니라, 어머니의 죽음으로 인한 도취 상태에서 벌인 '무분별한 행위'에 불과했고, 자신의 한계에서 벗어나기 위한 '도전'이었기 때문이다. 더 나아가 지드는 이 약혼이 과연 천국과 지옥의 '결합'이었는지를 묻는다. 에마뉘엘이 천국인 것은 변함없는 진실이지만, 지드가 밝히듯, '하지만 그 지옥을 나는 그 순간에는 잊고 있었다'는 게 사실이라면, 그들의 약혼은 대립적인 두 세계의 결합이 아니다. 천국과 결합하긴 했지만, 그때의 지드는 지옥의 불길이 꺼진 상태였기 때문에, 이 결합은 결코 천국과 지옥의 결합이 될 수 없다. 그것은 천국과 '부재'의 결합일 뿐이다. 에마뉘엘이라고 하는 천국과 결합한 것은 악마, 즉 동성애자로서의 지드가 아니었다. 어머니의 죽음이 초래한 도취 상태에서, 자신의 본질이 아닌 다른 존재가 에마뉘엘과 결합한 것이다. 이 약혼이 오류라는 사실은 그가 '창공에 눈이 먼 것 같았다'라며 '눈멂'의 이미지를 사용하고 있는 데에서도 알 수 있다.

또 주목해야 할 사항은 지드가 '나는 나 자신 전부를 그녀에게 줄 수 있다고 생각했으며, 아무것도 남김없이 그렇게 했다'고 언급한 부분이다. 지드가 에마뉘엘에게 준 것이 '나 자신 전부'였는가는 이후에 전개된 그들의 삶을 알고 있는 독자에게는 의문이 들 수밖에 없다. 동성애자로서 그는 정신적인 사랑은 줄 수 있었지만 육체적 쾌락은 줄 수 없었다. 게다가 지드는 약혼을 '나를 주기'라는 관점에서 증여로 생각하고 있다. 약혼을 상호적인 결합이 아니라 일방적으로 '나'를 주는 것으로 오해하고 있는 것이다. 지드 자신은 이 결합이 갖고 있는 제한적이고 기만적인 성격을 뒤늦게 깨달은 것 같다. 그래서 "내가 그녀에게 청혼했을 때, 나는 나 자신보다 그녀를 더 생각했다."[67]라고 서술하면서 그는 에마뉘엘을 사랑한다고 확신하지만, "최면이 걸린 듯했다."라는 말을 덧붙임으로써 그 판단이 오류일 가능성을 암시한다.

지드는 어머니가 돌아가신 지 17일 후인 1895년 6월 17일에 약혼하고 약혼한 지 4개월이 채 안 된 10월 8일에 결혼한다. 그렇지만 자서전은 천국과 지옥의 결합을 분명히 보여줄 결혼으로 마무리되지 않고 약혼으로 끝난다. 약혼은 결혼의 약속이지 결혼 자체가 아니라는 사실을 감안하면, 자서전이 약혼으로 끝남으로써, 『밀알』은 결혼이 중단된 듯한 미완의 상태로 남겨진다. 따라서 약혼으로 천국과 지옥이 결합할 수 있으리라는 것은 예상 가능한 시나리오 중 하나일 뿐 그것이 실현된 것은 아니다. '약혼'은 천국과 지옥이 화해한 듯한 외양을 갖추면서도 그것이 해결된 것은 아니라는 사실을 감추고 있다. 이처럼 동성애를 서술하는 2부가 약혼으로 끝나기 때문에 독자로서는 동성애가 결혼에 끼친 영향에 대해서는 정확하게 알 수 없다. 자서전은 열린 상태에서 중단되고 이들의 부부관계는 미지의 상태로 남겨진다.

텍스트가 마무리된 후 외사촌 모리스 데마레가 지드의 자서전에서 발견된 오류를 지적하는 편지를 보내고 지드가 그것을 부록으로 제시한 것도 흥미롭다. 데마레가 지적한 오류가 연상 작용을 일으켜서 지드의 약혼이 '오류'라는 느낌을 받는 것은 과잉 해석일지 모르지만, 어쨌든 그의 자서전이 완성되지도 완료되지도 않은, 잠정적인 중지 상태라는 것은 분명하다.[68]

왜 지드는 자서전을 끝맺으면서 그들의 결합이 불완전하다는 사실을 서술하지 않고 오히려 '천국과 지옥의 결합'이라는 사실을 강조했을까? 그 이유 또한 분명히 밝혀져 있지 않기 때문에 독자들은 가설을 세우고 검증하는 수밖에 없다. 먼저 떠오르는 생각은 이 결합이 지드에게는 성취해야 할 하나의 목표였지만, 천국과 지옥이 여전히 분리되어 있어서 그것 때문에 지드가 지속적으로 괴로워했다는 것이다. 실제 현실에서는 천국과 지옥을 일치시키는 것이 불가능하기 때문에 지드는 문학 텍스트에서 그 일치를 실현한다. 상상적인 사랑과 현실적인 육체가 결합하는 약혼으로 자서전을 마무리한 이유도 그것이 환상을 실현하는 방법이기 때문이다. 그 환상으로 지드는 현실의 육체를 부인하고 상상의 사랑을 실현한다. 지드가 '결합'이라고 서술한 약혼에서 우리는 '균열'을 읽어내게 되는 것이다.

그렇다면 지드의 드라마는 어떤 드라마일까?

> 나르키소스처럼 수면 위로 몸을 숙인 채 잠시 가만히 있기만 해도, 내가 다가가자 도망쳤던 그 모든 것이 바위에 난 수많은 굴곡진 부분과 수많은 구멍에서 서서히 다시 나오는 걸 감탄하며 볼 수 있었다. 모든 게 숨 쉬고 꿈틀거리기 시작했다. 바위조차 살아나는 것 같았으며, 꿈쩍하지 않는다고 여겨지던 게 머뭇거리며 움직이기 시작했다.[69]

지드는 자신의 드라마를 나르키소스의 드라마로 제시한다. 자신을 응시하는 나르키소스는 모더니즘을 대표하는 이미지로서, 지드 또한 물에 비친 자기 얼굴에 매혹된 나르키소스를 자서전 작가의 분신으로 제시한다. 그러나 응시하다 보면 굴곡진 부분과 구멍에서 예기치 않았던 것들이 꿈틀거리고, 숨어 있는 것들이 드러난다. 자서전 작가 나르키소스가 응시하는 것은 이와 같은 "신비로운 드라마"[70]이며, 그것이 바로 감춰진 진실이다.

그렇게 드러난 진실은 어떤 진실일까? 사촌누이 에마뉘엘과의 사랑과 동성애라는 주제를 통해 알 수 있었듯이, 지드가 제시한 상징적인 에피소드들은 이분법적인 관계 속에서 서로 대립적으로 제시되지만 균형을 확보하고 하나의 통일성을 만들어내는 것을 목표로 한다. 이것을 확인할 수 있는 가장 좋은 예가 1부 7장에서 성령의 출현으로 제시했던 카나리아 에피소드인 것 같다. 1884년 벽두에 지드는 안나를 방문하고, 평소 다니던 생-플라시드 거리와 나란히 이어지는 옆길을 택해 돌아온다. 그 길에서 햇빛이 비치던 부분을 떠나 그늘로 들어갔을 때 카나리아가 "그늘을 뚫는 햇빛 조각"처럼 "마치 성령이 내려오듯" 그의 "모자 위로 사뿐히 내려와 앉는다."[71] 지드는 스스로 "선택받은 사람"[72]이라고 생각한다. 며칠 후 두 번째 카나리아가 나타나자 지드가 따라가 잡는다. 지드는 카나리아 에피소드를 종교적 신비 체험처럼 제시하지만 성령처럼 내려온 것은 암놈이고 자신이 따라가 잡은 것은 수놈이라는 것도 흥미롭다. 첫 번째 카나리아는 에마뉘엘을, 두 번째 카나리아는 자신이 추구하는 동성애적 쾌락을 의미하는 것처럼 보이기 때문이다. 이 관점에서 보면 카나리아 포획은 『밀알』에서처럼 대립적인 두 가지 방식의 구원을 표상한다.

두 가지 구원 중 하나는 에마뉘엘과의 관계로 형상화되는 정신적 구원이고, 다른 하나는 동성애를 통해 얻게 되는 육체적 구원이다. 에마뉘엘은 지드의 어리석음과 질병과 학우들과의 불편한 관계를 해소하는 천사의 현현처럼 제시된다. 반대로 동성애 경험은 억압된 충동이 발현되면서 마침내 진정한 개별성을 발견한 체험이 된다. 이와 같이 지드가 '새로운 지평'을 확보했다고 믿은 핵심적인 두 순간은 각각 1부와 2부를 이룬다. 그런 의미에서 피에르 마송은 지드의 자서전을 "즉각적인 구원의 도구"[73]로 간주한다.

'구원'의 양상을 서술하기 위해 동원된 빛과 어둠, 천국과 지옥, 상승과 하강, 눈멂과 눈뜸의 이미지를 고려하면, 그의 자서전은 이분법적인 두 순간을 선악의 관점에서 접근하는 것처럼 보인다. 그러나 이 이분법은 대립적이지 않다. 지드의 세계에서는 천국 속에 지옥이 감춰져 있고, 지옥에서 진정한 기쁨을 느낀다. 『밀알』의 구성에서도 이분법은 엄밀한 의미에서 균형 잡힌 이분법이 아니다. 이미 1부에서 에마뉘엘은 텍스트 뒤쪽으로 밀려나고, 육체적으로는 자위 때문에, 정신적으로는 어머니로부터 유래한 청교도주의 때문에 겪었던 혼란만 직접적으로 서술되어 있다. 2부에 이르러서는 알제리에서 경험한 육체적 쾌락을 서술하고 오스카 와일드를 변호하면서 간접적으로 동성애를 옹호한다. 『밀알』은 동성애라는 하나의 광원을 향해 집중하도록 구성되어 있는 것이다. 그의 개별성은 악의 승리를 선언하고 육체적 쾌락을 정당화할 때 발현되기 때문에, 그는 유년기의 어리석음을 강조하고 어둠이 차지하는 몫을 과장함으로써 순수한 유년기라는 환상을 없앤다. 그 결과 형태상으로는 정신과 육체의 이분법에 따라 서술되는 것 같지만 실제로는 2부에서 육체의 해방을 기술하기 위해 1부에서 정신의 지옥을 제시하는 것처럼 보인다. 그에게는 청년기에 경험한 육체의 해방이 진정한 해방이었기 때문이다.

지드는 '천국과 지옥의 결합'을 꿈꾸었지만 이미 맛본 성적인 해방과 결혼을 화해시킬 수는 없었다. 따라서 사랑과 쾌락을 분리하는 전략조차 자기 합리화에 불과해 보인다. 그에게 남겨진 유일한 방법은 자서전을 '약혼'으로 마무리함으로써 '결합'이 불가능하다는 사실을 감추는 것이다. 그래서 그는 자서전을 '결혼' 생활로까지 끌고 가지 않고 '중단'함으로써 앞으로 경험할 결혼 생활의 지옥을 언어의 천국 속에 효과적으로 은폐한다. 그가 자서전을 쓴 것은 고백을 하면서도 계속해서 감추기를 원했기 때문이다. 그의 자서전은 동성애에 대해 고백하면서도 부부관계에 대해서는 침묵을 지킨다. 동성애 고백은 어쩌면 더 큰 비밀, 즉 파경에 이른 결혼 생활을 감추기 위한 것은 아니었을까?

Jean-Paul Sartre

장-폴 사르트르

『말』

부정성의 자서전

사르트르(1905-1980)는 프랑스 20세기를 대표하는 철학가, 소설가, 극작가이자 행동하는 지식인이다. 부르주아 체제를 비판하는 자신의 철학에 맞지 않는다는 이유로 거절하긴 했지만 1964년도 노벨 문학상 수상자로 선정된 바 있다. 사르트르 이후의 문학가들이 대부분 대학에 자리를 잡고 특정 분야의 전문가가 되었다면, 사르트르는 보편적 지식인의 계보를 이어간 마지막 소설가였다. 그는 정치, 경제, 심리학, 정신분석학뿐 아니라 사회학, 민속학 등으로 끊임없이 관심 영역을 확장했으며 공산주의와 정신분석을 결합하는 문제에 특히 많은 관심을 기울였다.

사르트르는 실존주의를 대표하는 소설 『구토』(1938) 덕분에 소설가로 알려져 있으나 이 작품을 제외하면 소설로는 단편집 『벽』(1939)과 미완으로 남긴 연작소설 『자유의 길』(1945-1949)이 있을 뿐이다. 문학에서 그의 관심은 희곡과 전기에 치중되어 있었다. 전기를 포함하여 자기에 대한 글쓰기에 사르트르가 관심을 가진 것은 다소 이례적이다. 사르트르가 『말』을 쓰기 시작한 1954년경부터 프랑스 문학계에서는 누보로망과 구조주의가 유행하기 시작했고 『말』을 출간한 1964년 무렵에는 그 유행이 절정에 이르러 '작가'는 낡은 개념으로 간주되었으며, 한 작가의 과거나 개인사를 통해 텍스트를 이해하는 것은 시대착오적으로 여겨졌기 때문이다. 그럼에도 불구하고 사르트르는 전기에 대해 꾸준히 관심을 갖고 『보들레르』

(1947)와 『성자 주네』(1952)를 썼다. 전기에 대한 관심은 『말』을 출간한 이후에도 이어져 1971-1972년에는 플로베르론 『집안의 백치』를 출간했다. 이와 같은 일련의 작품들이 잘 보여주듯이, 구조나 기호에 대한 연구가 유행했던 1960년대에도 사르트르는 인간의 의지와 의식에 천착하고 있음을 짐작할 수 있다.

『말』을 완성한 1963년경, 사르트르는 이미 작가라기보다는 부르주아 사회를 비판하는 논객이자 정치 이론가로 알려져 있었다. 독자들이 정치 참여와 관련된 저작을 기대하고 있을 때 사르트르는 예상과 달리 유년기를 서술한 자서전을 출간하여 모두를 놀라게 했다. 그러나 이 작품에는 작가가 되겠다는 소명의식이 가족관계에 대한 분석이나 소설·연극·철학과 관련된 성찰과 뒤섞여 있고, 자신의 정치적 성장에 관한 내용이 은밀히 감춰져 있으며, 전기나 자서전의 장르적 특성을 문제시하고 전복시키려는 시도가 큰 비중을 차지하고 있다. 자기에 대한 글쓰기에 대한 관심은 이차대전 중에 포로가 되었을 때 썼던 『우스꽝스러운 전쟁 수첩』은 물론이고 1975년에 집필한 「70세의 자화상」에서도 확인할 수 있다. 심지어 베르나르-앙리 레비는 사르트르가 자신의 연애마저 시시콜콜 시몬 드 보부아르에게 편지로 알렸다고 하면서 사르트르는 보부아르에게 편지를 쓰기 위해 연애를 했다고 단언하기도 한다.[1] 이 외에도 사르트르가 남긴 수많은 인터뷰는 구술 자서전의 형태로 사르트르를 연구하는 데 꼭 필요한 주변 텍스트가 되고 있다.

사르트르는 현대 문학뿐 아니라 정치와 철학 등 거의 모든 차원에서 '의혹'을 제기하고 '부정성'을 포착하는 데 주력하는데, 개인사를 다룰 때에도 마찬가지였다. 클로드 뷔르즐랭에 따르면, "죽음을 이야기 구성 요소 중 하나로 만들고 '문학이라는 무덤'에 유폐되고 갇히는 경험을 이야기함으로써, 그리고 삶의 글쓰기를 죽음의 글쓰기로 바꿈으로써, 사르트르는 부정의 어두운 힘에 생명과 창조의 힘 같은 것을 부여한다."[2] 풍자의 대가

답게 사르트르는 자신을 둘러싸고 벌어지는 연극성을 가족의 부정적인 특성으로 활용한다.

자서전 『말』은 사르트르의 작품 세계뿐 아니라 자서전의 역사에서도 독특한 위상을 차지한다. 그 이유를 자크 르카름은 "자서전 모델을 부정하는 자서전"이라는 점에서 찾는다.

> 사르트르의 작품 중에서도 그의 자서전이 가장 공략하기 힘든 이유는 사르트르가 자서전을 참여시키지 않았기 때문이다. 즉 자서전을 모든 정치적 옵션에서 배제시켰기 때문이다. 그는 유년기의 신화에 반대하는 유년기의 기억을 기술했고, 문학의 신비주의에 반대하는 작가의 소명 이야기를 기술했으며, 오이디푸스 이데올로기와는 반대 의미의 부자관계를 그려냈고, 마지막으로 아이러니와 패러디를 전반적으로 사용하여 자서전 모델에 반대하는 자서전을 기술했다.[3]

『말』은 독자의 기대와는 달리 지적·성적·사회적·정치적 면모에 대해서는 전혀 언급하지 않으면서, 문학의 "신비로운 소명"을 부정하고 문학을 "환멸과 혐오감"을 주는 행위로 제시한다.[4] 그러나 초월적이고 선험적인 문학을 부정한다고 해서 『말』이 『문학이란 무엇인가?』에서 힘주어 강조하고 있는 자유와 참여 정신까지 부정한 것은 아니다. 오히려 이 두 정신은 『말』을 지탱하는 토대로 여겨진다. 심지어 자서전적인 글쓰기를 중심에 놓고 다른 저작들을 재평가할 때 사르트르의 작품 세계가 보다 선명히 드러난다고 하는 연구자도 있는데, 그 경우 사르트르의 모든 작품은 유년기에 제기된 문제들을 어떻게 넘어설 것인가 하는 문제로 귀결된다.[5]

가족 드라마

사르트르는 보들레르에 대해 "그는 자신에게 합당한 삶을 영위하지 못했다."[6]라고 지적한 적이 있다. 이 문장을 패러디하면 사르트르의 생애를 적절히 드러낼 수 있다. '사르트르는 자신에게 합당한 삶을 만들어냈다.' 사르트르는 자전적인 작품을 쓰면서 오늘날 우리가 알고 있는 사르트르를 성공적으로 창조해냈다는 것이다.

『말』은 가족관계를 고발하는 자서전이다. 할아버지를 중심으로 전개되었던 가족 희극 때문에 자신이 실제 삶에서 소외되었고, 쾌락을 위해 행동하기보다는 어른들을 위해 페르소나의 가면을 쓰고 연극을 했으며, 결국 신경증에 걸리고 말았다는 것이 『말』의 주된 흐름이다. 사르트르는 자기 성격이 신경증으로 고착된 것이 가족 탓이라며 가족을 신랄하게 비판한다. 그에 따르면, 한 개인의 삶은 필연적으로 가족관계의 산물이며 그 가족이 몸담고 있는 부르주아 계층의 산물이다. 그래서 작가로서 자기 정체성을 제시할 때 사르트르는 자신이 속했던 부르주아 계층을 조롱하고 거부한다. 사르트르 전문가인 장-프랑수아 루에트도 가족을 개인과 사회를 매개하는 기제로 설명한다. 사르트르는 가족을 위계화된 사회에 비유하면서 타도해야 할 앙시앵 레짐(ancien régime)으로 제시했다는 것이다.[7]

『말』은 외가 쪽 증조할아버지에 대한 이야기로 시작한다. 증조할아버지는 초등학교 선생님으로 일하다가 식료품상이 되었지만 자식만은 인간의 영혼을 형성하는 직업에 종사하기를 원한다. 그의 큰아들이자 사르트르의 외할아버지인 샤를 슈바이체르는 아버지의 뜻을 거역한다. 그는 여자 곡마사를 따라 가출했다가 교사가 된다. 교사라는 직업은 성직이긴 하지만 부담이 적은 직업이었기 때문이다.

사르트르는 이런 식으로 자신의 삶을 서술하기 전에 가족의 역사를 먼저 서술한다. 외가 쪽 사람들은 모두 언어와 관련을 맺고 있는데, 할아버지는 교사였고 할머니는 소설을 탐독한다. 모두 말이 많았고 서로에게 상처를 주는 말을 많이 한다. 친가 쪽 사람들은 언어와는 무관한 의사 집안이었고 할아버지는 처가가 생각만큼 부유하지 않다는 것을 알고 침묵에 빠진다. 이와 같이 양극단적인 외가와 친가 사이에서 사르트르는 중심을 잡기가 쉽지 않았다.

이런 간단한 소개에서도 드러나듯이, 『말』의 도입부는 빈정거리는 듯한 아이러니를 최대로 사용하면서, 한 인물의 가치를 평가절하하는 방향으로 속도감 있게 진행된다. 뷔르즐랭이 "사르트르의 질주"라고 표현한 이런 문체는 '풍자 화가'로서 그의 특징을 잘 드러낸다. 그의 펜에서 인물들은 모두 다소 일그러지고 왜곡된 모습으로 제시되지만 그런 왜곡에도 불구하고 독자들은 등장인물과 실제 인물의 유사성이나 거짓된 모습을 쉽게 파악할 수 있다. 속도를 강조하는 사르트르의 문체는 작가가 감정을 드러내지 않기 때문에 외할아버지와 어머니에 대해 품고 있던 반감이 드러나지 않는다는 장점이 있다.[8]

그러나 외할아버지는 한 개인인 동시에 허위의식에 사로잡힌 부르주아의 상징이어서 가장 탈신성화되는 인물이다. 예를 들면 사르트르는 먼저 할아버지로부터 사랑을 받았다고 서술한다. "[할아버지가] 애정이 가득한 떨리는 목소리로 나를 자기의 꼬마라고 불렀고, 그 싸늘한 두 눈에는 눈물이 어렸다." 이어 다른 사람의 말을 직접 인용한다. "저 녀석 때문에 저 양반이 미쳤어." 그리고 할아버지가 그를 진정으로 사랑했고 사르트르 본인도 그렇다고 인정한다. "그가 내게 흠뻑 빠진 게 분명했다." 그렇지만 그 판단은 곧 부정된다. "그러나 정말로 사랑한 것일까? 그렇게도 공개적으로 표시된 열정 속에서 진짜와 가짜를 분간하기란 어려운 일이다. (…) 그는 나를 통해서 자기의 너그러운 마음을 스스로 대견하게 생각했던 것이다."[9] 한 문단에서 객관적 서술과 다른 사람의 판단, 자신이 어른이 되어 품은 의문과 판단이 군더더기 없이 서술되면서, 사르트르는 할아버지의 애정과 그들이 맺고 있는 관계의 허위성을 동시에 드러낸다.

여기에서 사르트르의 서술 전략을 짐작할 수 있다. 그는 과거의 어떤 사실을 서술하고, 그 사실에 대해 자신의 견해와 타인의 견해를 충돌시킨다. 과거의 관점들이 충돌하고, 또 과거와 현재의 관점이 충돌하면서 연쇄적으로 서로를 부정하는 움직임이 만들어진다. 이 충돌이 『말』의 아이러니를 만들어내며 그의 문체를 이룬다.

『말』의 1부는 외할아버지와 어린 사르트르가 맺고 있는 관계의 '허위성'을 집중적으로 드러낸다. 사위가 죽고 딸 안-마리가 어린 사르트르를 데리고 친정으로 돌아오자, 샤를 슈바이체르는 은퇴를 번복하고 교직에 복귀한다. 그는 프랑스를 선택한 알자스인으로 독일을 혐오하면서도 독일어를 가르쳐 생계를 유지하고, 일상생활에서는 사진 찍듯 포즈 취하기를 좋아하고 연극적으로 행동했으며, 지난 세기의 빅토르 위고 행세를 하는 인물이었다. 이러한 연극성을 사르트르는 "할아버지 노릇을 하는 기술"[10] 이라고 지적한다. 할아버지의 사랑이 타인의 시선을 의식한 부자연스러운 연극이었다는 것이다. 또 할아버지는 복종해야 할 규범이자 마땅히 모방해야 할 존재였지만 정치적 견해는 좌파이면서 투표는 우파에게 하는 모순된 정치관을 보여준다. 정치적 관점에서 볼 때 할아버지는 사르트르의 모델이 될 수 없었고, 이런 모순적인 모습 때문에 그의 이상적 자아상이 될 수 없었다. 사르트르가 할아버지에 대해 빈정대는 것은 다음 예문으로 충분하다. "[할아버지]는 자기 아버지의 허울 좋은 거동을 그대로 물려받은 위인이었다. 고상한 척하는 버릇을 평생 버리지 못했고 자질구레한 일들을 어마어마한 것으로 꾸며 보이려고 애썼다."[11]

그럼에도 불구하고 사르트르는 자기 존재감을 확보하기 위해 연극에서 역할을 떠맡고자 한다. 예를 들면, 할아버지가 지친 표정으로 방에 들어올 때쯤 할머니와 어머니가 어린 사르트르를 숨긴다. 할아버지는 사르트르가 없는 것을 알고 실망한 표정을 짓다가 사르트르가 모습을 드러내면 표정이 바뀌면서 그를 하늘로 치켜올린다. 사르트르는 자기 존재로 할아버지를 가득 채운 듯한 느낌을 받는다. 이 숨바꼭질을 사르트르는 자기 창조 환상으로 변화시킨다. 숨어 있는 '나'는 부재하는 자였지만, 깜짝 등장함으로써 '나'는 '나'를 창조한다. 그뿐만 아니라 할아버지는 사르트르가 나타나기 전까지는 죽음과 유사한 상태에 빠져 있었지만 '나'의 출현으로 생명과 활기를 얻기 때문에 '나'는 할아버지를 살린다고까지 말할 수 있다. 이렇게 해서 사르트르는 '나'와 타인을 동시에 창조한다고 믿는다. 창조하기 위해서는 '나'를 주는 것으로 충분하다. '나'는 '나를 주는 자'이기 때문에 증여자인 동시에, 주는 것이 '나 자신'이기 때문에 증여물이 된다. 사르트르의 자기 존재감은 자기 창조 환상으로부터 비롯되었다는 것은 기억할 만하다.

자신이 기쁨의 원천이자 다른 사람을 태어나게 하는 생명의 기원이라는 환상은 자신을 신과 동일시하는 과대망상적 환상이지만, 사르트르가 자신을 증여자이자 증여물이라는 이중의 정체성으로 규정하고 있다는 것은 분명해 보인다. 이 이중의 정체성은 사르트르의 작가관을 이해할 때에도 중요하다. "문학에서는 증여자 스스로가 증여물로, 즉 순수한 사물로 변신할 수 있다는 것을 나는 알았다."[12] 이때 증여물은 '책'인데, 사르트르는 자신을 책으로 사물화하여 존재의 부동성을 확립한다. 사르트르처럼 존재의 정당성을 확보하지 못한 사람에게 존재의 부동성은 자기 정체성과 연결되는데, 그것이 '책'의 형태로 확보된다는 것이다. 사르트르는 증여자이자 증여물, 작가이자 책으로 존재할 때 자신이 정당화된다고 느낀다. 문제는 증여물이자 증여자로 기능하기 위해서는 몸을 감추는 연극적 상황이나 자신이 다른 사람에게 유용하다는 환상이 지속적으로 요구된다는 점이다.

사르트르가 연극적 상황에 민감하게 반응하는 이유는 타인이 없으면 자신이 존재할 수 없다고 믿기 때문이다. 사르트르라는 성을 가지고 슈바이체르 집안에 얹혀사는 입장에서 할아버지라는 더 큰 존재에게 자신을 귀속시키면 할아버지가 가진 권위를 누릴 수 있고, 또 할아버지의 요구와 자신의 욕구를 일치시키면 손쉽게 자기 존재감을 얻을 수 있다는 장점이 있다. 그러나 이렇게 얻은 존재감은 '자기 상실'을 전제하기 때문에, 진정한 자기 정체성이라고 할 수 없다. 그것은 타인에게로 도피하는 것에 불과하다. 타자가 자기 존재를 지배할 때 자기 존재는 희극성을 띨 수밖에 없다.

물론 할아버지가 사르트르에게 부정적인 기능만 수행한 것은 아니다. 무엇보다 일찍 돌아가신 아버지로부터 배우지 못한 금기를 할아버지로부터 배웠다는 사실은 기억해둘 만하다. 예를 들면, 사르트르에게는 할아버지의 책에 쌓인 먼지를 터는 것이 금지되어 있었다. 먼지를 터는 것은 일 년에 한 번 거행되는 성대한 의례여서 사르트르는 책의 세계를 감히 범접할 수 없는 숭고한 세계로 여기게 된다. 이런 최초의 금기를 통해 사르트르는 책의 세계로 진입한다. 사르트르가 플로베르, 코르네유, 모파상을 알게 된 것도 할아버지가 이 작가들의 작품을 외국어 교육에 필요한 자료로 다루었기 때문이다. 그럼에도 불구하고 사르트르가 할아버지를 부정적으로 서술한 데에는 전략적인 이유가 있다. 그에게는 과거의 진실보다 또는 가족의 명예보다 "타인은 지옥이다."라는 자신의 논리를 증명해내는 것이 더 중요했던 것이다.

아버지의 부재

할아버지만큼 중요한 인물이 사르트르가 태어난 다음 해에 병으로 세상을 떠난 아버지다. 그의 삶은 아버지의 부재에서 비롯되었다고 해도 과언이 아니다. 아버지가 죽은 후 어머니는 친정으로 이사했고 어머니는 그곳이 그들의 집이 아니라는 사실을 끊임없이 일깨웠다. 사르트르는 할아버지의 집에서 '타자'임을 의식할 수밖에 없었다. 잉여물이자 틈입자에 불과한 자기 존재를 확고히 하려면 할아버지의 환심을 사야 했다. "단 하나의 의무가 있다면 그것은 환심을 사는 것이다. 만사를 남에게 보이려고 하는 것이다."[13]

그의 유년기는 아버지의 부재와 그로 인한 고아의식이 지배했다. 그가 자기 근원에 의문을 품고 할아버지에게 귀착되다가, 개별자로서 자기 존재를 인정하지 못해 자기기만적인 희극적 행태를 보인 후 우여곡절 끝에 작가로 탄생한 데에는 아버지의 부재가 놓여 있다. 아버지의 부재라는 현실에서 출발하여 가족 연극이라는 자기기만에 빠졌다가 작가로 탄생하는 일련의 과정을 사르트르는 변증법적 구조로 제시하는데, 『말』의 구도는 이것과 일치한다. 아버지의 죽음이 갖고 있는 중요성을 사르트르는 다음과 같이 제시한다.

> 아버지의 죽음은 내 생애의 큰 사건이었다. 그것은 어머니를 사슬로 묶고 내게는 자유를 주었다.[14]

아버지의 죽음은 사르트르에게 몇 가지 의미가 있다. 우선 '아버지의 죽음'이 어머니에게는 억압을, '나'에게는 자유를 주었다는 점은 주목할 만하다. 하나의 사건이 동일한 결과를 끌어내지 않고 정반대의 결과를 끌어낸다면, 이 세계는 논리적이지도 않고 필연적이지도 않다. 그런 세계는 우연성의 세계일 수밖에 없으며 그 세계에 놓인 존재는 '우연의 존재'일 수밖에 없다.

더 중요한 사실은 그가 자유를 자기 존재의 전제조건으로 받아들였다는 사실이다. 사르트르는 아버지가 살아 있었다면 어땠을까 하고 여러 번 생각한다. 그랬더라면 아버지가 "내 위에 벌렁 누워서 나를 짓누르고 말았으리라."[15]라는 게 그의 결론이다. 아버지는 아들을 소유하고 억압하고 살해했을 것이다. 게다가 사르트르가 제시하고 있는 친가와 외가의 '아버지들'은 모두 강간범과 비슷하다. "말없이 가끔 아내의 배를 불려놓은"[16] 사르트르의 친할아버지나, "한밤중에 야비한 짓을 저지르는"[17] 외할아버지 모두 애정 없는 결혼 생활을 유지하면서 아이들만 만들어내는 사람들이다.

사르트르의 아버지도 그 틀에서 크게 벗어나지 않는다. 사르트르의 아버지 장-바티스트는 해군 장교였지만 열병에 걸린 상태에서 어머니 안-마리와 결혼했는데 그 결혼은 이렇게 서술되어 있다. "버림받은 그 키다리 처녀를 사로잡아 결혼해서 아이 하나를, 즉 나를 서둘러 만들어놓고는 죽음의 길로 달아나버리려고 했다."[18] 아버지는 바람피우고 도망가는 사람처럼 서술되고, 부모님의 결혼은 합법적인 결혼이 아닌 것 같고, 그의 출생도 불륜의 산물처럼 느껴진다. 아버지가 일 년에 걸쳐 투병생활을 하다 세상을 떠나자 어머니는 "이 낯선 사나이가 왜 하필이면 자기의 품 안에서 죽으려고 온 것인지 기구하게 생각하기도 했다."[19] 아버지는 어머니를 저버린 무책임한 사람이고, 자신과는 무관한 사람이라고 사르트르는 주장한다. 그의 아버지는 서둘러 자신을 낳은 후 죽었고 어머니가 재혼하면서 아버지의 사진마저 없어졌기 때문에 아버지는 보이지 않는 존재였고 침묵 자체였다. 게다가 그토록 말을 많이 하는 할아버지나 다른 가족 구성원도 사르트르의 아버지에 대해서는 말이 없었다. 사르트르가 친정으로 돌아온 어머니를 "흠집 있는 처녀"[20]로 서술할 때, 아버지는 완전히 배제되고 만다. 사르트르가 아버지를 부정한다는 사실은 아버지 소유였던 책들을 판 에피소드에서 확인할 수 있다.

> 나는 그 책들을 팔아버렸다. 나와는 거의 상관없는 죽은 사람의 것이었기 때문이다. (…) 비록 그가 나를 사랑하고 안아주고 지금은 썩어 없어진 그 맑은 눈으로 나를 쳐다보았다고 하더라도, 그런 것을 기억하고 있는 사람은 아무도 없다. 그런 사랑이란 헛일에 지나지 않는다. 이 아버지라는 사람은 한낱 그림자조차 눈초리조차 남겨놓지 않았다. 그 사람과 나는 얼마 동안 같은 땅을 밟고 있었을 뿐이다. 그것이 전

부다. 나는 죽은 사람의 자식이라기보다는 오히려 기적의 아이라는 소리를 들어왔다.[21]

아버지의 책은 아버지의 흔적이다. 그 책들을 파는 것은 아버지를 지우고 부정하는 행위다. 그는 아버지와 개인적인 경험을 공유하지 못한 사이여서 아버지를 '나와는 거의 상관없는 죽은 사람'이라고, 심지어 '이 아버지라는 사람'이라고 경멸적으로 부른다. 그러므로 자신이 죽음의 산물이 아니라 기적의 산물이라고 주장하는 것은 그가 아버지를 부정하는 또 다른 방법이다. 그는 차라리 그 누구의 자식도 아니기를 원했다. 그래서 아버지의 죽음을 구체적인 한 개인의 죽음으로 여기지 않고 살아 있었으면 자신을 억압할 하나의 기제, 즉 초자아의 부재로 다음과 같이 제시한다. "그러나 내게는 초자아가 없다는 어떤 유명한 정신분석가의 판단에 나는 기꺼이 동의하겠다."[22]

프로이트의 원초적 아버지라는 신화에서 알 수 있듯이 아버지는 초자아로서 아들을 잡아먹는 자다. 아버지는 권위, 법, 규제 등으로 의미부여되는데, 아들을 그 자체로 존재하도록 돕기는커녕 존재감을 박탈해 일종의 사물로 만든다. 아버지의 장점이 있다면, 아들이 아버지의 권위로 대변되는 사회의 법을 내재화하여 자기 정체성을 확립하게 한다는 점이다. 반면 아버지가 부재하면 아들은 동일시할 수 있는 존재가 없기 때문에 시간의 연속성을 확보하지 못할 우려가 있다. 사르트르는 아버지가 일찍 돌아가시는 바람에 모방해야 할 대상이 없어서 자기 정체성을 확립하는 데 어려움을 겪었다. 이런 상황에서 아이는 두 가지 방식으로 행동할 수 있다. 첫 번째는 이상적이든 아니든 아버지의 이미지를 만들어내고 그 이미지를 모방하는 것이다. 두 번째는 아버지를 부재하는 존재로 무시하고 스스로 자기 이미지를 창조하는 것이다. 사르트르는 이 두 가지 방식을 모두 채택한다. 우선 할아버지를 아버지처럼 모방한다. 모방한다는 것은 강요하지 않아도 스스로 타인의 판결에 복종한다는 것이므로 그는 할아버지를 모방함으로써 할아버지의 법을 내면화한다. 그다음으로 그는 자기 자신을 창조한다는 환상에 사로잡혀, 글쓰기에 대해 절대적인 믿음을 가지고 영광을 갈망한다. 아버지의 부재로 인해 야기된 두 가지 결과는 시사적이다. '할아버지를 모방하는 연극성'은 그가 포로로 잡혀 공동체를 발견할 때까지 지속되었고, '글쓰기의 환상'에는 평생 사로잡혀 있었다.

아버지의 부재가 사르트르의 인생에서 결정적 전환점이었다는 사실을 인정하더라도, 초자아의 부재로 얻은 자유가 사르트르에게 긍정적이었는가는 또 다른 문제다. 사실 그의 자유는 초자아의 부재로 저절로 얻어진 것이 아니었다. 사르트르는 갖가지 자기기만의 연극으로 삶과 타협해야 했고 착란에 이를 정도로 조현병 증세를 경험했으며, 초자아의 부재에도 불구하고 얻어내지 못한 자유를 읽기와 쓰기를 통해 힘겹게 성취해야 했다. 아버지의 죽음은 그에게 축복이었다기보다는 오히려 '원초적인 결핍'이었을 가능성이 더 크다.[23] 최초의 자유가 진정한 자유가 아니라 결핍에 불과하다는 것을 필립 르죈은 이렇게 표현한다. "최초의 자유는 단지 채워지기를 열망하는 하나의 결핍일 뿐이며, 형태를 갖기를 추구하는 무정형의 빈자리일 뿐이다."[24] 그가 삶의 기원에서 경험한 자유는 자신이 선택하지도 쟁취하지도 않은 자유이며, 수동적으로 주어진 자유였던 것이다.

초자아가 없다는 것은 사르트르의 텍스트에 독특한 성격을 부여한다. 대부분의 자서전 작가가 '죄의식'을 토로하는 데 반해 사르트르에게는 죄책감을 불러일으키는 초자아가 없어서 죄의식이 없다. 이런 점에서 볼 때 『말』은 자서전이긴 하지만 '고백록'은 아니다. 고백록은 자신의 죄를 고백하고 용서를 구하는 장르로서 죄의식을 전제하지만, 사르트르의 자기 고발에는 죄의식이 없기 때문이다. 예를 들어 1943년에 출간된 『파리 떼』는 고백과 죄의식의 문제를 주요 주제로 다루지만 그것들은 인간의 해방과 자유를 방해하는 부정적인 요소일 뿐이다. 『파리 떼』는 주인공 오레스테스가 어머니를 살해했으면서도 후회하기는커녕 자기 행위를 온전히 책임지기 때문에 자유의 비극이 된다. 한 인간이 자기 자신이 되는 데에는 후회나 죄의식, 고백이 요구되지 않으며, 자기 행동을 떠맡는 철저한 책임의식이 필요하다는 사실을 이 희곡은 강조한다. 발터 비멜에 따르면, 사르트르에게 참회는 어떤 일을 저지르고 결과에 책임을 지는 대신 행위를 고백하는 데에 만족하는 비겁한 행위다. "이러한 맥락에서 보면, 참회란 사람들이 어떤 나쁜 일을 저질렀음을 고백하는 것이 아니라 오히려 스스로 행한 바를 되돌리려 함을 고백하는 것을 뜻한다."[25]

그러나 『말』에서는 죄의식이 완전히 제거되어 있다. 파리 날개를 잡아 뜯었다고 고백할 때에도, 타인을 의식하고 행동하던 사르트르가 마침내 어린아이답게 자연스럽게 행동한 것처럼 서술할 뿐, 곤충을 죽인 사디즘을 고발하려는 의도는 전혀 없다. 사르트르는 이성으로 독자를 매혹시키지, 죄책감으로 매혹시키지 않는다. 이전에 연극성으로 할아버지와 어머니를 매혹시켰던 것과 비슷한 맥락에서 『말』은 냉정하고 이성적인 자아로 모든 것을 통제하고 조롱함으로써, 비웃음을 자신의 성격으로 제시하여 독자를 어리둥절하게 만든다.

아버지의 부재가 중요한 또 다른 이유는 그것이 '기원의 부재'를 의미하기 때문이다. 아버지가 없다면 '나'는 무엇으로부터 비롯되었는가? 이 질문 덕분에 『말』은 탄생의 신비, 출생의 비밀을 탐구하는 자서전처럼 제시된다. 출생의 비밀은 서구 문학이 제기한 최초의 질문 중 하나다. 소포클레스의 『오이디푸스 왕』에서도 근친상간이나 거세와 같이 프로이트를 통해 익숙해진 주제들 외에도 '탄생의 신비'라는 주제가 큰 부분을 차지한다. 스스로 눈을 찔러 자신을 벌하기 전에, 오이디푸스 왕은 라이오스 왕의 살해범을 추적하고, 아내이자 어머니인 이오카스테의 만류에도 불구하고 자신이 누구인지를 알고자 열망한다. 살인 사건을 탐색함으로써 그는 과거를 탐색하고 동시에 자기를 탐색하게 된다. 그리고 그 탐색 끝에 자신이 추악한 범죄자임을 깨닫는다. 오이디푸스에게 자기 탐색은 출생의 비밀을 밝히는 것과 연결되며 자신의 유죄성을 확인하고 나서야 종결된다.[26] 출생의 비밀이 자기 탐색의 근원에 놓여 있다는 것이다. 사르트르도 동일한 특성을 보여준다. 『말』은 탄생과 기원의 문제를 제기하는 과정에서 자서전의 역사에 한 획을 긋는 작품을 생산하고 있다.

'탄생'의 문제는 연대기적인 질서를 보여주는 전통적인 자서전에서는 결코 제기되지 않는다. 탄생은 자신이 직접 경험했음에도 불구하고 경험한 바를 서술할 수 없는 체험이기 때문이다. 그것은 타인의 이야기를 통해서만 확인된다. 대부분의 작가들은 '나는 언제, 어디서, 누구의 자식으로 태어났다'라는 식으로 탄생의 문제를 얼버무리면서 그것을 자서전의 핵심 주제로 생각하지 않는다. 르죈은 『말』을 '탄생' 과정을 서술하는 이야기로 읽으라고 제안한다. 르죈에 따르면 "자서전 탐구의 최종 목표는 결국 탄생에 대한 탐구라는 불가능한 탐구인데, 틀에 박힌 전기 질서의 사용으로 이 분명한 사실이 은폐된다."[27] 탄생의 문제를 다룸으로써 자서전 작가는 삶을 '탐색'하는 자신을 정당화하고 연대기적 질서가 아닌 새로운 질서를 제시할 수 있으며, 이를 통해 작가로서의 소명을 실현할 수 있다는 것이다.

탄생 이야기를 만들어내기 위해서는 먼저 가족을 해체해야 한다. 아버지의 부재에 이어 사르트르는 어머니의 위상도 모호하게 만든다. 어머니는 병든 아버지를 돌보느라 갓난아기인 사르트르를 제대로 보살필 수 없었고 수유 기간도 매우 짧았다. 친정으로 돌아온 후에는 사르트르와 함께 '아이들'로 불렸다. 사르트르에게 어머니는 처음에는 존재하지도 않은 것 같은 아버지에게 빼앗겼다가 아버지의 죽음 이후에 누나로 대신 돌려받은 셈이었다. 사르트르는 "내가 그녀의 몸에서 태어났다니 그럴 수가 있을까?"[28]라고 묻는다. 그에게는 아버지뿐 아니라 어머니도 없다. 그뿐만 아니라 어머니가 할아버지와 할머니를 붙여서 "칼레마미(Karlémami)"[29]라고 부르듯 그는 가족을 개별적 인간으로 이해하지 못하고 이중의 정체성을 지닌 모호한 존재로 이해한다. 어린 사르트르는 가족에게 통합되지도 못했으며, 심지어 가족관계를 분명히 인식하지도 못한 것처럼 보인다.

자신의 가족사에서 아버지와 어머니를 부정한다면 사르트르는 자신의 기원을 어떤 식으로 제시할까? 대부분의 자서전은 가족관계를 중심으로 전개되며, 그 가족관계는 정신분석학의 용어를 빌리면, 오이디푸스 콤플렉스를 중심으로 '가족소설'(마르트 로베르)이나 '부모소설'(피에르 바야르)의 형태를 지닌다. 가족소설은 자기 기원에 대해 아이가 만들어내는 허구의 이야기이고, 부모소설은 부모가 아이에 대해 만들어내는 허구의 이야기다. 아버지가 없는 사르트르에게도 부모소설적인 특성이 엿보인다.

『말』에는 할아버지가 꿈꾸는 부모소설이 있다. 당시 프랑스 고등학교의 독일어 교육은 프랑스를 조국으로 선택한 알자스 사람들에게 맡겨졌는데, 그들은 교양이 부족한 탓에 교육계에서 따돌림을 받는 분위기였다. 할아버지는 사르트르가 독일어 선생이 되어 자신을 위해 복수해주기를 바란다. 사르트르는 할아버지의 기대를 내면화하여 다음과 같이 말한다. "그러니 내가 그들을 위해서, 할아버지를 위해서 복수하리라. 비록 알자스 사람의 손자이지만 나는 동시에 진짜 프랑스 사람이기도 하다. 할아버지는 내게 넓디넓은 지식을 갖추게 하고 나는 영광의 길을 달려가리라. 나라는 인간을 통해서, 학대받은 알자스가 고등 사범학교에 들어가고 교수 자격시험에 우수한 성적으로 합격하여 문학 교수라는 제왕이 되리라."[30] 어머니가 꿈꾼 아들의 미래도 있다. 어머니는 사르트르가 젊어서 교수가 되어 예쁘게 꾸민 방에서 살면서 사교계에 출입하고 결혼하여 자식들을 둔 가장으로서 행복을 누리는 모습을 그린다. 어머니가 꿈꾼 아들의 미래는 부르주아 계층에 굳건히 자리 잡은 행복한 시민의 모습이다.[31]

부모소설이라고 해서 꼭 부모만 아이의 미래를 꿈꾸는 것은 아니다. 부모로 통칭될 수 있는 타인이 아이의 미래에 대해 말을 하고 그것이 아이의 뇌리에 깊게 뿌리박히면 그것 또한 부모소설처럼 기능한다. 예를 들어 사르트르가 작가가 되리라는 것은 가족 이전에 다른 사람이 먼저 언급한다. 피카르 부인은 "얘는 글을 쓸 거야!"라고 단언하고, 어머니는 피카르 부인의 말을 이어받아 "우리 꼬마가 글을 쓴다지!"라고 하며 웃는 얼굴로 말한다. 직업 문인들은 굶어죽는다며 작가가 되는 것을 반대하던 할아버지도 다른 사람들에게 "얘 머리가 문학을 하게 생겼단 말이야."라고 말하고 어머니에게 "그 녀석이 펜으로 먹고살 생각을 하면 어떡한다?"라고 걱정하며 교수가 되라고 타이른다. 흥미로운 것은 자신의 소명을 언급하는 이 부분에서 평소 할아버지의 말에 귀 기울이지 않던 사르트르가 이를 귀담아들었다는 점이다.

> 한데 아주 계획적으로 거짓말을 하던 그 양반의 목소리에 그날 나는 왜 귀를 기울였을까? 무슨 오해를 했기에 그가 내게 하려던 이야기와는 정반대의 뜻으로 들었을까? 그것은 그의 목소리가 달라졌기 때문이었다. 나는 메마르고 딱딱해진 그 목소리가 나를 낳아놓고 사라진 사람의 목소리라고만 여겼다.[32]

사르트르는 할아버지의 목소리를 '나를 낳아놓고 사라진 사람의 목소리', 즉 아버지의 목소리로 착각하고, "처음으로 위엄 있는 가장"[33]의 목소리를 들었다고 믿는다. 이런 점을 고려하면 부모소설은 아버지의 생존 여부와 상관이 없다. 중요한 것은 아버지의 기능이다. 사르트르에게는 할아버지가 아버지의 역할을 한다. 그런데도 그는 할아버지의 바람과는 달리 교수가 되지 않고 문인이 된다. 그렇다고 그가 할아버지의 목소리를 배반한 것은 아니다. 할아버지는 교수가 되어 진지하지만 쓸모없는 일을 하기를 바랐고, 사르트르도 "글쓰기라는 직업은 지겨울 정도로 진지하고 또 따지고 보면 재미도 없는 어른들의 일이라고 여겼으므로 바로 나 같은 인간의 몫이라는 것을 잠시도 의심하지 않았다."[34]라고 말한다. 사르트르는 글 쓰는 직업이야말로 할아버지가 권하는 교수와 마찬가지로 '환멸'에 어울리는 직업이며, 작가가 되는 것에 할아버지도 동의했다고 생각했다. 사르트르는 타인의 욕구와 자기 욕구를 구분하지 못한 채, 할아버지로 대표되는 부르주아의 환상을 자신의 환상으로 삼고 그 환상으로 자기 행동을 정당화한 것이다. 아버지라고 하는 생물학적 기원이 없기 때문에 상상으로 자신의 기원을 찾아 나섰고, 그 결과 타인의 관점을 자신의 관점으로 여김으로써 사르트르는 자신이 우연히 작가가 된 것처럼 서술하고 있다.

이쯤 되면 독자들은 사르트르가 소명의 이야기를 패러디하고 있음을 깨닫게 된다. 자서전 작가들은 대부분 '나는 누구인가?'라는 질문을 던짐으로써 '나는 어떻게 작가가 되었는가?'라는 소명의 문제를 제기한다. 하지만 사르트르는 마치 '소명의 부재'가 아버지의 부재에서 비롯된 또 다른 결과이기라도 하듯, '소명'이라는 개념 자체를 부정하는 것처럼 보인다. 그러고 보면 『말』에서 소명을 실현한 사람은 찾아볼 수 없다. 외증조부가 식료품상으로 전업한 것이나 큰아들이 교사가 된 것, 둘째 아들이 아버지의 희생을 본떠 장사꾼이 된 것, 심지어 별다른 소질을 보이지 않던 얌전한 셋째 아들이 갑자기 목사가 된 것, 셋째 아들의 아들인 알버트 슈바이처가 할아버지의 소원을 이루어줬다는 내용까지, 사르트르는 소명이란 없으며 이 모든 것은 우연에 불과하다고 말하는 것 같다. 『말』은 재능을 지닌 작가, 운명처럼 주어지는 소명을 부정하는 자서전이다. 또는 부모소설로 변장한 채 소명의 허위성을 고발하는 자서전이다.

이런 특징은 초고의 제목이 '땅 없는 장'이라는 데서도 확인할 수 있다. '땅 없는' 자는 물려받을 유산이 없는 자, 자기 존재의 근거가 될 수 있는 전통이 없는 자라는 의미여서 아버지의 부재를 은유한다. 그는 태어나면서부터 '슈바이체르'라는 성을 가진 외가 친척들에게 둘러싸인 채 자신의 성 '사르트르'를 정당화할 것이 요구되었다. '땅 없는 장'에서 '없음'의 자리에 자신을 위치시키고 자기 존재를 확고히 하는 것이 그가 자서전을 쓴 동기였다. 아버지 없이 자신만의 왕국을 건설하려면 그에게는 펜의 힘을 믿는 것 외에 다른 방법은 없었다.[35] 물론 펜의 힘을 확신해서 작가가 된 것은 아니었다. 그는 미래에 대한 긍정적 비전 없이 작가가 되었기 때문에 그의 비전은 성직에서 영웅으로, 영웅에서 작가로 끊임없이 축소되었다. 그래서 자서전을 쓰는 현재에도 자신이 글쓰기에 매달린 것은 "오직 할아버지의 환심을 사려는 주책없는 욕망 때문이 아니었을까."[36]라고 자조적으로 덧붙인다. 글쓰기조차 희극에 불과했다는 것이다.

작가의 탄생

자기기만의 연극을 하던 어린아이가 신경증 환자를 거쳐 어떻게 작가가 되었을까? 『말』에 서술된 사르트르의 삶은 이렇게 요약할 수 있다. 자서전이 정체성을 탐색하는 것이라고 할 때 어떤 과정을 거쳐 현재 '작가'가 되었는가를 질문하는 것은 당연해 보인다. 그런데 이 질문을 다룬 자서전은 생각만큼 흔치 않다. 루소와 그 이후의 자서전 작가들인 샤토브리앙, 지드, 페렉, 뒤라스, 유르스나르, 사로트, 심지어 레리스도 작가의 탄생을 주제화하지는 않았다. 반면 뷔르글랭이 적절히 지적하고 있듯이, 사르트르는 "작가의 신화"를 조롱하는 자기파괴적 시도 끝에 자신을 둘러싼 모든 것에 적대적인 작가로 태어난다.[37] 사르트르가 작가가 된 것은 문학에 대한 열정보다는 작가가 되려는 의지 때문이었다는 것이다.

사르트르가 문학을 하게 된 것은 어른을 위해 연극을 한 사실과 분리될 수 없다. 일반적으로 아이가 성장하려면 어른으로부터 독립하여 자신의 삶을 살아야 한다. 하지만 사르트르는 할아버지에게 종속되어 연극을 하고 할아버지를 위해 문학을 한다. 할아버지의 환심을 사려는 연극이 없었다면 사르트르는 작가가 될 수 있었을까? 이런 질문은 독자가 이미 결과를 알고서 우연을 가지고 필연을 만들어내는, 다소 억지스러운 느낌이 들긴 한다. 그러나 사르트르의 자서전이 '어떻게 작가가 되었는가?'라는 질문을 중심으로 구성되었다는 사실을 받아들이면, 연극에도 '불구하고' 작가가 되었다고 말하는 것은 충분하지 않다. 그가 작가가 된 것은 연극 덕분이다. 그에게 연극은 이중적인 역할을 한다. 그는 자기 삶이 연극이었고 자기기만에 빠져 있었음을 통렬히 비판하지만, 연극 덕분에 할아버지의 마음에 들기 위해 글을 쓸 수 있었고, 연극 때문에 또래와 어울리지 않고 상상 세계에 빠져들었다. 사르트르에게 글쓰기는 책 읽기와 마찬가지로 연극에 지나지 않았다. 모든 행위가 연극적일 때, 연극을 위해 쓴 가면이 얼굴에 들러붙어 일상이 연극이 되고 연극배우는 연극과 현실을 착각하게 된다. 그 괴리를 느끼면서 사르트르는 분열 증세를 보이기 시작한다.

사르트르는 권태로운 현재에서 벗어나기 위해 소설을 쓰며 '고명한 작가' 놀이를 한다. 소설 속에서 그는 다른 사람을 구하고 인류에게 도움이 되는 존재가 된다. 그런데 서재에 혼자 있을 때에는 사디스트처럼 파리 죽이는 놀이를 한다. 커튼 밑에서 파리를 발견하고 그것을 집게손가락으로 눌러 죽여도 사람들은 그를 병적이라고 비난하지 않는다. 그것은 '미운 다섯 살'에 흔히 관찰되는 현상이고 사르트르도 그 행동을 긍정적으로 표현한다. 적어도 그 순간에는 할아버지를 의식하고 모방하는 존재에서 벗어나 자기 나이에 어울리는 진정한 모습을 거리낌 없이 드러냈다는 것이다. 그런데 후에 사르트르가 그 행위에 의미를 부여하는 방식에는 문제가 있다. 그는 자신이 죽인 파리와 그를 동일시한다. 왜 스스로 자기가 죽인 파리가 되었다고 상상하는 것일까? 그에 따르면, 사물 중에서 파리가 유일하게 그를 두려워했고 파리를 죽일 때 사르트르는 연극을 하지 않고 자기 자신이 될 수 있었다. 그런데 이제 파리는 죽고 없기 때문에 그가 자기 존재를 드러낼 방법은 없다. 아무도 그를 두려워하지 않으므로 자신을 증명하기 위해서는 자신이 파리가 되어야 한다.[38] 이쯤 되면 자신을 증여자이자 증여물로 여겼던 연극적 상황이 떠오른다. 진정한 '나'였던 사디스트가 되기 위해서는 '나'를 다시 연극적 상황에 놓고 죽이는 자이자 죽임을 당하는 자로 분열시켜야 했던 것이다.

할아버지와 동일시하고 연극을 한 결과는 치명적이다. 사르트르는 조현병 증상을 보인다. 그의 머릿속에서 자기 목소리가 아닌 다른 목소리가 말을 하고 자신은 그 지시를 따라야 한다고 생각한다.

> 내게는 목소리가 두 개 있는 것 같았다. 그중 하나는 내 것 같지도 않고 내 의사와는 동떨어진 목소리인데, 그것이 다른 또 하나의 목소리에게 제 이야기를 받아서 말하게 했다. 나는 내가 이중 인간이라고 단정했다. 이 가벼운 착란은 여름까지 계속되었다. 그런 상태 때문에 나는 기운을 잃고 짜증이 나고 마침내 겁을 먹게 되었다. "누가 자꾸만 머릿속에서 말을 해." 나는 이렇게 어머니에게 말했지만 다행히 어머니는 그 말을 마음에 두지 않았다.[39]

그때 내부에서 들려왔던 목소리는 할아버지의 목소리였고, 그 목소리는 그로 하여금 글을 쓰도록 강요했다.

> 할아버지의 목소리, 나를 벌떡 일으켜서 책상으로 달려가게 하는 그 녹음된 목소리가 노상 들려오는 것은 그것이 바로 내 목소리였기 때문이다. 내가 일찍이 겸허하게 받아들였던 할아버지의 사이비 강제 위임을 여덟 살과 열 살 사이에 도리어 자랑스럽게 나 자신의 율법으로 삼았기 때문이다.[40]

사르트르는 자신의 목소리와 할아버지의 목소리를 구분하지 못한다. 할아버지의 목소리는 내면화되어 그 목소리를 들으면 사르트르는 책상으로 가서 글을 쓴다. 사르트르는 할아버지의 목소리에 반응하여 글을 쓰지만, 사르트르는 그것을 '자랑스럽게' 자신의 법칙으로 삼는다. 그러나 '강제 위임'이라는 용어가 암시하듯, 할아버지로부터 자극받은 글쓰기는 그를 분열로 내몬다. 강요된 소명, 다시 말해 쾌감과는 전혀 상관없는 강제 노동 같은 글쓰기를 그는 절대 벗어날 수 없는 숙명 같은 것으로 여긴다. 그것을 그는 '어른들의 위임장' 이미지로 서술하고 있다.

> 2년 동안은 이러한 사건들과 만남 때문에 내 내성(內省)의 버릇이 중단되었지만 그 뿌리가 잘린 것은 아니었다. 사실 근본적으로는 아무 변화도 없었다. 어른들이 내게 맡겨놓은 그 밀봉된 위임장을 나는 이미 염두에 두지 않았지만, 그것은 여전히 그대로 있었다. 그것은 나라는 인간을 사로잡았던 것이다.[41]

자신이 타인의 시선에 맞춰 행동한 풋내기 배우에 불과했다는 사실을 사르트르는 중학교에 들어가 친구들과 사귀면서 깨닫게 된다. 상상의 세계에서 벗어나 타인과 부대끼면서 사회를 경험하고 상징적 질서를 이해하면서 자기 행위의 기만적 특성을 깨닫게 된 것이다. 그가 '내성의 버릇이 중단'된 것이라고 설명한 것이 바로 그 시기다. 그러나 그 버릇은 '중단'되었을 뿐 사라지지 않는다. 그로서는 '뿌리를 잘라낼 수가 없었다.' 어른들이 강요했던 '위임장'을 받아 들고 있지만, 그 위임장은 '밀봉'되어 있어서 그는 자신에게 맡겨진 임무가 무엇인지 알 수 없었다. 무엇을 해야 할지 모르기 때문에 타인을 만족시킬 수 없었었던 것이다. 어른이 그에게 임무를 부여했다는 사실은 분명했으므로 그는 '어른-타인'의 욕망만 추구했고, 그 결과 자기 자신마저 상실하기에 이른다. 이것이 간단히 요약한 사르트르의 삶이다.

그가 이 분열을 극복할 수 있을까? 사르트르에게 주어진 해결책은 하나밖에 없었다. 그는 다시 작가를 불러들인다. 그는 쥘 베른의 소설 『코르크랑 대장의 모험』을 읽으며 자신을 '잊고자' 한다. 모험담을 읽으며 그는 자신의 상황을 망각하고, 주인공과 동일시하여 전 인류가 그에게 구원을 요청한다고 믿는다. 자아가 분열되면 사르트르는 언제나 환상 속에서, 독서 속에서 구원을 찾는다. 그는 독서를 하면서 자신을 잊고 새로운 정체성을 얻을 수 있었다. 독서하기 전에는 여성적인 아이였는데, 모험소설을 읽으면서 남성성을 획득하기라도 한 것처럼 공격성을 드러내는 것도 독서가 정체성을 만들어낸다는 것을 보여주는 좋은 예다.

> 나는 칼을 휘둘러 모가지들을 날려버리고 강물처럼 넘치는 선혈 속에서 태어났다. 강철처럼 단단한 행복감! 나는 내가 있어야 할 자리에 있게 된 것이다.[42]

이 대목에서 사르트르는 '태어나다'라는 동사를 사용하고 있다. 그는 부모로부터 태어나는 것이 아니라 행동하고 있다는 상상 속에서 태어난다. 칼로 적의 머리를 자르는 학살자의 상상 속에서 그는 남성으로 태어나고, 수고의 대가를 바라지 않고 위험에 빠진 처녀를 구하는 상상 속에서 윤리적 주체로 태어난다. 그가 '강철처럼 단단한 행복'이라고 언급한 것은 그의 행복이 물렁물렁한 여성성으로 구현되는 것이 아니고 강력한 남성성을 획득했을 때 구현되기 때문이다. 그때 비로소 그는 자기 자리를 확보했다고 생각한다.

"이상의 이야기가 내 인생의 시작이다. 나는 줄곧 달아났다."[43]라는 언급도 같은 맥락에서 이해할 수 있다. 사르트르의 인생은 독서로의 도피로 끝난다. 독서는 분열증이나 신경증에서 벗어나는 방법이었고, 현실을 회피하는 방법이었다. '달아났다'라는 표현에서 알 수 있듯이, 사르트르가 작가가 된 것은 선택의 결과가 아니었다. 자신이 선택할 수 있었다면 그는 아이들과의 놀이를, 현실과의 만남을 선택했을 것이다. 그가 작가가 된 것은 분열된 자아를 통합하기 위해 그가 알고 있던 유일한 해결책인 '독서' 속으로 달아났기 때문이다. 그러므로 그는 책을 매개로 현실을 만나리라고 기대하지 않는다. 오히려 책이 현실을 대신한다. 그에게는 책이 현실이었고 상상이 현실이었다. 정명환 교수는 "그에게 있어 책은 사물과 현실의 재현이 아니라 바로 그 출처이며 근원이 되었다."[44]라고 평한다. 그에게는 책으로의 도피 외에 다른 방법이 없었던 것이다.

착각이 진실이 되고 가짜와 진짜가 복잡하게 얽히는 것은 그의 유년기 소설 「나비를 찾아서」에서도 확인할 수 있다. 이 소설은 순수 창작물은 아니고 이전에 읽었던 책들을 기억으로 되살리고, 우연들을 중첩시켜 재배치한 작품이다. 그는 자신이 다른 작가들을 모방하고 표절했다고 밝히면서도 전혀 부끄러워하지 않는다. 오히려 표절했기 때문에 그 작품은 진실되다고 믿는다. 그가 볼 때 자신은 정당성이 없는 존재인 반면 타인은 진실을 소유하고 있기 때문에 자기 정당성은 타인을 모방할 때 드러난다. 그래서 할아버지를 모방하고 다른 작가를 표절하면서도 그는 그게 자신의 진정성을 드러내는 방법이라고 생각한 것이다.

> 그러나 이렇게 의도적인 표절을 하고 나니 나는 마지막 불안까지도 깨끗이 씻어낼 수가 있었다. 왜냐하면 나 자신은 아무것도 꾸며내지 않았으니 그 모두가 진실일 수밖에 없었기 때문이다. (…) 그래서 원본과 어긋나는 이야기는 한 줄도 쓰지 않았던 것이다. 그렇다면 나는 자신을 모방자라고 생각했던 것일까? 천만의 말씀이다. 어디까지나 나는 스스로를 독창적인 작가라고 생각했다. 이야기를 손질하고 새로 단장해놓았으니 말이다.[45]

창작에서는 독창성이 중시되지만, 사르트르는 새롭게 만들어낸 것이 아무것도 없기 때문에 자신의 작품은 진실되다고 말한다. 그는 '진실'을 제대로 이해하지 못했을 뿐 아니라 글쓰기와 모방을 동일시하는 오류를 범한다. 그런데 사르트르가 표절이나 모방을 정당화하는 데에는 또 다른 이유가 있다. 할아버지는 독일인들에게 프랑스어를 가르치기 위해 위대한 작가들의 문장을 짜깁기하여 책으로 펴내면서 스스로를 프랑스어 교육의 선구자라고 생각한다. 할아버지가 죄의식 없이 텍스트를 편집했듯이, 사르트르는 창작의 관점에서 할아버지의 방식을 모방했을 뿐이다.

글쓰기가 기만적인 행위임에도 불구하고, 글쓰기는 머릿속에서 벌어지는 일에 굳건한 이미지를 부여하기 때문에 책 읽기에 비해 장점이 있다. 상상만으로는 현실적으로 존재감을 확보할 수 없지만, 글쓰기를 통해 상상이나 꿈을 공책에 단단히 붙잡아둘 수 있기 때문이다. 그것을 사르트르는 "허상의 실상화"[46]라고 이름 붙인다. 사르트르의 관점에서 볼 때, "말이 사물의 진수"[47]인 이상 글쓰기를 사물과 직접 접촉하는 방법으로 여겼다고 해도 이상할 것은 전혀 없다.

글쓰기가 자기기만의 행위가 되는 것은 사르트르가 글을 쓰면서 타인을 의식하기 때문이다. 자기기만에서 벗어나려면 타인의 시선에서 벗어나야 하는데, 그런 행운이 사르트르에게도 없지 않았다. 그가 쓴 터무니없는 모험소설을 할아버지가 못마땅하게 생각하고 또 어머니를 비롯한 다른 사람들이 그의 소설에 대해 언급하는 빈도가 줄어들자 사르트르는 타인에게 보이기 위해서가 아니라 "나 자신의 재미를 위해서"[48] 글을 쓴다. 게다가 소설의 내용이 복잡해지면서 표절했던 에피소드들을 연결할 새로운 창작이 필요해졌고, 사르트르도 소설의 주인공과 자신을 분리할 수 있게 된다. 독서할 때나 영화를 볼 때에는 주인공과 자신이 분리되지 않았지만, 글을 쓰면서 둘을 구분하게 된 것이다. 타인을 의식한 글쓰기에서 벗어나면서, 사르트르는 자기 내면을 드러내기에 이른다. 그러자 글쓰기를 통해 확보했다고 자신만만해했던 확고한 물질성은 와해되고, 게를 비롯한 기괴한 이미지들이 들끓기 시작하면서, 그가 느끼던 불안이 유년기에 쓴 소설에 증폭되어 나타난다. 무의식과 내면이 반영된 진실된 글쓰기가 시작된 것이다.

여기에서 사르트르 글쓰기의 독특한 구도가 드러난다. 글쓰기는 자기기만적인 행위에 불과하지만 그것으로 그가 자기 정당성을 확보한다는 점이다. 이런 성찰은 '기차표 없는 여행자' 에피소드에서 구체적으로 드러난다. 기차표가 없다는 것은 자기를 정당화할 무엇이 결핍된 상태라는 것을 의미하며, 여행자는 물론 사르트르다. 사르트르는 기차에 무임승차했다가 잠이 드는데, 차장이 그를 깨우며 표를 보여달라고 한다. 목적지인 디종까지 가야 하므로 그는 시간을 끌려고 아무 말이나 지껄이기 시작하고 말로써 검표원을 설득하고 상황을 변화시키려고 노력한다. 난관에서 벗어나는 방법으로 '말하기'를 선택한 것이다. 그는 불법으로 기차를 탄 것은 사실이라고 인정하면서도 기차표가 없다는 사실이 그가 떠맡은 일의 중요성을 보여준다고 주장한다. 표 없이 기차를 탄 것은 프랑스뿐 아니라 전 인류와 관련된 중요한, 그러나 알려져서는 안 될 일을 서둘러 수행하다가 생긴 일이므로 검표원은 그 일의 중요성뿐 아니라 여행자의 정당성을 인정해야 한다는 것이다.

프랑시스 장송은 이 에피소드를 사르트르가 자신의 존재 조건을 인정하지 못하고 환상 속으로 도피하는 것으로 해석한다. 어떻게 타인의 인정을 받을 수 있는가, 자기 존재는 정당한가에 대해 끊임없이 사유한다는 것이다.[49] 그런데 사르트르가 생각나는 대로 말을 늘어놓는 것 같아도 그 말에는 일정한 방향성이 있다는 점은 흥미롭다. 그는 과대망상이라고 할 정도로 자신이 수행해야 할 역할을 강조한다. 기차표를 갖지 못한 존재, 다시 말해 자기 정당성이 없는 잉여의 존재임을 인정하면서도 그는 떠들어대는 말을 통해 정당화되지 못한 존재에서 존재감이 확실한 존재로 변신하기를 꿈꾼다. 사르트르는 '말하기', 즉 일종의 연극을 통해 존재의 우연성을 필연성으로 변모시키고자 한다.

이 에피소드에서 '나'는 네 차원으로 분화되어 있다. 우선 기차표 없이 기차를 탄 '나'와 인류를 위해 임무를 수행하는 '나'가 있다. 즉 존재 근거가 없는 현실의 '나'와 자부심이 강한 '나'가 있다. 그리고 자신이 설득해야 하는 '차장-타인'으로서의 '나'가 있다. 여기에 또 다른 '나'가 개입한다. 그때의 '나'는 자기 말이나 행동을 응시하는 명석한 '나'다. 그는 전체 드라마의 조직자로서, 끊임없이 떠벌리면서 자신을 속이는 '나'를 응시하는 또 다른 '나'다. 사르트르는 이 터무니없는 연극에 대해 다음과 같이 서술한다.

> 열차, 차장, 그리고 경범자 그 모두가 나 자신이었다. 나는 또한 제4의 인물이기도 했다. 그것은 연출자였는데, 그에게는 오직 한 가지 욕망밖에 없었다. 단 1분이라도 좋으니 자신을 속이는 것, 자기 자신이 이 모든 연극을 꾸민 자라는 사실을 잊어버리는 것이었다.[50]

파리에서 디종까지 가야 하는 여정을 사르트르는 연극에 비유한다. 그가 연극을 꾸민 이유는 자신을 속이고, 자신이 연출자라는 것을 잊기 위해서다. 그러나 그가 결코 잊지 못하는 것이 연출자로서의 '나', 즉 끊임없이 떠벌리며 자신을 속이고 있는 '나'를 응시하는 '나'이다.

'기차표 없는 여행자' 에피소드는 텍스트 말미에서 다시 한번 다루어진다.[51] 이전과 마찬가지로 왜 기차를 타고 있는지 어떠한 핑계도 찾아낼 수 없고 마찬가지로 자기 정당성을 주장할 근거도 없다. 그런데 상황은 약간 다르게 전개된다. 무섭게 노려보던 차장이 여기서는 덜 무서운 표정을 짓고 있는 것이다. 게다가 차장은 기차표를 검표하는 데에 그다지 관심이 없어 보인다. 차장 또한 자기 역할을 확신하지 못하는 존재였던 것이다. 또 다른 차이도 있다. 처음에는 승객이 자신을 정당화하기 위해 말을 많이 했었는데, 여기서는 아무 말도 하지 않고 서로 마주 본 채 종착역까지 간다.

그는 핑계를 찾아낼 수 없을 뿐 아니라 핑계를 찾아낼 생각조차 하지 않는다. 핑계를 찾아내려고 했던 것은 자기 정당성을 주장해야 했기 때문이고, 그것은 작가 의식과 연결되어 있었다. 그런데 이제 사르트르는 핑계를 찾아낼 생각조차 없다고 말한다. 그것은 그가 천직을 수행하는 작가로서의 자기 정체성을 포기한 것과 무관하지 않다. 그래서 "나는 천직을 포기했다. 그러나 환속한 것은 아니다."[52]와 같은 문장이 나온다. 그는 천직인 작가는 포기하지만 글쓰기는 계속한다. 할아버지로부터 인정받기 위해 되고 싶었던 작가로서의 정체성은 포기하지만, 글쓰기를 계속하여 자기 정체성은 포착하고자 한다. 사르트르는 "그뿐 아니라 그 쓰러져 가는 낡은 대궐, 즉 나의 속임수는 나의 성격이기도 하다. 사람이란 신경증을 떨어버릴 수는 있지만, 자기 자신이라는 고질병에서 치유될 수는 없는 법이다."[53]라고 말한다. 할아버지에게서 비롯된 모든 것이 속임수였듯, 그에게 글쓰기 또한 속임수에 불과했고, 속임수로 자신을 정당화하려다 보니 신경증에 걸린다. 신경증은 치유될 수 있지만 자기 자신을 알고 싶어하는 고질병은 그에게 찰싹 달라붙은 가면이 되고 만다. 그가 글쓰기를 그만둘 수 없는 이유가 여기에 있다.

현실과의 접촉

'기차표 없는 여행자' 에피소드는 정당성 없는 자가 떠벌리면서 어떻게 정당성을 확보하는지를 보여주는데, 이것을 작가의 탄생 장면으로 이해할 수 있다. 그러나 말을 떠벌린다고 해서 잉여의 존재에서 작가로 변모하는 것은 아니다. 작가로 태어나기 위해서는 현실과의 대면이 꼭 필요하다. 자신에 대한 확신도 없고 할아버지에게 잘 보이려고 연극을 해왔던 어린 사르트르는 현실과 만나 어떤 반응을 보일까? 연극이 타인을 위해 존재하는 방식이라면, 실제 타자와의 관계에서도 연극은 유효할까?

사르트르는 할아버지가 그의 금발을 짧게 잘랐을 때 처음으로 현실과 접촉한다. 그전까지 그는 '천사는 성이 없다'는 유명한 문구를 환기시키듯, 곱슬거리는 머리카락을 길게 늘어뜨리고, 학원에서 개최한 연례 파티에 하늘하늘한 천사옷을 입고 참석하여 과자를 나눠주는 아이였다. 그는 남성이면서 여성이었고, 천상의 선물이었지만 동시에 잉여 존재였다. 그런데 일곱 살 때 머리를 자르면서 그는 처음으로 자신이 못생겼고 눈도 사팔뜨기라는 사실을 알게 된다. 머리를 자른 것은 귀염둥이 아이에서 청소년으로, 하늘거리는 천사 옷을 입은 여자아이에서 남성으로, 또 어머니에게 속한 존재에서 남성의 세계에 편입되었음을 의미한다. 사르트르는 자서전의 거의 끝부분에 "못생겼다는 이 의식이야말로 오랫동안 나의 부정적 성분이었으며, 신동(神童)을 용해한 생석회(生石灰)였다."[54]라고 슬쩍 덧붙인다. 못생겼다는 사실을 깨달은 것은 외모의 문제가 아니라 자신이 갖고 있던 환상이 파기되었음을 의미한다. 영화에서 본 것을 현실에서 재현하는 데 실패한 후 자신이 '영웅인 척하는 배우'에 불과했음을 깨닫듯이, 현실과 접촉하면서 사르트르는 자신의 실제 모습을 발견한 것이다. 물론 실제 모습을 발견한 후 그가 어떤 해결책을 모색하고 어떻게 성장하는지는 또 다른 문제다.

이 외에도 사르트르는 다양한 방식으로 현실과 접촉한다. 아홉 살 때 할아버지의 연출로 주인공인 알자스 청년 역을 맡았던 연극에서 사르트르는 다시 한번 현실과 접촉한다. 그는 '아버지를 찾아서' 프랑스를 향해 국경을 넘는 역할을 맡아 감동적인 대사를 읊으며 관객들로부터 환호를 받을 것이라고 기대한다. 그러나 역할에 압도되어 과장된 연기를 하는 바람에 관중의 관심은 친절하지만 무뚝뚝한 슈트로토프 영감을 연기했던 베르나르에게 쏠린다. 연극이 끝난 후 사르트르는 베르나르의 수염을 잡아떼다가 어머니에게 혼이 난다. 관객의 관심을 끌지 못한 데 대한 '질투' 때문에 그런다고 할머니가 사르트르의 감정을 정확하게 전한다. 이 에피소드는 아버지의 부재 때문에 자기 정당성을 확신하지 못했던 사르트르가 연극의 주제처럼 '아버지 찾기'에 실패하고 현실에 대면했을 때 느낀 당혹감을 보여준다.

세 번째로는 피카르 부인이 수첩을 선물하며 수첩에 쓰여 있는 질문에 답을 해보라고 권한 에피소드를 들 수 있다. "당신의 가장 큰 소망은 무엇인가?"라는 질문에 사르트르는 "군인이 되어 전사자들의 원수를 갚는 것"이라고 쓴다. 사르트르가 쓴 것을 읽고 피카르 부인은 "얘야, 이런 것은 솔직하게 써야만 재미있는 거란다."라고 충고한다. 사르트르는 이 에피소드에 대해 어른들은 "깜찍한 아이를 기대했는데 나는 고상한 아이 노릇을 한 것이다."라고 하며 어른들의 기대에 어긋나는 대답을 한 것이 실수였다고 밝힌다. 어른들의 마음에 들지 않는 대답으로는 어른들의 관심을 끌 수 없다는 것이다. 그런데 진정성에 대한 조언을 듣고 난 후 그것을 연극성이 부족해서 실패했다는 질책으로 이해한다는 점에서 그 해석조차 오류다. 사르트르는 이 충고에 화가 나서 거울을 보며 얼굴을 찌푸린다. 스스로 괴물이라고 여김으로써 그 충고를 듣고 느꼈던 불쾌감을 연민으로 바꾸고자 했던 것이다. 이것을 그는 "이제 선의 연극에 대항하여 악의 연극을 하려는 것이다."[55]라고 서술한다. 다시 말하면 타인 앞에서 연극을 하다 실패하자 이제 자신을 대상으로 연극을 해서 보상받고자 한다. 그런데 뷔르즐랭은 "전사자들의 원수를 갚고자 하는 사르트르의 가장 큰 소망이 거짓일까?"라는 의문을 제기한다. 자기 아버지도 전사자였기 때문에 아버지의 원수를 갚는 것이야말로 사르트르의 가장 큰 소망이며, 아버지의 죽음을 정당화함으로써 자신을 정당화할 수 있고, 더 나아가 잃어버린 자기 정체성도 확보할 수 있다는 것이다. 그가 얼굴을 찌푸린 것은 아버지에 대한 언급을 거부당한 후 사르트르가 자기 얼굴을 부정한 것으로 이해해야 한다면서 뷔르즐랭은 이렇게 평가한다. "그는 남자가 되고 아버지를 갖고, 모욕받은 이미지를 복구하고자 하는 자신의 진실을 말한 것이다."[56]

네 번째는 일차대전과 관련된다. 일차대전 이전에 그는 수많은 적들을 쳐부수는 개인 영웅들을 주인공으로 하는 소설을 썼는데, 전쟁 때문에 개인 영웅이 설 자리는 사라지고 집단 영웅만 존재하게 된다. 또 다른 소설에서, 가을이면 평화가 올 거라고 썼는데 전쟁이 장기화될 조짐을 보이자 그는 "허구와 진실의 충돌"[57]을 경험한다. 자신이 만들어낸 허구가 현실과 대립하면서 사르트르는 소설의 진실성에 의문을 품게 되고, 더 이상 소설을 쓰지 않게 된다. 일차대전 덕분에 현실을 체험하게 되고 상상의 세계에서 잠시 빠져나올 수 있었던 것이다. 현실에 접촉하는 데에는 거의 같은 시기에 학교에 등록한 것도 도움이 되었다. 학교에서 친구들과 비교당하면서 우월성에 대한 환상이 사라졌고, 또 글쓰기 욕망이 환상에 불과하다는 사실도 알게 된다. 이때까지 사르트르는 글쓰기 욕망을 처음부터 갖고 있던 것처럼 행동했었는데, 친구와 노는 게 더 재미있다는 걸 알게 되면서 글쓰기가 결핍을 메우는 수단이었지 본래부터 있었던 욕망이 아니라는 것을 깨닫게 된 것이다.

현실과의 접촉을 서술한 에피소드로 뤽상부르 공원 에피소드를 빼놓을 수 없다. 뤽상부르 공원에 가기 전에 그는 영웅 놀이를 하며 자신을 마음 내키는 대로 악인을 처단하는 "방심한 학살자"[58]로 여기고 있었다. 그는 자신이 "끝까지 여러 거짓을 번갈아 꾸며대"[59]고 있음을 알고 있는 사기꾼이자 연기자였다. 그런데 어머니와 함께 뤽상부르 공원에 갔을 때, 또래 친구들이 그를 거들떠보지도 않아서 그는 아이들이 노는 모습을 우두커니 지켜볼 수밖에 없었다. 지적으로도 우월하고 상상 속에서는 여전히 영웅으로서 품격을 지니고 있었지만, 그는 그들과 어울려 놀면서 작은 역할이라도 주어진다면 그까짓 특권은 얼마든지 내팽개칠 수 있다고 생각한다.

> 나는 진짜 내 재판관들, 내 동년배들, 내 동류자들을 만났다. 그런데 그들의 무관심한 태도는 나에 대한 단죄를 의미했다. 나는 그들의 눈

> 을 통해 드러난 내 정체에 그만 넋을 잃고 말았다. 나는 신동도 해파리도 아니고 아무의 관심도 끌지 않는 일개 꼬마에 불과했던 것이다.[60]

현실에 직면하자 그는 자신이 놓인 현실을 깨닫는다. 그는 외톨이였고 자기 자리를 찾지 못한 채 '배제'되어 있었으며, 타인의 시선을 구걸하고도 아무런 관심도 끌지 못한 무력한 아이였다.

> 어머니는 내 손을 잡고 그곳을 떠났다. 이 나무에서 저 나무로, 이 무리에서 저 무리로, 번번이 간청하고 번번이 따돌림을 받으며 돌아다녔다. 저녁 무렵 나는 내가 올라앉을 횃대로, 정신의 입김이 통하는 높은 곳으로, 꿈을 꿀 수 있는 곳으로 돌아갔다. 나는 어린애다운 욕설을 퍼붓고 숱한 용병을 학살해서 내 굴욕에 대해 복수했다. 그러나 속이 가라앉지는 않았다.[61]

할아버지와 함께 만들었던 연극적 공간 밖으로, 상상과 지성으로 쌓아 올린 세계 밖으로 몸을 내밀자, 그는 외면당한다. 그는 자신이 살고 싶었던 아이들의 세계에서 배척당한 것이다. 그가 맺었던 연극적이고 상상적인 드라마의 결말은 동료들로부터 배척당하는 이 상황에서 웅변적으로 드러나고 있다.

물론 상상 속에서 계속 영웅 놀이를 하며 원하는 만큼 구원하고 학살하고, 꿈을 실현하고 또 지연시킬 수도 있었다. 그러나 지칠 줄 모르는 상상의 만족도 현실 앞에서는 정당성을 상실한다. 어떻게 할 것인가? 그동안의 행위가 기만에 불과했음을 반성하고 현실과 더 빈번하게 접촉하는 것이 유일한 방법일 것이다. 그 경우 자신이 배제된 사실을 받아들이고, 그 원인을 분석하고 자기 자신과 대면해야 한다. 그러나 사르트르는 이 방법을 선택하지 않는다. 대신 명백하게 드러난 사실을 부정하고 혼자라는 것을 운명으로 받아들이면서 또 다른 자기기만에 뛰어든다. 즉 작가 환상에 빠져드는 것이다. 그는 현실 앞에서 뒷걸음질 치고 다시 정신과 꿈속으로 도피한다. 그 와중에도 이 모든 것을 할아버지 탓으로 떠넘기는 것을 잊지 않는다. 그리고 '읽기'에 이어 '쓰기'라고 하는 기만적 놀이로 자신을 속이기로 결정한다. 사르트르의 표현에 따르면 "결국 이 비운의 꼬마 야심가는 다시 서재로 들어간다."[62] 동년배 아이들로부터 배제되면서 그는 자신을 소외시킨 말과 글의 세계 속으로 다시 침잠한다. 평범한 아이들과 놀지 못하고 겉도는 자신을 내쫓기는 비극적인 운명을 가진 자로 슬쩍 신분을 위장시키고, 배제된 사실에 절망하지 않고 다시 문학에 스스로 빠져들고 거기에서 구원을 찾으려고 하는 게 현실과 접촉한 후 사르트르가 선택한 삶이다. 따라서 2부에 제시된 '쓰기'를 하나의 절대적 사건으로 이해하기보다는 차라리 '읽기'가 또 다른 형태로 반복된 것으로 이해해야 한다.

그렇다면 현실과 접촉하고 난 후 사르트르는 어떤 자아상을 만들어냈을까? 사르트르는 2부 '쓰기'에서 다양한 작가의 이미지를 제시하는데, 그중에서 '성인, 순교자, 영웅'은 그가 꿈꾸던 이상적인 자아상을 상징한다. 그러나 이 자아상들은 현실을 회피하고 상상 속으로 도피하고자 했던 어린 사르트르가 만들어낸 자기기만의 작가상이다. 그가 실제 도달한 작가의 이미지는 이상적 자아상과는 전혀 다르다. 그가 도달한 작가상은 희극배우이자 신경증 환자다. 그것은 상상의 자아가 현실에 직면하여 파괴된 후 도달하게 된 작가상으로, 가족 희극에서 비롯된 필연적인 결과다.[63] 사르트르가 '자아비판'을 하면서 도달한 자신의 정체성은 현실적으로 아무 쓸모가 없는 무용한 존재였던 것이다.

죽은 자가 살리라!

지금까지 가족관계, 특히 아버지의 부재가 어떤 결과를 초래했는지 살펴보면서 '변증법'이라는 용어를 자주 사용했는데, 삶을 변증법적으로 변화시킨다는 것은 무슨 의미일까? 『말』이 변증법을 체계적으로 사용한 작품이라는 점은 거의 모든 연구자들이 인정하고 있다. 그러나 '변증법'이라는 용어는 전문가에 따라 세 가지 의미로 사용된다.

루에트는 보편적인 것과 특수한 것, 개인과 역사 사이에서 진보와 후퇴를 거듭한다는 의미에서 『말』을 변증법적 자서전으로 규정한다. 그에게 변증법은 정치적 참여의 문제로 제기된다.[64] 발터 비멜은 "자기에게 강제된 구성에 대해 자기 스스로 반작용을 펼치는 과정"[65]으로 변증법을 정의하면서, 그 과정이 '인격화'로 드러난다고 주장한다. 르죈에게 변증법은 삶을 논리적으로 재구성하는 '구성의 원칙'이다. 그는 『말』을 "의미의 독재",[66] 즉 변증법의 독재가 펼쳐지는 공간으로 이해한다. 사르트르가 제시하는 연대기적 시간 구성은 에피소드가 발생한 시점에 따라 배열된 것이 아니고 "변증법적 메커니즘 속에서 수행하는 기능에 따른 질서"라는 것이 그의 관점이다.[67]

삶을 변증법적으로 재구성한 것은 타인의 행동을 모방하고 동의를 구걸하던 사르트르가 강요받고 억압된 자아를 벗어던지고 자유를 찾아나서는 모습을 서술할 때 잘 드러난다. 그 과정은 "죽은 자가 살리라!"라는 구호 속에서 살펴볼 수 있다.

> 나는 최악이 최선의 조건이라 여겼고 내 잘못조차 유익하다고 생각했는데, 그것은 결국 어떤 잘못도 저지르지 않았다는 말이다. 열 살 때 나는 자신만만했다. 겸손하지만 고집 센 아이였던 나는 내 실패가 사후 승리의 조건이라고 생각했다. 장님이 되건 앉은뱅이가 되건, 내 잘못 때문에 길을 잃건 간에, 전투에 지고 또 짐으로써 도리어 전쟁에 이기리라.[68]

전투에서는 져도 전쟁에서 이긴다는 것이 '죽은 자가 살리라!'라는 구호의 핵심이다. "내 불행은 시련에 불과하며, 작품을 만들기 위한 수단에 불과하리라."[69]라는 문장도 거의 동일한 의미를 지닌다. 자신이 겪은 시련으로 작품을 만들 수 있다면 그 시련은 궁극적인 승리를 위한 일시적인 고통에 불과하다. 결말만 좋으면 모든 것이 다 좋다는 이런 생각에는 세상 사람들이 자신의 성공을 요구하기 때문에 자신은 결코 실패할 수 없다는 낙관론이 숨겨져 있다.

'죽은 자가 살리라!'라는 관점에 따르면, 살기 위해서는 먼저 죽어야 하고 자서전 작가는 죽음의 관점에서 기원을 재구성해야 한다. 즉 아직 도래하지 않은 미래의 관점에서 이미 완료된 과거를 재구성해야 한다. 이 관점에 서면, 현재를 이해하기 위해 과거의 행위들을 하나씩 추적하고 축적할 필요가 없다. 오히려 현재나 미래의 관점에서 과거를 돌이켜볼 때 과거의 의미를 분명히 이해할 수 있다. 사르트르의 자서전은 과거를 서술하지만, 그의 정신을 사로잡고 있는 것은 과거 시제가 아니고 미래완료다. 예를 들어 사르트르는 작가가 되겠다고 꿈꾸지만, 그 결심을 막연히 미래 시제로 드러내지 않고 미래이긴 하지만 이미 완료된 '미래완료'로 제시한다. 상상 속에서 그는 자신이 무명작가이고 첫 작품은 대중의 비난을 받았지만 시간이 지난 후 우연히 가치를 인정받고, 전 작품을 유명 출판사로 보내고 수익금을 기부하고, 여자들이 자신에 대해 이야기를 하고, 여자들을 유혹할 가능성도 있지만 그런 것들은 모두 포기하고 자신의 사명을 완수하는 데 만족한다. 이 상상을 사르트르는 이미 성취된 것으로 느낀다. 아직 이루어지지는 않았지만 이루어질 게 분명한 미래완료의 관점에서 과거를 서술하는 것을 사르트르는 "나는 해피엔드로 끝날 긴 이야기의 주인공이었다."[70]라고 설명한다. '죽은 자가 살리라!'라는 관점 또한 글쓰기 환상에 지배되고 있었던 것이다.[71]

미래의 관점에서 과거를 바라보면서 사르트르는 그것으로 일상의 삶을 재구성한다. 앞에서 뤽상부르 공원 에피소드가 두 번 등장한다고 밝혔는데, 첫 번째에서는 현실과의 만남을 보여줬다면, 2부 거의 끝부분에서는 인과관계를 뒤집어 새로운 논리를 만들어낸다. 그 내용은 다음과 같다. 너무 뛰어놀아 어머니가 벤치에 앉아 쉬라고 해서 그는 공원의 벤치에 앉아 있다. 권태로워서 그는 인과관계를 뒤집는다. "나를 곁으로 불러들일 기회를 어머니에게 주기 위해서는 땀에 흠뻑 젖을 필요가 있었기 때문에 뛰었다."라는 식이다.[72] 여기에는 두 가지 점에서 사실관계가 역전되어 있다. 하나는 누가 주체인가 하는 문제다. 원래는 어머니가 자신을 쉬라고 불러들였는데, 사르트르는 어머니에게 그 말을 할 수 있도록 기회를 주는 주체가 된다. 두 번째로는 시간관계가 역전된다. '땀을 흘려서 벤치에서 쉰다'라고 말하는 것이 적절하지만 사르트르는 뒤에 일어난 일을 원인처럼 제시한다. '어머니가 나를 불러들일 수 있도록 나는 땀을 흘린다.' 순서가 바뀌면서 이 문장은 '목적'을 드러내는 문장이 된다. 어머니가 나를 불러들이도록 하기 '위해서' 나는 땀을 흘린다. 이렇게 해서 땀을 흘리는 무의미한 행위가 의미 가득한 행위가 된다. 땀을 흘려야 어머니 곁에 가 앉을 수 있기 때문이다. 변증법은 모든 것에 인과론적 논리를 만들어내고 무의미한 행위에서 중대한 결과를 끌어낸다.

사르트르의 변증법은 이런 식이다. 시간적으로 선행하는 것이 원인이 되어 이후의 결과를 초래하는 것이 아니라, 이후의 결과를 초래하기 위해 원인이 재해석되어야 한다. 글쓰기와 관련지어 설명하면, 글쓰기를 좋아했기 때문에 작가가 된 것이 아니라, 작가가 된 현재를 설명하기 위해서 글쓰기를 끌어들인다. 그 결과 작가가 된 것을 설명하려면 글쓰기와의 관계를 설명해야 하고, 글쓰기와의 관계를 설명하려면 할아버지와의 관계를 설명해야 한다. 단순화시키면 작가가 된 것은 할아버지와의 관계 때문이다. 게다가 모든 것을 조롱하기로 한 자신의 원칙에 따라 그는 기원의 부정적 측면을 강조한다. 그렇게 해서 그는 '그럼에도 불구하고 나는 내 힘으로'라고 하는 특유의 주체론을 만들어낸다. 할아버지에 의해 강요된 연극에도 불구하고, 아버지의 부재에도 불구하고, 그리고 비록 자서전에는 서술되지 않았지만 어머니의 재혼에도 불구하고 그는 작가가 된다. 미래의 관점에서 과거의 의미를 재구성하는 것은 이런 의미다.

이 관점을 밀고 나가 뷔르즐랭은 사르트르의 생애에서 의미 있는 것은 결말이며, 결말로부터 유년기라고 하는 기원이 의미 부여된다고 지적한다. "자유의 철학가는 자신의 삶을 영광이자 죽음이라고 하는 이미 알려진 결말로부터 미리 작성된 것으로 간주할 뿐이다. 시초에 의미를 부여하는 것은 이 결말이다."[73] 이런 특성을 사르트르는 다음과 같이 일반화한다. "죽은 사람 자신으로서는 예측할 수 없었던 결과에 따라서, 또 그 자신은 가지지 못했던 정보에 따라서 그의 행동을 평가하는 것은 피할 수 없다."[74] 이와 같은 과거 회고적 태도는 자서전 작가가 자신의 삶에 대해 취하는 태도이기도 하다. 과거는 그 자체로 존재하는 게 아니고 글을 쓰고 있는 현재, 또는 아직 도래하지 않은 미래가 어떻게 방향을 트느냐에 따라 결정될 것이다. "한 인생에 종지부가 찍히면, 우리는 종말을 가지고 시초를 해석하려고 한다. 죽은 사람은 존재와 가치 사이에, 사실 그 자체와 재구성 사이에 끼어 어중간한 위치에 놓여 있다."[75]

과거의 의미는 이 '사후'라고 하는 환상과 밀접하게 연결되어 재구성된다. "독자는 가장 하찮은 일이라도 후일의 사건과 연관해서 보아야 비로소 이해할 수 있다."[76] 미래가 과거의 의미를 결정하는 이상, 과거는 경험되었지만 그 의미는 미결정 상태이며, 과거의 기능은 미래를 예시하는 것이다. 따라서 과거는 의미가 결정된 자료가 아니고 미래의 작가가 얼마든지 그 의미를 결정할 수 있는 질료다. "지금 생각해보면 나의 어릿광대짓은 일종의 정신 훈련이었고, 나의 불성실성은 항상 잡힐 듯하면서도 잡히지 않는 완전한 성실성의 희화였다."[77] 어릿광대짓이 정신 훈련이고 불성실이 성실성을 돋보이게 하는 방법이 된다면 그것은 그가 사후에 과거의 에피소드에 의미를 부여했기 때문이다. 미래의 내가 과거의 내 모습을 결정지으며, 과거의 우연이 운명이 되는 것이 인생이다. 이것이 사르트르가 무의미 상태에서 벗어나 자신의 삶을 정당화하는 방식이며 그의 자서전이 목표했던 지점이다.

사르트르가 자신은 과거의 결과물이 아니라 미래의 결과물이며, 자신을 이끄는 것은 미래에 대한 투기(投企)라고 생각한 점을 고려하면, 사르트르가 '진보'라고 하는 19세기 부르주아의 관점을 수용하면서도, "내 계급과 내 세대의 신화", 다시 말해 "기득권을 이용하고, 경험을 자본으로 삼으며, 모든 과거는 현재를 풍요롭게 한다는 신화"는 받아들이지 않는 이유를 이해할 수 있다. 그는 외부로부터 규정되는 존재도 아니고, 과거로부터 확정된 존재도 아니기 때문이다.[78]

이런 생각 때문에 그는 "지는 자가 이기는 자가 되는 놀이"[79]를 한다. 그가 자신과 가족의 허위를 비난하는 것도 "모든 것이 백배로 불어서 되돌아오기를 기대"[80]하기 때문이다. 그것을 사르트르는 "그리부유 식의 자살"[81]이라고 지적한다. 그리부유는 비를 피하려고 물속으로 뛰어드는 어리석은 사람을 가리키는데, 이 표현에 기대어 보면, 사르트르의 글쓰기는 자신을 둘러싼 모든 것을 조롱하는 자살의 글쓰기라고 할 수 있다. 그 자살은 죽음이 영광을 만들어낸다는 희망으로 새롭게 태어나기를 기대하는 자살이다.

'죽은 자가 살리라!'라는 관점 덕분에 사르트르는 자서전의 독창성뿐 아니라 자기 삶의 독창성까지 확보할 수 있다. 사르트르는 『말』에서 자신이 되고 싶었던 존재의 관점에서 과거의 의미를 '강요'하고 재구성하는데, 그때 일관되게 작용하는 원칙은 "모든 것을 거역하겠다는 나의 멋진 사명"[82]을 수행하는 것이다. 이를 위해서 사르트르는 자신을 속이는 것조차 마다하지 않는다. 그 결과 그의 자서전은 경험한 사실만을 기술해야 한다는 장르의 규약을 위반한다. 자서전 장르가 금과옥조로 생각하고 있는 현실 참조 기능, 즉 자서전에 서술된 사실은 현실에서 확인 가능하다는 사실을 사르트르는 비튼다. 『말』이 자서전인가, 아니면 에세이나 회고록에 가까운가 하는 장르의 문제가 제기되는 이유도 이 때문이다.[83]

'죽은 자가 살리라!'에는 또 다른 장점이 있다. 그가 자신의 구원을 확신한다는 것이다. 사르트르는 생전에 명성을 얻을 수 있으리라고 생각하지 않았다. 사후(死後)에 명성을 얻기 위해 그는 현재 살아 있는 자기 자신을 희생시킨다. 그에게는 지금 얻은 명성은 보잘것없고 오직 사후에 얻은 명성만이 중요했다. 사르트르가 가장 좋아했던 프랑스 작가 스탕달이 사후의 명성을 기대했던 작가라는 사실은 우연이 아니다. 스탕달은 동시대 독자에게 이해받지 못하고 자신을 이해할 다음 세대의 '행복한 소수'를 위해 글을 쓴다고 자부한 작가였다. 사르트르가 품었던 '전기에 대한 환상'도 동일한 관점에서 이해된다. 미셸 콩타에 따르면, 사르트르는 누군가가 자신의 전기를 써줄 때 그는 사후에 인정을 받은 인물이 되고 영원성에 도달하는 것이라고 믿었다.[84] 현재의 '나'는 진정한 '나'가 아니고 미래에 될 내가 진정한 '나'라는 환상 때문에 사르트르는 '사후의 인물'이 되기를 꿈꾼다.[85]

사후의 명성을 꿈꾸는 이런 태도는 19세기에 유행했던 저주받은 예술가의 잔재이기도 하다. 사르트르는 다음과 같은 예를 들고 있다. 시베리아의 간이역에서 한 작가가 기차를 기다리는데 백작 부인이 그를 알아보고 마차에서 뛰어내려 그의 손에 키스를 한다. 백작 부인의 행동은 한 남성에 대한 키스가 아니라 그가 쓴 작품에 대한 존경의 표시다. 키스를 독자의 인정이라고 한다면, 독자의 인정을 받기 위해서는 개인으로서 작가는 죽어야 하며 오직 작품으로 살아남아야 한다고 사르트르는 생각한다. 그러므로 독자는 작가의 죽음을 선언하는 자다. 영광에 대한 욕망은 결국 죽음에 대한 욕망이었으며, 이것이 사르트르에게서 일관되게 발견되는 문학 소명의 내용이고, 그에게서 결코 사라지지 않는 신경증을 이룬다. 그는 글쓰기를 하면서 죽음을 욕망했던 것이다. 그러나 영광에 대한 욕망이 위대한 작품을 쓰고자 하는 욕망으로 드러나고, 그것이 유일한 구원의 방식이었다는 점은 분명해 보인다. 그에게 위대한 작품은 한 개인의 평범한 삶이 운명으로 바뀌었다는 증거이며, 정당성 없는 자가 정당성을 획득했다는 증거다. 그렇게 되기 위해서는 삶은 글로 쓰여야 하고, 글은 현실이 되어야 한다. 그때 작가는 사후의 영광을 얻고 자신을 정당화할 수 있기 때문이다.

'죽은 자가 살리라'는 삶의 원칙은 『말』의 거의 마지막 부분에 제시된 에피소드에서 구체적으로 드러난다.[86] 우연히 만난 옛 친구는 17년 전에 사르트르가 자신을 업신여겼다고 섭섭해한다. 사르트르는 그 친구가 자신을 신경과민이고 피해망상이 있다고 나무랐다는 것만 어렴풋이 기억하지만, 그 친구에게 자신이 허영심 많은 이기주의자였고 인정머리 없었다고 맞장구를 치며 자신을 비난한다. 그는 자신의 잘못을 인정하고, 앞으로 그런 잘못을 저지르지 않겠다고 약속한다. 그렇게 해서 그는 과거의 잘못을 용서받는다. 친구의 비난을 받아들이는 것 같지만, 가만히 들여다보면 사르트르는 여기에서 자기기만의 전술을 사용하고 있다. 먼저 그 친구는 17년 전의 잘못을 가지고 '현재의 나'를 비난하는데, '과거의 나'와 '현재의 나'가 같은 인물이라는 것을 그 친구는 어떻게 알 수 있을까? 사르트르는 과거의 자신과 현재의 자신이 다른 인물이라는 것을 누구보다 잘 알고 있기 때문에 자신을 비난하는 그 친구를 "시체를 파헤치려는 성난 자"[87]라고 비난한다. '과거의 나'는 그런 비난을 들어 마땅했겠지만, '현재의 나'는 그때보다 나아졌기 때문에 더 좋은 평가를 받아야 한다는 것이다. 그리고 과거의 잘못을 사과하지만 진정성 있게 사과하는 것은 아니다. 17년이 지난 지금까지 과거를 기억하고 원한을 간직하고 있었다면 그 친구야말로 '신경과민과 피해망상'이 있는 게 아닐까? 사르트르는 겉으로는 공감하는 척하지만 실제로는 자기 판단이 옳았음을 드러내고, 또 잘못을 순순히 인정함으로써 '현재의 나'의 우월성을 드러낸다. 이 에피소드에서 사르트르는 세 번 입장을 바꾼다. 처음에는 친구의 비난을 받아들이는 척하며, 그 다음으로는 그 친구를 비난하고, 마지막에는 자신을 정당화한다. 사르트르는 정반합이라고 하는 변증법의 논리를 한 치의 오차도 없이 이 에피소드에 적용한다. 매번 관점을 바꿈으로써 사르트르는 자기 정체성을 '배반자'의 정체성이라고 지적한다.

> 나는 배반자가 되었다. 그리고 그 후에도 여전히 그래왔다. 어떤 계획에 전심전력을 기울여본들, 또 어떤 작업이나 분노나 우정에 송두리째 빠져본들 다 쓸데없는 일이다. 한순간 후에는 나는 스스로를 부인한다. 나는 그것을 알고 있고, 그러고 싶은 것이다. 나는 무슨 정열에 한창 쏠려 있는 중에도, 장차 배반하리라는 즐거운 예감을 느끼면서 벌써 자신을 배반한다.[88]

그런데 '배반자'로서의 정체성을 자기 정체성이라고 할 수 있을까? 이것은 자기 정체성을 규정하는 여러 요소 가운데 '유일성'이라는 조건은 만족시키지만 '자아 일관성'이나 '시간 지속성', '자아실현' 등은 만족시키지 못한다.

이런 관점에서 『말』을 끝맺음하는 애매모호한 마지막 문장을 다시 한 번 면밀히 살펴볼 필요가 있다. 가족 희극에 참여한 연극배우였고 글쓰기를 통해 자신이 탄생하리라고 생각했고, '죽은 자가 살리라'는 믿음으로 자기 구원을 꿈꾼 사르트르는 자신의 과거를 성찰하며 어떤 결론을 내리고 있을까?

> 만약 내가 그 불가능한 구원을 소품 창고에라도 치워놓는다면 대체 무엇이 남겠는가? 그것은 진정한 한 인간이다. 세상 모든 사람들로 이루어지며, 모든 사람들만큼 가치가 있고 또 어느 누구보다도 잘나지 않

은 한 진정한 인간이다.[89]

사르트르에 따르면, 자신을 구하기 위해서는 자신이 진정한 인간이라는 확신이 필요하다. 그러나 진정한 인간이 되기 위해서는 자신이 유일한 인간이라고 주장해서는 안 된다. 오히려 '세상의 모든 사람'과 동등한 인간이 되어야 한다. 그러고 보면, 이 문장은 루소가 『고백록』 서문에서 주장한 것과는 정반대다. 루소는 "아무도 없고 나뿐이다. 나는 내 마음을 느끼고 인간을 안다."라며 자신의 유일성으로 자기 정체성을 주장했다. 루소가 인간에 대해 말할 수 있다면 그것은 자기 마음을 잘 알고 있기 때문이다. 자기 마음, 즉 주관성을 극도로 밀고 나가면 보편적 인간에 도달할 수 있다고 루소는 암시한다. 그런데 사르트르는 유일성이나 차이성을 주장하지 않는다. 오히려 자신이 다른 모든 사람들과 같다고 주장하며 동일성이 진정한 존재 조건이라고 주장한다. 다른 모든 사람들로 이루어지고 그들과 같은 인간인 '나', 타인과 공유하고 있는 보편성이 사르트르에게는 진정한 인간의 존재 조건으로 여겨진다.

위의 인용문은 보편적 자아에 대한 환상을 보여주는 동시에 사르트르가 도달한 연대 의식을 암시한다는 점에서 흥미롭다. 다시 말하면 이 문장은 어떻게 『말』을 가지고 한 개인의 역사와 더불어 정치적인 관점을 서술할까를 고민한 사르트르의 노고를 보여준다. 1917년, 즉 어머니가 재혼하기 직전에 자서전을 중단하면서, 사르트르는 그 이후에 획득한 정치적 자아를 어떤 식으로든 제시해야 한다는 부담을 느끼고, '어떤 조건이 갖춰져야 한 개인은 보편성을 획득하게 될까?'를 질문한다. 그것으로 그는 정치적 자아란 무엇인가를 질문하는 것이다.

사르트르의 정치적 자아에 대해서는 쥬느비에브 이츠가 해석한 것을 인용하는 것으로 충분하다.[90] 우선 『말』의 마지막에 이르면 '인류'라고 하는 비인칭이 '나'라고 하는 일인칭을 대신한다. '세상 모든 사람으로 이루어지며'라는 표현으로, 사르트르라는 한 개인이 문화 속에 삽입되었음을, 특히 세대 간 연속성을 확보했다고 주장한다. 또 '모든 사람들만큼 가치가 있고'라는 표현으로 자신의 특이성 대신 타인과의 동일성을 주장함으로써 외로운 프티 부르주아가 인류 공동체에 소속되었음을 선언하고 이를 통해 뤽상부르 공원에서 배제된 경험에 복수한다. '누구보다도 잘나지 않은'이라는 표현에서 작가는 특별한 한 개인이 아니라는 것과, 문학가라고 하는 성직은 단순한 직업이라는 사실을 제시한다.

사르트르는 자신의 특이성을 강조하기보다 자신을 하나의 계층이나 세대, 한 문화의 대표자로 제시하고 있다. 그러므로 그가 자기 삶의 의미를 시대 속에서, 자신의 철학 속에서 파악하고 있다고 이해해도 큰 무리는 없어 보인다. 한 개인은 개별적 존재이지만 전체 속에서 이해할 때 보편적 존재로 이해될 수 있다는 것이다. 사르트르가 『말』의 후속편을 암시했을 때 많은 비평가들이 사르트르의 정치적 여정을 기대한 것도 그 때문이다.

『말』에 서술된 사르트르의 드라마는 결국 '내가 어떻게 작가가 되었나?'로 요약된다. 사르트르는 자신의 삶을 작가로서의 정체성이라는 관점에서 서술한다. 사르트르의 삶은 작가 정체성을 중심으로 성 정체성 문제, 능동성과 수동성 문제, 성스러움과 속됨의 문제 등이 변주된다. 실제로 사르트르는 아버지가 일찍 돌아가신 탓에 아들로서 역할을 부여받지 못한 자이고, 어머니가 목소리를 죽여 속삭인 것처럼 자기 집이 없는 자이며, 외가인 슈바이체르 가문에 끼어든 자, 할아버지가 주인공인 가족 희극에 참여한 단역배우였다. 그는 상상 속에서만 자유로웠고 현실에선 무력할 따름이었다. 대부분의 아이들이 태어나자마자 갖게 되는 이름, 그 이름에 따른 지위와 기능 또한 힘들게 성취해야 했다.

자기 기원, 더 나아가 자기 존재가 의문시되었기 때문에 사르트르는 자신을 위대한 인물로 보이고 싶어했고, 그 가짜 욕망 때문에 연극을 하고 글쓰기에 입문했다. 작가가 되면 영웅처럼, 순교자처럼, 성인처럼 확고한 자리를 차지할 수 있으리라고 생각했던 것이다. 그러나 모방하고 표절한 글쓰기로는 주체가 될 수 없음에도 불구하고, 사르트르는 바로 이 지점에서 글쓰기의 마법을 기대한다. 그는 아버지가 없는 상태, 즉 무(無)에서 태어났지만 글쓰기를 하면서 스스로를 창조한다고 믿는다. 이 자기 창조 환상이 사르트르 주체 의식의 토대를 이룬다. 인간은 타인에 의해, 사회에 의해, 심지어 부모에 의해 만들어지는 게 아니며, 자신이 자유롭게 선택한 존재라는 것이다. 사르트르에게 주체는 결단의 산물이다.

모험소설에 적합한 성향에도 불구하고 그가 철학을 하고 순수 문학에 뛰어들고, 자신이 속한 부르주아 계층을 조롱하고 비판한 것도 모두 이런 결단의 산물이다. 현대 작가는 자신의 고유한 성향에 반하는 글을 쓰고 자신이 속한 계층에 대립할 때 작가가 된다고 그는 믿었다. 이런 믿음을 『문학이란 무엇인가?』는 문학사적으로 조망한 반면 『말』은 개인사에 녹여 풀어냈을 뿐이다. 작가가 되려면 소명이나 감성, 천재성은 필요 없고, 미숙하고 재능 없는 노동자처럼 글쓰기 작업에 뛰어들어야 한다. 그래서 사르트르는 "내 책에서는 땀내가 나고 고생한 흔적이 보인다."[91]라고 고백한다.

가족관계를 고찰하면서 『말』은 '자유'라고 하는 사르트르 특유의 철학 테제를 도입한다. 그 결과 자서전에 서술된 삶은 객관적 증언이라기보다는, 분석되고 해석된 삶, 자신이 가진 전망에 따라 기획되고 투사된 삶으로 드러난다. 사르트르에게 작가란 철학가의 분신이어서, 개인사와 철학은 분리되지 않으며, 글로 쓰인 것은 사실인 동시에 의식과 의지의 표현이다.

> 방금 내가 쓴 것은 거짓이다. 아니, 진실이다. 미치광이에 대해서, 인간에 대해서 쓰는 것이 모두 그렇듯이 진실도 거짓도 아니다. 나는 내 기억이 미치는 한 사실들을 정확히 적어놓았을 뿐이다.[92]

이 고백은 성실성에 대한 가장 솔직한 진술 중 하나로 꼽히는데, 여기에서 사르트르는 자신의 글이 '기억이 미치는 한 사실들을 정확히 적어 놓'은 것이라고 밝힌다. 그러나 기억된 사실이 진실되다는 것을 누가 정확하게 판단할 수 있겠는가? 이 문장은 일종의 자기변명처럼 보인다. 사르트르가 좀 더 솔직했다면, 기억에 근거하여 썼다기보다는 자신의 철학적 테제를 증명하기 위해 의도적으로 에피소드들을 선택했다고 고백했을지도 모른다. 에피소드의 의미는 그것을 기술하는 순간 그 에피소드가 놓이는 문맥에서 부여된다는 사실을 받아들인다면, 자서전 작가가 제시하는 '나'의 이미지는 진실과 거짓 사이에 놓인, 현재의 관점에서 재해석된 이미지일 뿐이다.

그 결과 『말』에 서술된 '나'는 부르주아 가정 안에 위치한 한 개인이며, 연극을 할 수밖에 없도록 강요했던 할아버지, 그리고 할아버지로 대표되는 부르주아 계급 전체를 냉소적으로 비판한다. 사르트르의 냉소적 공격성은 폭로의 기능을 하며, 그것은 세계를 변화시키려는 의도 속에서만 의미부여 된다. 비멜이 지적하듯, "작가가 행위를, 그것도 변화 가능성을 보여준다는 의미에서의 행위를 자신의 직업으로 선택한 사람"[93]이라면, 『말』은 자신에게 희극을 강요했던 가족에 대한 행위이며, 정당성 없는 자기 존재에 정당성을 부여하는 투쟁의 방식이다. 그 투쟁은 '죽은 자가 살리라!'라는 표현 속에 오롯이 드러난다. 사르트르는 고아의식, 가족 희극 등 부정적으로 보였던 '상실'을 승리로 바꾸기 위해 자신의 삶을 서술한다. 우연이 필연으로 바뀌는 그 과정이 사르트르의 변증법적 '기획'의 핵심이다.

이렇게 볼 때, 『말』에 서술된 사르트르의 삶은 굳어 고착되기는커녕 끊임없이 변모하고 생성된다. 할아버지의 마음에 들기 위해 시도했던 글쓰기가 어느 순간 자기 결단의 산물로 바뀌고, 자신이 자기 삶의 기원이 되면서 스스로를 창조한다. 글로 쓰인 인간의 삶은 경험한 대로 제시되는 게 아니라 필연적으로 재구성된다는 사실을 사르트르의 자서전만큼 극단적으로 보여주는 예는 드물다. 할아버지와의 관계를 연극으로 제시한 것도 과거를 재구성한 결과이며, 그 연극을 냉소적으로 서술하는 것도, 신경증에서 작가가 탄생한 것도 결국 과거의 삶을 미래완료의 시점에서 재구성한 결과다. 사르트르의 삶에서 진실은 경험의 진실이 아니라 글쓰기의 진실이다. 사르트르 식으로 말하면 자서전 작가가 되는 것은 책이 되는 것이며, 그것은 모든 작가가 품고 있는 '책-되기 환상'을 실현하는 것이다. 시간이 흘러 더 이상 형체가 없는 과거의 삶에 하나의 단단한 물질성을 부여하는 것이 바로 책이다. 따라서 책은 형태 없는 것에 형태를 부여하는 것이며, 죽음을 넘어서는 것을 의미한다. 죽어 사라질 운명인 육체를 대신하여 영원한 생명을 부여받은 책, 우연을 넘어 필연으로 존재하는 책으로 사르트르의 삶은 완성된다.

IV

타자의 자서전

마르그리트 유르스나르, 『하드리아누스 황제의 회상록』

롤랑 바르트, 『애도일기』

사르트르의 소설 『구토』의 주인공 로캉탱은 전 시대의 알려지지 않은 인물인 '롤봉 후작'에 대해 전기를 쓰지만, 후작은 음모가이고 거짓말쟁이인 데다가 반역자여서 후작의 진실이 무엇인지 정확하게 파악할 수 없었다. 그는 전기 쓰기를 포기하면서 다음과 같이 한탄한다.

> 내 과거조차 포착할 능력도 없으면서 어찌 내가 타인의 과거를 살려낼 거라고 기대할 수 있겠는가?[1]

자신의 삶이든 타인의 삶이든, 과거를 서술하겠다고 마음먹은 사람은 로캉탱이 경험한 것과 같은 어려움에 직면한다. 하물며 자신의 삶이 아니라 타인의 삶을 기술하면서 '타인의 자서전'이라는 이율배반적인 용어를 사용한다면, 그 자서전은 아무리 성공적이어도 사기 아니면 거짓이라는 비난을 받기 마련이다. 그러나 전기와 자서전이 처음부터 분리되어 있었던 것은 아니다. 바흐친에 따르면, 모든 것이 '광장'에서 공표되던 고대 그리스에서, 수사적 자서전과 전기는 개인의 삶을 서술할 때조차 공적이고 정치적 행위에 대한 찬사나 자신에 대한 해명이 주를 이루기 때문에 '전기적 관점'과 '자서전적 관점'에는 원칙적으로 아무런 차이가 없었다. "'전기화된' 개인에게 있어 은밀하고 사적인 것, 비밀스럽고 개인적인 것, 자기 자신에게만 관련된 것, 원칙적으로 고립적인 어떤 것도 존재하지 않았으며 존재할 수도 없었다."[2] 전기적인 것과 자서전적인 것이 분화되기 시작한 것은 "개인의 공적 통일성이 해체"되면서부터다. 그 이후 자서전은 공적 인간을 특징짓는 표면적인 특성보다 내면의 변화를 중시하는 방향으로 나아간다. 자서전이 개인의 내적 성장과 새로운 탄생을 서술하는 문학 장르가 된 것은 중세부터이며, 이러한 특성은 루소로 대표되는 근대적 자서전에서도 그대로 이어진다.

현대에 들어 자기에 대한 글쓰기 방식이 다양해지면서 전기와 자서전의 한계를 넘나드는 새로운 형식이 모색되기 시작한다. 『르몽드』의 문학 담당 기자 프랑수아 보트가 쓴 『타인의 자서전』[3]에서도 그러한 경향을 확인할 수 있다. 이 소설은 제목부터 도발적이다. 타인의 삶을 기술하는 장르가 '전기'가 아니라 '자서전'일 수 있을까?

『타인의 자서전』은 소설이지만 자서전 문학의 중요한 측면을 정확하게 부각시킨다. 탐정인 주인공 F. B.는 어떤 사람으로부터 자신의 과거를 조사해달라는 의뢰를 받는다. F. B.는 의뢰인의 과거를 탐색하고 그 결과를 열두 번에 걸쳐 편지로 알린다. 의뢰인의 과거는 그다지 특별하지 않다. 독자는 출생부터 성장 과정, 부모님의 이혼, 철학을 공부하다 그만두고 기자 생활을 하는 현재의 상황, 이차대전이나 68혁명 같은 역사적 사건에 대한 증언 등을 확인할 수 있다. 마지막에 의뢰인의 죽음이 알려지면서 이 소설은 느닷없이 끝을 맺는다.

의뢰인은 탐정의 편지에 서술된 자신의 과거를 읽고 불쾌감을 드러내기도 하고 도중에 의뢰를 철회하기도 한다. 탐정은 의뢰인의 과거를 서술하면서 자신의 현재 상황 또한 빈번히 서술하여 『타인의 자서전』에서는 의뢰인의 과거와 탐정의 현재가 동시에 밝혀진다. 심지어

의뢰인의 과거 때문에 탐정의 현재가 의미부여 되는 듯한 인상마저 든다.

그런데 '의뢰인-탐정-의뢰 대상'의 관계가 항상 명확히 구분되는 것은 아니다. F. B.가 지적하듯, 수사를 진행하면서 의뢰인과 탐정의 관계가 변하기 시작한다. "당신이 아주 친밀해져서 내가 우리를 구분하지 못하는 일이 생기기도 합니다."[4]라고 탐정이 말한다. '나'는 수사 대상과 하나가 되어 '우리'로 존재하는 것이다. 그래서 탐정은 "당신에게 말을 건넬 때 나에게 말을 건네는 것 같은 터무니없는 느낌"이 들기도 하고, "당신의 삶을 묘사하면서 내 삶을 회고하는 것 같은 이상한 느낌"[5]이 들기도 한다. 이와 같은 상황에서 의뢰인과 탐정 사이의 거리는 점점 축소되고, 이 둘은 '거의' 동일시된다. 의뢰인을 작가로, 탐정을 화자로, 의뢰인의 과거를 서술해야 할 자서전 작가의 과거로 바꿔놓으면 이 구도는 자서전의 구도와 완벽하게 일치한다. 그래서 탐정이 의뢰인을 내세워 자신의 과거를 탐색한 것은 아닐까 하고 의심을 하게 된다. 그때 비로소 독자는 책 제목에 '자서전'이라는 용어가 들어간 이유를 짐작할 수 있다.

> 이 사건에서 내가 나 자신의 고객이 아니었을까 하고 스스로 물어봅니다. (…) 그 생각들이 나를 사로잡고 있어서 당신과의 서신교환이 독백에 불과한 게 아니었나, 또는 차라리 다양한 *나*, 그제의 나와 모레의 내가 대화를 나누는 게 아니었나 하는 생각이 들기도 합니다.[6]

타인의 삶을 기술하지만 그 삶을 통해 드러나는 것은 자신의 삶이다. 장르의 관점에서 볼 때, 『타인의 자서전』은 소설이지만 탐정이 의뢰인의 삶을 서술하는 '전기(傳記)'이기도 하다. 그러나 탐정과 의뢰인, 의뢰 대상이 동일인이라는 것이 밝혀지면서 편지가 과거의 '나'와 미래의 '나'를 매개하는 대화의 방식이었다는 사실이 드러난다. '작가-화자-주인공'이 동일 인물이라는 것이다. 그 결과 '전기적 시도'는 '자서전적 시도'로 변한다. 탐정 F. B.의 이름이 작가 프랑수아 보트(François Bott)의 이니셜과 동일하다는 사실까지 고려하면, 『타인의 자서전』은 허구, 전기, 자서전 등 자기에 대한 글쓰기와 관련된 여러 장르의 한계와 가능성을 탐정 소설의 형식을 빌려 실험한 것처럼 보인다.

이 소설은 자기 탐색의 전망 속에 전기의 비전이 포함되어 있음을 분명히 보여준다. '비전'이라는 용어를 사용한 것은 작가가 전기의 장르적 특성을 활용하면서 자기에 대한 글쓰기의 가능성을 탐색하는 데 관심이 있을 뿐 전기를 쓰는 것이 목표가 아니기 때문이다. 과거의 '나'는 자신이 탐색하는 타자화된 '나'라는 점에서 자서전을 '자기(auto)가 쓴 전기(biographie)'라고 정의할 수도 있다.

'타자의 자서전'에서 '자서전'이라는 용어만큼이나 '타자'의 문제도 중요하다. 이 작품은 한 개인의 사적인 생애를 서술하는 것보다 탐정과 의뢰인이 맺고 있는 미묘한 '관계'를 중시하는데, 그 덕분에 자기에 대한 글쓰기의 새로운 지평을 확인할 수 있다. 여기에서 짐작할 수 있듯이 자서전은 '주체'가 표현되는 장이며 동시에 '타자와의 관계'가 표현되는 장이 된다.

자서전에서 현재의 '나'가 과거의 '나'를 탐색하며 의미를 부여하는 존재가 될 수 있는 것은 과거와 현재의 '나'가 동일한 존재이기 때문이다. 자서전이 동일자의 환상에 근거한다면, '타자의 자서전'은 그 동일성을 살짝 비튼다. 현재의 '나'가 과거의 '나'를 속속들이 알 수 없듯이, 과거의 '나'는 현재의 '나'에게 타자로 주어진다. 이처럼 자서전에 서술된 세 명의 '나', 즉 과거와 현재와 미래의 '나'는 같으면서도 다른 존재다. 과거에 행동을 한 '나'와 그 행동에 의미를 부여하고 이해하려는 '나', 그리고 앞으로 변모할 '나'는 동일한 존재이지만 차이가 있으며 각기 다른 시공간을 점유한다. 이 세 명의 '나'는 차이도 있지만 유사성을 공유한다. 프랑수아 보트는 편지 쓰기, 즉 글쓰기의 힘을 빌려 '나'와 타자 사이의 동일성을 발견한다. 자기 정체성의 관점에서 설명하면, 의뢰인과 탐정 사이에 존재하는 시간 지속성이나 일관성을 확인하는 것이 과거 탐색의 주된 목표라고 할 수 있다. 과거의 다양한 '나'를 현재와 미래의 대화를 통해 일관된 '나'로 제시하는 것, 또는 타자(화된 '나')와 '나'의 유사성을 시간의 차원에서 확인하는 것이 『타인의 자서전』의 목표처럼 보인다.

프랑스 문학사에서 '타자의 자서전'을 시도한 작가들은 적지 않다. 먼저 시몬 드 보부아르가 떠오르는데, 그녀는 어머니의 죽음을 다룬 『아주 편안한 죽음』(1964)과 사르트르의 죽음을 다룬 『작별 의식』(1981)으로 자서전 장르의 경계를 탐색하고 자기 정체성을 구성하는 또 하나의 방식을 제시한 바 있다. 이 두 작품은 자서전과 전기를 결합한 것으로, 타인이 "자서전의 공동 주체"로 제시되어 있고, 특히 『아주 편안한 죽음』은 "어머니와의 화해가 보부아르의 여성으로서의 자기 인식을 쇄신시키는 데"[7] 기여했다는 점에서 타자의 삶을 통해 자기 정체성을 정립한 좋은 예라고 할 수 있다. 로맹 가리의 『새벽의 약속』 또한 정체성이라고 하는 자서전의 전통적인 주제를 다루지만, 어머니가 원하는 인물이 되기 위해 고군분투하는 아들의 모습을 보면 어머니가 주체로 존재하고 정작 작가이자 주인공인 로맹은 어머니에 의해 만들어지는 대상처럼 여겨진다. 이 작품은 자신의 정체성이 어머니의 욕망과 관련 있음을 보여주는 보기 드문 예다.

롤랑 바르트는 어머니가 돌아가신 다음 날부터 『애도일기』를 쓰면서, '어머니는 누구인가, 돌아가신 어머니를 다시 포착할 수 있는가'라는 질문을 던진다. 그 과정에서 죽음과 애도에 대해 성찰한다. 바르트는 어머니를 포착하려고 하지만 내내 실패하다가 어머니의 유년기 사진을 발견하고서야 비로소 자신이 느끼던 슬픔에 정확한 이름을 붙일 수 있었다. 『애도일기』는 어머니를 잃은 슬픔, 상실한 존재의 본질을 정의할 수 없다는 절망감, 그리고 바트르가 만년에 성찰했던 사진론이 겹쳐지면서 다양한 의미망을 만들어낸다. 『애도일기』는 돌아가신 어머니를 서술의 대상으로 삼았다는 점에서는 '타자의 자서전'이지만, 부재하는 어머니를 통해 자기 자신을 서술한다는 점에서는 자기에 대한 글쓰기다. 타인에 대해 글을 써도 그 글쓰기의 수신자는 '나 자신'이었던 것이다.

'타자의 자서전'을 내용과 기법 차원에서 철저히 탐색한 작가로 유르스나르를 꼽을 수 있다. 유르스나르에게 역사소설은 한 개인의 내적 자아가 드러나는 특별한 방식으로 여겨졌기 때문에, 그녀는 개인사를 서술하되 객관적 거리를 확보하여 '역사'를 만들려고 노력한다.[8] 특히 그녀의 자서전은 '회고록'이나 '연대기'라는 표현이 더 적합할 정도로, 작가와 대상으로서의 '나' 사이에 존재하는 거리를 강조한다. 이 관점에서 자신의 탄생을 서술하는 『경건한 기억들』의 다음 첫 문장은 매우 흥미롭다. "내가 나라고 부르는 존재는 1903년 6월 8일 월요일 오전 8시경 브뤼셀에서 태어났다." '내가'라고 표현된 사람은 화자이며, '나라고 부르는 존재'는 이야기의 대상이자 주인공인 아기 유르스나르다. 화자가 주인공을 호명하는 것으로 시작하지만, 객관성을 담보하겠다는 듯이 글쓰기의 대상을 '나라고 부르는 존재'라고 3인칭으로 부르고 있다. 전통적 자서전이 이름의 동일성에 근거하여 자아의 통일성을 제시한다면, 유르스나르는 화자와 주인공의 거리를 최대한 벌림으로써 동일성을 파괴한다. 이에 대해 엘렌 자코마르는 "작가가 자아의 통일성을 전제하지 않는다."[9]라고 해석한다. 유르스나르는 동일성의 규약을 위반하는 것으로 자서전을 시작한다는 것이다.

이런 특징은 생애 말년에 출판했던 자서전 『세상의 미로』 삼부작에서 잘 드러난다. 유르스나르는 자신이 동일시한 다른 사람의 삶을 서술하면서 간접적으로 자기 삶을 서술한다. 『세상의 미로』 1권과 2권이 각각 외가와 친가의 가족사를 기술하기 때문에 3권에서는 작가 자신의 생애가 서술될 것이라는 기대와 달리, 작가는 아버지 미셸, 아버지의 연인인 잔느, 잔느의 남편 에공에 대해 서술한다. 이 작품을 이해하려면 각각의 인물에게서 작가가 무엇을 동일시하며, 에공이 주요 인물로 다루어지는 이유가 무엇인지 살펴보아야 한다. 무엇보다 이상적인 어머니이며 작가가 동일시한 여성인 잔느의 삶을 통해 드러나는 유르스나르의 특성은 무엇이고, 작곡가로 등장하는 에공이 유르스나르의 예술가적 정체성을 구현하고 있지는 않은지 살펴볼 필요가 있다. 이처럼 유르스나르는 자신에 대해 직접 서술하지 않고 에두르는 방식을 좋아한다. 심지어 자신을 특정 개인의 자식이 아니라 조상들, 더 나아가 인류 전체의 자식으로 제시하는 듯한 인상을 주기도 한다. 그래서 크리스토프 카를리에는 "유르스나르의 회고록은 궁극적으로 자아를 지울 뿐 아니라 어쩌면 더 나아가 정체성 지우기를 목표로 한다."[10]라고 평가한다.

타자의 삶을 통해 자신의 삶을 구현하려는 시도는 『하드리아누스 황제의 회상록』[11]에서도 확인된다. 안-이본 쥘리앵은 유르스나르가 하드리아누스에게 관심을 기울이는 이유를 주로 정치적 차원에서 찾는다. 그중에서도 황제가 보인 개혁에 대한 열망, 전쟁으로 피폐해진

경제 재건, 노예의 법적 조건 개선, 로마 제국의 안정화, 그리스 철학 사상의 실천, 로마의 정신에 도입한 그리스 문명과 예술, 로마의 지속적인 번영에 대한 감각을 높이 평가한다.[12] 폴린 회르만에 따르면 유르스나르는 하드리아누스 황제에게 인간 운명에 관한 이상적인 관념을 투사했으며, 황제는 작가의 이상적 자아상이 실현된 존재이자 작가가 따라야 할 모델로 제시된다.[13] 비슷한 관점에서 앙리에트 르빌랭은 허구의 자서전을 다음과 같이 작가의 삶이 드러난 간접적인 자서전으로 간주한다. "『하드리아누스 황제의 회상록』은 황제의 불안과 예감, 황제의 희망과 더불어 현대의 목소리를 울려 퍼지게 만든다. 그것은, *원하든 원치 않든 간에*, 작가의 자서전이다."[14]

『하드리아누스 황제의 회상록』을 '엄격한 의미'의 자서전이라고 하기에는 무리가 따르지만, 화자와 등장인물이 일치하고 일인칭으로 서술되어 있다는 사실을 감안해서 넓은 의미의 자기에 대한 글쓰기에 포함시킬 수 있다. 이 소설은 유르스나르가 하드리아누스의 생애를 재구성한 전기 형식을 띠고 있지만, 삼인칭으로 서술되지 않고 일인칭으로 서술되어 있어서 자서전의 형식적 요구를 만족시키고 있다.

일인칭 시점으로 타인의 삶을 서술하는 경향은 프랑스 문학사에서 18세기부터 두드러진다.[15] 그 시기에 소위 '회고록 형식의 소설'이 유행하면서 작가가 자신의 삶을 회고하거나, 심지어 과거에 쓰인 원고를 화자가 우연히 발견하여 그것을 그대로 출판한다는 식으로 소설에 일인칭 서술 기법이 본격적으로 도입된다. 서술 기법의 변화는 사회 변화를 반영하기 마련인데, 일인칭 서술 기법을 사용하면서도 화자와 주인공이 분화된 것은 사회가 더 이상 하나의 논리로 설명되지 않기 때문이다. 모든 것을 알고 있는 전능한 화자가 일관된 관점으로 주인공의 삶을 서술하는 게 불가능할 정도로 사회가 복잡해졌기 때문에, 작가들은 소설에 현실 효과를 부여할 수 있는 방법을 고민하게 되었고, 결국 허구 자체를 진실로 제시하기 시작했으며, 이런 경향이 심화되면서 일인칭 소설이 대세가 되었다.

삶의 이야기를 '나'라고 하는 일인칭 소설 형식으로 표현하기 시작하면서 여러 부수적인 효과가 나타난다. 우선 '나'의 이름으로 말하는 화자가 진실의 담지자가 됨으로써 허구 속의 진실은 주관적 진실임이 분명해진다. 감정을 표현하는 방식도 변한다. 이전에는 감정이 사회 규범과 동일시되면서 출신이나 계급을 표현했다면, 이제는 경험의 표현이 된다. 또 소설과 자서전의 경계가 허물어지면서 허구와 현실의 경계가 사라진다. 이러한 특징들은 유르스나르의 『하드리아누스 황제의 회상록』에서도 고스란히 확인할 수 있다.

그러나 타자의 자서전에는 작가 자신의 관점이 드러나기 마련이다. 타자는 작가의 관점을 드러내기 위한 타자이기 때문이다. 타자의 자서전에 등장하는 '허구'가 그런 역할을 할 수 있다. 유르스나르는 광범위한 자료를 엄격하게 섭렵하여 객관적인 글쓰기를 한다고 알려져 있지만 『하드리아누스 황제의 회상록』에서도 허구를 상당수 확인할 수 있다. 예를 들어 하드리아누스가 그리스 문화를 좋아한 것은 사실이지만, 그가 그리스 문화를 로마 전역에 보급한 것은 야만적인 문화에 저항하기 위해서였지 유르스나르가 강조한 것처럼 그리스 문화와 야만인 문화를 열린 태도로 똑같이 다루기 위한 게 아니었다.[16] 하드리아누스의 전기를 쓰면서 유르스나르가 일정 부분 사실을 왜곡하고 변형시켰다는 점은 이 작품에서 드러나는 진실이 하드리아누스의 진실이면서 동시에 유르스나르의 진실임을 알려준다. 이 사실을 통해 볼 때, 『하드리아누스 황제의 회상록』은 자기에 대한 글쓰기 중 가장 허구에 가까운 글쓰기라고 할 수 있다.

Marguerite Yourcenar

마르그리트 유르스나르

『하드리아누스 황제의 회상록』

자기 자신 되기

여성 작가들은 여성의 자율성을 부정하는 편견에 맞서 자기 정체성을 만들어내는 경향이 있다. 자기 정체성을 창조할 때 '이름'을 바꾸는 방식이 가장 흔히 사용되는데, 필명을 사용하는 경우 자서전이 요구하는 작가·화자·주인공의 이름이 같아야 한다는 동일성의 규약이 지켜지지 않는다. 마르그리트 유르스나르(1903-1987)는 크레이앙쿠르(Crayencour)라는 성(姓)의 철자 순서를 바꾸어 유르스나르(Yourcenar)라는 이름을 만들었다. 스탕달이 자신의 본명 앙리 벨 대신 스탕달이라는 이름을 사용한 데에는 아버지를 부정하려는 의도가 있었지만, 유르스나르는 그런 의도로 필명을 사용한 것 같지는 않다. 오히려 아버지가 살아온 방식은 그녀에게 큰 영향을 끼쳤고, 특히 문학에 대한 소명을 깨닫는 데에는 아버지의 역할이 컸다. 태어난 지 열흘 만에 어머니를 여읜 유르스나르는 평생 공교육을 받지 않고 아버지에게서 그리스어와 라틴어를 배웠다. 폴-로랑 아순에 따르면, "아버지의 이름으로 글을 쓰고 아버지의 관점에 따라, 즉 아버지의 욕망과 아버지의 힘에 따라 자신의 위치를 정하려고 시도함으로써 [유르스나르]가 글쓰기로 드러내는 것은 자기 자신의 욕망이다."[1] 이런 관점에서 보면, 유르스나르가 평생에 걸쳐 하드리아누스를 탐구한 것은 무의식적으로 이상적인 아버지의 상(像)을 구현하려 한 시도로 이해할 수 있다. 그녀가 필명을 사용한 데에서 자신에 대해 이야기하고자 하는 욕망과 자신을 감추고

자 하는 욕망 사이의 긴장감을 짐작할 수 있는데, 여기에서 유르스나르의 주요 특징 중 한 가지가 드러난다. 그녀는 자신의 삶을 서술할 때조차 자신을 주인공으로 하여 직접 서술하기보다는 가족관계를 서술하는 계보학적 연대기 속에서 자신을 에둘러 서술하는 경향이 있다는 것이다. 자신을 감추면서 드러내는 방식은 자서전 『세상의 미로』 삼부작에서 '타자의 전기'와 같은 형식으로 구현되고 있다.[2]

유르스나르의 작품에서 자전적인 특성을 찾는 것은 어려운 일이 아니다. 그녀의 작품에는 동성애 관계가 두드러지게 드러나는데, 첫 작품 『알렉시 혹은 공허한 투쟁에 관하여』에서부터 성적 취향의 문제는 공공연히 '고백'의 형태로 다루어지며, 이후 거의 모든 작품을 관통하는 주제가 된다. 이를 통해 유르스나르는 자신의 성 정체성을 간접적으로 고백하고 자아 이상형의 문제를 제기한다. 예를 들면 『세상의 미로』 삼부작 가운데 마지막 작품인 『뭐라고? 영원이라고』에서도 잔느의 남편 에공은 양성애자이지만 동성애적 성향이 강화되는 인물로 등장한다. 유르스나르의 아버지 미셸은 잔느에게 에공을 버리고 자신과 함께 떠나자고 청하지만 거절당한다. 미셸은 잔느를, 잔느는 에공을, 에공은 다른 남자를 사랑하는 일방적인 관계를 통해 유르스나르의 성적 취향이나 그녀가 젊었을 때 품었던 사랑이 어떤 특성을 지녔는지 짐작할 수 있다.

자전적 경향이 뚜렷한 『뭐라고? 영원이라고』가 아니라 『하드리아누스 황제의 회상록』(이하 『하드리아누스』로 약칭)[3]을 분석 대상으로 삼은 것은 이 작품이 우리말로 번역되어 있어서 대중들이 쉽게 접근할 수 있다는 사실 때문만은 아니다. 이 작품에는 '타자의 자서전'을 규정하는 특징이 가장 순수한 형태로 드러나 있다. 작가는 "상상 속에서 자신을 어떤 다른 사람의 내부에 옮겨놓는 방법"에 깊은 관심을 기울이고 그것을 "공감적 마법"[4]이라고 이름 붙인다. 『하드리아누스』를 읽을 때 독자는 하드리아누스 황제의 생애에서 울리는 작가 내면의 목소리, 유르스나르의 표현을 빌리면 "한 목소리의 초상"[5]에 귀 기울이고 "되찾은 시간 속으로 깊이 들어가 하나의 내적 세계를 파악"[6]하게 된다.

이 '목소리'를 파악하기 전에 『하드리아누스』에서 찾을 수 있는 자기에 대한 글쓰기의 특징부터 확인해보자. 『하드리아누스』는 소설, 전기, 회고록, 편지, 자서전 등 다양한 장르가 뒤섞인 텍스트다. 이 작품은 로마의 절정기를 구현했던 오현제 중 세 번째 황제 하드리아누스(76-138)의 생애를 일인칭으로 서술한 역사소설이면서 전기다. 그러나 제목에 '회상록'이라고 밝히고 있듯이, 이 소설은 황제가 일인칭 화자인 '나'로 등장하여 자신의 삶을 기술하는 회고록이다. "사랑하는 마르쿠스에게"라고 다다음 황제가 될 마르쿠스 아우렐리우스(121-180)를 호명하는 첫 문장을 보면 이 소설이 아우렐리우스에게 쓰는 편지 형식으로 되어 있음을 알 수 있다. 또 "내 삶을 이야기하려는 계획"[7]에 따라 로마의 황제가 되는 과정, 자신의 정책, 철학적 성찰 등을 시간의 흐름에 따라 서술하고 있어서 허구적 자서전의 특징을 여실히 보여주기도 한다.

이처럼 『하드리아누스』에는 자서전이 요구하는 진실 담론과 소설이 요구하는 허구 담론이 섞여 있다. 유르스나르는 진실을 말하되 허구를 배제하지 않으며, 허구를 사용하되 오직 진실만을 말하겠다는 '성실성'의 원칙을 부정하지 않는다. 이 작품이 자서전 분야에서 독창성을 인정받은 것도 한 개인이 겪었던 과거를 성공적으로 재현해내는 동시에 사실의 글쓰기에 작동하는 허구의 차원을 탐색하고 있기 때문이다. 엘렌 자코마르가 유르스나르를 평하면서 한 인물의 개성보다는 "장르의 진부한 면모에 대해 작가가 절충하는 방식"을 더 기대하게 된다고 지적한 것도 유르스나르가 자서전 장르의 나르키소스적 모럴에 반대하면서 자서전의 기대 지평을 확장시켰기 때문이다.[8] 그런 의미에서 『하드리아누스』는 '자기에 대한 글쓰기'에 속한다.

유르스나르와 하드리아누스는 삶을 다양성의 관점에서 이해한다는 공통점이 있다. 유르스나르는 하드리아누스에게서 "문사, 여행가, 시인, 연인"[9]의 모습을 발견한다. 황제 스스로 서술한 바에 따르면, 그는 전쟁의 궁핍을 즐기는 장교이고, 신에 대한 몽상가이며, 연인이고 거만한 부관이며 미래의 정치가다. 또 비열한 아첨꾼, 못난 젊은이, 경박한 재담가, 비천한 병사이기도 하다. 한마디로 "나이기도 하면서 다른 모든 사람"[10]이다.

다양성은 유년기를 서술할 때에도 드러난다. 한 존재의 모순적이고 비밀스러운 부분을 이해하기 위해 자기에 대한 글쓰기는 대부분 한 인간의 기원이라고 할 수 있는 유년기를, 그리고 그 근원을 더 거슬러 올라가 조상들을 탐색한다. 그러나 하드리아누스의 유년기는 상당히 도식적이어서 그만의 특징이 별로 드러나지 않는다. 그렇다고 가족관계를 서술하면서 탁월한 혈통을 과시하는 것도 아니다. 그는 부모님보다 할아버지의 생애를 더 상세히 서술하지만, 직접적인 기억은 할아버지가 손자의 운명을 예언했다는 정도밖에 없고 또 다른 기억은 할아버지에게서 거친 스페인 억양을 물려받아 공직에 있을 때 비웃음을 샀다는 식이어서, 가족의 유산과는 일정한 거리를 유지하고 있음을 알 수 있다. 반면 과거에 읽었던 책이 자신을 형성했다고 하면서, 스승으로 소크라테스를 언급하기도 한다. 만났던 사람들도 빼놓지 않는다. 예를 들면, 열여섯 살 때 아테네에서 레오티키데스의 의학 강의를 들었는데, 그 강의에서 세부적인 기술을 배운 것이 아니라 대상과 직접 접촉함으로써 오류에 빠지지 않도록 끊임없이 수정하는 과학 정신을 배웠다고 말한다. 그 과학 정신 덕분에 잘못 판단했을 가능성까지 염두에 두고 자신을 포함하여 모든 대상을 관찰할 수 있었고, 그것이 황제로서 통치하는 방법과 다르지 않다는 것을 깨달았다는 식이다. 하드리아누스는 이 모든 만남을 통해 얻게 된 장점을 흡수하여 자신이 형성되었다고 하면서 분야별로 자신을 형성하는 데 기여한 다양한 기원을 제시한다.[11] 물론 이런 방식이 하드리아누스만의 독특한 특성은 아니다. 아우렐리우스도 『명상록』에서 자신을 둘러싼 다양한 사람들을 나열하면서 그 관계 속에서 자기 기원을 찾으며 혈연의 친족관계보다 확대된, 지적·정치적 친족관계를 더 중시한다.

이런 상황을 감안하면, 하드리아누스가 자신을 '연극배우'로 제시한 것도 전혀 놀라운 일이 아니다. 정치가의 삶 또한 다양한 페르소나가 요구되는 배우의 삶과 크게 다르지 않기 때문이다.

> 나에게는 이런 변덕스러움이 필요했다. 내 다양한 면모는 계산에 의한 것이었고, 연기를 하듯 유연했다. 나는 팽팽히 당긴 밧줄 위를 걸어가고 있었다. 내가 배워야 했던 것은 배우의 가르침뿐 아니라 곡예사의 가르침이었다.[12]

다양성에도 불구하고 하드리아누스에게서 일관된 면모를 찾을 수 있는 것은 그가 배우인 동시에, 다양한 면모를 '계산적으로' 연출한 연출가였기 때문이다. 이 사실은 그가 삶을 하나의 일관된 이미지로 제시하려고 노력했음을 암시한다. 비유적으로 말하면, 한 인물의 생애를 재구성하려면 "그 사람의 서재를 재구성"[13]해야 한다고 하드리아누스는 강조한 바 있다. 서재에는 다양한 책들이 있지만 서재라고 하는 큰 틀에서 그 인물이 형성된 '사상'을 재구성할 수 있다면 그 인물의 통일성을 발견하고 그를 이해할 수 있을 것이다.

하드리아누스 황제가 죽음을 앞두고 마르쿠스 아우렐리우스에게 삶의 여정과 더불어 통치하면서 얻은 정치적·윤리적 성찰의 결과를 밝히려고 한 이유는 무엇일까? 푸코에 따르면, 1세기 말에서 2세기 말까지 정치나 행정을 책임지던 로마 사회의 지도층은 자기 주체화의 관점에서 볼 때 특별한 지적 움직임을 드러냈다. 그들은 '자기'에 대해 깊은 관심을 기울였으며, 그 관심은 사회적 책임을 인식하는 과정과 다르지 않았다. 사회적 책임을 다하려면 타자와 더 적절한 관계를 맺어야 했고 그러려면 우선 자기와의 관계를 검토해야 했다. 마르쿠스 아우렐리우스가 『수상록』을 쓴 것도 개인의 삶과 공적인 삶을 조화롭게 조율하고자 하는 의도가 있었다는 것이다. 새로운 유형의 주체가 탄생한 그 시점에 자기에 대한 관계가 문제되었으며, '자기에 대한 배려의 글쓰기'는 자기에 대한 관계를 해결하고자 한 최초의 시도였다는 것이 푸코의 관점이다.[14] 하드리아누스가 아우렐리우스에게 긴 회상록을 남긴 것도 같은 맥락에서 이해할 수 있다. 그는 자신을 '규정'하고 자신의 행위를 '판단'함으로써 '자기 인식'에 도달하려고 했던 것이다.

> 나는 여기서 (그런 교육에 대한) 중화제로서, 선입견이나 추상적인 원리가 배제된 이야기를 세손에게 들려주려고 한다. 이 이야기는 단 한 사람, 나 자신의 경험에서 끌어낸 것이다. 이 이야기가 나를 어떤 결론들로 이끌어갈지는 나도 모른다. 나는 나 자신을 규명하기 위해, 또 어쩌면 나를 판단하기 위해, 혹은 적어도 죽기 전에 나 자신을 더 잘 알기 위해 이 사실 검증에 기대를 걸고 있다.[15]

이 문장에서 세 가지를 주목할 수 있다. 첫째는 자기 삶의 이야기가 직접적인 효용을 갖고 있다는 점이다. 하드리아누스는 이 이야기를 일종의 '중화제'로 제시한다. 그가 볼 때 아우렐리우스는 스토아 철학에 지나치게 심취해 있었고 이에 근거하여 다른 사람을 판단할 우려가 있었다. 개인적으로 스토이시즘을 탐구하는 것은 나쁘지 않지만 황제에게는 지켜야 할 처신이 있다는 것이다. 예를 들어 아우렐리우스는 검투사 경기를 관람하러 가면서 책을 들고 가는데, 그런 사소한 행위 때문에 황제가 시민들과 괴리될 수 있으므로 하드리아누스가 볼 때 그건 좋은 행위가 아니다. '중화제'라는 단어로 하드리아누스는 자신이 지향하는 세계관, 즉 사적인 인간과 공적 인간의 균형, 전체의 관점에서 다양성을 포괄하는 질서와 통일성을 강조한다. 둘째는 '자신의 경험'에서 비롯된 삶의 이야기가 역설에 근거한 것처럼 보인다는 사실이다. 하드리아누스는 "선입견이나 추상적인 원리가 배제된 이야기"를 들려줌으로써 자아에 대해 객관적 이미지를 제시하겠다고 하지만, 그 객관성은 "단 한 사람, 나 자신의 경험에서 끌어낸" 것이어서 극도로 주관적이다. 자기에 대한 글쓰기는 필연적으로 이런 역설에 직면한다. 자기에 대한 이야기는 실제 경험, '진실'을 이야기하지만 모든 이야기에는 자기변명이나 정당화가 끼어들기 마련이어서 한 개인의 삶은 경험의 총체가 아니라 이야기의 총체처럼 보인다.[16] 또 회고적 이야기에는 미지의 자신을 발견하고 구성하고자 하는 '전망적' 비전이 담기기 때문에 객관적 이야기란 불가능하다. 자기에 대한 이야기는 객관적이라고 주장하는 주관적인 이야기다. 마지막으로 개인의 이야기는 여러 차원을 담지한다는 사실을 강조할 수 있다는 점이다. 과거를 회상하는 이야기에는 경험한 사실들을 이야기하는 '사실 검증'의 차원과 자신을 인식하고자 하는 '자기검증'의 차원이 있다. 하드리아누스의 경우, 자기검증은 인간에 대한 깨달음에 도달할 때 완성되기 때문에 '자기실현'과 분리되지 않는다. 인간 존재를 탐색하기 위해 하드리아누스는 '자기에 대한 연구', '사람들에 대한 관찰', '독서'라는 세 가지 방법을 제시한다.

> 다른 사람들과 마찬가지로 인간의 존재를 평가하기 위해 내가 사용할 수 있는 수단은 세 가지뿐이다. 자기에 대한 연구는 가장 어렵고 가장 위험하지만 가장 풍요로운 방법이다. 사람들에 대해 관찰을 해도 그것은 흔히 우리에게 그들의 비밀을 드러내지 않거나, 아니면 그들에게 비밀이 있다고 믿도록 할 따름이다. 책들은 행간 사이에서 생겨나는 관점들의 특별한 오류를 담고 있다.[17]

황제는 인간을 탐색하는 이 방법들이 완벽하지 않다는 사실을 인정한다. 예를 들어, 독서를 많이 하면 인간에 대해 폭넓게 이해할 수는 있지만, 그럴수록 현실로부터 유리될 위험이 있다. "나로서는 책 없는 세상에 익숙해지는 게 쉽지 않을 것 같다. 그러나 현실은 책에 있지 않다. 현실은 책 속에 완전히 담기지 않기 때문이다."[18] 독서의 중요성을 완전히 무시하는 것은 아니지만 책을 통해서만 현실을 이해하려는 태도는 잘못되었다는 것이다. 독서는 타인의 목소리에 귀를 기울임으로써 삶을 보완할 때 의미가 있다. 삶과 독서가 서로 긍정적으로 작용하려면 무엇보다 자신의 경험을 제대로 이해하고 심화시킬 수 있는 능력을 갖춰야 한다는 것은 두말할 필요가 없다.

타인에 대한 관찰도 어렵기는 마찬가지다. 타인을 아무리 객관적으로 관찰하려고 해도 신분이나 관점이 다르면 왜곡될 수 있고, 예기치 못한 요소들 때문에 객관적 성찰은 불가능해진다. 하드리아누스 황제는 한 행정관이 저지른 범죄 보고서를 예로 든다.[19] 외모로 볼 때 그 행정관은 범죄를 저지를 것 같지 않은 인물이었고, 심지어 그에 대해 더 많은 것을 알게 된다고 해서 그를 더 잘 판단할 수 있는 것도 아니다. 외면으로 내면을 설명할 수 없듯이, 내면으로 외면을 설명할 수 없다. 그렇다면 타인을 고찰할 때 그것의 객관성이나 진실 여부를 어떻게 장담할 수 있겠는가?

자기에 대한 관찰은 자아로의 침잠을 통한 '내적 관찰'과 자아 밖으로 나가는 '지적인 관찰'을 동시에 수행해야 한다. 그런데 내적 관찰을 하면 자기변명이나 정당화가 뒤따르기 마련이어서 자기 자신과 일종의 공모관계가 형성되고, 그 결과 자신을 정확하게 인식하지 못하고 모호한 지식에 도달하게 된다. 외적 관찰은 자신을 타인처럼 관찰하는 것인데, 그것은 사실 가능하지 않고 가능하다고 해도 이미 자신에 대해 갖고 있는 '잘못된 판단'을 받아들이는 경우가 많아서 항상 오류의 가능성을 내포하고 있다.

이처럼 황제는 한 인간을 온전하게 판단할 수 있다고 생각하지 않는다. 그럼에도 불구하고 황제가 내면의 목소리에 귀를 기울이고 자신의 생애를 서술하는 것은 그것이 인간을 이해할 수 있는 거의 유일한 방법이기 때문이다. 작가는 한 개인의 삶을 통해 인간학을 완성할 수 있다는 믿음을 버리지 않는다. 유르스나르는 플로베르의 서한집에서 발견한 한 구절을 '창작 노트'에 옮겨놓는다. "키케로에서 마르쿠스 아우렐리우스에 이르는 시기에, 신들은 더 이상 존재하지 않고 예수는 아직 존재하지 않아서 오직 인간만이 존재했던 유일한 시기가 있었다."[20] 안-이본 쥘리앵에 따르면, 이 시기야말로 인간이 초월적인 권위나 제약에서 비롯된 죄책감을 느끼지 않고, 의혹에 맞서 인간의 위대함에 몰두할 수 있었던 시기, 인간의 잠재력이 최대한 발휘된 유일한 시기다.[21] 그래서 유르스나르는 이 시기를 특권화하고 신화적 아우라를 부여한다.

인간에 대한 이해는 두 가지 방향에서 진행된다. 하나는 인간적인 것을 간직하되 인간이 신적인 완벽함을 성취할 수 있도록 고양시키는 방식이다. 유르스나르는 다음과 같이 말한다. "나는 최선을 다해 인간에게서 신적인 것의 의미가 잘 드러나도록 애를 썼다. 그렇다고 신적인 것을 위해 인간적인 것을 희생시킨 것은 아니었다."[22] 다른 하나는 유르스나르가 『뭐라고? 영원이라고』에서 에공의 입을 빌려, "육체에 관한 그 무엇도 나에겐 혐오스럽지 않아."[23]라고 말했던 방식이다. 정신의 탐구와 육체의 쾌락을 대립시키는 것으로는 인간에 대해 아무것도 이해하지 못한다. 인간을 이해하려면 인간의 고상함은 물론이고 비속함까지 모두 받아들여야 한다. 이 개방성은 유르스나르의 특징일 뿐 아니라 하드리아누스의 특징이기도 하다. 그러므로 '자기 자신이 되는 것'이 하드리아누스의 인생 목표라는 사실은 전혀 놀랍지 않다.

> 지금으로서는 가능한 한 가장 충실하게 하드리아누스가 되기 위해서, 하드리아누스이기 위해서 해야 할 일이 상당히 많았다.[24]

'자기 자신이 되기'라는 표현은 자기에 대한 글쓰기가 현재의 '상태'를 드러내는 것이 아니고 '생성'과 관련된다는 점을 분명히 보여준다. 예를 들어 하드리아누스는 황제가 된 후 원로원이 부여한 칭호들을 거부했으며 개선식도 실시하지 않았다. 그것은 그가 오만해서도 아니고 겸손해서도 아니다. 업적이 아니라 황제라는 직위 때문에 그런 대접을 받는 것은 제대로 평가받는 게 아니라고 생각했기 때문이다. 하드리아누스가 원한 영예는 다음 문장에 잘 표현되어 있다. "나는 나의 영예가 피부에 붙은 것처럼 나에게 딱 맞아떨어지고 정신적인 민첩성, 힘, 완수한 행위를 통해 즉각적으로 측정될 수 있기를 원했다."[25] 하드리아누스의 자기실현은 오랜 시간에 걸쳐 집요하게 성찰하고 행위함으로써 스스로 획득한 자질의 총체이지, 타인들이 부여한 외적인 기호의 총체가 아니었다.

권력과 자유

하드리아누스에 따르면, 한 인간을 이해하려면 그가 어떤 행동을 했는지 지켜보아야 한다. "행동들은 나를 사람들의 기억에, 또는 심지어 나 자신의 기억에 새겨놓을 수 있는 유일한 척도이자 유일한 방법이기 때문이다."[26] 행동이 정체성을 파악할 수 있는 확실한 근거라면, 자신이 내린 사소한 결정으로 모든 사람의 운명을 결정하는 절대 권력자야말로 로마 제국에서 가장 확고한 정체성을 가진 사람이라고 할 수 있다. 황제의 정치적 위상이나 자기 인식의 욕구로 미루어볼 때 하드리아누스는 자기 정체성에 대해 확고한 관점을 갖고 있을 것 같지만, 흥미롭게도 그는 자신이 영위한 삶에 정해진 형태가 없다고 밝힌다.

> 내 삶을 관찰하면서 나는 그 삶에 형태가 없다는 사실에 깜짝 놀란다. (…) 내 삶의 윤곽은 그다지 확고하지 않다. 나에게 자주 일어나는 일

> 이지만, 어쩌면 내가 되지 못했던 것이 내 삶을 가장 정확하게 정의하는 것이다.[27]

자기 삶에 정해진 형태가 없다는 사실은 자기 정체성이 불분명하다는 것을 의미한다. 행동이 자기 정체성을 결정하는 절대적 근거일 수 없다는 것이다. 오히려 내가 되지 못했던 것과 하지 못한 것이 '나'의 정체성을 규정할 수 있다. 그렇다면 행동으로 구체화되지 않은 막연한 의지, 욕망, 계획, 꿈 등도 정체성을 구성하는 요소로 받아들여야 한다. 이런 상황이면 하드리아누스에게서 일관된 이미지를 기대하는 것 자체가 무모해 보인다. 실제로 하드리아누스는 자신이 훌륭한 군인이었지만 위대한 전사는 아니었고, 예술 애호가였지만 광기에 사로잡힌 네로(Nero)와 같은 예술가는 아니었으며, 죄를 범할 수는 있었지만 죄로 가득 차 있지는 않았다고 밝힌다. 그는 자신을 완결된 삶을 산 사람이 아니라 뭔가 결핍된 사람처럼 제시한다. 황제가 자신의 삶이 다양한 질료로 구성되어 있다고 지적한 것도 같은 맥락에서 이해할 수 있다.

> 내 일상의 풍경은 산악지대처럼 뒤죽박죽으로 쌓인 다양한 질료들로 구성되어 있다. 그 풍경에서 이미 잡다하게 구성된 내 본성을 만난다. 그러나 그 본성에는 본능과 교양이 균등하게 배분되어 있다.[28]

'뒤죽박죽으로 쌓인' 삶의 질료들 때문에 하드리아누스의 삶은 파악할 수 없는 혼돈처럼 여겨진다. 그의 관점에서 볼 때, 인생은 어떤 때에는 너무 다양한 해석이 가능하다가 또 어떤 때에는 그 어떤 해석도 적절치 않아서 하나의 정형화된 틀로 설명할 수 없는 것처럼 보인다. 그래서 황제는 "그 무엇도 나를 설명하지 못한다."[29]라고 말한다. 그러나 뒤죽박죽이고 잡다하게 구성되었다고 해서 질서가 없는 것은 아니다. 하드리아누스에 따르면, 그의 본성에는 '본능'과 '교양'이 '균등하게' 배분되어 조화롭게 공존하고 있다는 것이다.

하드리아누스를 이해하려면 그를 구성하는 잡다한 본성을 하나씩 짚어보면서 그것들을 특히 '황제'로서 권력에 대해 갖고 있는 관점과 연결시켜 볼 필요가 있다. 흥미롭게도 『하드리아누스』의 구성을 살펴보면, 황제의 삶이 권력의 행사와 관련 있음을 확인할 수 있다. 각 장은 라틴어로 제목이 붙어 있으며 대략의 내용은 다음과 같다.

1장 방황하는 어여쁜 영혼(ANIMULA VAGULA BLANDULA): 회상록을 쓰게 된 이유

2장 다양, 다종, 다형(VARIUS MULTIPLEX MULTIFORMIS): 성장 과정과 권력 획득 과정

3장 확고해진 대지(TELLUS STABILITA): 권력의 실현

4장 황금시대(SAECULUM AUREUM): 안티노우스의 죽음으로 인한 개인적 시련

5장 지엄한 군율(DISCIPLINA AUGUSTA): 유대교도의 반란으로 인한 군사적 시련과 정치적 재건

6장 인내(PATIENTIA): 죽음을 앞둔 상황에서 자살에 대한 성찰과 인간의 힘에 대한 신뢰 회복

1장과 6장은 개인적 성찰이, 2장부터 5장까지는 정치가로서 황제의 인생과 로마의 운명이 서술되어 있다. 간단히 요약하면, 전임 황제인 트라야누스 황제는 집권 기간에 연거푸 전쟁을 일으켜 국가의 규모를 키웠지만 이에 비례하여 여러 문제점이 노출된다. 하드리아누스의 안정적인 통치 덕분에 로마는 번영의 정점에 이른다. 그러다가 유대의 반란으로 혼란을 겪지만 황제가 후계자를 정하면서 다시 균형을 회복한다. 로마의 운명이 혼

란과 안정을 반복하듯이, 하드리아누스도 제도를 정비하고 국경을 결정하고 경제를 부흥시키는 등 통치자로서 상승 곡선을 그리다가 안티노우스의 자살, 건강 악화 등으로 하강 곡선을 그리며 생의 마지막에는 죽음을 성찰하면서 개인적인 안정기에 들어선다.

이처럼 황제의 운명과 국가의 운명은 분리되지 않는다. 하드리아누스의 생애는 정치적인 행위로 점철되어 있고 그것은 그의 개인적 특성과 밀접하게 연결되어 있다. 그렇다면 '자기 자신으로 존재하기'를 원했던 한 개인에게 황제의 지위에 오르는 것과 자기실현은 어떤 관계가 있을까? 이 질문은 하드리아누스가 회상록을 써서 후대의 황제에게 전하는 목적이 무엇인가를 질문하는 것과 동일하다.

하드리아누스의 정치적 면모는 황제가 되는 과정을 '운명의 실현'으로 제시한 데에서도 드러난다. 할아버지는 자고 있던 손자를 깨워 "세계를 지배"[30]하리라고 예언했고 그것이 그에게 주어진 첫 정체성이었다. 할아버지의 예언이 자서전의 범주에 드는 사건임을 이해하려면 로마 시대 자서전의 특징을 검토한 미하일 바흐친을 인용하는 것으로 충분하다. 바흐친에 따르면, 로마의 자서전에 자주 등장하는 '행운'이라는 표현은 "개인의 정체성과 삶 전체의 행로를 표현하는 형식"[31]이다. 로마인들이 점을 즐겨 친 것도 점이 개인의 운명을 공적인 차원에서 확인하는 전조의 역할을 했기 때문이다.

권력의 획득은 한 개인의 운명을 국가라는 전체의 운명에 통합시키는 행위이지만, 자기의식의 획득이라는 측면에서도 특별한 의미를 지닌다. 하드리아누스는 권력의 획득을 자유와의 관계 속에서 다음과 같이 이해한다. "나는 권력보다는 자유를 추구했다. 권력을 추구한 것은 단지 그것이 부분적으로 자유를 얻는 데 도움이 되었기 때문이다."[32]

하드리아누스가 권력과 자유를 연결시킨 이유는 황제가 되면 "마음대로 보고 개혁하고 창조"[33]할 수 있고 그럼으로써 그의 통치 철학을 실현할 수 있기 때문이었다. 여기에서 '왜 황제가 되어야 하는가?'라는 질문은 '황제는 무엇을 해야 하는가?'라는 질문과 다르지 않다. 이 질문은 하드리아누스의 제왕론과 연결되어 있다. 그에게 권력이란 정치와 공동체에 대해 성찰하고 이에 근거하여 "세상을 신중하게 재조직화"하는 능력을 의미하며, 황제는 그 권력으로 "인간 조건을 향상"[34]시키는 데 기여해야 하는 사람이다. 황제가 되면, 경계 너머의 것을 꿈꿀 수 있고 이미 존재하는 것을 향상시키고, 이질적인 것을 통합하여 새로운 세계를 만들어낼 수 있다는 것이다. 그래서 하드리아누스는 황제를 국가에 봉사하는 공무원이라고 생각한다. 황제는 군림하는 자가 아니라 국가의 체제를 정착시키는 자다. 황제 한 개인의 판단이 앞으로 취해질 모든 판단의 전범이 되고 관례가 될 수 있기 때문에 황제는 "관례의 정착"[35]을 임무로 한다.

자유의 또 다른 특징은 권력으로 얻게 된 자유가 "진정한 예속성"[36]을 전제한다는 점이다. 하드리아누스의 관점에서, 진정한 예속성이란 '규율'을 의미한다. 현실은 사물들과 육체로 이루어져 있는데, 그것들의 토대가 '규율'이다. 하드리아누스는 이것을 '말[馬]'에 비유하여 설명한다. 말을 잘 훈련시키면 말과 인간의 움직임이 일치하고, 장애물을 뛰어넘을 때에도 말이 인간의 의지를 이해하기라도 한 듯 먼저 착지하기 좋은 위치를 찾는다는 것이다.[37] 인간과 말이 하나가 되기 위해서는 말에게 규율을 가르쳐야 한다. 규율을 극한으로 추구하여 그 규율이 더 이상 억압으로 여겨지지 않을 때 인간은 자유롭게 된다. 이렇듯 자유는 엄격한 규율의 결과다.

규율을 준수하는 것은 자신을 잊고 타자와 일치되는 데 동의하는 것이다. 그래서 황제는 규율을 "자유로운 동의"[38]로 정의한다. 자유와 예속성이 대립적이지 않으려면 인간은 자신이 처한 상황을 자신이 원한 것으로 받아들이고, 그 상황에서 유용성을 찾아내고 긍정적인 결과를 얻도록 최선을 다해야 한다. "나는 내가 이미 가진 것을 선택했으며 다만 그것을 전적으로 소유하고 가능한 한 가장 잘 음미하도록 했다."[39]라고 하드리아누스가 말할 때, 그는 '자유'에 대해 말한 것이다. 자신에게 주어진 상황을 거부하지 않고 주어진 것을 최대한 누리겠다는 하드리아누스의 현실주의적 태도는 저 너머의 세계에서 구원을 찾는 기독교와는 거리가 멀다. 현실을 구성하는 요소들이 아무리 불쾌하고 우연적이고 이질적이어도 그것들이 현재를 구성하고 있다는 사실을 부정해봤자 소용이 없다. 오히려 그것들을 부정하지 않고 받아들이는 것, 그것들이 나를 구성하는 요소임을 인식하고 나에게 통합될 수 있도록 노력하는 것, 이것이 인간의 의무다. 그러므로 '자유로운 동의'가 '자기를 용인하는 자유'로 발전하는 것은 필연적이다. 이미 하드리아누스는 "이런 식으로 신중함과 대담함, 조심스레 조화를 이룬 복종과 반항, 극도의 요구와 신중한 양보가 혼합된 양태로 나는 마침내 나 자신을 받아들였던 것이다."[40]라고 말한 바 있다.

하드리아누스가 주창하는 자유와 관련하여 두 가지 예를 주목할 수 있다. 탄광에서 평생 일만 하다가 절망하여 황제를 단도로 찌르려다 실패한 노예가 있었다. 하드리아누스가 그를 벌하지 않고 치료해주자 그는 충실한 노예가 되었다. 그 노예는 황제를 시해하려 한 범죄자이지만 황제가 더 많은 자유를 주자 충직해진다. 반항하던 노예가 충실한 노예로 변한 것을 하드리아누스는 자유의 관점에서 서술하는 것이다.

스토아학파의 대표적인 철학자 에픽테토스의 예에서도 자유의 의미를 짐작할 수 있다. 노예였던 에픽테토스는 인내와 의지를 주장했는데, 주인이 일부러 다리를 부러뜨려도 그는 신음조차 내뱉지 않았다. 하드리아누스는 에픽테토스를 "거의 신적인 자유를 소유한 사람"[41]이라고 기술한다. 그때의 자유는 육체의 고통이나 타인의 폭력으로부터 자유롭다는 의미다. 타인이 가하는 폭력에 고통스러워할 때 노예는 노예가 된다. 자신이 선택하지 않았음에도 불구하고 고통을 겪는 대상이 되었기 때문에 노예가 되는 것이다. 그러나 더 큰 의지로 고통을 이겨낼 때 그는 자유롭다. 자유는 자신의 한계를 벗어나고자 하는 의지의 표현이기 때문이다.

이처럼 자유는 두 가지 속성을 지닌다. 로마 내에서 다양한 종교와 의례가 용인되고 다양한 민족이 평화롭게 상업 활동을 하는 정치적 의미의 자유가 이질적인 것을 통합하는 철학적 토대로서의 자유라면, 다른 하나는 자기실현을 위한 실천 방식으로서의 자유다.

권력이 자유롭게 한다는 말의 진정한 의미를 '책임'과 연결시켜도 이제 낯설지 않다. 황제가 된다는 것은 공적 무대에서 자신의 창조적 역량을 발휘하고 그 결과에 책임지겠다고 공표하는 것이다. 황제가 된 후 하드리아누스가 처음으로 결심한 것이 바로 그것이다. "나 자신의 삶은 더 이상 나를 사로잡지 않았다. 나는 다시 인류 전체를 생각할 수 있었다."[42] 로마인은 사적인 인간이기 이전에 공적인 인간이었으며 공적으로 인정받을 때 사적 인간도 존재할 수 있었다. 비속한 야심을 버리고 "인간과 사물에 도전하기와 지휘하기를 배우고 결국 더 가치 있는 일인 봉사하기"[43]를 배움으로써 로마형 인간이 될 수 있다. 이런 윤리적 인간은 자신을 미화하고 과장하여 긍정적인 이미지만 남기려는 욕망에 저항하며, 스스로 경계하는 글을 남겨 후대에 봉사하고 '책임'을 다하고자 노력한다.

요약하면, 하드리아누스가 황제가 되기를 꿈꾼 것은 자기 자신이 되기 위해서였다. 그러나 자기 자신이 되기 위해서는 타인을 위해 봉사하는 존재, 인류 전체를 위해 기획하는 존재가 되어야 한다. 한 명의 '인간'으로 존재하기를 꿈꾼다는 말의 진정한 의미가 바로 이것이다. 그에게 권력을 쟁취하는 것은 정치적 선택이 아니라 자신이 실현해야 할 윤리에 대한 의무였던 것이다.

탈경계: 통일성 속의 다양성

『하드리아누스』 2장의 제목이 '다양, 다종, 다형'인 것처럼, 자기 자신이 되려면 편협성을 버리고 다양성과 개방성을 추구해야 한다. 이러한 경향은 그리스에 대한 그의 사랑에서 특히 두드러진다. 하드리아누스에게 그리스는 인간의 노력과 신의 법칙 사이에 균열이 없는 특권적인 시간과 공간을 의미한다. 황제가 되기 전 그는 '그리스 청년'으로 통했으며, "나는 그리스어로 사고하고 살 것이다."[44]라고 말할 만큼 그리스에 우호적이었다. 모국어와는 원초적인 관계를 맺는 반면 모국어 이외의 언어를 사랑하는 것은 그 언어가 함축하고 있는 가치를 사랑하는 것이다. 그리스어를 발견하면서 그에게 "위대한 낯섦"에 대한 열광과 함께 '다름'을 추구하는 진정한 여행이 시작되었다고 할 수 있다. 다른 언어와 비교해보면 그리스어의 우월성은 더욱 부각된다. 이집트 문자는 "세계와 사물들을 분류하려는 노력"에 불과하며 그것은 "죽은 종족의 무덤 속 말"이라고 평가절하된다. 유대어는 "그들의 신에 강박적으로 사로잡혀 있어서 인간적인 것을 등한히" 한 종족의 언어일 뿐이다. 이 두 언어에 비해 그리스어는 세계와 사물을 생생하게 반영하는 살아 있는 언어다. 그리스어는 인간이 직면한 다양한 현실을 풍부한 어휘로 표현하고 인간의 의지를 실현하는 언어이기에 "인간과 국가의 경험이 쌓인 보물"이다. 그래서 "인간이 최상의 방식으로 말한 거의 모든 것이 그리스어로 말해졌다."[45]라고 황제는 단언한다. 심지어 모든 사유는 "적어도 한 번은, 이미 어느 그리스인에 의해 행해졌다."라면서 그리스어가 인간에 대한 인식을 확장시켰다고 찬양한다. 하드리아누스에게 그리스는 "자아 탐색의 출발점"이다.[46]

그리스와 관련된 것을 사랑한다고 해서 하드리아누스가 그리스를 배타적으로 좋아한 것은 아니다. 하드리아누스는 그리스와 로마의 특징이 조화롭게 공존하기를 희망한다. 이브 투슈피는 "사회적 존재와 정치적 책임의 측면에서 로마 문명은 질서정연한 통제를 요구했고 그리스 문명은 그로 하여금 미적인 유혹과 사랑의 모험을 수용하도록 했다."라고 지적한다.[47] 이 두 문명이 하드리아누스 정체성의 "토대가 되는 이원성"을 이루었다는 것이다. 그는 폐쇄적인 것과 개방적인 것을 결합시켜 경계를 넘어서는 뭔가를 만들어내기를 원했다. 이것을 '탈경계'라는 용어로 설명할 수 있다.

하드리아누스는 편협한 인물들을 경멸하는데, 그 대표적인 예로 교사들을 든다. "교사들은 저마다 자기 지식의 편협한 한계에 갇혀서 동료들을 경멸했고, 동료 교사들도 똑같이 편협한 다른 지식을 갖고 있었다. 그 현학자들은 말싸움을 하느라 목이 쉬곤 했다. 우선권 다툼, 음모, 중상을 겪음으로써 나는 이후 내가 살았던 모든 사회에서 마주치게 될 상황에 익숙해졌다."[48] 반면 수사학자들 덕분에 다른 사람의 정신을 이해하고, 그것을 토대로 삶에 대한 자기만의 법칙을 추출할 수 있었다고 말한다.

> (수사학 훈련은) 나로 하여금 개개인의 사고 속으로 하나씩 들어가는 법을 가르쳐주었고 개개인은 자신의 법칙에 따라 결정하고 살고 죽는다는 사실을 이해하게 해주었다.[49]

교사와 수사학자를 예로 들었다고 해서, 탈경계를 지적인 차원으로 오해해서는 안 된다. 탈경계는 무엇보다 공간의 확장을 의미한다. 하드리아누스는 그것을 "낯선 환경에 대한 취향"[50]으로 정의한다. 군에 있을 때 그는 미지의 공간을 탐험하기를 좋아했다. 도나우강을 마주하고 그 너머의 공간을 꿈꿀 때 인간적으로 고양되는 느낌이 들었고, 말[馬]은 야만인과 소통하고 존경하는 마음을 나누는 매개물이었다. 그는 자신이 놓인 공간을 체념하고 받아들인 것이 아니라 새로운 풍토, 새로운 동물, 새로운 인종을 발견하고자 했다. 그가 확장된 로마를 꿈꾼 것은 탈경계인이 되기를 원했기 때문이다. 그는 로마인이면서 동시에 여행가였고, 자기 자신이면서 타자이길 원했다. "재산도 특권도 없고 그 어떤 문명의 이익도 누리지 않고 혼자 있는 것, 새로운 사람들의 한가운데에서 새로운 우연에 몸을 내맡기는 것"[51]이 그가 꿈꾼 이상적인 삶이었다. 혼자 있기를 원하면서도 타인들과의 모험에 흔쾌히 응하는 것, 이것이 그가 꿈꾼 개인적인 삶의 양식이었다. 경계 밖의 것들에 대해 포용 정책을 펼치려는 정치적 이상도 이와 다르지 않았다.

분명히 해둘 것은 '개방성'과 '확장'은 다른 개념이라는 것이다. 확장하는 과정에서 다른 문화나 사고 체계를 받아들이는 개방성도 가능하지만, 하드리아누스는 정복 전쟁보다는 안정화 정책을 추구했다. 트라야누스와 하드리아누스의 통치 철학이 구분되는 지점이 바로 여기다. '구분'된다고 해서 하드리아누스가 전임 황제를 희화화하거나 매도하는 것은 아니다. 황제마다 시대적 소명이 다르다는 것을 인정하기 때문에 그에게 중요한 것은 황제로서 직분을 얼마나 성공적으로 수행했는가 여부였다. 그가 볼 때, 트라야누스는 황제라기보다는 군인이었고 그에게 전쟁은 알렉산더 대왕에 필적하고자 했던 황제 개인의 욕망이 발산된 것일 뿐 통치 철학과는 아무 상관이 없었다. 매번 승리하긴 했지만 전쟁 때문에 로마는 끊임없이 소진되고 한계를 노출시키고 있다는 사실을 트라야누스는 알지 못했다. 하드리아누스는 "전쟁에서 나온 것은 전쟁으로 돌아간다."[52]라고 간략하게 전쟁의 폐해를 강조한다. 끊임없이 정복하고 로마를 확장했던 트라야누스가 죽자마자 세계가 혼란스러워졌다는 게 그의 오류를 증명한다. 트라야누스는 영토의 확장에만 몰두했을 뿐 영토보다 더 영원한 가치인 문화·언어 등 정신적 가치에는 무심했고, 자신의 한계에 대해서는 무지했다.

전쟁에 대해 하드리아누스는 전임 황제와는 완전히 다른 관점을 갖고 있었다. 새롭게 영토를 확장하는 것은 병이 확산되는 것과 같다고 생각했기 때문에 그는 확장을 위한 전쟁이 아니라 방어를 위한 전쟁을 지지했다. 그는 로마의 국경을 분명히 하고 국가의 안전을 보장하는 것을 더 중요하게 여겼다. 그래서 영국에 하드리아누스 장벽을 건설하고, 방비하기 어려운 도나우강 유역을 포기했으며, 파르티아의 오스로에스 황제와 협상하여 전임 황제가 획득한 땅을 반환하고 대신 동쪽 국경의 안정을 도모했다. 정복한 지역에서 퇴역 군인이 이방인과 결혼하여 아이를 낳거나, 해당 지역에서 충원된 군인들이 자신들의 언어로 명령체계를 꾸려도 인정했다. 군대의 틀이 유지되기만 하면 그 틀 안에서 다양성을 인정한 것이다. 그는 인간성을 제도에 맞춰 교정하려는 것은 지혜롭지 않으며 오히려 시대에 맞게 제도를 바꿔야 한다고 보았다. 이런 선택을 한 것은 그의 정치적 목표가 궁극적으로는 개인적인 패배를 복수하는 데에 있지 않고 평화를 정착시키고 로마의 번영을 보장하는 데에 있었기 때문이다. 그는 정치를 하려면 자기 자신은 사라져야 하고 타인을 위해 봉사하려는 의지가 중요하다고 믿었다. 그에게 '탈경계'란 눈에 보이지 않는 경계를 허물고 다양성을 통합하는 것이며, 그것이 황제의 역할이었다.

탈경계를 정치적 의미를 넘어 경계를 공유하는 좀 더 추상적인 관점에서 이해할 수도 있다. 탈경계가 인간의 범속한 이해나 한계를 넘어 삶의 윤리나 철학과 연결되는 고리가 여기에 있다.

> 나는 가끔 성애(性愛)에 근거하여 인간에 대한 이해체계를 개선할 것을 꿈꾸었다. 그것은 접촉에 대한 이론으로, 타인이 신비하고 존엄한 것은 나에게 다른 세계에 대한 거점을 제공하기 때문이다. 이 철학에서 관능적 쾌락은 타자에게 접근하는 데 필요한 더 완벽하고 더 전문화된 형태이고, 우리가 아닌 다른 자를 인식하는 데 도움이 되는 하나의 기술일 것이다.[53]

황제에게 사랑은 다른 세계나 타자와 접촉하는 방식이기에 중요하다. 『하드리아누스』 첫 부분에서 황제는 먹고 마시고 사랑하는 육체의 쾌락을 좋아한다고 밝히는데, 먹기는 "살아 있는 아름다운 대상을 자기 안으로 들어오게 만드는"[54] 행위로, 사랑은 "입사식의 형태로서, 비밀과 성스러움을 만나는 장소"[55]로 의미부여 된다. 그에게 육체는 자기 인식의 수단이며 내 안에서 타자와 접촉하는 방식이다.[56] 르빌랭이 지적하듯, "경계는 낯선 것을 향한 통로로서, 황제가 정치와 문화에 있어 탈중심의 쾌감을 배우는 장소이며, 하드리아누스가 한 개인으로서 미지의 영역을 발견하는 장소다."[57] 황제는 탈경계를 통해 타자와 접촉하고 자아 중심주의에서 벗어나며 인간에 대한 이해를 심화시킬 수 있다.

탈경계는 '관대함'이라는 윤리적 이상을 통해 드러나기도 한다. 하드리아누스는 거의 모든 영역에서 관대한 태도를 견지했으며 종교에 대해서도 마찬가지였다. 그는 그리스 기원을 가진 종교는 물론이고 미트라교, 오르페우스 신비주의, 오시리스교 의례에 직접 참석했다. 특히 미트라교에서 피의 세례를 받았을 때에는 거의 신적인 힘을 받아 인간의 한계를 벗어났다고 믿을 정도였다.

> 우리는 저마다 인간 조건의 편협한 한계에서 벗어난다고 믿었으며, 자신이 동물의 형태로 죽는 것인지 아니면 인간의 형태로 죽이는 것인지 더 이상 정확하게 알 수 없을 정도로 신과 동화되어, 스스로가 자기 자신이자 적이라고 느꼈다.[58]

이 종교 체험에서는 나와 타자, 주체와 대상의 구분이 사라진다. 그 차이 없음의 체험이 곧 탈경계의 체험이다. 물론 그가 모든 종교에 관대했던 것은 아니다. 그는 유대교에 대해서는 전쟁을 수행하면서까지 박해하는데, 유대교가 불행한 사람들의 종교라는 사실에는 공감하지만 그 종교의 비타협성은 탈경계라는 그의 통치 철학에 반하기 때문이다.

> 폐쇄적이고 무미건조한 결백성의 배후에서 나는 자기들과 다른 형태의 삶과 사상을 대면했을 때 보이는 광신도적인 맹렬한 비타협성, 나머지 사람들보다 자기가 낫다고 여기는 오만한 자부심, 그들 스스로 눈가리개를 씌워 좁힌 시야를 간파했다.[59]

하드리아누스가 유대교에 부정적인 견해를 갖고 있는 이유는 유대교가 다양성에 기반한 로마의 체제를 부정하고 다른 종교는 인정하지 않는 비타협적이고 폐쇄적인 종교이며, “새로운 사상과 만남에 대한 내 취향, 타인의 사상과 결합하고 그 사상에 대해 판단하면서도 그 사상을 유익하게 이용하는 정신의 유연성”[60]을 부정하고 오만하게도 자신의 우월성을 다른 종교에 강요하기 때문이다. 이런 사실을 고려하면 하드리아누스에게 종교는 사후에 대한 불안이나 구원받고자 하는 욕구에 기반하지 않는다. 황제에게는 종교도 정치적이고 인간적인 측면에서 고려될 뿐이어서 다양성과 통일성이 조화를 이루는 ‘탈경계’를 위한 하나의 수단이었다.

> 점점 모든 신성이 나에게는 신비롭게도 하나의 총체 속에 녹아든 무한히 다양한 발현, 같은 힘의 동일한 표현으로 보였다. 신성의 모순된 특성들은 조화의 한 가지 양식에 지나지 않았다.[61]

이질적으로 보여도 그것들이 하나의 통일성을 지니며, 모순 속에서 조화를 찾을 수 있으리라는 생각은 “통일성 속의 다양성”[62]이라는 개념으로 요약할 수 있다. 국가의 운명부터 시작해서 한 개인의 운명에 이르기까지 ‘불멸성’에 도달하려면 ‘통일성 속의 다양성’을 존중해야 한다. 로마만 하더라도 일곱 개의 언덕 위에 자리 잡은 조그만 도시국가에서 시작해서 이제 “세계의 질서, 사물의 질서”[63]가 되었으므로, 로마가 현재의 영향력을 유지하려면 이기적이고 주관적인 특성을 타민족에게 강요하기보다는 외부의 질서에 자신을 일치시킬 줄 알아야 한다. 따라서 ‘통일성 속의 다양성’은 로마의 종교관이기도 하고, 황제의 통치 철학이기도 하며, 삶의 윤리학이기도 하다. 이러한 사유의 핵심에는 ‘인간적인 것’에 대한 전적인 확신이 놓여 있다.

변방과 로마, 신화와 철학, 희망과 절망, 혼란과 안정, 야만과 신성(神

聖), 이 모든 양자택일의 상황에서 하드리아누스는 모순적인 것들을 '일치' 시키는 선택을 한다. 다양성과 통일성을 조화시킬 수 있다는 믿음은 그에게는 의지의 문제였고 통치 철학의 문제였다. 그리고 무엇보다 자기 정체성의 문제였다. 이런 점에서 보면, 하드리아누스의 통치 철학은 절대군주의 통치술이 아니라 세계와 우주의 질서를 살피며 성찰하는 철학자의 통치술에 가깝다.

죽음에 대한 성찰

> 눈을 크게 뜨고 죽음 속으로 들어가도록 노력하자……[64]

『하드리아누스』의 마지막을 장식하는 이 문장은 황제의 정치적·철학적 성찰의 결과를 요약하고 있다. 하드리아누스가 회상록을 쓰게 된 것도 병든 육체에 대한 깊은 회의감에서 비롯되었는데, 육체의 쇠락은 무엇보다 통일성의 파괴라는 형태로 제시된다. "내 육체는 나의 의지, 나의 정신, 어설프긴 해도 내가 나의 영혼이라 불러야 할 것과 하나가 되기를 멈췄다."[65] 이때까지 말 잘 듣는 도구였던 육체가 반항하는 노예가 된 것이다. 황제에게 삶의 위기는 육체와 의지, 정신과 영혼이 하나로 기능하지 않는다는 사실에서 비롯된다. 황제가 회상록을 쓸 결심을 하게 된 것도 병이 들어 더 이상 육체를 통제할 수 없게 된 것과 관계있다.

> 오늘 아침 처음으로 내 육체, 충실한 동반자이며 가장 확실한 친구이고, 내 영혼보다 내가 더 잘 알고 있던 이 육체가 주인을 잡아먹고 마는 음험한 괴물에 불과하다는 생각이 문득 들었다.[66]

자신에게 충실했던 육체가 '음험한 괴물'로 변한 이 상황을 노화에 따른 결과로만 보기는 어렵다. 그에게 육체는 자신이 직면하는 최초의 타자다. 육체에 대해 성찰하면서 그는 죽음에 대해 성찰하고 그 성찰은 자살에 대한 성찰로 이어진다. 그러나 현실 저 너머의 다른 세계를 이해하기 위해 자살에 대해 성찰하는 것은 아니다. 자살은 현재의 삶과 관련되어 있다. 『하드리아누스』에서는 스토아 철학자 에우프라테스의 자살, 인도 브라만 성직자의 자살, 애인이었던 안티노우스의 자살 등이 다루어진다. 철학자 에우프라테스가 자살을 허용해달라고 청하자 황제는 "사람은 어느 순간부터 자신의 삶이 유용하지 않은지를 결정할 권리가 있다."[67]라고 생각하며 자살을 허락한다. 자살은 자기 운명을 결정하는 지고의 행위이자 자신을 전적으로 소유했음을 선언하는 이성적 행위라는 것이다. 또 그는 인도의 브라만 승려가 분신자살하는 의례를 목격한 적도 있는데, 그 승려는 신을 만나는 데에 육체가 방해된다며 육체로부터 자유로워지기를 원했다는 것이다. 이처럼 하드리아누스는 자살을 유용한 행위라고 생각했다.

그러나 죽음을 앞두고 황제는 자살이 이성적 판단의 산물이 아니라 "허기나 사랑과 마찬가지로 맹목적인 열정의 산물"[68]에 불과하다는 사실을 깨닫는다. 삶은 "공허함, 척박함, 피로, 죽음의 욕망에 이르는 존재의 구토감에 대항하는 보잘것없는 싸움"[69]인데, 자살은 그 삶을 하루라도 빨리 끝내려는 조급한 행위일 뿐 자신의 이상을 실현하는 적극적이고 생산적인 활동이 아니라는 것이다. 그래서 브라만 승려의 자살을 처음에는 욕망과 쾌락, 죽음의 공포를 극복하는 방식으로 여겼지만, 곧 "거부에 도취된"[70] 행동이라고 평가절하한다. 자살은 자기 탐구에 나선 인간의 행위가 아니라 인간적인 것을 경멸하고 삶을 부정하는 행위로 여겨진다.

안티노우스의 자살은 브라만 승려의 자살과는 차원이 다르다. 안티노우스는 그리스 태생의 아름다운 소년으로 열두 살 무렵부터 하드리아누스의 사랑을 받았다. 그는 하드리아누스가 그리스에 대해 품고 있는 정신과 육체의 조화, 신화적이고 근원적인 아름다움을 표상하는 인물이다. 간단히 말하면, 그는 그리스와 로마의 이상을 조화롭게 구현한 인물로, 이 작품에서 각별한 위치를 차지한다. 실제로 유르스나르는 1924년부터 1926년에 걸쳐 '안티노우스'라는 제목으로 황제와 총애하는 애인의 이야기를 썼지만 출판사에서 거부하여 파기한 적이 있었다. 『하드리아누스』는 '안티노우스'를 토대로 완성한 것으로 알려져 있다.[71]

더 중요한 점은 안티노우스가 회상록의 진정한 수령인일 수 있다는 사실이다. 먼저 등장인물의 관계를 확인해보자. 유르스나르는 하드리아누스의 입을 빌려 회상록을 서술하며 이를 다다음 황제가 될 마르쿠스 아우렐리우스에게 남기는 형식을 취한다. 직접적인 서술의 주체는 황제 자신이며, 회상록의 수령자는 아우렐리우스다. 이것이 겉으로 드러난 층위다. 이 층위 때문에 특정 상황에서 어떻게 행동해야 하고 어떤 정신으로 살아야 하는가를 교훈적으로 설득력 있게 서술하는 교육적인 담론이 등장한다. 여기에서는 실천이 중요한 덕목으로 제시된다. 그런데 사랑했던 미동(美童) 안티노우스의 자살로 인해 황제의 삶은 결정적 전환점을 맞이한다. 그 죽음 덕분에 이 텍스트는 정치, 국가, 육체 등을 숙고한 교육론에서 벗어나 죽음을 성찰하는 철학적 차원을 지니게 된다. 그의 자살은 황제의 사유와 정책, 로마의 통치 이념에까지 영향을 끼친다. 심지어 후계자를 지목하는 것만큼이나 "유령과의 중단된 대화"[72]를 이어 나가는 게 중요하다고 강조하는 장면에 이르면, 자살한 안티노우스의 유령과 후계자는 거의 같은 위상을 차지하는 것처럼 보인다. 따라서 회상록의 공식적인 수령인은 아우렐리우스지만 숨어 있는 진정한 수령인은 안티노우스의 유령이었던 셈이다.[73]

안티노우스가 자살한 경위를 살펴보자. 하드리아누스가 이집트에서 기절하자 안티노우스는 황제의 건강을 무척 염려한다. 그러던 중 황제가 카시우스 산꼭대기로 희생 번제를 드리러 갔을 때 사제와 희생양이 번개에 맞아 동시에 죽는 일이 발생한다. 대사제는 이 희생 덕분에 황제의 생명이 연장되었다고 해석한다. 이를 계기로 안티노우스는 죽음이란 타인을 위한 '증여'라는 관점을 갖게 된다. 그는 황제를 위해 애지중지하던 매를 제물로 바치고, 이어 자신을 희생 제물로 바치기라도 하듯 자살을 선택한다. 안티노우스가 자신의 생명을 바쳐 황제에게 '불멸'을 선물하고자 했으므로 안티노우스의 자살은 "봉사의 마지막 형태, 최후의 증여"[74]이며 희생 의례라는 게 하드리아누스의 해석이다.

이 자살 때문에 하드리아누스는 자신이 안티노우스에게 영원히 묶이게 되었다고 생각한다. 그는 안티노우스가 자살할 정도로 불행했고 더 나아가 황제 자신을 위해 자살했다는 사실 때문에 깊은 죄책감을 느낀다. 그리고 이 즈음부터 죽음이 구원이 될 수 있는가를 질문한다. 자살이 반복되는 권태로부터 자신을 구원하는 방식으로 여겨지기도 하고, 만약 자살하여 사랑하는 사람을 다시 만날 수 있다면 자살을 마다할 이유가 없다고 생각하기도 한다. 그러면서도 안티노우스의 죽음에서 신랄함, 증오, 절망을 읽어낸다. 안티노우스는 하드리아누스를 여전히 절대적으로 사랑하지만, 황제는 성년이 된 그에게 싫증이 나서 다른 여자들을 소개해주는 등 그를 멀리했던 것이다. 안티노우스가 자살하지 않았다면 그들의 관계가 어떻게 되었을까 상상하면서 황제는 총애를 잃어버린 평범한 연인관계를 떠올린다. 쾌락을 열정적으로 탐닉하고 미래에 대해서는 무관심하던 안티노우스가 황제의 총애를 잃자 늙음을 두려워하게 되어 인생의 정점에서 자살했다고 황제는 생각한다.

자살과 관련하여 아리아노스가 올린 보고서를 읽고 하드리아누스는 안티노우스의 자살이 갖고 있는 영웅적인 측면을 더 잘 이해할 수 있었다.

> 용기와 영혼의 힘, 날렵한 육체와 결합한 정신적인 지식, 그리고 젊은 동료에 대한 그의 열렬한 사랑 때문에 아킬레우스는 이따금 제게 가

장 탁월한 인간처럼 여겨집니다. 제 관점에서 애인을 잃었을 때 그로 하여금 삶을 경멸하고 죽음을 욕망하게 만들었던 절망만큼 그를 위대하게 만든 것은 없었던 것 같습니다.[75]

아리아노스는 그리스의 명장 아킬레우스를 가장 위대한 인물로 제시한다. 그 이유로 애인인 파트로클로스가 헥토르에게 죽임을 당하자 아킬레우스가 죽음을 갈망할 정도로 절망에 빠졌다는 사실을 언급한다. "죽음을 욕망하게 만들었던 절망"이 위대함의 지표라는 것이다. 자살을 권유하는 이 보고서를 읽고 하드리아누스는 "유일한 애정은 후회와 초조함"[76]으로 드러나며, 자살은 사랑하는 사람을 잃고 삶을 경멸할 정도로 절망한 마음을 드러내는 방식이므로 긍정적인 가치를 지니고 있다고 생각한다.

아리아노스의 관점에 따르면, 한 인물의 가치는 묘비에 적힌 공식적인 직위나 행위로 드러나는 게 아니고, 삶에 대한 태도, 죽음과 맺는 관계를 통해 드러난다. 이 관점을 밀고 나가면, 안티노우스의 자살은 절망감의 표현이라는 차원을 넘어 자신의 삶에 주체적으로, 궁극적으로 개입하는 행위로 이해된다. 삶의 진실은 '숭고함'으로 드러나는데 자살은 삶을 '시'로 바꾸는 방법이기 때문이다.

그러나 아리아노스와는 달리 하드리아누스는 두 가지 이유에서 자살에 동의하지 않는다. 우선 그에게 삶의 진실은 숭고함에 있지 않다. 자살은 영혼을 선택하기 위해 육신을 버리는 행위이므로 균형을 추구하는 하드리아누스의 세계관과 어울리지 않았던 것이다. 신적인 세계에 다가가기 위해서 현실을 포기하는 것은 해결책이 아니며, 마찬가지로 육체의 쇠락이 두렵다고 육체를 부정해서는 안 된다. 그는 자살을 통해 죽음의 세계로 진입하기보다는 죽음을 최대한 경험하기를 원한다. 죽음은 삶을 구성하는 자연스러운 한 부분이므로 자살이 유혹적으로 느껴져도 자살의 가능성과 함께 살아야 한다.

마침내 나는 나의 치명적인 욕구를 그 욕구에 대한 방비책으로 삼기에 이르렀다. 불면증에 걸린 사람에게 진정제를 손 닿는 곳에 두는 것이 도움이 되듯, 자살할 수 있다는 무한한 가능성 덕분에 좀 더 인내심을 갖고 삶을 견딜 수 있었다.[77]

황제는 자살을 선택하는 대신 자살 가능성을 염두에 두고 '살아가는 것'을 선택한다. 그는 삶과 죽음이 더 이상 분리되지 않는다는 사실을 받아들인다. 더 나아가 죽음이 육체와 인생을 파괴하는 요인이 아니라 생의 마지막에 주어진 또 하나의 미지의 세계라고 생각한다. 이런 성찰을 통해 죽음은 자기 자신이 되기 위해 필연적으로 통과해야 하는 의례로 여겨진다. "(생애의) 곡선을 전적으로 단번에 다 포괄"[78]하기 위해 삶에 죽음까지 통합시키려고 한 것이다.

두 번째로 자살은 자기 자신에게만 관련된 개인적 사건이 아니라는 사실을 황제는 깨닫는다. 황제가 자살하려고 의사 욜라스에게 독약을 가져다달라고 하자, 의사는 생명을 존중하겠다는 히포크라테스 선서를 환기하며 자살한다. 자기 목숨을 끊으려고 했던 것이 의도와 달리 다른 사람에게 영향을 끼친다는 사실을 깨닫고서, 그는 "황제로서 자신의 직무를 끝까지 의식적으로 수행할 것을"[79] 결심한다. 인생에서 더 이상 배울 게 없다고 생각했었는데, 죽음으로부터 배울 게 남아 있음을 깨달은 것이다. 그 결과 지금까지 행복을 거리낌 없이 받아들이고 누렸듯이, 이제 죽음의 고통 또한 거부하지 말고 그 가치를 올바르게 평가할 수 있어야 한다고 생각한다. 죽음에 대한 생각이 바뀌면서 생을 바라보는 관점과 사랑에 대한 관점이 변한 것도 주목할 만하다.

하드리아누스는 두 가지 사랑을 구분한다. 하나는 사랑의 대상을 무수히 정복하는 유혹자로서 처신하는 것이다. 유혹자는 한 인물에게 싫증나면 사랑의 대상을 바꾼다. 유혹자가 추구하는 새로움은 대상만 바뀔 뿐 매번 반복되는 새로움이며 대상을 전적으로 인식하는 것도 소유하는 것도 아니어서 필연적으로 권태에 빠질 수밖에 없다. 이때 자살은 권태에 저항하는 방법으로 제시된다. 유혹자와는 달리 하드리아누스는 "낡아가는 것을 바라보고 싶은 욕망"[80]이라는 새로운 사랑법을 제시한다. 사랑의 기쁨은 새로움에서도 오지만 낡아감을 바라보는 데에서도 온다. 낡아감의 기쁨은 사랑의 대상을 바꾸지 않고 오랜 시간을 함께한다면 얼마든지 누릴 수 있다.

자살을 거부하고 삶의 관점에서 죽음을 바라보면서 하드리아누스는 삶을 끝까지 소유하는 것이야말로 자신을 '전적으로' 소유하는 것임을 깨닫는다. 이러한 과정을 통해 하드리아누스는 자기 정체성을 '동일성'의 관점에서 다음과 같이 정의한다.

> 나는 과거의 나와 같다. 나는 변하지 않고 죽는다.[81]

> 나에 대해 말하자면, 스무 살의 나는 현재의 나와 거의 같았다.[82]

현대 자서전 작가들은 자신이 다른 사람과 어떻게 다른지를 밝히는 차이 정체성을 추구하기 때문에 동일성의 욕망을 자서전에서 확인하는 것은 흔치 않다. 엘렌 자코마르르가 지적하듯이, 유르스나르의 자서전에서는 자기변호의 욕망이나 자기 발견의 욕망을 찾을 수 없는데, 이 또한 유르스나르의 인물이 자기 동일성의 인물이라는 사실을 암시한다.[83] 그러나 '변하지 않고 죽는다'라는 표현 때문에 하드리아누스의 삶을 고착된 것으로 이해해서는 안 된다. 차라리 이렌 모이요가 융의 관점을 빌려 말한 것처럼 하드리아누스의 자기 동일성은 "개별화 과정"을 성취한 것이라고 해석하는 게 좋을 듯하다.[84] '개별화 과정'이란 한 인간이 자신의 모든 가능성을 실현하고 통합해가는 발달 과정이며, 사회생활을 하는 데 필요한 페르소

나를 벗어던지고 본래의 자신, 즉 "온전한 인간"이 되기 위한 과정이다.[85]

'개별화 과정'은 하드리아누스가 안티노우스의 자살 이후 강하게 느끼던 죽음의 욕망을 극복하는 과정과 밀접하게 연결되어 있다. 그는 자신의 의지를 죽음을 부여하는 데 사용하지 않고 삶을 끝까지 살아내고 내적 조화에 도달하겠다고 결심한다. 그 이상은 마지막 장의 '인내'라는 제목으로 형상화되어 있다. 안-이본 쥘리앵에 따르면, "인내라는 단어를 시간의 법칙에 복종하는 한 형식으로 읽을 수 있다."[86] 인생을 인내라는 관점에서 바라봄으로써 하드리아누스는 자살의 강박관념에서 벗어나 시간을 믿기에 이른다. 시간은 파괴적인 힘이 아니며 인간을 건설하는 힘이라는 것이다. 그리하여 황제는 "나는 죽기 전에 나 자신을 다시 소유한다."[87]라고 선언한다. 죽음에 대한 성찰을 통해 자기 인식의 길로 들어서게 된 것이다.

자살을 포기한 후 황제가 후계자를 지명한 것도 '동일성'의 관점에서 이해할 수 있다. 황제가 되고자 한 것이 로마의 지속성을 확보하려는 노력의 일환이었듯이, 그에게는 혈연에 의한 자기 지속성보다 로마적 가치를 유지하는 게 더 중요하기 때문에 안토니우스를 양자로 지명하고 또 마르쿠스 아우렐리우스를 다다음 황제로 지명함으로써 로마의 지속성을 꾀한다. 마지막 순간까지 후계자 지명을 미룸으로써 로마를 혼란에 빠뜨릴 뻔했던 트라야누스와 같은 오류를 반복하지 않은 것이다. 청년기부터 품어왔던 이념을 노년에 이르러 완수함으로써 그는 '자기 동일성'을 성취한 셈이며, 그렇게 해서 트라야누스와는 구별되는 자기만의 개별화를 확보한다. 그러려면 그의 마지막 문장, '눈을 크게 뜨고'가 암시하듯, 편견을 버리고 생을 직시해야 한다.

나는 인간이기 때문에 신이다

하드리아누스에게 인생의 목표는 '자기 자신이 되는 것'으로 요약된다. 그 목표를 어떻게 실현할 수 있을까? '자기실현'을 의식적 인간과 무의식적 인간이 통합되는 전체성의 실현으로 이해한다면,[88] 로마의 '신격화'야말로 이런 이상이 실현된 예라고 할 수 있다. 신격화는 자신이 도달할 수 있는 이상적 자아상과 관련 있다. 하드리아누스에게 신격화는 "신적인 것을 위해 인간적인 것을 희생하는 게 아니라 인간 안에서 신적인 것의 의미를 촉진하는 것"[89]으로 이해된다. 방점은 초월적인 것과 세속적인 것을 아우르는 '인간'에 찍힌다. 하드리아누스는 황제가 된 다음, "나는 내 차이를 헤아려 보고 있었다. 나는 좀 더 조용한 목적을 향해 준비하고 있었다. 나는 올림포스의 지엄한 권위를 꿈꾸기 시작했다."[90]라고 말한다. '조용한 목적'이란 전임 황제 트라야누스가 정복을 통해 로마의 권위를 확보한 데 반해 자신은 다른 방식으로 통치하겠다고 선언한 것과 다름없다. 다시 말해 그는 전임 황제와의 차이로 자신을 차별화한다. 더 중요한 사실은 그렇게 확보한 권위가 '올림포스의 권위', 즉 신들의 권위라는 사실이다. 그가 지향하는 인간형은 '신적인 차원으로 승화된 인간'이다.

사실 인간의 신성(神性)을 질문하는 것은 로마인들에게 낯설지 않다. 위대한 인물이 죽으면 로마에서는 그에게 신성을 부여한다. 로마인들은 신성이 부여된 인간을 인간이 도달할 수 있는 최고의 경지로 생각한다. 신이 되기 위해서는 인간의 삶을 충실히 살아야 한다. 이와 같은 점에서 하드리아누스의 종교관을 확인하는 것도 의미가 있다.

> 우리의 종교가 모호하지만 존중할 만하고, 비타협성이나 잔인한 의례와는 완전히 분리되어 있어서 우리를 신비로운 방식으로 인간과 대지의 가장 고풍스런 꿈에 연결시키면서도, 우리로 하여금 사실을 가장 세속적으로 설명하고 인간 행위에 대해 합리적 관점을 갖도록 허용한다는 사실에 나는 기뻤다.[91]

로마의 종교는 구원이나 내세를 위한 것이 아니다. 로마의 종교는 '인간 행위에 대해 합리적 관점'을 갖기 위한 방법이어서 신보다는 인간이 더 중요하다. 인간이 도달해야 할 최고의 지점은 신격화된 인간이지만, 신성을 획득하려면 인간이 자기 가능성을 전적으로 발휘하는 것으로 충분하다. 예술도 '인간적인 것'의 가능성을 탐구할 때 의미가 있다.

> 그러나 우리의 예술(나는 그리스인들의 예술을 지칭하고자 한다.)은 인간에 집착하고자 했다. 우리만이 움직이지 않는 육체 속에서 잠재된 힘과 민첩함을 드러낼 줄 알았다. 우리만이 매끈한 이마로 현명한 사상이 드러나는 등가물을 만들었다. 나도 우리 조각가들과 마찬가지다. 인간적인 것이 나를 만족시킨다. 인간적인 것에서 나는 모든 것을 발견한다. 영원성까지.[92]

그의 인간중심주의는 로마식이라기보다는 그리스식이다. 이런 특징은 초상화에 대한 서술에서 잘 드러난다. 하드리아누스에 따르면, 로마의 초상화는 개개의 인간을 보여주기 때문에 연대기적인 가치밖에 없지만, 그리스의 초상화는 도달해야 할 인간성을 탁월하게 드러낸다. 그가 특히 높이 평가한 것은 그리스의 초상화가 "인간의 변모하는 얼굴에는 거의 신경 쓰지 않고 인간의 완벽성을 좋아했다."[93]는 점이다.

> 간단히 말해 나는 인간이기 때문에 신이었다. 나중에 그리스가 나에게 부여했던 신의 칭호는 내가 스스로 오래전에 확인했던 사실을 공표한 것에 지나지 않았다.[94]

'나는 인간이기 때문에 신이었다'라는 구절에서 볼 수 있듯이, 절대 권력을 지닌 황제가 자신을 신으로 느끼는 것은 당연할지 모른다. 그러나 그는 신격의 속성은 인간이라는 사실을 강조한다. 신이 하드리아누스에게 부여한 것은 권력이 아니다. 신은 그에게 "영원한 모델에 일치하도록 자신을 그려내야 하는 의무"[95]를 부여한다. 그는 완벽한 '인간'이 되어야 하는 의무를 인지하고 스스로 인간으로서 최고의 지점에 도달했다고 서술한다.[96] 그는 인간적인 것을 추구함으로써 신성에 닿았던 것이다.

자기 자신의 주인이 되어라

마지막으로 정체성의 관점에서 이름을 노출하는 방식에 주목하고자 한다. 이름의 문제는 자서전 장르와 밀접하게 연결된 문제이기도 하고 자기 정당성을 부여하는 방식이기도 하다. 안티노우스가 자살한 후, 하드리아누스는 멤농의 석상을 보러 테베에 갔다가 죽음이 시간에 굴복한다는 사실을 깨닫고 석상에 이름을 새긴다.

> 자기가 세운 기념 건조물에 자기 호칭과 직함들을 새기기를 용납하지 않았던 황제가 단검을 빼어 들고 단단한 바위를 긁어 사람들이 친밀하게 줄여 부르는 자신의 이름 'AΔPIANO'를 그리스 문자로 새겼다. 그것은 또한 시간에 저항하는 것이기도 했다. 하나의 이름, 아무도 그 수많은 요소들을 헤아릴 수 없을 삶의 총체이자, 이 연속되는 세기들 속에서 길을 잃은 한 사람이 남기는 하나의 흔적.[97]

이름은 단순한 몇 글자가 아니다. 이름은 '삶의 총체'이며 자신이 남길 수 있는 유일한 '흔적'이다. 로마의 황제이지만 그는 그리스어로 이름을 새긴다. 이름을 남기는 행위에서도 그리스와 로마 문명의 전달자, 두 문화의 접촉을 실현한 인물로 남고자 했음을 알 수 있다. 이름을 새긴 것과 회상록을 써서 삶을 기록하고 기억을 남긴 것은 같은 유형의 행위다. 그는 죽음을 극복하는 방식으로 글쓰기를 선택한 것이다.

바위에 이름을 새기는 것은 육체는 사라져도 이름만은 후대에까지 살아남으리라는 것, 즉 '지속성'의 환상이 하드리아누스를 사로잡고 있었음을 알려준다. 예를 들어, 하드리아누스는 자신이 다양한 영향을 받았지만 영구히 지배받은 적도 없고 또 영향력을 상실했던 사람도 곧 영향력을 회복하여 자신을 지배하기 일쑤였다고 고백한다. 지금은 로마 전역에 동상이 세워지고 동전에 초상화가 새겨지지만, 그는 이런 경험 덕분에 자신이 곧 잊히리라는 것을 너무나 잘 알고 있었다. 자신을 응시할수록 평범한 사람들의 결점들, 무지나 탐욕, 불안감 등을 자신에게서도 확인하게 되니 자신이 영원히 살 수 있으리라는 것은 헛된 망상에 불과할지도 모른다고 그는 생각했다.

> 나도 알고 있다. 적어도 가끔은 나는 그들과 같다. 또는 나도 그들과 같을 수 있었을 것이다. 타인과 나 사이에서 내가 깨닫게 되는 차이들은 너무나 하찮아서 생의 마지막 계산서에서 그 차이들을 꼽아보지도 못할 것이다. 그래서 나는 내 태도가 철학자의 냉담한 우월성이나 황제의 교만에서 멀어지도록 노력한다.[98]

'나'와 타인이 구별되지 않을 정도로 유사하다면, 하드리아누스라는 이름이 영원히 지속되리라는 보장 또한 어디에도 없다. 그렇다면 어떻게 자신의 지속성을 보장할 수 있을까?

'이름'으로 제시되는 지속성의 주제는 하드리아누스에게 '질서'라는 주제로 구체화된다. 질서는 어떻게 얻어지는가? 노련한 정치가답게 그는 절대적 진실 또는 절대적 정의는 없다는 사실부터 확인한다. 예를 들면 근동 지역에서 그리스인들과 유대인들은 이해관계가 상충되어 항상 갈등이 심했다. 하드리아누스는 그들의 이해관계를 조정하면서 그리스인들에게는 그들이 항상 가장 현명한 존재는 아니라는 사실을 깨닫게 하고, 유대인들에게는 그들이 가장 순수한 존재는 아니라는 사실을 증명하려고 노력한다. 이들은 로마 내부에 있는 여러 종족 중 하나일 뿐 유일한 종족이 아닌 것이다. 이들이 평화롭지 않으면 국경의 질서가 위태로워지므로 황제는 두 민족이 일시적이나마 평화를 유지하도록 노력한다. 그 평화가 일시적인 타협책에 불과하다고 낙담할 일이 아니다. 질서란 일시적인 것이 영원한 것이 되도록 노력할 때 얻어지기 때문이다.

> 증오와 어리석음, 정신착란도 지속적인 결과를 갖고 있는데, 통찰력과 정의와 환대가 지속적인 결과를 갖지 못할 이유가 없다.[99]

모호하고 불안정하고 일시적인 것에 굳건하고 안정적인 지속성을 부여하는 것, 그것이 하드리아누스가 받아들인 로마적 지혜이며 그의 통치 철학이다. 그것을 '질서'라고 했을 때 왜 하드리아누스가 전쟁보다 다양한 건축물을 축조하는 데 온 힘을 쏟았는지 이해할 수 있다. 질서는 다양성과 통일성을 효과적으로 설명해준다. 질서는 다양성이 조화로운 신성을 획득할 때 얻어진다. 질서가 정치에서 발휘될 때에는 정복보다는 타협을 통해 국경을 확정하려는 시도로 드러나고, 도시를 건설하고 건물을 지을 때에는 인간의 흔적을 새김으로써 자연을 영원히 변화시키는 행위로 드러난다. 그래서 도시를 건설하기 위해서는 국가나 사회와 협조하고 한 개인이나 민족이 현재의 의지와 과거의 기억과 미래의 꿈을 동원해야 한다. "돌들은 하나하나가 의지, 기억, 가끔은 도전을 이상하게 응결시킨 것이었다. 개개의 건물들은 어떤 꿈의 계획이었다."[100] 예를 들면, 하드리아누스는 공중목욕탕이 파괴되자 그 폐허에 팡테옹을 짓도록 한다. 잔해물로 가득한 폐허에 건물을 지어 질서정연한 공간을 만들되 그 공간에 모든 신들이 거주하는 팡테옹을 지은 것이다. 건축은 폐허에 질서를 부여하는 것이기 때문에 시간의 모든 단계와 관계를 맺는 전적인 행위가 된다고 그는 생각한다.

하드리아누스의 통치 또한 건축과 마찬가지로 질서를 부여하는 것을 목표로 한다. 건축이 지속성을 담보하듯, 그의 통치 또한 시간을 초월해 지속되는 토대를 만들어내야 한다. 지속성의 욕구는 정치에 한정되지 않는다. 지속성은 그의 인격이나 정체성에도 동일한 효과를 만들어내야 한다. 건축과 통치, 인격이 모두 통일성을 추구할 때, 하드리아누스가 추구했던 삶의 지혜가 절대성을 추구하는 데에 있지 않고 '상대성의 용인'에 놓여 있음이 드러난다. 그가 추구하는 영원성이 인간의 전적인 참여를 통해 얻어진다면, 이 또한 유르스나르가 추구했던 인간적인 것의 전적인 용인이라는 차원과 다르지 않다.

이처럼 하드리아누스에게는 권력을 포함해서 모든 것이 자신을 실현하는 방법이었다. 그러나 그가 처음부터 하나의 고정된 길을 걸어간 것은 아니었다. 처음에는 탈경계를 통해 자기 밖의 타자를 만나고자 한다. 그러나 안티노우스의 자살을 통해 타자를 자기 삶에 완벽하게 통합하는 것은 불가능하다는 사실을 알게 된다. 황제는 생의 마지막에 자기 육체가 자신을 배반하는 것을 보고, 자기 자신이 이미 자신의 타자임을 발견한다. 그 결과 자기 탐색의 필요성을 깨닫고 회상록을 기술한다. 글을 쓰면서 황제는 자아를 정확하게 정의하고 지속성을 부여하는 것이 자기 삶의 목표였음을 깨닫는다. 지속성을 부여하려는 욕망은 그의 삶이 다양성과 통일성의 긴장관계를 극복하려는 노력으로 이루어졌음을 의미한다. 아무리 신적인 것을 지향한다고 해도 지상에서의 삶은 타자와의 대면으로 이루어지기 때문에 그들을 자기 삶에 끌어들이고 그들 하나하나를 모자이크처럼 나를 구성하는 요소로 받아들이는 것, 그것이 하드리아누스가 꿈꾼 자기에 대한 배려일 것이다. 그에게 타자에 대한 개방성과 나의 인식은 모순되지 않는다. 타인의 삶을 통해 자신을 확장하는 것, 이것이 유르스나르가 자신을 이해하기 위해 하드리아누스 황제의 삶을 기술한 이유이기도 하다.

간단히 요약하면, 현대 소설가가 쓴 2세기 로마 황제의 전기이자 황제의 자서전인 『하드리아누스』는 새로운 통치 철학으로 무장한 황제가 권력을 획득하는 과정과 로마의 체제를 정비하는 과정을 흥미롭게 서술한다. 그렇다고 해서 유르스나르가 하드리아누스 황제의 정치적 업적만 강조하는 것은 아니다. 작가는 황제가 겪은 상실의 체험과 죽음에 대한 성찰에 민감하게 반응한다. 그렇게 해서 수십 년에 걸쳐 방대한 자료를 섭렵하며 쌓아온 역사가의 객관적 관점을 견지하면서도 허구와 사실을 적절히 배분하여 작가의 창조력을 발휘하면서 『하드리아누스』를 완성한다.

유르스나르가 상상한 하드리아누스는 어떤 인물이었을까? 하드리아누스는 세계의 주인이 되기를 꿈꿨지만 세계의 정복자가 되기는 원치 않았다. 그랬더라면 그는 전임 황제의 아류에 불과했을 것이다. 그에게 권력은 자신이 원하는 질서를 구현하는 방법이었고, 세계의 주인이 되려면 먼저 '자기 자신의 주인'이 되어야 한다고 생각했다. 그리고 질서를 구축하려면 통일성을 추구하되 다양성을 인정해야 한다고 믿었다. 그는 로마의 현실주의적 특성, 그리스의 철학과 예술, 이집트의 죽음의 신들과 부활의 신화, 심지어 야만인들의 풍습과 그곳의 거친 기후까지 좋아했다. 이런 다양성 때문에 황제의 정체성을 단일하게 서술할 수는 없지만, 이 대립적인 것들이 모여 역동적인 하드리아누스를 만들어낸다. 그리고 그 역동성 덕분에 자유는 진정한 예속성과 연결되고, 영토의 차원에서 경계를 넘어서는 것은 국경을 안정시키는 정책과 대립되지 않는다. 현실주의자인 로마인의 모습과 사변적인 그리스적 특성도 그에게 이르면 조화를 이룬다. 그는 복수형으로 존재하는 자아를 자기 것으로 만들기 위해 하나하나를 스스로 체험하고자 한다. 자살을 포기하고 삶을 끝까지 살아내기로 결심한 것도 죽음에 직면한 자아를 관찰하고 관찰의 결과를 후세에 남기고자 했기 때문이다. 그에게는 현실을 뛰어넘으려는 초월적인 욕망은 없었다. 단지 죽음까지도 삶의 일부분으로 받아들이고 삶을 직시하려고 했을 뿐이다. 그리고 그것이 그에게는 자기실현의 방식이었다.

이런 점에서 보면, 하드리아누스 황제는 유르스나르가 도달해야 할 이상적 자아다. 여성 작가로서 도달해야 할 자아가 여성이 아니라는 것은 전혀 문제가 되지 않는다. 유르스나르에게 '여성/남성'이라는 젠더의 문제는 중요하지 않다. 그녀에게는 '인간'이 중요하다. 유르스나르는 인간으로서 발언하며, 인간의 것이라면 과격함, 심지어 과도함도 얼마든지 허용한다. 중요한 것은 두 눈을 크게 뜨고 인생을 살아냄으로써, 기만과 무지의 원인인 맹목에서 벗어나는 것이기 때문이다.

장르의 관점에서 보아도 『하드리아누스』는 자서전이면서 소설이고, 타자에 대해 글을 쓰면서 자기 자신을 드러내는 독특한 작품이다. 타자의 삶을 기술하는 전기의 형식을 빌린 자서전이라는 점에서 이 작품은 타자에 대한 글쓰기가 자기에 대한 글쓰기로 전환될 수 있는 가능성을 열어 보인다. 이와 같은 관점에서 보면, 전기는 자서전 장르 이전에 존재했던 자서전의 타자, 자서전의 환영이다. 유르스나르가 자기 삶을 서술할 수 있는 가능성을 타자의 자서전, 즉 전기에서 발견한 이유를 이제 이해할 수 있다. 전기는 자서전의 유령이었던 것이다.

Roland Barthes

롤랑 바르트

『애도일기』

어머니의 죽음

롤랑 바르트(1915-1980)의 어머니는 여든넷의 나이로 1977년 10월 25일에 세상을 떠났다. 바르트는 그다음 날부터 일기를 쓰면서 『애도일기』라는 제목을 붙였는데, 일기는 크게 세 부분으로 나뉜다. 1부는 온실 사진을 발견한 1978년 6월 21일까지이며, 2부는 어머니 기일인 1978년 10월 25일, 3부는 1979년 9월 15일에 끝난다. 이 일기를 그는 공책에 쓰지 않고 종이를 사 등분해서 책상에 놓아둔 메모지에 썼다. 일기라고 해서 하루의 삶을 꼼꼼하게 기술한 것은 아니다. 그는 자신이 느끼는 슬픔과 어머니에 대한 기억을 떠오르는 대로 기술한다. 『애도일기』는 메모지라고 하는 물질적 제약 때문에 처음부터 질서정연한 이야기 형식은 불가능하고 파편화될 수밖에 없었다. 일기에는 대부분 날짜가 적혀 있지만 날짜가 없는 것도 있고, 하루에 아홉 개를 쓸 정도로 어머니에 대한 그리움을 강하게 느끼기도 한다. 시간이 지나면서 조금씩 일기를 쓴 날짜 간격이 벌어지는데, 그렇다고 해서 어머니에 대한 슬픔의 강도가 줄어든 것은 아니다. 오히려 슬픔은 영원하고 고착된 것처럼 여겨진다.

어머니의 죽음으로 바르트의 생애는 큰 변화를 겪는다. 그의 지적 여정은 크게 세 단계로 나뉜다. 첫 번째 단계에서는 구조주의에 입각하여 이론적 성찰에 집중했다면, 두 번째 단계는 텍스트와 자아, 사랑 등에 대해 성찰하며 유희의 즐거움을 누렸던 시기다. 세 번째 단계에서는 어머니의 죽음을 경험하면서 죽음에 대해 성찰한다.

어머니 생전에도 바르트는 어머니를 잃을지 모른다는 불안에 시달릴 정도로 어머니와 강하게 연결되어 있었다.[1] 그런 불안 때문에 유년기부터 그의 감수성은 유달리 발달한 것으로 보인다. '사랑의 요구'[2]라는 제목이 붙은 한 사진에는 다 큰 아들이 어머니에게 매달려 있고, 어머니가 늦게 돌아오는 날에는 버스정류장에 나가 기다릴 정도였다. 또 어머니의 전화를 받지 못할까 봐 다른 전화가 오는 것을 귀찮아하기도 한다. 그는 어머니의 부재를 두려워하며 그로 인해 사랑의 고뇌를 느낀다.[3]

바르트는 사랑이 '상실한 것'과 관련되어 있다고 느끼는데, 어머니의 죽음 이후 바르트는 슬픔을 "목 안이 꽉 막힌 느낌"[4]으로, 즉 육체적으로 지각한다. 『애도일기』는 잃어버린 어머니에 대한 사랑을 서술하면서, 자기 사랑의 근원인 어머니를 향해 나아가는 과정을 담고 있다. 다시 말하면 자기 사랑의 근원을 서술하기 위해 어머니의 근원에 닿기를 원한다. 근원에 대한 탐색은 쉽게 이루어지지 않는다. 바르트는 처음에는 왜 근원을 탐색해야 하는지 이해하지 못한 채 다른 사람들처럼 슬픔을 억누르고 질서를 회복하려고 노력한다. 그는 차를 끓이거나 편지를 쓰고 집안을 정리하는 등, 일상을 회복하려고 애쓴다. 자기 때문에 다른 사람들이 우울하지 않도록 의지적으로 슬픔을 통제하여 "딱딱하게 굳어버린 슬픔"[5]으로 만들려고 노력한다. 어머니 없는 혼자의 삶에 익숙해지고 일상을 회복함으로써 "부재의 현전"[6]에 익숙해지는 것, 그에게는 그것이 애도다. 바르트의 표현을 빌리면, 애도란 "삶의 의미가 도래하기를 엿보고 기다리며 *긴장 상태에* 빠져 있는", "고통스런 대기 상태"[7]이다. 그러나 애도는 완벽하게 실현되지 않고 불편한 상태가 지속될 뿐이어서 방심이라도 하면 그가 "여성적 감수성"[8]이라고 부른 격렬한 슬픔에 산발적으로 휩싸인다.

격렬한 슬픔은 그가 꾼 악몽에서 잘 드러난다. 어머니가 이미 죽었음에도 불구하고 그는 어머니가 병들어 괴로워하는 꿈을 꾸고 공포심을 느낀다. 그리고 위니코트를 인용하며 자신이 느낀 공포심을 "이미 일어난 일에 대한 두려움"[9]이라고 정의한다. 꿈속에서 살아생전에 어머니가 병으로 괴로워하는 모습을 보고 느꼈던 공포심을 다시 느끼는 것이다. 이런 공포심은 어머니가 돌아가실까 봐 두려워하는 악몽 속에서 반복된다. 그는 '이미 일어난 일에 대한 두려움'이라는 위니코트의 표현을 다시 인용하고 마치 이 표현으로는 자신이 느낀 절망감을 제대로 드러내지 못했다는 듯이 "돌이킬 수 없는 일에 대한 두려움"[10]이라는 표현을 덧붙인다. 바르트가 느낀 두려움은 상실이나 죽음으로 인한 두려움과는 완전히 다르다. 일반적으로 우리는 욕망의 대상을 상실할까 봐 두려워하는데 바르트는 이미 상실한 대상을 또 상실할까 봐 두려워한다.

또 다른 일기에서는 "내 죽음을 상상하면, 일찍 사라진다는 불안감에 어머니에게 *견딜 수 없는* 고통을 준다는 불안감이 겹쳐진다."[11]라고 기술한다. 그는 어머니를 잃은 슬픔 때문에 죽고 싶을 정도로 괴로워하면서도 자신이 일찍 죽으면 어머니가 슬퍼하지 않을까 두려워한다. 그는 마치 어머니가 돌아가시지 않은 것처럼 행동한다. 사망 일주기가 다가오자 그는 상실한 것을 다시 상실할 것 같은 두려움을 다시 강하게 느낀다. 그는 자신이 느끼는 슬픔을 "그 무엇으로도 대체할 수 없고 상징화할 수 없는 순수한 비애"[12]라고 규정한다. 애도가 가능하려면 상실한 대상을 뭔가 다른 것으로 대체하고 상징화해야 하는데, 그가 느끼는 슬픔은 대체물도 없고 상징화도 불가능해서 애초부터 애도가 불가능하다. 이처럼 바르트는 어머니의 죽음을 '절대적 결핍'으로 느끼기 때문에, 어머니가 돌아가셨다는 사실 자체를 부정한다. 이런 사실을 감안하면 그가 어머니를 얼마나 사랑했는지 짐작할 수 있다. 그의 사랑은 이미 상실한 사랑의 대상을 다시 상실할 것을 두려워하는, 절대적 사랑이다.

'상실'은 바르트의 용어 중에서 '페이딩(fading)'이라는 용어와 가장 잘 어울린다. 페이딩은 '연인이 모든 접촉에서 물러나는 고통스런 시련'으로 정의되는데, 사랑하는 사람이 왜 자신을 피하는지 알 수 없고, 그렇다고 그 연인에게 새로운 애인이 생겨서 나를 버린 것도 아니어서 '나'는 영문도 모른 채 기다릴 수밖에 없는 상황에 놓인다. 페이딩은 연인이 나에게 보여주는 "수수께끼 같은 무관심"[13]을 가리킨다. 이 용어를 통해 어머니는 이미 죽어 자신에게 무관심할 수밖에 없는데도, 어머니를 떠나보내지 못하고 무한정 어머니의 사랑을 기다리는 바르트의 상실감을 짐작할 수 있다.

어머니 사후 그가 했던 여행을 살펴보면 어머니의 죽음이 그에게 어떤 영향을 끼쳤는지 이해할 수 있다. 어머니가 살아 있을 때 여행은 어머니의 공간을 벗어나 자유를 만끽하는 계기였지만, 어머니가 죽은 후에는 여행 때문에 어머니의 공간에서 멀어진다고 생각하고 여행을 즐기지 못한다. 자신을 기다리는 사람이 없을 거라는 사실을 뻔히 알면서도 그는 집에 돌아가고 싶어 한다. 어머니와 함께 살던 집은 "가사(家事)의 경험으로 인격화"[14]된 어머니 자신으로 여겨지기 때문에, 어머니가 없다는 사실이 환기되면서 여행지는 더더욱 낯설게 여겨진다.

어머니의 상실은 어머니에 대한 집착이라는 결과를 만들어내지만, 그것으로 그치지 않는다. 어머니를 상실하면서 바르트는 자기 자신마저 상실한다. 예를 들면 어머니는 집을 "따뜻하고 편안하고 밝고 깨끗하게" 만드는 사람이었는데, 어머니가 하던 집 정리를 바르트 스스로 하는 것은 어머니의 역할을 떠맡는 것이고, 혼자만의 삶에 익숙해지는 방식이라는 점에서 어머니를 떠나보내는 애도의 행위라고 할 수 있다. 그러나 집을 정리해도 그는 어머니를 떠나보내지 못한다. 왜냐하면 집을 정리함으로써, 그는 "나 자신의 어머니"가 되기 때문이다. "이제부터 그리고 앞으로도 변함없이" 그는 "나 자신의 어머니인 것이다."[15] 어머니의 죽음으로 어머니는 오히려 더욱 강렬하게 체감되고 바르트 자신은 소멸된다.

어머니가 돌아가신 후, 바르트는 일상적인 삶에 대해 무관심해지고 삶의 의미조차 잃어버린다.[16] 그래서 사람들과 대화하는 것도 피하게 되고 위로의 말도 귀찮게 여겨진다. 그러나 그럴수록 어머니에 대한 애착은 강화되고 "슬픔이라는 구멍" 속에 갇힌 듯한 느낌을 받는다.

> 그런데 그런 무관심이 조금씩 커지면서 나에게는 생생하게 남아 있는 *마망*에 대한 향수도 커진다. 결국 나는 슬픔이라는 구멍 속으로 굴러 떨어진다.[17]

바르트는 슬픔에 '구멍'이라는 형태를 부여하고 그것을 "죽음의 영역"[18]이라고 정의한다. 그는 육십이 넘어도 어머니를 '엄마(마망)'라고 부른다. 마치 철없는 아이가 어머니의 죽음을 제대로 이해하지 못하듯, 그는 엄마로부터 버림받았다고 느끼고 죽고 싶을 정도로 슬픔에 빠져든다. 그 슬픔 때문에 삶은 죽음이 된다. 죽음에 대한 욕구는 '목에 매달린 돌덩어리'라는 이미지로 드러난다.

> 슬픔은 돌과 같으니…
> (내 목에,
> 내 마음 깊은 곳에)[19]

슬픔이라는 돌덩어리는 목에만 매달린 게 아니다. 슬픔은 마음속 깊은 곳에 은밀히 뿌리내리고 죽음의 강박관념은 그를 사로잡는다. 어머니가 죽고 없는 지금 그는 "나도 죽음에 몰려 있다."[20]라고 생각하며, "마치 [자신이] 죽은 듯이"[21] 느끼고 "나 또한 *영원히 그리고 완전히* 죽게 되리라."[22]라고 확신한다. "마망을 다시 만날 수 있다는 게 확실하다면, 당장이라도 죽고 싶어요."[23]라는 프루스트의 말을 인용한 데에서도 알 수 있듯이, 죽고 싶은 욕망은 어머니를 다시 만나고 싶은 욕망과 다르지 않다. 어머니가 세상을 떠난 지 9개월이 다 된 시점에도 그는 '당장이라도' 죽고 싶을 만큼 어머니를 여읜 슬픔을 심각하게 느끼고 있다.

어머니의 죽음 이후 바르트에게 허용된 것은 상실을 기억하는 것뿐이다. 그는 어머니를 여읜 조르주 드 로리스에게 프루스트가 보낸 편지를 기억한다. 프루스트는 "뭔가 산산조각 난 듯한 느낌을 항상 간직하게 될 것"이며, "그나마 낙이라면 (어머니를) 여전히 사랑하며 결코 위로받지 못하리라는 것을, 날이 갈수록 더 많이 기억하게 되리라는 것을 알게 되는 것"[24]이라고 쓴다. 바르트는 이것을 다른 말로, "마망을 대신하려는 것처럼 여겨지는 것들을 (…) 나는 견딜 수가 없다."[25]라고 한다. 어머니를 여읜 후에 바르트는 새로운 관계를 맺지 못하고, 돌아가신 어머니를 일깨우는 여러 자질구레한 것들에 민감하게 반응하며, "자기 비하의 시기"[26]를 겪는다. 심지어 죽은 자를 잊어야 한다는 사실에 반감을 보인다.

이처럼 어머니의 죽음 때문에 바르트는 우울증에 빠진다. 그는 "나의 슬픔으로 즉시 정화된 것은 아무것도 없다. 이와는 반대로 나의 슬픔은 약화되지 않는다."[27]라고 말한다. 슬픔을 느끼는 '감수성'은 줄어들 수 있지만 슬픔은 시간의 영향을 받지 않아서 줄어들지도 않고 소멸하지도 않는다.[28] 일기의 제목에 '애도'라는 용어를 사용하면서도, 그가 '슬픔'이라는 용어를 선호하는 이유가 여기에 있다. 상실한 대상을 애도하려면 슬픔을 극복해야 하지만, 바르트의 '슬픔'은 '본질적이고 내밀한' 경험이어서 그는 슬픔을 붙들고 내려놓지 않는다.

왜 바르트는 슬픔에서 벗어날 수 없을까? 우선 바르트 자신이 어머니의 죽음을 충분히 슬퍼하지 않는다고 생각한다. 이 생각은 어머니가 아들을 비난하는 악몽의 형태로 드러난다. 그는 어느 날, "내가 그녀를 아주 사랑하는 건 아니라고 그녀가 나에게 말"[29]하는 꿈을 꾼다. 바르트는 어머니를 사랑한다고 하면서 그 말을 부정하고 스스로 정당화하지만, 무의식 속에서는 자신이 충분히 슬퍼하지 않는다고 자책하고 있음을 알 수 있다. 또 하나는 외로움의 예를 통해 쉽게 이해할 수 있다. 바르트는 "나는 외롭고 싶지 않지만 외로움이 필요하다."[30]라고 말한다. 한쪽에는 이성적으로 치유되고 싶고 사랑하고 싶은 욕망이 있고 다른 한쪽에는 슬픔을 느끼고 죄의식을 강화하는 우울증의 증상이 있다. 사랑하는 사람을 상실하면 외로움을 느끼는 게 당연하다. 그러나 바르트의 외로움은 어머니로부터 버림받았다는 느낌에서 비롯된다. 그는 자신을 "버림받은 상태에 놓인 보잘것없는 사람"[31]으로 규정한다. 자기 정체성을 이런 식으로 규정하는 사람은 '내가 버림받은 이유는 무엇일까?'를 질문하고 이어 '나는 무엇을 잘못한 것일까?'를 질문할 수밖에 없다. 상실감은 죄의식으로 이어지는 것이다.

부재의 고통과 사랑

바르트가 어머니 생전에 출간한 마지막 텍스트는 『사랑의 단상』(1977)이고, 『애도일기』는 어머니가 돌아가신 직후부터 쓰였기 때문에 어머니의 죽음으로 촉발된 글쓰기다. 『사랑의 단상』과 『애도일기』는 어머니의 죽음을 앞뒤에 두고 각각 '사랑'과 '죽음'을 다루지만, 사실은 '상실'이라는 동일한 주제를 다루고 있다. 『사랑의 단상』에서 다루는 사랑은 행복한 사랑이 아니다. 그 사랑은 헤어짐, 상실, 죽음과 연결되어 있어서 『애도일기』에서 다루는 주제와 다르지 않다. 『애도일기』에서 바르트는 어머니를 잃은 슬픔이 '사랑의 관계'에 충격을 가하고 변질시켰기 때문에 슬퍼한다.

> 내 슬픔은 삶을 새로 조직하지 못해서 생긴 슬픔이 아니라 사랑의 관계에 따른 슬픔이다. 내 슬픔은 머릿속에서 솟구친 (사랑의) 단어들을 통해서 온다…….[32]

사랑과 슬픔의 관계는 『애도일기』에서 반복적으로 다루어진다. 1979년 5월 1일 자 일기에서 그는 "나는 그녀와 함께 (동시에) 죽지 못했기 때문에 나는 그녀와 *같지* 않았다."[33]라고 말한다. 사랑하는 사람과 동시에 죽는 것이 사랑의 궁극적인 형태라면, 자신이 죽지 않았다는 사실은 어머니를 충분히 사랑하지 않았음을, 자신이 어머니로부터 분리되어 있음을 증거하는 셈이다. 이미 그 전에 그는 어머니의 죽음과 사랑의 관계를 성찰하고 있다. 1977년 11월 18일 자 일기에는 슬픔과 더불어 슬픔에 내포되어 있는 "사랑의 관계"를 읽으라고 쓴다. 그가 어머니의 죽음이라는 결핍의 담론에서 사랑의 담론으로 옮아가는 것은 이 둘이 서로 구분될 수 없기 때문이다.

여기에서 바르트가 어머니를 회고하고 어머니에 대해 글을 쓰는 이유를 짐작할 수 있다. 그는 어머니에 대한 기억을 기술함으로써 사랑받고 있다는 느낌을 다시 느끼고 싶어한다. 게다가 어머니에 대해 쓰는 것은 어머니의 사랑을 회복하는 방법이면서 동시에 자신을 구원하는 방법이라는 것을 그는 알고 있었다. 그래서 그는 다음과 같이 쓴다. "*그녀로부터 시작되는* 뭔가를 쓰지 않으면 나는 분명 안 좋은 상태로 빠지고 말 것이다."[34]

바르트에게 사랑이란 무엇일까? 그는 사랑을 결합의 희열에서 느끼는 게 아니라 "부재의 고통"[35] 때문에 느낀다. 그래서 바르트에게 사랑과 상실과 죽음은 서로 바꿔 써도 될 정도로 같은 의미망 내에 있다. 『애도일기』의 첫 문장 또한 사랑과 죽음에 대한 성찰로 시작된다.

> 결혼의 첫날 밤.
> 그러나 애도의 첫날 밤인가?[36]

이 문장은 수수께끼처럼 모호하다. 어머니가 돌아가신 후 적기 시작한 일기이므로 '애도의 첫날 밤'이라는 표현은 당연해 보인다. 그러나 왜 그 밤을 '결혼의 첫날 밤'이라고 표현했을까? 왜 바르트는 애도의 밤을 결혼의 밤으로 서술한 것일까? 더 이상한 것은 '애도의 첫날 밤'을 먼저 서술하여 어머니의 죽음을 기정사실화하지 않고, '결혼의 첫날 밤'을 기정사실화한 다음 '애도의 첫날 밤'을 의문문으로 서술한 것이다.

바르트에게 그 밤은 '결혼'으로 상징되는 뭔가를 느낀 밤이다. 결혼이 사랑의 결과라면, 바르트는 어머니를 상실한 후 혼자 지낸 첫날 밤에 어머니의 사랑을 깨닫고 혼례의 이미지를 꺼냈는지 모른다. 한석현은 이 문장에 대해 흥미로운 견해를 표명한다. 『텍스트의 즐거움』에서 바르트는 작가를 "어머니의 육체와 유희하는 자"로 규정하며, 이때 어머니의 육체를 "어머니의 언어", 즉 모국어라는 의미로 사용한다. 어머니의 죽음으로 어머니와의 분리를 경험하는 동시에 어머니의 언어와 결합하기를 꿈꿨다는 것이다.[37] 그러므로 결혼의 첫날 밤은 어머니의 언어와 결합하는 것으로 이해할 수 있다. 또 결혼은 아기의 '탄생'을 연상시킨다. 『애도일기』에는 '탄생'이라는 용어가 딱 한 번 등장한다. 어머니의 죽음 이후, 바르트는 "*세상을 배워야*" 하는 "힘든 통과제의"를 치러야 할 상황에 내몰렸다고 하면서, 자신이 느끼는 고통을 "탄생의 고통"이라고 이름 붙인다.[38] 이것을 연결시키면, 어머니와 언어로 결합함으로써 '애도일기'라는 작품을 탄생시키는 과정은 돌아가신 어머니를 '애도'하는 과정이 된다.

어머니가 죽고 언어의 형태로나마 어머니와 결합하는 방식이 『애도일기』라면, 이 일기를 씀으로써 가능한 한 결합의 희열을 지속시키려고 하는 것은 당연해 보인다. 이런 의도는 어머니가 돌아가신 후 소화불량에 걸렸다는 고백에서 잘 드러난다. 병으로 누워 있을 때 어머니는 아들의 식사를 직접 준비할 수 없어서 아들이 식사를 제대로 하는지 걱정했다고 한다. 바르트는 자기가 소화불량에 걸린 것은 어머니가 가장 걱정하던 지점이 공격당한 것이라고 해석한다.[39] 어머니는 병중에도 아들의 식사를 걱정할 정도로 아들을 사랑했는데, 어머니가 세상을 떠나자 아들은 소화불량이라는 육체적 증상으로 어머니의 걱정에 응답한다. 소화불량이 생긴 것은 어머니의 죽음을 경험하는 육체적 증상이지만 바르트는 이 의미를 역전시킨 것이다. 그래서 소화불량을 통해 아들을 걱정하는 어머니를 환기하고, 그럼으로써 어머니의 죽음을 부정한다. 소화불량이 지속되는 한 그는 어머니가 살아 있던 과거를 떠올리면서 어머니를 기억하고, 어머니를 잊게 될 순간을 늦추는 것이다.

일기 쓰기: 상실 되풀이하기 또는 애도하기

어머니의 죽음 이후 바르트는 죄책감을 느끼고 지금까지 익숙하게 해왔던 일들에 대해 피로감만 느낀다. 1979년 7월 22일 자 일기에 따르면, 이 시기에 시도했던 『새로운 삶』이 실패한다. 그는 그 책을 일종의 '구명대'로 간주했는데 그 '계획'이 실패했음을 최종적으로 확인하고, 이제 일상이 반복적으로 펼쳐질 뿐 아무 비전이 없다고 여긴다. 어머니의 죽음이 결과적으로 "작품을 만들어낼 가능성"을 없애버린 것이다. 글쓰기가 불가능하다는 것, 그것이 그에게는 "애도로 인한 주요 시련, 성인이 되는 시련, 핵심적이고 결정적인 시련"[40]으로 여겨진다.

애도 기간에 작품을 만들어내는 것은 불가능하지만 그래도 다행인 것은 일기 쓰기만은 그럭저럭 이어갈 수 있었다는 점이다. 왜 바르트는 어머니가 돌아가신 후 일기를 쓰기 시작한 것일까? 바르트에게 일기 쓰기는 사랑하는 사람을 상실한 후에 어쩔 수 없이 치러야 하는 애도 과정, 카를라의 표현을 빌리면, "아직 발표되지 않은 형태의 의례화 과정"[41]이다. 그가 다른 장르가 아니라 '일기'를 택한 것은 '현장성'과 '현재성' 덕분에 자기 감정을 가공하지 않고 있는 그대로 드러낼 수 있기 때문이다.

바르트에게 일기는 낯선 장르가 아니다. 젊었을 때 폐결핵 때문에 요양소에 머물며 지드의 『일기』에 관한 비평을 쓰기도 했고, 자전적인 글이라고 평가받는 『롤랑 바르트가 쓴 롤랑 바르트』에도 일기에 대한 언급이 있다. 바르트는 자기 글의 형식적인 변화를 지적하면서, 파편화된 토막글 형식에서 "'일기'로 미끄러져 들어간다."라고 지적한다. 그러고는 "그렇기 때문에 이 모든 것의 목적이 '일기'를 쓴다는 권리를 자신에게 부여하는 데 있는 것은 아닌가?"[42]라고 질문한다. 그에게 있어 모든 글쓰기의 귀결점은 일기라는 것이다. 왜 일기에 그러한 특징을 부여했을까?

사람들은 일기에 '그날그날'의 사실과 느낌 등을 기록한다. 내적인 감정이나 역사적 사건 또는 외적인 사건 등 무엇을 기록해도 상관없지만 중요한 것은 매일 기록하는 것이며, 가능하다면 순간순간의 상태를 기술하는 것이다. 그런 점에서 일기는 이야기를 꾸며내는 '허구'와는 근본적으로 다른 유형의 글쓰기이며, 오히려 허구화를 포기하는 것이다.

일기는 자서전과도 다르다. 자서전이 '삶'과 '생애'를 다룬다면 일기는 '하루'와 '순간'을 다룬다. 필립 아망은 "순수 자서전은 미리 준비되고 구축된 것이고(회고록이 여기에 속한다), 내면 일기는 연속적인 자기 분석에서 비롯된 논리적 일관성을 보이지 않는다."[43]라고 지적한다. 자서전은 논리정연한 이야기 형태를 지니며 아무리 파편화되어 있어도 한 에피소드의 의미는 생의 문맥 속에서 이해된다. 일기에서는 변모하는 '나'의 다양한 양상이 관심의 대상이어서 한 개인의 내면을 날것 상태로 드러낼 뿐, 삶을 타인이 인지할 수 있을 만큼 일관된 이야기로 만들어내지 못한다. 그러나 그 단점이 바르트에게는 장점으로 작용한다. 바르트는 절제된 생각보다 순간순간 느낀 감정을 솔직하게 드러낸다.

> (서로 나눈 말은 존재이기 때문에) 마망과 계속 이야기하는 것은 내면의 담론이 아니라(나는 그녀와 '마음속 대화'를 나눈 적이 없다.) 삶의 양식을 이룬다. 나는 계속해서 그녀의 가치관에 따라 일상을 살려고 노력한다. 그녀가 만들어주던 음식을 스스로 만들고, 집을 깨끗하게 정리한다. 윤리와 미학을 결합하는 이 방식이 그녀가 살아가는 방식이며 일상을 유지하는 남다른 방식이었다.[44]

바르트는 어머니의 일상을 그대로 반복한다. 평소 어머니가 집을 정돈하듯 관리하고, 어머니가 만들어주던 음식을 만들어 먹고, 어머니의 생일이면 어머니가 돌아가시지 않은 것처럼 꽃을 선물하고 시들지 않도록 애쓴다. 그것을 바르트는 '마망과 계속 이야기하기'라고 정의하며, 그렇게 함으로써 어머니의 '존재'를 회복하고자 한다. 그가 어머니의 방식으로 일상을 유지하는 한 어머니는 돌아가시지 않은 것이다.

『애도일기』에는 일상의 편린도 적지 않지만, 어머니의 부재 때문에 겪은 바르트 자신의 반응이 주를 이룬다. 그 반응은 글쓰기에 대한 성찰에서 잘 드러난다. 바르트에게 글쓰기는 부재에 반응하는 방식이다. 예를 들어 사랑이 충족된 상태라면 그 상태를 즐기면 되지 글을 쓸 필요가 없다. "충족된 연인은 글을 쓸 필요도, 전달하거나 재생할 필요도 없다."[45] 글을 쓰는 이유는 뭔가가 결핍되었기 때문이다. 『애도일기』도 마찬가지여서 '현 시점'에서 그를 자극한 강렬한 감정이 잘 드러난다. 바르트는 어떤 단어나 이미지가 내면에서 고통스럽게 반향할 때 일기를 쓴다. 그래서 그의 일기에는 서술된 대상만큼이나 서술하는 주체의 감정 변화가 잘 드러난다. 그는 그것을 "*내 울림의 일기*"[46]라고 부른다.

일기를 쓴 이유도 같은 맥락에서 이해할 수 있는데, 그 이유는 그가 무엇을 '성공적인 글쓰기'라고 생각했는지 검토하면 좀 더 쉽게 이해된다. 바르트는 다른 사람들이 자신의 저작 "『롤랑 바르트가 쓴 롤랑 바르트』에 서술된 [어머니의] 존재 양태를 통해 그녀가 어떤 사람인지, 우리가 어떤 관계인지를 잘 알게 되었다."[47]라고 밝힌다. 자신의 글을 통해 어머니를 제대로 드러내는 것, 그것이 성공적인 글쓰기다. 성공적인 글쓰기의 조건은 다음과 같이 좀 더 일반화시킬 수 있다.

> 자기를 기억하기 위해 쓰는 것일까? 아니다. *나를* 기억하기 위해 쓰는 게 아니라 절대적이라고 알려져 있는 그 망각의 고통을 이기기 위해

쓰는 것이다.[48]

성공적인 글쓰기의 핵심은 '망각의 고통을 이기기 위해'라는 표현에 있다. 어떻게 해야 망각의 고통을 이길 수 있을까? 바르트는 이 문장의 끝에 "기념비의 필요성"이라는 단어와 라틴어로 "그녀가 살았음을 기억하라."라는 문장을 덧붙인다. '기념비'라는 용어는 다음 문장에서 또 한 번 등장한다. "*마망*에 대한 기억이 나와 그녀를 알았던 이들이 죽은 뒤에도 계속 살아남지 못한다면, 내가 죽은 뒤에 차갑고도 위선적인 역사 어딘가에서 계속 살아남는 게 무슨 소용이 있을까? 나는 나 혼자만을 위한 '기념비'는 원치 않는다."[49] 죽음과 망각을 넘어 사랑했던 사람을 기념비적인 존재로 만드는 것이 성공적인 글쓰기다. 기념비를 만든다는 것은 단순히 어머니를 기억하게 만든다는 것이 아니다. 기념비를 만들려면 다른 사람에게 어머니와 맺고 있는 관계의 본질을 보여주어 어머니의 진실을 드러내야 한다. 또 하나, 어머니에 대한 글쓰기가 긴급한 일이 되는 것은 어머니에 대한 '기념비'를 만드는 일이 전적으로 문학가인 바르트 자신에게 달려 있기 때문이다. 그래서 일기를 쓰는 것이 어머니를 기억하는 방식으로, 어머니의 생명을 연장하는 방식으로 여겨진다. 일기의 성공 여부가 어머니 삶의 성공 여부와 동일한 의미를 지니는 것이다. 『애도일기』는 어머니의 기념비가 되어야 한다.

여기에서 바르트의 일기, 더 나아가 글쓰기의 목표를 이해할 수 있다. 왜 쓰는가? 바르트는 사랑하는 어머니를 잃고 자신의 감정을 객관적으로 '이해'하고 싶어한다. 어머니와의 관계를 정확하게 드러내고 어머니의 본질을 드러낸다면 그는 자신이 경험한 어머니의 사랑을 드러낼 수 있다고 믿는다. 상실한 어머니에 대한 기억을 영속화하고 굳건한 '기념비'를 만들 때 글쓰기는 성공적일 수 있다.

성공적인 글쓰기가 되기 위해 꼭 어머니의 모습을 기술해야 하는 건 아니며, 중요한 것은 어머니의 '본질'을 드러내는 것이다. 바르트는 히치콕 영화에 등장한 잉그리드 버그만의 모습에서 어머니를 환기한다. 버그만의 특성은 "그녀의 피부색, 지극히 소박한 아름다운 두 손, 서늘하고 청량한 인상, 나르키소스적이지 않은 여성성…"[50]이라고 열거되어 있다. 피부색에서 시작해서 손이라고 하는 구체적인 세부 사항으로 이어지고, 이어 그가 간직한 인상이 환기되며, 마지막으로 인상을 넘어 여성성으로까지 확장된다. 게다가 버그만의 특성을 언어로 다 서술할 수 없기라도 한 것처럼 말줄임표를 덧붙인다. 말줄임표는 한 인물을 정확하게 규정하는 것이 얼마나 어려운지를 웅변한다. 마찬가지로 마지막에 사용된 '-이지 않은'이라는 부정문 형태는 그가 어머니를 완벽하게 드러내지 못한다는 것을 의미한다. 버그만이라는 이름 대신 바르트의 어머니를 넣어도 마찬가지다. 그의 어머니도 잉그리드 버그만처럼 관찰 가능한 대상을 넘어섰고, 여성성을 대표하는 인물이고, '나르키소스적이지 않은' 인물이다. 상실의 슬픔 때문에 그는 부정문의 형태로 어머니에 대한 심정을 겨우 드러낼 수 있을 뿐이다.

이와 같은 한계에도 불구하고 바르트가 일기를 쓴 이유는 그가 문학의 가능성을 믿기 때문이다. 바르트에게 글쓰기는 어머니의 특성을 되찾는 것과 연결되어 있다. 그에게 "문학=(어머니가 그랬듯) 유일한 고결함의 영역"[51]이었다. 그는 글을 씀으로써 어머니를 환기하고 '고결함'이라는 어머니의 특성을 확보하고자 한다. 글쓰기를 통해 고결함을 회복한다면 상실한 어머니와 다시 관계 맺을 수 있으리라고 기대하는 것이다. 다시 말하면 어머니와 작별한 것은 분명하지만 글쓰기로 인연의 끈을 다시 잇고 작별을 지연시킬 수 있다고 생각한다. 그러므로 바르트에게 일기 쓰기는 어머니를 성공적으로 애도하는 것과는 아무 관련이 없다. 바르트에게 글쓰기는 사랑하지만 잃어버린 사람에게 말을 건네는 방식이므로, 글쓰기는 사랑을 고백하는 방식, 그 사람을 다시 살리는 방식이 될 수 있다.

그러나 일기 쓰기에 바르트가 생각한 이런 효능이 있을까? 사랑했던 사람을 영원히 잃어버린 경우, 이미 상실한 대상을 위해 내가 할 수 있는 것은 아무것도 없다. 일반적으로 죽은 자를 떠올리면서 우리는 왜 그때 그렇게 하지 않았던가, 그 사람이라면 그때 어떻게 행동했을까를 질문할 수 있다. 질문을 해도 죽은 자는 답을 할 수 없기 때문에 바르트는 혼자 묻고 혼자 대답한다. 이처럼 상실한 대상에 대한 모든 언어는 혼잣말에 불과하고, '혼잣말'은 후회하는 자의 담론이다. 『애도일기』도 상실의 담론에 속한다. 사랑하는 사람은 상실한 대상에 대해 모든 것을 다 말할 수 있지만, 그 말은 아무것도 실현할 수 없다는 점에서 결핍의 언어다. 그 어떤 언어로도 사랑하는 사람이나 잃어버린 사람에 대한 마음을 제대로 표현할 수 없다. 사랑의 언어와 애도의 언어가 근본적으로 공통점을 지니고 있는 부분이 여기다. 상실한 대상은 언어로는 표현할 수 없는 무엇을 갖고 있으며, 표현하지 못한 무엇이 남아 있는 한 그 대상은 제대로 포착되지도 애도되지도 않는다. 그러나 바로 그 이유 때문에 상실한 대상은 매혹적인 대상이 된다.

어머니가 돌아가신 후, 어머니가 했던 말을 되살려보아도 바르트는 어머니의 사랑을 제대로 표현할 수 없고, 심지어 어머니의 죽음을 인정하고 받아들일 수도 없다. 문학가로서 어머니를 기억하여 '기념비'를 만들어야 하는데, 상실한 대상을 언어로 표현할 수 없기 때문에 그로서는 문학가라는 자기 정체성마저 불확실하게 여겨진다. 바르트는 이중으로 모순적인 상황에 놓인다. 그는 어머니와 관련된 기억을 일기 속에 기술하면서, 어머니의 죽음을 문학적으로 기술하는 글쓰기에 대해 혐오감을 느끼고 동시에 그 죽음을 표현하지 못하는 자기 정체성에 대해 회의를 느낀다. 이런 모순을 바르트는 이렇게 표현한다. "그 텅 빈 말은 요컨대 내가 (다른 사람이 아닌) 그 사람에 대해 갖고 있는 아주 특이한 욕망이 형성되는 모든 장소의 영도와도 같은 것이다."[52] 사랑의 말은 자신의 사랑을 제대로 드러내지 못하기 때문에 텅 빈 말이지만, 텅 비어 있기 때문에 사랑의 담론이 될 수 있다. 예를 들어, 『사랑의 담론』에서 '사랑스러워!' 항목을 확인해보자. 사랑에 빠진 사람은 자신이 느끼는 사랑을 완벽하게 표현하고 싶어한다. 하지만 그 사랑이 특별할수록 그는 자기 감정을 제대로 표현할 수 있는 말을 찾아내지 못한다. '사랑스러워!'라는 말도 그가 느끼는 감정이 특별하다는 사실만 드러낼 뿐 어떤 점에서 특별한지는 알려주지 않는다. 바르트에 따르면, 언어로는 욕망을 제대로 드러낼 수 없다. "욕망의 속성은 오직 부정확한 언표를 만드는 데에 있다."[53] 욕망의 언어는 그 사람을 사랑한다는 단 하나의 메시지를 전달할 뿐이어서 '사랑스러워!'라는 말로 욕망을 전할 수는 있지만, 어떤 점에서 사랑스러운지 대상의 속성은 드러나지 않는다. 사랑하는 사람 '전체'를 포착하려고 하기 때문에 욕망의 언어는 혼잣말처럼 무한정 되풀이될 수밖에 없다.

계속 슬픔에 빠져 있기를 원하면서도 바르트는 부재하는 어머니, 사랑하는 어머니에 대해 끊임없이 말한다. 그 이유는 말하기의 욕망이 존재를 소유하고자 하는 욕망과 분리되지 않기 때문이다. 그렇다고 해서 일기 쓰기로 자신이 느끼는 사랑을 완벽히 드러낼 수 있는 것도 아니다. 사랑을 드러내기 위해 바르트는 '인용'을 한다. 『애도일기』의 후반부로 갈수록 그는 프루스트를 더 빈번히 인용한다. 그것은 그가 당시에 콜레주 드 프랑스에서 프루스트에 대해 강연하고 있었던 것과도 관련 있다. 바르트가 인용한 부분은 프루스트의 어머니, 할머니의 죽음과 관련된 부분이다. 그는 여기에서 어머니의 외모와 관련된 특징들, 죽음과 재회에 대한 열망 등을 드러낸다.[54] 심지어 요한복음에서 예수님이 죽은 나사로를 살려내는 에피소드를 인용한다. 바르트도 죽은 어머니를 자신의 사랑으로 살려내고 다시 만나고 싶었던 것이다.[55] 프루스트에게 되찾은 시간이 잃어버린 시간을 반복 체험하는 것이었듯이, 바르트는 프루스트를 인용함으로써 어머니에 대해 말할 수 없음을 극복하고 잃어버린 사랑을 다시 경험하고 싶어한 것처럼 보인다.

이런 각도에서 보면, 바르트의 일기는 슬픔과 글쓰기의 두 축으로 구성된다. 슬픔에서 빠져나오지 않으려는 욕망과 글쓰기를 통해 슬픔에서 구원받으려는 욕망 사이의 긴장이 『애도일기』를 지탱한다. 슬픔에 빠진 자는 슬픔 속에서 상실을 되풀이하며 상실로 인한 상처를 후벼 판다. 글을 쓰는 자는 슬픔을 이해하고자 하며 상실의 대상을 숭고화한다. 이처럼 바르트의 자아는 슬픔에 빠진 자와 글을 쓰는 자로 분열되어 있다.

어머니의 목소리와 죄책감

바르트의 어머니는 어떤 사람이었을까? 이 부분에 대해 『애도일기』는 많은 것을 알려주지 않는다. 오히려 어머니를 환기하려고 하면 할수록 어머니를 언어로 온전히 서술할 수 없다는 느낌만 강화된다. 그는 '언어의 한계'를 절감한다. 바르트는 "어머니의 섬세함은 (사회적으로 보았을 때) 절대적으로 상투적이지 않았으며, 그 어떤 계층도 넘어서 있어서 표식이 없다."[56]라고 언급한다. 어머니를 사회적이고 계층적인 지표로 이해한다면 그 이미지는 상투적이어서 바르트가 생각하는 어머니의 본질을 드러내지 못할 것이다. 그에게 어머니는 '사랑'이라고 하는 특별한 정서를 환기시킬 때에만 진정한 어머니로 받아들여진다.

바르트에 따르면, 사랑의 대상을 상실한 경우 그 대상은 목소리로 환기된다. 바르트는 어머니의 목소리를 "추억의 씨앗 자체"[57]라고 부른다. 목소리는 이미 죽었지만 사라지지 않고 남아 있는 무엇, 일종의 유령처럼 여겨진다. 이러한 특징은 오디세우스에게서 확인할 수 있다. 오디세우스는 저승에서 어머니를 만나는데, 대화는 나눌 수 있지만 세 번이나 어머니를 껴안으려고 해도 어머니를 껴안을 수 없었다.[58] 죽은 자는 목소리만 남고 육체는 사라진다는 것, 그것이 죽음의 진실이다. 바르트는 목소리를 죽음과 연결 지어 "죽어가는 목소리"[59]의 차원에서 접근하며 그중에서도 '억양'

에 주목한다.

> 목소리의 이 유령 같은 존재가 억양이다. 모든 목소리는 억양으로 정의되는데, 억양은 침묵 중인 것, 혹은 풍화되어 사라져가는 음향의 낱알이다. 그러므로 나는 사랑하는 이의 목소리를 내 귀와는 무관한, 저기 내 머릿속에서 기억된, 회상된, 죽어 있는 상태로밖에는 알지 못한다. 가느다란, 그렇지만 기념비적인 목소리. 목소리는 사라진 후에야 존재하는 그런 대상들 중 하나다.[60]

목소리도 그렇지만 모든 소리는 실체가 없다. 그런데도 어떤 소리가 들리면 우리는 그 소리를 실체와 연결시킨다. 흥미로운 점은 '목소리는 사라진 후에야 존재하는 그런 대상들 중 하나'라는 사실이다. 있음과 없음을 연결하는 고리라는 점에서 목소리는 유령과 흡사하다. 한 존재의 흔적이 '억양'에서 가장 잘 드러난다고 하지만, 억양을 이해하는 것은 전적으로 그 목소리를 듣는 사람의 몫이다. 억양의 사소한 변화가 그 목소리를 듣는 사람에게는 하나의 사건이 될 정도로 의미부여 되고 온갖 상상을 자극한다. 그런데 바르트가 듣는 목소리는 귀로 듣는 목소리가 아니다. 그것은 '내 머릿속에서 기억된, 회상된' 목소리다. 머리로 목소리를 듣는다는 사실은 목소리의 주인공이 이미 '죽어 있는 상태'임을 인지하는 것이다. 바르트는 어머니의 목소리를 직접 들을 수 없다는 사실로 어머니의 죽음을 환기하기 때문이다.

> 그녀의 목소리, 내가 너무도 잘 알고 있는 목소리, 추억의 씨앗 자체("그 사랑스러운 울림……")라고 일컬어지는 그녀의 목소리, 그 목소리를 나는 더는 듣지 못한다. 마치 청각 어딘가가 마비된 것처럼…….[61]

바르트는 어머니의 목소리를 들을 수 없는 이유가 자신의 '청각'이 마비되었기 때문이라고 다른 이유를 생각해낸다. 어머니는 죽지 않았는데, 자신이 청각을 잃어서 어머니의 목소리를 못 들었을 뿐이므로 청각만 회복되면 어머니의 목소리를 들을 수 있으리라고 기대한다. 이런 식으로 그는 어머니의 죽음을 부정한다. 어머니의 목소리를 들을 수 있다면 어떻게 될까? 목소리가 어머니에 대한 추억을 불러일으키는 '씨앗'이라면, 그 씨앗에서 어머니 존재 전체가 싹을 틔울 것이다. 어머니의 목소리를 듣는 것은 어머니의 '귀환'을 의미한다. 실제로 『애도일기』에는 어머니의 목소리를 '인용'하는 에피소드가 많이 있다.

새벽 6시 반, 덜컹거리는 청소차 소리가 들리면 어머니는 으레 "이제야 밤이 지나갔구나."[62]라고 말한다. 이 말만으로는 어머니의 억양을 짐작할 수 없지만, 괄호 안에 바르트는 "혼자서, 말할 수 없는 심정으로, 밤을 견뎌야 했던 그녀"라고 덧붙인다. 바르트는 그 말에서 어머니의 외로움을 읽어내고, 그 외로움이 자신이 겪는 외로움과 다르지 않다는 것을 시사한다.

어머니의 말 중에서 바르트가 특히 감동적으로 서술하는 단어는 '부알라'라는 표현이다. '부알라'는 상점에서 판매원이 물건을 주면서 '여기 있어요'라는 뜻으로 사용하는 말인데, 바르트는 과자를 사면서 이 말을 듣고는 병상에서 어머니가 이 말을 약간 다른 의미로 사용했다는 사실을 떠올린다. 어머니와 바르트는 '부알라'를 "나 여기 있다."[63]라는 의미로 사용했다는 것이다. 이 표현이 '여기 있다'라는 존재와 관련되면서, 바르트는 어머니의 부재를 절감한다. 그러면서 "나의 슬픔은 그곳, '우리는 서로 사랑했다'라는 사랑의 관계가 다시 찢어진 그곳에 놓여 있다."[64]라고 말한다. 바르트에게 슬픔의 요체는 이와 같은 사소한 언어 표현을 통해 드러난다.

바르트는 어머니의 말을 통해 어머니의 존재를 환기하지만, 환기되었다고 해서 어머니가 지속적으로 남아 있을 수는 없다. 그것은 애초부터 불가능한 일이다. '목소리'의 문제는 상실한 어머니를 다시 상실하게 된다는 데에 있다. '부알라'가 그렇듯이, 어떤 목소리는 둘이 맺었던 사랑의 관계를 드러내는 동시에 현재 그 관계는 사라지고 없음을 드러내기 때문이다. 바르트가 '다시' 찢어진다고 표현한 것도 그 때문이다. 그러므로 어머니의 '말-목소리'는 언어의 가능성과 한계를 동시에 드러낸다고 할 수 있다.

어머니의 말을 떠올리면서 바르트가 어머니의 상실을 느끼는 이유는 간단하다. 어머니의 말이 잃어버린 사랑을 환기하기 때문이다. 어머니는 병상에서 아들이 등받이 없는 낮은 의자에 앉아 부채질해주자 "불편하겠다. 앉은 게 불편해 보여."[65]라고 말한다. 바르트는 이 에피소드를 적은 날의 일기에 '자발성'이라는 제목을 달아놓았는데, 자발성은 어머니의 사랑을 가리키는 표현이다.

어머니의 사랑은 어머니가 바르트를 부르던 '나의 롤랑'이라는 표현에서 가장 잘 드러난다. "나의 롤랑!"이라고 불러주는 유일한 존재가 어머니라는 점에서 이 표현은 어머니를 직접적으로 환기한다. '나의 롤랑'이라는 표현은 일기에 다섯 번 등장하는데, 어머니는 임종의 순간에도 아들을 걱정한다. 바르트는 '나의 롤랑'이라는 표현을 환기할 때면 "사랑의 관계에 패인 긴 선 같은 고랑"을 느낀다고 하면서, 이 표현이 "나를 사로잡고 있는 고통이 활활 타오르는 추상적인 지옥불의 중심점"[66]이라고 지적한다. 그는 여행을 가서도 자신을 부르는 이 말을 떠올리고 슬퍼한다.[67] 자신을 그렇게 불러줄 존재가 사라졌다는 슬픔과 그 슬픔을 다른 사람과 공유할 수 없다는 슬픔이 뒤섞인다.

어머니의 말을 '인용'하는 것 외에도 죽은 어머니가 말을 건넨다고 상상하면서 그는 어머니의 사랑을 절감한다. 그가 좀처럼 외출하지 않고 슬퍼하기만 하자 그의 상상 속에서 어머니가 "나가서 기분 좀 풀려무나……."[68]라고 말한다. 어머니가 '이제 그만 슬퍼하고 나가서 네 일을 해야지'라고 말하는 듯한데, 이 말을 상상하는 것만으로도 바르트는 어머니 살아생전에 느꼈던 애정을 다시 느낀다. 또 항상 어두운 색깔의 목도리만하고 다니는 그에게 "색깔 있는 옷을 입고 다니렴."[69]이라고 말하는 어머니의 목소리를 상상하고 처음으로 목도리를 바꿔 두르기도 한다. 다시 한번 강조하지만, 이 말들은 어머니가 실제로 한 말이 아니고 바르트가 상상하는 말이다. 기분을 풀라는 말 다음에 바르트는 괄호 안에 이렇게 원하는 것은 어머니가 아니라 자기 자신이라고 분명히 밝힌다. 그가 상상한 어머니의 말로 바르트는 어머니의 사랑을 드러내고 동시에 자신을 정당화한다. 어머니는 아들을 사랑하기 때문에 아들이 오랫동안 슬픔에 잠겨 있는 것을 원치 않는다. 여기에는 어머니가 자신이 슬퍼하지 않기를 원한 이상 그가 어머니를 배반한 것은 아니라는 생각이 감춰져 있다.

어머니의 목소리는 바르트에게 죄책감을 불러일으키는데, 그가 슬픔에서 벗어날 수 없는 이유가 여기에 있다. 사실 애도를 주제로 한 텍스트에서 죄책감을 확인하는 것은 어렵지 않다. 바르트의 경우, 어머니의 죽음에도 불구하고 자신은 살아 있다는 사실이 죄책감을 불러일으킨다. 어머니를 사랑했다면 어떻게 어머니의 죽음 이후에도 새로운 욕망을 품을 수 있고 새로운 삶을 살 수 있다는 말인가? 결국 죄책감은 자신이 "더 망가지지 않았다는 사실에서 비롯된 또 다른 괴로움"[70]의 다른 표현이다. 죄책감은 자신이 자신을 파괴하는 '극한 상황'에 도달하지 못했다는 데에서 비롯된다.[71] 어머니의 헌신적인 사랑이 없으면 살 수 없으리라고 생각했었는데, 어머니가 돌아가셨는데도 자신은 일상을 잘 영위하고 있다는 생각이 그를 죄책감에 빠져들게 만든다. 그래서 "사랑했던 사람 없이도 잘 살 수 있다는 것은 생각했던 것보다 그 사람을 덜 사랑했음을 의미하는 것일까?"[72]라고 자문한다. 슬픔에서 벗어나고 성공적으로 애도한다면 그것은 어머니를 충분히 사랑하지 않았다는 증거라는 것이다.

자신이 어머니와 분리되어 있다는 데에서 죄책감이 시작되고, 살고 싶다는 욕망이 죄책감을 강화한다. 외출하라거나 밝은색 옷을 입으라는 어머니의 말을 상상하는 것은 자기 욕망을 어머니의 요구로 변화시킴으로써 죄책감을 교묘하게 위장하여 감추는 행위다. 어머니를 성공적으로 애도하면서도 죄책감을 느끼지 않으려면 그게 자기 욕망이 아닌 것처럼 가장해야 하는데, 여기에서 그의 또 다른 자아인 프루스트가 빠질 수 없다. '나가서 기분 좀 풀려무나…….'라고 상상했던 다음 날 일기에서 프루스트를 인용하여, "슬픔을 가볍게 받아들이라는 충고"[73]를 환기한다. 먼저 어머니의 말을 상상해야 하고, 다음으로는 자신이 존경하는 프루스트의 매개가 필요하다. 매개가 필요한 이유는 어머니의 죽음에, 슬픔을 잊고 애도를 완수하는 것에 그가 죄책감을 느끼기 때문이다. 슬픔에서 벗어나야 한다는 사실은 이렇게 에둘러 갈 때에만 인지될 수 있다.

부재하는 어머니와 글쓰기

사랑은 미학적인 창조로 승화되어야 한다는 전제하에 바르트는 두 가지 신화에 주목한다. 하나는 사랑에 대해 아름다운 담론을 만드는 소크라테스의 신화이고, 다른 하나는 자신의 열정을 기술하여 불멸의 작품을 만든다는 낭만주의 신화다.[74] 이 두 신화는 사랑으로 담론을 만들 수 있다는 낙관적인 관점에 근거한다.

바르트는 어머니를 잃고 슬픔에 잠겨 있을 때 일기를 쓴다. 어머니의 죽음 때문에 절망에 빠지고 무기력한 상태에 놓여 있을 때 그는 글쓰기를 "'욕망을 불러일으키는 것', 피난처, '구원', 계획, 한마디로 '사랑', 기쁨"[75]으로 정의하면서 글쓰기가 어머니의 상실을 견딜 수 있게 해주리라고 기대한다.

> 그러나 내가 슬픔을 견딜 수 있는 것은—분명—내가 어느 정도는 슬픔에 대해 말하고 그것을 문장으로 옮길 수 있기 때문이다. 글쓰기에 대한 나의 교양, 글쓰기에 대한 나의 취향이 나를 위험에서 보호하는

능력, 또는 *통합* 능력을 부여한다. 나는 언어를 통해 *통합한다.*[76]

글쓰기의 힘을 이해하는 데에는 '통합 능력'이라는 용어 하나만으로도 충분하다. 바르트는 통합 능력을 "전체 안으로 포함시키기—연합하기—함께 살아가기, 공동체 되기, 군집 이루기."[77]라고 정의한다. '통합'을 이해하려면 그가 꾸었던 두 가지 꿈을 인용할 필요가 있다. 바르트는 꿈에서라도 어머니를 만나고 싶어하지만 꿈속에서 자신이 알던 어머니와는 '다른' 어머니를 만나고, 이로써 어머니와 '분리'되었다고 느낀다. 사랑하는 사람을 잃은 상태에서 그 사람을 다시 잃는 꿈은 그가 어머니로부터 사랑받지 못했다는 것을 의미하기 때문에 악몽이 된다.[78] 반면 "온전하고 성공적인 추억"으로 기억되는 꿈에서는 "어머니의 미소를 *정확하게*" 알아본다.[79] 이런 '통합'을 바르트는 글쓰기로 실현하고자 한다. 그는 글쓰기를 통해 어머니의 사랑을 되찾고 어머니의 상실을 견디려고 한다. 이미 상실한 대상을 통합함으로써 함께 살아갈 수 있도록 하는 것, 그것이 글쓰기에 부여된 통합 능력이다. 그 능력 때문에 글쓰기는 '사랑(의 고백)'이 될 수밖에 없다.

그러나 글쓰기로 슬픔을 극복한다는 낙관적인 생각은 어느 순간 정반대로 치닫는다. 글쓰기로 슬픔에서 빠져나올 수 없을 뿐 아니라, 슬픔 때문에 글쓰기 자체가 불가능해지기 때문이다. 그의 말에 따르면 "극심한 슬픔 속에서, 글쓰기에도 매달릴 수 없을 때 우울증이 온다."[80] 글쓰기로 슬픔에서 벗어날 수 있다고 생각하는 것 또한 일반 대중의 믿음에 불과하다. 사랑에 빠진 자를 예로 들면, 그는 말을 너무 많이 하거나 너무 적게 할 수는 있지만, 분명한 것은 자신을 제대로 표현할 수 없다는 사실이다. 마찬가지로 글쓰기로 사랑의 감정을 제대로 드러내지 못할 위험은 항상 있다. 그래서 그는 글쓰기를 이렇게 정의하기도 한다. "글쓰기. 한 편의 창작물(특히 글)로 사랑의 감정을 표현하려는 욕망이 야기하는 속임수, 갈등, 막

다른 길."[81] 언어는 속임수에 불과하기 때문에 사랑을 언어로 표현해도 사랑의 욕망은 실현되지 않는다. 상실의 경우도 마찬가지다. 어머니를 잃고 상실감에 사로잡힌 사람도 자신이 잃은 것을 정확하게 서술할 수 없다.

> 나는 *나 자신을 쓸 수가* 없다. 글로 쓰인 나는 무엇일까? 자아가 글쓰기 안으로 들어감에 따라 글쓰기는 자아를 축소시키고 헛된 것으로 만들 것이다. 점진적인 파괴가 일어날 것이고 타인의 이미지 또한 점진적인 파괴 과정 속으로 조금씩 끌려들어 갈 것이다.[82]

자신이 느낀 감정을 언어나 예술로 표현할 수 있다고 믿는 것은 "표현성의 환상(illusion d'expressivité)"[83]에 불과하다. 사랑의 담론이든 상실의 담론이든, 그 어떤 말로도 자신이 느낀 감정을 제대로 표현할 수 없다. 바르트를 인용하면, "내면화된 슬픔을 지시할 수 있는 기호는 없다."[84] 슬픔이라는 내면의 드라마를 외재화할 수 없다는 것, 이것이 글쓰기의 딜레마다. 사랑하는 사람은 연인을 숭배하면서 연인의 모습을 글로 남기려고 하지만, 글로 쓰인 것은 파괴되고 훼손되고 왜곡된 이미지에 불과하다. 모든 글쓰기는 언어와 감정을 일치시키려는 '언어의 유토피아'를 파괴한다.

사랑하는 어머니의 실체를 어떻게 글로 표현할 수 있을까? 바르트는 아들의 죽음을 앞둔 말라르메의 예를 든다. "어머니는 울고, 나는 생각한다."[85] 글쓰기가 가능하려면 말라르메처럼 우는 자와 생각하는 자, 죽음의 절망에 빠진 자와 생의 강렬함을 열망하는 자로 자아를 분화시켜야 한다. 죽음은 한 인간을 분열적인 상황에 빠뜨린다. 바르트는 자신을 "황폐화된 주체"[86]라고 정의한다. 그런데 그가 죽음과 삶이라는 양극단의 욕망을 동시에 느끼기 때문에 '황폐화'된 것은 아니다. 그는 이탤릭체로 "*정신의 현존*" 때문에 황폐화되었다고 밝힌다. 다시 말하면, 그는 살고자 하는 의지 때문에 괴로워한다. 슬픔에 몰입하지 못하게 하는 것들, 타인의 시선, 위로, 또 쾌락에 대한 요구 등이 그를 어머니에게서 분리시키고, 어머니와 분리되기 때문에 그는 황폐화된다.

어머니로부터 분리된다는 것은 어떤 의미일까? 그것은 어머니가 더 이상 살아 있는 존재가 아니고 다른 대상들처럼 죽어 의미 없는 존재가 되었음을 받아들이는 것을 의미한다. 어머니에게서 '사랑의 대상'이라는 유일한 위상을 박탈하고 어머니를 진부한 인물로 추락시키는 것, 그것이 분리 체험이다. 애도를 완성하면 상상 속에서 유지되던 어머니와의 일체감을 상실할 수밖에 없으므로 그는 애도를 거부한다. 드러난 현상은 어머니의 죽음이지만, 그가 실제로 상실한 것은 어머니와의 상상적 이자관계다. 다시 말하면, 애도를 완성하는 것은 사랑의 대상을 소멸시키는 것에 불과하기 때문에, 어머니를 사랑한다고 하면서 '애도'일기를 써서 어머니를 잊고자 했다는 사실은 다음 문장과 같이 자신이 사랑한 게 어머니가 아니라 자신의 욕망이었음을 알려준다. "내가 원하는 것은 나의 욕망이며, 사랑의 대상은 단지 내 욕망의 도구에 불과하다."[87] 그가 분열을 겪는 것은 어머니를 잃고서도 따라 죽지 못하고 글을 써서 애도하고자 했다는 사실, 결국 글쓰기가 자기 욕망을 채우는 행위에 불과했다는 점을 깨달았기 때문이다.

그렇다면 글이 상실을 보상하지 못하리라는 것을 알면서도 어머니가 세상을 떠난 다음 날부터 애도일기를 쓴 이유는 무엇일까? 이것은 상실과 글쓰기의 관계를 질문하는 것인데, 이에 대해 『애도일기』는 "내가 글을 쓸 수 있도록 그녀는 자신을 보이지 않는 사람으로 만들었다."[88]라고 적는다. 이 문장에서 글쓰기와 어머니는 양자택일의 관계처럼 느껴진다. 어머니가 아플 때에는 어머니를 돌봐야 하기 때문에 글을 쓸 수 없었지만 어머니가 돌아가신 후에는 글을 쓸 수 있었다. 그래서 그의 글쓰기는 어머니의 부재로부터 태어나는 것처럼 보인다. 그에게 글쓰기는 '부재를 다루는' 행위다. 그러나 부재를 다룬다고 해서 '없음'을 서술하는 게 아니라 "*당신은 부재하는 바로 그곳에 있다.*"[89]라는 사실을 서술한다. 글쓰기는 부재가 결정적인 죽음이 되지 않도록 지연시키는 일종의 푸닥거리다.

> 부재를 다루는 것, 그것은 이 순간을 연장하려는, 그리하여 그 사람이 냉혹하게도 부재에서 죽음으로 기울어질지도 모르는 순간을 되도록 길게 늦추려는 것이다.[90]

이런 문맥에서 "나는 부재하는 자에게 끊임없이 그의 부재에 대한 담화를 건넨다. (…) 타자는 지시물로는 부재하지만 대화 상대자로는 현존한다."[91]라는 놀라운 문장을 이해할 수 있다. 바르트에게 일기 쓰기는 어머니의 부재가 사망으로 확인되는 순간을 지연시키는 행위가 되는 것이다. 그러므로 『애도일기』는 슬픔에서 벗어나려고 하는 텍스트라기보다는 죽음을 가리는 텍스트다. 바르트는 일기를 씀으로써 어머니를 잠시 부재하는 인물로 만든다. 그가 일기를 쓰는 한 어머니는 결코 죽지 않는다는 이상한 믿음이 글쓰기를 지탱한다.

죽음을 지연시키는 긍정적인 효과에도 불구하고 바르트는 글쓰기에 대해 의심의 눈초리를 떨칠 수가 없었다. 자신이 현실의 슬픔을 감당하기보다 글을 씀으로써 어머니의 죽음을 문학적으로 형상화하고 있다는 것이다.

> 나는 [어머니의 죽음]에 대해 말하고 싶지 않다. 그게 결국 문학이 되고 말까 봐 두렵기 때문이다. 또는 그게 문학이 되지는 않으리라고 확신하지 못하기 때문이다. 실제로 문학은 이런 진실에 뿌리내리고 있음에도 불구하고.[92]

어머니의 죽음에 대해 말하는 것은 어머니를 문학으로 만드는 것이기 때문에 어머니를 배신하는 행위다. 그러나 자신이 문학가이고, 또 어머니의 부재가 아들로 하여금 글을 쓰도록 하려는 배려라고 생각하는 한 바르트는 어머니를 배신할 수밖에 없다. 도식적으로 말하면, 바르트는 어머니의 죽음에 대해 이율배반적인 반응을 보인다. 첫 번째 반응에 따르면, 어머니의 죽음에 대해 말하는 것은 어머니를 배신하는 것이므로, 어머니의 죽음은 문학이 되어서는 안 된다. 그러나 두 번째 반응에 따르면, 어머니는 바르트에게 '글쓰기-문학'의 공간을 마련해주기 위해 사라진 것이므로, 어머니의 죽음에 대해 기술해야 한다. 자신이 겪은 상실을 언어로 표현하는 것이 문학이라면 『애도일기』는 '죽음에 대해 말할 의무'라는 블랑쇼의 오르페우스적인 체험을 바탕에 깔고 있다. 글쓰기는 죽음과 모순적인 관계를 맺고 있는 것이다.

이제 마지막으로 글쓰기와 죽음, 슬픔에 대해 정리해보자. 왜 글쓰기로는 슬픔을 없앨 수 없을까? 먼저 글쓰기가 결핍의 증표일 뿐 해결책이 아니라는 사실을 들 수 있다. 글쓰기가 성공적으로 완수되려면 바르트는 상실한 대상과 맺고 있는 '관계의 본질'을 드러내야 한다. 그런데 바르트에게 그 관계의 본질은 '사랑'이므로 죽은 어머니에게 자신이 받았던 무한한 사랑을 되갚아야 하는데, 어머니가 돌아가신 이상 그 사랑을 갚을 수 없다는 것이다. 상실의 드라마는 사랑의 드라마가 되고, 그것은 또 다시 결핍의 드라마가 된다. 그래서 사랑의 대체물인 글쓰기로는 결핍을 해결할 수 없다.

그뿐만 아니라 바르트는 프로이트적인 의미에서 슬픔을 이겨내야 한다는 생각을 널리 받아들여진 '편견'으로 간주한다. 누가 죽었을 때 슬픔을 이겨내고 앞으로 어떻게 할지 계획을 세우는 것은 "미래에 대한 광적인 집착"[93]에 불과하다는 것이다. 그가 볼 때 죽은 자를 잊고 일상을 영위하는 것은 망자에 대한 배반에 불과해서, 그는 오히려 죄책감을 느끼고 상실감을 강화하는 방향으로 나아간다. 그에게 애도란 차라리 "거대하고 긴 슬픔의 성대한 시작"[94]에 불과하다. 그의 말을 빌리면, "진정한 슬픔은 그 어떤 서사적 변증법도 받아들이지 않는다."[95] 슬픔은 의지로 극복할 수 있는 게 아니다.

그러므로 바르트가 일기 쓰기를 통해 "나의 슬픔을 축소하고 일반화"[96]하기, 다시 말해 자신이 느끼는 상실감을 보상하려 했다고 이해하면, 그것은 바르트를 완벽하게 오독한 것이다. 그에게 일기 쓰기는 어머니의 말이나 행위, 본질적 이미지를 반복적으로 환기함으로써 어머니를 여읜 슬픔과 상실을 반복적으로 경험하는 행위다.

푼크툼(Punctum)

글쓰기로 슬픔을 가라앉힐 수 없다면 『애도일기』는 무한정 계속되거나 자살로 마감될 수밖에 없다. 그런데 바르트는 어느 순간 자신이 원하던 글쓰기에 도달한 듯한 느낌을 받는다. 결정적인 전환점은 1978년 6월 13일자 일기에서 찾을 수 있다. 그 일기에서 바르트는 어머니가 다섯 살 때 찍은 사진을 발견하고 깜짝 놀라며, "심지어 자살하고 싶은 생각마저 없어졌다."[97]라고 기술한다. 그 사진은 그가 갖고 있는 어머니 사진 중에서 가장 오래된 것으로 1898년 셴비에르의 온실에서 찍은 것인데, 바르트의 어머니는 오빠 필립 뱅제 뒤에 숨은 듯 모습을 감추고 있다.[98]

바르트는 어머니의 다른 사진들을 보고는 "동일 인물이라는 느낌을 줄 뿐 어머니의 진실을 일깨우지는 않았"[99]다고 지적한 반면 온실 사진에 대해서는 "유일한 존재에 대한 불가능한 앎을 실현시켜주었다."[100]라고 하면서 극히 예외적인 반응을 보인다. 그 사진이 어머니만 갖고 있는 진실을 드러냈다는 것이다. 그리고 그 사진을 발견한 이상, 이제부터 진정한 애도가 시작되어야 한다고 생각한다. '진실'을 '일기'가 아니라 '사진'을 통해 발견한 이유는 무엇일까? 그렇게 드러난 진실의 내용은 무엇일까?

그는 어머니가 다섯 살 때 찍은 '온실 사진'을 보고 마음이 찔린 듯 충격적이고 파괴적인 느낌을 받는다. 그가 보인 정서적 반응은 사진사의 의

도와는 무관한데, 『카메라 루시다』 2부는 무엇 때문에 그런 충격을 받았는지 구체적으로 밝힌다. 그는 그 사진의 어떤 세부 사항 때문이 아니라 사진에 찍힌 어머니의 '본질'을 발견하고 충격을 받았다고 말한다.

바르트는 세 가지 점에서 놀라움을 느낀다. 먼저, 그는 사진에 찍힌 대상이 실제로 존재했었다는 점에서 놀란다. 담론이나 그림이 '상상의 대상'을 가지고도 작품을 만들어내는 반면, 사진은 "필연적으로 현실적인 사물"[101]을 요구한다. 이 차이 때문에 온실 사진 에피소드는 '어머니가 존재했었다'라는 사실을 결정적으로 일깨운다. 그레이엄 앨런의 지적대로, "사진의 지시 대상은 과거에 존재하는, 즉 현재 상실된 어떤 현실을 제시한다."[102] '현재 상실된 어떤 현실'이 어머니의 죽음과 연결된다면 사진은 죽은 자를 다시 불러내어 어머니가 '있었음'을 확인한다. 사진이 글쓰기에 비해 우월한 지점이 바로 여기다. 사진은 상실한 존재와 다시 관계를 맺도록 하면서 '존재를 증언'한다.[103] 바르트를 인용하면, "모든 사진은 현존에 관한 증명이다."[104] 이와 같은 사실은 1979년 콜레주 드 프랑스 강의에서 "그것이 있었다."라고 명제화된다.

두 번째로 사진은 사진을 바라보는 순간과 연결된다는 점에 주목한다. 사진의 '시간'은 과거완료의 시간이다. 그 시간은 과거와 현재를 연결하면서 과거에는 존재했으나 현재에는 없다는 사실을 두드러지게 만든다. 이 특징은 역사 사진에서 잘 드러난다. 바르트는 1865년 교수형을 기다리던 청년 패인의 예를 든다. 바르트는 사진에 찍힌 사람이 "이미 죽었으며, 또한 곧 죽을 것이다."[105]라는 사실에 주목한다. 사진을 찍는 순간에는 아직 살아 있었지만 곧 죽을 운명이었고, 바르트가 그 사진을 본 현재의 시점에서는 이미 죽었다. 따라서 그는 살아 있는 동시에 죽어 있다. 그 사진에는 시간이 '압축'되어 있다. 바르트는 "그것은 거기에 있었지만, 또한 동시에 곧 분리되었다."[106]라고 표현한다. 사진의 시간은 "환기의 시간"으로 "발생한 것과 내가 기억하는 것 사이의 정감적 관계"를 드러낸다.[107]

세 번째 특징은 두 번째 특징에서 연역되는데, 사진이 정서적 효과를 준다는 것이다. 바르트는 사진을 세 종류로 구분한다. 첫 번째는 동일인임을 확인할 수 있지만 별 가치가 없는 사진이고, 두 번째 사진은 개인적인 표정을 읽을 수 있는 닮은 사진이다. 마지막으로 "'닮음'을 넘어서는 갑작스러운 깨어남, 말들이 쇠잔해지고 마는 홀연한 깨달음(사토리), '그렇게, 참으로 그렇게, 그리고 그 이상은 아무것도 없다'라는 유일하고도 희귀한 명증성"을 주는 사진이 있다.[108] 어머니의 소녀 시절 사진은 세 번째 부류에 속한다. 그 사진은 과거에 존재했던 어떤 대상, 그 대상이 갖고 있던 '분위기'를 드러내어 '놀라움'을 준다. '분위기'를 바르트는 "정신적인 것, 삶의 가치"[109]라고 정의한다.

바르트가 온실 사진을 보고 느낀 '정감적 관계'는 무엇일까? 바르트는 온실 사진을 보고 "그녀의 존재를 있는 그대로 포착"[110]한 듯한 느낌을 받았다고 서술하는데, 사진에서 바르트가 발견한 어머니의 '본질'은 무엇일까? 그의 용어를 빌리면, 그 사진을 보고 그는 "정확함"과 "정당함"[111]이 일치한 듯한 느낌을 받는다. 그리고 그것을 이렇게 설명한다. "사진은 현실('그것은 존재했다')과 진실('그렇다!')"을 일치시키며 그때 "총체적 진실"이 드러난다.[112] 그가 파악한 어머니의 '총체적 진실'은 "지고의 선함"[113]이다. 그 진실을 바르트는 다양하게 표현한다. 사진 찍힌 대상이 드러내는 "현실성의 깨어남"[114]도 그 표현 중 하나이며, 그것을 "광기의 진실"[115]이라고도 부른다. '선함'이라는 용어로 확정되기 전에 어머니의 진실은 "순수함"[116]이나 "고결함과 너그러움",[117] "부드러움, 활기, 고매함"[118] 등으로 표현되기도 한다.

이처럼 다양한 용어로 어머니를 '반복적'으로 정의한 것은 그 어떤 용어로도 어머니를 정확하게 정의할 수 없기 때문이다. 사진에서는 단숨에 느꼈던 '정감적 관계'를 '언어'로 표현하려고 하면 항상 미흡한 여백이 남는다. 그 결과, "사진: 분명한 것을 말할 수 없는 무력감. 문학의 탄생"[119]이라는 단상이 나타난다. '말할 수 없음'이 문학의 근원이라는 주장이 바르트에게만 나타나는 독특한 것은 아니지만, 어머니의 죽음이 바르트에게는 '말할 수 없음'의 체험에 속하며, 그 죽음에 언어의 형태를 부여하려는 노력이 『애도일기』이고 그것이 문학이라는 사실은 강조해둘 만하다. 상실한 어머니를 다시 포착하는 행위가 문학적 행위이고, 그가 문제의 그 사진에서 발견한 것이 어머니의 '모습'이 아니라 어머니의 '존재'이며 '본질', '특성'이었다는 점에서 『애도일기』는 바르트에게 가장 근원적인 형태의 문학이 된다.

> 왜냐하면 내가 잃어버린 것은 ('어머니'라는) 하나의 모습이 아니라 하나의 존재이기 때문이다. 그것은 없어서는 안 될 것이라기보다는 다른 것으로 대치될 수 없는 무엇이다. 나는 '어머니' 없이 살 수는 있었지만(우리는 조만간 모두 그렇게 된다.), 그러나 그 후 나에게 남겨진 삶은 확실히 그리고 끝끝내, 규정지을 수 없는 것(특질 없는 것)으로 남아야 했다.[120]

그는 그 사진에서 '다른 것으로 대치될 수 없는 무엇', 오직 그에게만 의미 있는 어머니의 특성을 포착한다. 그가 『애도일기』를 쓰면서 되살리고 싶었던 것이 바로 사진에서 발견했던 어머니의 '덕성'이다. "사진이 환기하는 것은 *동일성*이 아니다. 사진이 환기하는 것은 그 동일성 속에서 예외적으로 *발현*되는 것, '덕성'이다."[121] 이 덕성을 탐색하면서 어머니는 점차 정교하게 정의되기 시작하며, 언어로 표상될 수 있는 존재가 되기 시작한다.

따라서 어머니의 '덕성'에 대해 질문하는 것은 『애도일기』의 목적, 더 나아가 글쓰기의 목적이 무엇인지 질문하는 것이다. 바르트는 사진에서 포착했지만 명확히 규정하지 못했던 무언가를 '덕성'이라는 용어로 탐색하면서 '선한' 어머니를 찾아낸다. 그것이 그의 욕망에 부응하는 어머니다. 그렇게 해서 사진 속의 어머니는 "내 욕망의 특이함에 기적적으로 부응하러 온 유일한, 독특한 이미지", "어떤 상투적인 것(타인의 진실)에도 포함될 수 없는 내 진실의 형상"[122]으로 다시 살아난다. 그가 포착한 어머니의 진실은 바르트 자신의 욕망과 일치하는 그의 진실로 밝혀지며, 이것이 바르트가 정의하고자 했던 '푼크툼'의 의미다. 주체의 욕망이 대상과 만나는 그 절대적 순간에 '말할 수 없음'이 '말할 수 있음'으로 바뀌는 것이다.

여기에서 '푼크툼'을 정확하게 이해할 필요가 있다. 바르트는 이미지를 '스투디움(studium)'과 '푼크툼'으로 구분한다. '스투디움'은 일종의 사회적 상징으로, 그 덕분에 이미지가 집단적으로 소통될 수 있다. 하지만 그 소통은 문화적으로 규정된 약호를 소비하는 행위에 불과하다. 반면 '푼크툼'은 어떤 이미지가 환기시킨 개인적인 감정이어서 타인과 공유되지 않는다.

바르트에 따르면 사진을 응시한다는 것은 "과거의 정체성을 향해 역류"[123]하는 것이다. 이것을 어머니와 연결시키면, 푼크툼은 부재하는 자, 죽은 자가 다시 형상을 부여받는 마법적인 순간을 의미한다. 그 결과 사진은 "죽은 자의 귀환"[124]을 가능하게 하는 유령적 특징을 지닌다. 사진이 하나의 사건이 되고 기억을 촉발시키는 것은 푼크툼 덕분이다.

그런데 그레이엄 앨런이 지적하듯, 어떤 사진에 존재하는 푼크툼을 독자에게 확인시키는 순간 그것은 소통 가능한 기호가 되어 스투디움이 되어버리지 않을까?[125] 바르트가 어머니 사진에서 발견한 '선함'도 그것을 발견한 순간에는 폐부를 찌르는 푼크툼으로 기능하지만 그것을 명명하고 정의하는 순간 그것은 이제 "나를 위한 진실"[126]이 아니라 타인과 소통 가능한 스투디움이 된다는 것이다. 자크 데리다도 이와 비슷한 질문을 제기한다. "어떻게 바르트는 독자들이 자신의 말을 일반화시키지 않도록, 자신의 어머니가 일반적 사회 범주가 되지 않도록 하면서 자기 어머니에 대해 쓸 수 있을까?"[127]

이 질문에 대해 우리는 바르트가 『애도일기』나 『카메라 루시다』에서 어머니의 어릴 적 사진을 제시하지 않으며 어머니가 다섯 살 소녀의 모습이라는 점만 강조할 뿐 옷차림 같은 외적 기호에 주목하지 않는다는 점을 지적할 수 있다. 옷차림에 주목하는 것은 '역사 속에 포착된 어머니'를 관찰하는 것이며 이것은 어머니를 문화적으로 규정하여 스투디움으로 소비하는 것이다. 또 유행은 시간이 지나면서 바뀌기 때문에 특정 옷차림을 한 어머니는 시간 속에 놓이게 되고 다시 상실될 위험이 있다. 바르트는 한 인물을 읽어내려면 역사 차원으로 접근해서는 안 된다고 생각한다. 그래서 "살아 있는 존재로서의 나는 '역사'와 상반된 자이며, 나 개인의 이야기를 위하여 역사를 부인하고 파괴한다."[128]라고 말한다. 어머니를 읽어내기 위해서는 어머니의 '역사'에서 출발해서는 안 되고 바르트 자신으로부터 출발해야 한다. 어머니 읽기가 바르트 읽기로 귀결될 수밖에 없는 이유가 여기에 있다.

바르트가 푼크툼을 느낀 어머니의 모습에서 또 주목할 수 있는 것은 사진에 나타난 어머니의 모습이 바르트가 알고 있던 모습이 아니라는 것이다. 왜 바르트는 '소녀' 때의 모습을 통해 어머니를 되찾았다고 생각하는 것일까? 바르트는 프루스트를 인용하면서 자기 경험을 설명한다. 프루스트는 한 친구의 할머니가 돌아가신 에피소드에서, 돌아가신 할머니의 눈물이 소녀의 눈물이기도 했다고 언급한 적이 있었다.[129] 할머니와 소녀가 눈물을 통해 하나로 만나는 그 순간이 죽은 할머니의 실체가 드러나는 순간이라는 것이다. 바르트는 어머니의 사진에서 자신이 알고 있는 늙은 어머니와 소녀가 결합한 이미지를 발견하고, 자신이 좋아하는 프루스트를 매개로 그것에 특별한 정서적 의미를 부여한다.

그뿐만 아니라 1977년 11월 19일 자 일기에서 바르트는 병환으로 누워 있는 어머니를 간호하면서 자신이 '어머니' 역할을 했으며, 어머니가 죽자 "마치 내가 딸을 잃은 듯하다."[130]라고 기록하고 있다. 아들이 어머니가 되고 어머니가 딸이 되는 역할 전도가 있었다는 것이다. 그가 딸을 잃은 듯한 슬픔을 느꼈다면 사진에서 소녀를 발견한 것은 바르트가 죽은 딸을 되찾은 순간을 형상화한 것으로 이해할 수 있다. 일기 쓰기로는 제대로 실현할 수 없었던 애도를 사진으로 실현할 수 있었던 것은 그가 딸을 잃은 어머니처럼 슬픔을 극도로 경험하고 동시에 그 딸을 되찾을 수 있었기 때문이다.

그래서 바르트는 어머니의 사진을 보고 이상한 충족감을 얻는다. 바르트는 상실한 대상과 관계를 맺을 때 충족감을 얻기 위해서는 '과잉'의 상태에 도달해야 한다고 다음과 같이 말한 적이 있다. "그러나 결핍을 채우는 것으로 만족하지 않고, *과잉*을 만들어내며, 바로 그 *과잉* 속에서 충족이 도래한다."[131] 돌아가신 어머니를 익숙한 이미지로 재현할 경우 그는 '과잉'을 느끼지 못한다. 그것은 '닮음'을 재생산하는 것인데, 닮음은 그를 "만족시키지 못하고 회의적으로 만든다."[132] 어머니의 유년기 사진은 그의 상상을 자극하고 결핍을 메울 수 있는 '과잉'의 역할을 한다. 그 결과 그는 푼크툼을 느낄 수 있었던 것이다.

사진이 응시자의 상상을 자극한다고 해서 모든 이미지가 푼크툼이 되는 것은 아니다. 상상으로는 불충분하고, 사진에서 어머니의 '본질'을 '발견'해야 한다. 그는 '선함'이 그가 아낌없이 받았던 '사랑'의 본질이라고 생각한다. 다시 말하면, 어머니의 죽음으로 그는 어머니의 '선한 품성', '사랑', 어머니의 존재 자체를 상실했었는데, 그가 아낌없이 받았던 '사랑'의 본질인 '선함'을 사진에서 발견하고서 마침내 어머니의 '총체적' 모습을 회복했다고 느낀다.

마지막으로 푼크툼으로 어머니의 본질을 포착하고 상실한 어머니를 회복했다면 그것이 곧 '문학의 탄생'으로 연결될 수 있는지를 살펴보아야 한다. 다시 말해, 어머니의 본질을 발견하는 것으로 바르트에게 문학은 완성되는 것일까? 물론 사진을 통해 발견한 푼크툼은 장점이 있다. 그에게 '온실 사진'은 어머니의 가치를 되찾게 하고('선함', '사랑'), 어머니의 존재를 확인하게 하며('있었다'), 어머니를 회복하게 만든다('소녀'). 바르트는 어머니의 '가치'를 회복하고 그 가치를 거울삼아 자신을 비춰본다. 사진을 통해 타인을 인식하고, 이어 응시하는 자가 자신을 탐색하고 스스로 반성하기 시작한다. 어머니가 돌아가신 후에 그는 어머니의 가치관을 배반하지 않고 그 가치관에 맞추어 살려고 애쓰며, 어머니의 방식대로 일상을 보내려고 한다. 이때 어머니는 바르트의 행동과 판단을 매개하는 중개자, "척도이자 재판관"[133]으로 기능한다. 바르트의 표현을 빌리면, "그녀가 사랑했던 것(그녀가 사랑하지 않았던 것)이 나의 가치를 만들어낸 것이다."[134] 그러나 어머니의 가치에 따라 살고 싶다는 욕망이 강할수록 그 가치를 훼손했다는 후회도 심해진다. 어머니의 사진을 다시 인화하여 오랫동안 들여다보면서 그는 자기 삶이 허영에 차 있음을 깨닫는다. 결국 '온실 사진'을 보고 바르트는 '선함'이라고 하는 어머니의 가치를 회복하지만, 정작 회복되어야 할 것은 그가 잃어버린 '나'의 가치다. 어머니의 애도가 '나의 탐색', 또는 '나의 실현'으로 이해되는 것도, 그의 애도가 끝없이 이어질 수밖에 없는 이유도 그가 잃어버린 어머니를 회복하는 동시에 잃어버린 나의 가치를 회복해야 하는 이중의 과업에 매여 있기 때문이다.

이처럼 『애도일기』는 크게 두 방향에서 전개된다. 하나는 어머니와 관련된 것으로, 바르트는 사랑하는 어머니가 죽었는데 어머니를 잊는 것이 가능한가라는 질문을 제기한다. 그 질문은 이렇게 풀어쓸 수도 있다. 타인과의 분리가 가능할까? 상실한 어머니를 회복할 수 있을까? 또 다른 방향은 바르트 자신에 대한 성찰과 관련된다. 자신이 느끼는 슬픔의 본질은 무엇인가? 어머니를 여읜 슬픔이라고 말하지만 그것은 언어로 표현할 수 없는 "새로운 유형"의 "아름다움"[135]이 아닐까? 결국 바르트는 어머니의 죽음에서 출발하여 글쓰기의 가능성을 성찰하는 것으로 나아간다.

『애도일기』의 여정을 다시 간단히 정리하면, 이 일기는 어머니의 죽음에서 시작하여 목소리와 글쓰기에 대한 성찰을 거쳐 사진의 발견으로 이어진다. 그런데 어머니의 사진은 이미지의 환기력을 강조하는 동시에 글쓰기의 힘 또한 강조한다. 더 나아가 그는 자신이 발견한 사진에 대한 '책'을 완성해야 한다고 강조한다. 비록 일관되게 드러난 것은 아니지만, 그는 간헐적으로 글쓰기가 슬픔을 창조력으로 변모시킬 수 있다고 믿는다.

> 글쓰기가 내 감정의 '정지 상태'를 다른 상태로 바꾸고, '위기들'을 변증법적으로 완화시킨다는 믿음을 확인하는 것 같다.[136]

글쓰기는 움직이지 않는 상태로 정체되어 있는 슬픔을 "유동적인 상태로"[137] 변형시키는 효과가 있다. 글쓰기에 대한 믿음은 그가 어머니의 사진을 발견하고 글쓰기 작업의 '익명성'을 강조하는 시기에 반복적으로 등장한다.

> (사람들이 말하듯) 커다란 위기(사랑, 애도)에서 벗어나고자 하는 '작업'은 너무 급하게 해결되어서는 안 된다. 그런 작업은 나의 경우 글쓰기를 통해서만, 또 글쓰기 안에서만 *완결될 수 있다.*[138]

이 관점에 따르면 글쓰기는 진행되고 있는 애도 작업이다. 애도 작업이라고 해서 어머니를 잊기 위한 것은 아니다. 그것은 성공적인 글쓰기를 통해 어머니를 굳건한 '기념비'적 존재로 만드는 것으로 이해된다. 그가 글을 쓰는 이유는 "*마망을 인정받도록*"[139] 하기 위해서다. 『애도일기』는 어머니를 "인정*받도록* 하는 능동적 행위"[140]이며, 그가 세우는 '기념비'다.

'기념비'가 만들어진다면 애도 작업이 완성될 테지만 바르트에게 글쓰기를 통한 애도 작업은 불완전하다. 글쓰기 때문에 이미 잃은 어머니를 다시 잃게 되지는 않을까 하는 두려움이 생겨나 "마망에 대한 텍스트를 쓰지 못하도록 방해하고 막기"[141] 때문이다. 일기가 성공적인 애도가 되려면 일기 쓰기가 "두려움을 열어젖히는 행위"[142]가 되어야 한다. 바르트는 '열어찢히다'라는 표현을 두려움을 "출산하고 먹는"[143] 행위라고 설명한다. 문제는 글쓰기로 두려움을 만들어내는 것은 쉽지만 두려움을 먹어 치우기는 쉽지 않다는 점이다.

글쓰기와는 달리 사진은 푼크툼을 통해 두려움을 먹어 치울 수 있는 가능성을 보여준다. 바르트가 애도 작업을 수행하게 된 것은 온실 사진 덕분이다. 그러나 여기에도 약간의 제한이 필요하다. 사진을 발견하기 전의 애도 작업이 "거짓된 자유"에 불과했다면, 사진을 발견한 후의 애도 작업은 "품위 있게 사용되지 않으면 위안이 되지 못하는 치명적인 자유"[144]이다. 문제는 바르트에게 품위 있게 사용되는 애도는 '글쓰기'밖에 없다는 점이다. 왜 글쓰기를 통해서만 품위 있는 위안을 얻을 수 있을까? 바르트의 관점에서 글쓰기가 삶과 죽음을 변증법적으로 승화시킬 수 있다는 점을 언급하지 않더라도, 성공적인 글쓰기는 바르트가 "은폐된 삶(vie-écran)"이라고 부른 가짜 삶에 머무르지 않고 "*지적인* 삶"[145]에 이르게 하기 때문이다.

바르트가 1978년 6월 21일 자 『애도일기』에 쓰고 있는 것이 바로 그것이다. 그는 처음으로 이때까지 쓴 일기를 읽어보고 어머니가 돌아가신 첫날처럼 자신의 감수성이 돌아오고 있음을 느낀다. 이 사실은 어머니와 거리를 두고 새롭게 시작할 수 있다는 것을, 다시 말해 애도의 글쓰기가 가능해졌다는 것을 의미하는 것일까? 그 후에 이어지는 일기에서 바르트가 여전히 어머니를 잃은 슬픔에서 벗어나지 못하고 있는 것을 보면 꼭 그렇지는 않다.

그런데 일기의 마지막에 이르러 그는 '소설'을 언급하면서 새로운 글쓰기의 가능성을 제시한다. 이것은 애도의 글쓰기에 새로운 관점을 열어준다. 바르트는 "*나의 소설(Mon Roman)*"을 쓰기에 이르렀다고 언급하는데, 그 표현은 "*나의 롤랑(Mon Roland)!*"이라는 어머니의 말과 함께 인용된다.[146] '몽 로망'과 '몽 롤랑'은 철자와 발음도 유사하지만, '소설(Roman)'이라는 단어가 바르트의 이름인 롤랑(Roland)과 엄마(마망, Maman)가 합쳐진 단어(Ro+man)임을 감안하면, '소설'이야말로 바르트와 어머니가 합체한 단어처럼 보인다. 다시 말해서, 그에게 소설 쓰기는 어머니와의 결합이 허용된 유일한 행위, 어머니를 하나의 '기념물'로 만들 수 있는 행위처럼 보인다. 그런 점에서 그의 마지막 강연이 자신이 기획했던 소설에 대한 강연이었다는 점은 의미심장하다.

V

욕망

장-자크 루소, 『외로운 산책가의 몽상』

마르그리트 뒤라스, 『연인』

이진경은 들뢰즈와 가타리의 논의에 기대어 “욕망은 배치로서 존재한다.”라고 하면서 “모든 배치는 욕망의 배치”[1]라고 명제화한다. 어떤 배치 안에 들어온 사람은 그 배치 안에서 특정한 욕망을 갖게 된다는 것이다. 예를 들어 자본주의라는 배치 안에 놓이면 누구나 이윤을 생산하려고 한다. 욕망은 상반된 두 가지 개념으로 분류된다. 하나는 “기존의 관계나 배치를 유지하고 지속하려는 욕망이고, 다른 하나는 그것을 변화시키거나 다른 배치를 창조하고 생산하려는 욕망이다.”[2] 유지하고 지속하려는 첫 번째 유형을 대표하는 것이 권력 욕망이다. 기존의 배치를 재생산하기보다 새로운 배치를 만들어내는 두 번째 욕망은 ‘탈영토화’의 욕망으로 드러난다. 이 욕망을 고찰하는 것은 삶의 양식을 고착화시키려는 권력에 반대하는 것이고 기존의 관계를 새롭게 배치하고자 하는 욕망을 탐색하는 것이다.

탈주의 글쓰기란 ‘자유’의 글쓰기이며 ‘욕망’의 글쓰기다. 그것은 뭔가로부터 벗어나는 것이다. ‘탈출’에 대해 레비나스는 “자신으로부터 빠져나가려는 욕구, 다시 말해 가장 근본적이고 가장 돌이킬 수 없는 예속관계, 자아가 자기 자신이라는 사실을 깨뜨리고자 하는 욕구”[3]로 정의한다. 즉 자아가 자기 자신이라는 존재의 동일성으로부터 벗어나려는 욕구가 탈출이다.

탈주의 글쓰기를 시도하는 작가는 억압적인 현실에 대해 불편함을 넘어 불안감을 느끼고, 구토가 치밀어 오를 정도로 현실에 대해 경멸감을 경험한다. 그런데 그들이 특정 방향을 정해놓고 탈출을 시도하는 것 같지는 않다. 독자는 작가가 부정하는 것이 무엇인지는 짐작할 수 있지만 그 부정을 통해 어디에 도달할지는 미리 예단할 수 없다. 그런 점에서 탈주의 글쓰기를 시도하는 자서전 작가는 전통적인 자서전 작가들과는 완전히 다르다. 자신이 언제 태어나 어떤 삶을 살고 현재 어떤 상태에 도달했다고 일목요연하게 서술하는 것은 그들의 관심사가 아니다. 그들에게는 이미 기획되고 의미부여 된 삶을 부정하고자 하는 욕망만이 진실처럼 보인다. 어떻게 보면, 그들에게 삶은 무한한 가능성을 갖고 있어서, 탈주의 글쓰기는 하나의 삶을 가지고 무한히 다른 조합을 만들어낼 수 있음을 보여준다.

루소가 '외로운 산책가'의 '몽상'을 자서전적인 글쓰기에 끌어들인 이유도 목적 없는 산책을 통해 자신의 삶을 자유롭게 다시 체험해 보길 원했기 때문이다. 게다가 나이가 들면서 삶을 체계적으로 회고할 힘이 사라지면서 루소에게는 『고백록』과는 다른 새로운 유형의 글쓰기가 필요했다. 루소는 산책과 몽상을 통해 자신을 둘러싼 타인의 시선으로부터, 그를 음해하고 함정에 빠뜨리는 철학자들의 음모로부터 벗어나려고 한다. 철학자들의 음모가 실제로 있었는지 여부는 중요하지 않다. 그에게는 몽상의 글쓰기가 여러 차원에서 쾌락을 제공한다는 사실이 중요하다. 현실은 견딜 수 없을 정도로 적대적이지만 루소는 그 현실에 대해 자기 파괴적으로 반응하지 않고 과거를 환기하면서 기쁨을 느낀다. 과거를 환기하는 기쁨 덕분에 산책과 몽상은 일상에서 벗어나는 탈주가 되고, 비참한 삶을 잊고 행복을 다시 경험하는 향유의 체험이 된다.

그러나 루소의 탈주는 내면으로의 침잠이라는 형식을 취하기 때문에 그것으로 그의 일상이 변하는 것은 아니다. 루소에게 『고백록』이 최후의 심판을 위해 가져갈 삶의 증거로 자기 정당화를 시도하는 목적이 강했다면 『외로운 산책가의 몽상』은 도피라고 하는 좀 더 개인적인 효용을 추구한다. '도피'라는 용어가 마땅치 않으면 '향유'라는 용어를 사용해도 무방하다. 루소가 『외로운 산책가의 몽상』의 마지막 장, 다시 말하면 죽기 전 최후의 글쓰기를 바랑 부인과 보냈던 행복했던 시절을 회고하는 것으로 끝맺음하는 것은 아무런 목표 없이 산책하듯 전개된 그의 몽상이 행복을 향해 나아가고 있음을 분명히 한다.

루소의 '몽상의 글쓰기'가 신체의 노쇠에 따른 필연적인 결과라면 뒤라스의 탈주는 어머니가 강요했던 세계, 즉 어머니의 세계 밖으로 나가는 것이다. 뒤라스는 자기 인생의 출발점이었던 어머니, 가족 그리고 감옥처럼 여겨졌던 유년기를 부정한다. 중국인 연인과 함께했던 에로티즘이나 글쓰기가 일종의 탈주가 되는 것은 그것들이 어머니의 세계 '밖에서' 경험되기 때문이다. 어머니는 가족사진을 수정해서 개개인의 개성을 없애려고 하고, 뒤라스에게도 슬픔과 절망에 빠진 자신과 동일한 삶을 살도록 강요한다. 그런 시도 중 하나가 딸의 육체를 자기 마음대로 처분하는 것이다. 어머니는 딸에게 매음을 시키지만, 딸은 어머니의 세계 '밖에서' 기존의 관습이나 편견과는 상관없이, 아무런 방해도 받지 않고 자신의 욕망을 따르고 실현한다. 그 결과 어머니 세계 밖으로의 '탈주'는 자유의 체험이 된다. 그러나 루소가 바랑 부인과의 관계로 되돌아가듯, 뒤라스는 중국인 연인과의 전화 통화로 마지막을 장식한다. 이렇듯 그녀의 삶은 잃어버린 사랑을 되찾으려는 순환구조로 이루어져 있다.

루소의 『외로운 산책가의 몽상』이나 뒤라스의 『연인』에 서술된 인생이 서론, 본론, 결론처럼 논리적이고 인과론적으로 전개되지 않고 파편화된 형식을 취하는 것은 이러한 탈주 체험의 결과처럼 보인다. 그렇게 전개되는 삶은 최선의 경우 허구이고, 경우에 따라서는 거짓처럼 보인다. 하나의 에피소드에 뒤이어 다른 에피소드가 나오지만, 이들의 자서전은 서사의 시간적 질서를 엄격하게 존중하지도 않고 일정한 주제 의식이 압도적으로 제시되어 있지도 않다. 에피소드들은 그저 우연히 그렇게 연결된 것처럼 보여서, 이들은 논리적으로 연결된 이야기를 남들이 이미 탐사한 것의 되풀이에 불과하다거나, 그것이 몽상을 방해한다고 여기는 것 같다.

자서전이 논리정연하고 필연적인 서사의 힘으로 주인공에 대해 일관된 이미지를 만들어내는 것은 분명한 사실이다. 그러나 루소와 뒤라스는 통일성이나 단일성을 넘어 우연한 연상이나 감각을 존중할 때 만들어지는 느슨한 구성을 통해 자서전의 또 다른 가능성을 열어 보인다. 그 가능성 덕분에, 자기 인식의 욕망이나 정당화의 욕망 또는 증언의 욕망같이 자서전을 추동한다고 알려져 있는 여러 욕망과는 차원이 다른 '행복에 대한 요구'가 자서전 작가로 하여금 과거를 성찰하게 하는 근원적인 욕망으로 제시된다. 루소와 뒤라스에게 또 다른 공통점이 있다면 그것은 탈주가 무한정 밖으로 벗어나는 원심력만은 아니라는 점이다. 이들은 탈주를 통해 자신이 꿈꾸던 원초적 순간으로 회귀하기를 꿈꾼다. 작가들은 탈주를 통해 타자로부터 벗어나고 타인이 부과한 이미지에서 벗어나고자 한다. 이들은 자아 동일성에서 벗어날 때 자기 자신으로 존재할 수 있음을 깨닫는다. 그래서 탈주는 욕망의 글쓰기가 된다.

Jean-Jacques Rousseau

장-자크 루소

『외로운 산책가의 몽상』

자기 성찰의 글쓰기

누구에게나 자신의 탄생이 삶과 관련된 최초의 사건이자 중요한 사건임에 틀림없다. 그러나 장-자크 루소(1712-1778)에게 탄생은 어머니의 죽음을 대가로 치르고 태어났다는 죄의식과 밀접하게 연결되어 있다.

루소는 자기 삶을 지속적인 타락 과정으로 서술하는데, 이런 관점은 평생 일관되게 유지된다. 열여섯 살이던 1728년에 성문이 닫히는 바람에 제네바에 들어가지 못하는 일이 생기는데, 이 경험은 유년기의 끝을 상징하며 이후 방황하는 청소년기가 시작된다. 제네바를 떠난 그해에 그에게 지대한 영향을 끼친 바랑 부인을 만난다. 바랑 부인과의 만남은 『외로운 산책가의 몽상』(이하 『몽상』으로 약칭)에는 다음과 같이 서술되어 있다. "다만 그 첫 순간이 내 일생을 결정짓고, 내가 피할 수 없도록 사슬로 묶어 내 남은 삶의 운명을 주조한 것은 범상치 않은 일이었다."[1] 그는 바랑 부인을 '엄마'라고 불렀지만 후에 그녀와 육체관계로까지 발전하면서 근친상간에 따른 죄의식이 생긴다. 그러나 그가 『몽상』에서 마지막으로 회상하는 것도 바랑 부인과 관련된 행복한 기억이다. 루소는 유년기부터 엄청난 독서가였지만 체계적으로 책을 읽은 것은 아니었다. 바랑 부인과 함께 했던 13년 동안 루소는 독학으로 역사, 철학, 문학 서적을 탐독했으며 그 이후로도 그는 교육기관에 소속된 적이 없다.

1745년에 세탁부 테레즈 바쇠르를 만나 1750년에 가정을 꾸렸으며

1768년에 정식으로 결혼했다. 볼테르가 1765년에 「시민들의 견해」라는 팸플릿에서 루소가 아이들을 고아원에 버렸다고 익명으로 폭로하면서 교육론 『에밀』의 저자에 대한 비난이 빗발쳤고, 이 사건이 자서전을 쓰게 된 직접적인 계기가 되었다.

그의 인생은 1750년 디종 아카데미에 『학문예술론』을 응모할 생각을 하게 되었을 때부터 돌이킬 수 없는 길로 들어선다. 흔히 뱅센의 '계시'로 알려진 이 선택은 '바울의 회심'에 비교될 정도로 루소에게는 사회적·정치적으로 큰 영향을 끼쳤다.[2]

40세 전후로 루소는 삶의 방향에 대해 깊이 성찰한다. 그는 사회적 성공의 허위성을 꿰뚫어보고 문학가이자 사상가로서 자신이 누리던 명성을 포기하고 악보 베끼는 일로 생계를 꾸리기로 결심한다. 그때가 1751년이다. 자신을 사로잡았던 헛된 희망을 포기한 것이 '외관의 혁신'이었다면, 내면 검토를 단행한 것은 '사상의 혁신'을 위한 것이었다.

그의 시대가 이성을 중시한 계몽주의 시대였다는 사실을 고려하면 루소가 시대를 앞서가는 탁월한 인물이었다는 것은 더욱 설득력 있게 여겨진다. 그는 이성과 관념만으로는 삶의 조건, 더 나아가 인간을 제대로 고찰할 수 없다는 것을 인식하고, 이성과 감성, 관념과 경험을 분리시켜서는 안 된다고 생각했다. 이와 같은 사유는 '기원'에 대한 각별한 관심으로 구체화된다. 자서전으로 한 개인의 '기원'을 성찰한 것처럼, 루소는 『사회계약론』, 『학문예술론』, 『불평등 기원론』, 『에밀』 등의 저술을 통해 거의 모든 분야의 '기원'에 대해 깊이 성찰했다. 그는 철학·정치·경제·문화·교육 등 전방위에 걸쳐, 학문의 토대가 무엇이며 당대 사회에서 그것들이 정당하게 실현되고 있는지를 검토하고, 시민사회에 적합한 이상적인 형태가 무엇인지 질문했다. 그렇게 해서 기존의 토대를 뒤흔든 새로운 방법론을 제시할 수 있었다.

그렇다고 해서 그가 계몽주의 시대의 도도한 흐름에 저항한 것은 아니었다. 계몽주의 시대를 특징짓는 중요한 지적 활동 중 하나로 당대 지식인들이 다양한 분야에서 축적된 탐구의 결과를 '백과사전'이라는 거대한 총체로 제시하려고 했다는 점을 들 수 있다. '백과사전'은 학문을 주제나 항목으로 분류함으로써 누구나 손쉽게 찾아볼 수 있도록 했고 그 결과 소수의 전유물이었던 학문이 글을 읽을 수 있는 모든 사람의 공유물이 되었다. 또한 논리정연한 총체로 제시된 각각의 항목들을 서로 연결해서 새로운 가치를 창출할 수 있다는 점은 큰 의의가 있다. 루소도 이 세기의 기획에 적극 참여하여 백과사전에서 음악 항목을 기술했다.

『고백록』은 『누벨 엘로이즈』를 쓰고 난 1758년부터 구상하기 시작했다. 그러나 그가 자료를 모으고 초고를 남기기 시작한 것은 1756년으로 거슬러 올라간다. 좀 더 직접적으로는 1761년에 암스테르담의 출판업자 레(Rey)가 그에게 회고록을 쓰도록 권유한 것이 계기가 되었다. 자서전 집필에 대한 직접적인 의사는 1762년 말제르브에게 보낸 네 통의 편지에서 확인할 수 있다. 루소가 처음부터 자서전적인 글쓰기에 적극적인 것은 아니었다. 자서전의 성격상 자신과 타인에 대해 꾸밈없이 모든 것을 다 말해야 한다는 사실 때문에 두려움을 느끼고 처음 자서전을 구상한 후에도 몇 년 동안 망설였다고 한다. 그러나 자신을 둘러싸고 잘못된 여론이 형성되어 있어서 그는 자신을 변호할 필요를 강하게 느끼고 있었다. 1765년 『고백록』의 서문을 쓰기 시작하면서부터 본격적으로 자서전을 집필하기 시작했고 1778년 사망할 때까지 자기 성찰의 결과를 담은 삼부작인 『고백록』, 『루소, 장-자크를 심판하다』, 『몽상』을 썼다. 마지막 작품은 미완으로 남았다.

『고백록』은 프랑스 자서전의 역사에서 획기적인 작품으로 꼽힌다. 그 이유를 여러 가지로 제시할 수 있는데, 무엇보다도 그가 삶의 이야기를 허구가 아니라 '역사'로 간주했다는 점에 주목할 수 있다. 그는 자서전을 쓸 계획을 세우고 다양한 자료를 수집했으며 심지어 자신이 모은 자료와 편지를 부록으로 제시할 계획까지 세웠다. 자서전을 역사로 여겼기 때문에 서술된 내용의 사실성이 더 중요해졌고 문학에 진실과 거짓의 차원이 도입되었다. 두 번째로는 루소에 이르러 '유년기'가 이야기의 대상이 되었다는 점을 들 수 있다. 18세기 중엽, 교육학과 심리학뿐 아니라 소아과와 관련된 의학이 발전했는데 루소는 이러한 학문 발전에 민감하게 반응하면서 문학사에서 처음으로 '아이'를 작품의 주인공으로 등장시켰다. 루소는 자서전에 자신의 전 생애를 포함시켰지만, 유년기를 중시하는 경향은 더 강화되어 20세기에 오면 유년기만 서술한 자서전이 대거 등장하게 된다. 마지막으로 '성적 체험'을 자서전에 기술해야 하는 필수적인 요소로 받아들이게 된 데에 루소의 공로를 부정할 수 없다. 루소는 도둑질이나 거짓말처럼 사회생활을 하면서 겪게 되는 다양한 체험을 고백했을 뿐 아니라 자위, 동성애, 근친상간, 노출증과 같은 경험을 가감 없이 서술하는데, 루소가 보여준 파격적인 서술 덕분에 '성', 더 나아가 '욕망'은 금기시되기는커녕 한 인간의 성격을 구성하는 필수 요소로 받아들여졌다.[3]

이러한 사실 외에도 루소가 자서전 장르의 발전에 기여한 것으로 '기억'의 역할을 강조한 점을 들 수 있다. 지금까지는 한 인간의 정체성을 파악할 때 그가 어떤 행위를 했고 어떤 업적이 있는가가 중요했다면, 루소는 삶을 기술하는 데에 있어 행동뿐 아니라 기억도 중요하다는 사실을 과감하게 강조한다. 시간이 삶을 구성하는 특별한 요소라는 것이다. 또 젊은 시절, 각종 시론에서 인간과 사회의 본성을 논하고 행복의 조건이 무엇인지를 밝히는 데 열중했다면, 노년에 이르러 사회가 합리적 이성으로 유지되지 않는다는 것을 깨닫는다. 그러면서도 행복에 대한 권리를 여전히 요구하고, 심지어 『몽상』에 이르면, 인간은 몽상만으로도 충분히 행복할 수 있다고 주장한다. 『몽상』이 멜랑콜리의 색채를 짙게 풍기는 것은 그가 행복을 추구하면서도 그 행복이 현실에서는 불가능하고 오직 몽상과 기억을 통해서만 가능하다고 생각했기 때문이다.

나는 누구인가?

자기 성찰의 글쓰기에서 독자들은 어디까지가 자기 정당화 시도이고 어디까지가 진실인지 구분하기가 어렵다. 자서전 작가는 '자기 정당화'와 '진실'을 동시에 추구한다고 하지만, 때로는 정당화된 것이 진실처럼 보이는 것이 사실이다. '자기 정당화'와 '진실'의 관점에서 루소의 글쓰기가 어떤 변화를 보이는지 살펴보면, 『고백록』의 뇌샤텔 판본 서문에는 객관성을 확보하겠다는 의지가 드러나지만, 최종 서문에서는 자신의 '유일성'을 강조한다. 이런 변화에 미루어볼 때 시간이 흐르면서 루소는 진실 담론에서 정당화 담론으로 약간 방향을 튼 것처럼 보인다.

루소는 1770년에 『고백록』을 완성하고 1776년에 『몽상』을 쓰기 시작한다. 그 기간 동안 박해를 받는다는 피해의식은 점점 심해진다. 『몽상』의 서문에 해당하는 첫 번째 산책에는 『몽상』을 쓰게 된 상황, 마음의 평정에 도달하게 된 과정, 『몽상』의 형식과 목표, 독창성 등이 서술되어 있다. '마음의 평정'이라는 용어가 암시하듯, 『몽상』의 목표는 정당화나 진실 추구와는 거리가 있다. 자기에 대한 글쓰기가 자신을 '타인에게' 드러냄으로써 자신을 정당화하려는 욕구에서 벗어날 수 없는 게 사실이지만, 『몽상』은 좀 더 개인적인 목표를 갖고 있다.

『몽상』을 쓰게 된 동기와 관련해서는 "온전한 평온이 내 마음속에 자리 잡은 지 채 두 달도 되지 않는다."[4]라는 문장이 눈길을 끈다. 『몽상』을 1776년 9월 말에서 10월 초에 쓰기 시작했음을 감안하면 여름이 다 지날 무렵 비로소 마음의 평정을 되찾았다는 것이다. 그의 마음을 뒤흔들어놓았던 사건은 무엇이었을까?

『몽상』을 쓰게 된 상황에 대해 전문가들의 의견은 여러 가지로 나뉜다. 두 번째 산책에 언급된 개에 부딪혀 부상당한 사건이나, 마담 크레키와의 결별, 그를 후원하던 콩티 공의 죽음이 거론되기도 한다. 장 가라뇽은 여러 견해를 검토한 후, 1776년 2월 겉표지에 "억눌린 자의 보호자이며 정의의 신인 당신의 섭리에 이것을 맡깁니다."라고 쓴 『대화』의 원고를 노트르담 성당 제단에 바치려고 했으나 철책이 내려져 포기한 에피소드에 주목하고, 그것을 『몽상』을 쓰게 된 직접적인 상황과 연결시킨다.[5] 루소는 자신에 대한 박해를 작품에 대한 박해와 동일시하면서, 박해자의 음모 때문에 『대화』를 하느님께 바칠 수 없다고 생각했다는 것이다. 그래서 같은 해 4월 '아직도 정의와 진리를 사랑하는 모든 프랑스인들에게'라는 제목의 팸플릿을 행인들에게 나누어주기까지 했다. 마음속에 들끓던 박해 환상과 작품을 지켜내야 한다는 강렬한 욕망이 여름을 지나면서 사그라든 것은 이 모든 시도가 무위로 돌아갔기 때문이다.

『대화』를 성당 제단에 놓지 못한 우연한 상황을 박해자의 음모로 해석하는 데에서 알 수 있듯이, 『몽상』은 겉으로는 몽상의 쾌락을 서술하고 있는 것처럼 보여도 박해자의 그림자와 체념 의식이 짙게 드리워져 있다. 따라서 『몽상』을 읽는 것은 노년기의 루소가 타인과 어떤 관계를 맺고 있는지, 그가 사회관계에서 벗어나 '몽상'이라는 자기만의 내적 쾌락에 도취된 이유는 무엇인지를 검토하는 것과 일정 부분 연결되어 있다. 『몽상』에서 루소는 먼저 '나는 누구인가?'라는 질문을 제기한다.

> 그렇지만 그들에게서, 또 모든 것에서 떨어져 나온 나, 나 자신은 무엇인가? 바로 이것이 내게 남겨진 탐구의 주제다.[6]

이 질문은 사실 자기에 대한 글쓰기에서 빠짐 없이 제기되는 질문이고, 『고백록』과 『루소, 장-자크를 심판하다』에서도 다루는 주제이기도 하다. 그러나 이 문장을 통해 루소는 다시 한번 자신을 정의하고 탐색할 필요성을 제기한다. 여기서 우리는 '떨어져 나온'이라는 언급에 주목하게 된다. 루소는 자신을 '외톨이'로, 사회에서 쫓겨나 다른 사람들로부터 증오받으며 그들과 연결된 모든 끈이 끊어진 자로 규정한다.

> 마침내 나는 이제 이 세상에서 나 자신 말고는 형제도, 이웃도, 친구도, 교제할 사람도 없는 외톨이가 되었다. 인간들 중에서도 가장 사교적이고 정이 많은 내가 만장일치로 인간 사회에서 쫓겨난 것이다. 그들은 나를 극도로 증오하며 내 예민한 영혼에 어떤 고통이 가장 잔혹할지를 궁리했고, 나와 그들을 묶고 있던 모든 끈을 난폭하게 끊어버렸다.[7]

루소는 자신을 사회로부터 억압받는 죄 없는 희생양으로 제시한다. 그는 사회가 "내 모습을 있는 그대로 봐주기를 희망"[8]하지만 사회는 그를 왜곡시킨다. 루소는 자기 존재감의 근원을 '시민'으로서 타인들과 연결된 존재라는 데에서 찾고 있었기에 사회에서 추방된 것은 마치 "사물의 질서 밖으로 끌려나온" 것 같은 충격을 준다.[9] 그 결과 '나는 누구인가?'라는 질문은 더욱 절실해진다.

루소 스스로 규정한 바에 따르면, 그는 현재나 과거나 변함없이 선한데, "인류가 끔찍해하는 대상, 하찮은 이들의 조롱거리"가 되어 "한 세대가 모두 만장일치로 [그를] 생매장"[10]하고 있다. 그는 자신을 '수면 상태, 죽음, 사물의 질서 밖, 혼돈' 등 하나같이 추락의 이미지로 규정한다. 더 치명적인 것은 자기 탐색을 하면 할수록 "지금 내가 어디 있는지 점점 더 이해할 수 없다."[11]라는 사실이다. 그는 현재 자신의 처지가 도달해야 할 '나'와 분리되어 있을 뿐 아니라 그 괴리는 점점 더 심해지고 있다고 말한다.

상황이 이렇다면 왜 자신이 이런 상태에 떨어졌는지 그 이유를 알아내고, 상황이 불공정하며 자신은 "괴물, 풍속을 해친 자, 암살자"가 아니라 박해받고 있는 피해자라고 외치는 게 그다음 수순일 것 같다. 그러나 루소는 자기 정당화의 담론 대신, '자기실현'의 담론을 펼친다. 그는 자신이 처해 있는 상황을 현실로 받아들이고, 어떻게 그 현실을 극복했는지, 자신이 도달한 상태는 어떤 상태인지를 서술한다.

루소는 자신이 처한 상태를 '외톨이'로 정의한다. '외톨이'라고 번역한 'seul'이라는 단어는 『고백록』 1권에서도 찾아볼 수 있다. 루소는 "오직 나뿐이다. 나는 내 마음을 느끼고 인간들을 안다."[12]라고 서술하는데, 이때의 '나뿐이다'는 '외톨이'라는 뜻이 아니고 자신의 특이성을 강조하는 단어이다. 말하자면 『고백록』은 자기 정체성의 특이성을 드러내는 데 주안점이 있고, 『몽상』은 고독한 상태를 강조한다.[13]

루소가 처한 고독한 상태는 자신이 원한 게 아니고 타인으로부터 배제되고 강요된 상태이기 때문에 문제가 된다. 만약 자기 의지로 고독을 선택했다면 또 타자와 단절된 상태에서 행복을 추구했다면, 그 고독은 자유의 징표이자 자기 정체성을 드러내는 방식이 될 수 있다. 그런데 루소는 타인의 인정을 받으려고 최선을 다했는데도 배제되었기 때문에 그때의 고독은 자기 의지에 반하여 사회적으로 소외된 것을 의미한다. 이전의 루소에게 고독이 사회의 해악에 물들지 않은 자연인의 상태를 의미했다면 인생 말기에 이르러서는 인간 사회에서 쫓겨나 고독을 강요받은 것이다. 그래서 에릭 블롱델은 "루소의 고독은 사회적 현상이다."[14]라고 지적한다. 사회에서 배제됨으로써 어쩔 수 없이 수동적으로 변한 고독한 자아를 자율적이고 능동적인 자아로 변화시키는 것, 그것이 루소가 『몽상』을 쓴 이유 중 하나다.

『몽상』은 열 개의 산책으로 구성되어 있으며, 각각의 산책은 다음과 같은 주제를 다룬다.

첫 번째 산책: 『몽상』의 서문에 해당하는 부분으로 자신이 놓인 현 상황, 형식, 목표를 간단히 밝힌다.

두 번째 산책: 산책 도중 개와 부딪힌 사고를 서술하면서 그것을 완전한 자기 망각 체험으로 이해하며, 이후에 벌어진 일련의 에피소드를 박해의 관점에서 서술한다.

세 번째 산책: 노년의 자아를 검토하면서 철학자들과는 반대로 인식의 한계를 인정하고 자연 질서와 도덕 질서의 조화를 추구하는 자신의 철학을 제시한다.

네 번째 산책: 거짓말에 대해 성찰하면서 거짓말과 허구를 구분하고 자기 정당화를 시도한다.

다섯 번째 산책: 몽상과 내적 행복의 관계를 자기 충족성의 관점에서 서술한다.

여섯 번째 산책: 미덕, 특히 행위의 동기를 성찰함으로써 자유의 가치를 논한다.

일곱 번째 산책: 식물 채집을 통해 식물적 상상력의 즐거움을 밝힌다.

여덟 번째 산책: 자만심과 자기애, 확산과 집중을 구분하고 적들의 박해 덕분에 타인에 대해 무관심해져서 행복을 느낀다.

아홉 번째 산책: 행복은 자기 기쁨에서 비롯되는 게 아니라 만족한 타인의 얼굴을 보는 데에 있음을 밝힌다. 또 아이를 고아원에 버린 에피소드를 다시 언급하며 자기 정당화를 시도한다.

열 번째 산책: 루소가 사망하면서 바랑 부인에 대한 회상이 미완성으로 남는다.

에이젤딩거의 연구에 따르면, 『몽상』에는 몽상과 명상이 섞여 있는데, 전반적으로 명상이 더 우세하며, 자연과의 합일을 통해 자아를 망각하는 몽상의 경지는 두 번째, 다섯 번째, 일곱 번째, 열 번째 산책에서 드러난다.[15]

『고백록』과 『몽상』

비평가들은 첫 자서전 『고백록』과 마지막 자서전 『몽상』을 비교하면서, 글쓰기에 대한 루소의 태도가 크게 변했다는 사실을 강조한다. 신을 정점으로 하는 전통적인 위계질서가 무너지면서 인간은 스스로를 창조한다는 환상을 갖게 된다. 루소의 경우 그 환상은 두 가지 방향으로 전개된다. 하나는 타인 또는 공동체에 대한 깊은 믿음으로 드러난다. 이 믿음은 『고백록』에서도 유지되고 있다. 루소는 자서전의 자기 탄생을 서술하는 부분에서 그의 아버지와 어머니가 모두 제네바의 '시민'이었다는 사실을 분명히 밝힌다. 그는 자신이 귀족 계급이 아니라 시민 계급이라는 점에 자부심을 느낀다. 그가 쓴 저서 표지에는 한결같이 '제네바의 시민'이라는 표현이 들어 있다. 그가 자신을 중상모략하는 타인의 박해에 맞서 『고백록』을 들고 최후의 심판을 기다리겠다고 선언하는 것도 절대적 타자에 대한 믿음을 간직하고 있기 때문이다. 또 다른 방향은 내면의 목소리를 듣고 자신의 본성과 일치하는 조화로운 삶을 사는 것이다. 더 이상 타인의 인정을 받으려는 욕망 없이, 사회적 자아를 벗어던지고 내적 자아로 만족하며 행복을 누리겠다는 소박한 요구가 『몽상』을 지배한다.

『고백록』에서는 글쓰기가 모든 불행의 근원으로 제시된다. 글쓰기로 명성을 얻었지만 글쓰기 때문에 내적 행복을 잃고 사회적 음모의 희생양이 되었으며 소외되었다는 것이다. 『고백록』에서는 글쓰기의 쾌감이 부정되지만, 『몽상』에 이르면 글쓰기는 고독한 자가 행복감을 느끼는 충일성의 행위가 된다.

『몽상』의 특징을 이해하려면 제목에 들어 있는 '외로움', '산책', '몽상'이라는 용어에 주목할 필요가 있다. '산책'과 '몽상'은 텍스트에 어떤 특별한 효과를 부여하는데, 그것을 '자유로움'으로 정의할 수 있다. 자유로움은 노년기에 접어들면서 루소가 타인과 소통해야 한다는 강박에서 벗어난 것과 관련 있으며 『몽상』에서는 그것이 형식적인 자유로움으로 드러난다. 다시 말하면 『고백록』이 삶을 재구성하고 일관된 이미지를 제시하고자 했다면, 『몽상』은 그런 욕망과는 아무 상관이 없고 존재의 충일성을 어떻게 느끼는지가 중요하다. 루소는 이미 『고백록』 4권에서 여행과 존재 충일감에 대해 다음과 같이 밝힌 바 있는데, 산책이 일상에서 하는 여행이라는 의미에서 존재 충일감을 산책의 효과로 이해해도 무방할 듯하다.

> 내 생애의 세세한 일들이 기억에서 사라지고 보니, 여행 일기를 써두지 않았던 게 가장 후회된다. 감히 이렇게 말할 수 있다면, 내가 혼자 걸어서 여행하던 때만큼 그렇게 많이 생각하고, 그렇게 충만한 존재감을 느끼며, 그렇게 많이 경험하고, 그렇게 완벽히 나 자신이었던 적은 결코 없었다.[16]

여행이나 산책은 모두 자연을 접하는 방식이다. 루소에게 자연은 무엇보다 치유 효과를 지닌 것으로 여겨진다. 그는 아내 테레즈에게 다음과 같이 언급했다고 한다. "내가 아파서 회복될 기미가 없으면 나를 초원 한복판에 데려다줘. 초원을 보면 난 회복될 거야."[17] 루소는 자연을 산책하면서 스스로 치유했고, 자연을 경험하면서 영혼의 해방에 필적하는 즐거움을 느낀다. 마르셀 레몽에 따르면, "이 행복, 이 경험을 루소는 때로는 황홀이라고 불렀고, 더 흔히 몽상이라고 불렀다."[18] 자연을 산책하면서 느끼는 행복의 경험이 바로 몽상이라는 것이다. 이 지점에서 '몽상'이라는 단어의 의미 변화를 살펴보는 것도 흥미롭다.

'몽상(rêverie)'의 어근에 해당하는 '꿈꾸다(rêver)'라는 단어의 첫 번째 의미는 '떠돌아다니다, 방황하다'라고 한다. 고전주의 시대에는 '꿈꾸다'라는 단어에 '숙고하다'라는 의미가 있어서 인간이 일상사에서 벗어나는 상태를 가리키기도 했지만 18세기에는 '무질서'나 '생각의 흐름에 내맡김'과 같은 '방황'의 의미가 널리 퍼졌다.[19] 루소가 자기 삶을 기나긴 몽상으로 간주한 것은 삶을 긴 산책으로 여겼기 때문이다.

루소는 '몽상'이라는 단어에 두 가지 의미를 모두 부여했다. 명상이나 숙고의 의미는 거짓말을 다루는 네 번째 산책과 미덕에 대한 성찰을 다루는 여섯 번째 산책에서 분명히 드러나고, 방황의 의미는 생피에르 섬에서 행복의 물결에 몸을 내맡기는 체험을 서술한 다섯 번째 산책과 바랑 부인을 회고하는 열 번째 산책에서 잘 드러난다. 그러나 몽상이 행복의 체험이라는 점에서 루소에게는 방황의 의미가 더 부각된다.

> 그러나 만일 영혼이 과거를 다시 불러내거나 미래로 성큼 넘어갈 필요 없이 온전히 몸을 맡기고 자신의 존재 전체를 집중시킬 수 있을 만큼 충분히 굳건한 평정심을 찾아낼 수 있는 상태가 있다면, 영혼에게 시간이 아무것도 아닌 상태, 현재가 영원히 지속되면서도 그 지속성을 드러내지 않고 그것이 연속되고 있는 흔적도 없는, 우리의 존재에 대한 느낌 외에 박탈이나 향유의 느낌도, 쾌락이나 고통, 욕망이나 공포의 느낌도 없는 상태, 또한 우리의 존재감만이 영혼 전체를 채울 수 있는 그런 상태가 있다면, 그 상태에 있는 자는 그것이 지속되는 한 행복한 사람이라고 부를 수 있을 것이다. 이것은 삶의 쾌락에서 발견되는 것처럼 불완전하고 초라하고 상대적인 행복이 아니라, 채울 필요를 느끼는 어떤 빈자리도 영혼 속에 남겨두지 않는 만족스럽고 완벽하며 충만한 행복이다.[20]

이 문장에는 행복에 관한 거의 모든 주요어들이 다 포함되어 있다. 루소에게 행복이란 자기 존재감이 영혼을 채운 평정심의 상태를 의미한다. 외부의 사물은 "가장 달콤한 향락과 가장 강력한 쾌락"[21]을 주지만 그 사물에 집착하게 만들어, 과거에 대해서는 그리움을, 미래에 대해서는 욕망을 품게 만든다. 그런 쾌락은 행복감을 주지 않는다. 쾌락을 경험한 사람은 더 큰 자극을 원하기 때문에 불안해지고 현재를 즐기지 못하며 공허감을 느끼게 된다. 반면 평정심의 상태에서는 과거의 회한이나 미래의 기대에서 벗어나 오롯이 현재에 집중하게 되면서 시간관념에서 벗어나게 되고,

외부와 관련된 모든 애착이 끊어지면서 자기 충족감을 누리게 만든다. 루소가 배를 타고 떠내려가면서 몽상에 사로잡혔던 다섯 번째 산책이 그 좋은 예다. 지속적이고 평온한 물결의 움직임이 내면의 움직임을 자극하여 감각이 고양되고 공상이 피어올라 현실과 허구의 경계가 사라지며, 몽상 속에서 대상은 더욱 생생하게 감지된다. 루소에게는 실제 경험의 현실보다 몽상의 현실이 더욱 생생하게 체험되는 것처럼 여겨진다. 이런 특성은 두 번째 산책의 첫 문장에 분명히 서술되어 있다.

> 나는 인간이 처할 수 있는 가장 기이한 상황에 처한 내 영혼의 일상적인 상태를 묘사하려는 계획을 세우고, 그것을 실행할 방법으로 나의 고독한 산책과, 머릿속을 완전히 자유롭게 두어 그 어떤 저항이나 구속 없이 생각이 마음껏 제 흐름을 따르게 할 때 그 산책을 가득 채우는 몽상을 충실히 기록하는 것보다 더 단순하면서도 확실한 방법을 알지 못했다. 이 고독과 명상의 시간은 내가 온전히 나 자신이 되어 마음이 흐트러지거나 어떤 방해도 받지 않고, 자연이 바랐던 상태 그대로 존재하고 있다고 진심으로 말할 수 있는, 하루 중 유일한 시간이다.[22]

『몽상』은 '내 영혼의 일상적인 상태를 묘사하려는 계획'의 산물로, 산책과 몽상을 통해 이루어진다. 산책을 하면서 몽상에 빠지면, 더 이상 자기를 옹호할 필요가 없고 논리적인 생각에 구속될 필요도 없으며, 자유로운 흐름을 수동적으로 따르기만 해도 자연과 자아가 하나가 된다. 그래서 에이젤딩거는 "몽상은 자연과 자아의 관계를 표현하며, 명상은 존재의 본질과 존재의 운명, 타자와의 관계에 대한 질문처럼 나타난다."[23]라고 지적한다.

벨맹-노엘은 『몽상』이 정신분석의 자유연상과 비슷하다고 다음과 같이 지적한다. "결국 본질적으로 무의식적 의미를 지니는 사건들의 무의식적 이야기로까지 자서전을 밀고 나간 것, 그것이 내게는 『고백록』과 비교해 볼 때 『몽상』이 갖는 독창성으로 여겨진다."[24] 에피소드의 의미를 정확하게 파악하지 못했으면서도, 루소는 자신이 의식하지 못한 다양한 면모를 서술된 사건들이 더 많이 이야기해줄 수 있으리라고 직관적으로 느꼈다는 것이다. 벨맹-노엘에 따르면, 『몽상』이 『고백록』에 비해 진실을 좀 더 '날것 상태'로 드러낼 수 있는 장점이 있으며, 그 과정에서 작가의 무의식을 건드려 일종의 치료효과까지 엿볼 수 있다.[25] 자서전이 추구하는 진실 담론은 무의식적 담론이며 『몽상』이 그것을 적절히 드러낸다는 것이다.

이러한 특성은 루소가 『몽상』을 "형식 없는 일기"라고 규정한 것과도 일치한다. 이것이 『몽상』과 전통적인 회고록풍 자서전의 차이이기도 한데, 예를 들어 전통적인 자서전은 일반적으로 오랫동안 숙고한 결과를 논리정연하게 기술하는 과거 회상형 이야기로 정의된다. 이것은 『고백록』 4권의 마지막 부분에 잘 서술되어 있다.

> 어떤 일련의 감정과 생각들은 뒤따라오는 것들을 수정하기 때문에 뒤엣것을 제대로 판단하기 위해서는 앞엣것을 알아야 한다. 나는 결과의 연쇄를 느끼도록 하기 위해서 어디서든지 최초의 원인을 잘 설명하려고 애를 쓴다.[26]

자서전은 다른 사람이 '나'를 파악할 수 있도록 이야기의 질서에 많은 정성을 쏟는다. 『고백록』과는 달리 『몽상』은 자유로운 '산책'의 형식을 취하고 있어서 직관을 존중하고 즉각적인 것에 끌리는 그의 천성과 잘 어울린다. 그날그날의 일상을 떠오르는 대로 기록하는 장르인 일기 형식으로 『몽상』을 기술함으로써 루소는 파편화되고 비논리적인 순간순간의 느낌을 적절하게 드러낼 수 있다.

> 이 종이들은 말 그대로 내 몽상을 기록한 형식 없는 일기에 불과할 것이다. 생각에 잠긴 고독한 사람은 필연적으로 자기 자신에게 사로잡히기 마련이므로, 이 글들이 다루는 주제는 바로 나일 것이다. 게다가 산책을 하면서 머리를 스쳐 간 온갖 낯선 생각 또한 이 종이들 속에서 제자리를 찾을 것이다. 나는 생각한 것들을 머리에 떠오른 상태 그대로, 전날 떠오른 생각이 다음 날의 생각과는 대개 별 상관이 없듯 그렇게 두서없이 말하려 한다.[27]

일기 형식으로 글을 쓰겠다는 것은 이성적으로 숙고하여 오랜 시간 곰삭은 글쓰기를 포기하고 '머리를 스친 낯선 생각'이나 정서적 반응을 즉각적이고 자발적으로 드러내겠다는 선언과 다르지 않다. 『몽상』은 일기처럼 날짜를 밝혀가며 일상을 구체적으로 서술하는 것은 아니며, 일상에서 느낀 정서를 통해 '나'의 특이성과 차이성을 드러내고 자기 인식에 도달하고자 하는 점이 『몽상』의 주요 특징 중 하나다.

"이 종이들을 내가 쓴 『고백록』의 부록으로 간주할 수도 있지만, 그 제목에 적합하다고 할 만한 내용은 없을 테니 이 글에 그 제목을 붙이지는 않겠다."[28]라고 말한 데에서 알 수 있듯이, 『몽상』이 『고백록』과 다르다는 사실을 루소는 이미 인식하고 있었다. 삶을 일관된 논리로 설명할 수 없게 되자 루소는 몽상의 도움을 받아 자유롭게 상상을 펼친다. 적대적 타자에 대한 병적인 의심이 점점 심해지는 가운데, 루소는 현재의 행복이 불확실하다고 생각하고, 불확실성에서 벗어나기 위해 과거를 전유(專有)하기로 한다. 그는 파편화된 형식으로 '두서없이' 말함으로써 "내 영혼의 변모와 그 변모의 추이"[29]를 기술할 뿐, 그것을 해석하거나 체계화하지 않는다. 두서없이 말하는 것이 지적으로 왜곡하지 않고 사실을 있는 그대로 말하는 것을 의미한다면 그것은 성실성을 드러내는 또 다른 방법이다.

여기에서 시간의 차원에서 『몽상』의 새로움을 확인할 수 있다. 경험한 과거와 과거를 기술하는 현재의 시간적 '차이'로 『고백록』의 독특한 특성이 만들어진다면, 『몽상』은 과거보다는 현재를 더 강조한다. 『몽상』에서는 회상해야 할 과거보다 과거를 자유롭게 회상하고, 쓰고, 읽는 '현재의 나'가 더 중요하다. 그래서 『몽상』의 주체는 과거나 사회에 얽매이지 않고 좀 더 자유로워 보인다. 『몽상』이 현재의 텍스트, 자유연상의 텍스트, 그 자체로 자유의 텍스트처럼 여겨지는 이유가 여기에 있다.

박해자 환상

『몽상』에는 두 차원이 있는데, 한쪽에 이성과 중상모략과 사회가 있다면 다른 쪽에는 감정과 공감과 이상화된 자연이 있다. 이 두 차원이 대립하고 있기 때문에 『몽상』은 제목에서 느껴지는 내적인 평온과는 정반대로 긴장되고 모순적인 텍스트처럼 보인다. 실제로 마음의 평정을 얻었다고 하면서도, 『몽상』에는 페이지마다 작가가 결코 떼어내지 못한 철학가들의 망령이 배회한다. 철학가들이라고 해서 디드로나 볼테르 같은 특정 철학가를 의미하는 것은 아니다. 박해자 부류에는 자신을 박해한다고 생각한 모든 사람들이 다 포함된다.

박해자의 관점에서 보면, 루소의 자서전은 '나'에 대해 서술하지만, 그 '나'는 타자의 시선 아래 놓여 있다. 루소의 피해의식은 『고백록』과 『대화』, 『몽상』으로 갈수록 심해져서 동료들이, 적들이, 세상 사람들이 그를 탄압한다는 믿음 또한 강화된다. 루소는 자신과 타인 사이에 간극이 없어져서 자유롭게 다른 존재와 일체가 될 때, 즉 자기 자신이면서 타자가 될 때 비로소 '자기 자신'이 되었다고 믿었는데,[30] '투명성'에 대한 욕망이 크면 클수록 자신이 타인으로부터 박해받고 있다는 확신 또한 커진다. 동시에 그들에게 휘둘리지 않고 자신의 삶을 살겠다는 의지도 분명해진다.

박해받고 있다는 의식은 『고백록』 11권에 정확하게 서술되어 있다. 『사회계약론』과 『에밀』이 완성된 1761년에 루소는 몹시 아파서 곧 죽을 수도 있다고 생각하고 있었다. 『에밀』의 출간이 계속 미뤄지고 출판업자뿐 아니라 친한 사람들마저 편지에 답하지 않는 것을 보고 루소는 출간 지연에 자신이 모르는 음모가 있다고 생각하게 된다. 마침 한 예수회 신부가 『에밀』을 언급하고 몇몇 문장에 대해 보고서를 작성했다는 사실을 알게 되자 그의 상상력은 착란 상태로까지 발전해서 예수회에서 자신이 죽기를 기다렸다가 『에밀』을 훼손하고 변형시켜 자기들의 관점으로 재구성하려 한다고 의심한다. 이렇게 그는 자신을 불안하게 하는 일련의 사건들을 묶어 하나의 음모를 만들어낸다.[31]

루소의 박해자 환상은 두 가지 점에서 특징적이다. 하나는 병으로 인한 육체적 불안이 심리적 불안으로 옮겨가면서 실제로는 아무 상관없는 사실들을 엮어 강박적으로 필연적인 논리를 만들어내는 '해석의 욕망'이 두드러진다는 점이다.[32] 다른 하나는 의심이 자신에 대한 박해로 드러나지 않고 '책'에 대한 박해로 드러난다는 점이다. 이것은 루소가 책과 자기 자신을 동일시하고 있음을 의미한다.

책과 관련된 자들만 루소를 박해하는 것은 아니다. 두 번째 산책을 보면, 박해자는 무한정 확장되는 것처럼 보인다. 루소는 산책 중에 개와 부딪혀 큰 부상을 입는다. 이 사고 후에 르누아르 치안정감이 사람을 보내 돌봐주겠다고 제안하는데, 루소는 이 제안에서 음모의 냄새를 맡는다. 이어 도르무아 부인이 소설을 출간하고 서문에 루소에 대해 과도한 찬사를 쓰는데, 루소는 그 서문이 마음에 들지 않는다. 정작 문제는 서문보다는 부인이 써놓은 각주에 있었다. 각주를 루소가 쓴 것처럼 오해받도록 해놓아서 출간 후에 그 책이 비난받으면 비난을 그에게 돌리려는 의도가 있다고 루소는 판단한다. 그리고 루소가 사망했다는 소문이 돌아서 왕과 왕비마저 루소의 사망을 언급하고, 『아비뇽 통신』이 그에 대한 모욕적이고 무례한 추도사를 준비했음을 알게 된다. 또 집에서 발견될 유고 인쇄물에 대한 예약 접수를 받는다는 소식을 듣고는 "내가 저술했다고 고의로 조작한 원고집을 준비하고 있다."[33]라고 의심하게 된다. 그 결과 루소는 자신에게 닥친 사고와 일련의 에피소드를 연결시켜 자신을 음모의 피해자로 간주하고, 더 이상 음모에서 벗어날 수 없으며 그게 자기 운명이라고 생각하고는 좌절감에 빠진다.

> 그 많은 수수께끼에서 나온 결과는 한결같이 앞서 내가 내렸던 모든 결론을 확인하는 것에 불과했다. 즉 나라는 사람의 운명과 나에 대한 평판의 운명을 현 세대 모두가 일치단결하여 정해버린 이상, 나로서는 어떤 위탁물도 그것을 없애려 혈안이 된 자의 손을 거치지 않고는 다른 세대로 전달할 수 없으며, 아무리 노력해도 내 운명에서 벗어날 수 없다는 것이다.[34]

『몽상』에는 이 외에도 박해자 환상과 관련된 에피소드가 많이 있다. 예를 들면, 조프랭 부인이 아이들을 좋아한다고 달랑베르가 찬사를 늘어놓은 것을 루소는 자기가 아이들을 고아원에 버린 데 대한 비난이라고 생각한다. 그는 네 가지 이유를 들어 자신을 정당화한다. 우선 아이들을 고아원에 보냈다고 해서 아이를 싫어한다고 말할 수 없기 때문에 아이들을 싫어하는 몹쓸 아버지라는 논리는 왜곡된 결론이다. 두 번째로 그는 아이들을 직접 키웠다면 엄마나 외가 친척들이 아이들을 망쳤으리라고 확신하기 때문에 차라리 공교육 기관인 고아원이 아이들에게 덜 위험할 것이라고 생각하고 아이들을 맡겼다는 것이다. 세 번째로 아이를 좋아하지 않는 사람이라면 『누벨 엘로이즈』나 『에밀』을 쓸 수 없었을 것이며, 마지막으로 조프랭 부인은 자신의 즐거움을 위해 이기적으로 아이들을 사랑했지만 자신은 아이들의 행복을 위해 선의로 아이들을 유기했다는 것이다. 이렇게 자신을 정당화하면서 루소는 이 에피소드를 다시 거론하는 달랑베르의 악의적인 의도와 위선을 비판한다.

아무리 노력해도 내 운명에서 벗어날 수 없다고 절망적으로 생각하게 된 것은 그가 자신을 박해하는 사람이 동시대인을 넘어 미래 세대에까지 이어질 것이라고 믿었기 때문이다. 만약 박해자가 동시대인뿐이라면 미래 세대를 기대할 수 있었을 것이고, 루소도 스탕달처럼 자신의 가치를 알아줄 '소수의' 사람들에게 희망을 품을 수 있었을 것이다.

> 다른 시대에는 세상 사람들이 내게 돌아오리라는 기대가 얼마나 잘못된 생각이었는지를, 새롭게 반성할 때마다 새삼 확인하게 된다. 나에 관한 한, 다른 시대 역시 나를 혐오했던 무리 속에서 끊임없이 교체되는 길잡이들에게 이끌려 갈 것이기 때문이다. 개인은 죽지만 집단은 죽지 않는다. 집단 속에서는 동일한 정념이 영속하며, 그것을 불어넣어준 악마와 마찬가지로 불 같은 증오는 영원히 소멸되지 않고 한결같은 활기를 간직한다.[35]

이 대목은 루소의 박해자 환상이 얼마나 뿌리 깊은지를 보여준다. 그는 '의사협회와 오라토리오 수도회'를 예로 들면서 박해자가 개인일 때보다 집단일 때 문제가 더 심각하다고 말한다. 개인이 적대적인 경우에는 새롭게 등장할 세대로부터 새로운 평가를 받을 수도 있지만, 집단을 지배하는 열정은 영속적이어서 그 증오가 끊이지 않는다는 것이다. "지상에서 나의 모든 것은 끝이 났다."[36]라는 진술을 보면, 루소는 현재의 박해가 미래에도 이어질 것이라고 확신하고 타인을 통해 구원받는 것은 현재와 마찬가지로 미래에도 불가능하다고 생각함을 알 수 있다.

『고백록』과 『몽상』의 차이는 이 박해자 환상을 통해서도 드러난다. 『고백록』에서 루소는 타인이 인정할 때 자기 인식이 완성되는 것처럼 서술한다. 타인은 나를 위협하는 존재이지만 동시에 나를 정당화하는 매개물이어서, 타인은 나를 구성하는 요소로 격상된다. 내가 존재하기 위해서는 타인이 증인으로 소환되어야 한다. 타인이 나를 정당화하기 때문에 '나'의 삶이 집약된 최종적인 결과물이자 분신인 자서전을 타인이 읽고 '나'의 진실에 감동하고 동의할 때 '나'는 구원받게 된다는 논리다.

루소가 하느님의 심판을 요구한 것도 하느님이 '나'를 객관적으로 판단할 절대적 타자이기 때문이다. 루소는 인간의 삶에서 벌어진 일을 신의 권능을 빌려 정당화하려고 하는데, 전능하신 하느님께 『고백록』이라는 증거물을 제출하면 '최후의 심판'에서 결백이 밝혀지리라 기대한 것이다. 그가 볼 때 인간의 삶은 소송의 대상이므로 하느님만이 진정한 판결인 최후의 심판을 내릴 수 있다. 인간의 정의와 신의 진실이 대립할 때, 루소는 인간의 정의에 기댈 수 없으므로 진실의 담지자인 하느님을 불러들이는 것이다. 자서전에 『고백록』이라는 제목을 붙인 것도 인간의 정의는 불가능할지 모르지만 신에 의한 구원은 가능하리라고 믿기 때문이다. 그러므로 『고백록』은 신이 자신을 정당화해줄 것이라는 강력한 믿음을 전제하며 그런 의미에서 최후의 진리를 담지한 신에게 하는 고백이다. 인간의 재판을 거부하고 신의 진실이 자기 삶을 정당화할 수 있으리라고 믿으면서 루소는 『고백록』을 쓴다.

그런데 『고백록』을 출간한 후에도 타인과의 갈등이 계속되자 루소는 하느님의 진실이 실현된다는 것을 어떻게 알 수 있으며, 알 수 없어도 지속적으로 신의 진실에 호소해야 하는지 질문한다. 그러면서 『대화』에 이어 『몽상』을 쓰면서 타인과 멀어지고 점점 내면으로 들어간다. 『대화』에서는 루소와 장-자크, 즉 사회적 자아와 개인적 자아가 대화를 나눈다. 자신을 고발자와 변호자로 분리시키고, 자신을 정당화하기 위해 '대화'라는 양식을 사용하는 것이다. 여기에서 루소 자신은 적대적인 사회적 자아의 역할을 맡고 있는데, 신에 대한 믿음에서 한 단계 물러선 상태에서 자신을 정당화하기 위해서는 먼저 자신을 고발할 필요성을 강하게 느꼈던 것으로 보인다.

『몽상』에서는 대화조차 사라지고 독백만 남는다. 타인과의 일치를 꿈꿨지만, 현실에서 타인은 박해자이므로 그에게는 한 가지 길만 남는다. 그는 더 이상 타인에게 말을 건네지 않으며, 자기 자신에게 말을 건넨다. 구원도 타인과의 화해를 통해 이루어지는 게 아니라 내적인 쾌락을 통해 이루어진다. 과거를 회고하긴 하지만, 이제 타인을 설득하기 위해 회고하는 게 아니고 자신을 위해 쓴다. 자기에 대한 글쓰기의 방향이 바뀐 것이다.

『고백록』에서는 자기 정당성을 확보하기 위해, 그리고 진실이 승자가 될 것을 믿었기 때문에 타인을 호명했다면, 『대화』에서는 분열된 자아의 대화를 통해 자신을 정당화하고자 했다. 『몽상』에 이르면 더 이상 정의로운 사회, 정의로운 인간을 기대할 수 없기 때문에 내면으로 침잠한다. 루소의 생애는 타자와의 소통의 관점에서 보면 좌절의 역사다. 그에게는 타인의 인정을 받는 것이 불가능하다.

한 가지 덧붙여야 할 것은 박해자들의 음모가 실제로 작동하고 있는지는 아무도 확인할 수 없다는 점이다. 분명한 것은 루소가 자신을 둘러싼 모든 것을 음모로 간주한다는 사실이고, 우리는 이를 박해자 '환상'이라고 이름 붙였다. 루소의 텍스트에 편재해 있는 박해자 환상과 관련하여 루소의 특성을 세 가지 측면에서 정리할 수 있다. 우선 무의미해 보이는 사건들을 의미화하고 거기에서 음모를 읽어내는 것을 보면 루소는 무한한 해석의 열정 아래 놓여 있음을 알 수 있다. 루소는 사실만 기술하고 해석은 독자의 몫이라고 밝히지만, 박해자와 관련된 피해망상의 단계에 이르면 사실만을 드러내는 게 아니라 이를 직접 해석하려는 병적인 유혹에서 빠져나오지 못한다. 그다음으로 스타로뱅스키가 주장한 바처럼 박해자 환상은 나르시시즘의 양식이다. 박해받고 있다는 것은 자신을 시선의 중심에 놓는 방식이며, 박해가 커질수록 자신의 중요성도 커지고 더 예외적인 존재가 된다.[37] 마지막으로 클레망은 루소가 주요 철학 저작을 생산한 후에 무의식적으로 음모를 '만들어냈다'고 다음과 같이 해석한다. "그 음모는 영광에 드리운 그림자처럼 이제부터 그를 따라다닐 것이며, 글쓰기라고 하는 영광스런 조직에 에로틱한 에너지를 쏟아붓는 것을 부분적으로 무죄화하게 될 것이다."[38] 루소는 글쓰기에서 쾌락을 느끼기 때문에 사회적 음모를 만들어내며, 그 음모에 대항하기 위해 자기 정당화의 글쓰기를 지속할 명분을 만들어냈다는 것이다. 따라서 박해자 환상은 루소로 하여금 끊임없이 자신을 성찰하고 글쓰기를 추동하는 알리바이이며, 자기 존재에 의미를 부여하는 방식으로 기능한다.

진실 추구와 거짓말, 허구

『몽상』의 두 측면 중 하나인 논리적 측면을 살펴보려면 '거짓말'을 검토하는 네 번째 산책에 주목할 필요가 있다. 먼저 그는 이전에 썼던 작품을 비판하는데, 필립 르죈은 그것을 "과거의 자서전 텍스트에 대한 회고적 검증"[39]이라고 규정한다. 거짓말에 대한 논의를 시작하면서 자기 작품부터 검증하는 것이다. 루소는 "델포이 신전의 '너 자신을 알라'라는 신탁이 내가 『고백록』에서 생각했던 것과는 달리 따르기 쉬운 격언은 아니라는, 이미 품고 있던 생각이 더욱 굳어졌다."[40]라고 밝힌다. 자기 자신을 알기 위해 자서전을 썼는데 다시 곰곰이 생각해보니 자기를 안다는 게 가능한지 의심이 든 것이다. 자기 인식 자체를 의심한 것인지 아니면 자기 인식을 위한 방법론을 의심한 것인지는 분명하지 않지만, 그가 거짓말을 검토하기로 한 것으로 미루어보면, 모든 것을 남김없이 솔직하게 고백할 때 자기 인식에 도달한다는 '성실성의 규약' 측면에서 모든 것을 솔직하게 고백했는지 의심을 품은 것은 분명해 보인다. 그 결과 놀랍게도 진실이라고 확신했던 것들이 '창작'에 불과했다는 사실을 깨닫는다.

> 그런데 나 자신을 더욱 세심하게 검토하면서, 내가 기억하기에 진실이라고 말했던 많은 일들이 나의 창작물이라는 사실에 매우 놀랐다. 그 시절에 나는 진실에 대한 나의 사랑에 자부심을 느끼며 그것을 위해, 내가 알기로는 유례가 없는 공정함을 가지고 나의 안전과 이득, 그리고 나 자신을 희생시켰다.[41]

루소는 『고백록』이 유일성을 보장한다면 그것은 자신의 이익을 희생하면서까지 "자연 그대로, 완전히 진실된 모습으로 정확하게",[42] 거짓 없이 모든 것을 고백한 진실 추구에서 그 이유를 찾을 수 있다고 생각하고 있었다. 그런데 거짓말에 대해 숙고하면서, '진실'이라고 주장했던 것들이 '창작물'에 불과했음을 깨닫는다. 그 결과 진실을 위해 살아왔다고 믿었던 과거가 그 토대에서부터 허물어진다. 더 놀라운 것은 그가 고의로 거짓말을 하고, '날조한 것들'을 상기하면서도 전혀 뉘우치지 않았다는 사실이다.

> 가장 놀라운 사실은 그런 날조한 것들을 상기하면서도 내가 전혀 진정으로 뉘우치지 않았다는 점이다. 마음속으로는 그 무엇보다도 거짓을 강하게 혐오하는 내가, 거짓말로 고통을 피해야 할 때도 차라리 그 고통을 무릅쓰고 마는 내가, 무슨 엉뚱한 자가당착으로 필요하지도 않고 이득도 없는 그런 거짓말을 고의로 했단 말인가?[43]

그가 처음 관심을 가졌던 것은 '왜 거짓말을 했을까?'라는 것이었지만, 곧 문제의 방향을 비틀어서 어떤 상황에서, 어떤 일에 자신이 거짓말을 하는지를 검토한다. 그러고는 마리옹 사건처럼 도덕이나 정의, 정염과 관계되는 중요한 것에는 거짓말을 하지 않지만 '대수롭지 않은 일'에 거짓말을 한다는 것을 알아차린다. 그가 네 번째 산책에서 살펴보고자 한 것이 바로 자신의 창작물이자 후회의 감정이 없는 그런 거짓말이다. 그는 자신이 하는 거짓말에 대해 이렇게 자문한다. 말할 의무 때문에 하는 거짓말도 아니고 악의가 있는 것도 아니며 더욱이 타인에게 해를 끼친 것도 아니고, 양심이나 도덕적 본능에도 거리낄 게 없는 거짓말, 그 거짓말을 과연 거짓말이라고 할 수 있는가?

이렇게 요약하면 거짓말에 관한 논의는 간단해 보이지만, 루소의 논리는 매우 복잡하게 얽혀 있다. 예를 들면, 말할 의무가 없는 진실을 말하지 않는 건 거짓말인가, 아닌가? 그게 거짓말이 아니라면 진실을 말하지 않는 것을 넘어 그 반대를 말하는 속임수는 거짓말인가? 언제 어떻게 진실을 말해야 하는가? 악의 없이 남을 속일 수 있는가? 완전히 무익하여 아무짝에도 쓸모없는 것은 진실일 수 없는데 그것을 감춘 것도 거짓말일까? 진실이 유용성에만 근거한다면 누가 그 유용성을 판단하는가? '나'는 공정하게 판단할 만큼 충분히 '나'를 검토했는가? 말은 공익에 따라야 하는가, 아니면 분배적 정의에 따라야 하는가? 진실이 한쪽에는 이익이 되고 다른 쪽에는 손해가 될 때 말해야 하는가, 말아야 하는가? 결백하다는 것은 부당하지 않다는 의미인가?[44]

이런 일련의 질문들은 결국 '거짓말이란 무엇인가?'라는 질문에 이른다. 먼저 루소가 구분하는 네 가지 거짓말을 살펴보자.

> 자신에게 유리하도록 거짓말을 하는 것은 사기이고, 남의 이득을 위해 거짓말을 하는 것은 기만이며, 해를 끼치기 위해 거짓말을 하는 것은 중상이다. 중상은 가장 악질적인 거짓말이다. 자신이나 남에게 이득도 손해도 끼치지 않는 거짓말은 거짓말이 아니다. 그것은 허구다.[45]

'사기나 기만, 중상'이 타인과의 관계에서 발생하는 거짓말이라면, '허구'라고 규정한 거짓말은 '나'나 타인과 아무 관계가 없는 거짓말이다. 루소는 '허구'를 다시 두 종류로 나눈다. 하나는 '교훈담'이나 '우화'처럼 도덕적인 목적을 가진 허구다. 다른 하나는 '콩트'나 '소설'인데, 도덕적 유용성은 없고 재미만 추구하는 것으로 오직 지어내는 사람의 의도에 따라 거짓 여부가 가려진다. 이와 같은 분류 끝에 루소는 "진실에 어긋나지만 정의와 전혀 관계가 없는 것은 모두 허구"[46]이며, 허구는 거짓말이 아니라고 단언한다.

이 논리에 근거해서 루소는 자신을 정당화한다. 루소는 풀키에 씨의 초청으로 한 식당에 점심식사를 하러 간다. 식사 중에 식당 여주인의 딸이 루소를 빤히 쳐다보며 아이를 가진 적이 있느냐고 묻는다. 루소는 얼굴이 빨개지면서 그런 행복을 가져본 적이 없다고 대답했고, 그녀는 거기 모인 사람들을 바라보면서 심술궂은 미소를 지었다.[47] 이 에피소드에서는 루소가 거짓말을 하게 되는 메커니즘이 흥미롭다.

질문의 의도를 알기 때문에 자신이 어떤 대답을 해도 그녀의 의견은 변하지 않을 거라고 루소는 생각한다. 심지어 그녀가 자신이 부인하기를 기대하고 거짓말을 유도하고 그것을 즐기려 했다고 믿는다. 박해자는 당혹감을 불러일으키고 이를 이용하여 타인을 조롱하는 기쁨을 누리려고 했다는 것이다. 루소는 타인에게서 악의를 감지하면 상심하고 당황하여 불행해지고, 불행하기 때문에 소심해지고, 소심해서 거짓말을 하게 된다. 이 논리에 따르면, 그는 타인의 악의 때문에 거짓말을 하게 된다. 그 거짓말도 의지적으로 한 게 아니고, 당혹감 때문에 자신도 모르는 사이에 한 것이다. 즉각적으로 재치 있게 대답하지 못하는 기질 탓에 뒤늦게 반응하면서 루소는 궁지에서 벗어나기 위해 사실을 말하지 않고 이야기를 꾸며내고 거짓말을 하게 된다는 것이다. 루소는 자신의 대답이 "당혹감에 따른 기계적인 결과"[48]였다고 강조한다. 그의 논리를 따져보면, 자신의 대답이 자신에게 유리하도록 만들려는 의도가 없었으므로 '사기'가 아니고, 그것으로 다른 사람이 이익을 얻은 게 없으므로 '기만'도 아니며, 그것으로 해를 입은 사람이 없기 때문에 '중상'도 아니다. 그것은 당혹감 때문에 자신도 모르게 무의식적으로 튀어나온 순진한 거짓말, 루소의 용어로 하면 '허구'에 불과하다.

여기에서 거짓말과 허구를 어떤 기준으로 정확하게 구분할 수 있는가 하는 문제가 제기된다. 다음 문장을 읽어보자.

> 나는 결코 할 말을 덜 한 적은 없고, 간혹 사실 말고 상황에 살을 붙여 말하기는 했는데, 이런 종류의 거짓말은 의지적인 행위라기보다 상상의 착란에서 비롯된 결과였다. 이렇게 덧붙인 말들 중 어떤 것도 거짓은 아니었으므로 내가 그것을 거짓말이라고 부르는 것 자체가 잘못이다. (…) 나는 기억에 의존하여 『고백록』을 써 나갔다. 종종 제대로 기억나지 않거나 불완전한 추억들만 떠올라 그 기억의 틈을 보완하기 위해 내가 상상해낸 세부 사항들로 메우기는 했어도, 그것들이 기억에 어긋나는 일은 결코 없었다. 삶의 행복한 순간들은 늘려서 말하고 싶어, 때로는 달콤한 그리움이 제공한 장식들로 그 순간을 아름답게 꾸미기도 했다. 잊어버린 일들도 그러했으리라고 여겨지는 대로, 실제로 그랬을 법한 대로 말했으며 절대로 내 기억과 반대되는 것을 이야기한 적은 없다. 때로는 진실과 아무 상관없는 매력을 덧붙이기도 했지만, 내 악덕을 얼버무리거나 내게 없는 미덕을 가진 체하려고 진실의 자리에 거짓을 두지는 않았다.[49]

이 인용문에 따르면 루소가 『고백록』에서 오로지 사실만을 말한 것은 아니다. 그는 상황에 살을 붙이기도 했고, 기억나지 않을 때에는 결핍된 기억을 대신하여 세부 사항들을 상상하여 집어넣기도 했고, 행복한 기억은 늘리고 아름답게 꾸미기도 했다. 또 진실과 상관없는 매력을 덧붙이기도 했다. 그렇지만 의지적으로 거짓말을 한 것은 아니다. 진실과는 상관없는 행복한 순간, 그리움을 불러일으키는 순간들을 늘려서 말하긴 했지만, 그것으로 '내면의 진실'을 드러낼 수 있으니 긍정적으로 평가할 수도 있다.

루소에게 고백은 '사실'의 고백인 동시에 쾌락의 수단이었으므로 이와 같은 주장에도 일리가 있다.

그러나 사실만을 말하겠다고 공공연히 선언해놓고 뭔가를 덧붙였다면 그것이야말로 성실성의 원칙을 위반한 것이 아닐까? 또 뭔가를 덧붙이고 그것이 '상상의 착란'과 '기억의 결핍' 때문이었다고 스스로 정당화한다면, 모든 것은 거짓말이 아니라 허구가 되고 스스로 면죄부를 주는 것은 아닐까? 특히 거짓말을 판별하는 유일한 기준이 '양심'이라면, 거짓말은 객관적으로는 검증할 수 없는 주관적인 판단에 기대고 있는 것이 아닐까?

루소는 상상으로 '기억의 틈을 보완'했다고 고백하는데, 상상으로 보완된 기억은 '진실'일까, '거짓'일까? 악덕은 감추고 미덕은 만들어내는 식으로, 없는 사실을 만들어낸다면 거짓이지만, 쾌감을 조금 더 누리려고 약간 변형했다고 해서 그것이 왜 거짓이냐는 게 루소의 논변이다. 이러한 논리에 따라 몽테뉴에 대한 루소의 관점이 바뀐 것은 주목할 만하다. 루소는 몽테뉴가 정면 초상화를 그리지 않고 측면 초상화를 그린다고 비판한 적이 있었다. 만약 감춰진 쪽에 상처가 있다면 그 초상화는 왜곡된 모습을 보여주는 불성실한 초상화라는 것이다. 그러나 인생의 마지막에 이르러 루소는 자신도 보기 흉한 쪽을 감추고 옆모습을 묘사했다고 인정한다.

> 때로는 아무 생각 없이 무의식적으로 내 옆모습을 묘사하면서 보기 흉한 쪽을 감추기는 했지만, 이러한 감춤은 대개는 악보다 선을 한층 더 자세히 말하지 못한 더욱 기묘한 감춤으로 충분히 상쇄되었다.[50]

옆모습을 묘사함으로써 전적인 진실을 드러내지는 못했지만, 자신이 선보다는 악을 더 자세히 말했고, 선한 모습을 감췄으니 자신을 왜곡시키지 않았고 진실은 충분히 드러날 수 있었으리라는 게 그의 논리다. 하지만 이 또한 요령부득으로 보이긴 마찬가지다. 자기 성찰의 글쓰기에서는 서술된 '나'여서 서술된 자아가 실제 자아를 대신한다. 루소의 논리를 따르다 보면, 독자는 작가가 기술하지 않은 것까지 고려해서 그의 초상을 완성해야 하며, 자기 정체성은 선과 악, 고백한 것과 숨긴 것으로 뭔가를 상쇄하는 계산식처럼 여겨진다. 게다가 그에게 상쇄할 '선(善)'이 있는지 없는지 작가가 기술하지 않으면 누가 알 수 있겠는가?

이 관점을 밀고 나가면, 마리오 라바제토처럼 "고백하기는 거짓말하기다."[51]라고 결론 내리거나, 필립 르죈의 지적처럼, "자서전은 자신에 대해 진실을 말하는 텍스트가 아니라 실제 인물이 자신이 진실을 말하고 있음을 말하는 텍스트다."[52]라고 성실성의 의미를 최소한으로 축소할 수밖에 없다. 자서전에서 진실 여부가 아니라 진실을 말하겠다는 선언, 그리고 그 선언이 만들어낸 효과가 중요하다면, 성실성의 규약은 실천 규약이 아니라 고백을 정당화하는 명분에 불과해서 자신을 배반하는 것처럼 보인다.

이러한 논리적 맹점을 짐작하기라도 한 듯, 루소는 고백과 거짓말 또는 허구가 동일하다는 것을 어렵게 논증한 후에 네 번째 산책의 마지막 논의에 이르면 이때까지 '허구'의 이름으로 긍정했던 모든 것을 부정한다. 다시 말하면 '악의 없는 허구'나 곁들인 '장식'들이 모두 진실을 훼손한 것이며, 소심함 때문에 거짓말이 아니라 허구를 지어냈을지라도 그런 소심함조차 극복하고 오직 진실을 말했어야 한다는 것이다. '허구'의 이름으로 거짓말을 정당화할 때조차 루소는 또다시 고백의 엄정성을 강조한다. 『몽상』을 쓰면서 루소는 자신이 여전히 겸손해질 수 있으며, 스스로 과대평가하지 않는 법을 배운다고 말하는데,[53] 그것은 '허구'라는 명목 아래 감추고자 했던 진실의 욕구를 드러낸 것으로 이해할 수 있다.

고독, 마음의 평정

루소는 '사실의 진실'과 '내적 진실'을 구분하고, 『몽상』은 '내적 진실'을 드러낸다고 주장하는데, 그가 추구한 '마음의 평정'은 어떤 상태일까? 사교계에서도 그렇지만 타인과 함께한 삶에서도 루소는 자기 충일감을 느끼지 못한다. 오히려 그에게서 오류를 찾아내려고 타인들이 친절을 베푼 게 아닐까 하는 의심만 더해질 뿐이다. 그는 사회로부터 배제되었음을 확신하고 모든 사람이 자신을 박해한다는 생각에 사로잡힌다. 이런 상황에서 루소는 만족감에 대해 성찰하며, 자기 자신에게 집중할 때 행복할 수 있다는 사실을 발견한다. 루소가 꿈꾸는 행복의 원형은 다섯 번째 산책에 기술되어 있다.

루소는 생피에르 섬에 머물며 홀로 산책하고 식물학에 관심을 기울인다. 그는 혼자 배를 타고 물의 흐름에 자신을 내맡기는 것에서 큰 즐거움을 느낀다. 그는 수동적인 상태에서 '연속적이고 규칙적인 흐름'을 따르며 자연과 합일한다. 기억에 남을 게 하나도 없는 이 단순한 삶이 왜 그토록 매력적으로 환기되는지 자문하면서 행복이란 '내적인 자기 충족감'과 다르지 않다는 것을 깨닫는다. 그에게는 쾌락이나 고통 등 지상의 온갖 정념에서 해방된 평정심의 상태가 행복처럼 여겨진다. 어떻게 보면 이 행복은 '상상'이나 '몽상' 속에서 도달할 수 있을 뿐 의지적으로 실현할 수 있는 것은 아니다. 그러나 상상의 행복이 현실에서도 가능한 예외적인 상황이 있다. 예를 들어 작은 섬에 토끼를 풀어 키운 에피소드를 서술하면서 루소는 그것을 황금 양털을 찾아 나선 아르고호의 모험으로 간주한다. 일상이 모험으로 바뀌는 이런 예외적인 경우를 제외하면 루소는 타인과의 관계를 체념할 때 행복을 얻었다.

> 번영을 누리고 있는 사람들 중 누군가가 되기보다는 아무리 비참해도 나 자신으로 있는 편이 훨씬 낫다. 홀로 남겨진 나는 사실 나 자신의 실체를 양식 삼아 살아가고 있지만 이는 소진되지 않으며, 설령 헛되이 되새김질을 하고, 말라버린 상상력과 흐려진 생각이 더 이상 내 마

음에 자양분을 제공해주지 못한다 해도 나는 나 자신에게 만족한다.[54]

루소가 인생 말기에 이르러 '자신의 실체를 양식 삼아' '나 자신'으로 만족할 수 있다는 '고독의 지혜'를 얻게 된 것은 주목할 만하다. '고독한 인간'이라는 주제는 루소의 자서전에서 지속적으로 제기되는데, 그 이유는 사회와 고독의 관계에 대해 그의 태도가 이중적이기 때문이다. 예를 들면 루소에게 고독은 자연인의 속성이며 행복과 연결된다. 사회에 머무는 것은 타인의 의견이나 관습에 종속되는 것이며 자기 자신으로 존재하는 자유를 포기하는 것이다. 이 경우 사회는 종속관계를 만들어내는 나쁜 제도이고 고독이야말로 추구해야 할 상태다. 그러나 사회적 인간으로서 루소는 사회 속에서 공동체를 이뤄 다른 사람들과 함께 사는 것을 꿈꾸기도 한다.[55] 그렇다면 그는 어떤 과정을 거쳐 이중성을 극복하고 마음의 평정을 얻게 되었을까?

루소는 자신을 박해하지 않는 사람이 한 사람이라도 있으면 자신이 구원받으리라 생각하지만, "결탁은 예외 없이 전체적이고 영구적이어서"[56] 타인을 통해서는 구원받을 수 없다고 판단한다. 구원받기를 포기하는 순간 역설적으로 루소는 마음의 평정을 되찾는다. 이 상태를 그는 "누구라도 겁에 질려 바라볼 수밖에 없는 상태에 있으면서도 안달하지 않고 태연하게, 거의 무심하게 나 자신을 바라본다."[57]라고 서술한다.

사회의 음모에서 벗어날 수 없다는 사실을 체념하고 받아들이지만, 체념에 이르는 과정은 쉽지 않다. 그는 먼저 두 가지 유형의 불안을 겪는다. 하나는 '상상으로 인한 불안'이고 다른 하나는 '희망에 따른 불안'이다. 루소는 실제 겪는 고통보다 어떤 고통을 겪을지 알지 못하는 상황이 더 불안하게 만든다고 하면서 그것을 '상상으로 인한 불안'이라고 부른다. 그런데 실제 고통은 상상만큼 고통스럽지 않다는 사실을 확인하고 위안을 얻으면서 그것이 헛되다는 것을 알게 된다. 그리고 미래의 독자가 자신을 재평가하리라고 기대하면서 '희망'에 따른 불안을 겪는다. 루소는 적들 때문에 자기 저작이 후대의 독자를 만날 가능성은 없다고 생각하기 때문에 희망에 따른 불안도 부질없다고 생각한다. 그러므로 그가 얻은 마음의 평정은 사회의 음모를 해소했기 때문이 아니라 희망이 불가능하다는 것을 받아들인 체념의 결과다. 더 이상 기대할 것 없이 다 끝났다는 '희망 없음'이 마음의 평정을 가져다준 것이다.

이 지점에서 주체와 대상의 위상이 바뀐다는 사실은 매우 흥미롭다. 그들이 루소에게 그 어떤 희망의 싹도 남겨놓지 않았기에 더 악화될 수도 없고, 현재보다 더 위협적인 상황은 있을 수 없기 때문에 지금이 최악의 상황이 된다. 그리하여 "그들이 나에 대한 지배력을 모두 잃었고, 나는 이제 그들을 비웃을 수 있다."[58]라는 발언이 나온다. 그들이 희망을 약간이라도 남겨놓았다면 루소는 나아질 가능성을 꿈꾸며 박해자들에게 고개를 숙이고 애원했겠지만, 희망이 주는 불안이 없는 이상 그들은 그에게 아무런 중요성을 지니지 못한다. 이런 식으로 루소의 내면에서는 관계가 역전되었다.

> 이후로는 그들이 내게 잘해주든 해를 끼치든 상관없으며, 또 그들이 무엇을 하든 나와 동시대를 사는 사람들은 나한테 아무것도 아닐 것이다.[59]

그는 현실을 인정하고, 사회관계에 집착하지 않으며 자기 자신만을 믿기에 이른다. "사방에서 압력을 받다가 더 이상 그 무엇에도 집착하지 않고 오직 나 자신에게만 기대고 있는 덕분에 평정심을 유지하는 것이다."[60] 이것이 루소가 마음의 평정을 얻게 된 근본적인 이유다. 자신에게 가해지는 박해가 보편적이긴 하지만 박해가 편견에 근거해 있다는 사실을 깨닫자 타인을 대하는 시각도 변한다. 지금까지는 타인들을 하나의 인격체로 대해왔지만 이제 그에게 인간은 마음을 상실하고 “도덕성을 상실한 덩어리”,[61] “기계적인 존재”에 불과하며, ‘기계’이기 때문에 영향력 있는 지도층 인사에 의해 손쉽게 조종당하는 불완전한 존재라는 것이다.

박해자가 이처럼 불완전한 존재라면 그로서는 그들의 맹목적이고 비이성적인 태도 때문에 상처받을 이유가 없다. 자신의 행복이 그들에게 달린 것이 아니므로, 루소는 자기가 겪는 고통의 원인을 내부에서 찾는다. 이런 태도는 운명에 맞서지 않고 수동적으로 복종하고자 했던 스토아 철학자들의 ‘자기 단련’과 유사하다. 그가 사용하고 있는 ‘무관심, 수동성, 운명’과 같은 용어도 스토아 철학자들의 지혜와 유사하다.

루소는 내면으로의 침잠을 ‘자만심’과 ‘자기애’의 차이로 설명한다. 그는 글을 쓰고 사교계에서 인정받으면서 자만심을 갖게 되었다. 그러나 타자로부터 비판받으면서 외부와 단절되었고, 자기 자신에게 집중하면서 더 이상 타인과 자신을 비교하지 않게 되는 자기애의 단계에 이르러 영혼의 평화를 얻게 된다. 그래서 스타로뱅스키는 자기애를 공감과 동일시의 힘, 인간과 자연이 통일된 일체화의 단계, 욕망은 금기시되지 않고 박해자도 부재하는 상태, 자기와의 일체, 대상의 부재, 내적인 지각 등의 용어로 설명한다.[62] 자기애가 일으킨 변화를 루소는 “자연의 질서로 되돌아가 나를 평판의 굴레에서 해방시켜주었다.”[63]라고 표현한다. 타인의 시선에서 벗어나 자기 자신으로 존재할 때 그는 행복감을 느낀다. 행복감은 잃어버린 자기 동일성을 확보하는 것으로 드러난다.

> 사람들이 나를 보는 방식이 어떠하든 그들이 내 존재를 바꿔놓을 수는 없고, 그들의 위력과 온갖 음험한 음모에도 불구하고 그들이 무슨 짓을 하든 상관없이 나는 계속해서 지금의 나 그대로 존재할 것이다.[64]

행복은 이처럼 '나'에 대한 강한 긍정에서 기인한다. 루소는 그것을 '무관심'이라는 용어로 설명하기도 한다. 박해자들 덕분에 단련되어 그들의 논변이 진실되지 못하고 허위에 불과하다는 것을 깨닫는 순간, 그들의 행동과 말에 무감각해지면서 행복해질 수 있다. 행복감은 타인에게서 오는 게 아니라 자기로부터 유래하며 상상 속에서 향유될 수 있다. 그래서 그는 스스로를 '창조자'에 비유한다. 타인에게서 비롯된 온갖 허상에서 벗어나 자기 감정에 충실하고 그 감정이 실제로 존재한다고 믿고 있는 자기 자신이야말로 '창조자'라는 것이다.

자기에 대한 긍정이 마음의 평정을 이루는 내적 조건이라면, 고독은 외적 조건이다. 타인들로부터 인정받기를 원했기 때문에 불행했다면, 관계 회복이 불가능하다는 것을 받아들이면서 그는 행복해진다. 미래에 대한 기대마저 포기하는 순간 고독은 진정한 평화의 근원이 될 수 있다. 이런 이유 때문에 타자에 대한 비판적인 어조에도 불구하고 『몽상』에서는 절망감이 느껴지지 않는다. 행복을 자기 자신에게서 찾기 때문에 그는 고독 속에서도 태연하고 평온할 수 있다. 루소가 타인과 함께하는 불행을 말한 것은 역으로 고독의 행복을 말하기 위해서다.

> 이제 남은 생애 동안 혼자인 나는 위안도 희망도 평화도 내 안에서만 찾을 수 있으니, 오로지 나 자신에게만 몰두해야 하며 또 그렇게 하고 싶다. 바로 이런 상태에서 나는 예전에 『고백록』이라고 이름 붙였던 엄중하고도 진지한 검토를 다시 시작하게 되었다. 남아 있는 마지막 날들을 나 자신을 연구하고 곧 제출하게 될 나에 대한 보고서를 준비하는 데 바쳐야겠다. 내 영혼과 대화하는 즐거움이야말로 사람들이 내게서 빼앗을 수 없는 유일한 것이므로, 그 즐거움에 완전히 빠져보려 한다. 나의 내적인 성향을 깊이 성찰해본 끝에 그것을 좀 더 잘 정리하고 그 속에 남아 있을지도 모를 악덕을 바로잡을 수 있다면 내 명상이

전혀 쓸모없는 일은 아닐 것이며, 이제 내가 이 세상에서 아무런 쓸모가 없다 하더라도 말년을 완전히 허비한 셈은 아닐 것이다.[65]

고독은 내면 성찰을 위한 기회로 여겨지며, 그 상태에서 내적인 행복을 추구할 수 있다. 루소의 말을 인용하면, "나는 혼자 있을 때에만 온전히 나 자신이며, 그 상태를 벗어나면 주위 모든 사람들의 노리개가 된다."[66] 『고백록』에서는 글쓰기를 통해 관계 회복이 가능하다고 생각했었지만, 『몽상』에 이르면 타인과의 관계가 스스로 통제할 수 있는 것이 아님을 깨닫고 글쓰기로도 관계 회복이 불가능하리라는 것을 안다.

그렇게 해서 『몽상』에는 『고백록』과는 다소 다른 '나'가 서술된다. 『고백록』에서 자기 정당성의 담론이 강했다면, 『몽상』에서는 다음 문장처럼 자신의 이중성을 강조한다. "나를 뒤흔드는 것은 불 같은 내 천성이고, 나를 가라앉히는 것은 느긋한 내 천성이다."[67] 그에게는 불처럼 급한 천성과 느긋한 천성이 공존한다. 두 성격은 모두 '천성'이어서 아무리 애를 써도 통제되지 않는다. 그렇다면 어떻게 해야 하는가? 억누를 수 없는 것을 그대로 내버려둠으로써 그는 나이를 먹은 지금에 이르러 조금은 자기 자신을 지배할 수 있게 된다.

> 그러나 기질이 첫 폭발을 하게 내버려둔 다음에는 차츰 정신을 되찾아 다시 자신을 지배할 수 있게 된다. 내가 오랫동안 노력했으나 성공하지 못했던 이 일을, 마침내 조금 더 잘할 수 있게 되었다. 헛된 저항에 힘쓰는 것을 그만두고, 내 이성이 작동하도록 내버려둔 채로 승리의 순간을 기다리는 것이다.[68]

사교계와 고독, 자만심과 자기애처럼, 여기에서도 루소는 동일한 흐름을 보인다. 자아의 회복은 사회 속에서 이루어지는 게 아니고 외부적인 것과 관계를 끊고 자아에 집중할 때 가능하다는 것이다. 사회는 진정한 자아를 가리고 그 근원에 다가가는 길을 막는 장애물에 불과하다. 사회는 여론이 지배하는 공간이며, 여론은 자만심을 만든다. 자신의 성격을 있는 그대로 인정하고 자기에게로 집중할 때, 잃어버린 '자연'을 되찾게 되고 원초적인 정체성을 회복할 수 있다. 그것이 행복에 이르는 길이다.

사회에서 배제되었다고 움츠러들기는커녕, 루소는 이처럼 고독을 적극적으로 추구한다. 고독은 더 이상 부정적인 상태가 아니고 자유와 독립을 의미하며, 그 덕분에 타자의 도움 없이 사는 자족감의 체제에 스스로 동의하게 된다. 그때 그는 타자로부터 해방되고 '마음의 평정'을 얻으며 향유로 나아간다. 향유는 자유를 전제로 하는데, 그에게 자유는 타인에게 예속되지 않는 상태다. "이전에도 나는, 인간의 자유는 자신이 하고 싶은 일을 하는 데에 있는 것이 아니라, 하고 싶지 않은 일을 절대로 하지 않는 데에 있다고 생각했다."[69]

자기 성찰의 목표: 향유

『고백록』에는 랑베르시에 목사가 나무를 심고 규칙적으로 물을 주었는데, 루소와 사촌이 그 나무 뒤쪽에 자기들 나무를 심고 배수관을 만들어 물을 빼돌린 '호두나무 심기'와 관련된 추억이 상세히 서술되어 있다. 이 에피소드가 놓인 문맥과 내용으로 볼 때 이 추억은 그다지 중요해 보이지 않는다. 루소가 이 기억을 서술한 이유는 이 기억이 과거의 기억을 환기하는 즐거움을 주기 때문이다. "독자가 이 모든 것을 그다지 알고 싶어 하지 않는다는 것을 나는 알고 있다. 그러나 독자에게 말할 필요를 내가, 내가 느낀다."[70] 루소가 강조하듯, 과거를 회상하고 그것을 기록하고 말하는 것은 다른 사람을 위한 게 아니다. 그것은 오로지 자기가 누리는 쾌락을 위한 것이다. 그에게 『몽상』은 그가 느낀 기쁨에 대한 '향유'의 기록이다. 『몽상』

에서 행복은 어떻게 향유되는가?

> 매일 산책하며 보낸 여가 시간은 종종 유쾌한 명상으로 채워지곤 했는데, 그 기억을 잃어버려 몹시 안타깝다. 이제 앞으로 떠오르는 명상들을 기록해두려 한다. 다시 읽어볼 때마다 그 기쁨을 돌려받게 될 테니까. 내 마음이 마땅히 받을 만한 이 대가를 생각하며 나의 불행, 나를 박해한 자들, 내가 받은 모욕을 잊으려 한다.[71]

루소는 행복을 세 가지 차원으로 나누어 서술한다. 우선 산책을 하면서 이루어지는 명상의 즐거움이 있고, 두 번째는 그것을 기록하는 즐거움이 있으며, 마지막으로 그것을 다시 읽는 즐거움이 있다. 그에게 '쾌락'은 '몽상'의 쾌락, '글쓰기'의 쾌락, '독서'의 쾌락으로 세 번 반복된다. 그래서 루소적인 의미에서 주체는 '회상하는 자', '쓰는 자', '읽는 자' 이렇게 셋으로 분화된다. 이 사실 또한 『고백록』과 『몽상』을 구분하는 주요 지점이기도 하다.

이 삼중의 향유를 구체적으로 살펴보자. 첫 번째 행복은 산책을 하면서 과거를 떠올리는 몽상의 행복이다. 그것은 '기억'의 즐거움이다. 이때의 '기억'은 불행을 잊지 않고 원한을 간직하는 그런 기억이 아니다. 이 기억은, 프루스트적인 의미에서, 망각에서 길어 올린 행복한 기억이다. 그에게는 과거를 회상하는 것만으로도 충분해서, 과거를 회고할수록 잊고 있던 과거가 더 많이 생각나면서 그를 기쁘게 한다. 또 회상하는 과정에서 힘들고 슬픈 부분은 잘려나가고 회상의 즐거움이 그 자리를 차지한다. 회상의 내용이 중요한 게 아니고 몽상이라는 행위 자체가 중요해지는 것이다. 그래서 회상되는 과거로 체계적인 이야기를 만들어내지 못해도 상관없다. 스타로뱅스키가 정확하게 지적했듯이, "루소의 향유는 허구적이며 그것은 명백히 회고적인 요소를 포함한다."[72] 루소는 "사물에 대한 기억이 사물보다 나에게 더 많은 인상을 남긴다."[73]라고 말한다. '사물'과 '기억'을 대비시키는 데에서 알 수 있듯이, 루소는 현재를 경험하고 즐기는 데에서 쾌락을 느끼는 것이 아니라 몽상 속에서 과거를 더듬어보면서 과거를 현재화할 때 쾌락을 느낀다. 엄마라고 불렀던 바랑 부인과의 육체관계를 예로 들면, 육체관계를 맺을 때에는 죄책감 때문에 성적으로 무력했지만, 시간이 흘러 그 관계를 회상할 때 바랑 부인과 만났던 순간은 그의 삶에서 지워지지 않는 결정적인 순간으로 환기되고, 둘의 관계는 이상적인 관계로 제시된다. 사물과 직접 대면하면 불안감을 느끼지만, 경험한 과거를 회고할 시간적인 거리만 있으면 그는 행복감을 느낀다. 이와 같은 점을 고려할 때, 회고적 성찰을 기술하는 자서전은 기억의 즐거움을 서술하는 데에 있어 특권적인 위치에 놓인다. 루소에게 자서전의 진실은 '글로 쓰인' 진실이며, '경험'의 진실이자 '기억'의 진실, '영혼'의 진실이어서 자서전적인 진실과 행복 체험은 불가분의 관계에 놓인다.

두 번째 행복은 환기된 기억을 글로 쓰는 행복이다. 스타로뱅스키는 과거를 기억하는 행위로서의 '몽상'과 텍스트로서의 『몽상』을 구분한다. 몽상을 말하고 글로 옮겨 쓴 것은 몽상이 아니다. 말이나 글은 몽상이 '기억'된 것이다. 『몽상』은 몽상의 기억이다. 도식적으로 말하면, 몽상이 있고 시간이 지난 후에 몽상에 대한 '기억'이 있으며, 그 후에 몽상의 '글쓰기'가 있다. 몽상은 내적 집중력을 요구하는 데 반해 『몽상』은 글쓰기이기 때문에 외재성을 갖기 마련이며, 외재성을 갖기 위한 시간상의 거리가 필요하다. 『몽상』은 더 이상 '몽상'이 아니며 그가 경험한 몽상의 쾌감을 기술하기 위해서는 그 감동을 다시 경험해야 한다. 감동을 다시 기술하는 몽상의 글쓰기는 에로틱한 경험으로 여겨진다.

스타로뱅스키는 『몽상』의 특징을 "글을 쓰는 것은 다시 사는 일이다."[74]라고 요약한다. 루소가 과거에 느낀 감동이나 행복감을 현재의 시점에서 다시 경험하기 위해 과거를 회상한다는 것이다. 몽상의 '글쓰기'가 초현실주의적인 자동기술이 아니라 '기억'이 매개된 행위라는 점에서 『몽상』은 문학 작품이 된다. 경험의 순간과 글쓰기의 순간 사이에 놓인 '거리'를 무화시키고 그것들을 내재성 안으로 통합함으로써 몽상은 『몽상』이 되고, 그때 『몽상』은 루소적인 의미에서 '허구'가 되고 고백이 된다.

마지막 행복은 자신이 쓴 것을 읽는 행복이다. 루소는 "그 글을 읽으면서 나는 그것을 쓸 때 맛보았던 즐거움을 다시 떠올리게 될 것이고, 이렇듯 나를 위해 지나간 시간을 되살려냄으로써, 말하자면 내 삶은 배가될 것이다."[75]라고 밝힌다. 독서의 즐거움은 쓴 것을 읽는 즐거움이면서 더 넓은 의미로, 자신이 경험한 기쁨을 마음속으로 회상하여 읽어내는 기쁨이다. 이 사실은 기쁨으로 모욕을 잊는 놀라운 반전을 만들어낸다. 이전에 루소에게는 자신의 저작을 빼앗길지 모른다는 강박관념이 있었다. 그러나 모든 것을 빼앗겨도 그가 느낀 기쁨을 앗아갈 수는 없다. 그에게 더 이상의 빼앗김은 없다. 박해자들의 손에서 "내 결백의 증거들"인 『고백록』과 『대화』를 구해내려고 애를 썼지만 그것이 불가능하다는 것을 깨달은 순간, 그에게는 불안도, 성공에 대한 욕망도 사라지고 없다. 그는 자기 저작의 운명에 무관심해진다.

> 내가 무엇을 하는지 염탐하든, 이 글에 불안을 느끼든, 이것을 빼앗아 가거나 없애버리든, 또 위조를 하든, 앞으로 그 모든 일은 나와 무관하다. 나는 이 글을 감추지도 보여주지도 않겠다. 내가 살아 있는 동안 누군가 이 글을 내게서 앗아간다 하더라도 그것을 썼던 즐거움이나 그 내용에 대한 기억, 이 글을 낳은 고독한 명상들, 내 영혼이 다할 때에만 그 원천이 소멸될 고독한 명상들을 빼앗아가지는 못할 것이다.[76]

루소에게 독서는 오직 자신만을 위한 것이지 타인과 공감하고 공유하기 위한 것이 아니다. 루소는 '누구를 위해 글을 쓰는가?'라는 문제를 제기하면서 몽테뉴와 자신을 비교한 적이 있다. 그러고는 "[몽테뉴]는 다른 사람들을 위해 『수상록』을 썼지만, 나는 오로지 나 자신을 위해 내 몽상을 기록하기 때문이다."[77]라고 서술한다. 타인을 위해 글을 쓴 후에 느꼈던 당혹감에 대해서는 『고백록』 12권 마지막 장면에 구체적으로 서술되어 있다.

> 이렇게 해서 나는 낭독을 끝냈고, 모두들 말이 없었다. 내게는 데그몽 부인 한 사람만이 감동한 것처럼 보였다. 그녀는 눈에 보이도록 몸을 떨었지만, 매우 신속히 다시 마음을 가라앉히고 그 자리에 있는 모든 사람들처럼 침묵을 지켰다. 이것이 내가 이 낭독과 내 고백으로부터 얻은 성과였다.[78]

루소는 다섯 명의 귀족 앞에서 자서전을 낭독한다. 데그몽 부인만이 그가 원했던 반응을 보이지만 곧 다른 사람들처럼 '침묵'을 지킨다. 고백으로 타인을 감동시키고자 했지만 자신이 원한 결과를 얻지 못한 것이다. 반면 『몽상』은 독자를 가정하지 않는다. 『몽상』이 '독백' 형식의 일기나 에세이처럼 구성된 것도 자기 고백으로는 더 이상 타인을 감동시키지 못하리라고 생각했기 때문에, 자신을 유일한 독자로 가정한 것이다.

자기 성찰의 목표가 '향유'로 바뀌면서 『몽상』은 타자성이나 정체성 문제와 관련하여 새로운 면모를 보인다. 『고백록』에서는 결점을 고백하여 용서받고, 진실을 드러냄으로써 자기를 정당화하고 새로운 삶을 살고자 하는 재탄생의 욕망이 은밀히 숨어 있다. 말하자면 『고백록』은 타자에 대한 행위여서 자신을 알리고 정당화하려는 목표가 있다. 반면에 『몽상』은 독자를 설득하려고 애쓰지 않는다. 『몽상』은 오직 루소 자신만을 위한 것이다. 루소가 과거를 기억하는 이유에 대해 니콜라 보노트는 "진실을 구축하여 미래의 독자들을 설득하려고 이야기하는 게 아니다. 이야기는 자기 목적을 자기 내부에서 찾는 것, 지나간 행복을 다시 포착하여 현실화하는 것을 목표로 한다."[79]라고 지적한다. 사회가 인정하는 가치, 사교, 이성, 철학의 문제는 더 이상 루소에게 중요하지 않다. 중요한 것은 쾌락이다. "진실의 욕망이 쾌락의 권리에 자리를 내어준다."[80]

그 쾌락이 독자의 쾌락이 아니라 작가의 쾌락이라는 사실을 다시 한번 강조해두고자 한다. 『몽상』을 읽으며 독자가 『고백록』에 비해 특별히 쾌락과 만족감을 얻는 것 같지는 않지만, 작가인 루소는 『몽상』에서 좀 더 즉각적인 반응을 보이고 행복에 대해서도 적극적으로 서술하는 것처럼 여겨지기 때문이다. 『몽상』에서는 환기되는 에피소드가 과거에 속한다는 사실만으로 이미 강력한 기쁨을 불러일으킨다. 루소는 쾌감을 늘리고 오랫동안 향유하기 위해 과거의 사실을 상세히 서술하고 결정적인 장면을 매번 지연시킴으로써 기다림과 초조함을 통해 말하기의 쾌감을 강화하는 전략을 사용한다.

스타로뱅스키는 『몽상』에 대해 "왜 나는 나의 몽상을 쓸 결심을 했는가라는 부제가 붙을 수도 있다."[81]라고 지적하면서 "루소는 자기 자신을 이야기를 들어줄 대상으로 삼을 뿐 아니라 이야기의 주제로도 삼는다. 말은 이제 외적 목적을 전혀 추구하지 않는다."[82]라고 덧붙인다. 우리의 관점으로 말하자면, 『몽상』에서는 회상하는 자와 쓰는 자, 읽는 자가 일치하기 때문에 더 이상 적대적 타자는 존재하지 않고 자신에게 집중한 내적 자아만 남는다. '자신에게 집중한 내적 자아'라는 표현은 스타로뱅스키가 '변환'이라는 용어로 설명하고자 했던 "내적 연속성의 복원"[83]을 의미한다. 다시 말하면 과거와 현재의 괴리를 메우고 연속성을 확보하는 것이 '변환'의 궁극적인 목표가 된다. 그 과정에서 타인으로부터 소외되어 수동적으로 자신과 대면할 수밖에 없었던 소극적 자아가 자신에게 집중하는 적극적 자아로 변한다. 이 과정에서 고통은 행복으로 바뀐다.

이와 같은 관점에서 볼 때 향유란 자아와 외부의 거리가 사라지는 과정에서 얻게 되는 행복을 가리킨다. 이때 과거와 현재와 미래의 통일성이 만들어진다. 스타로뱅스키가 지적하듯, 과거는 '위안'의 형태로, 미래는 '희망'으로, 현재는 '평정'의 상태로 제시되며, 루소는 공간을 축소하고 시간을 팽창시켜서 자유로움을 얻는다.[84] 다른 말로 하면, 향유를 누리려면 자기 자신과의 대화 외에 다른 방법은 없다. 몽상을 기억하고 글로 남김으로써 몽상의 기쁨을 다시 느끼고, 몽상의 기록을 다시 읽음으로써 반복적으로 과거를 소유하고 원초적 순수성을 회복하는 것, 그것이 향유다.

이처럼 루소는 『몽상』에서 '나는 누구인가?'라는 질문을 제기하고 마지막에 이르면 '나는 어떻게 마음의 평정에 이르렀는가?'라며 현 상태를 기술한다. 그러나 '자기 성찰'에서 '자기 향유'로 나아가면서 '자아'에 대한 질문이 두 가지로 분화된다. 한편에는 자기 자신에게 집중하고자 하는 모럴이 있고 다른 한편에는 자신을 망각하고자 하는 꿈이 있다. 자신에게 집중하기 위해서는 타자에게 사로잡힌 자아, 즉 '자만심'에서 벗어나야 하며, 자기 망각의 단계에 도달하기 위해서는 '자기애'가 확장되어 자연과 일체되어야 한다.[85] 그래서 루소의 자기에 대한 글쓰기에는 박해자의 그림자로부터 벗어나려는 노력이 짙게 배어 있으며, '거짓말'에 대한 날카로운 분석도 그러한 노력의 일환이다.

루소에게 몽상은 자신의 내부로 침잠하여 행복감을 느끼는 방식이었으며, 적대적 타자로부터 벗어나기 위한 궁극의 방식이었다. 그러나 '몽상'을 글로 써서 『몽상』으로 남긴 이상 루소에게 글쓰기가 어떤 의미인지를 다시 질문할 필요가 있다. 『고백록』의 글쓰기가 이성적으로 숙고한 후에 일종의 연쇄를 만들어 타인이 납득할 수 있도록 만드는 것이라면, 그러한 글쓰기는 '몽상'의 의도를 배신하는 것처럼 보이기 때문이다. 그러나 『몽상』이 행복의 글쓰기라는 점을 고려하면, 노년의 루소에게는 글쓰기가 주는 행복이 몽상의 행복과 동등한 가치가 있는 것으로 보인다. 루소는 『고백록』에서 정부(情婦)에게 편지를 쓰기 위해 정부 곁을 떠나는 사람을 언급한 적이 있다.[86] 그 사람은 정부와 얼굴을 마주보고 말하는 것보다 그녀에게 글을 쓸 때 더 행복했다고 한다. 그와 마찬가지로 루소도 다른 사람으로부터 멀어져 자기만의 공간인 종이를 마주하고 고독 속에서 글을 쓸 때 행복감을 느낀다. 루소에게 자기 자신으로 존재하기란 결국 자신을 명확히 인식하는 것과 분리되지 않는다. 그는 글로 쓰면서 인식하는 사람이고 글을 쓰면서 향유하는 사람이다. 루소의 향유란 결국 '글-책'과 자아를 동일시한 데에서 비롯된 것인지도 모른다.

Marguerite Duras

마르그리트 뒤라스

『연인』

사랑, 죽음, 광기

마르그리트 뒤라스(1914-1996)의 본명은 마르그리트 도나디외로, 프랑스령 인도차이나(베트남)에서 태어났으며 프랑스로 귀국한 열여덟 살 때까지 유년기와 청소년기를 베트남에서 보냈다. 뒤라스는 작가가 된 계기로 1924년에 빈롱으로 이사한 후에 듣게 된 한 여성과 관련된 에피소드를 자주 언급한다. 빈롱에 새 총독이 부임했는데, 총독 부인 엘리자베스 스트리드테르의 정부(情夫)가 자살했다는 소문이 떠돌고 있었다. 남성을 죽음으로 몰고 간 '팜므 파탈'이라는 주제가 뒤라스의 상상력을 자극한 것은 이때부터다. 총독 부인은 이후 안-마리 스트레테르라는 이름으로 뒤라스의 소설에 반복적으로 등장한다.

뒤라스의 삶에 결정적인 영향을 끼친 사건이 또 있다. 어머니가 정부가 불하한 땅에 투자했다가 실패한 것이다. 『태평양을 막는 방파제』(1950)에 서술된 바에 따르면, 어머니는 20년에 걸쳐 모은 전 재산을 불하지에 투자했는데 그 땅은 밀물 때에는 바다에 잠겨 경작이 불가능했다. 어머니는 몇 년에 걸쳐 방파제를 만드는 등 '투쟁'하지만 결국 실패하고 만다. 뒤라스는 경작하지 못할 땅을 판 식민지 관료에 대해 적개심을 품게 되고 또 사회가 정의롭지 못하다는 생각을 하게 된다. 이런 개인적인 경험 때문인지 그녀의 작품은 가난과 '뿌리 뽑힘', 육체와 죽음, 여성적 우울과 욕망의 문제, 내면적인 것과 정치적인 것이 결합되어 있다는 평을 받는다.

이 외에도 뒤라스의 삶이 반영된 작품으로 『연인』(1984)[1]과 『북중국의 연인』(1991)을 들 수 있다. 『북중국의 연인』은 『연인』에 서술된 이야기를 더 발전시킨 소설로, 영화를 위한 일종의 시네로망이다. 이 작품에는 뒤라스가 성(性)에 입문하는 과정, 당시 그녀가 겪은 고통과 죽음의 욕망, 사랑에 대한 갈증, 기숙사에서 벌어지는 매음, 심지어 작은오빠와의 근친상간까지 구체적으로 서술되어 있다. 그래서 『연인』만 읽으면 도저히 이해할 수 없었던 뒤라스의 심리나 작은오빠에 대한 광적인 애착이 어디서 비롯되었는지 짐작할 수 있다.

뒤라스의 여주인공은 대부분 내면에 고통을 감춘 채 침묵에 갇혀 있거나 터무니없는 대화에 빠져든다. 침묵과 언어 행위는 대립적으로 보이지만 실은 한계에 갇히기를 거부하는 절실한 욕망의 표현이기도 하다. 예를 들어 『모데라토 칸타빌레』(1958)의 주인공 안 데바레드는 쇼뱅이라는 남성을 카페에서 처음 만나 대화를 나누면서, 직접 목격하지 못했던 살해 장면과 이와 관련된 치정 사건을 서로의 상상에 기대어 재구성한다. 재구성한다고 해서 논리적이고 일관되게 이야기하는 게 아니고 차라리 '지금 이야기되고 있는 게 전부는 아니다'라는 것을 알려주려는 듯 망설임이나 침묵을 적극적으로 활용한다. 그녀의 대표작 『롤 V. 스텡의 황홀』(1964)도 비슷한 성향을 보인다. 주인공 롤은 약혼자가 무도회에서 다른 여자와 춤을 추다가 새벽에 자신을 남겨놓고 떠나는 것을 무력하게 쳐다볼 수밖에 없었는데, 왜 자신이 버림받았는지 전혀 이해하지 못한다. 롤은 결혼하고 안정된 생활을 하다가 어느 날 산책 중에 예전 친구를 만나고 그 친구의 정부를 유혹한다. 그리고 그들의 정사를 엿보면서 쾌락을 느끼기도 한다. 이렇게 정리하면, 뒤라스의 작품은 인과론적인 줄거리가 없고 등장인물도 깊은 우울감에 빠져 있거나 상실 때문에 고통을 받고 있다는 사실 외에는 두드러진 특성이 없는 것처럼 보인다. 살인 사건을 다루는 『영국인 애인』(1967)은 이런 특성을 가장 잘 보여준다. 이 작품에서는 일체의 묘사가 배제된 채 연극 대본처럼 제시되는데, 말하는 자가 누구인지조차 분명치 않고 심지어 살인범이 시신을 어디에 유기했는지 밝혀지지 않은 채 끝나기 때문에 작가가 의도적으로 작품을 미완성인 채로 모호하게 남기려고 했다는 인상을 준다.[2]

많은 비평가들이 뒤라스를 누보로망과 연결시키지만 뒤라스의 작품 세계는 누보로망이 보여주는 사물들의 세계, 사실성의 세계와는 일정 부분 거리를 두고 있다. 뒤라스는 인간이 갖는 원초적 고독을 강조하고, 주요 주제인 사랑과 죽음은 광기와 정염에 지배되고 있다.[3] 뒤라스는 특정 화자가 서사를 이끌어가고 모든 서사가 한 주인공에게 집중되는 발자크적인 소설 개념에 깊은 혐오감을 내보이는데, 그래서인지 분절적이고 파편화된 순간순간의 심리만이 유일하게 지배적인 흐름을 형성한다.

여자란 욕망이다

『연인』은 1984년 공쿠르상 수상작으로 1985년 한 해에만 75만 부가 팔린 베스트셀러다. 이 작품에는 중국인 연인과의 만남과 헤어짐을 중심으로 황폐해진 자기 얼굴, 어머니에 대한 양가 감정, 큰오빠에 대한 적의, 작은오빠에 대한 사랑, 그리고 거지 여인이나 안-마리 스트레테르처럼 광기에 사로잡힌 여인들에 대한 이야기가 논리적 일관성 없이 서술되어 있다.

『연인』의 장르적 특성에 대해 연구자들은 상반되는 관점을 제시한다. 알리에트 아르멜은 이 작품을 자서전 장르의 관점에서 읽을 때 그 의미가 분명히 밝혀진다고 주장한다. 자서전 장르를 규정할 때 가장 중요한 형식적 특징인 이름의 동일성이 분명히 드러나지 않고 '거지 여인'처럼 허구적인 측면이 없진 않지만, 과거를 회고적으로 서술하기 위해 사용된 다양한 전략, 예를 들어 서두에서 현재의 늙은 얼굴을 외부의 시선을 통해 언급한 것은 자서전의 "현실 참조 기능"에 부합한다고 해석한다.[4] 아르멜의 관점에서 볼 때 이 작품은 자서전이 분명하다. 반면 전기 작가 로르 아들러는 뒤라스가 전기적 사실을 상당 부분 소설화하고 변형시켰다고 지적한다. 기숙사와 관련된 에피소드나 육체관계가 지속된 기간을 말할 때에는 거짓말을 했고, 어머니가 딸을 확실한 "현찰"로 여겼으며 중국인과의 관계에서 돈 문제가 강하게 작용했는데 텍스트에서는 이를 약하게 표현함으로써 "추악한 현실"을 변형시켰으므로 『연인』은 '자전적 소설'이라는 것이다.[5] 뒤라스 또한 "글로 쓰인 것은 경험한 것을 대체한다."[6]라고 말하며 『연인』이 자서전이 아니라고 밝힌 적이 있다. 모순되는 두 입장을 절충해서 『연인』을 "소설과 오토픽션 사이를 미끄러지고, 진실 및 거짓과 관련된 모든 기준을 넘어서는 텍스트"[7]로 간주하는 입장도 있다. 그러나 모든 경험은 글로 옮겨질 때 다소간 변형되고 왜곡될 수밖에 없으며, 왜곡되었다고 해서 경험이 부정되지는 않는다. '왜곡'이 자서전 장르를 결정하는 최종적인 감별 요소는 아니라는 것이다. 그렇지만 작가가 글쓰기의 대상으로 자신의 과거를 선택하고, 자신을 서술하는 주체이자 다양한 사건의 목격자로 등장시키고 있으므로 『연인』을 필립 르죈이 제안한 의미에서 자서전으로 읽을 수 있다. 우리는 이 작품을 넓은 의미의 자서전으로 규정하고 살펴보고자 한다.

『연인』은 전혀 친절한 작품이 아니다. 마치 초등학생이 쓴 것처럼 비문도 많고, 주어만 있거나 예기치 않게 형용사나 명사가 덧붙여져서 완전히 새로운 의미가 만들어지기도 한다. 화자가 있긴 하지만 에피소드를 설명하지 않고 그 의미를 해석하지도 않아서, 이 작품은 뭔가가 삐걱대고 해체된 것 같고, 수수께끼처럼 아리송하다. 심지어 등장인물들은 분신처럼 서로 연결되어 있어서 누가 누구인지 구분이 안 가기도 한다.[8] 뒤라스가 처음부터 이런 식으로 글을 쓴 것은 아니다. 초기에는 리얼리즘적인 특성이 부각되고 주인공의 내면 묘사나 서사도 잘 구성된 소설을 썼지만 『모데라토 칸타빌레』부터 외부의 현실이 지워지고 조금씩 추상화되면서 광기에 사로잡힌 고독한 인물들이 등장한다.[9] 크리스테바는 뒤라스의 문학을 "서투름의 미학"과 "카타르시스를 주지 않는 문학"으로 정의하면서, 서투른 문체는 '고통'을 드러내는 담론이라고 주장한다. 자기 파괴의 욕망과 구원의 욕망이 복잡하게 얽힌 상태에서 히스테릭한 여주인공들은 타인과 진정한 관계를 맺지 못한 채 꽉 막힌 미래에 대한 전망을 서투름으로 드러낸다는 것이다.[10]

『연인』은 이런 경향을 극단적으로 보여준다. 에피소드는 원심력이 작용하는 것처럼 매번 새롭게 가지를 치고 밖으로 뻗어나가 새로운 맥락을 형성하고 열린 텍스트를 만들어낸다. 예를 들면, 그녀는 자신과 가족, 중국인 연인을 중심으로 과거를 서술하지만 딱히 자신과 관련 없는 인물에 대해 서술하면서 텍스트의 분위기를 암시하기도 한다. 마리-클로드 카펜터의 집에서 잘 모르는 사람들과 식사를 한 것도 그중 하나다. 여주인은 중간에 사라지고 그녀는 남은 손님들과 두서없이 대화를 나누었는데, 그 때의 분위기는 '악몽'의 느낌으로 남아 있다.

> 우리는 말들을 하고, 하얗게 질리게 만드는 악몽을 겪은 듯한 느낌을 간직한 채 집으로 돌아오곤 했다. 모르는 사람의 집에서 많은 시간을 보냈지만, 초대받은 사람들도 모두 서로 모르긴 마찬가지여서, 인간적인 동기도 없고 그 어떤 다른 동기도 없이 기약 없는 한순간을 경험하고 돌아오는 그런 느낌이었다.[11]

이 에피소드에 따르면, 모임의 구심점이 되어야 할 집주인은 온데간데 없고, 초대받은 사람들은 인간적인 관계는 물론 연결고리도 전혀 없어서 서로 낯설어 한다. 그들은 익명의 상태로, 유령들처럼 존재해서 과거와 미래로부터 단절된 듯한 '기약 없는 한순간'을 보낸 느낌을 받는다. "나는 정신이 멀쩡한 상태에서 미쳐갔다."[12]라는 『연인』의 한 문장이 이 분위기를 보여준다. 뒤라스의 텍스트를 읽는다는 것은 이성과 광기가 공존하는 가운데 자신이 미쳐가는 과정을 지켜보는 특별한 경험을 하는 것이다.

그런데 왜 뒤라스는 '악몽' 같은 이 식사 장면을 느닷없이 삽입한 것일까? 이 장면은 뒤라스가 가족에 대해 갖고 있는 정서적 이질감을 반영하는 게 아닐까? 이렇게 질문하는 것도 무리는 아니다. 뒤라스의 어머니는 이 식사 장면의 집주인처럼 부재하고, 다른 가족은 같은 공간에 있을 뿐 강력한 애정으로 결합되지 않고 이질적이고 파편화되어 있다. 그래서 가족관계를 통해 과거를 서술하는 것마저 불가능해 보이는데, 뒤라스는 그것을 "내 삶의 이야기는 존재하지 않는다."라고 기술한다.

> 내 삶의 이야기는 존재하지 않는다. 그것은 존재하지 않는다. 결코 중심은 없다. 길도 없고 항로도 없다. 누군가 있었다고 믿게 만드는 그런 광활한 장소가 있지만, 그것은 사실이 아니다. 그곳에는 아무도 없었다.[13]

삶의 이야기가 존재하지 않는다면 자서전에는 어떤 이야기를 담을 수 있을까? 이 짧은 인용문에는 부정문이 일곱 번 나온다. 뒤라스가 부정하는 것은 총체성이나 시간의 단일성, 논리정연성, 심지어 이야기의 중심이 되어야 할 인물같이 전통적으로 자서전을 규정하는 요소들이다. 그러나 특이하게도 아무도 존재하지 않는 '광활한 장소'가 있다는 사실만은 부정되지 않는다. 실제로 뒤라스는 '장소들'에 대해 깊은 관심을 보인다. 그녀가 감독했던 영화들은 인물을 중심으로 촬영되었다기보다는 텅 빈 공간, 특히 집이나 바다를 보여주기 위해 촬영되었다고 할 수 있을 정도다. 이런 관점에서 '마르그리트 뒤라스의 장소들'이라는 제목의 인터뷰를 주목할 수 있다. 뒤라스는 자기 삶에서 결정적인 역할을 했던 장소들을 탐색하면서 그 장소들이 작품에 등장하는 여성인물들이나 작가 자신과 일종의 '다공성(porosité)'을 띤 관계를 맺고 있다고 밝힌다.[14] 다공성이란 물질의 표면에 잔구멍이 많아서 스며들 수 있는 성질을 의미한다. 공간이나 인물들이 서로 스며들고 소통한다는 점에서 뒤라스의 글쓰기는 중심을 향해 움직이는 남성적인 글쓰기와 대비된다. 뒤라스의 주인공들은 텅 빈 중심을 둘러싸고 방황하면서 길과 항로를 탐색하고 있어서, 이들에게는 구심력보다는 원심력이 작용하는 것처럼 보인다.

원심력은 파편화된 형식과도 일정한 관계를 맺고 있다. 『연인』에는 가족과 중국인 연인과의 관계, 죽음, 욕망, 육체, 자서전에 관한 성찰 등이 파편화된 채 얽혀 있어서 무엇을 선택하든 그 해석은 부분적일 수밖에 없다. 그리고 부분적인 것들이 서로 관련을 맺으면서 다양한 해석을 만들어낸다. 그 어느 것도 중심이 될 수 없지만 모든 것이 중심이 될 수 있으며, '그곳에는 아무도 없었음'을 확인할 때조차 그곳에는 너무나 많은 가능성이 있다. 그래서 뒤라스의 자서전은 해석을 완강히 거부하고 자기 자신에게 틀어박힌 자폐적인 텍스트처럼 보이기도 하고 너무나 많은 해석을 허용하여 도저히 그 의미를 파악할 수 없는 과잉의 텍스트처럼 보이기도 한다.

뒤라스는 또 다른 가능성을 내비친다. 그녀는 지금부터 써내려 갈 이야기는 "여전히 자신이 이해할 수 있는 영역을 완전히 벗어나며, 여전히 접근할 수 없고, 내 육신의 가장 은밀한 곳에 숨어 있다."[15]라고 지적한다. 비록 '이해'라고 하는 지적인 영역을 벗어나 접근할 수 없긴 하지만, 그곳에는 '아무것도 없는' 것이 아니라 뭔가가 '숨어 있다'. 그것도 작가의 '육체' 속에 숨어 있다. 작가가 그것을 제대로 설명하지 못할 뿐이다. '접근할 수 없고, 이해할 수 없으며, 숨어 있는 것'이라는 이 표현은 『연인』이 호락호락한 작품이 아니라는 것을 알려준다. 뒤라스가 작은오빠의 죽음을 서술한 대목에서도 '설명할 수 없는 어떤 것'과 만나게 된다. 여기에서 우리는 은밀한 곳에 숨어 있는 '비밀'의 한 가닥을 짐작할 수 있다.

> 내가 작은오빠에 대해 품었던 이 터무니없는 사랑은 나에게는 깊이를 알 수 없는 신비로 남아 있다. 그가 죽자 죽고 싶을 정도였는데 왜 그토록 그를 사랑했는지 그 이유를 나는 알지 못한다.[16]

뒤라스는 작은오빠에 대해 '터무니없는 사랑'을 품고 있었고 작은오빠가 죽자 죽음 충동까지 느낀다. 그리고 그것을 '깊이를 알 수 없는 신비'라고 표현한다. 뒤라스는 왜 자신이 작은오빠를 사랑했는지 이해하지 못했으며, 그것을 언어로 표현하지 못하고 신비의 상태로 남겨둘 수밖에 없었다. 그러므로 '말할 수 없음'의 경험을 서술하는 것이 뒤라스 글쓰기의 핵심이라고 할 수 있다. 작은오빠와의 관계든 '사랑'의 경험이든, 말할 수 없음의 문제는 20세기 후반에 활동했던 작가들에게는 "불가능성, 침묵, 타자성과의 만남"[17]이라는 형태로 드러난다.

뒤라스에게 '말할 수 없음'의 경험이란 어떤 것일까? 그녀는 한 인터뷰에서 "여자란 욕망이다."라고 말하고 그것을 다음과 같이 설명한다. "우리는 남자들과 동일한 장소에서 글을 쓰지 않는다. 여자들이 욕망의 장소에서 글을 쓰지 않으면 여자들은 글을 쓰는 게 아니라 표절하는 것이다."[18] 뒤라스의 글쓰기는 여성의 글쓰기이며, 여성의 글쓰기는 욕망의 글쓰기일 때 비로소 진정성을 획득한다. 따라서 '말할 수 없음'을 이해하려면 뒤라스가 욕망을 어떻게 규정하고 있는지 확인해야 한다. 실제로 '욕망'은 『연인』을 이해하는 초석이기도 하다.

> 내 속에는 그것의 자리가 있었고, 다른 사람들과 마찬가지로 나도 그 사실을 알고 있었다. 하지만 신기하게도 일이 벌어지기 전에 알고 있었다. 마찬가지로 내 속에는 욕망의 자리가 있었다. 열다섯 살 때 내 얼굴에는 희열이 드러났지만 나는 희열이 무엇인지 모르고 있었다. 희열에 찬 얼굴은 두드러지게 눈에 띄었다. 심지어 엄마도 그것을 보았을

> 것이다. 오빠들도 그것을 보고 있었다. 나에게 모든 것은 이런 식으로, 눈에 잘 띄는 이 수척한 얼굴을 통해, 때가 되기도 전에 거무스레해진 이 눈을 통해, '실험'은 시작되었다.[19]

'욕망'이라는 용어는 바로 제시되지 않는다. 먼저 '그것'이라는 용어가 등장하고 이어 '욕망'이 등장하고 그것은 곧 '희열'로 바뀐다. 뒤라스의 욕망을 이해하려면 자신도 알지 못하던 '그것'이 욕망과 결핍을 거쳐 삶과 죽음이 공존하는 '희열'에 이르게 된 과정을 이해해야 한다.

흥미로운 사실은 이미 자신 속에 욕망이 있었고 그것이 희열에 찬 얼굴로 드러나고 있지만 자신은 그것을 모르고 있었다는 점이다. 희열이기도 하고 욕망이기도 한 '그것'을 좀 더 일반화시켜 '과거의 경험 전체'로 대체하면 어떻게 될까? 자서전을 쓴다는 것은 이미 경험했지만, 다시 말하면 이미 드러나 있지만 이해하지 못한 과거의 의미를 밝히는 작업이다. 이 논리가 성립한다면, 뒤라스는 이미 드러난 과거의 알려지지 않은 의미를 탐색하기 위해 자서전을 쓰는 것이다. '그것'은 이미 드러나 있고 뒤라스도 '그것'이 드러나 있다는 사실을 알고 있지만, 과거의 의미를 모른다. 또는 자서전을 통해서도 의미를 밝힐 수 없어서 '그곳에 아무것도 없다'고 판단할지도 모른다. 그러나 일이 벌어지기 전부터 '그것'이 자기 속에 자리 잡고 있었다면 '그것'은 경험 이전에 존재하는 무의식적 욕망과 관계되며, 그런 의미에서 자기 존재의 기원과 연결된 것이 아닐까? '그것'을 뒤라스는 이탤릭체로, 게다가 영어로, '실험'이라는 용어를 사용하여 자서전에서 밝혀보겠다고 말한다. 뒤라스는 이미 경험했지만 '존재하지 않는 삶의 이야기'를 서술함으로써 침묵 속에 놓인 과거의 의미를 마치 가설을 세우고 증명하는 '실험'처럼 탐색한다. 그 '실험'의 결과가 어떻게 드러날지는 아무도 장담할 수 없다.

유사성으로부터의 탈주

뒤라스의 작품에는 집에서 빠져나가 억눌린 욕망을 해소하는 주인공들이 등장한다. 남편이 지배하는 집에서 빠져나와 아랫동네로 시도 때도 없이 산책을 나가는 『모데라토 칸타빌레』의 안느가 그렇듯이, 뒤라스에게 집은 도망치고 싶은 공간이다.[20] '탈주'는 뒤라스에게서 자주 등장하는 용어 중 하나다. 탈주는 '사랑, 말할 수 없음, 악몽, 부재, 욕망' 등으로 변주되는데, 『연인』에서는 모두 어머니와 관련된다. 어머니로부터의 '탈주' 욕망은 중국인과의 육체관계에 이르며, 이를 통해 뒤라스는 주체성을 확립한다. 우선 집에 대한 서술부터 살펴보자.

> 우리 집에는 축하 잔치뿐 아니라, 크리스마스트리도 없었다. 수놓은 손수건도 없었고 꽃이 놓인 적도 결코 없었다. 그뿐 아니라 죽은 사람도, 묘지도, 기억도 없다. 오직 어머니만 있다.[21]

뒤라스에게 집은 어머니와 동일한 의미를 지닌다. 그런데 이 대목에서는 어머니는 있지만 어머니와 관련된 기능은 전부 부정적으로 서술되어 있다. 잔치와 크리스마스트리를 준비하는 어머니, 수놓고 꽃으로 집을 꾸미는 어머니는 없다. 그런데도 집에는 '오직 어머니만 있다'. 뒤라스의 가족관계를 살펴보면 어머니를 둘러싼 트라우마의 실체를 확인할 수 있다.

아버지는 병으로 일찍 돌아가시고, 뒤라스는 어머니와 오빠 두 명과 함께 살고 있었다. 큰오빠는 "불길한 매력"을 행사하는 유혹하는 자이며 어머니에게 뒤라스를 때리라고 부추기는 악마처럼 서술되어 있다. "큰오빠는 이곳뿐 아니라 다른 곳 그 어디든 상관없이, 자유롭게 악행을 저지르지 못해서, 마음대로 악을 저지르지 못해서 고통스러워한다."[22] 작은오빠는 큰오빠의 희생양이었다. 어머니는 원주민을 가르치는 교사였는데, 당시 식민지에서 그 직업은 세관원이나 우체국 직원과 함께 백인이 할 수 있는 직업 중에서 가장 사회적 지위가 낮은 직업이었다.[23] 뒤라스는 어머니를 '신의 사자'라고 부른다. 이 명칭으로 뒤라스가 어머니에게서 미래의 희망을 엿본 것 같지만, 사실은 불하지 투자에 실패한 후 정부나 신을 포함해서 그 누구에게도 그 무엇도 기대해서는 안 된다고 '절망'을 예언하는 예언자의 의미를 지닌다.

어머니의 불행 때문에 뒤라스는 암울한 유년기와 청소년기를 보낸다. 어머니는 딸에게 매음을 권하고 돈을 벌어오라고 하는, 모성이라고는 전혀 없는 초자아적 인물로 등장한다. "왜 엄마는 큰오빠는 그렇게 사랑하고 우리는 결코 사랑하지 않는 거야?"[24]라고 물을 정도로 뒤라스는 어머니의 사랑을 경험하지 못한다. 뒤라스가 '오직 어머니만 있다'고 말한 것은 어머니가 부재하기 때문이다. 어머니가 부재하기 때문에 어머니를 갈구하며 어머니만 바라보는 것이다. 사랑의 부재와 사랑의 요구는 언제나 동시에 나타난다.

뒤라스에게 어머니는 꿈을 압살하는 현실 그 자체처럼 나타나며, 일관되게 '미친 여자'의 이미지를 지닌다.

> 어머니는 미친 여자였다. 태어날 때부터. 핏속에 흐르는 광기. 광기 때문에 발작을 일으키지는 않았지만 어머니는 광기가 건강한 상태인 것처럼 살았다.[25]

'핏속에 흐르는 광기'라는 표현은 그 광기가 어머니의 전유물이라기보다는 유전적 특성인 듯 읽혀서 뒤라스의 광기를 예감케 한다. 뒤라스의 여성 주인공들은 대부분 히스테릭한 광기에 사로잡혀 있다. 광기는 그 사람이 과거에 '고통'을 받았고, 지금도 고통받고 있음을 알려주는 표지처럼 보인다. 고통에서 벗어날 수 없는 사람은 광기에 빠질 수밖에 없다는 사실을 뒤라스는 어머니를 통해 경험한 것 같다.

『연인』에서 미친 여자는 "키 크고 마른 여자가, 너무 말라서 해골처럼 보이는 여자가 나를 보고 웃으며 달려온다."[26]라는 문장에서도 확인할 수 있다. 여기에서는 두 가지를 주목할 수 있다. 우선 이 에피소드가 놓인 문맥이 흥미롭다. 뒤라스는 여덟 살 때 미친 여자를 만나 겁에 질린 적이 있었다는 사실을 중국인 연인과의 결혼이 좌절된 직후에 서술한다. 시간적으로 상관없는 두 에피소드를 나란히 배치함으로써 결혼이 좌절된 후 자신이 받은 충격을 암시하는 것이다. 또 미친 여자가 '해골', 즉 죽음으로 형상화된 것도 주목할 수 있다. 뒤라스는 이 기억을 죽음에 쫓기는 악몽처럼 제시하는데, 어머니와 관련된 모든 것이 악몽이었음을 감안하면 그 미친 여자는 어머니의 분신처럼 보인다. 아니나 다를까 뒤라스는 미친 여자를 제시한 후 바로 어머니를 등장시킨다. "그 후 오랜 시간이 흘러도, 나는 어머니의 그 이상한 상태가 (…) 점점 악화되는 것을 두려움 속에서 본다. 그 상태로 인해 어머니가 결국 자식들과 분리될 것이다."[27] 미친 여자와 어머니가 나란히 놓이면서 그 인접성 때문에 어머니는 미친 여자, "살아 있으나 죽은 자"[28]로 표현된다.

어머니와 함께 있을 때 뒤라스도 미쳐간다. 뒤라스가 고백하는 어떤 환상에 따르면, 어머니가 앉아 있는데 그녀에게는 다른 사람이 앉아 있는 것처럼 보인다. "어머니의 모습을 하고 있었지만 나의 어머니는 결코 아니었다."[29] 뒤라스는 자신이 알고 있던 어머니 대신 어떤 '대체물'을 본다. 이 환상으로 뒤라스는 어머니와 동시에 유년기를 상실했으며, 어머니 때문에 자신도 미쳐가고 있다는 사실을 자각하게 된다. "다른 사람이 아니라 해도 이미 예전의 어머니는 완전히 사라져버려서, 그녀를 다시 돌아오게 할 방법은 전혀 없는 것 같았다. 내가 기억하고 있던 어머니의 영상이 하나도 떠오르지 않았다. 맑은 정신에서도 나는 미쳐가고 있었다."[30] 미친 여자 환상은 악화되기만 한다. 그래서 온 도시에 "그 미친 여자가 가득했다. 도처에서 그녀가 나타났다."[31]라고 말한다.

왜 미친 여자의 환상이 이토록 악화된 것일까? 뒤라스에게 떠어왔던 그 미친 여자에게는 딸이 하나 있었는데, 그녀는 아무한테나 딸을 주겠다고 말한다. 뒤라스가 미친 여자 환상에 사로잡힌 것은 바로 어머니로부터 버림받을 것을 두려워했기 때문이다. 뒤라스는 '어머니도 저 미친 여자처럼 나를 버리는 게 아닐까?'라는 불안감에 떤다. 뒤라스에게 어머니는 아이를 낳고 버린 여자, 아이를 양육하지 않는 여자다. 뒤라스의 기본적인 정서에는 버림받았다는 두려움이 있으며 그 불안 때문에 뒤라스의 유년기는 악몽이 되고 죽음의 강박관념에 사로잡힌다. 뒤라스는 어머니에 대해 양가감정을 느끼는 것처럼 보인다. 하나는 어머니가 미쳤고, 자신을 두렵게 하는 것은 어머니라는 것, 미친 여자로부터 벗어날 수 없듯이 어머니로부터 벗어날 수 없다는 것이고, 다른 하나는 이 어머니로부터 버림받을까봐 불안하다는 것이다.

중국인 연인에게 유년기에 대해 말할 때에도 뒤라스는 어머니 때문에 악몽 같았던 시절을 떠올린다.[32] 뒤라스는 한 인터뷰에서 어머니가 "죽음의 권력"과 "일상의 권력"을 구현했다고 언급한다.[33] 이 두 권력은 서로 겹쳐져서 일상이 죽음의 힘 아래 놓인다. 어머니와 관계된 기억 중에서 뒤라스가 돈을 벌기 위해 길거리로 나서야 했던 에피소드는 정점을 찍는다.

뒤라스가 메콩강을 건너며 중국인 연인을 만나는 장면은 전형적으로 뒤라스적인 서술 전략에 따라 구성되어 있다. 그중에서도 그녀의 옷차림이 눈길을 끈다. 열 다섯의 나이에, 그녀는 남성용 모자를 쓰고 어머니가 사준 깊게 파인 옷을 입고 있으며 하이힐을 신고 있다. 그녀는 같은 배에 중국인이 승용차를 타고 있다는 것을 알고 있다. 그녀는 자신을 '창녀'에 비유하지만 평범한 백인 소녀라면 부끄러워할 그 옷차림이 자신에게 잘 어울리고 자기 취향을 반영한다고 생각한다. 자신이 집 밖에서 시선을 끄는 대상이 되었다는 사실이 그녀에게는 부끄럽지 않다. 어머니에 대한 원망은 전혀 느껴지지 않고 오히려 어린아이에서 갑자기 성인으로 성장한 데 대한 자부심마저 느껴진다. 뒤라스는 이 모든 것을 마치 자신이 선택한 것처럼 서술하면서 어머니를 정당화하려는 것 같다. 왜 뒤라스는 돈을 벌어오라고 내몬 어머니에게 적대감을 드러내기는커녕 어머니를 옹호하는 듯한 '왜곡된' 글쓰기를 하고 있는 것일까? 이 왜곡에서 진실이 드러난다면 그 진실은 무엇일까?

뒤라스에게 가족이 어떤 의미인지를 구체적으로 이해하려면 앞에서 가족을 서술하면서 인용했던 '죽은 사람도, 묘지도, 기억도 없다'라는 표현에서부터 출발해야 한다. 이 표현은 뒤라스가 자기 가족을 규정한 "돌로 된 가족, 누구도 접근할 수 없을 만큼 두꺼운 돌 속에서 굳어진 가족"[34]이라는 표현과 관련된다. '누구도 접근할 수 없을 만큼 두꺼운 돌'을 무덤으로 이해한다면, 그 속에 있는 '굳어진 가족'은 이미 죽은 자들이다. 뒤라스는 가정을 묘지로, 가족을 죽은 사람으로 설정한 셈이다. 죽어서 전혀 변화할 수 없는 이 '부동성'이 그녀의 가족을 특징짓는다. 가정은 무덤이고 가족은 더 이상 변화 가능성이 없는 시체에 불과한데, 왜 그녀는 '죽은 사람도, 묘지도, 기억도 없다'라고 말하는 것일까? 여러 가능성이 있겠지만, 그 가족관계에서 어머니나 오빠들은 존재하지 않기 때문이다. 텅 빈 무덤 같은 가족관계에 단 한 사람이 존재한다면, 그가 바로 어머니가 "사막에서 발견되는 시체",[35] 즉 '미라'로 암시했던 중국인 연인이다. 이 역설이 뒤라스의 가족관계를 규정한다. 뒤라스는 중국인 연인마저 없었다면 텅 빈 무덤에 불과했을 자신의 과거를 돌이켜보고 있는 것이다.

어머니가 상징하는 죽음의 모습은 사진을 통해 짐작할 수 있다. 어머니는 아이들이 커가는 모습을 보기 위해 정기적으로 사진을 찍지만 얼마나 심하게 수정을 했던지 아이들이 변한 모습을 확인할 수 없을 정도였다. 수정된 사진을 뒤라스는 동양인들의 '영정 사진'과 유사하다고 지적한다. 그 사진은 변화가 중단된 모습을, 차이성보다는 유사성을 드러낸다. 뒤라스가 볼 때 죽음의 특성은 '유사성'이다.

> 사진에 찍힌 사람들은 (…) 거의 같은 모습이었다. 그들은 착각을 불러일으킬 정도로 유사했다. 늙어가면서 비슷해지기 때문만은 아니었다. 사진을 항상 수정했기 때문에 그나마 얼굴에 남아 있던 개성이 약해지고 만 것이다. 그 얼굴들은 영원에 맞설 수 있을 정도로 하나같이 젊은 모습으로 수정되어 있었다. 사람들이 원한 것이 바로 이것이었다. 이 유사성으로 (…) 기억을 덧칠하여 혈통이 대대로 이어져 내려왔다고 하고, 또 혈통의 독특함과 유능함을 드러내는 것이 틀림없었다. 서로 닮을수록 같은 핏줄이라는 것이 더 분명히 드러난다고 여겼음에 틀림없었다.[36]

어머니가 자식들의 모습을 수정하는 바람에 사진 속 얼굴로는 개개인의 과거를 짐작할 수가 없다. 이 사진에서 아이들의 개별성은 사라지고 대신 뒤라스가 그토록 벗어나고 싶었던 '핏줄'의 유사성이 만들어진다. 어머니는 자식들의 내적 자아를 부정하고, 생성과 변모 가능성을 제거한 다음 어머니의 질서인 죽음의 질서를 부과한 것이다. 그런 점에서 어머니가 찍은 사진은 자식들을 유사성 속에 고정시킨 영정 사진인 셈이다. 뒤라스는 죽음을 체험하기 전에 사진 속에 이미지화된 자신의 '죽은 모습'을 보고 있었다.

'유사성'을 만들어내려는 시도는 일상에서도 확인된다. 딸이 프랑스어 시험에서 일등을 하자 어머니는 담임에게 수학에서는 언제 일등을 할 것 같으냐고 물어본다.[37] 수학에서 일등을 하면 딸이 자신처럼 교사가 되기를 바랐던 욕망이 충족되고 자신과의 유사성도 더 굳건해질 것이기 때문이다.

가족사진을 수정하는 것이나 뒤라스를 수학 교사로 만들려는 것은 딸을 자신과 동일한 운명을 지닌 자로 만들려는 시도다. 그 운명은 '죽음'으로 채색되어 있다. 그러고 보면 뒤라스의 가정에서 '죽음'의 이미지는 어디서나 찾아볼 수 있다. 예를 들어 어머니가 부화시킨 병아리들이 굶어

죽는 바람에 집에서 병아리와 사료 썩는 냄새가 진동한 적이 있었다. 병아리가 닭으로 성장하지 못하고 죽은 것처럼 아이들의 상황도 이와 비슷하다. 병아리를 죽인 어머니가 죽음의 사자로 여겨지듯이, 어머니가 꿈꾸었던 유사성의 세계도 뒤라스에게는 '죽음'으로 받아들여진다.

수학 교사가 되기를 바라는 어머니와는 달리 뒤라스는 글을 쓰고자 한다. 한 연구자는 이것을 뒤라스와 어머니의 '욕망의 대결'로 이해한다. 어머니는 아이의 욕망을 무시하고 거세 기능을 수행하지만, 뒤라스는 권위에 저항하는 욕망의 주체로 탄생한다는 것이다.[38] 글을 쓰고 작가가 되리라는 것은 뒤라스의 "가장 깊은 본질적인 확신"[39]에 속한다. 그 소명의식은 어머니에 대한 저항, 자기 삶을 스스로 선택하려는 의지에서 비롯된다. 글쓰기에 대한 욕망은 두 번 표현되는데 그것들은 모두 어머니에게 대답하는 형태로 제시된다.

> 나는 글을 쓰기를 원한다. 이미 나는 그것을 어머니에게 말했다. 내가 원하는 것은 그거예요. 글을 쓰는 것.[40]

> 다른 무엇보다도 내가 줄곧 원해온 것은 글쓰기라고 나는 어머니에게 대답한다. 그것 말고는 아무것도 없어요, 아무것도.[41]

뒤라스는 어머니의 요구를 거부하고 글쓰기의 욕망을 소명으로 의식화한다. 뒤라스가 글쓰기로 자기 존재를 확인하기 위해서는 먼저 동일성과 죽음을 부여하려는 어머니에게서 벗어나야 한다. 이런 상황을 이해하면, 뒤라스가 제시한 첫 에피소드가 가족을 '떠나' 배를 타고 메콩강을 '건너' 기숙사로 돌아가면서 중국인을 '만난' 에피소드라는 것은 의미심장하다. '떠나기, 건너기, 만나기'는 모두 '자유'를 향한 탈주의 욕망을, 들뢰즈와 가타리의 용어로 하면 '탈영토화'의 욕망을 암시한다.

뒤라스는 동일한 것이 반복되는 세계에서 도망치려고 한다. 뒤라스는 자신의 집을 "언제나 임시 거처 같고, 그 어떤 공간보다 누추해서 도망쳐버리고 싶었던 터무니없는 공간들"[42]이라고 서술한다. 그녀가 거주하는 지역은 "봄도 없고, 새로운 것도 없으며", "계절이라는 게 없어서, 하나뿐인 그 계절은 무덥고 단조롭다."[43] 이 단조로운 세계는 모두 '-이 없는'이라고 부정문으로 제시되고 있는데, 그것이 어머니의 세계인 '유사성'의 본질이다.

뒤라스는 꽉 막힌 미래, 경제적 빈곤, 절망, 광기와 죽음, 다시 말해 어머니의 세계로부터 벗어나고자 한다. 벗어나기 위해서는 이전에 살았던 세계와 작별해야 한다. 그래서 탈주는 죽음을 동반한다. 그녀가 강을 건너며 올라탔던 중국인의 차는 "커다란 영구차"[44]로 비유되며, 강을 건너는 것은 새로운 세계로 나아감이라기보다는 어머니로부터 '빠져나가는' 방식으로 제시되어 있다.

> 밤낮으로 굳어지는 생각. 그것은 무엇엔가 도달해야겠다는 것이 아니라, 지금 있는 곳에서 빠져나가야만 한다는 것이었다.[45]

중국인의 차에 올라탐으로써 뒤라스는 수치스러운 어머니로부터 벗어나고자 한다. 그녀에게 탈주는 이 모든 유사성의 중심에 있는 어머니로부터 벗어나는 것이다. 그렇다고 해서 그 탈주가 '방황'은 아니다. 마들렌 보르고마노에 따르면, 『연인』 이전에는 주인공들이 '상실'하고 '방황'하는 인물들이었는데, 『연인』은 메콩강을 건너는 '통과의례'의 이미지를 중심으로, "입문식의 이야기, 인생으로의 첫걸음 내딛기, 견습"이라고 하는 고전적인 전통과 연결된다.[46]

죽음과 유사성의 세계로부터 '탈주'하여 뒤라스가 입문하게 되는 세계는 어떤 세계일까? 뒤라스는 자신의 첫 번째 삶이 중국인 연인과의 만남으로 시작되었다고 밝히면서 그것을 '성(性)'의 관점에서 서술한다.[47] 어머니가 죽음이었다면, 그녀에게 육체관계는 '삶'의 관점에서 이해되며, 궁극적으로는 '글쓰기의 욕망'을 실현하는 계기로 제시된다.

육체관계: 주체의 탄생

남성의 글쓰기와 여성의 글쓰기를 항상 구분할 수 있는 것은 아니지만 그래도 몇 가지 특징적인 차이가 있다. 그중 하나가 정체성을 규정할 때 여성이 '육체'에 더 많은 중요성을 부여한다는 점이다. 텍스트에 분명히 드러났건 아니면 은밀히 암시되어 있건 간에, 여성의 자서전에서 육체가 차지하는 위상은 주목할 만하다.

뒤라스에게 육체는 어머니와의 관계를 드러내는 매개물이면서 동시에 어머니의 세계에서 벗어나는 계기로 제시된다. 불하 토지 투자가 혹독한 실패로 끝나고 큰아들이 빚을 내어 아편을 사는 바람에 뒤라스 가족은 파산 직전에 이른다. 뒤라스는 돈을 벌기 위해 중국인을 만난다. 그녀의 육체는 '매음(賣淫)'의 수단이었던 것이다. 그러나 그들의 관계는 단순히 물질적인 관계에 머물지 않고, 점점 진정한 사랑의 관계로, 마지막에는 숭고한 사랑으로까지 발전한다. 그녀의 육체에는 사랑과 욕망과 돈, 심지어 '힘-권력' 관계가 복잡하게 뒤얽혀 있다.

『연인』에서는 어머니의 강요로 중국인을 만났다고는 말하지 않는다. 그러나 『북중국의 연인』에서는 같은 에피소드가 좀 더 직접적으로 서술되어 있다. 경제적 어려움이 닥치자 어머니는 딸에게 나이 많은 사람과 결혼하거나 첩으로 들어가라고 강요하고, 중국인이 뒤라스와 결혼하지 않는 대가를 받아내기 위해 어머니와 큰오빠가 협상을 벌인다. 아래 인용문은 중국인 연인이 하는 말이다.

> 실제로 네 가족은 재산이라곤 아무것도 없더군. 팔 수 있는 건 너밖에 남지 않았어. 그런데 너는 팔리지 않았고. 큰오빠가 우리 아버지한테 편지를 썼어. 네 어머니가 나를 만나고 싶어 한다고 말이야. 아버지가 네 어머니를 만나보라고 해서, 내가 어머님을 만난 거야.[48]

뒤라스와 중국인 연인의 만남은 어머니가 암묵적으로 강요한 '매음'의 성격이 짙지만 뒤라스가 그 '만남'을 적극적으로 주도했다는 사실 또한 간과할 수 없다. 자동차 안에서 중국인 연인이 뒤라스의 손을 잡은 게 아니라 뒤라스가 그의 손을 잡았다는 사실은 그들의 관계를 이해하기 위해 주목할 만하다.

> 시간이 흐른다. 그리고 전혀 자각하지 못한 채 그녀가 그의 손을 잡는다. 그녀가 그의 손을 쳐다본다. 그녀가 그 손을 잡고, 이토록 가까이에서는 한 번도 보지 못한 사물이기라도 한 듯 그 손을 바라본다. 중국인의 손, 중국 남자의 손.[49]

뒤라스는 중국인 연인과의 관계에서 주도적으로 행동한다. 이것으로 미루어볼 때 뒤라스는 쾌락에 대한 욕망을 이미 느끼고 있었던 것으로 보인다. 많은 연구자들이 언급하듯, 뒤라스에게는 어머니의 욕망에 복종하고 어머니를 위해 희생하려는 욕망과 어머니에게서 벗어나 남자에게서 쾌락을 느끼려는 욕망이 모호하게 얽혀 있다.[50] 분명한 사실은 중국인 연인과의 만남으로 뒤라스의 유년기가 끝나고 어머니의 세계에 종언을 고한다는 점이다.

> 그녀가 이 검은색 자동차에 들어갔던 순간부터 그녀는 알고 있었다. 처음으로 그리고 영원히 이 가족과 분리된다는 사실을. 이제부터 그

> 들은 그녀가 어떻게 될지 알아서는 안 된다.[51]

낯선 자동차에 올라타고 가족과 '분리'되는 순간, 그녀의 탈주는 피식민계층인 중국인과의 매음으로 귀결된다. 그러나 그 관계에서 뒤라스가 어머니의 강요로 중국인을 만났다는 사실보다 오히려 그 만남 덕분에 자신의 천성을 자연스럽게 확인할 수 있었다는 사실이 강조된다. 그녀는 그 만남을 "그 어떤 것보다 내 마음에 들고, 내 모습을 확인할 수 있으며 나 자신이 매혹되는 이미지"[52]라고 언급한다. 이 표현은 뒤라스의 욕망이 어떤 속성을 지니는지 알려준다. "여자란 욕망이다."라는 표현을 소개하기도 했지만, 뒤라스에게 욕망은 대상에 의해 촉발되는 것도 아니고 주체의 의지에 따라 발현되는 것도 아니다. 그것은 천성적인 어떤 것이다. 자기가 알지 못하는 뭔가가 경험하기 전에 이미 존재하는 것, 그것이 욕망이다.[53]

뒤라스에게 욕망은 천성적으로 여자의 내부에 있으며 사랑은 이미 자기 안에 있는 욕망을 실현하는 것이지, 유혹의 대상이 되는 것이 아니다.[54] 흔히 사랑과 관련되는 질투, 설렘, 이상적 자아와 같은 용어가 뒤라스를 이해하는 데 별 도움이 안 되는 것은 그런 이유 때문이다. 뒤라스에게 사랑은 무엇보다 '앎'과 관련된다.

> 갑자기 그녀는 그 순간, 그곳에서 알았다. 그가 결코 그녀를 알지 못하리라는 것을, 그가 이토록 많은 타락을 경험할 방법이 없다는 것을 알았다. 그 사람으로서는 그녀를 사로잡기 위해 그토록 많은 길을 에둘러 갈 수 없을 것이다. 알아야 하는 사람은 그녀다. 그녀는 알고 있다. 그가 모르고 있기 때문에 그녀는 갑자기 알았다. 이미 강을 건너는 배에서 그가 그녀 마음에 들었다는 것을. 그가 마음에 든다. 일은 오직 그녀가 어떻게 하는가에 달려 있었다.[55]

이 예문에는 '알다'라는 동사가 다섯 번 사용된다. 뒤라스는 자신의 행동으로 그들의 관계가 결정되리라는 것을 알고 있으며, "그를 자기 마음대로 할 수 있다는 것"[56]도 알고 있다. 육체관계 덕분에 그녀는 주도적이고 우월한 인물로 변한다. 뒤라스는 중국인 연인을 여성화하고 무지한 자로 제시하는 반면, 자신은 남성의 시선을 가진 앎의 주체, 행위의 주체로 제시한다.[57] 우월성을 인식하면서 뒤라스는 평소 육체에 대해 갖고 있던 열등감까지 잊는다. 그녀는 빈약한 육체를 수치스러워하기는커녕 "이 육체가 결국에는 다른 육체와 마찬가지로 수긍할 만하고 받아들일 만하다는 것을 발견"[58]한다. 육체를 긍정함으로써 그녀는 자기 긍정성을 발견하고, 그 결과 "나는 내가 그를 욕망하고 있다는 것을 깨닫는다."[59]라는 표현에서 알 수 있듯이 자신을 '욕망의 주체'로 선언한다.

처음 육체관계를 맺으며 피 흘리고 고통을 느낀 것도 새롭게 태어나기 위한 조건처럼 이해되고, 육체관계 중에 찢어진 상처는 심장 뛰는 소리와 연결된다. 육체관계는 고통마저 생명력의 약동으로 변화시키는 연금술적인 행위가 된 것이다. 게다가 중국인 연인은 피를 닦아주고 목욕시켜 주는 역할을 부여받으면서 여성화된다. 그는 뒤라스에게 부재했던 '보살피는' 어머니처럼 나타난다.

뒤라스 본인이 성적 쾌락을 느끼는 주체가 되면서, 어머니와 뒤라스의 관계가 역전된다. 뒤라스는 "어머니는 주이상스를 경험하지 못했다."[60]라고 말하고 어머니 또한 "나는 쾌락에 대한 흥미를 잃었어."[61]라고 하면서 딸이 경험한 성적인 쾌락을 부러워한다. 또 어머니의 금기에도 불구하고 "침착하고 결단력 있게, 어떻게 내가 그 생각의 끝까지 가기에 이르렀는가."[62]를 질문할 때에도 뒤라스는 자신이 주이상스의 주체임을 분명히 한다. 어머니의 강요 때문에 육체를 팔러 나섰지만 그 덕분에 억압받던 육체를 해방시키고 어머니에 대한 우월감을 확인하게 된 것이다. 스스로 팔루스를 가진 힘 있는 존재로 자각하게 된 딸의 상상 속에서 어머니는 아이처럼 등장한다.

양말을 기워 신은 여자의 이미지가 방을 가로질러 갔다. 그녀는 마침내 아이처럼 나타났다.[63]

'마침내'라는 표현은 뒤라스가 그것을 기다리고 있었음을 암시한다. 성행위와 더불어 어머니는 '마침내' 아이가 되고, 자신은 그 아이의 어머니가 된다. 이 역전된 모녀관계의 끝은 어디일까? 뒤라스는 "[어머니를] 가두고 때리고 죽여야 한다."[64]라고 말하는데, 어머니에 대한 살해 욕망이 그 관계의 끝으로 제시된다. 이 문장은 뒤라스가 어릴 때 당했던 육체적인 학대를 짐작케 하지만 폭력적인 관계가 새로운 정체성을 완벽하게 구현하는 것은 아닐 것이다. 육체관계를 통해 뒤라스는 어떤 주체로 재탄생하게 되었을까?

중국인 연인과의 관계에서 흥미로운 점은 육체관계 덕분에 뒤라스가 말을 하게 되었다는 점이다. 자기 가족에게서 "대화라는 단어는 추방되었다."[65]라는 언급에서 알 수 있듯이, 가족과는 말하지 않던 뒤라스가 중국인 연인과 단둘이 있게 되자 말하기 시작한다. 그녀는 과거를 털어놓고 심지어 중국인 연인을 대신해서 말하기 시작한다.

그가 자신을 위해서는 할 수 없기 때문에 내가 그를 위해, 그를 대신해서 말을 한다. 그가 자기 안에 기본적인 고상함을 갖고 있다는 것을 모르기 때문에, 내가 그를 위해 그 사실을 말한다.[66]

자서전에는 중국인과 육체관계를 맺는 장면에서 성적인 결합은 전혀 중요하지 않은 것처럼 그들이 나눈 대화 내용만 집중적으로 서술되어 있다. 뒤라스는 창녀처럼 옷을 입고 나서게 된 상황, 가족관계, 자신의 욕망, 앞으로 전개될 그들의 관계에 대해 이야기한다. 중국인 연인도 사랑, 아버지로부터 벗어나고 싶은 욕망, 무력감에 대해 이야기한다. 그들은 '공통의 미래'를 제외하고는 모든 것을 말한다. 매음으로 시작된 관계이지만 그들은 가족과 이야기할 수 없었던 이야기를 하면서 소통하고, 관계의 역전을 이끌어내고, 쾌감을 얻는다. 이 예기치 않은 강렬한 존재 체험 덕분에 뒤라스는 자신을 '나'로 인식한다.

그들은 과거를 이야기하며 서로 위로를 받는다. 그 덕분에 뒤라스는 어머니와 맺었던 불행한 과거를 성공적으로 애도한다.

> 몸에 키스를 받으니 눈물이 났다. 키스가 위로해주는 것 같았다. 가족과 함께 있으면 나는 울지 않는다. 그날, 그 방에서 눈물이 과거와 미래를 위로해주었다.[67]

뒤라스는 그때 받은 위로를 '찌꺼기'를 배출하는 이미지로 서술한다. 육체관계는 욕망을 분출하는 계기가 되며, 욕망의 분출은 다음 문장과 같이 찌꺼기 배설과 더불어 일어난다. "그 행위에서는 모든 것이 다 좋아. 아무런 찌꺼기도 없어. 찌꺼기들은 뒤덮이고, 모든 것이 거센 물결, 욕망의 힘 속으로 흘러가는 거야."[68] 육체관계 중에 배설한 '찌꺼기' 중에는 자신의 삶을 지배해왔던 '슬픔'도 있다.

> 나는 지금 (···) 내가 줄곧 기다려왔고 또한 나 자신에게서만 기인한 그런 슬픔 속에 빠져 있다고 그에게 말한다. 나는 항상 슬펐다고, (···) 오늘 이 슬픔이 내가 항상 느꼈던 그 슬픔임을 알아보았기 때문에, 그 슬픔에 내 이름을 붙일 수 있을 지경이라고, 그만큼 그 슬픔은 나와 닮아 있다고 말한다. 오늘 나는 그에게 말한다. 이 슬픔은 행복이라고, 어머니가 사막과도 같은 그녀의 삶 속에서 울부짖을 때부터 그녀가 항상 나에게 예고해준 그 불행 속에 마침내 떨어지고 마는 행복이라고.[69]

뒤라스는 자신의 정체성을 '슬픔'으로 규정하면서 자신은 어머니가 예고한 불행에 빠지기 때문에 슬픔이 행복이 된다고 말한다. 왜 슬픔이 행복이 되는 걸까? 그녀가 어머니의 슬픔을 이해했기 때문만은 아니다. 그 당시는 몰랐을 테지만, 그녀에게 육체관계는 저항의 형식이었다. 뒤라스는 육체관계를 통해 수치심과 슬픔과 절망을 벗어던질 수 있었고, 마침내 어머니로부터, 억압에서 벗어나 자유를 얻고 '언어의 주체'로 탄생할 수 있었다. 그래서 슬픔은 행복이 된다. 어떻게 보면, 그때 느낀 말하기의 쾌감 때문에 그녀는 작가가 될 수 있었는지도 모른다.

흐르는 듯한 글쓰기

뒤라스는 어머니로부터 탈주를 감행하여 중국인 연인을 만나고 육체관계를 통해 어머니의 슬픔을 경험하며 어머니와 자신이 연결되어 있음을 깨닫는다. 그런데 그 과정에서 자신이 어머니의 욕망과 이중적인 관계를 맺고 있음을 알게 된다. 어머니의 욕망은 두 가지로 드러난다. 하나는 딸을 선생으로 만들어 딸이 자신과 같은 운명을 되풀이하도록 하려는 욕망이고 다른 하나는 딸을 창녀로 만들려는 욕망이다. 뒤라스는 첫 번째 욕망은 거부하지만 두 번째 욕망은 실현한다. 따라서 뒤라스의 탈주는 어머니로부터 완전히 벗어나는 게 아니다. 어머니에게서 벗어나되, 다시 어머니에게 돌아와야 하고 연결되어야 한다. 하지만 꼭 어머니와 다시 연결될 필요는 없고 어머니를 다른 사람으로 대체하는 것도 가능하다. 로리 비크로이는 육체관계가 어머니의 부재를 대신하는 "정서적 대체물"[70]이며 중국인 연인은 어머니의 대체물로 기능한다고 지적하는데, 물론 이것은 육체관계에만 해당되는 것은 아니다. 이러한 일련의 대체 과정이 뒤라스가 제시한 "흐르는 듯한 글쓰기"의 주요 특징이다.

어머니와 두 오빠는 이제 죽었다. 기억하기에도 이미 너무 늦었다. 이제 나는 그들을 더 이상 사랑하지 않는다. 내가 그들을 사랑했었는지도 더 이상 모르겠다. 나는 그들을 떠났다. 어머니 피부 냄새도 머리에 남아 있지 않고, 어머니의 눈 색깔도 내 눈에 남아 있지 않다. 때때로 저녁나절의 피곤함이 깃든 부드러운 목소리가 아니라면, 어머니의 목소리도 더 이상 기억나지 않는다. 웃음소리도 더 이상 들리지 않는다. 웃음소리도 비명소리도. 다 끝났다. 나는 더 이상 기억하지 못한다. 그렇기 때문에 지금 나는 그녀에 대해 이처럼 쉽게, 이처럼 길게, 이처럼 늘려가며 글을 쓴다. 그녀는 흐르는 듯한 글쓰기가 되었다.[71]

아무 기억도 없는데 모든 것이 막힘없이 흘러나오는 '흐르는 듯한 글쓰기'는 뒤라스가 도달하고자 했던 이상적인 글쓰기를 상징한다. 뒤라스는 『연인』을 쓰면서 이에 도달했다고 서술한다. "나는 항상 흐르는 듯한 글쓰기를 꿈꿨지만 그 글쓰기에 진정으로 도달하지는 못했다. 그런데 갑자기, 정확한 기억에 의존하는 것 말고는 다른 것은 전혀 원하지 않았는데도 나는 그 글쓰기에 이르렀다. 나는 내가 흐르는 듯한 글쓰기에 도달했다고 느꼈다."[72] 정확한 기억에 의존하겠다고 하지만 위의 예문에서 알 수 있듯이, '흐르는 듯한 글쓰기'는 어머니의 부재, 기억의 부재에서 비롯된다.

그런데 어떻게 존재하지 않는 기억을 가지고 어머니와 자신의 과거에 대해 글을 쓸 수 있을까? 여기에서 뒤라스의 글쓰기 특징이 발견된다. 뒤라스의 작품을 읽으면 독자는 에피소드가 왜 서술되어 있는지, 어떤 논리를 따르는지 알 수 없고 심지어 문법에도 어긋나는 문장이 파편화된 채 나열되어 있어서 꿈속을 헤매는 듯한 느낌이 든다. 그 이유는 그녀가 부재하는 기억을 탐색하기 때문이다. 분명한 사실은, 가족이 죽고 그들을 사랑했는지조차 기억하지 못하는 지금에야 비로소 가족에 대해 글을 쓸 수 있었다는 것이다. 더 이상 기억나지 않을 때 재현되는 과거는 있는 그대로의 과거가 아니다. 그렇다고 '기억나지 않는' 어머니를 거짓으로 만들어 대체하는 것은 아니다. 글쓰기를 통해 재현된 어머니는 실제 존재했던 어머니와는 다르지만, 뒤라스는 파편화된 '흔적'으로 남은 어머니를 복원한다. 그 흔적은 해체되고 지워진 과거에 상상이 덧붙은 것이어서 기억의 한계에서 벗어나 무의식적인 동인을 드러낸다. 그래서 과거의 흔적은 개방적이고 유동적인 것처럼 보인다. 이 개방적이고 유동적인 특성이 '흐르는 듯한 글쓰기'의 특징이며 그것이 잠시 뒤에 이야기할 '순환성'의 토대가 된다.

'흐르는 듯한 글쓰기'가 부재에서부터 시작되었다면, 그 사실은 찍지 않았던 사진 에피소드를 통해서도 확인할 수 있다. 메콩강을 건너며 중국인을 만난 그 순간이 '절대적인' 순간임을 알았더라면 사진을 찍어 간직했을 텐데, 당시에는 그 중요성을 알지 못했기 때문에 사진을 찍을 수 없었다고 하면서 뒤라스는 다음과 같이 서술한다.

> 그것이 이 이미지가 존재하지 않는 이유다. 이 이미지는 누락되었고 잊혔다. 그것은 결국 분리되지 않았고 없어지지 않았다. 이 이미지가 절대를 드러내고 절대를 만들어내는 장점을 갖게 된 것은 이렇게 만들어진 결핍 덕분이다.[73]

알리에트 아르멜에 따르면, 『연인』은 독립된 작품으로 실현되기 전에, 자기 삶을 보여주는 사진들을 모아놓은 앨범의 설명서로 구상되었고, 작가가 염두에 두었던 제목도 '절대적인 사진' 또는 '절대적인 이미지'였다고 한다.[74] 그리고 중국인 연인을 만나는 장면의 사진이 없다는 것은 절대적 기원을 복원할 수 없음을 의미한다.[75] 아르멜은 '부재하는 사진'이라는 특정 시점의 '물질화된 이미지'를 기원과 연결시키고 그것이 부재하기 때문에 근원에 도달할 수 없다고 주장한다. 그러나 '부재' 자체가 글쓰기의 기원이라고 생각할 수는 없을까? 다시 말하면, '부재하는 사진'도 '부재하는 어머니'

와 마찬가지로 '부재'를 주제화하기 위한 소재에 불과하지 않을까? 이것을 일반화하면, '부재하는 기원'이 자기의 특이성을 깨닫는 기원으로 작용할 수 있으며, 뒤라스의 글쓰기는 이 부재에서 유래하는 것처럼 보인다.

부재하는 사진과 어머니가 찍었던 '가족사진'은 정반대로 기능한다. 어머니의 사진은 수정된 이미지로 유사성을 만들어낼 뿐 인물의 개인적인 특성을 드러내지 못한다. 반면, 강을 건너는 그 순간은 뒤라스에게 강렬한 정서적 충격을 남기고, 물질화된 사진으로 남지 않았기 때문에 더더욱 그 장면에 대해 무한히 상상하도록 만든다. 바르트 식으로 말하면, 결핍은 결핍을 메우기 위해 말을 생산하고 문장을 만들며, 부재하는 것으로부터 부재에 관한 담론을 끌어낸다. "타자는 실제 대상으로서는 부재하지만 대화자로서는 현존하는 것이다."[76] 그렇게 해서 부재는 절대적 기원이 되고 부재하는 사진은 바르트적인 의미에서 '푼크툼'을 만들어낸다.

마이클 셰링엄은 찍지 않은 사진을 "기억의 메타포"[77]로 간주하고 그것이 욕망과 글쓰기를 매개한다고 지적한다. 부재하는 사진은 물질적으로는 존재하지 않지만, 부재를 통해 '응시되어야 하는 대상'(사진 속에 있어야 하는 뒤라스)과 '응시하는 주체'(부재하는 사진을 응시할 뒤라스)는 만날 수 있다. 그러므로 기억과 마찬가지로 과거가 절대성을 획득하고 영원한 흔적을 남기게 되는 것은 부재 때문이다. 이렇게 해서 자서전은 찍지 않은 사진과 동일한 위상을 지닌다. 과거에 경험했지만 정확한 물질적 근거를 갖고 있지 않은 과거를 돌이켜보며 자기 존재의 기원을 탐색하고 부재하는 과거를 기술하는 것이 자서전이기 때문이다. 이와 같은 관점에서 보면, 메콩강 건너기, 어머니의 세계에서 탈주하기, 중국인 연인과 육체관계 맺기, 여성으로서의 정체성 획득하기, 마지막으로 글쓰기의 소명을 실천하기가 일련의 연쇄고리처럼 연결된다. 뒤라스에게 글쓰기는 어머니에게서 벗어나는 해방의 수단이자 자신을 탐색하고 창조하는 방식이라고 할 수 있다.

순환성 1: 매음에서 숭고한 사랑으로

중국인과의 만남이 주체성을 확립하는 계기가 되고 글쓰기의 기원이 되었다면, 이제 중국인과의 관계를 차근차근 살펴볼 필요가 있다. 대부분의 연인들은 둘만의 독점적 관계를 강조하기 마련이다. 연인들은 서로에게 대체 불가능한 존재가 되고자 한다. 그런데 뒤라스는 중국인 연인에게 자신을 대체 가능한 존재처럼 다루어달라고 부탁한다.

> 그녀는 그에게 말한다. 당신이 나를 사랑하지 않으면 좋겠어요. 나를 사랑하게 되어도 보통 다른 여자들하고 하듯이 그렇게 하면 좋겠어요.[78]

이와 유사한 표현은 한 번 더 등장한다. "그 사람에게 여자들이 많이 있고, 그 여자들 속에 섞여 있다는 생각을 나는 좋아한다고 그에게 말한다."[79] 뒤라스의 사랑은 유일한 존재가 되어 유일한 관계를 맺는 그런 사랑, 사랑의 이름으로 예속관계에 놓이는 사랑이 아니다. 사랑이 가능하려면 사랑의 유일성을 포기해야 한다.

이와 같은 관점에서 볼 때, 뒤라스가 중국인 연인을 처음 만난 날 입었던 옷차림은 의미심장하다. 그날 뒤라스는 속 비치는 드레스 차림에 남성용 중절모를 쓰고 하이힐을 신고 있었는데, 그 옷차림은 이미 어떤 '선택'을 암시하고 있다.

> 남성용 모자를 쓰자 유년기에서 비롯된 결핍으로 여겨졌던 볼품없이 마른 몸매가 달라 보였다. 마른 몸매는 천성적으로 주어진, 적나라하고 운명적인 어떤 것이 아니라, 정반대로, 천성과는 대립되는 하나의 선택, 정신적인 선택이 되었다. 갑자기 내가 다른 여자가 된 것처럼 여겨졌다. 마치 어떤 다른 여자가 되어, 보여지고, 밖에 나와 있고, 누구

나 다 마음껏 활용할 수 있고, 누구나 다 마음껏 나를 쳐다볼 수 있으며, 도시와 도로와 욕망을 순환시킬 것 같았다.[80]

뒤라스는 "오랫동안 나에게는 나만의 옷이 없었"[81]다고 말한다. 그런데 중국인 연인을 만나던 날 입었던 옷차림 덕분에 그녀는 자신의 독창적인 개성을 확인하게 된다. 뒤라스는 이제 자신의 부정적인 속성들, 예를 들어 '볼품없이 마른 몸매'마저 '정신적인 선택'으로 간주한다. 이런 변화 덕분에 그녀는 순식간에 어머니에게 종속된 아이에서 '다른 여자'로 변모한다. 어머니가 중국인을 만나는 것을 '매음'으로 간주하고 앞으로 결혼하지 못할 거라고 말해도, 뒤라스는 자신이 창녀가 아니라 새로운 분위기와 태도로 정체성을 창조하는 자라고 주장한다. 그래서 스탤리와 에드슨은 뒤라스의 옷차림을 "자아의 신념어린 투사"의 산물이며 "자아를 주관적으로 재현"[82]하는 방식이라고 의미를 부여한다.

위에 제시된 뒤라스의 언급에서 '순환'이라는 개념이 눈에 띈다. 이 개념 덕분에 창녀는 시선의 대상이 되는 수동적인 인물에서 능동적으로 시선을 끄는 인물, 육체의 해방을 통해 주체의 해방을 이끌어내는 인물, 새로운 관계를 만들어내고 새로운 정체성을 성취해내는 인물로 변한다. 순환하는 '대상'으로서의 여성이 남성 주체에 의해 소유되고 버려지는 희생자에 불과하다면, '순환성'으로서의 여성은 자신을 욕망의 대상이 아니라 유혹하는 힘을 소유한 주체라고 주장한다. '순환성'으로서의 육체는 간통이나 불륜이 행해지는 부정적인 매개물이 아니고 억압된 존재가 해방될 수 있는 장소, 자기 정체성을 획득하는 수단이 된다.

'순환성'은 뒤라스가 중국인 연인을 만나던 공간 묘사에서 좀 더 쉽게 이해된다. 정사가 이루어지던 콜랑의 방에는 외부의 소음과 목소리가 끊임없이 들려오고 지나가는 사람들의 그림자가 창문 너머로 비친다. 뒤라스에게 이 공간은 가장 개방적인 공간인 동시에 가장 내밀하고 폐쇄된 공간이다.

> 차양이 침대를 도시와 분리시키고 있는데, 면으로 된 그 차양으로 빛이 새어들어 온다. 그 어떤 단단한 물질도 우리를 다른 사람들과 분리시키지 못한다. 그들은 우리가 있다는 것을 알지 못한다. 우리는 그들 존재의 어떤 것, 그들의 목소리, 그들의 행동들을 낱낱이 감지한다. 몹시 피곤하고 슬픈 듯 아무런 반향도 없는 아우성을 지르는 세이렌 같은 것을.[83]

그 방으로 온갖 소음이 다 휩쓸려 들어오지만 그 방은 외부와 구분되는 특별한 공간이다. 그 방에서 연인들은 자기들의 공간을 확보하고 있으며 타인들은 그들의 존재를 알지 못한다. 사랑의 경우도 마찬가지다. 뒤라스의 사랑은 한 개인과 연결되어 있으면서도 그와 운명적으로 연결되지는 않는다. 뒤라스는 고정되고 응고된 삶이 아니라 끊임없이 순환하는 삶을 살겠다고 선언한다. 뒤라스가 중국인 연인과 관계를 맺고 난 후 거리로 나와 군중의 움직임에서 주목한 것도 바로 이것이다. 군중과 개인은 함께 움직이지만 한 방향으로 움직이지 않는다. 개인은 개인인 동시에 군중이어서 군중 속에서도 부딪히지 않고 자신의 길을 나아갈 수 있다.[84] 그녀는 이것을 '나는 사람들이 나에게 원하는 모든 것이 될 수 있다'고 요약한다.

> 나는 주목을 받고 싶은 만큼 주목을 받는다. 사람들이 내가 아름답기를 원하면 나는 아름다워질 수 있다. 예쁘기를 바라면, 예를 들어 가족들이 내가 예쁘기를 바라면, 그 어느 누구를 위해서가 아니라 다만 가족들을 위해서 예쁘게 보일 수 있었다. 나는 사람들이 나에게 원하는 모든 것이 될 수 있었다.[85]

이러한 특성은 엘렌 식수가 주장하는 '여성적 글쓰기'와도 연결된다. "다수로 존재하는 경이로움, 여성은 미지의 자기 자신들에 대해 스스로를 방어하지 않는다. 여성은 자기 변질 가능성이라는 능력을 갖고 있다. 여성은 문득 자기가 미지의 자기 자신이 되어 있는 것을 알아채는 것이다."[86] 식수는 자신과 타자 사이의 경계를 손쉽게 허물어뜨리는 유연성을 여성적 글쓰기의 특성으로 제시한다. 뒤라스의 육체도 이러한 특징을 고스란히 갖고 있다.

> [중국인 연인은] 점점 더 [뒤라스] 육체의 경계를 분명하게 구분하지 못한다. 이 육체는 다른 몸들과는 다르다. 이 육체는 끝이 없다. 침실에서 이 육체는 더 커지고 정해진 형태도 없으며, 매 순간 생성 중이다. 육체는 그가 보고 있는 곳뿐 아니라 다른 곳에도 존재한다. 시야가 닿지 않는 곳으로 퍼져 나가 유희와 죽음을 향해 확장된다. 이 육체는 유연하여, 마치 성숙한 여자의 육체처럼 완전히 주이상스에 빠진다. 이 육체는 간교하지 않으며 놀라울 정도로 통찰력이 있다.[87]

중국인 연인이 볼 때 뒤라스의 육체는 확장되고 무한하며, 이곳과 저곳의 경계도 없이 어디에나 존재한다. 이러한 '확장성'을 마리-마그들렌 시롤은 '분산'이라는 용어를 사용하면서, "육체가 내적 제한 없이 태곳적부터 반복"되는 것이라고 지적한다.[88] 또 그 육체는 '매 순간 생성 중'인 동시에 '성숙한 육체'이고, 유년기의 주제인 '유희'와 노년의 주제인 '죽음'이 맞닿아 있다. 육체가 보여주는 '순환성'을 노엘 카뤼지는 '다공성(porosité)' 개념으로 설명한다. 카뤼지는 『부영사』에 등장하는 안-마리 스트레테르를 예로 들면서, 그녀를 "욕망, 죽음, 고통이 아무런 차이 없이 가로지르는 텅 빈 형태", 즉 "통과의 장소이자 변형의 장소"로 규정하고 '다공성'은 모든 모순이 사라지고 주체의 소멸을 보여주는 방식이라고 지적한다.[89] 그 세계는 뒤라스의 유년기를 지배했던 '허위'와 '불안', '적의'의 세계와는 완전히 다르다. 다공성의 세계는 모든 것을 다 받아들인다. 유년기에서 빠져나와 뒤라스는 다공성의 세계, 순환성의 세계에 이른 것이다. 그 세계에서 나 자신과 타인은 구분되지 않는다. 그런 특징은 친구 엘렌 라고넬이 중국인과 관계 맺는 장면을 뒤라스가 상상할 때 잘 드러난다. 자신의 육체는 타인의 육체와 대체 가능하기 때문에, 뒤라스는 타인의 쾌락을 자신의 쾌락으로 받아들인다.

> 나는 내 위에서 그것을 하는 이 사람에게 엘렌 라고넬을 줘서 이번에는 그가 그녀 위에서 그것을 하도록 만들고 싶다. 그것을 내 앞에서, 그녀가 내 욕망에 따라 그것을 하기를, 내가 나 자신을 주는 그곳에서 그녀가 자신을 주기를. 엘렌 라고넬의 육체를 우회하여, 그녀의 육체를 관통하여 주이상스가, 그러므로 결정적인 주이상스가 그로부터 나에게 오게 될 것이다.[90]

'뒤라스-엘렌 라고넬-중국인 연인'이 상상의 관계를 맺을 때 '뒤라스-중국인 연인'의 이자관계는 깨진다. 그러나 이자관계가 깨진다고 해서 사랑이 사라지는 것은 아니다. 오히려 상상의 삼자관계를 통해 뒤라스는 '결정적인 주이상스'를 얻는다. 이자관계의 사랑이 '소유'의 사랑이라면, 엘렌 라고넬을 매개로 얻어지는 주이상스는 자신과 타인을 대체 가능한 상태로 만듦으로써 얻어진다. 사랑의 관계에서 뒤라스는 자신을 배제하는 게 아니라, 라고넬의 육체를 '우회'하여 쾌락을 경험한다. 이것이 쾌락을 얻는 뒤라스 특유의 방식이다. 그 관계는 『롤 V. 스탱의 황홀』에서 구체적으로 다루어지는데, 상드린 레오폴드는 그때의 사랑을 "주체의 소외와 연결된 자기 해체 욕망에 대한 효과"라고 지적한다.[91] 자기 해체 욕망이라는 우회로를 통해 타인과의 만남을 확보할 수 있다는 것이다. 이처럼 뒤라스의 사랑은 직접적인 육체관계 속에서 이루어진다기보다는 상상 속에서 이루어진다. '언어의 모험'이 실제 사랑을 대신하며, 상상의 만족이 현실의 체험을 대신한다. 상상의 만족은 중국인 연인이 결혼하고 후계자를 갖는 과정을 뒤라스가 상상할 때 절정에 달한다.

> 그는 오랫동안 [집안에서 정해준 정혼자]와 동침할 수 없었을 것이고, 재산 상속인을 임신시킬 수 없었을 것이다. 이 백인 소녀에 대한 기억이, 육체가 거기에, 침대를 가로질러 누워 있었을 것이다. 그녀가 오랫동안 그의 욕망을 지배하고 있었을 것이고, 정서와 광대한 애정, 어둡고 끔찍한 육체의 깊이를 느낄 때면 개인적으로 떠올리는 대상이었을 것이다. 그리고 어느 날 그것이 가능해질 것이다. 바로 그날, 이 백인 소녀에 대한 욕망을 도저히 참을 수 없어서, 강렬한 열병 같은 것을 앓으며, 그녀의 모습을 고스란히 찾아내리라 생각하고 백인 소녀에 대한 욕망으로 다른 여자를 뚫고 들어갔을 것이다. 그런 착각 때문에, 그는 자신이 그 여자 안에 있다는 사실을 알게 될 것이며, 그런 착각 때문에 가족들, 하늘, 북부의 조상들이 그에게서 기다리던 가문의 상속자를 만들었음을 알게 될 것이다.[92]

뒤라스는 자신에 대한 추억 때문에 중국인 연인이 아내와 관계를 갖지 못했을 것이고, 상속자를 갖기 위해서는 아내를 뒤라스로 '착각'하고 뒤라스에 대한 욕망을 아내에게 풀어놓아야 했을 거라고 상상한다. 뒤라스는 중국인 연인이 실제 관계를 갖는 아내와 자신을 동일시함으로써 자기 욕망을 실현한다. 그렇게 해서 그들 사이에 태어난 아이를 자기 아이로 상상하고 자신과 중국인 연인으로 구성된 상상의 가족관계를 만들어낸다.

이처럼 뒤라스는 매개물을 통해 상상으로 욕망을 해소한다. 『연인』에서 중국인 연인이 아내와 관계 갖는 장면에 대한 상상 외에도, 엘렌 라고

넬을 중국인의 아내로 상상하는 다음과 같은 장면이 있다. "엘렌 라고넬은 나에게 주이상스를 경험하게 했던 고통스러워하던 그 남자의 아내다."[93] 뒤라스의 욕망은 자신이 행위의 주체일 때 실현되는 것이 아니라 자기와 동일시된 한 여자, 다시 말해 자기 안의 타자를 자기 자신으로 인정하는 환상적 동일시를 통해 실현된다. 그렇게 해서 행동으로 옮기지 못했던 욕망, 차마 고백하지 못한 욕망을 환상으로나마 실현한다.

'순환성'이란 이처럼 자신이 부재하는 곳에 자신을 현전시키는 방식이다. 자신과 라고넬, 중국인의 아내를 구분하지 않을 때, '뒤라스'라는 현실의 개인을 넘어 상상 속에, 그리고 서사 속에 존재하는 '나'가 창조되는 것이다. 욕망이 상상 속에서 실현되는 것이라는 의미에서 순환성은 창조의 원리라고 할 수 있다.

『연인』은 열여덟 살 때 헤어졌던 중국인 연인이 파리에 와 뒤라스에게 전화를 걸어 영원한 사랑을 고백하는 것으로 끝난다. 이 장면이 실제 있었던 장면이든 아니면 뒤라스의 상상 속 장면이든 상관없이, 중국인 연인은 모습은 보이지 않고 전화상에서 목소리로 존재한다. 부재가 현전하는 궁극적인 형태는 목소리인 셈이다.

> 그리고 그가 그녀에게 그것을 말했다. 그가 그녀에게, 이전과 마찬가지로 여전히 그녀를 사랑하며, 계속해서 그녀를 사랑할 것이고 죽을 때까지 사랑할 것이라고 말했다.[94]

상당한 시간이 지나 파리에 들른 중국인 연인이 전화를 걸어 사랑을 고백하는 이 장면 덕분에 그들의 관계는 영원하고 숭고한 사랑으로 바뀐다. 뒤라스는 전화에서 들려오는 목소리를 듣고 그들이 처음 만날 때처럼 그가 떨고 있고 겁내고 있음을 느낀다. 그 목소리를 들으며 뒤라스는 잊고 있던 중국 억양을 기억해낸다. 이렇게 해서 마지막 전화 통화는 그들이 처음 관계 맺었을 때의 상황으로 되돌아간다. 텍스트는 끝나지만 뒤라스는 첫 만남의 순간으로 회귀하는 것이다. 이렇게 회귀하는 구조는 순환성의 특징 중 하나인데, 뒤라스가 기쁜 마음으로 회귀하고자 하는 시점은 그녀가 소중하게 간직했던 '그 이미지'와 연결되어 있다.

> 오직 나만 여전히 볼 수 있고 결코 말한 적 없는 그 이미지를 나는 자주 생각한다. 그 놀라운 이미지는 계속해서 똑같은 침묵 속에 놓여 있다. 그것은 그중에서도 특히 즐거운 것이고, 그 속에서 나는 나를 떠올리며 황홀해한다.[95]

'그 이미지'는 메콩강을 건너며 만난 중국인과 관련된 첫 이미지를 말한다. 그런데 뒤라스의 자서전을 읽을 때에는 '그 이미지'가 무엇인지 알 수가 없다. 흔히 '그 이미지'라고 할 때에는 이미 앞에서 언급된 구체적인 이미지를 가리키는데 여기에서 '그 이미지'는 몇 페이지 뒤에 서술된다. '그 이미지'는 아직 말해지지 않았는데도 그녀의 마음속에 각인되고 한 번도 떠나지 않은 유일한 것이어서, '어떤 이미지'가 아니라 구체적인 '그 이미지'가 된다. 그 이미지를 서술하기 위해 '자주', '여전히', '계속해서'와 같이 시간의 지속성을 가리키는 용어가 사용된 것도 흥미롭다. 아직 등장하지도 않은 '그 이미지'는 이런 식으로 텍스트 마지막에 부여된 영원성의 이미지를 그대로 이어받고 있는 것이다. 우연한 만남인 듯 보였던 중국인 연인과의 첫 만남은 이미 텍스트 초반에 영원성을 부여받았고, 그 사랑은 텍스트 맨 마지막에서는 육체적인 것을 넘어서는 숭고한 무엇으로 제시된 것이다. 이렇게 처음과 끝이 연결되면서 이 작품은 '순환성'을 확보한다.

순환성 2: '파괴된' 얼굴과 파편화된 텍스트

그들의 사랑을 순환성의 관점에서 숭고한 사랑으로 이해하면 『연인』의 첫 문장도 이해할 수 있다. 뒤라스는 첫 문장에서 자기 얼굴에 대해 언급한다. 자서전이 현재의 모습을 묘사하는 일종의 '자화상'으로 시작하는 것은 드물지 않다. 현재의 얼굴을 서술하면서 자연스럽게 기원의 사건들을 서술할 수 있기 때문이다. 그러나 뒤라스는 얼굴 모습을 구체적으로 제시하는 대신 '현재의 늙은 얼굴이 젊었을 때의 얼굴보다 더 아름답다'고 말하는 누군가의 말을 인용한다.

> 나는 오래전부터 당신을 알고 있습니다. 모두들 당신이 젊었을 때 예뻤다고 하더군요. 제가 당신에게 온 것은, 나에게는 당신이 젊었을 때보다 지금이 더 아름답다고 말하고 싶었기 때문입니다. 젊었을 때의 당신 얼굴보다는 지금의 황폐화된 얼굴을 나는 더 좋아합니다.[96]

뒤라스는 한 대담에서 시인 프레베르의 동생이 '프랑스 TV 사무국 광장'에서 그 말을 했다고 밝힌 바 있다. 자서전 작가들은 고백의 진실성을 강조하기 위해 이런 외적 지표들을 자서전에 밝히는 편인데, 뒤라스는 누가 어디에서 이 말을 했는지 밝히지 않는다. 그 이유를 아르멜은 뒤라스가 자서전 장르의 규범에 얽매이지 않으면서도 그 말이 '글쓰기의 욕망'을 불러일으켰음을 알리려는 의도라고 해석한다.[97] 그런데 그녀의 얼굴은 '황폐화되고 파괴된 것처럼' 보여서 그녀가 아름답다는 프레베르 동생의 말에는 좀 어폐가 있다. 뒤라스는 열여덟 살에 현재의 얼굴을 갖게 되었다고 고백한다.

> 열여덟 살에는 너무 늦어버렸다. 열여덟에서 스물다섯 사이에 내 얼굴은 예기치 않은 방향으로 변하고 말았다. 열여덟 살 때 난 늙은 것이

> 다. (…) 그 새로운 얼굴을 나는 간직하고 있다. 그 얼굴은 내 얼굴이 되었다. 그 얼굴은 물론 여전히 더 늙고 있지만 당연히 그래야 하는 것보다는 상대적으로 덜하다. 내 얼굴의 피부는 망가졌고, 딱딱하고 깊은 주름으로 상처가 나 있다. 윤곽이 섬세한 얼굴처럼 무너진 얼굴은 아니다. 내 얼굴 윤곽은 여전하지만 그 얼굴을 만드는 질료는 파괴되고 말았다. 내 얼굴은 파괴되었다.[98]

뒤라스는 자신의 얼굴이 인생의 초창기라고 할 수 있는 열여덟 살 무렵에 이미 '예기치 않은 방향으로 변하고 망가지고 상처 나고 파괴'되었고 현재의 주름살투성이인 늙은 모습으로 고착되었다고 말한다. 열여덟 살 때는 그녀가 프랑스로 떠나던 시기다. 그런데 그녀가 "나는 늙었다. 나는 갑자기 그것을 알았다."[99]라고 서술한 시점은 중국인 연인과 처음 육체관계를 가진 후인 열다섯 살 무렵이다. 그러므로 그녀가 늙기 시작한 것은, 육체관계를 가졌던 그날부터라고 할 수 있다. 그녀에게는 육체관계를 맺었던 그날이 인생의 정점이었던 것이다.

그녀의 얼굴이 열여덟 살 때 그토록 파괴된 이유는 무엇일까? 뒤라스는 시간이 지나면서 중국인 연인과 대화를 나누지도 않는다. 파괴된 얼굴은 자신의 내면에 감춰져 있던 죽음이 점차 자신의 '얼굴-육체'에 외면화되기 시작했음을 알려준다. 이 사실은 모리스 블랑쇼를 인용하면 좀 더 분명히 이해된다. 『파괴하라고 그녀는 말한다』에 대한 평론에서 블랑쇼는 "파괴하기 위해서 사랑한다. 하지만 파괴하기 전에 죽음 그 자체를 통해 모든 것, 자신으로부터, 삶의 가능성으로부터, 죽은 것, 치명적인 것으로부터 벗어나야 한다."라고 지적한다.[100] 블랑쇼는 사랑과 인생 혹은 육체의 관계를 뒤집는다. 사랑했기 때문에 인생이 파괴되는 것이 아니라, 인생을 파괴하기 위해 사랑해야 한다. 사랑보다 우선되는 것이 파괴, 즉 죽음의 충동이다. 파괴된 것은 사랑과 죽음의 흔적이다. 뒤라스의 '파괴된' 얼굴은 그녀가 사랑과 죽음을 겪었음을 드러낸다.

그녀의 '파괴된' 얼굴이 아름답게 보인 이유는 그 얼굴이 죽음을 보여주기 때문이다. 파괴된 얼굴은 사랑과 죽음이 육체에 새겨졌다는 것을 의미한다. 뒤라스는 죽음을 떠나보낸 게 아니다. 그녀는 '살아 있는 죽음'이 된다. 이 얼굴로 뒤라스는 자신의 사랑이 긍정적이고 행복했으며 끝나지 않았음을 암시한다.

바로 여기에 뒤라스의 삶과 텍스트의 독창성이 있다. 뒤라스는 자신의 '파괴된 얼굴', 죽음을 드러내는 얼굴을 긍정적으로 바라보면서 그것을 자신의 '새로운' 정체성으로 인정한다. 시롤은 공간과 얼굴의 상관성을 고찰하면서 『연인』을 "폐허의 미학"으로 규정하고 "얼굴의 폐허가 같으면서도 다른 새로운 탄생을 구체화하고 있다."라고 평가한다.[101] 그녀는 죽음을 회피하는 것이 아니라 자기 정체성으로 강하게 요구하는 것이다. 그렇다면 어떤 계기로 그녀는 '파괴된 얼굴'을 아름답다고 인정하게 되었을까?

> 그런 변화를 두려워하기는커녕, 예를 들어 책을 읽으며 흥미를 느끼듯이 나는 내 얼굴의 노쇠 현상이 진행되는 것을 지켜보았다.[102]

뒤라스는 늙어가는 얼굴을 읽고 있는 책으로 간주한다. 얼굴의 노쇠 현상이 읽어야 할 텍스트가 되면서 이 얼굴, 더 나아가 육체 자체가 '흥미롭게' 지켜봐야 하는 긍정적인 대상이 된다. 많은 비평가들이 이 변모에 대해 언급하는데, 레아 휴이트는 육체와 『연인』의 형태에서 동일성을 찾는다.[103] 파트리시아 가르시아는 황폐화된 얼굴이 파괴된 방파제와 마찬가지로 텍스트의 기원에 위치하며, 뒤라스의 자서전은 "외상을 가진 기원을 고양시킨 미적 형태, 즉 승화처럼 나타난다."라고 지적한다.[104] 쥘리 솔로몬은 뒤라스가 자신을 응시의 대상으로 제시하며, 주름진 얼굴에도 불구하고 자신이 여전히 "욕망의 순환성"에 놓여 있음을 강조한다고 언급한다.[105] 실제로 뒤라스에게 타인의 시선에 놓인다는 사실은 순환성 속에 놓인다는 것을 의미한다.

이 '얼굴-텍스트'는 어떤 정체성을 드러낼까? 어머니가 찍었던 사진 속의 얼굴과 '파괴된 얼굴'을 비교해보면 두 얼굴의 차이가 분명히 드러난다. 사진 속의 얼굴이 유사성의 상징이었다면, 파괴된 얼굴은 이전에 그녀를 알았던 사람들을 '깜짝 놀라게' 할 만큼 특별한 얼굴이다. 게다가 이 얼굴은 뒤라스 자신이 선택한 얼굴이다. 강을 건너고 어머니를 떠남으로써, 그녀는 중국인 연인과의 만남과 헤어짐이라는 자신만의 이야기를 갖게 되었고, 유사성의 세계에서 개성의 세계로 진입하게 된 것이다. 그런 의미에서 이 파괴되고 늙은 얼굴은 부정적이지 않다. 이 얼굴 덕분에 그녀는 열여덟 살 때부터 자서전을 쓰고 있는 현재와 동일한 외모를 갖게 되었고 그 후로 변치 않은 시간 지속성을 확보하기에 이른다. 이 얼굴은 그녀가 어머니와는 구분되는 자신만의 정체성을 확보했다는 것을 가시적으로 드러낸다.

파괴된 얼굴이 감추고 있는 이야기가 바로 『연인』에 서술되고 있는 파괴적이고 열정적인 사랑의 이야기다. 자기 얼굴만 파괴된 것이 아니다. 뒤라스는 자신의 연인 또한 "초토화된 장소"[106]라고 지적한다. 결국 중국인 연인과 뒤라스, 텍스트는 모두 '초토화'되고, '황폐화'되고, '파편화'되었다는 공통점이 있다. 파괴된 얼굴은 파편화된 텍스트로 구체화되며, 황폐화된 것이 타인을 매혹시킨다. 뒤라스가 '황폐화'된 얼굴에 매혹된 타인을 자서전 서두에 등장시킨 이유는 매혹시키기가 순환성의 전제이기 때문이다. 뒤라스는 '파괴된' 얼굴로 타인을 매혹시키며, 파편화된 자서전으로 독자를 매혹시킨다.

뒤라스는 자기 얼굴을 텍스트로 제시함으로써 텍스트의 순환성을 확보한다. 순환성이 '다공성'으로 드러나기도 하고, 텍스트의 구조에 반영되기도 하고, 또 파편화된 형식으로 가시적으로 드러나기도 한다. 그러고 보면, 부재하는 과거를 텍스트화하는 방법이 순환성이라는 것을 이해할 수 있다. 황폐화된 얼굴이 매혹의 대상이 되는 것처럼 '존재하지 않던 삶의 이야기'를 파편화된 형태로 텍스트화함으로써 독자를 매혹시키는 것은 뒤라스에게 삶과 글쓰기가 순환성의 관계에 놓여 있기에 가능하다.

나는 책을 쓸 것이다

주름살 가득한 '파괴된 얼굴'은 독자들로 하여금 왜 얼굴이 '파괴'되었을까를 질문하게 만든다. 그러면서 그 원인이었던 사랑을 탐색하게 되고 고통의 표현이었던 광기에 대해 질문한다. 다시 말하면, 뒤라스의 텍스트에는 거의 예외 없이 사랑과 죽음과 광기가 복잡하게 얽혀 있다. 주인공들이 겪는 사랑의 본질은 죽음에 대해 기술할 것을 요구하고 죽음의 욕망은 광기로 드러난다. 뒤라스는 죽음을 상징하는 어머니로부터 벗어나야 하고, 중국인 연인과의 파괴적인 사랑 덕분에 자기 자신이 될 수 있었음을 깨닫는다. 이 모든 과정을 서술한 후에 작가는 중국인 연인의 사랑 고백을 통해 죽음을 넘어서는 승화된 사랑으로 텍스트를 끝맺는다.

여기에서도 알 수 있듯이, 뒤라스는 파괴된 얼굴을 먼저 서술하고 그 원인에 대해서는 뒤늦게 서술한다. 결과는 이미 알려져 있는데 원인은 아직 아무것도 서술되지 않은 것이다. 그래서 뒤라스의 삶은 '이미'와 '아직' 사이에 놓이는 것처럼 보인다. 뒤라스의 표현을 빌리면, "모든 것이 거기에 있고 아직 아무 일도 일어나지 않았다."[107]라는 것이다. 뒤라스가 "나는 글을 쓴다고 생각하면서도 한 번도 글을 쓰지 않았다. 사랑한다고 믿으면서도 한 번도 사랑하지 않았다."[108]라고 고백한 것은 이런 문맥에서 이해해야 한다. 그러나 아직 아무 일도 일어나지 않았지만 모든 것은 이미 거기에 있기 때문에 일어나기 마련이다. 이 인용문에 이어 뒤라스는 "나는 글을 쓰고 싶다."[109]라고 밝힌다. 글쓰기의 욕구가 그녀에게 가장 긴급하면서도 지속적인 욕구가 되는 것은 글쓰기를 통해 『모데라토 칸타빌레』나 『롤

V. 스텡의 황홀』에서처럼 '이미' 일어났지만 '아직' 이해하지 못했던 모든 일을 다시 체험해볼 수 있기 때문이다. 뒤라스에게 글쓰기는 모호성을 순환성으로 변화시키는 시도라고 할 수 있다.

뒤라스에게 확실한 것은 자신이 책을 쓸 것이라는 사실뿐이다. 그녀는 이렇게 말한다. "나는 책을 쓸 것이다. 그것이야말로, 이 순간 너머, 거대한 사막의 모습으로 펼쳐지는 내 삶 속에서 내가 보고 있는 것이다."[110] 하지만 책을 쓴다고 해서 작가가 자신의 의도를 정확하고 간결하게 드러낼 수 있는 것은 아니다. 글을 쓰고 있어도 뒤라스는 자신을 '신비'를 간직한 자, 여전히 해명이 필요한 자로 규정한다.[111] 그래서인지 자서전에 기술된 이야기에도 불구하고 뒤라스의 삶을 이해하기는 쉽지 않다. 하지만 과거의 사건을 에둘러 기술하고 있는 이 자서전을 통해 뒤라스는 '증오와 파멸과 죽음'을 감추고 있던 침묵의 문, 자신을 광기로까지 몰고 갔던 사랑의 문을 하나씩 열어젖힌다. 집에 대해 뒤라스는 이렇게 서술한 바 있다. "그것은 숨 쉴 수 없는 장소다. 그 장소는 죽음과 유사하다. 그것은 폭력과 고통, 절망, 불명예의 장소다."[112] 그러나 집과 가족과 절망에 대해 기술하면서, 그녀는 어머니가 표상하던 유사성으로부터 벗어날 수 있다. 자신에 대해 말하기 또는 글쓰기는 자신을 이해하고 외현화한다는 것, 자신의 잠재적인 자아에 구체적인 형태를 부여한다는 것을 의미한다. '말하기-글쓰기'는 자기만의 진실을 발견하고 깨닫는 과정과 다르지 않다.

뒤라스가 깨달은 진실 중 하나는 육체에 관한 것이다. 그녀는 중국인 연인과의 만남을 통해 육체가 한 개인의 소유물이 아니고 순환시켜야 할 대상이라는 사실을 깨닫는다. 순환이란 관계 맺음을 의미하며, 육체는 타인과 관계 맺는 매개물이다. 그런 의미에서, 상대방을 소유하지 않은 채 관계 맺는 방식인 '매음'은 절대 부정적이지 않다. 같은 문맥에서 뒤라스가 자신을 '여과기'라고 부른 것도 흥미롭다.[113] 많은 것들이 그녀를 통과해서 지나가는 그런 과정을 거친 후에야 뒤라스는 자신을 성적 주체이자 '말하기-글쓰기'의 주체로 제시할 수 있었던 것이다. 그 과정에서 경험 당시에는 몰랐던 새로운 의미가 밝혀진다. 벗어나고자 했던 어머니가 삶의 근원으로 재해석되고, 헤어졌던 중국인과의 관계가 영원한 사랑으로 재평가되기도 한다. 이미 사라진 과거가 순환성을 통해 끊임없이 글을 생산해내는 근원으로 기능하는 것이다. 보르고마노가 뒤라스 글쓰기의 특징을 '말할 수 없음'과 '끊임없이 되풀이하여 말하기'의 긴장 속에 놓여 있다고 지적한 것은 이런 맥락에서 과히 멀지 않다.[114] 사랑의 대상이었던 어머니가 접근할 수 없는 사람이었던 것처럼, 중국인 연인과의 결정적인 만남이 찍지 않은 사진처럼 완벽하게 재현할 수 없는 순간이었던 것처럼, 이 '말할 수 없는 것'들은 되풀이하여 말해져야 한다. 그래서 뒤라스의 자서전은 이미 알고 있는 과거를 해석하고 해설하는 작업과는 거리가 멀고 오히려 더듬대며 탐색하는 듯한 느낌을 준다. 존재했지만 말할 수 없는 것이 과거라면, 이런 에피소드들을 통해 뒤라스는 '존재하지 않는 내 삶의 이야기'에 형태를 부여한다. 그러나 그 형태는 파괴된 얼굴에 일치하는 파편화된 텍스트일 수밖에 없다. 뒤라스가 자서전 장르를 풍요롭게 한 것은 삶을 일관된 '이야기'로 만들기를 거부하고 황폐한 상태 그대로의 삶을 재현하는 데에 일정 부분 성공했기 때문이다.

결론

흔히 성공을 위한 요소로 경제적 자산, 인맥이라고 하는 사회적 자산, 교육을 통해 얻게 되는 지적 자산, 그리고 자기 효능감을 강화하는 심리적 자산을 든다. 그런데 경쟁이 심화되고 비교가 일상화되면서 심리적 자산은 축소되고 왜곡된다. 예를 들면, 사생활이 공적으로 소비되면서 내밀함은 공공연히 폭로되지만 내면성은 억압되는 경향이 있다. 자서전 작가들은 내밀함을 폭로하면서도 내면성을 강화하고 자기 정체성을 구성하려고 노력한다. 내면성이 강화되는 것은 자기 정체성의 결과물로 '책'을 제시하는 것에서 잘 드러난다. 자서전 작가의 마지막 정체성은 '나는 이 책을 쓴 사람이다'로 요약된다.

프랑코 모레티에 따르면 삶을 서술하는 방법에는 두 가지가 있다. 즉 헤겔적인 방법에 따르면 작가는 고양된 위치를 점하고 사건을 폭넓게 조망하고, 바흐친적인 방법에서는 "엿보거나 엿들을 수 있을 뿐"인 사적인 삶을 서술한다.[1] 자서전 작가는 이 두 방법을 결합시킨다. 자서전 작가는 자신의 삶을 폭넓게 조망하여 삶의 구조와 의미를 밝히고, 엿보거나 엿들을 때 비로소 알 수 있는 은밀한 비밀을 노출해야 한다. 자서전 작가는 과거를 뒤돌아보며 자기 자신과 타인, 죽음과 욕망에 대해 고백하고 성찰하면서 앞으로 어떻게 살 것인가를 고민한다. 그러면서 자신을 인식하고 자신이 취해야 할 윤리적 태도를 결정한다.

그런데 자기 인식은 말처럼 쉽지가 않다. 그 이유로 세 가지를 들 수 있다. 하나는 자기 인식을 위해서는 진실을 말해야 하는데, 그 진실이 세

가지로 복잡하게 나뉘기 때문이다. 첫 번째는 경험한 과거의 진실과 글 쓰고 있는 현재의 진실이 다를 수 있다. 두 번째는 작가가 생각하는 '나'와 텍스트 내에서 구성되는 주체성이 다를 수 있으므로 이 두 주체성 사이에서 진실은 모호해진다. 마지막으로 작가가 제시하는 진실이 있고 독자가 받아들이는 진실이 있다. 이처럼 진실이 분화되면서 자서전은 진실과 거짓 사이에 애매하게 놓인 자율적인 텍스트처럼 여겨진다.

자기 인식이 어려운 두 번째 이유는 과거의 삶을 서술하면서 객관성을 확보하기가 쉽지 않기 때문이다. 아무리 자신을 객관화하려고 해도 자서전 작가는 자신을 붙들고 놓지 못하며, 그가 하는 모든 말은 '나'라고 하는 하나의 단어로 요약된다. 그러나 그렇게 서술된 '나'조차 부재와 현존의 긴장 속에서만 존재한다. 자서전에 쓰인 '나'는 작가가 구성할 수 있는 다양한 '가능성' 중의 하나, 새롭게 구성될 수 있는 복수의 '나' 중 하나다. 현대 자서전 작가들이 자서전을 쓰고 또 쓰는 이유도 단 하나의 버전으로는 자신을 규정할 수 없기 때문이다. 어떻게 보면, 되지 못한 '나'가 내 삶을 가장 정확하게 정의하는지도 모른다.

마지막으로 자서전 작가는 붓을 들고 거울을 바라보며 자신의 모습을 그리는 화가와도 같은데, 그가 그리는 자화상은 시간·기억·욕망의 산물이어서 '있는 그대로의 나'와 '꿈꿔온 나'의 경계에 놓일 수밖에 없다. 자서전 작가는 기껏해야 자신의 모습에서 눈을 떼지 못하는 나르키소스이고, 자신의 결점을 시시콜콜 드러내는 마조히스트이며, 꾸미기보다 민낯을 드러내는 노출증 환자이고, 또 자신을 대상으로 부여잡고 글을 쓰면서 쾌감을 느끼는 자기성애자처럼 여겨진다.

그런데 '나는 누구인가?', '어떻게 해서 지금의 나 자신이 되었나?'를 질문하면서 놀랍게도 극도의 주관성으로 객관성을 확보하는 순간이 온다. 삶이 예술 작품이 되는 순간 작가는 자신을 초월하는 것이다. 자신의 삶으로 작품을 만드는 자는 결코 만족하지 못하는 자이며 자신을 응시하는 나르키소스이지만, 나르키소스의 눈에 비친 '나'는 '대상화된 나'다. 자신을 대상화할 때 자서전 작가는 자신에 대해 진실을 말할 것을 요구할 수 있다. 하지만 진실을 말하는 것은 위험하다. 『소크라테스의 변명』에서 잘 보여주듯, 소크라테스가 사형선고를 받은 것도 진실을 말했기 때문이다.[2] 진실은 내 삶에 위험을 끌어들이는 방법이다.

그런데 영웅적이지도 않고 특별하지도 않은 삶, 진부하고 지루한 삶이 과연 이야기할 만한 가치가 있을까? 사실 자신의 삶이 이야깃거리가 된다는 생각 자체가 근대 이전에는 볼 수 없었던 새로운 관점이다. 평범하고 지루한 삶도 이야기가 될 수 있다는 것을 받아들이는 데에는 자서전 작가의 입장에서도 엄청난 용기가 필요했고 그것을 읽는 독자 쪽에서도 끈기가 필요했다. 그런데 한 걸음만 떨어져 생각해보면, 지루함 자체가 불안이나 불만과 마찬가지로 현대를 대표하는 감정이 아니었던가?

지드는 『위폐범들』에서 "우리 모두는 자기 수준에 걸맞은 드라마를 하나 맡아, 그 속에서 비극적인 몫을 할당받게 되지."라고 말한다. 인간은 인생이라는 거대한 드라마를 살 거라고 믿지만, '자기 수준에 걸맞은 드라마'에서 그는 단역 배우에 불과하다. 이런 상황에서 그는 더 큰 무엇을 성취할 때 비로소 다른 사람을 매혹시키고 자기 자신이 될 수 있다고 생각한다. 그러나 그가 갖고 있는 것이라고는 자신이 꿈꾼 이상과 현실 사이의 괴리밖에 없으므로 그는 그것으로 자기 삶에 비극성을 부여한다. 보잘것없는 삶으로 다른 사람을 매혹시키려고 할 때 그는 이 저주받은 비극성을 과장한다. 그러나 자신도 믿지 않는 이야기로 다른 사람을 매혹시킬 수는 없으므로 다른 사람을 매혹시키려면 자신부터 매혹시켜야 한다.

어떤 방법으로 자기 자신을 매혹시킬 수 있을까? 자서전 작가는 무대에 등장한 배우이자 그 배우를 창조한 작가가 되고 연출가가 되어 자기 인생을 창조하려고 한다. 자신의 삶으로 이야기를 만듦으로써 자서전 작가는 자기 삶의 주인이 되고자 한다. 다만 자서전은 삶에 대한 논리정연하고 통합된 관점을 요구하는 데 반해 한 개인의 삶은 여전히 미래를 향해 열려 있어서 자서전 작가는 완료된 과거로 미래를 예단하는 어리석음을 범하는 것처럼 보인다. 그러나 자신의 삶으로 만든 이야기 속에서 자서전 작가는 과거를 뒤돌아보면서 현재를 살고 미래를 내다본다. 자서전 작가는 이처럼 회고적이면서 전망적이다. 이와 같은 점을 조망하기 위해 다섯 가지 주제를 선택했다. 'I. 기억'에서는 찾을 수 없는 기원의 문제를 제기하고 부재를 메우려는 노력이 글쓰기의 토대임을 강조했으며, 'II. 가족소설'에서는 암울한 유년기를 보내면서 부모님의 이미지를 강화하여 퇴행적으로 반응하거나 그 이미지의 허위성을 인지하고 새롭게 출발하는 작가들을 통해 부모-자녀 관계가 자서전의 불변항 중 하나임을 확인할 수 있었다. 'III. 성실성'에서는 사실만을 고백하겠다고 선언한 자서전 작가들조차 성실성의 규약을 내세워 비밀을 감추고 있음을 지적했고, 자신의 삶을 서술하기 위해 타인의 삶을 경유해야 했던 작가들을 살펴본 'IV. 타자의 자서전'에서는 전기가 자서전의 원형적 특성을 간직하고 있음을 확인할 수 있었다. 마지막으로 'V. 욕망'에서는 밖으로 탈주하고자 하는 욕망이나 몽상 속으로 침잠하는 욕망이 자기 정체성을 이해하고자 하는 근원적 욕망에서 비롯되었음을 알 수 있었다.

이 주제들은 모두 사실과 진실 주위를 맴돈다. 그런데 자기 성찰의 이야기는 결국 객관적이기를 바라는 주관적인 이야기가 아닐까 하는 의심이 들면서 이 탐색의 결과는 다소 당혹스럽게 여겨진다. 과거를 솔직하게 서술한다는 성실성의 규약을 내세우면서도 그 규약을 독창적으로 위반한 작품이 창조적인 자서전으로 받아들여지는 현실도 그렇고, 자신의 삶을 변화시키는 역사가가 되기를 꿈꿨지만 문학가가 되고 말았다는 자서전 작가들의 자조적인 한탄도 그런 의심을 부추긴다. 그렇지만 자서전의 문학적 성취는 실제 경험한 삶, 꿈꾼 삶, 글로 쓰인 삶이 일치할 수 없기 때문에 가능하지 않았을까라는 생각이 들기도 한다. 달리 말하면, 그런 괴리 때문에 자서전에 나타난 허구조차 거짓이 아니라 작가의 욕망이 투영된 긍정적 요소로 받아들여지고, 자서전은 작가가 살아낸 삶뿐 아니라 살고 싶은 대안적 삶의 가능성까지 그려낼 수 있는지도 모른다.

자서전이 현대 문학의 하위 장르임에도 불구하고 살아남은 이유는 그것이 한 개인의 구체적인 삶을 기술하기 때문이다. 그 삶을 통해 독자는 자신이 추구하는 삶의 방식을 이해하고 확인하는 것을 넘어, 자신이 어떤 존재여야 하며 어떤 삶을 살아야 하는지를 질문할 수 있다.

이런 특징에서 알 수 있듯이 자서전은 삶과 밀접하게 연관되어 있다. 자서전 작가는 삶으로 이야기를 만들면서 자서전에 쓰인 대로 행동하려고 노력하고, 자신의 삶으로 작품을 만드는 동시에 자기가 쓴 이야기가 운명이 되도록 그것을 실현해야 한다. 이런 식으로 그는 이야기를 통해 자신을 만들어가고, 자서전에 서술된 '나'는 자기 생의 걸작이 된다. 자서전 작가는 자신의 삶으로 이야기를 만들지만, 그가 생각하는 진정한 삶은 글쓰기 이후에야 가능하다.

'어떻게 살 것인가?'라는 질문에 한 몽테뉴 연구자는 "인생 그 자체가 해답이 되게 하라."라고 대답한 적이 있다. 자기에 대한 성찰의 글쓰기는 살아야 할 삶을 실천하는 행위와 분리되지 않는다는 말이다. 자서전 작가가 기술한 자기 삶이 과거 자체가 아니고 '해석된' 과거이듯이, 자서전 작가는 삶을 기술하면서 자신과 맺는 관계를 선택한다. 그런 의미에서 자기 삶은 자기 선택의 결과다.

자서전이 탄생의 이야기가 되는 것은 자서전 작가가 자신의 과거를 적극적으로 거부하기도 하고 받아들이기도 하고 변형하기 때문이다. 그래서 자서전 작가는 자신이 글쓰기의 결과물임을, 다시 말해 글쓰기를 통해 탄생했다고 말한다. 이런 관점은 자서전이 '삶'이 아니라 '이야기'라는 것을 강조한다. 자서전에 드러난 총체성은 이야기의 총체성이며, 이야기에서 확인되는 논리성은 삶과는 다르다. 자서전은 삶과 관련이 있지만, 실제 삶은 아니다. 자서전에 서술된 삶은 자서전 작가가 경험한 현실이지만 그 현실을 완벽히 재현할 수는 없다. 자서전이 담고 있는 진실은 이야기의 진실이다. 자신의 삶으로 만든 이야기는 삶의 한 부분인 동시에 삶을 넘어서는 예술이다. 그러므로 자서전 쓰기는 과거를 다시 경험하면서 과거에 이루지 못한 것을 현재 시점에서 다시 실천하는 방식이 될 수 있다.

이런 식으로 자서전 작가는 과거를 있는 그대로 객관적으로 바라보면서, 자신을 자기 드라마의 주인공으로 자기매김한다. '나'가 이미 완성되거나 규정된 존재가 아니고 찾아내야 할 어떤 존재라는 사실은 삶을 미래 지향적으로 바라보도록 한다. 스타로뱅스키는 자서전에서 만들어지는 자아를 "자신이 사랑할 수 있는 나-타자"[3]라고 밝힌다. 어떤 방식으로, 어떤 내용을 써도 그 모든 것에는 사랑받고자 하는 욕구, 정당화하고자 하는 욕구가 있으며, 자서전은 이 욕구를 실현하는 방식이라는 것이다. 그 반대의 경우는 삶을 죽음의 관점에서 바라보게 한다. 그 경우, 자서전 작가는 자신을 이미 무덤 속에 들어간 미라로 여기고, 자서전은 일종의 '부고장'으로 여겨진다. 프랑스에서 2001년부터 자서전 관련 수업이 고등학교 정규 교과 과정으로 편성된 것도 '진실'을 추구하는 자서전이 과거의 '나'와는 다른 새로운 인간의 탄생을 목표로 한다는 점과 일정 부분 연결된 것으로 보인다. 자서전의 효용은 타인의 삶을 읽고 자기 삶을 성찰하면서 새로운 '나'를 만들어내는 데에 있다.

주

서론

1 밀란 쿤데라, 『소설의 기술』(권오룡 옮김), 책세상, 2001, p. 143.

I. 기억

1 Jean-Marie Goulemot, “L'autobiographie face à l'histoire,” *Les collections du magazine littéraire*, Hors-série n° 11, *Les écritures du Moi. Autobiographie, journal intime, autofiction*, mars-avril 2007, p. 13 참고.

2 삶과 선택, 기억, 해석, 통일성의 관계에 대해서는 Philippe Lejeune, *Moi aussi*, Seuil, coll. Poétique, 1986, p. 227 참고.

3 이 주제와 관련해서는 필립 르죈, 「사르트르의 『말』에서의 이야기의 질서」, 『자서전의 규약』(윤진 옮김), 문학과지성사, 1998, pp. 298-370 참고.

4 Claude Burgelin, *Georges Perec*, Seuil, 1988, p. 164 참고.

5 파트릭 모디아노, 『어두운 상점들의 거리』(김화영 옮김), 문학동네, 2010, p. 183.

6 위의 책, p. 130.

7 Jacques Lecarme, “L'autobiographie et les écrits personnels au XXe siècle,” Michel Prigent (publié sous la direction de), *Histoire de la France littéraire*, tome 3 Modernités XIXe-XXe siècle, Quadrige/P.U.F., 2006, p. 415에서 재인용.

8 호메로스, 『오뒷세이아』(천병희 옮김), 도서출판 숲, 2015, pp. 290-291 참고.

9 Jean-Jacques Rousseau, *Les Confessions*, Oeuvres complètes I, Blibliothèque de la Pléiade, 1991, p. 5.

10 장 스타로뱅스키, 『장-자크 루소 투명성과 장애물』(이충훈 옮김), 아카넷, 2012, p. 686.

11 지그문트 프로이트, 「덮개-기억에 대하여」, 『끝이 있는 분석과 끝이 없는 분석』(임진수 옮김), 열린책들, 2005, pp. 55-79 참고.

12 René Bourgeois, “Significations du premier souvenir,” Victor Del Litto, *Stendhal et les problèmes de l'autobiographie*, P.U. de Grenoble, 1976, p. 87.

미셸 레리스, 『성년』

1 Michel Leiris, *L'Age d'homme*, Gallimard, 1955(1939). 이하 이 텍스트는 책 제목과 페이지만 밝히며, 레리스의 다른 텍스트도 최초로 언급한 이후에는 이와 같이 적용한다.
2 Anne Pibarot, *Michel Leiris. Des premiers écrits à* L'Age d'homme, Nîmes, Théétète Éditions, 2004, p. 167 참고.
3 *Dictionnaire de l'autobiographie. Ecriture de soi de langue française* (Sous la direction de Françoise Simonet-Tenant, avec la collaboration de Michel Braud, Jean-Louis Jeannelle, Philippe Lejeune et Véronique Montémont), Honoré Champion, 2017, p. 362.
4 *L'Age d'homme*, p. 16.
5 Michel Beaujour, *Miroirs d'encre*, Seuil, coll. Poétique, 1980, p. 9.
6 *L'Age d'homme*, pp. 45-46 참고.
7 *Ibid.*, p. 48.
8 Alain-Michel Boyer, *Michel Leiris*, Editions Universitaires, coll. Psychothèques, 1974, p. 52.
9 *L'Age d'homme*, p. 28.
10 *Ibid.*, p. 105.
11 *Ibid.*, p. 201.
12 Hubert de Phalèse, *La règle du je dans* L'Age d'homme, Nizet, 2004, p. 73.
13 Paul Ricoeur, *Soi-même comme un autre*, Seuil, 1990, p. 178.
14 Michel Leiris, *Biffures*, Gallimard, 1977(1948), p. 207, p. 208.
15 *L'Age d'homme*, p. 25.
16 Philippe Lejeune, *Lire Leiris, autobiographie et langage*, Klincksieck, 1975, pp. 17-20.
17 Catherine Maubon, *Catherine Maubon commente* L'Age d'homme *de Michel Leiris*, Gallimard, coll. Foliothèque, 1997, p. 14.
18 Gérard Cogez, *Leiris l'indésirable*, Nantes, Editions Cécile Defaut, 2010, p. 7.
19 *Biffures*, p. 235.
20 Maurice Nadeau, *Michel Leiris et la quadrature du cercle*, Maurice Nadeau, 2002, p. 21.
21 *L'Age d'homme*, p. 40.
22 Michel Leiris, *Fourbis*, Gallimard, 1990(1955), p. 152.
23 Michel Leiris, "Le caput mortuum ou la femme de l'alchimiste," *Zébrage*, Gallimard, Folio Essai, 1992, pp. 35-41.
24 *L'Age d'homme*, p. 43.
25 *Ibid.*, p. 41.
26 Denis Hollier, *Les dépossédés (Bataille, Caillois, Leiris, Malraux, Sartre)*, Minuit, 1993, p. 147.
27 *L'Age d'homme*, pp. 55-56.
28 *Ibid.*, p. 43.
29 *Biffures*, p. 258.
30 *L'Age d'homme*, p. 30.
31 *Biffures*, p. 255.

32 Michel Leiris, *Fibrilles*, Gallimard, 1985(1966), p. 58.

33 Denis Hollier, *op. cit.*, pp. 23-27.

34 Claude Burgelin, "Des secrets sans importance ou quelques têtes de chapitre du roman analytique de Michel Leiris," Francis Marmande, *Michel Leiris. Le siècle à l'envers*, Tours, Eds. Farrago, 2004, pp. 85-98.

35 Nathalie Barberger, *Michel Leiris, l'écriture du deuil*, P.U. du Septentrion, 1998, p. 160.

36 Alain-Michel Boyer, *op. cit.*, p. 115.

37 *L'Age d'homme*, p. 156.

38 "내가 유일하게 분명히 지각했던 것은 '자살(Suicide)'이라는 단어였다. 나는 화재라는 생각과 크리스 칼의 뱀처럼 휜 형태를 그 단어의 음성적 효과와 결합시켰다. 그 결합이 내 정신에 어찌나 단단히 각인되었던지, 요즘도 'SUICIDE'라는 단어를 쓰면 불길을 배경 삼아서 있는 영주의 모습을 떠올리지 않을 수 없다. 'S'는 날카로운 소리만큼이나 그 형태가, 쓰러지기 직전의 비틀리는 육체와 더불어 구부러진 칼날을 환기시킨다. 'UI'는 이상하게 진동하면서, 그렇게 말할 수 있다면, 분출되는 불길처럼 또는 응고된 번개의 거의 무뎌지지 않은 각도처럼 스며든다. 'CIDE'는 뭔가 날카롭고 신랄한 것을 포함한 신맛을 풍기면서 끼어들어 마침내 모든 것의 결론을 낸다." *Ibid.*, p. 31.

39 *Ibid.*, p. 183.

40 Michel Leiris, *Brisées*, Gallimard, Folio Essai, 1992, pp. 11 12.

41 *Biffures*, p.11.

42 Voir Seán Hand, "Secret du secret: l'homotextualité du *Journal* de Michel Leiris," *Michel Leiris. Le siècle à l'envers*, *op. cit.*, pp. 309-319.

43 *L'Age d'homme*, p. 157.

44 *Ibid.*, p. 129.

45 *Ibid.*, pp. 173-174 참고.

46 *Ibid.*, p. 174.

47 레리스와 여성성의 문제는 Gérard Cogez, *Leiris sur le lit d'Olympia*, P.U.F., coll. Le texte rêve, 1993, pp. 70-83 참고.

48 *L'Age d'homme*, pp. 86-87.

49 Maurice Blanchot, *L'Espace littéraire*, Gallimard, Folio Essais, 1991(1955), pp. 225-232 참고.

50 Louis Marin, *Détruire la peinture*, Galilée, 1997, p. 168(Denis Hollier, *op. cit.*, p. 149에서 재인용).

51 *Fibrilles*, p. 292.

52 *Ibid.*, p. 292.

53 *Ibid.*, p. 292.

54 *Biffures*, p. 269.

55 *L'Age d'homme*, p. 61.

56 *Ibid.*, p. 143.

57 드니 올리에는 머리 자르기가 거세라는 프로이트의 견해를 소개하면서 머리와 성기를 동일시한다. Denis Hollier, *op. cit.*, p. 143.

58 *Fibrilles*, p. 105.

59 *Ibid.*, pp. 106-107.

60 Alain-Michel Boyer, *op. cit.*, p. 119.

61 Simon Harel, *Un boîtier d'écriture: les lieux dits de Michel Leiris*, Montréal, Trait d'union, coll. Spirale, 2002, p. 80.

62 *Fibrilles*, p. 196.

63 Maurice Blanchot, "Regard d'outre-tombe," *La part du feu*, Gallimard, 1980(1949), p. 251.

64 *L'Age d'homme*, p. 201.

조르주 페렉, 『W 혹은 유년기의 추억』

1 Georges Perec, *W ou le souvenir d'enfance*, Denoël, 1975, p. 32. 이하 이 텍스트는 *W*로 표기하고 페이지만 밝힌다.

2 예를 들면, 페렉은 1936년 3월 7일 토요일에 태어났는데, 마녜는 3월 7일에서 37이라는 숫자를 찾아내고 그것이 『W』의 챕터 37개와 일치한다고 지적한다. 또 프랑스어에서 날짜를 쓸 때에는 '7일 3월 1936년'과 같이 쓰기 때문에 '37'이라는 숫자를 읽어내기 위해서는 '73'을 오른쪽에서 왼쪽으로(유대인 식으로) 읽어야 한다고 지적한다. Bernard Magné, "La textualisation du biographique dans *W ou le souvenir d'enfance* de Georges Perec," *Autobiographie et biographie* (Colloque de Heidelberg, textes réunis et présentés par Mireille Calle-Gruber et Amold Rothe), Nizet, 1989, p. 167.

3 Georges Perec, *Je suis né*, Seuil, coll. La Librairie du XXe siècle, 1990, p. 99.

4 그 외 다른 예들은 *W*, pp. 182-183 참고.

5 울리포 시절의 대표작인 『실종』을 분석한 Ali Magoudi, *La lettre fantôme*, Minuit, 1996 참고.

6 *W*, p. 41.

7 *Ibid.*, p. 58.

8 *Ibid.*, p. 13.

9 Philippe Lejeune, "L'ère du soupçon," *Le récit d'enfance en question*, Cahiers de sémiotique textuelle 12, Université Paris X, 1988, pp. 41-42.

10 Claude Burgelin, *Georges Perec*, Seuil, 1988, p. 19.

11 *W*, pp. 21-22.

12 *Ibid.*, p. 13.

13 Philippe Lejeune, *La mémoire et l'oblique. Georges Perec autobiographe*, P.O.L., 1991, p. 65. 이하 주에서는 *La mémoire et l'oblique*로 표기한다.

14 *W*, p. 21.

15 Robert Misrahi, "W, un roman réflexif," *L'arc*, n° spécial de Georges Perec, Duponchelle, 1990, p. 81.

16 *W*, p. 59.

17 Catherine Clément, "Auschwitz, ou la disparition," *L'arc*, n° spécial de Georges Perec,

Duponchelle, 1990, p. 87.

18 Dominique Bertelli et Mireille Ribière (Edition critique établie par), *Georges Perec. Entretiens et conférences*, vol. 1 (1965-1978), Joseph K, 2003, p. 198 참고.

19 *W*, 뒤표지.

20 Dominique Bertelli et Mireille Ribière, *op. cit.*, p. 219.

21 Philippe Lejeune, *La mémoire et l'oblique*, p. 74 참고.

22 Robert Misrahi, *op. cit.*, p. 83.

23 허구의 이야기와 사실의 이야기 사이의 상응관계는 Andrée Chauvin, *Leçon littéraire sur* W ou le souvenir d'enfance *de Georges Perec*, P.U.F., 1997, pp. 55-65 참고.

24 *W*, p. 14.

25 *Ibid.*, p. 14.

26 공간 기억은 『공간들』이라는 작품 속에 반영되어 있다. 이 작품은 '진행 중인 책'이라는 특징을 갖고 있는데, 유년기를 보냈던 빌랭 거리를 일 년에 한 번 방문하여 12년에 걸쳐 그 거리가 어떻게 변화했는지를 기술하려는 의도로 1968년에 기획되었다가 『W』가 출간된 1975년에 중단된다. *Ibid.*, p. 68 참고.

27 문화적 기억은 책(안데르센의 『성냥팔이 소녀』나 위고의 『레 미제라블』에 나오는 '코제트')이나 영화(특히 찰리 채플린)에 의지해서 상상의 나래를 편다. 문화적 기억 중에서 페렉은 '사진'에 많은 관심을 기울인다. 아버지 사진 한 장과 어머니 사진 다섯 장을 가지고 페렉은 사소하지만 많은 정보를 얻어내면서도 사진에 제시된 이미지가 조작되었을 가능성에 대해 상상한다.

28 육체의 기억은 자신의 육체에 새겨진 상처에 의거해서 개인사를 탐색하는 것이다.

29 *W*, p. 105.

30 *Ibid.*, pp. 105-106.

31 *Ibid.*, p. 52.

32 *Ibid.*, p. 14.

33 *Ibid.*, p. 13.

34 *Ibid.*, p. 53.

35 *Ibid.*, p. 125.

36 *Ibid.*, p. 93.

37 Klaus Fink, "La mémoire et sa relation au temps et à l'espace," *Revue Française de Psychanalyse*, vol. 64, nº 1, 2000, p. 59.

38 *W*, p. 10.

39 *Ibid.*, p. 77 참고.

40 *Ibid.*, p. 13.

41 *Ibid.*, p. 186.

42 *Ibid.*, p. 187.

43 *Ibid.*, p. 155.

44 *Ibid.*, p. 178.

45 *Ibid.*, p. 189.

46 *Ibid.*, p. 218.

47 *Ibid.*, p. 218.

48 *Ibid.*, p. 220.
49 *Ibid.*, p. 59.
50 *Ibid.*, p. 9.
51 *Ibid.*, p. 9.
52 *Ibid.*, p. 17.
53 *Ibid.*, p. 10.
54 Anne Roche, *Anne Roche commente* W ou le souvenir d'enfance *de Georges Perec*, Gallimard, Foliothèque, 1997, pp. 69-70 참고.
55 *W*, p. 44.
56 *Ibid.*, p. 54.
57 *Ibid.*, p. 54.
58 *Ibid.*, p. 47.
59 *W*, p. 59.
60 Andy Leak, "W/Dans un réseau de lignes entrecroisées: souvenir, souvenir-écran et construction dans *W ou le souvenir d'enfance*," *Parcours Perec*, Presses Universitaires de Lyon, 1990, p. 79.
61 각각의 버전들은 *W*의 pp. 41, 48, 76-77에 서술되어 있다.
62 Philippe Lejeune, *La mémoire et l'oblique*, pp. 82-85 참고.
63 *W*, p. 77.
64 *Ibid.*, p. 77.
65 Georges Perec, "Le saut en parachute," *Je suis né*, p. 38.
66 *Ibid.*, pp. 44-45.
67 *Ibid.*, p. 49.
68 *W*, p. 46.
69 *Ibid.*, pp. 80-81.
70 *Ibid.*, p. 154.
71 *Ibid.*, p. 57.
72 Claude Burgelin, *op. cit.*, p. 137.
73 *W*, p. 22.
74 *Ibid.*, p. 22.
75 *Ibid.*, pp. 22-24 참고.
76 Philippe Lejeune, *La mémoire et l'oblique*, p. 227.
77 Andy Leak, *op. cit.*, p. 79 참고.
78 Anne Roche, *op. cit.*, p. 73.
79 *Ibid.*, p. 70. 다른 비평가들도 히브리 문자와 유대인 작가로서의 소명을 연결시킨다. 예를 들어 Philippe Lejeune, *La mémoire et l'oblique*, p. 214 참고.
80 *W*, p. 141.
81 *Ibid.*, p. 114.
82 *Ibid.*, p. 110.
83 Andrée Chauvin, *op. cit.*, p. 106.
84 *W*, p. 7.

85 *Ibid.*, p. 87.
86 *Ibid.*, pp. 93-94.
87 *Ibid.*, p. 4.
88 Claude Burgelin, *op. cit.*, p. 141.
89 *W*, p. 193.
90 Dominique Bertelli et Mireille Ribière, *op. cit.*, p. 114.
91 Georges Perec, "Kleber Chrome," *Je suis né*, p. 49.
92 Philippe Lejeune, *La mémoire et l'oblique*, p. 43.
93 Georges Perec, "Les gnocchis de l'automne ou Réponse à quelques questions me concernant," *Je suis né*, p. 73.
94 *W*, p. 59.
95 Georges Perec, "Le travail de la mémoire (entretien avec Frank Venaille)," *Je suis né*, p. 83 참고.
96 르죈은 그것을 "통합된 자서전의 공간"이라고 표현한다. Philippe Lejeune, *La mémoire et l'oblique*, p. 85.
97 Georges Perec, *Je suis né*, p. 93.

II. 가족소설

1 루이 알튀세르, 『미래는 오래 지속된다』(권은미 옮김), 돌베개, 1993, p. 121 참고.
2 Vincent de Gaulejac, *L'histoire en héritage. Roman familial et trajectoire sociale*, Desclée de Brouwer, 1999, pp. 96-97 참고.
3 앤서니 기든스, 『현대성과 자아정체성: 후기 현대의 자아와 사회』, 새물결, 2001(1997).
4 Sigmund Freud, "Le roman familial des névrosés," *Névrose, psychose et perversion*, P.U.F., coll. Bibliothèque de Psychanalyse, 1995(1973), p. 158.
5 마르트 로베르, 『기원의 소설, 소설의 기원』(김치수·이윤옥 옮김), 문학과지성사, 1996. 가족소설의 개념에 대해서는 1-2장을 참고.
6 위의 책, p. 46.
7 위의 책, p. 46.
8 위의 책, p. 41.
9 위의 책, p. 69 참고.
10 Vincent de Gaulejac, "Roman familial et trajectoire sociale," *Le récit d'enfance en question, Cahiers de Sémiotique Textuelle*, n° 12, Université Paris 10, 1988, p. 71 참고.
11 린 헌트, 『프랑스 혁명의 가족 로망스』(조한욱 옮김), 새물결, 2000, 2장 「좋은 아버지의 성장과 몰락」 참고. 헌트가 가족소설에 관심을 기울이는 이유는 자서전을 정당화하기 위한 것은 아니다. 프로이트가 개인의 심리를 규명하려고 '가족소설' 개념을 제안했다면, 헌트는 이 개념을 이용하여 프랑스 혁명을 재해석한다. 그의 관점에 따르면 프랑스 혁명은 왕을 정점으로 하는 가족적 질서를 대신하여 '형제'로 상징되는 박애의 원리를 선택하는 집단 무의식

이 표현된 것이다. '가족 로망스' 개념은 소설 분석에 국한된 개념이 아니라 역사를 이해하고 서술하는 풍요로운 의미망을 가진 개념으로 확장된다.

12 마르트 로베르, 앞의 책, p. 39.

로맹 가리, 『새벽의 약속』

1 Julien Roumette, *Etude sur* La Promesse de l'aube. *Romain Gary*, Ellipses, 2006, p. 6 참고.

2 도미니크 보나, 『로맹 가리』(이상해 옮김), 문학동네, 2006, p. 12.

3 Romain Gary, *La Promesse de l'aube*, Gallimard, 1994(1980), pp. 31-34 참고. 이하 이 텍스트는 책 제목과 페이지만 밝히며, 번역은 『새벽의 약속』(심민화 옮김), 문학과지성사, 2007을 필요에 따라 수정하여 사용한다.

4 *Ibid.*, p. 24.

5 *Ibid.*, p. 160.

6 *Ibid.*, p. 175.

7 Julien Roumette, *op. cit.*, p. 16 참고.

8 *Dictionnaire de l'autobiographie. Ecritures de soi de langue française*, Honoré Champion, 2017, p. 379 참고.

9 Mireille Sacotte, *Mireille Sacotte commente* La Promesse de l'aube *de Romain Gary*, Gallimard, coll. Foliothèque, 2006, pp. 38-42 참고.

10 *Ibid.*, pp. 46-59 참고.

11 Bernard-Henry Lévy, "Il gagnera son procès en appel," *Lectures de Romain Gary*, Gallimard, 2010, p. 108.

12 Mireille Sacotte, *op. cit.*, p. 57.

13 *La Promesse de l'aube*, p. 106.

14 Mireille Sacotte, "Mireille Sacotte lit *La Promesse de l'aube*," *Lectures de Romain Gary*, Gallimard, 2010, p. 28.

15 Guy Amsellem, *Romain Gary. Les métamorphoses de l'identité*, L'Harmattan, 2008, p. 20 참고.

16 *Ibid.*, p. 21.

17 *La Promesse de l'aube*, p. 185.

18 Mireille Sacotte, *Mireille Sacotte commente* La Promesse de l'aube *de Romain Gary*, p. 98 참고.

19 도미니크 보나, 앞의 책, pp. 281-297 참고.

20 Mireille Sacotte, *op. cit.*, p. 139 참고.

21 *La Promesse de l'aube*, p. 16.

22 *Ibid.*, p. 47.

23 *Ibid.*, p. 52.

24 *Ibid.*, p. 178.

25 *Ibid.*, p. 53.

26 *Ibid.*, p. 53.
27 Guy Amsellem, *op. cit.*, p. 173.
28 *La Promesse de l'aube*, p. 50.
29 *Ibid.*, p. 238.
30 *Ibid.*, p. 184.
31 바야르는 프로이트의 가족소설 개념에 기대어 '부모소설'이라는 개념을 제안한다. 가족소설에서는 아이가 현재 자신이 놓인 상황을 불만족스러워하며 자기 기원인 부모님에 대해 환상을 갖는다. 가족소설은 과거에 대한 환상인 데 반해, 부모소설은 부모가 아이의 미래에 대해 이런저런 환상을 갖는다. Pierre Bayard, "L'écriture ou les géographies intérieures," *Romain Gary et la plurarité des mondes* (sous la direction de Mireille Sacotte), P.U.F., 2002, pp. 65-66 참고.
32 Pierre Bayard, *Il était deux fois Romain Gary*, P.U.F., coll. Le texte rêve, 1990 참고. 자서전과 전기의 관계에 대해서는 같은 책, pp. 118-119 참고.
33 *La Promesse de l'aube*, p. 314.
34 *Ibid.*, p. 13.
35 Mireille Sacotte, *op. cit.*, pp. 27-30 참고.
36 *La Promesse de l'aube*, p. 391.
37 Paul Audi, *Je me suis toujours été un autre*, Christian Bourgois éditeur, 2007, pp. 109-111 참고.
38 *La Promesse de l'aube*, p. 344.
39 *Ibid.*, p. 387.
40 *Ibid.*, pp. 16-17.
41 Mireille Sacotte, *op. cit.*, pp. 19-21 참고.
42 *La Promesse de l'aube*, p. 158.
43 *Ibid.*, p. 366.
44 *Ibid.*, p. 368.
45 *Ibid.*, p. 27.
46 *Ibid.*, p. 131.
47 *Ibid.*, p. 115.
48 *Ibid.*, p. 86.
49 *Ibid.*, p. 54.
50 *Ibid.*, p. 335.
51 *Ibid.*, p. 267.
52 *Ibid.*, p. 48.
53 *Ibid.*, p. 47.
54 문학에 나타난 거짓말에 대해서는 Mario Lavagetto, *La cicatrice de Montaigne. Le mensonge dans la littérature* [Adrien Pasquali(tr.)], Gallimard, 1997 참고.
55 Julien Roumette, *op. cit.*, p. 16.
56 *La Promesse de l'aube*, p. 206.
57 *Ibid.*, pp. 205-206.
58 *Ibid.*, p. 207.

59 *Ibid.*, p. 37.
60 *Ibid.*, p. 38.
61 *Ibid.*, p. 229.
62 *Ibid.*, p. 67.
63 *Ibid.*, p. 263.
64 *Ibid.*, p. 101.
65 *Ibid.*, p. 99.
66 *Ibid.*, p. 194.
67 *Ibid.*, p. 185.
68 *Ibid.*, p. 314.
69 *Ibid.*, p. 196.
70 *Ibid.*, p. 296.
71 *Ibid.*, p. 374.
72 *Ibid.*, p. 374.
73 *Ibid.*, pp. 374-375.
74 *Ibid.*, pp. 367-368.
75 *Ibid.*, p. 369.
76 *Ibid.*, p. 387.
77 *Ibid.*, p. 351.
78 도미니크 보나, 앞의 책, p. 102.
79 Myriam Anissimov, *Romain Gary le caméléon*, Gallimard, 2006, p. 208.
80 Nancy Huston, *Tombeau de Romain Gary*, Actes Sud, 1995, pp. 46-47 참고.
81 Pierre Bayard, *op. cit.*, p. 96.
82 Guy Amsellem, *op. cit.*, p. 30.
83 Jean-François Chiantaretto, *De l'acte autobiographique. La psychanalyse et l'écriture autobiographique*, Champ Vallon, 1995, p. 257.
84 *La Promesse de l'aube*, p. 145.
85 *Ibid.*, p. 301.
86 로맹 가리, 『밤은 고요하리라』(백선희 옮김), 마음산책, 2014, pp. 9-27 참고.
87 지그문트 프로이트, 「토템과 터부」, 『종교의 기원』(이윤기 옮김), 열린책들, 2005, pp. 213-221 참고.
88 '라랑그'는 "모호성과 동음이의어를 활용함으로써 일종의 향락을 발생시키는 언어의 비소통적 측면을 지칭"하기 위해 라캉이 만들어낸 용어다. 딜런 에반스, 『라깡 정신분석 사전』(김종주 옮김), 인간사랑, 2004(1998), p. 244.
89 *La Promesse de l'aube*, p. 200.
90 *Ibid.*, p. 117.
91 *Ibid.*, p. 118.
92 *Ibid.*, p. 117.
93 *Ibid.*, p. 175.
94 창조와 탄생, 혹은 소설과 생성의 관계에 대해서는 Pierre Bayard, *op. cit.*, p. 95와 Paul Audi, *op. cit.*, pp. 109-111 참고.

95 *La Promesse de l'aube*, p. 314.
96 Mireille Sacotte, *op. cit.*, p. 155.
97 *La Promesse de l'aube*, p. 263.
98 *Ibid.*, p. 180.

나탈리 사로트, 『유년시절』

1 Huguette Bouchardeau, *Nathalie Sarraute*, Flammarion, 2003, pp. 81-84 참고.
2 Nathalie Sarraute, Préface à *L'Ere du soupçon, Oeuvres Complètes*, Gallimard, Pléiade, 1996, pp. 1553-1554.
3 Laure Himy-Piéri, Enfance. *Nathalie Sarraute*, Hatier, coll. Profil, 2008, p. 28.
4 사로트의 생애에 대해서는 Isabelle Poulin, Robert Kahn, Evelyne Thoizet, *Poétiques du récit d'enfance* (Walter Benjamin, *Enfance berlinoise vers 1900*; Vladimir Nabokov, *Autres rivages*; Nathalie Sarraute, *Enfance*), Atlande, coll. Clefs concours-Littérature comparée, 2012, pp. 87-92 참고.
5 Nathalie Sarraute, *op. cit.*, p. 1722.
6 Anne Jefferson, "Enfance, notice," *ibid.*, pp. 1933-1934.
7 "Entretien avec Roger Vrigny," radiodiffusé sur France-Culture, 23 juin 1983. Anne Jefferson, *ibid.*, pp. 1933-1934에서 재인용.
8 Nathalie Sarraute, *Enfance*, Gallimard, Folio, 1991(1983), p. 9. 이하 이 텍스트는 책 제목과 페이지만 밝힌다.
9 Anne Jefferson, "Enfance, notice," *op. cit.*, p. 1939.
10 Jacques Lecarme et Eliane Lecarme-Tabone, *L'autobiographie*, Armand Colin, coll. U, 1997, p. 199.
11 Monique Gosselin, *Monique Gosselin commente* Enfance *de Nathalie Sarraute*, Gallimard, coll. Foliothèque, 1996, p. 160.
12 Nathalie Sarraute, "Roman et réalité," *op. cit.*, p. 1653.
13 Sabine Raffy, *Sarraute romancière. Espaces intimes*, Peter Lang, 1988, p. 241 참고.
14 D. W. Winnicott, *Processus de maturation chez l'enfant. Développement affectif et environnement* (Traduction de Jannie Kalmanovitch), Payot, 1989, pp. 122-126 참고.
15 *Enfance*, p. 27.
16 *Ibid.*, p. 85.
17 *Ibid.*, p. 27.
18 Dominique Denès, *Etude sur Nathalie Sarraute*, Enfance, Ellipses, 1999, p. 40 참고.
19 *Enfance*, pp. 37-38.
20 *Ibid.*, p. 227.
21 *Ibid.*, p. 31.
22 *Ibid.*, pp. 48-49 참고.
23 *Ibid.*, p. 120.
24 *Ibid.*, p. 121.

25 *Ibid.*, p. 130.
26 *Ibid.*, p. 121.
27 *Ibid.*, p. 74.
28 Paul Ricoeur, *Temps et récit III. Le temps raconté*, Seuil, 1985, pp. 338-339.
29 *Enfance*, p. 26.
30 조르주 바타유, 『에로티즘』(조한경 옮김), 민음사, 1989, pp. 38-41 참고.
31 *Enfance*, p. 28.
32 *Ibid.*, p. 28.
33 *Ibid.*, p. 11.
34 *Ibid.*, p. 29.
35 *Ibid.*, pp. 29-30.
36 Nathalie Sarraute, "Roman et réalité," *op. cit.*, pp. 1643-1656 참고.
37 *Enfance*, p. 91.
38 *Ibid.*, pp. 92-97 참고.
39 홍준기, 「옮긴이의 해설: 가족소설로서의 정신분석학」, 필리프 쥘리앵, 『노아의 외투』(홍준기 옮김), 한길사, 2000, p. 25 참고.
40 *Enfance*, p. 99.
41 *Ibid.*, p. 100.
42 *Ibid.*, p. 103.
43 *Ibid.*, p. 209.
44 *Ibid.*, p. 209.
45 *Ibid.*, p. 214.
46 *Ibid.*, p. 87.
47 *Ibid.*, p. 87.
48 *Ibid.*, p. 219.
49 *Ibid.*, p. 122.
50 D. W. Winnicott, "Le rôle de miroir de la mère et de la famille dans le développement de l'enfant," *Jeu et réalité. L'espace potentiel*, Gallimard, 2000(1975), p. 161.
51 *Enfance*, p. 242.
52 *Ibid.*, p. 275.
53 *Ibid.*, p. 137.
54 Vincent de Gaulejac, "Roman familial et trajectoire sociale," *Le récit d'enfance en question, Cahiers de Sémiotique Textuelle*, n° 12, Université Paris 10, 1988, p. 73.
55 Philippe Lejeune, "Paroles d'enfance," *Les brouillons de soi*, Seuil, 1998, p. 269.

III. 성실성

1 *Dictionnaire de l'autobiographie. Ecritures de soi de langue française* (sous la direction

de Françoise Simonet-Tenant avec la collaboration de Michel Braud, Jean-Louis Jeannelle, Philippe Lejeune et Véronique Montémont), Honoré Champion, 2017. "Authenticité"(pp. 75-76), "Sincérité"(pp. 743-744) 항목 참고.

2 André Gide, *Si le grain ne meurt*, Gallimard, coll. Folio, 1984, p. 36.

3 Michel Leiris, *L'Age d'homme*, précédé de "De la littérature considérée comme une tauromachie," Gallimard, 1973(1946), pp. 27-28.

4 필립 르죈, 「구술의 자서전」, 『사르트르』(김화영 옮김), 고려대학교출판부, 1990, p. 130.

5 Roland Barthes, "Délibération," *Le bruissement de la langue*, Seuil, 1984, p. 399 참고.

6 조르조 아감벤, 『언어의 성사: 맹세의 고고학』(정문영 옮김), 새물결, 2012, p. 141.

7 "Entretien avec Philippe Lejeune, Une pratique d'avant-garde, propos recueillis par Michel Delon," *Les collections du magazine littéraire*, Hors-série n° 11, *Les écritures du Moi. Autobiographie, journal intime, autofiction*, mars-avril 2007, p. 10 참고.

앙드레 지드, 『한 알의 밀알이 죽지 않으면』

1 André Gide, *Si le grain ne meurt*, Gallimard, coll. Folio, 1984, p. 284. 이하 이 텍스트는 책 제목과 페이지만 밝힌다.

2 Jacques Lecarme, "L'autobiographie et les écrits personnels au XXe siècle," Michel Prigent (publié sous la direction de), *Histoire de la France littéraire*, tome 3, Modernités XIXe-XXe siècle, Quadrige/P.U.F., 2006, pp. 408-412 참고.

3 본서에서는 실제 있었던 사실을 서술할 때에는 '마들렌'이라는 이름을, 텍스트와 관련하여 서술할 때에는 '에마뉘엘'이라는 이름을 사용할 것이다.

4 *Si le grain ne meurt*, p. 283.

5 Paul Valéry, "Stendhal," *Variété I et II*, Gallimard, coll. Folio, 1998, pp. 211-212; François Mauriac, "Introduction de *Commencements d'une vie*," *Oeuvres autobiographiques*, Gallimard, Bibliothèque de la Pléiade, 1990, p. 67 참고.

6 Sidonie Rivalin-Padiou, "Confession et autoconstruction dans *Si le grain ne meurt*," *André Gide et l'écriture de soi*, Lyon, Presses Universitaires de Lyon, 2002, p. 204.

7 *Si le grain ne meurt*, p. 280.

8 앙드레 지드, 『좁은 문·전원 교향곡』(이동렬 옮김), 을유문화사, 2009, p. 13.

9 *Si le grain ne meurt*, p. 10.

10 *Ibid.*, p. 343.

11 Philippe Lejeune, "Gide et l'espace autobiographique," *Le pacte autobiographique*, Seuil, coll. Poétique, 1975, p. 173.

12 Sidonie Rivalin-Padiou, *op. cit.*, p. 215 참고.

13 이런 '모호성'을 지드의 독창성으로 이해하는 연구자도 있다. 셰링엄은 지드가 제시한 삶이 전복적이고 문제적임을 인정하면서도 지드는 자기에 대한 글쓰기의 이데올로기적 토대를 약화시키고 분명해보였던 것에 모호성을 도입하며, 그것이 그의 자서전의 매력이라고 지적한다. Michael Sheringham, *French autobiography. Devices and desires. Rousseau to Perec*, New York, Oxford University Press, 2001(1993), p. 185 참고.

14 Marie-Claire Kerbrat, *Leçon littéraire sur l'écriture de soi*, P.U.F., 1996, p. 88.

15 *Si le grain ne meurt*, pp. 9-10.

16 *Ibid.*, p. 10.

17 Michael Sheringham, *op. cit.*, p. 193.

18 *Si le grain ne meurt*, p. 198.

19 *Ibid.*, p. 204.

20 *Ibid.*, p. 56.

21 *Ibid.*, p. 152.

22 *Ibid.*, p. 100.

23 *Ibid.*, p. 145.

24 *Ibid.*, p. 15.

25 *Ibid.*, p. 118.

26 *Ibid.*, p. 118.

27 *Ibid.*, p. 114.

28 *Ibid.*, p. 27.

29 *Ibid.*, p. 93.

30 앙드레 지드, 앞의 책, pp. 27-28.

31 *Si le grain ne meurt*, p. 125.

32 Pierre Masson, "*Genèse de* Si le grain ne meurt, *ou la réécriture de soi*," *André Gide et l'écriture de soi*, Lyon, Presses Universitaires de Lyon, 2002, p. 243.

33 *Si le grain ne meurt*, p. 123.

34 *Ibid.*, pp. 125-126.

35 Pierre Masson, *op. cit.*, p. 253.

36 James Grieve, "Love in the work of André Gide," *Australian Journal of French Studies*, vol. 3, 1966, p. 166.

37 *Ibid.*, p. 166.

38 *Si le grain ne meurt*, p. 211.

39 *Ibid.*, p. 126.

40 *Ibid.*, p. 211.

41 Sidonie Rivalin-Padiou, *op. cit.*, p. 205 참고.

42 *Si le grain ne meurt*, p. 199.

43 *Ibid.*, p. 58.

44 *Ibid.*, p. 64.

45 *Ibid.*, p. 31.

46 *Ibid.*, p. 27.

47 *Ibid.*, p. 26.

48 *Ibid.*, p. 86.

49 *Ibid.*, p. 87.

50 *Ibid.*, p. 299.

51 *Ibid.*, p. 318.

52 *Ibid.*, pp. 342-343.

53 이성애와 동성애를 문화적이고 역사적인 개념으로 보는 관점은 루이-조르주 탱, 『사랑의 역사: 이성애와 동성애 그 대결의 기록』(이규현 옮김), 문학과지성사, 2010 참고.

54 James Grieve, *op. cit.*, p. 174.

55 *Si le grain ne meurt*, p. 21.

56 *Ibid.*, p. 21.

57 *Ibid.*, p. 285.

58 Jean-Jacques Brochier, "André Gide. La conquête de la liberté," *Magazine Littéraire*, Hors-série, nº 11, 2007, pp. 68-70.

59 *Si le grain ne meurt*, pp. 286-287.

60 *Ibid.*, p. 361.

61 *Ibid.*, p. 362.

62 *Ibid.*, p. 362.

63 *Ibid.*, p. 367.

64 *Ibid.*, p. 368.

65 *Ibid.*, p. 368.

66 *Ibid.*, pp. 368-369.

67 *Ibid.*, p. 368.

68 지젤 마티외-카스텔라니는 지드가 자서전에 있는 오류를 수정하지 않고 그대로 제시하는 것을 몽테뉴 전통에 연결시킨다. 몽테뉴가 "나는 덧붙이긴 하지만 수정하지는 않는다."라고 말한 것을 인용하면서 오류나 부정확한 내용 또한 자서전 작가의 진실을 드러낼 수 있다고 말한다. 자서전에서 중요한 것은 사실의 진실이 아니라 주체의 진실이기 때문이다. Gisèle Mathieu-Castellani, *La scène judiciaire de l'autobiographie*, P.U.F., 1996, p. 77 참고.

69 *Si le grain ne meurt*, p. 128.

70 *Ibid.*, p. 129.

71 *Ibid.*, p. 185.

72 *Ibid.*, p. 186.

73 Pierre Masson, *op. cit.*, p. 242.

장-폴 사르트르, 「말」

1 베르나르-앙리 레비, 『사르트르 평전』(변광배 옮김), 을유문화사, 2009, p. 37 참고.

2 사르트르를 1960년대의 문맥에서 이해하고자 하는 이 관점은 Claude Burgelin, *Claude Burgelin commente* Les Mots *de Jean-Paul Sartre*, Gallimard, coll. Foliothèque, 1994, p. 147 참고.

3 Jacques Lecarme, "Classiques, malgré eux, du genre autobiographique," *Magazine Littéraire*, Hors-série, nº 11, 2007, p. 17.

4 Jacques Lecarme, "Il n'y aura pas eu d'autobiographie de Sartre," Jean-François Louette (textes réunis par), *Autour des écrits autobiographiques de Sartre*, Villeneuve d'Ascg, Septentrion, 2012, p. 26 참고.

5 Claude Burgelin, *op. cit.*, p. 24 참고.

6 장-폴 사르트르, 『시인의 운명과 선택-보들레르: 인간과 시』(박익재 옮김), 문학과지성사, 1985, p. 17.

7 Jean-François Louette, *Sartre contra Nietzsche* (Les Mouches, Huis clos, Les mots), Grenoble, P.U.G., 1996, p. 174 참고.

8 Claude Burgelin, *op. cit.*, pp. 44-48 참고.

9 Jean-Paul Sartre, *Les mots*, Gallimard, Folio, 1984, pp. 22-23 참고. 이하 이 텍스트는 책 제목과 페이지만 밝힌다.

10 *Ibid.*, p. 23.

11 *Ibid.*, p. 11.

12 *Ibid.*, p. 163.

13 *Ibid.*, pp. 29-30.

14 *Ibid.*, p. 18.

15 *Ibid.*, p. 19.

16 *Ibid.*, p. 15.

17 *Ibid.*, p. 16.

18 *Ibid.*, p. 16.

19 *Ibid.*, p. 16.

20 *Ibid.*, p. 18.

21 *Ibid.*, p. 20.

22 *Ibid.*, p. 19.

23 A. James Arnold, Jean-Pierre Piriou, *Genèse et critique d'une autobiographie.* Les Mots *de Jean-Paul Sartre, Archives des Lettres modernes*, Minard, 1975, p. 33 참고.

24 필립 르죈, 「사르트르의 『말』에서의 이야기의 질서」, 『자서전의 규약』(윤진 옮김), 문학과지성사, 1998, p. 319.

25 발터 비멜, 『사르트르』(구연상 옮김), 한길사, 1999, p. 66.

26 소포클레스, 『오이디푸스 왕』(김기영 옮김), 을유문화사, 2014, 1058-1059행.

27 필립 르죈, 앞의 책, p. 304.

28 *Les mots*, p. 21.

29 *Ibid.*, p. 32.

30 *Ibid.*, p. 133.

31 *Ibid.*, pp. 155-156 참고.

32 *Ibid.*, p. 134.

33 *Ibid.*, p. 134.

34 *Ibid.*, p. 135.

35 Claude Burgelin, *op. cit.*, pp. 60-61 참고.

36 *Les mots*, p. 139.

37 Claude Burgelin, *op. cit.*, pp. 18-21 참고. 그것을 뷔르즐랭은 "사르트르에게 글쓰기는 항상 무언가에 *반대하는* 글쓰기가 될 것이다."(p. 20)라고 요약한다.

38 *Les mots*, pp. 206-207 참고.

39 *Ibid.*, p. 183.

40 *Ibid.*, p. 140.

41 *Ibid.*, p. 192.
42 *Ibid.*, p. 98.
43 *Ibid.*, p. 208.
44 정명환, 「해설적 연표」, 김화영 편, 『사르트르』, 고려대학교출판부, 1990, p. 4.
45 *Les mots*, pp. 121-122.
46 *Ibid.*, p. 121.
47 *Ibid.*, p. 121.
48 *Ibid.*, p. 125.
49 Francis Jeanson, *Sartre*, Seuil, coll. Ecrivains de toujours, 2000, p. 127.
50 *Les mots*, p. 95.
51 *Ibid.*, p. 211 참고.
52 *Ibid.*, p. 212.
53 *Ibid.*, p. 212.
54 *Ibid.*, p. 211.
55 *Ibid.*, p. 93.
56 Claude Burgelin, *op. cit.*, p. 117.
57 *Les mots*, p. 80.
58 *Ibid.*, p. 113.
59 *Ibid.*, p. 114.
60 *Ibid.*, p. 114.
61 *Ibid.*, p. 115.
62 *Ibid.*, p. 206.
63 Jean-François Louette, *op. cit.*, p. 168 참고.
64 *Ibid.*, p. 167.
65 발터 비멜, 앞의 책, p. 308.
66 '의미의 독재'는 '변증법의 독재'와 같은 의미다. 필립 르죈, 「사르트르의 『말』에서의 이야기의 질서」, 『자서전의 규약』(윤진 옮김), 문학과지성사, 1998, p. 342.
67 Philippe Lejeune, *Le pacte autobiographique*, p. 227.
68 *Les mots*, p. 196.
69 *Ibid.*, p. 196.
70 *Ibid.*, p. 204.
71 *Ibid.*, pp. 159-160 참고.
72 *Ibid.*, p. 205.
73 Claude Burgelin, *op. cit.*, pp. 26-27.
74 *Les mots*, p. 168.
75 *Ibid.*, p. 168.
76 *Ibid.*, p. 171.
77 *Ibid.*, p. 174.
78 "나는 외부로부터 부여되는 존재를 그대로 받아들일 수 없었다. 또한 그 존재가 타성적으로 보존되는 것도, 현재 마음의 움직임이 과거 움직임의 결과라는 것도 인정할 수 없었다." *Ibid.*, p. 198.

79 *Ibid.*, p. 212.
80 *Ibid.*, p. 212.
81 *Ibid.*, p. 163.
82 *Ibid.*, p. 203.
83 필립 르죈과 자크 르카름이 제기한 『말』의 장르와 관련된 논쟁의 추이는 Jacques Lecarme, "Il n'y aura pas eu d'autobiographie de Sartre," *op. cit.*, pp. 21-35에서 확인할 수 있다.
84 Michel Contat, "Pourquoi Sartre n'a pas écrit son écrivain préféré: Stendhal," *Lecture de Sartre* (Textes réunis et présentés par Claude Burgelin), Presses Universitaires de Lyon, 1986, p. 141 참고.
85 "나는 위대한 고인의 과거를 나의 미래로 선택하고 인생을 거꾸로 살려고 애썼다. 아홉 살과 열 살 사이에 나는 완전히 사후의 인물이 되고 말았던 것이다." *Les mots*, p. 168.
86 *Ibid.*, pp. 200-202 참고.
87 *Ibid.*, p. 201.
88 *Ibid.*, p. 199.
89 *Ibid.*, p. 213.
90 Geneviève Idt, Les Mots. *une autocritique "en bel écrit,"* Belin, coll. Lettres Belin sup, 2001, p. 25.
91 *Les mots*, p. 139.
92 *Ibid.*, p. 60.
93 발터 비멜, 앞의 책, p. 37.

IV. 타자의 자서전

1 Jean-Paul Sartre, *La nausée*, Gallimard, Folio, 1954(1938), p. 123.
2 미하일 바흐친, 『장편소설과 민중언어』(전승희 외 옮김), 창비, 2014(1988), p. 317.
3 François Bott, *L'autobiographie d'un autre*, Flammarion, 1988.
4 *Ibid.*, p. 84.
5 *Ibid.*, p. 85.
6 *Ibid.*, p. 126.
7 강초롱, 「시몬 드 보부아르의 『매우 편안한 죽음』에 나타난 모녀 관계의 재정립 과정」, 『프랑스학연구』 54호, 2010, p. 7, p. 9.
8 Anne-Yvonne Julien, *Marguerite Yourcenar et le souci de soi*, Hermann, 2014, p. 181 참고.
9 Hélène Jaccomard, *Lecteur et lecture dans l'autobiographie française contemporaine. Violette Leduc, Françoise d'Eaubonne, Serge Doubrovsky, Marguerite Yourcenar*, Genève, Droz, 1993, p. 109.
10 Christophe Carlier, "Une oeuvre à la première personne," *Marguerite Yourcenar*, Mémoires d'Hadrien, *l'écriture de soi*, Ellipses, 1996, p. 101.
11 Marguerite Yourcenar, *Mémoires d'Hadrien*, Oeuvres romanesques, Gallimard,

Bibliothèque de la Pléiade, 1995(1982).

12 Anne-Yvonne Julien, *op. cit.*, pp. 191-192.

13 Pauline A. H. Hörmann, *La biographie comme genre littéraire.* Mémoires d'Hadrien *de Marguerite Yourcenar,* Amsterdam, Rodopi, 1994, pp. 123-156 참고.

14 Henriette Levillain, *Henriette Levillain commente* Mémoires d'Hadrien *de Marguerite Yourcenar,* Gallimard, Foliothèque, 1996, p. 97.

15 Sébastien Hubier, *Littératures intimes. Les expressions du moi, de l'autobiographie à l'autofiction,* Armand Colin, coll. U, 2003, pp. 89-93 참고.

16 Henriette Levillain, *op. cit.*, p. 146 참고.

마르그리트 유르스나르, 『하드리아누스 황제의 회상록』

1 Paul-Laurent Assoun, "Le signifiant impérial. Ecriture de soi et passion du père," *Marguerite Yourcenar,* Mémoires d'Hadrien, *l'écriture de soi,* Ellipses, 1996, p. 21.

2 유르스나르 자서전의 특징과 여성의 자서전에 대해서는 Eliane Lecarme-Tabone, "Existe-t-il une autobiographie des femmes?," *Magazine Littéraire,* Hors-série, n° 11, 2007, pp. 18-22 참고.

3 Marguerite Yourcenar, *Mémoires d'Hadrien,* Oeuvres romanesques, Gallimard, Bibliothèque de la Pléiade, 1995(1982). 이하 이 텍스트는 책 제목과 페이지만 밝힌다.

4 *Mémoires d'Hadrien,* p. 526.

5 *Ibid.*, p. 527.

6 *Ibid.*, p. 527.

7 *Ibid.*, p. 301.

8 Hélène Jaccomard, *Lecteur et lecture dans l'autobiographie française contemporaine. Violette Leduc, Françoise d'Eaubonne, Serge Doubrovsky, Marguerite Yourcenar,* Genève, Droz, 1993, pp. 104-105 참고.

9 *Mémoires d'Hadrien,* p. 525.

10 *Ibid.*, p. 328.

11 로마의 회상록이나 수상록에서 이러한 사실을 공통적으로 확인할 수 있다. 이에 대해서는 유호식, 『자서전: 서양 고전에서 배우는 자기표현의 기술』, 민음사, 2015 참고.

12 *Mémoires d'Hadrien,* p. 322.

13 *Ibid.*, p. 524.

14 Michel Foucault, *Le souci de soi, Histoire de la sexualité,* tome 3, Gallimard, 1984 참고.

15 *Mémoires d'Hadrien,* p. 302.

16 유호식, 앞의 책, pp. 87-93 참고.

17 *Mémoires d'Hadrien,* p. 302.

18 *Ibid.*, p. 303.

19 *Ibid.*, p. 303 참고.

20 *Ibid.*, p. 519.

21 Anne-Yvonne Julien, *Marguerite Yourcenar et le souci de soi,* Hermann, 2014, p. 187.

22 *Mémoires d'Hadrien*, p. 414.
23 Marguerite Yourcenar, *Quoi? L'éternité, Essais et mémoires*, Gallimard, Bibliothèque de la Pléiade, 1991, p. 1304.
24 *Mémoires d'Hadrien*, p. 366.
25 *Ibid.*, p. 366.
26 *Ibid.*, p. 305.
27 *Ibid.*, p. 304.
28 *Ibid.*, pp. 304-305.
29 *Ibid.*, p. 306.
30 *Ibid.*, p. 307.
31 미하일 바흐친, 『장편소설과 민중언어』(전승희 외 옮김), 창비, 2014(1988), p. 325.
32 *Mémoires d'Hadrien*, p. 318.
33 *Ibid.*, p. 382.
34 *Ibid.*, p. 372.
35 *Ibid.*, p. 380.
36 *Ibid.*, pp. 317-318.
37 *Ibid.*, p. 318 참고.
38 *Ibid.*, p. 319.
39 *Ibid.*, p. 319.
40 *Ibid.*, p. 319.
41 *Ibid.*, p. 398.
42 *Ibid.*, p. 358.
43 *Ibid.*, p. 314.
44 *Ibid.*, p. 312.
45 *Ibid.*, p. 312.
46 Anne-Yvonne Julien, *op. cit.*, p. 31.
47 Yves Touchefeu, "Ecriture de soi dans *Mémoires d'Hadrien* de Marguerite Yourcenar," *Ecriture de soi*, Vuibert, coll. Prépas scientifiques, 1996, p. 112.
48 *Mémoires d'Hadrien*, p. 310.
49 *Ibid.*, p. 311.
50 *Ibid.*, p. 321.
51 *Ibid.*, p. 323.
52 *Ibid.*, p. 341.
53 *Ibid.*, p. 296.
54 *Ibid.*, p. 291.
55 *Ibid.*, p. 296.
56 Marie-Noëlle Wicker, "Le corps et la conscience de soi," *Marguerite Yourcenar*, Mémoires d'Hadrien, *l'écriture de soi*, Ellipses, 1996, pp. 49-53 참고.
57 Henriette Levillain, *op. cit.*, p. 65.
58 *Mémoires d'Hadrien*, p. 327.
59 *Ibid.*, p. 457.

60 *Ibid.*, p. 464.
61 *Ibid.*, p. 415.
62 *Ibid.*, p. 379.
63 *Ibid.*, p. 371.
64 *Ibid.*, p. 515.
65 *Ibid.*, p. 476.
66 *Ibid.*, p. 287.
67 *Ibid.*, p. 501.
68 *Ibid.*, p. 501.
69 *Ibid.*, p. 501.
70 *Ibid.*, p. 398.
71 '안티노우스'에서 '하드리아누스'로 변하는 과정은 Henriette Levillain, *op. cit.*, pp. 19-45 참고.
72 *Mémoires d'Hadrien*, pp. 497-498.
73 텍스트의 구조에서 안티노우스의 중요성에 대해서는 Maurice Delcroix, "Autobiographie et mythe dans les *Mémoires d'Hadrien*," *Revue de l'Université de Bruxelles*, n° spécial de Marguerite Yourcenar, 1988, p. 37 참고.
74 *Mémoires d'Hadrien*, p. 429.
75 *Ibid.*, p. 500.
76 *Ibid.*, p. 500.
77 *Ibid.*, p. 502.
78 *Ibid.*, p. 520.
79 *Ibid.*, pp. 504-505.
80 "한 인간 존재에 대해 싫증이 날 수 있다는 것을 나는 결코 이해하지 못했다. 각각의 새로운 사랑이 우리들에게 가져다주는 풍요로움을 정확히 헤아리고, 그것이 변하는 것을, 아마도 낡아가는 것을 바라보고 싶은 욕망은, 대상의 정복을 수다히 하는 것과는 잘 맞지 않는다." *Ibid.*, p. 297.
81 *Ibid.*, p. 511.
82 *Ibid.*, p. 313.
83 Hélène Jaccomard, *op. cit.*, p. 113 참고.
84 Irène Moillo, "*Je* est un autre. Etudes jungiennes," *Marguerite Yourcenar*, Mémoires d'Hadrien, *l'écriture de soi*, Ellipses, 1996, pp. 62-63 참고.
85 칼 구스타브 융, 『꿈에 나타난 개성화 과정의 상징』(한국 융 연구원, 융 저작 번역위원회 옮김), 융 기본 저작집 5, 2002 참고.
86 Anne-Yvonne Julien, *op. cit.*, p. 224.
87 *Mémoires d'Hadrien*, p. 504.
88 칼 구스타브 융, 앞의 책, p. 28 참고.
89 *Mémoires d'Hadrien*, p. 414.
90 *Ibid.*, p. 370.
91 *Ibid.*, p. 372.
92 *Ibid.*, p. 388.

93 *Ibid.*, p. 388.
94 *Ibid.*, p. 399.
95 *Ibid.*, p. 400.
96 "44세 때 나는 인내심이 없지 않았고, 나에 대해 확신했으며 나의 본성이 나에게 허용하는 만큼 완벽하고 영원하다고 느꼈다." *Ibid.*, p. 399.
97 *Ibid.*, p. 445.
98 *Ibid.*, p. 317.
99 *Ibid.*, p. 361.
100 *Ibid.*, p. 386.

롤랑 바르트, 『애도일기』

1 Roland Barthes, *Journal de deuil*, Seuil/Imec, 2009, p. 140. 이하 이 텍스트는 책 제목과 페이지만 밝히며, 바르트의 다른 텍스트도 최초로 언급한 이후에는 마찬가지로 한다.
2 롤랑 바르트, 『롤랑 바르트가 쓴 롤랑 바르트』(이상빈 옮김), 강, 2002, p. 19.
3 Roland Barthes, "L'attente," *Fragments d'un discours amoureux*, Seuil, 1977, pp. 47-50.
4 *Journal de deuil*, p. 45.
5 *Ibid.*, pp. 38-39.
6 *Ibid.*, p. 79.
7 *Ibid.*, p. 90.
8 *Ibid.*, pp. 38-39.
9 *Ibid.*, p. 133.
10 *Ibid.*, p. 170.
11 *Ibid.*, p. 259.
12 *Ibid.*, p. 156.
13 Roland Barthes, *Fragments d'un discours amoureux*, p. 129.
14 *Journal de deuil*, p. 202.
15 *Ibid.*, p. 46.
16 "심지어 품위를 지키던 어머니가 돌아가시자, 어머니가 표상하던 모든 것이 어머니와 더불어 사라졌다고 느끼고 여자들의 품위가 드물어졌다고 말할 정도다." *Ibid.*, p. 226.
17 *Ibid.*, p. 86.
18 *Ibid.*, p. 87.
19 *Ibid.*, p. 117.
20 *Ibid.*, p. 141.
21 *Ibid.*, p. 119.
22 *Ibid.*, p. 130.
23 *Ibid.*, p. 169. 이 말을 바르트는 페인터가 쓴 프루스트 전기에서 인용하였다.
24 *Ibid.*, p. 183.
25 *Ibid.*, p. 206.
26 *Ibid.*, p. 231.

27 *Ibid.*, p. 81.
28 *Ibid.*, p. 113.
29 *Ibid.*, p. 171.
30 *Ibid.*, p. 101.
31 *Ibid.*, p. 106.
32 *Ibid.*, p. 49.
33 *Ibid.*, p. 247.
34 *Ibid.*, p. 226.
35 *Ibid.*, p. 52.
36 *Ibid.*, p. 13.
37 한석현, 「애도와 실재의 윤리: 롤랑 바르트의 『애도일기』와 『밝은 방』」, 서울대학교 석사학위 논문, 2012, pp. 9-10 참고.
38 *Journal de deuil*, p. 230.
39 *Ibid.*, p. 71 참고.
40 *Ibid.*, p. 249.
41 Dominique Carlat, *Témoins de l'inactuel. Quatre écrivains contemporains face au deuil*, José Corti, 2007, p. 13. [Maïté Snauwaert, "Physique du deuil. Note sur la dernière vie de Roland Barthes," *Temps zéro*, "incursion" du 31 March 2013 (en ligne). URL: http://tempszero.contemporain.info/document865 (Site consulté le 10 May 2019), p. 2에서 재인용.]
42 『롤랑 바르트가 쓴 롤랑 바르트』, p. 136.
43 Philippe Amen, "L'écrivain par lui-même. Autoportrait, autobiographie et journal intime au XIXe siècle," *Histoire de la France littéraire*, tome 3 (dirigé par Patrick Berthier et Michel Jarrety), Quadrige/P.U.F., 2006, p. 375.
44 *Journal de deuil*, p. 202.
45 *Fragments d'un discours amoureux*, p. 67.
46 *Ibid.*, p. 109.
47 *Journal de deuil*, p. 59.
48 *Ibid.*, p. 123.
49 *Ibid.*, p. 207.
50 *Ibid.*, p. 184.
51 *Ibid.*, p. 237.
52 *Fragments d'un discours amoureux*, p. 26.
53 *Ibid.*, p. 27.
54 *Journal de deuil*, pp. 196-197.
55 *Ibid.*, p. 198.
56 *Ibid.*, p. 269.
57 *Ibid.*, p. 24.
58 호메로스, 『오뒷세이아』(천병희 옮김), 숲, 2016, pp. 270-272.
59 *Fragments d'un discours amoureux*, p. 131.
60 *Ibid.*, p. 131.

61 *Journal de deuil*, p. 24.
62 *Ibid.*, p. 15.
63 *Ibid.*, p. 47.
64 *Ibid.*, p. 47.
65 *Ibid.*, p. 76.
66 *Ibid.*, p. 50.
67 *Ibid.*, p. 178.
68 *Ibid.*, p. 42.
69 *Ibid.*, p. 109.
70 *Ibid.*, p. 70.
71 *Fragments d'un discours amoureux*, p. 60.
72 *Journal de deuil*, p. 78.
73 *Ibid.*, p. 43.
74 *Fragments d'un discours amoureux*, p. 113.
75 *Journal de deuil*, p. 69.
76 *Ibid.*, p. 187.
77 *Ibid.*, p. 187.
78 *Ibid.*, pp. 242, 245.
79 *Ibid.*, p. 255.
80 *Ibid.*, p. 72.
81 *Fragments d'un discours amoureux*, p. 113.
82 *Ibid.*, p. 114.
83 *Ibid.*, p. 114.
84 *Journal de deuil*, p. 167.
85 *Ibid.*, p. 116.
86 *Ibid.*, p. 40.
87 *Fragments d'un discours amoureux*, p. 39.
88 *Journal de deuil*, p. 26.
89 *Fragments d'un discours amoureux*, p. 116.
90 *Ibid.*, p. 22.
91 *Ibid.*, p. 21.
92 *Journal de deuil*, p. 33.
93 *Ibid.*, p. 16.
94 *Ibid.*, p. 22.
95 *Ibid.*, p. 60.
96 *Ibid.*, p. 81.
97 *Ibid.*, p. 155.
98 어머니의 사진에 관한 성찰은 『카메라 루시다』 2부에서 좀 더 상세히 서술되고 있다. 롤랑 바르트, 『카메라 루시다: 사진에 관한 노트』(조광희 옮김), 열화당, 1989, p. 71 참고.
99 위의 책, p. 74.
100 위의 책, p. 74.

101 위의 책, p. 79.
102 그레이엄 앨런, 『문제적 텍스트 롤랑/바르트』(송은영 옮김), 앨피, 2006, p. 248.
103 Roland Barthes, *La chambre claire, Note sur la photographie*, Cahiers du cinéma, Gallimard, Seuil, 2006, p. 36.
104 『카메라 루시다: 사진에 관한 노트』, p. 88.
105 위의 책, p. 97.
106 위의 책, p. 79.
107 롤랑 바르트, 『롤랑 바르트, 마지막 강의』(변광배 옮김), 민음사, 2015, pp. 134-141 참고.
108 『카메라 루시다: 사진에 관한 노트』, p. 108.
109 위의 책, p. 108.
110 *Journal de deuil*, p. 238.
111 『카메라 루시다: 사진에 관한 노트』, p. 72.
112 위의 책, p. 111.
113 *Journal de deuil*, p. 142.
114 『카메라 루시다: 사진에 관한 노트』, p. 118.
115 위의 책, p. 114.
116 *Journal de deuil*, p. 180.
117 *Ibid.*, p. 102.
118 *Ibid.*, p. 208.
119 *Ibid.*, p. 180.
120 『카메라 루시다: 사진에 관한 노트』, p. 78.
121 *Journal de deuil*, p. 232.
122 *Fragments d'un discours amoureux*, p. 43. 이 표현은 '아토포스(atopos)' 항목에서 찾을 수 있다. 뭐라고 언어로 표상할 수도 분류할 수도 없는 대상을 가리킬 때 '아토포스'라는 용어를 사용하는데, 사랑의 대상은 모두 아토포스적인 특성을 지닌다.
123 『카메라 루시다: 사진에 관한 노트』, p. 91.
124 위의 책, p. 16.
125 그레이엄 앨런, 앞의 책, p. 242.
126 『카메라 루시다: 사진에 관한 노트』, p. 110.
127 그레이엄 앨런, 앞의 책, p. 244에서 재인용.
128 『카메라 루시다: 사진에 관한 노트』, p. 69.
129 *Journal de deuil*, p. 199.
130 *Ibid.*, p. 66.
131 *Fragments d'un discours amoureux*, p. 65.
132 『카메라 루시다: 사진에 관한 노트』, p. 103.
133 위의 책, p. 232.
134 *Journal de deuil*, p. 241.
135 *Ibid.*, p. 195.
136 *Ibid.*, p. 115.
137 *Ibid.*, p. 154.
138 *Ibid.*, p. 143.

139 *Ibid.*, p. 145. 이와 같은 관점은 『카메라 루시다: 사진에 관한 노트』에서도 다음과 같이 반복된다. "일단 활자화된다면 어머니에 관한 추억이, 적어도 내 이름이 알려져 있는 동안은 사라지지 않도록 하기 위해서 말이다."(p. 67)

140 *Journal de deuil*, p. 145.

141 *Ibid.*, p. 217.

142 *Ibid.*, p. 217.

143 *Ibid.*, p. 217.

144 *Ibid.*, p. 161.

145 *Ibid.*, p. 162.

146 *Ibid.*, p. 228.

V. 욕망

1 이진경, 『철학의 외부』, 그린비, 2017(2002), p. 260.

2 위의 책, p. 268.

3 Emmanuel Levinas, *De l'évasion*, Fata Morgana, 1982(1935), p. 73.

장-자크 루소, 「외로운 산책가의 몽상」

1 Jean-Jacques Rousseau, *Les Rêveries du promeneur solitaire*, Oeuvres complètes I, Blibliothèque de la Pléiade, 1991, p. 1098. 이하 이 텍스트는 제목과 페이지만 밝힌다. 같은 책에 있는 *Les Confessions*도 마찬가지다.

2 Nicolas Bonhôte, *Jean-Jacques Rousseau. Vision de l'histoire et autobiographie. Etude de l'histoire de la littérature*, Lausanne, L'Age d'homme, 1992, p. 170.

3 Jean-Marie Goulemot, "L'autobiographie face à l'histoire," *Les collections du magazine littéraire*, Hors-série n° 11, *Les écritures du Moi. Autobiographie, journal intime, autofiction*, mars-avril 2007, pp.14-15 참고.

4 *Les Rêveries du promeneur solitaire*, p. 997.

5 Jean Garagnon, "Un événement aussi triste qu'imprévu: la genèse des *Rêveries du promeneur solitaire*," Les Rêveries du promeneur solitaire. *Jean-Jacques Rousseau* (ouvrage collectif), Ellipses, 1997, pp. 8-18 참고.

6 *Les Rêveries du promeneur solitaire*, p. 995.

7 *Ibid.*, p. 995.

8 *Ibid.*, p. 998.

9 "그렇다, 나는 아마도 나도 모르게 깨어 있는 상태에서 수면 상태로, 아니 더 정확히 말해 삶에서 죽음으로 건너뛴 것이 분명하다. 어찌 된 영문인지도 모르는 채 사물의 질서 밖으로 끌려 나온 나는 아무것도 보이지 않고 이해할 수도 없는 혼돈에 내던져졌으며, 현재의 내

처지를 생각하면 할수록 지금 내가 어디 있는지 점점 더 이해할 수 없다." *Ibid.*, p. 995.

10 *Ibid.*, p. 996.

11 *Ibid.*, p. 995.

12 *Les Confessions*, p. 5.

13 이 관점에서 대해서는 Marc Eigeldinger, *Jean-Jacques Rousseau. Univers mythique et cohérence*, Neuchâtel, Eidtion de la Braconnière, 1978, p. 301 참고.

14 Eric Blondel, "La vérité et le moi dans *Les Rêveries du promeneur solitaire*," Les Rêveries du promeneur solitaire. *Jean-Jacques Rousseau* (ouvrage collectif), Ellipses, 1997, p. 22.

15 Marc Eigeldinger, *op. cit.*, p. 298.

16 *Les Confessions*, p. 162.

17 Marcel Raymond, "Introductions des *Rêveries du promeneur solitaire*," Jean-Jacques Rousseau, Oeuvres complètes I, Blibliothèque de la Pléiade, 1991, pp. LXXIV-LXXV.

18 *Ibid.*, p. LXXV.

19 *Ibid.*, p. LXXVI.

20 *Les Rêveries du promeneur solitaire*, p. 1046.

21 *Ibid.*, p. 1046.

22 *Ibid.*, p. 1002.

23 Marc Eigeldinger, *op. cit.*, p. 298.

24 Jean Bellemin-Noël, *Interlignes* 2. *Explorations textanalytiques*, Presses Universitaires de Lilles, coll. Objet, 1991, p. 124.

25 *Ibid.*, p. 127.

26 *Les Confessions*, pp. 174-175.

27 *Les Rêveries du promeneur solitaire*, p. 1000.

28 *Ibid.*, p. 1000.

29 *Ibid.*, p. 1000.

30 Jean Starobinski, *L'oeil vivant. Corneille, Racine, La Bruyère, Rousseau, Stendhal*, Gallimard, coll. Tel, 1999(1961), p. 128.

31 *Les Confessions*, pp. 565-567.

32 Pierre-Paul Clément, *Jean-Jacques Rousseau. De l'éros coupable à l'éros glorieux*, Neuchâtel, Editions de la Braconnière, 1976, p. 328 참고.

33 *Les Rêveries du promeneur solitaire*, p. 1009.

34 *Ibid.*, p. 1009.

35 *Ibid.*, p. 998.

36 *Ibid.*, p. 999.

37 Jean Starobinski, *op. cit.*, p. 176.

38 Pierre-Paul Clément, *op. cit.*, p. 354.

39 Philippe Lejeune, "L'enfance fantôme," *Les brouillons de soi*, Seuil, coll. Poétique, 1998, p. 47.

40 *Les Rêveries du promeneur solitaire*, p. 1024.

41 *Ibid.*, p. 1025.

42 *Les Confessions*, p. 3.
43 *Les Rêveries du promeneur solitaire*, p. 1025.
44 *Ibid.*, pp. 1026-1028 참고.
45 *Ibid.*, p. 1029.
46 *Ibid.*, p. 1030.
47 *Ibid.*, p. 1034 참고.
48 *Ibid.*, p. 1034.
49 *Ibid.*, pp. 1035-1036.
50 *Ibid.*, p. 1036.
51 Mario Lavagetto, *La cicatrice de Montaigne. Le mensonge dans la littérature* (traduit de l'italien par Adrien Pasquali), Gallimard, 1997, p. 169.
52 Philippe Lejeune, *Ecrire sa vie. Du pacte au patrimoine autobiographique*, Editions du Mauconduit, 2015, p. 17.
53 *Les Rêveries du promeneur solitaire*, p. 1039.
54 *Ibid.*, p. 1075.
55 '고독한 인간'의 주제에 대해서는 Tzvetan Todorov, *Frêle bonheur. Essai sur Rousseau*, Hachette, 1985, pp. 43-48 참고.
56 *Ibid.*, p. 1077.
57 *Les Rêveries du promeneur solitaire*, p. 1076.
58 *Ibid.*, p. 997.
59 *Ibid.*, p. 997.
60 *Ibid.*, p. 1077.
61 *Ibid.*, p. 1078.
62 Jean Starobinski, *op. cit.*, pp. 177-179 참고.
63 *Les Rêveries du promeneur solitaire*, p. 1079.
64 *Ibid.*, p. 1080.
65 *Ibid.*, p. 999.
66 *Ibid.*, p. 1094.
67 *Ibid.*, p. 1084.
68 *Ibid.*, p. 1083.
69 *Ibid.*, p. 1059.
70 루소의 호두나무 기억에 대해서는 *Les Confessions*, pp. 22-24 참고.
71 *Les Rêveries du promeneur solitaire*, pp. 999-1000.
72 Jean Starobinski, *op. cit.*, p. 122.
73 *Les Confessions*, p. 174.
74 장 스타로뱅스키, 「몽상과 변환」, 『장-자크 루소 투명성과 장애물』(이충훈 옮김), 아카넷, 2012, p. 684.
75 *Les Rêveries du promeneur solitaire*, p. 1001.
76 *Ibid.*, p. 1001.
77 *Ibid.*, p. 1001.
78 *Les Confessions*, p. 591.

79 Nicolas Bonhôte, *op. cit.*, p. 187.

80 *Ibid.*, p. 187.

81 장 스타로뱅스키, 앞의 책, p. 682.

82 위의 책, p. 681.

83 위의 책, p. 696.

84 위의 책, p. 695 참고.

85 Marcel Raymond, "Introductions des *Rêveries du promeneur solitaire*," *op. cit.*, p. XC.

86 *Les Confessions*, p. 181.

마르그리트 뒤라스, 『연인』

1 Marguerite Duras, *L'Amant*, Minuit, 1984. 이하 이 텍스트는 책 제목과 페이지만 밝히며, 뒤라스의 다른 텍스트도 최초로 언급한 이후에는 마찬가지로 한다.

2 유호식, 「모호성의 변주: 뒤라스의 『영국인 애인』 연구」, 『불어불문학연구』, 제92집, 2012, pp. 315-346 참고.

3 누보로망과 뒤라스의 관계에 대해서는 Jean Bessière, *Marguerite Duras.* Moderato Cantabile, Bordas, 1972, pp. 25-27 참고.

4 Aliette Armel, *Marguerite Duras et l'autobiographie*, Le Castor Astral, 1990, pp. 13-24 참고.

5 Laure Adler, *Marguerite Duras*, Gallimard, coll. Folio, 1998, 특히 "II. La mère, la petite, l'amant" 참고.

6 Laetitia Cénac, *Marguerite Duras. L'écriture de la passion*, Editions de La Martinières, 2013, p. 194에서 재인용.

7 Claude Burgelin, *Les mal nommés. Duras, Leiris, Calvet, Bove, Perec, Gary et quelques autres*, Seuil, 2012, p. 118.

8 분신들의 관계에 대해서는 Claude Burgelin, *ibid.*, pp. 116-117 참고.

9 Jean Bessière, *op. cit.*, p. 17.

10 Julia Kristeva, *Soleil noir. Dépression et mélancolie*, Gallimard, 1987, pp. 233-235 참고.

11 *L'Amant*, p. 81.

12 *Ibid.*, pp. 105-106.

13 *Ibid.*, p. 14.

14 Marguerite Duras et Michelle Porte, *Les Lieux de Marguerite Duras*, Minuit, 1977, p. 12.

15 *L'Amant*, p. 34.

16 *Ibid.*, p. 129.

17 Marie-Chantal Killeen, *Essai sur l'indicible. Jabès, Duras, Blanchot*, Saint-Denis, Presses Universitaires de Vincennes coll. L'imaginaire du Texte, 2004, p. 11.

18 Marguerite Duras et Michelle Porte, *op. cit.*, p. 102.

19 *L'Amant*, pp. 15-16.

20 "집에는 또한 가족에 대한 공포가 새겨져 있습니다. 집에는 도망치고 싶은 욕구가, 자살하

고 싶은 그런 기분이 다 있습니다." Marguerite Duras et Michelle Porte, *op. cit.*, p. 16.

21 *L'Amant*, p. 72.

22 *Ibid.*, p. 75.

23 Marguerite Duras et Michelle Porte, *op. cit.*, p. 56.

24 Marguerite Duras, *L'Amant de la Chine du nord*, Gallimard, 1994, p. 25.

25 *L'Amant*, p. 40.

26 *Ibid.*, p. 103.

27 *Ibid.*, p. 104.

28 *L'Amant de la Chine du nord*, p. 27.

29 *L'Amant*, p. 105.

30 *Ibid.*, p. 105.

31 *Ibid.*, p. 106.

32 "나는 [중국인 연인]에게 어린 시절 내내 어머니의 불행이 꿈의 자리를 차지하고 있었다고 말한다." *Ibid.*, p. 58.

33 Marguerite Duras et Michelle Porte, *op. cit.*, p. 65.

34 *L'Amant*, p. 69.

35 *Ibid.*, p. 72.

36 *Ibid.*, pp. 118-119.

37 *Ibid.*, p. 31 참고.

38 Raylene L. Ramsay, *The French new autobiography. Sarraute, Duras, and Robbe-Grillet*, Gainesville, University Press of Florida, 1996, pp. 193-194 참고.

39 *L'Amant*, p. 93.

40 *Ibid.*, p. 29.

41 *Ibid.*, p. 31.

42 *Ibid.*, p. 116.

43 *Ibid.*, p. 11.

44 *Ibid.*, p. 25.

45 *Ibid.*, p. 32.

46 Madeleine Borgomano, *Marguerite Duras. De la forme au sens*, L'Harmattan, 2010, pp. 179-183 참고.

47 *L'Amant de la Chine du nord*, p. 189.

48 *Ibid.*, p. 151.

49 *Ibid.*, p. 42.

50 Laure Adler, *op. cit.*, p. 138.

51 *L'Amant*, p. 46.

52 *Ibid.*, p. 9.

53 "욕망을 끌어들일 필요가 없었다. 욕망은 그 욕망을 자극한 여자 안에 있거나, 그렇지 않으면 존재하지 않았다. 욕망은 첫눈에 벌써 그곳에 있거나, 아니면 결코 존재하지 않았다. 그것은 성적인 관계를 즉각적으로 이해하는 것이거나, 아니면 아무것도 아니었다. 나는 그것을 마찬가지로 '실험'하기 전에 알고 있었다." *Ibid.*, p. 28.

54 세링엄은 뒤라스를 욕망과 주이상스의 주체로 만드는 것은 자신을 욕망의 대상으로 이해

하는 능력이라고 지적한다[Michael Sheringham, *French autobiography. Devices and desires. Rousseau to Perec*, New York, Oxford University Press, 2001(1993), p. 318]. 본서에서는 그 관점을 더 밀고 나가, 욕망의 대상이 되는 것조차 선택이기 때문에 주체성의 발현이라고 주장하고자 한다.

55 *L'Amant*, p. 48.

56 *Ibid.*, p. 46.

57 Jeffrey S. Staley and Laurie Edson, "Objectifying the subjectivity: the autobiographical act of Duras's *The Lover*," *Critique: Studies in contemporary fiction*, spring 2001, vol. 42(3), p. 293 참고.

58 *L'Amant*, p. 120.

59 *Ibid.*, p. 51.

60 *Ibid.*, p. 50.

61 *Ibid.*, p. 114.

62 *Ibid.*, p. 51.

63 *Ibid.*, p. 50.

64 *Ibid.*, p. 32.

65 *Ibid.*, p. 69.

66 *Ibid.*, p. 55.

67 *Ibid.*, p. 58.

68 *Ibid.*, p. 55.

69 *Ibid.*, p. 57.

70 Laurie Vickroy, *Trauma and survival in contemporary fiction*, Charlottesville and London, University of Virginia Press, 2002, pp. 133-136 참고.

71 *L'Amant*, p. 38.

72 Laetitia Cénac, *op. cit.*, p. 194에서 재인용.

73 *L'Amant*, p. 17.

74 Aliette Armel, *op. cit.*, p. 56 참고.

75 *Ibid.*, p. 38 참고.

76 Roland Barthes, *Fragments d'un discours amoureux*, Seuil, 1977, p. 21.

77 Michael Sheringham, *op. cit.*, p. 317.

78 *L'Amant*, p. 48.

79 *Ibid.*, pp. 53-54.

80 *Ibid.*, p. 20.

81 *Ibid.*, p. 28.

82 Jeffrey S. Staley and Laurie Edson, *op. cit.*, p. 287과 p. 288.

83 *L'Amant*, p. 53.

84 *Ibid.*, 59-60 참고.

85 *Ibid.*, p. 26.

86 엘렌 식수, 『메두사의 웃음/출구』(박혜영 옮김), 동문선, 2004, pp. 37-38.

87 위의 책, p. 121.

88 Marie-Magdeleine Chirol, "Ruine, dégradation et effacement dans *L'Amant* de

Marguerite Duras," *The French Review*, vol. 68(2), December 1994, p. 266.

89 Noëlle Carruggi, *Marguerite Duras. Une expérience intérieure: "le gommage de l'être en faveur du tout,"* New York, Peter Lang, 1995, p. 120 참고.

90 *L'Amant*, p. 92.

91 Sandrine Léopold, *L'Ecriture du regard dans la représentation de la passion amoureuse et du désir*, Bern, Peter Lang, 2009, p. 157.

92 *L'Amant*, pp. 140-141.

93 *Ibid.*, p. 92.

94 *Ibid.*, p. 142.

95 *Ibid.*, p. 9.

96 *Ibid.*, p. 9.

97 Aliette Armel, *op. cit.*, p. 17 참고.

98 *L'Amant*, pp. 9-10.

99 *Ibid.*, p. 59.

100 Maurice Blanchot, "Détruire," *L'Amitié*, Gallimard, 1971, pp. 132-136 참고.

101 Marie-Magdeleine Chirol, *op. cit.*, p. 263.

102 *L'Amant*, p. 10.

103 Leah D. Hewitt, *Autobiographical tightropes*, University of Nebraska Press, 1990, p. 109.

104 Patricia Martinez García, "*L'Amant* de Marguerite Duras: récit autobiographique, récit des origines. Eros et écriture," *Thélème. Revista Complutense de Estudios Franceses*, 2007, n° 22, p. 66.

105 Julie Solomon, "'J'ai un visage détruit': Pleasures of Self-Portraiture in Marguerite Duras's *L'Amant*," *Australian Journal of French Studies*, vol. 34(1), 1997, p. 101.

106 *L'Amant*, p. 66.

107 *Ibid.*, p. 29.

108 *Ibid.*, p. 35.

109 *Ibid.*, p. 29.

110 *Ibid.*, p. 126.

111 *Ibid.*, pp. 34-35 참고.

112 *Ibid.*, p. 93.

113 Marguerite Duras et Michelle Porte, *op. cit.*, p. 98.

114 Madeleine Borgomano, *op. cit.*, pp. 137-139 참고.

결론

1 프랑코 모레티, 『세상의 이치: 유럽 문화 속의 교양소설』(성은애 옮김), 문학동네, 2005, pp. 251-252 참고.

2 "하지만 아테네 사람들이여, 이것은 진실이고, 나는 큰일이든 작은 일이든 무엇이든지 여러

분에게 숨기거나 속이는 것이 없이 다 그대로 말하고 있습니다. 그리고 나는 내가 그렇게 하기 때문에 사람들로부터 미움을 산다는 것을 너무나 잘 압니다. 하지만 바로 그것이 내가 진실을 말하고 있다는 증거이고, 바로 그것이 나에 대한 모함의 본질이며, 사람들이 나를 모함하는 이유입니다." 플라톤, 『소크라테스의 변명·크리톤·파이돈·향연』(박문재 옮김), 현대지성, 2019, p. 24.

3 Jean Starobinski, *L'oeil vivant. Corneille, Racine, La Bruyère, Rousseau, Stendhal*, Gallimard, coll. Tel, 1999(1961), pp. 179-180 참고.

참고문헌

1. 연구 작가

Barthes (Roland), *Journal de deuil*, Seuil, 2012.

Duras (Marguerite), *L'amant*, Minuit, 1984.

Gary (Romain), *La promesse de l'aube*, Gallimard, 1980.

Gide (André), *Si le grain ne meurt*, Gallimard, 1976.

Leiris (Michel), *L'Age d'homme*, précédé de "De la littérature considérée comme une tauromachie," Gallimard, 1973(1946).

Perec (Georges), *W ou le souvenir d'enfance*, Denoël, 1975.

Rousseau (Jean-Jacques), *Les Confessions*, Oeuvres Complètes I, Gallimard, Bibliothèque de la Pléiade, 1991(1959).

Sarraute (Nathalie), *Enfance*, Gallimard, Folio, 1991(1983).

Sartre (Jean-Paul), *Les mots*, Gallimard, Folio, 2011.

Yourcenar (Marguerite), *Mémoires d'Hadrien*: suivi de *Carnets de notes de Mémoires d'Hadrien*, Gallimard, 2006.

나탈리 사로트, 『어린시절』(권수경 옮김), 문학과지성사, 2010.

로맹 가리, 『새벽의 약속』(심민화 옮김), 문학과지성사, 2007.

롤랑 바르트, 『애도일기』(김진영 옮김), 이순, 2012.

마르그리트 뒤라스, 『연인』(김인환 옮김), 민음사, 2007.

마르그리트 유르스나르, 『하드리아누스 황제의 회상록』(곽광수 옮김), 민음사, 2008.

미셸 레리스, 『성년』(유호식 옮김), 이모션북스, 2016.

앙드레 지드, 『한 알의 밀알이 죽지 않으면』(권은미 옮김), 나남출판, 2010.

장-자크 루소, 『고독한 산책자의 몽상』(문경자 옮김), 문학동네, 2016.

장-폴 사르트르, 『말』(정명환 옮김), 민음사, 2008.

조르주 페렉, 『W 또는 유년의 기억』(이재룡 옮김), 펭귄클래식코리아, 2011.

2. 자서전 관련 연구서 및 논문

Adler (Laure), *Marguerite Duras*, Gallimard, coll. Folio, 1998.

Amsellem (Guy), *Romain Gary. Les métamorphoses de l'identité*, L'Harmattan, 2008.

Anissimov (Myriam), *Romain Gary le caméléon*, Gallimard, 2006.

Armel (Aliette), *Marguerite Duras et l'autobiographie*, Le Castor Astral, 1990.

Arnold (A. James) et Piriou (Jean-Pierre), *Genèse et critique d'une autobiographie*. Les Mots *de Jean-Paul Sartre, Archives des Lettres modernes*, Minard, 1975.

Assouline (Pierre) et al., *Lectures de Romain Gary*, Gallimard, 2010.

Audi (Paul), *Je me suis toujours été un autre*, Christian Bourgois éditeur, 2007.

Barberger (Nathalie), *Michel Leiris, l'écriture du deuil*, Presses Uiversitaires du Septentrion, 1998.

Barthes (Roland), *Fragments d'un discours amoureux*, Seuil, 1977.

Barthes (Roland), *La chambre claire, Note sur la photographie*, Cahiers du cinéma, Gallimard, Seuil, 2006.

Baude (Michel), "Le moi au futur: l'image de l'avenir dans l'autobiographie," *Romantisme*, n° 56, 1987, pp. 29-36.

Bayard (Pierre), *Il était deux fois Romain Gary*, P.U.F., coll. Le texte rêve, 1990.

Beaujour (Michel), *Miroirs d'encre*, Seuil, coll. Poétique, 1980.

Bellemin-Noël (Jean), *Biographies du désir*, P.U.F., coll. Ecriture, 1988.

Bellemin-Noël (Jean), *Interlignes 2. Explorations textanalytiques*, Presses Universitaires de Lilles, coll. Objet, 1991.

Bertelli (Dominique) et Ribière (Mireille) (Edition critique établie par), *Georges Perec. Entretiens et conférences*, vol. 1(1965-1978), Joseph K, 2003.

Bessière (Jean), *Marguerite Duras.* Moderato Cantabile, Bordas, 1972.

Blanchot (Maurice), "Regard d'outre-tombe," *La part du feu*, Gallimard, 1980(1949), pp. 238-248.

Blanchot (Maurice), *L'Amitié*, Gallimard, 1971.

Blanchot (Maurice), *La part du feu*, Gallimard, 1980(1949).

Blanchot (Maurice), *L'Espace littéraire*, Gallimard, Folio Essais, 1991(1955).

Bonhôte (Nicolas), *Jean-Jacques Rousseau. Vision de l'histoire et autobiographie. Etude de l'histoire de la littérature*, Lausanne, L'Age d'homme, 1992.

Borel (Jacques), *Propos sur l'autobiographie*, Seyssel, Champ Vallon, 1994.

Borgomano (Madeleine), *Marguerite Duras. De la forme au sens*, L'Harmattan, 2010.

Borie (Monique), *Le fantôme ou le théâtre qui doute*, Arles, Actes Sud, 1997.

Bott (François), *L'autobiographie d'un autre*, Flammarion, 1988.

Bouchardeau (Huguette), *Nathalie Sarraute*, Flammarion, 2003.

Boyer (Alain-Michel), *Michel Leiris*, Editions Universitaires, coll. Psychothèques, 1974.

Breton (André), *Nadja*, Gallimard, Folio, 1985(1972).

Bruss (Elisabeth W.), "L'autobiographie considérée comme acte littéraire," *Poétique*, n° 7, février 1974, pp. 14-26.

Burgelin (Claude) (Textes réunis et présentés par), *Lecture de Sartre*, Presses Universitaires de Lyon, 1986.

Burgelin (Claude), *Georges Perec*, Seuil, coll. Les contemporains, 1988.

Burgelin (Claude), *Claude Burgelin commente* Les Mots *de Jean-Paul Sartre*, Gallimard, coll. Foliothèque, 1994.

Burgelin (Claude), *Les mal nommés. Duras, Leiris, Calvet, Bove, Perec, Gary et quelques autres*, Seuil, 2012.

Candau (Joël), *Mémoire et identité*, P.U.F., coll. Sociologie d'aujourd'hui, 1998.

Carlat (Dominique), *Témoins de l'inactuel. Quatre écrivains contemporains face au deuil*, José Corti, 2007.

Carruggi (Noëlle), *Marguerite Duras. Une expérience intérieure: "le gommage de l'être en faveur du tout,"* New York, Peter Lang, 1995.

Cénac (Laetitia), *Marguerite Duras. L'écriture de la passion*, Editions de La Martinières, 2013.

Chauvin (Andrée), *Leçon littéraire sur* W ou le souvenir d'enfance *de Georges Perec*, P.U.F., coll. Major, 1997.

Cheng (François), *Vide et plein: Le langage pictural chinois*, Seuil, 1979.

Chiantaretto (Jean-François), *De l'acte autobiographique. La psychanalyse et l'écriture autobiographique*, Champ Vallon, coll. L'Or d'Atlante, 1995.

Chiantaretto (Jean-François), "De la parole à l'écriture," *Ecriture de soi et sincérité*, In

Press Editions, 1999, pp. 13-18.

Chirol (Marie-Magdeleine), "Ruine, dégradation et effacement dans *L'Amant* de Marguerite Duras," *The French Review*, vol. 68(2), December 1994, pp. 261-273.

Clément (Catherine), "Auschwitz, ou la disparition," *L'arc*, n° spécial de Georges Perec, Duponchelle, 1990, pp. 87-90.

Clément (Pierre-Paul), *Jean-Jacques Rousseau. De l'éros coupable à l'éros glorieux*, Neuchâtel, Editions de la Braconnière, 1976.

Cogez (Gérard), *Leiris sur le lit d'Olympia*, P.U.F., coll. Le texte rêve, 1993.

Cogez (Gérard), *Leiris l'indésirable*, Nantes, Editions Cécile Defaut, 2010.

Couty (Daniel), "Autobiographie," J.-P. de Beaumarchais (dir), *Dictionnaire des Littératures de Langue française*, Bordas, 1984, pp. 105-107.

De Man (Paul), *Allegories of reading: Figural language in Rousseau, Nietzsche, Rilke, and Proust*, New Haven, Yale University Press, 1979.

De Man (Paul), *Romantism and contemporary criticism*, The Johns Hopkins University Press, 1993.

Del Litto (Victor), *Stendhal et les problèmes de l'autobiographie*, Presses Uiversitaires de Grenoble, 1976.

Denès (Dominique), *Etude sur Nathalie Sarraute*, Enfance, Ellipses, 1999.

Derrida (Jacques), *De la grammatologie*, Minuit, 1997(1967).

Dreyfus (Hubert L.) et Rabinow (Paul), *Michel Foucault. Un parcours philosophique. Au-delà de l'objectivité et de la subjectivité*, Avec un entretien et deux essais de Michel Foucault-Traduit de l'anglais par Fabienne Durand-Bogaert, Gallimard, 1984.

Duras (Marguerite), *L'Amant de la Chine du nord*, Gallimard, 1994.

Duras (Marguerite) et Porte (Michelle), *Les Lieux de Marguerite Duras*, Minuit, 1977.

Eakin (Paul John), *Touching the World. Reference in autobiography*, U.S.A., Princeton University Press, 1992.

Eigeldinger (Marc), *Jean-Jacques Rousseau. Univers mythique et cohérence*, Neuchâtel, Eidtion de la Braconnière, 1978.

Elbaz (Robert), *The Changing nature of the self: a critical study of the autobiographic discourse*, University of Iowa Press, 1987.

Fink (Klaus), "La memoire et sa relation au temps et à l'espace," *Revue Française de*

Psychanalyse, vol. 64, nº 1, 2000, pp. 57-66.

Foucault (Michel), *Histoire de la sexualité*, tome 3. *Le souci de soi*, Gallimard, 1984.

Foucault (Michel), *Dits et écrits 1954-1988*, vol. I-IV, Gallimard, 1994.

Fraisse (Luc), "Proust et l'écriture du mensonge," *Kwartalnik Neofilologiczny*, vol. LVI, 2, 2009, pp. 125-137.

Freud (Sigmund), *Névrose, psychose et perversion*, P.U.F., coll. Bibliothèque de Psychanalyse, 1995(1973).

Friedrich (Hugo), *Montaigne*, Gallimard, coll. Tel, 1984(1949).

de Gaulejac (Vincent), "Roman familial et trajectoire sociale," *Le récit d'enfance en question, Cahiers de Sémiotique Textuelle*, nº 12, Université Paris 10, 1988, pp. 71-83.

de Gaulejac (Vincent), *L'histoire en héritage. Roman familial et trajectoire sociale*, Desclée de Brouwer, 1999.

Genette (Gérard), *Fiction et diction*, Seuil, coll. Poétique, 1991.

Gosselin (Monique), *Monique Gosselin commente Enfance de Nathalie Sarraute*, Gallimard, coll. Foliothèque, 1996.

Gourevitch (Aron J.), *La naissance de l'individu dans l'Europe médiévale*, Seuil, coll. Faire l'Europe, 1997.

Grieve (James), "Love in the work of André Gide," *Australian Journal of French Studies*, vol. 3, Jan 1, 1966, pp. 162-179.

Gusdorf (Georges), "Conditions et limites de l'autobiographie," Philippe Lejeune, *L'autobiographie en France*, Armand Colin, coll. U, 1971, pp. 217-236.

Gusdorf (Georges), *Les écritures du moi. Ligne de vie 1*, Odile Jacob, 1990.

Gusdorf (Georges), *Auto-bio-graphie, Ligne de vie 2*, Odile Jacob, 1990.

Harel (Simon), *Un boîtier d'écriture: les lieux dits de Michel Leiris*, Montréal, Trait d'union, coll. Spirale, 2002.

Hewitt (Leah D.), *Autobiographical tightropes*, University of Nebraska Press, 1990.

Himy-Piéri (Laure), Enfance. *Nathalie Sarraute*, Hatier, coll. Profil, 2008.

Hollier (Denis), *Les dépossédés (Bataille, Caillois, Leiris, Malraux, Sartre)*, Minuit, 1993.

Hörmann (Pauline A.H.), *La biographie comme genre littéraire.* Mémoires d'Hadrien *de Marguerite Yourcenar*, Amsterdam, Rodopi, 1994.

Hubier (Sébastien), *Littértures intimes. Les expressions du moi, de l'autobiographie à l'autofiction*, Armand Colin, coll. U, 2003.

Huston (Nancy), *Tombeau de Romain Gary*, Actes Sud, 1995.

Idt (Geneviève), Les Mots. *une autocritique "en bel écrit,"* Belin, coll. Lettres Belin sup, 2001.

Jaccomard (Hélène), *Lecteur et lecture dans l'autobiographie française contemporaine. Violette Leduc, Françoise d'Eaubonne, Serge Doubrovsky, Marguerite Yourcenar*, Genève, Droz, 1993.

Jackson (John E.), "Mythes du sujet: à propos de l'autobiographie et de la cure analytique," *L'autobiographie*, Les Belles Lettres, 1990, pp. 135-169.

Jeanson (Francis), *Sartre*, Seuil, coll. Ecrivains de toujours, 2000.

Julien (Anne-Yvonne), *Marguerite Yourcenar et le souci de soi*, Hermann, coll. Savoir lettres, 2014.

Kerbrat (Marie-Claire), *Leçon littéraire sur l'écriture de soi*, P.U.F., 1996.

Killeen (Marie-Chantal), *Essai sur l'indicible. Jabès, Duras, Blanchot*, Saint-Denis, Presses Uiversitaires de Vincennes, coll. L'imaginaire du Texte, 2004.

Kristeva (Julia), *Soleil noir. Dépression et mélancolie*, Gallimard, 1987.

Lavagetto (Mario), *La cicatrice de Montaigne. Le mensonge dans la littérature* (traduit de l'italien par Adrien Pasquali), Gallimard, 1997.

Leak (Andy), "W/Dans un réseau de lignes entrecroisées: souvenir, souvenir-écran et construction dans *W ou le souvenir d'enfance*," *Parcours Perec*, colloque de Londres, Mars 1988, Presses Universitaires de Lyon, 1990, pp. 75-90.

Lecarme (Jacques), Lecarme-Tabone (Eliane), *L'autobiographie*, Armand Colin, 1997.

Leiris (Michel), *Biffures*, Gallimard, 1977(1948).

Leiris (Michel), *Fibrilles*, Gallimard, 1985(1966).

Leiris (Michel), *Fourbis*, Gallimard, 1990(1955).

Leiris (Michel), *Brisées*, Gallimard, Folio Essai, 1992

Leiris (Michel), *Zébrage*, Gallimard, Folio Essai, 1992.

Lejeune (Philippe), *Exercices d'ambiguïté. Lectures de Si le* grain ne meurt *d'André Gide*, Minard, 1974.

Lejeune (Philippe), *Lire Leiris, autobiographie et langage*, Klincksieck, 1975.

Lejeune (Philippe), *Moi aussi*, Seuil, 1986.

Lejeune (Philippe), "L'ère du soupçon," *Le récit d'enfance en question, Cahiers de sémiotique textuelle 12, Université Paris X*, 1988, pp. 41-67.

Lejeune (Philippe), *La mémoire et l'oblique. Georges Perec autobiographe*, P.O.L., 1991.

Lejeune (Philippe), *Les brouillons de soi*, Seuil, coll. Poétigque, 1998.

Lejeune (Philippe), "Ecriture de soi et lecture de l'autre," *Ecriture de soi et lecture de l'autre*, Editions Universitaires de Dijon, 2002, pp. 213-221.

Lejeune (Philippe), *L'autobiographie en France*, Armand Colin, 2010.

Lejeune (Philippe), *Ecrire sa vie. Du pacte au patrimoine autobiographique*, Editions du Mauconduit, 2015.

Levillain (Henriette), *Henriette Levillain commente* Mémoires d'Hadrien *de Marguerite Yourcenar*, Gallimard, Foliothèque, 1996.

Levinas (Emmanuel), *De l'évasion*, Fata Morgana, 1982(1935).

Lévy (Bernard-Henry), *Lectures de Romain Gary*, Gallimard, 2010.

Louette (Jean-François), *Sartre contra Nietzsche (Les Mouches, Huis clos, Les mots)*, Grenoble, P.U.G., 1996.

Louette (Jean-François) (Textes réunis par), *Autour des écrits autobiographiques de Sartre*, Villeneuve d'Ascq, Septentrion, 2012.

Magné (Bernard), "La textualisation du biographique dans *W ou le souvenir d'enfance* de Georges Perec," *Autobiographie et biographie*, Nizet, 1989, pp. 161-184.

Magoudi (Ali), *La lettre fantôme*, Minuit, 1996.

Marchetti (Adriano), "Le temps de l'écriture, l'écriture du temps," *Revue de l'Université de Bruxelles*, 1990/1-2, pp. 113-123.

Marmande (Francis), *Michel Leiris. Le siècle à l'envers*, Tours, Eds. Farrago, 2004.

Martinez García (Patricia), "*L'Amant* de Marguerite Duras: récit autobiographique, récit des origines. Eros et écriture," *Thélème. Revista Complutense de Estudios Franceses*, 2007, n° 22, pp. 61-70.

Masson (Pierre), "Genèse de *Si le grain ne meurt*, ou la réécriture de soi," *André Gide et l'écriture de soi*, Lyon, Presses Universitaires de Lyon, 2002, pp. 241-257.

Mathieu-Castellani (Gisèle), *La scène judiciaire de l'autobiographie*, P.U.F., 1996.

Maubon (Catherine), *Catherine Maubon commente L'Age d'homme de Michel Leiris*, Gallimard, coll. Foliothèque, 1997.

Mauriac (François), *Oeuvres autobiographiques*, Gallimard, Bibliothèque de la Pléiade, 1990.

de Mijolla-Mellor (Sophie), "Survivre à son passé," *L'autobiographie*, Les Belles Lettres, coll. Confluents psychanalytiques, 1990, pp. 101-128.

Million-Lajoinie (Marie-Madeleine), *Reconstruire son identité par le récit de vie*,

L'Harmattan, 1999.

Miraux (Jean-Philippe), *L'Autobiographie. Ecriture de soi et sincérité,* Nathan, coll. 128, 1996.

Misrahi (Robert), "W, un roman réflexif," *L'arc,* n° spécial de Georges Perec, Duponchelle, 1990, pp. 81-86.

Nadeau (Maurice), *Michel Leiris et la quadrature du cercle,* Maurice Nadeau, 2002.

Neyraut (Michel), "De l'autobiographie," *L'autobiographie,* Les Belles Lettres, 1990, pp. 7-47.

Olney (James) (edited by), *Autobiography: Essays theoretical and critical,* Princeton University Press, 1980.

Perec (Georges), *Je suis né,* Seuil, coll. La Librairie du XXe siècle, 1990.

de Phalèse (Hubert), *La règle du je dans* L'Age d'hommes, Nizet, 2004.

Pibarot (Anne), *Michel Leiris. Des premiers écrits à* L'Age d'homme, Nîmes, Théétète Éditions, 2004.

Prigent (Michel) (publié sous la direction de), *Histoire de la France littéraire,* tome 3. Modernités XIXe-XX siècle, Quadrige/P.U.F., 2006.

Raffy (Sabine), *Sarraute romancière. Espaces intimes,* Peter Lang, 1988.

Ramsay (Raylene L.), *The French new autobiography. Sarraute, Duras, and Robbe-Grillet,* Gainesville, University Press of Florida, 1996.

Ricoeur (Paul), *Temps et récit III. Le temps raconté,* Seuil, 1985.

Ricoeur (Paul), *Soi-même comme un autre,* Seuil, coll. L'Ordre philosophique, 1990.

Rivalin-Padiou (Sidonie), "Confession et autoconstruction dans *Si le grain ne meurt,*" *André Gide et l'écriture de soi,* Lyon, Presses Universitaires de Lyon, 2002, pp. 199-215.

Robbe-Grillet (Alain), "Je n'ai jamais parlé d'autre chose que de moi," Michel Contat, *L'auteur et le manuscrit,* P.U.F., 1991, pp. 37-50.

Roche (Anne), *Anne Roche commente* W ou le souvenir d'enfance *de Georges Perec,* Gallimard, Foliothèque, 1997.

Roumette (Julien), *Etude sur* La Promesse de l'aube. *Romain Gary,* Ellipses, 2006.

Rousso (Henry), *Le syndrome de Vichy. De 1944 à nos jours,* Seuil, coll. Points, 1990.

Sacotte (Mireille), *Mireille Sacotte commente* La Promesse *de l'aube de Romain Gary,* Gallimard, coll. Foliothèque, 2006.

Sacotte (Mireille) (sous la direction de), *Romain Gary et la pluralité des mondes,* P.U.F., 2002.

Sarraute (Nathalie), *Oeuvres Complètes*, Gallimard, Bibliothèque de la pléiade, 1996.

Sartre (Jean-Paul), *La nausée*, Gallimard, Folio, 1954(1938).

Schmid-Kitsikis (Elsa), "La mémoire du traumatisme ou comment nier l'oubli pour ne pas se souvenir," *Revue Française de Psychanalyse*, tome 64, n° 1, 2000, pp. 139-150.

Sheringham (Michael), *French autobiography. Devices and desires. Rousseau to Perec*, New York, Oxford University Press, 2001(1993).

Solomon (Julie), "'J'ai un visage détruit': Pleasures of Self-Portraiture in Marguerite Duras's *L'Amant*," *Australian Journal of French Studies*, Jan. 1997, vol. 34(1), pp. 100-114.

Souriau (Etienne), *Vocabulaire d'esthétique*, P.U.F., 1990.

Staley (Jeffrey S.) and Edson (Laurie), "Objectifying the subjectivity: the autobiographical act of Duras's *The Lover*," *Critique: Studies in contemporary fiction*, spring 2001, vol. 42(3), pp. 287-298.

Starobinski (Jean), *La relation critique*, Gallimard, 1970.

Starobinski (Jean), *Jean-Jacques Rousseau. La transparence et l'obstacle suivi de Sept essais sur Rousseau*, Gallimard, 1976(1971).

Starobinski (Jean), *L'oeil vivant. Corneille, Racine, La Bruyère, Rousseau, Stendhal*, Gallimard, coll. Tel, 1999(1961).

Tadié (Jean-Yves), *Introduction à la vie littéraire du XIXe siècle*, Bordas, 1985(1970).

Tap (Pierre), "Marquer sa différence (entretien avec Pierre Tap)," *L'identité, l'individu, le groupe, la société* (Coordonné par Jean-Claude Ruano-Borbalan), Editions Sciences humaines, 1998, pp. 65-66.

Todorov (Tzvetan), *Frêle bonheur. Essai sur Rousseau*, Hachette, 1985.

Trédé-Boulmer (Monique), "La Grèce a-t-elle connue l'autobiographie?," *Invention de l'autobiographie d'Hésiode à Saint Augustin*, Presses de l'école normale supérieure, 1993, pp. 13-20.

Trouvé (Alain), *Lire* Mémoires d'Hadrien *de Marguerite Yourcenar*, P.U.F., 2014.

Valéry (Paul), *Variété I et II*, Gallimard, coll. Folio, 1998.

Vercier (Bruno), "Le mythe du premier souvenir: Loti, Leiris," *Revue d'histoire littéraire de la France*, n° 6, 1975, pp. 1029-1046.

Vickroy (Laurie), *Trauma and survival in contemporary fiction*, Charlottesville and London, University of Virginia Press, 2002.

Winnicott (D. W.), *Processus de maturation chez l'enfant. Développement affectif et environnement* (Traduction de Jannie Kalmanovitch), Payot, 1989.

Winnicott (D. W.), *Jeu et réalité. L'espace potentiel*, Gallimard, 2000(1975).

Yourcenar (Marguerite), *Quoi? L'éternité, Essais et mémoires*, Gallimard, Bibliothèque de la Pléiade, 1991.

Zanone (Damien), *L'Autobiographie*, Ellipses, 1996.

Zink (Michel), *La subjectivité littéraire*, P.U.F., coll. Ecriture, 1985.

Autobiographie et biographie (Colloque de Heidelberg, textes réunis et présentés par Mireille Calle-Gruber et Amold Rothe), Nizet, 1989.

Autour des écrits autobiographiques de Sartre (textes réunis par Jean-François Louette), *Revues des Sciences Humaines*, n° 308, 2012-4.

Dictionnaire de l'autobiographie. Ecriture de soi de langue française (Sous la direction de Françoise Simonet-Tenant, avec la collaboration de Michel Braud, Jean-Louis Jeannelle, Philippe Lejeune et Véronique Montémont), Honoré Champion, 2017.

Ecriture de soi, Vuibert, coll. Prépas scientifiques, 1996.

L'écriture de soi, Belin, 1996.

Les collections du magazine littéraire, Hors-série n° 11, *Les écritures du Moi. Autobiographie, journal intime, autofiction*, mars-avril 2007.

(Ouvrage collectif) *L'épreuve littéraire. L'écriture de soi*, Bréal, 1996.

(Ouvrage collectif) *Marguerite Yourcenar,* Mémoires d'Hadrien, *l'écriture de soi,* Ellipses, 1996.

(Ouvrage collectif), Les Rêveries du promeneur solitaire. *Jean-Jacques Rousseau* Ellipses, 1997.

Revue de l'Université de Bruxelles, n° spécial de Marguerite Yourcenar, 1988/3-4.

강초롱, 「시몬 드 보부아르의 『매우 편안한 죽음』에 나타난 모녀 관계의 재정립 과정」, 『프랑스학연구』 제54호, 프랑스학회, 2010, pp. 5-28.

강초롱, 「어머니를 위한 애도의 두 가지 전략: 보부아르의 『매우 편안한 죽음』과 에르노의 『한 여자』 비교」, 『프랑스문화예술연구』 제59집, 프랑스문화예술학회, 2017, pp. 35-86.

그레이엄 앨런, 『문제적 텍스트. 롤랑/바르트』(송은영 옮김), 앨피, 2006.

김호영, 「조르주 페렉의 계열적 글쓰기: 반복과 차이」, 『불어불문학연구』 제40집, 한국불어불문학회, 1999, pp. 79-101.

김화영 편, 『사르트르』, 고려대학교출판부, 1990.
도미니크 보나, 『로맹 가리』(이상해 옮김), 문학동네, 2006.
딜런 에반스, 『라깡 정신분석 사전』(김종주 외 옮김), 인간사랑, 2004(1998).
로맹 가리, 『밤은 고요하리라』(백선희 옮김), 마음산책, 2014.
롤랑 바르트, 『카메라 루시다: 사진에 관한 노트』(조광희 옮김), 열화당, 1989.
롤랑 바르트, 『롤랑 바르트가 쓴 롤랑 바르트』(이상빈 옮김), 강, 2002.
롤랑 바르트, 『롤랑 바르트, 마지막 강의』(변광배 옮김), 민음사, 2015.
루이 알튀세르, 『미래는 오래 지속된다』(권은미 옮김), 돌베개, 1993.
루이-조르주 탱, 『사랑의 역사: 이성애와 동성애 그 대결의 기록』(이규현 옮김), 문학과지성사, 2010.
린 헌트, 『프랑스 혁명의 가족 로망스』(조한욱 옮김), 새물결, 2000.
마르트 로베르, 『기원의 소설, 소설의 기원』(김치수·이윤옥 옮김), 문학과지성사, 1996.
미하일 바흐찐, 『장편소설과 민중언어』(전승희·서경희·박유미 옮김), 창비, 2014.
베르나르-앙리 레비, 『사르트르 평전』(변광배 옮김), 을유문화사, 2009.
소포클레스, 『오이디푸스 왕』(김기영 옮김), 을유문화사, 2014.
앙드레 지드, 『좁은 문·전원 교향곡』(이동렬 옮김), 을유문화사, 2009.
앤소니 기든스, 『현대성과 자아정체성: 후기 현대의 자아와 사회』, 새물결, 2001(1997).
엘렌 식수, 『메두사의 웃음/출구』(박혜영 옮김), 동문선, 2004.
요하나 옥살라, 『How to read 푸코』(홍은영 옮김), 웅진지식하우스, 2008.
유호식, 「자기에 대한 글쓰기 연구(1): 고백의 전략」, 『불어불문학연구』 제43집, 한국불어불문학회, 2000, pp. 181-210.
유호식, 「자서전과 가족소설: 나탈리 사로트의 『유년시절』을 중심으로」, 『불어불문학연구』 제52집, 한국불어불문학회, 2002, pp. 389-425.
유호식, 「기억, 기억의 부재, 허구: 조르주 페렉의 『W 혹은 유년기의 추억』 연구」, 『불어불문학연구』 제64집, 한국불어불문학회, 2005, pp. 249-276.
유호식, 「모호성의 변주: 뒤라스의 『영국인 애인』 연구」, 『불어불문학연구』 제92집, 한국불어불문학회, 2012, pp. 315-346.
유호식, 「환영의 글쓰기 혹은 타자의 자서전: 로맹 가리의 『새벽의 약속』 연구」, 『불어불문학연구』 제98집, 한국불어불문학회, 2014, pp. 101-128.
유호식, "Le fantasme du cou coupé chez Leiris-de la décollation à la recollation," *Roman 20-50*, tome 2, n° 1508, Lilles, Septentrion, 2014, pp. 355-364.
유호식, 『자서전: 서양 고전에서 배우는 자기표현의 기술』, 민음사, 2015.
유호식, 「탈주에서 순환으로: 뒤라스의 『연인』을 중심으로」, 『불어불문학연구』 제108집, 한국불어불문학회, 2016, pp. 217-249.

이진경, 『철학의 외부』, 그린비, 2017(2002).
장 라플랑슈·장 베르트랑 퐁탈리스, 『정신분석사전』(임진수 옮김), 열린책들, 2005.
장 스타로뱅스키, 『장-자크 루소 투명성과 장애물』(이충훈 옮김), 아카넷, 2012.
장-폴 사르트르, 『시인의 운명과 선택-보들레르: 인간과 시』(박익재 옮김), 문학과지성사, 1985.
조르조 아감벤, 『언어의 성사: 맹세의 고고학』(정문영 옮김), 새물결, 2012.
조르주 바타유, 『에로티즘』(조한경 옮김), 민음사, 1989.
지그문트 프로이트, 『종교의 기원』(이윤기 옮김), 열린책들, 2005.
지그문트 프로이트, 『끝이 있는 분석과 끝이 없는 분석』(임진수 옮김), 열린책들, 2005.
질 들뢰즈, 『프루스트와 기호들』(서동욱·이충민 옮김), 민음사, 2004.
칼 구스타브 융, 『꿈에 나타난 개성화 과정의 상징』(한국 융 연구원, 융 저작 번역위원회 옮김), 융 기본 저작집 5, 솔출판사, 2002.
폴 드 만, 『독서의 알레고리』(이창남 옮김), 문학과지성사, 2010.
프랑코 모레티, 『세상의 이치: 유럽 문화 속의 교양소설』(성은애 옮김), 문학동네, 2005.
피에르 노라(외), 『기억의 장소 1: 공화국』(김인중 외 옮김), 나남, 2010.
필리프 쥘리엥, 『노아의 외투』(홍준기 옮김), 한길사, 2000.
필립 르죈, 『자서전의 규약』(윤진 옮김), 문학과지성사, 1998.
한석현, 「애도와 실재의 윤리: 롤랑 바르트의 『애도일기』와 『밝은 방』」, 서울대학교 석사학위논문, 2012.
호메로스, 『오뒷세이아』(천병희 옮김), 숲, 2016.

찾아보기

ㄱ

가리 14, 115, 117, 297
가족 111, 248, 260
가족소설 13, 112, 161, 165, 169, 191, 260
가족 희극 15, 249
강제 수용소 74, 81, 104
개별화 과정 330, 331
개인 정체성 74, 99
거세 행위 60
거짓말 12, 13, 174, 198, 211, 217, 406, 425
결핍 43, 48, 50, 55, 72, 73, 79, 99, 106, 115, 152, 162, 227, 257, 275, 342
결혼 237, 239, 348
경험 24
계시 222, 226, 227, 386
고백 56, 199-201, 207, 209, 215
고아의식 169, 171, 254
고통의 변증법 42
과거완료 368
과잉 373, 433
광기 183, 427, 429, 432, 437
골작 111, 115
구멍 96-98, 217, 344
구성 기억 24
권력 311, 313-315, 317, 381, 439
글쓰기 74, 79, 101, 103-106, 121, 151, 152, 154, 257, 269, 275, 335, 361-368, 370, 375, 421
기념비 352, 354, 375
기억 12, 21, 23-27, 70-107, 165, 201, 411, 420-422, 451
기억의 부재 13, 25, 73, 80, 100, 451
기원 13, 26, 31, 32, 43, 62, 66, 97, 188, 212, 258, 280, 386, 435, 454, 464

ㄴ

나르시시즘 405
나르키소스 210, 243, 304, 470
노출증 388, 470

ㄷ

다공성 433, 457, 458, 465
다양성 304-307, 317
단어 13, 44-48, 69, 77, 79, 158
덮개-기억 25
데리다 371
독백 405
독서 140, 170, 267, 268, 308

독자 202, 283, 423, 424
동성애 204, 210, 213, 222, 229, 303
동일성 11, 33, 286, 297, 302, 330, 331, 370, 442
동일시 111, 264, 267, 460
뒤라스 17, 22, 383
뒤 보스 24
들뢰즈 16
들뢰즈와 가타리 381

ㄹ
라랑그 150, 484
라캉 150, 484
레리스 13, 22, 28-64, 199, 263
레비나스 16, 381
로베르 112, 114, 165, 247, 260
루소 15, 17, 22, 25, 42, 209, 286, 294, 382
루크레티아 31, 38
르죈 51, 71, 73, 92, 209, 257, 259, 278, 406, 412, 430
르카름 204, 247
리쾨르 34, 115, 174

ㅁ
마르탱 뒤 가르 206, 207, 209
마음의 평정 389, 400, 412, 415, 419
마조히스트 470
말라르메 363
말줄임표 18, 47, 49, 54, 73, 99, 160, 353
망각 12, 17, 74, 80, 83
맹세 201, 202
모디아노 23, 24
모레티 469
모리아크 157, 206
모봉 35
모호성 206, 221, 467, 487
목 37
목소리 150, 159, 160, 265, 304, 356, 374, 460
몽상 17, 382, 384, 390, 393, 395, 397, 420, 421, 425
몽상의 글쓰기 382, 383
몽테뉴 411, 423, 473
미래완료 145, 279

ㅂ
바르베르제 43
바르트 16, 201, 340
바야르 130, 148, 260
바타유 29, 40, 175
바흐친 293, 314, 469
박해자 환상 400-403, 405
발레리 206
배반자 285
베케트 64
변증법 42, 278, 280, 366
보들레르 15, 249
보부아르 247, 297
보완물 238
보주르 30
보트 294, 297
본성 210-214, 230, 233
부모소설 260-262, 483
부아예 31, 44, 62
부재 26, 42, 69, 162, 364, 451
부정 188, 189, 382

부정성 247
분신 화자 192
뷔르즐랭 43, 71, 96, 247, 250, 263, 274, 281
블랑쇼 55, 64, 360, 463
비밀 214-221, 224, 226, 433

ㅅ
사랑 202, 216, 340, 346, 354, 356, 361, 363, 366
『사랑의 단상』 346
사랑의 요구 136, 183, 202, 341, 437
사로트 14, 115, 156
사르트르 15, 22, 112, 158, 246
사실 11, 71, 73, 75
사실 검증 308
사실성 71
사진 367-376, 440, 452
상상 75, 89, 114, 121, 459
상상적 아버지 124
상실 13, 143, 151, 172, 187, 342
상처 3, 26, 45, 58, 62, 95, 100
서사 24, 106, 384, 429
서사적 정체성 115
서사적 진실 75, 100, 105, 106
성공적인 글쓰기 351, 352, 375, 376
성년 28
성스러움 29, 227, 237, 287
성실성 14, 15, 57, 169, 197, 221, 399, 412
성 아우구스티누스 4, 21
성장 188, 192
성장의 드라마 191
성적 정체성 53, 204, 213
성적 주체 229
성적 체험 388
소명 121, 248, 262
소명의식 247, 442
소크라테스 305, 361, 471
소포클레스 258
순환 455
순환성 452, 454, 455, 457, 460, 462, 465
스타로뱅스키 25, 405, 417, 420, 424, 474
스탕달 118-120, 283, 302, 403
슬픔 344
시간 13, 21, 22, 24, 331, 334, 399
시간 지속성 139, 285, 297, 465
시인 28, 33, 45, 56
실 63
실종 67, 74
실패 56, 64

ㅇ
아감벤 201
아버지 302
아버지의 부재 124, 150, 253, 257, 262
아우렐리우스 304-307, 310, 326, 331
아이러니 250
악마 211, 232, 233, 241
악몽 82, 164, 191, 222, 342, 345, 431, 439
알튀세르 111
애도 16, 95, 107, 151, 161, 298, 341, 354, 364, 366, 375, 449
애착 164, 344, 397

약속 128, 139, 173
약혼 140, 239, 241-243
어머니 14, 66, 91, 125, 161, 171, 187, 190, 340, 442
언어 기억 77
언어의 한계 356
언어 존재 13, 47, 160, 237, 238
언어 현실 21
얼굴 462-466
여성성 39, 51-54, 267, 353
여성적 글쓰기 457
역사 79, 298, 372, 387
연극성 248, 251, 257, 258
오르페우스 55, 62
오웰 197
올리에 39, 43
왜곡 430
욕망 16, 24, 75, 216, 381, 436, 444, 450, 466
원초적 순간 16, 384
위니코트 161, 191, 342
위반의 욕망 176
유년기 158, 388, 438
유대인 66, 77, 94, 99
유디트 31, 38, 39, 59
유르스나르 16, 300, 302
유사성 16, 185, 436, 440-443, 465
육체 28, 33, 35, 37, 56, 58, 95, 229, 233, 324, 447, 457, 467
윤리 25, 317
융 330
의혹 177, 179, 247
이름 11, 51, 77, 90, 119, 204, 302, 334
이름의 동일성 51
이중의 정체성 169, 171, 252, 260
인간중심주의 333
인식의 욕망 175, 176, 384
인용 355, 359
일기 349-353, 399
입술 54, 59, 60, 63

ㅈ

자기검증 198, 308
자기기만 207, 254, 263, 269
자기성애자 470
자기변호 230, 330
자기실현 53, 308, 311, 314, 332, 339, 391
자기애 416, 425
자기 정당화 95, 205, 383, 389, 391, 406
자기 정체성 32, 33, 41, 45, 73, 103, 111, 115, 119, 124, 153, 170
자기 창조 환상 252, 288
자기 총체성 175
자살 57, 61, 325
자살의 글쓰기 282
자서전의 규약 192, 198, 230
자아 이상형 168, 303
자위 210-215, 225, 230, 245
자유 17, 249, 254, 257, 288, 314, 383
자화상 30, 462
작가 202, 254, 259, 263, 272, 277
재현 12, 13, 21
정체성 23, 32, 46, 70-74, 97-100, 112, 115, 119, 161, 181
제약 69-71

죄의식 26, 74, 175, 183, 213, 233, 257, 346
죄책감 29, 95, 102, 154, 182, 188, 206, 257
주이상스 447, 458, 504
주체의 신화 159
죽음 13, 26, 31, 32, 55, 59, 175, 230, 247, 279, 283, 298, 314, 326, 341, 348, 366, 466
죽음의 욕망 62, 135, 176, 325, 331, 428, 466
중개인 134, 135
중개자 141, 374
지드 15, 198, 204, 471
지연 63, 222, 233, 365
진실 12, 13, 149, 197, 202, 207, 230, 389
진실성 11, 25, 201, 231, 462
진정성 12, 15, 37, 207, 209, 268, 274, 434
질서 335-338, 441
집단 정체성 74

ㅊ

참여 112, 248
책 238, 252, 256, 467, 469
총체적 진실 369
추락 95, 97-99
출생 32, 66, 177
충일성 48, 394
침묵 74, 91

ㅋ

카뮈 4, 197, 202
코제 35
콜라주 30
쾌락 212
쿤데라 17
크리스테바 431

ㅌ

타인 250-252, 266, 309, 403
타자 16, 111, 136, 189, 202, 254, 296
타자의 자서전 15, 16, 130, 296, 301, 303
탄생 13, 31, 167, 258, 259, 263, 348, 385
탈경계 317, 319, 321, 323, 337
탈신성화 250
탈영토화 16, 381, 442
탈출 16, 381, 382
탯줄 146
통일성 306, 317
통일성 속의 다양성 317
투우 29, 31
「투우를 통해 고찰한 문학론」 29, 36, 45
트라우마 80, 82, 87, 95, 99, 104, 106
트로피즘 156, 160, 186

ㅍ

『파우스트』 37, 40, 41, 54
파편화 384, 433
페넬로페 63
페렉 13, 25, 26
페이딩 342, 343
편지 147, 149, 150

폭력　80
푸코　306, 307
푼크툼　367, 371
프로이트　25, 112-114, 150, 256, 481
프루스트　27, 204, 345, 355, 361, 372

ㅎ
하드리아누스　16
해석의 욕망　401
해체　46
행복　384, 396, 413
행위　46, 311, 314
향유　383, 419, 420
허구　11, 12, 71, 74, 95, 106, 148, 208, 409, 422
헌트　115, 481
헤겔　469
현실 참조 기능　283, 429
혐오감　32, 204
형식　200
호메로스　24
호칭　167, 187, 189
홀로페르네스　37-40, 59, 60
환상　75, 162, 169, 182, 201
환영(幻影)의 정체성　17
회고　12, 472
회고적 기억　21
흐르는 듯한 글쓰기　450
흔적　103, 106, 334, 452

저자 소개

유호식

서울대학교 불어불문학과와 같은 대학원을 졸업하고 프랑스 파리 10대학에서 문학박사학위를 받았다. 현재 서울대학교 불어불문학과 교수로 재직 중이다. 자서전을 비롯하여 자기에 대한 글쓰기를 수행한 작가들에게 관심을 갖고 욕망과 타자의 문제, 정체성의 구축 양상을 질문하는 논문을 집필해왔다. 지은 책으로는 『자서전: 서양 고전에서 배우는 자기표현의 기술』이 있고, 옮긴 책으로는 『사랑과 죽음의 유희』(로맹 롤랑), 『페스트』(알베르 카뮈), 『성년』(미셸 레리스), 『순박한 마음』(플로베르)이 있다.